법학에서 위험한 생각들

법학에서 위험한 생각들

대표편집자
윤진수 · 한상훈 · 안성조

法 文 社

편집의 글

이 책은 아마도 '열정'과 '공감', 그리고 '연대성'의 산물일 것입니다. 진리에 대한 끝없는 열정과, 깊은 이해와 신뢰에서 비롯된 공감, 그리고 공저자들 간 진정어린 유대감이 없었다면 본서는 출간되지 못했을 것입니다.

국내는 물론 해외에서도 보기 드문 법률가들의 공동작업이 이토록 순조롭게 진행될 수 있었던 데에는 이 밖에도 분명 여러 이유가 있었을 것입니다.

"일반적으로 생각은, 이미 확립돼 있는 권위를 위협할 때, 위험하다. 하지만 어제의 위험한 생각은 오늘의 정설이 되고, 내일은 진부한 것이 되어버린다." 이 멋진 어구는 10여 년 전 국내외에서 출간된 책 「위험한 생각들(원제: What is your dangerous idea?)」의 핵심모토였습니다. 그런데 그 책에서 더 중요한 어구를 찾으라면 "인류가 모든 것을 극복해낼 것이란 시나리오의 성공여부를 가늠할 척도는, 트랜지스터들 간의 연결이 아니라 인간들 사이의 결합이 얼마나 강한 것인가에 달려있다. 만약 우리가 인간의 본성에 대한 현재의 이해를 훨씬 뛰어넘는 어떤 초월성을 얻게 된다면, 그것은 몇몇의 개인들이 슈퍼맨이 되는 것과 같은 방식은 결코 아닐 것이다. 그것은 협력적인 것에서 비롯되지, 고립된 것에서 나오지 않는다."는 말일 것입니다. 본서의 공저자들도 어쩌면 그러한 생각에서 한자리에 모였는지도 모릅니다.

18세기 후반 무렵 철학자 임마누엘 칸트는 「이성의 한계 안에서의 종교(원제: Die Religion innerhalb der Grenzen der bloßen Vernunft)」란 책 서문에서 신학과 철학 및 법학 등 각 학문 간의 영역침범에 대해 경계를 하면서도 상호 불가피하게 영역을 넘어설 필요성이 있음을 논한 바 있습니다. 그런데 칸트는 200여 년 후의 상황을 예견했던 것일까요? 오늘날 환원적이든 비환원적이든 통섭(consilience)이나 융합(convergence)은 이미 거스를 수 없는 학문적 대세인 것 같습니다. 본서가 기획될 수 있었던 이유 중 하나는 아마도 법률가들이 상당부분 이러한 문제의식을 공유한 덕분일 것입니다. 그렇지만 여전히 많은 사람들에게 법학과 법서는 고리타분하고, 불친절하고, 이해하기 힘든 내용으로 그득한 '그들만의' 것처럼 보입니다. 전문용어가 생소하며 어렵고 책도 문장도 딱딱합니다. 본서는 이러한 인식을 바꾸기 위해 노력했습니다. 대중에게 보다 친근하게 접근하기 위해 문장도 글의 형식도 새로운 양식으로 선보였습니다. 논지전개도 최대한 평이한 방식으로 함으로써 가독성을 높이기 위해 노력했고 그와 함께 법학에서 가능한, 다양한 갈래의 학제적 논의를 독자들에게 보여주고자 하였습니다. 또한 그러한 공동작업을 통해 현대사회의 다종다기한 실천적이고 이론적인 문제들을 어떻게 풀어갈 수 있는지에 대한 하나의 해법 또는 방법론을 제시해 보았습니다. 그것이 얼마나 성공적이었는지는 그리 중요하지 않습니다. 너무 늦지 않은 시점에 많은 법률가들이 이 모든 문제의식에 공감해 주었고, 외부와의 소통을 위한 작지만 귀중한 발걸음을 흔쾌히 수락해 주었다는 사실이 더 의미 있는 일인 것 같습니다. 독자들께서도 바로 이 점에 주목하면서 본서를 일독해 주시기를 부탁드립니다.

본서는 기획에서 출간까지 정확히 1년 만의 결실입니다. 공동작업에 참여해 준 공저자들은 대부분 법학자들이지만, 실무에 종사하고 있는 판사와 변호사도 있고, 과학자도 있습니다. 그 중에는 몇몇 외국인 혹은 해외에 있는 공저자들도 있습니다. 공저자들의 주장과 논지는 상호 공감대를 형성하는 지점도 있고, 세부적으로 견해가 엇갈리는 지점도 있으며, 상반되는 관점과 논거를 내세우는 경우도 있습니다. 독자들과의 소통을 지향하지만 결코 간단치 않은 논제들을 다루고 있기 때문에 본서의 편집방향을 이해의 편의성을 제고하는 데 최대한 맞추었고 이에 따라 관련된 유사한 주제는 한데 묶었으며, 구체적이고 실정법적인 주제로부터 원리적이고 추상적인 주제의 순으로 글을 배치하였습니다. 모쪼록 독자들이 흥미롭게 그 다채로운 협주를 감상해 주시기를 바랍니다.

끝으로 공저출간 제의와 초대에 흔쾌히 응해 준 모든 공저자들께 진심으로 감사를 드립니다. 아울러 본서의 기획과 편집 등 출간과정 전반에 직접 참여한 공저자의 일원으로서 이 책의 취지와 출간과정을 독자들에게 알려드리기 위해 다른 공저자들을 대신하여 편집의 글을 집필하게 된 것 역시 대단히 기쁘게 생각합니다.

법률가들이 앞으로 또 다시 이렇게 모일 수 있을까요? 아니 또 다시 모일 필요가 있을까요? 그 판단은 이제, 독자들의 몫이라고 생각합니다.

2018년 8월에

안 성 조

차 례

01

윤 진 수

법원에서 14년 6개월간 판사로 근무하다가 1997년부터 서울대학교
법학전문대학원 교수로 재직 중이다. 전공은 민법이지만, 헌법과
법경제학에도 관심을 가지고 있으며, 진화심리학과 가족법에 관한 글을
쓰기도 하였다.

인척 사이의 혼인은 금지되어야 하는가?

I. 들어가는 말

근 20년 전의 일로 기억한다. 지인이 소개한 어떤 여자분으로부터 다음과 같은 질문을 받았다. 즉 자신의 남동생이 죽었는데, 그 처(자신의 올케)를 다른 남동생과 혼인시키는 것이 가능한가 하는 것이다. 이에 대하여 본인은, 현행법상으로는 그러한 혼인이 허용되지 않지만, 그러한 법률은 위헌의 소지가 있으므로 다투어 볼 수 있을 것이라고 답변하였다. 그 후의 소식은 듣지 못하였는데, 아마도 그 혼인은 이루어지지 않은 것으로 여겨진다.

이 일을 겪으면서, 필자가 평소에 가지고 있던 의문, 즉 이처럼 남자가 자신의 형수 또는 제수였던 사람과 혼인을 금지하는 것이 과연 정당화될 수 있는가 하는 것을 다시 한 번 상기하게 되었다. 이러한 남자와 자신의 형수나 제수의 관계는 혼인에 의하여 맺어진 친척인 인척인데, 우리 민법은 일정한 촌수 내의 인척간의 혼인을 금지하고 있다. 종래 자주 논의되었던 것은 남자가 자신의 처제 또는 처형과 혼인할 수 있는가 하는 문제였는데, 이 또한 마찬가지이다.

아래에서 보듯이, 이는 다른 나라에서는 거의 문제되지 않는다. 그렇지만 역사적으로는 이처럼 인척 사이의 혼인을 금지했던 것이 중대한 결과를 가져왔던 예도 있었다. 가령 영국의 헨리 8세(Henry Ⅷ,

1491-1547, 재위 1509-1547)의 첫 부인은 스페인의 공주인 캐더린(Catherine of Aragon)이었는데, 원래 캐더린은 헨리 7세의 장남으로 헨리 8세의 형인 아더와 혼인하였다. 그러나 아더가 1502년 병으로 사망하자, 헨리 8세는 왕으로 즉위한 1509년에 캐더린과 혼인하였다. 그러나 당시 교회법(Canon Law)에 따르면 이는 허용될 수 없었는데, 캐더린은 자신이 아더와 동침한 일이 없었으므로 이 혼인은 완성(consummation)되지 않았다고 주장하였고, 교황도 이를 승인하였다. 그러나 그 후 헨리 8세가 캐더린의 시녀인 앤 볼레인(Anne Boleyn)과 사랑에 빠지자, 캐더린은 자신의 형과 결혼하였으므로 자신과 캐더린의 결혼은 무효라고 주장하였고, 교황이 이를 반대하자 가톨릭에서 독립하여 1535년 잉글랜드 성공회(Church of England)를 창립하였다.

Ⅱ. 우리나라의 상황

1960년 민법이 시행되기 전에는 관습법상 남자가 자신의 형수 또는 제수와 결혼하는 것은 허용되지 않지만, 여자가 자신의 형부 또는 제부와 혼인하는 것은 유효한 것으로 보았다. 그런데 제정민법 제809조 제2항은 "남계혈족의 배우자, 부의 혈족 및 기타 8촌 이내의 인척이거나 이러한 인척이었던 자 사이에서는 혼인하지 못한다"라고 규정하고, 제815조 제2호는 당사자 간에 직계혈족, 8촌 이내 방계혈족 및 그 배우자인 친족관계가 있거나 있었던 때에는 혼인이 무효라고 규정하고 있어서, 남자가 형수 또는 제수와 결혼하는 것뿐만 아니라, 여자가 자신의 형부 또는 제부와 혼인하는 것도 방계혈족의 배우자였던 자와 혼인하는 것이 되어 무효가 되었다. 학설상으로는 형부와 처제가 혼인하는 것은 허용된다는 견해도 주장되었으나, 실무상으로는 받아들여지지 않았다.

그 후 1990년 개정 민법은, 제777조가 인척의 범위를 처의 부모로부터 4촌 이내의 인척으로 확대하는 것으로 개정되었기 때문에, 더 이상 유효설은 주장될 여지가 없게 되었다. 과거의 유효설의 근거는 제정민법 제777조에 따르면 처의 혈족 중에서는 처의 부모와의 사이에서만 친족관계가 인정되었으므로, 처제는 인척이기는 하나 소위 "좁은 의미의 친족"에는 해당하지 아니하였다는 점이었기 때문이다.

그리고 2005년 개정민법 제816조 제1호는 형부와 처제간의 혼인은 혼인무효사유는 아니고 혼인취소사유로 변경하였다.

이와 관련된 대법원 판례로서 대법원 2010. 11. 25. 선고 2010두14091 판결이 있다. 이 사건에서는 퇴직한 공무원의 처제로서 그와 사실혼관계에 있던 사람이 퇴직공무원 사망 후 유족연금을 받을 수 있는가가 문제되었다. 공무원연금법은 "재직 당시 사실상 혼인관계에 있던 자"를 유족연금 수급권자로 규정하고 있는데, 이들의 사실혼관계가 시작된 것은 공무원의 재직 당시였지만, 그가 퇴직한 것은 형부와 처제간 혼인이 무효인 것으로 규정되어 있던 2003년이었다. 대법원은, "민법에 의하여 혼인이 무효로 되는 근친자 사이의 사실혼관계라고 하더라도, 그 근친자 사이의 혼인이 금지된 역사적·사회적 배경, 그 사실혼관계가 형성된 경위, 당사자의 가족과 친인척을 포함한 주변 사회의 수용 여부, 공동생활의 기간, 자녀의 유무, 부부생활의 안정성과 신뢰성 등을 종합하여 그 반윤리성·반공익성이 혼인법질서 유지 등의 관점에서 현저하게 낮다고 인정되는 경우에는 근친자 사이의 혼인을 금지하는 공익적 요청보다는 유족의 생활안정과 복리향상이라는 유족연금제도의 목적을 우선할 특별한 사정이 있고, 이와 같은 특별한 사정이 인정되는 경우에는 그 사실혼관계가 혼인무효인 근친자 사이의 관계라는 사정만으로 유족연금의 지급을 거부할 수 없다"고 하여 처제의 유족연금 수급권을 인정하였다.

Ⅲ. 외국의 입법례

친족 가운데 어떠한 범위 내의 사람들 사이의 혼인을 금지할 것인가 하는 것은 나라마다, 또 문화에 따라 많은 차이가 있다. 여기서는 미국 및 유럽과 동아시아의 예를 살펴본다.

미국에서는 주에 따라 다르지만, 일반적으로 직계혈족이나 형제자매 그리고 3촌간인 조카와 숙백부(숙백모) 사이의 혼인은 금지하지만, 4촌을 벗어나는 혈족 사이의 혼인은 허용되고, 인척 사이의 혼인은 금지하지 않는다.[1] 영국도 대체로 미국과 같다.[2]

프랑스에서는 직계혈족 및 직계인척, 형제자매, 백숙부 또는 백숙모와 조카 사이의 혼인은 금지되지만, 대통령은 직계인척 사이의 혼인에서는 인척관계를 발생하게 한 자가 사망한 때의 혼인금지와, 백숙부 또는 백숙모와 조카 사이의 혼인 금지를 해제할 수 있다(프랑스 민법 제161-164조). 독일에서는 직계혈족 및 형제자매 사이의 혼인은 금지되고, 혈족관계가 입양에 의하여 성립한 경우에도 마찬가지이지만, 다만 입양이 해소된 경우에는 그러하지 않다. 가정법원은 신청에 의하여 입양에 의하여 성립한 형제자매 사이의 혼인을 허가할 수 있다(독일 민법 제1307, 1308조). 그 외에 인척 사이의 혼인을 금지하는 규정은 없다.[3]

---

1 모델 법인 Uniform Marriage and Divorce Act §207 참조. 그렇지만 이 모델 법을 받아들인 주는 많지 않다. 그리고 4촌 사이의 혼인을 금지하는 주도 여럿 있다. 한편 입양에 의하여 형성된 법정혈족 사이의 혼인도 자연혈족 사이의 혼인과 마찬가지로 취급되는 예가 많지만, 이는 위헌이라는 논란이 있다. Sanford N. Katz, *Family Law in America*, 2nd ed., Oxford University Press, 2015, pp. 43 ff. 참조.

2 다만 직계인척인 경우에는, 양 당사자가 혼인 당시 21세에 달해야 하고, 또 당사자 중 어린 쪽이 18세가 될 때까지 상대방 가정의 자녀로서 양육되지 않았어야 한다. Marriage (Prohibited Degrees of Relationship) Act 1986 s. 1; Jonathan Herring, *Family Law*, sixth ed., Pearson, 2013 참조. 다른 한편 2007년까지는 직계인척 사이의 혼인은 원칙적으로 금지되었다. 이에 대하여는 아래 Ⅴ. 참조.

스위스 민법은 출생 직계혈족 및 형제자매 사이의 혼인은 금지되지만, 인척 사이의 혼인은 금지되지 않는다(스위스 민법 제95조). 오스트리아에서는 직계혈족과 형제자매 사이의 혼인은 금지되고, 양부모와 양자 또는 양자의 자녀들 사이의 혼인도 입양관계가 존속하는 한 금지된다(혼인법, Ehegesetz 제6조, 제10조).

동아시아의 입법례를 살펴본다. 일본에서는 직계혈족 및 3촌 이내의 방계혈족 사이의 혼인은 금지되고,[4] 직계인척 사이의 혼인은 이혼이나 특별양자(친양자)의 성립에 의하여 인척관계가 종료된 후에도 금지된다(일본 민법 제734, 735조). 중국에서는 직계혈족 및 3대 이내의 방계혈족 사이의 혼인만이 금지되고,[5] 인척 사이의 금혼규정은 존재하지 않는다. 대만에서는 직계혈족 및 직계인척, 6촌 이내의 방계혈족,[6] 5촌 이내의 방계인척으로 항렬이 다른 자 사이의 혼인은 금지된다. 따라서 5촌 이내의 방계인척이라도 형부와 처제 사이와 같이 항렬이 같은 경우에는 혼인할 수 있다.

이상을 요약한다면, 일정한 범위 내의 혈족 사이의 혼인은 일반적으로 금지되지만, 인척 사이의 혼인이 금지되는 경우는 많지 않다. 인척 사이의 혼인을 금지하는 경우라도 직계인척 외에 방계인척 사이의 혼인을 금지하는 나라는 많지 않다. 대만이 방계인척 사이의 혼인을 금지하지만, 여기서도 항렬이 같은 형부와 처제 등의 혼인은 허용된다.

---

3 1998년까지는 직계인척 사이의 혼인이 금지되었다.
4 다만 양자와 양부모측의 방계혈족과의 혼인은 금지되지 않으므로, 사위가 양자가 되는 이른바 서양자(婿養子)도 가능하다.
5 중국 혼인법 제7조 제1항. 그런데 여기서 3대 이내의 방계혈족은 3촌 이내의 방계혈족과는 다르다. 중국에서는 촌수의 계산방법으로서 우리나라와 같은 로마 방식을 택하지 않고, 교회법(Canon Law)에서 유래하는 세대계산법을 따른다. 그리하여 방계친족의 경우에는 본인과 방계친족의 공통 조상에 이르기까지의 세대 수를 비교하여 그 중 많은 쪽으로 한다. 따라서 형제자매는 1대, 백숙부와 조카는 2대, 종형제자매도 2대가 된다. 그러므로 4촌 형제자매 사이의 혼인도 금지된다. 전대규, 중국민법 (하), 법률정보센터, 2010, 653-656면, 669-670면 참조.
6 다만 입양으로 성립한 4촌 및 6촌의 방계혈족으로 항렬(輩分)이 같은 경우에는 혼인할 수 있다.

Ⅳ. 헌법적 고찰

혼인의 자유는 헌법상 보장되는 기본권이다. 헌법재판소 1997. 7. 16. 선고 95헌가6내지13 결정은, 혼인의 자유와 혼인에 있어서 상대방을 결정할 수 있는 자유는 헌법 제10조가 규정하는 인격권·행복추구권에 포함된다고 하였다. 이 점은 다른 나라에서도 인정되고 있다. 미국이나 대만과 같이 헌법에 직접 혼인에 관한 규정이 없는 나라들의 판례도 혼인의 자유를 헌법상 기본권으로 인정하고 있다.[7] 그러므로 특정인과의 혼인을 금지하기 위하여는 그것이 국가안전보장·질서유지 또는 공공복리를 위하여 필요하다는 것이 논증되어야 한다. 그런데 방계인척과의 혼인을 금지하는 것이 그처럼 공공복리 등을 위하여 필요한지는 지극히 의문이다.

일반적으로 특정인과 친족관계가 있음을 이유로 혼인을 금지하는 데에는 다음과 같은 3가지의 근거가 주장된다.[8] 첫째, 친족 사이의 혼인은 유전적 질병의 발현 위험을 높인다. 둘째, 가까운 친족 사이의 혼인은 가정의 안전을 해칠 수 있다. 셋째, 친족 사이의 혼인 금지는 그에 대한 본능적인 도덕적 거부에 기인한다. 이 중 첫째의 사유는 일반적으로 혈족 사이의 혼인을 금지할 때 적용될 수 있다. 다만 우리나라처럼 8촌 내의 혈족까지 혼인을 금지하는 것은 지나치게 넓은 것이 아닌가 하는 의문이 있다. 다른 나라에서도 그 정도까지 광범위하게 제한하지는 않는다. 또 입양으로 인하여 성립한 혈족 사이의 혼인을 입양관계가 해소된 후에도 금지하는 것도 불합리하다는 의문이 있다. 그

---

7 미국연방대법원 Loving v. Virginia, 388 U. S. 1(1967); 대만 사법원 2017. 5. 24. 釋字第 748號.
8 Herring(주 2), p. 57 참조.

리고 둘째의 사유는 예컨대 아동은 그 가족의 구성원과 사후에 공인된 성적 관계를 맺을 수 있다는 가능성이 배제된 상태에서 양육되어야 한다는 주장이라고 할 수 있다. 그러나 세 번째의 사유는, 많은 경우에 혼인을 금지할 수 있는 충분한 근거가 되기 어렵다.[9]

그런데 방계인척 사이의 혼인을 금지하는 것은 유전적 질병을 예방하는 것과는 관계가 없고, 또 가정의 안전을 특별히 해치는 것이라고도 보기 어렵다.[10] 나아가 그에 대하여 사회적으로 도덕적 거부감이 있다고도 보이지 않는다. 그러므로 방계인척 사이의 혼인을 금지하는 것은 위헌의 의심이 매우 크다.[11]

V. 여론-직계인척 사이의 혼인

그런데 이처럼 방계인척 사이의 혼인을 금지하는 것이 위헌이라면, 직계인척 사이의 혼인을 금지하는 것 또한 위헌이 아닌가 하는 의문이 제기될 수 있다.

이 점에 관하여는 유럽인권재판소가 2005. 9. 13. 선고한 Case of B.

---

9 Herring(주 2), p. 57은, 이러한 혐오 요소(yuck factor)가 사랑하는 두 사람의 혼인을 막는 것을 정당화할 수 있는지는 논란의 여지가 있다고 한다.

10 방계인척 사이의 혼인, 가령 형부와 처제 사이의 혼인이나, 형수와 시숙 사이의 혼인은, 인척관계를 발생시킨 기존의 혼인이 사망에 의하여 해소된 때에는 특별히 도덕적으로 문제될 것이 없다. 다만 예컨대 남편이 처의 동생과 불륜의 관계를 맺고 그 결과 처와 이혼하고 그 동생과 혼인하겠다고 하는 경우에는 그 혼인에 도덕적으로 비난받을 만한 요소가 있겠으나, 이 점만으로 혼인의 자유를 제한하기에는 충분한 근거가 되지 못한다. 이처럼 비난받을 만한 사정은 간통죄를 범한 상간자들이 서로 혼인하는 경우와 공통되는데, 우리나라에서도 과거에는 이러한 상간자의 혼인을 허용하지 않았으나, 현행민법은 이러한 규정을 두지 않고 있으며, 이는 일반적으로 지지를 받고 있는데, 상간자가 인척인 경우에만 혼인을 금지하는 것은 헌법상 평등의 원칙에도 어긋나는 것이다.

11 윤진수, "혼인의 자유", 민법논고 4, 2009, 195-196면. 같은 취지, 양수산, "친족관계를 사유로 하는 금혼범위에 관한 입법론적 고찰", 외법논집 제3집, 1996, 16-17면; 현소혜, "「근친혼적 사실혼」 관계의 보호", 민사판례연구 제34권, 593-594면.

and L. vs. United Kingdom 사건 판결[12]을 살펴볼 필요가 있다. 당시의 영국 법은, 직계인척 사이의 혼인을 금지하면서, 다만 쌍방이 21세에 달하였고, 각자의 본래 배우자가 모두 사망한 경우에만 예외적으로 허용하고 있었다.[13] 그런데 유럽인권재판소는, 이러한 금지는 가족의 고결성(부모와 자녀 사이의 성적 경쟁의 방지)이나 자녀가 입을 수 있는 해악을 방지한다는 목적을 달성할 수 없다고 하여 유럽인권협약 제12조가 보장하는 혼인할 권리를 침해한다고 하였다. 이에 따라 영국 법은 2007년에 수정되었다.[14]

이 문제는 좀더 많은 논의를 필요로 한다. 여기서는 잠정적으로 직계인척 사이의 혼인 금지는 부모와 자녀가 한 명의 이성을 두고 성적 경쟁관계에 놓이는 것을 방지함으로써 가정의 평화를 도모하기 위하여 필요하다고 하는 생각을 밝혀 두기로 한다.[15]

---

12 [2006] 1 F.L.R. 35.
13 Marriage(Prohibited Degrees of Relationship) Act 1986 s 1 (3), (4).
14 The Marriage Act 1949 (Remedial) Order 2007.
15 윤진수(주 11), 197-198면 참조.

02

오 영 근

한양대학교 법학전문대학원 형법교수이다. 과학에 기초한 인도적
형법에 관심을 가지고 있다.

흉악범은 죄인인가 환자인가?

I. 서 언

인간이 경제활동을 할 때에 최소비용으로 최대효과를 도모하는 합리적 행위를 하는 것과 같이 범죄인들도 최소비용으로 최대효과를 노리는 합리적인 활동을 하는 경우가 많다. 이에 비해 흉악범들의 경우 범행의 동기, 목적, 대상이나 방법 등에서 합리적인 이유를 찾아보기 어려울 때가 많다. 이 때문에 일반국민들은 더욱 흉악범에 대해 증오심을 갖게 된다. 예컨대 소위 '묻지마 살인'의 경우 일반국민들은 그 범행을 상식적으로 이해할 수 없고, 이에 따라 범인에 대한 증오심과 분노가 훨씬 더 커지고 나아가 범인에 대한 엄벌을 요구하게 된다.

형법 제10조 제1항에 의하면 아무리 흉악범이라고 하더라도 범죄행위시 합리적 판단능력과 행위결정능력 중 어느 하나라도 갖추지 못한 경우에는 형벌에 처할 수 없는데,[1] 흉악범들 중에는 이러한 능력이 결여된 경우가 많다. 이 경우 흉악범의 범죄는 전염병에 걸린 환자로 인해 다른 사람이 그 질병에 감염되거나 나아가 사망한 결과와 별로 다

---

[1] 아무리 흉악범이라도 형법 제10조 제2항의 심신미약자에 해당되는 경우 필요적으로 형벌을 감경해야 하므로 그를 사형에 처할 수는 없다. 형법 제55조(법률상의 감경) ① 법률상의 감경은 다음과 같다. 1. 사형을 감경할 때에는 무기 또는 20년 이상 50년 이하의 징역 또는 금고로 한다.

를 것이 없다. 전염병 환자가 처벌의 대상이 아니라 치료의 대상이듯이 위와 같은 흉악범은 처벌이 아니라 치료의 대상이 될 수 있을 뿐이다.

형법 제10조 제1, 2항은 피고인에게 유리한 규정이므로 법원은 이 규정들을 적극적으로 적용해야 한다. 그러나 흉악범들에 대한 일반국민들의 엄벌요구를 충족시키기 위해서는 흉악범들에게 형법 제10조 제1, 2항을 될 수 있는 대로 적용하지 말아야 한다.

이하에서는 흉악범들에 대한 최근 우리 사회의 엄벌화경향과 형법 제10조 제1, 2항의 적용여부에 대한 판례들을 비판적으로 검토하고, 위험하기는 하지만 흉악범 대책의 다른 생각을 해보기로 한다.

Ⅱ. 흉악범에 대한 최근의 형사정책

20세기에는 물론이고 21세기 들어와서도 살인범죄나 성폭력범죄 등과 같은 흉악범죄가 종종 발생하고 있다. 엽기적 살인 사건의 대표적인 예로 2003년에서 2004년 사이 21명을 살해한 유영철 사건,[2] 2006년부터 2008년까지 여성 7명을 납치살해한 강호순 사건 등을 들 수 있다. 충격적인 성폭력범죄의 대표적 예로는 2008년 8세 여아를 성폭행해 장기 파손 등의 상해를 입힌 조두순 사건, 2010년 여중생을 납치해 강간살해한 김길태 사건 등을 들 수 있다.

이러한 사건들에 대한 대책으로 등장한 것은 형벌강화라고 할 수 있다. '오늘날 범죄가 급증하고 흉포화하고 있다', '형벌을 강화하면 범죄가 줄어들 것이다'라는 과학적 근거 없는 전근대적 발상에 따라 형

---

2 유영철은 부인으로부터 이혼을 당한 뒤부터 여성 혐오증을 보였고, 간질증세로 진료를 받은 적도 있다. 그의 범행 수법은 매우 잔인하고 치밀하였고, 범행 후에도 증거인멸을 위해 불을 지르거나 시체를 토막 내는 등의 잔인함과 치밀함을 보였다. 상세한 사항은, 네이버 지식백과, 유영철 연쇄살인사건(두산백과). http://terms.naver.com/entry.nhn?docId=1227009&cid=40942&categoryId=31778

벌을 대폭 강화하는 조치가 이루어졌다. 일반국민들과 언론의 엄벌요구가 강해지면 정부나 국회는 범죄에 수수방관하고 있다는 비난을 피하기 위해 가장 손쉬운 방법인 형벌강화를 내용으로 하는 대책을 마련하였다. 법원 역시 이러한 대책들을 넓게 적용할 수 있는 방향으로 해석을 하는 판결을 다수 선고하였다.

형벌강화의 대표적 예로 2010년 유기의 징역형이나 금고형의 장기를 이전보다 2배 높인 형법 제42조의 개정 및 성폭력범죄자에 대한 약물치료명령의 도입을 들 수 있다. 판례는 보호관찰,[3] 사회봉사명령,[4] 위치추적 전자장치부착명령,[5] 신상공개 및 고지명령[6] 등 새로운 형사제재가 도입될 때마다 그것들을 보안처분이라고 하였는데, 약물치료명령에 대해서도 같은 입장을 취하였다.[7] 판례는 보안처분에는 소급효금지원칙이 적용되지 않는다는 잘못된 입장[8]을 취하고 있는데, 판례가 새로운 형사제재들을 보안처분이라고 하는 것은 소급적용을 가능케 하기 위함이라고 할 수 있다.

이상을 종합할 때 21세기 우리나라의 형사정책은 한편으로는 형벌을 가중하고, 다른 한편으로는 보안처분의 도입이라는 미명 하에 끊임없이 처벌의 수위를 높이는 방향으로 진행되어 왔다고 할 수 있다.

그러나 이러한 형벌가중에도 불구하고 강남역 살인사건[9] 등과 같은 엽기적 살인사건은 계속 발생하였다. 성인범들에 대한 엄벌요구와 함

---

3 대법원 1997. 6. 13. 선고 97도703 판결.
4 대법원 2008. 7. 24. 자 2008어4 결정.
5 대법원 2009. 9. 10. 선고 2009도6061 판결
6 대법원 2012. 5. 24. 선고 2012도2763 판결.
7 대법원 2015. 3. 12. 선고 2014도17853 판결.
8 보안처분에도 소급효금지원칙이 적용된다고 하는 예외적인 판례로, 대법원 2008. 7. 24. 자 2008어4 결정.
9 34세의 범인은 밤 1시경 노래방 화장실에 대기하고 있다가 그 때에 들어온 여성을 살해하였는데, 범인과 피해자는 전혀 모르는 사이였고, 경찰 조사에서 범인은 평소 여자들에게 무시당한 분풀이를 하기 위해 범행을 저질렀다고 진술하였다. 소위 '묻지마 살인'의 대표적인 예이다.

께 소년범에 대한 엄벌요구도 생겨났다. 부산 여중생 폭행사건,[10] 인천 초등학생 살인사건[11] 등 소년들의 범죄가 연이어 발생하자 형사미성년자의 연령을 낮추고 소년범이라도 엄벌해야 한다는 여론이 생겨났다. 이에 정부는 형사책임연령을 현행 14세 미만에서 13세 미만으로 낮추기로 하는 가장 편리하지만 심각한 문제가 있는 대책을 발표하였다.

문제는 이와 같은 최근의 강경대응 정책이 아무런 과학적 근거를 갖추지 못하고 있거나 과학적 근거와 배치된다는 것이다. 이러한 원시적이고 미개한 정책을 계속하게 된다면 흉악범죄로 인한 피해보다 형벌권남용에 따른 인권침해로 인한 피해가 더 심각해 질 수 있다. 과거 이(蝨)를 잡겠다고 발암물질인 DDT를 온몸에 뒤집어쓰거나, 발암물질 투성이인 슬레이트 조각 위에 삼겹살을 구워먹던 어리석은 일들이 생각날 정도이다.

Ⅲ. 흉악범과 심신장애

흉악범들의 경우 일반인들이 이해하기 어려운 범행의 동기나 목적을 가지고 있고, 일반인들이 이해할 수 없는 잔인한 방법으로 범행을 하기도 한다. 그런데 이것은 흉악범들에게 심신장애가 있다는 것을 의미할 수도 있다. 흉악범들에게 심신장애가 있어 범행시에 사물변별능력이나 의사결정능력이 없었던 경우에는 엄벌이 아니라 보안처분으로 해결해야 한다.

---

10 2017년 9월 여중생들이 자신들의 폭행사실을 경찰에 고소했다는 이유로 또래 여중생을 1시간 30여분간 폭행하고, 피투성이가 된 채 무릎을 꿇은 피해 여중생의 사진을 SNS에 올린 사건이다.
11 2017년 3월 16세의 여고자퇴생이 초등학생을 집으로 유괴하여 살해하고 시신을 훼손하여 아파트 물탱크에 유기하고, 사체의 일부를 봉투에 넣어 평소 알고 지내던 만 18세의 여성에게 전해준 사건이다.

흉악범들에 대한 과잉형벌을 제한하기 위해서라도 형법 제10조 제1, 2항을 적극적으로 적용할 필요가 있다. 그러나 판례는 다음에서 보는 것과 같이 형법 제10조 제1, 2항의 적용에 대해 매우 소극적인 태도를 취하고 있다.

판례는 "형법 제10조에 규정된 심신장애[12]는 생물학적 요소로서 정신병, 정신박약 또는 비정상적 정신상태와 같은 정신적 장애가 있는 외에 심리학적 요소로서 이와 같은 정신적 장애로 말미암아 사물에 대한 판별능력과 그에 따른 행위통제능력이 결여되거나 감소되었음을 요한다"고 한다.[13] 심신장애의 유무나 정도의 판단방법에 대해, 판례는 전문가의 감정 없이도 심신장애의 유무나 정도가 명백하게 인정될 수 있는 경우에는 감정을 요하지 않지만,[14] 심신장애의 유무나 정도에 의심이 있는 경우에는 반드시 전문가의 감정을 거쳐야 한다는 입장을 취하고 있다.[15]

그러나 판례는 "형법 제10조에 규정된 심신장애의 유무 및 정도의 판단은 법률적 판단으로서 반드시 전문감정인의 의견에 기속되어야 하는 것은 아니다"[16]라고 한다. 이것은 설사 정신의학적으로는 심신장애로 인정된다고 하더라도 법원이 그에 기속되는 것은 아니라는 의미라

---

12 판례가 심신장애라고 할 때에는 대부분 생물학적 요소와 심리학적 요소를 모두 고려하여 책임무능력 내지 한정책임능력이라는 의미로 사용한다(대법원 1992. 8. 18. 선고 92도1425 판결; 대법원 2005. 12. 9. 선고 2005도7342 판결 등). 그러나 어떤 경우에는 생물학적 요소로서의 심신장애라는 의미로 사용하기도 한다. 예를 들어 "원칙적으로 충동조절장애와 같은 성격적 결함은 형의 감면사유인 심신장애에 해당하지 아니한다"고 한 판결들(대법원 2011. 2. 10. 선고 2010도14512 판결 외 다수판결)의 경우 충동조절장애는 제10조에 규정된 생물학적 요소로서 심신장애에는 속하지 않는다는 의미가 강하다.

13 대법원 1992. 8. 18. 선고 92도1425 판결.

14 대법원 1983. 6. 28. 선고 83도1254, 83감도236 판결; 대법원 1983. 12. 27. 선고 83감도470 판결. 같은 취지, 대법원 1984. 12. 26. 선고 84도2571 판결.

15 대법원 1955. 11. 29. 선고 55도315 판결; 대법원 1958. 11. 28. 선고 58도415 판결; 대법원 2011. 6. 24. 선고 2011도4398 판결 외 다수판결.

16 대법원 1994. 5. 13. 선고 94도581 판결; 대법원 1999. 1. 26. 선고 98도3812 판결; 대법원 1999. 1. 26. 선고 98도3812 판결 등.

고 할 수 있다.

이러한 입장에 따라 판례는 충동조절장애로 인한 병적 도벽(Klepto-mania)이나 타인의 나체 등을 엿보려는 관음증(Voyeurism)이 있는 상태,17 인격장애,18 충동조절장애와 같은 성격적 결함,19 우울성 인격장애와 같은 성격적 결함,20 성주물성애증,21 소아기호증22 등은 심신장애에 해당하지 않는다고 한다.23

정신의학적으로는 충동조절장애와 같은 성격장애나 여러 형태의 인격장애, 성주물성애증, 소아기호증 등도 정신장애로 분류된다. 그럼에도 불구하고 판례가 이러한 사유들을 심신장애에서 제외하는 이유는 현재의 정신의학이나 심리학의 수준에서 이러한 사유들의 존재나 정도를 정확히 판단하기 어렵기 때문에 이러한 사유들을 이유로 형벌에 처해져야 할 사람이 형사처벌을 면하는 것을 방지하기 위함이라고 할 수 있다. 그러나 정신의학에서 정신장애로 인정하는 것을 형법 제10조에 규정인 생물학적 요소로서의 심신장애에 해당되지 않는다고 하는 것은 부당하다고 할 수 있다. 심리학적 요소의 판단에서 정신의학과 다른

---

17 대법원 1995. 2. 24. 선고 94도3163 판결.
18 대법원 2016. 2. 19. 선고 2015도12980 전원합의체 판결. 인격장애는 질병이나 뇌손상 기타 정신과적 장애가 없이 소아나 청년기부터 시작되어 성인이 될 때까지 지속되면서 인격의 비정상적 성장으로 성격이 변이·일탈되어 발생하는 장애로서, 이러한 인격장애로 스트레스에 대하여 융통성이 없는 병적 적응 형태의 반응이 나타날 수도 있으나 이를 생물학적 의미에서 정신장애나 질환으로 볼 수는 없다.
19 대법원 2011. 2. 10. 선고 2010도14512 판결.
20 대법원 1984. 3. 13. 선고 84도76 판결.
21 성주물장애증이란 무생물인 옷 등을 성적 각성과 희열의 자극제로 믿고 성적 흥분을 고취시키는 데 사용하는 증세를 말한다. 대법원 2013. 1. 24. 선고 2012도12689 판결.
22 대법원 2007. 2. 8. 선고 2006도7900 판결. 사춘기 이전의 소아들을 상대로 한 성행위를 중심으로 성적 흥분을 강하게 일으키는 공상, 성적 충동, 성적 행동이 반복되어 나타나는 소아기호증은 성적인 측면에서의 성격적 결함으로 인하여 나타나는 것으로서, 소아기호증과 같은 질환이 있다는 사정은 그 자체만으로는 형의 감면사유인 심신장애에 해당하지 아니한다.
23 판례는 각종 미분화형, 긴장형, 편집형, 망상형 정신분열증 등과 같은 각종 정신분열증, 만취상태, 알콜중독증, 간질, 정신신경증, 정신박약증, 주의력결핍 및 과잉행동장애 등은 형법 제10조의 생물학적 요소로서의 심신장애에 해당한다고 한다.

판단을 할지언정 생물학적 요소로서의 심신장애는 정신의학의 판단을 존중해주는 것이 바람직하기 때문이다.

또한 충동조절장애로 인한 책임감면을 인정하지 않을 수 없는 사례들도 존재한다. 이 때문에 판례는 소아기호증이나 충동조절장애의 경우 "그 증상이 매우 심각하여 원래의 의미의 정신병이 있는 사람과 동등하다고 평가할 수 있거나, 다른 심신장애사유와 경합된 경우 등에는 심신장애를 인정할 여지가 있다"고 한다.24

그러나 이렇게 애매한 태도를 취하기 보다는 충동조절장애 등도 정신장애에 속하므로 형법 제10조의 생물학적 요소로서의 심신장애에 해당된다고 하는 것이 바람직할 것이다.25 이렇게 한다고 하여도 심리학적 요소에 대한 판단이 남아있기 때문에 바로 책임감면이 인정되는 것은 아니기 때문이다.

Ⅳ. 죄인은 형벌을, 환자는 치료를

흉악범들에 대한 증오심을 가라앉히고 냉정히 생각해 보면 흉악범들의 비합리적 범죄행태는 그들에게 형벌감면의 필요성이 있고, 처벌에서 치료로의 전환이 필요하다는 것을 의미한다. 육체적 질병이나 정신적 질병이나 모두 치료를 요하는 질병이기는 마찬가지이다.

과거 미개사회에서는 육체적 질병을 지닌 환자들을 죄인으로 취급하여 처벌하기도 하였다. 그러나 오늘날의 문명국가에서는 전염병에

---

24 대법원 2011. 2. 10. 선고 2010도14512 판결; 대법원 2007. 2. 8. 선고 2006도7900 판결; 대법원 2002. 5. 24. 선고 2002도1541 판결; 대법원 1999. 4. 27. 선고 99도693, 99감도17 판결 등.
25 2011년 법무부의 형법(총칙)일부개정법률안 제22조는 현행형법 제10조의 심신장애라는 용어 대신에 '정신장애'라는 용어를 사용하였다. 법무부, 형법(총칙)일부개정법률안 제안이유서, 2011.

걸린 환자로 인해 다른 사람들이 전염병에 걸리거나 사망하였다고 하더라도 그 전염병환자를 처벌할 것이 아니라 치료해야 한다고 생각한다. 그런데 흉악범에 대해서는 그가 정신질환자라는 것을 무시해 가면서 엄벌해도 무방하다는 사고가 유지되고 있다.

그러나 이제는 이러한 고정관념에서 벗어나고 새로운 사고를 해야 할 때가 되었다. 흉악범에게 심신장애가 있을 수 있음을 과감하게 인정하고, 이 경우에는 처벌보다는 치료하는 방향으로 나아가야 한다. 이렇게 한다고 하여 사회가 위험해지는 것은 아니다. 치료감호 등과 같은 보안처분 등을 통해 사회의 안전을 확보할 수 있기 때문이다.

아마 멀지 않은 장래에 흉악범들의 범행을 정신의학적으로 매우 정확하게 설명할 수 있을 때가 올 것이다. 그 때에는 오늘날 흉악범이라고 불리웠던 사람들이 사실은 중증환자였다는 것이 밝혀질 것이다. 그리고 스스로 문명국가로 자부하는 우리 사회가 과거 미개사회에서처럼 환자들을 죄인으로 취급하고 치료 대신 처벌을 하는 부끄러운 짓을 하였다는 것이 증명될 수도 있을 것이다. 미래의 부끄러움을 줄이기 위해 미리 대비하는 것도 위험하기는 하지만 나쁘지만은 않을 것이다.

03

김 부 찬

제주대학교 법학전문대학원에서 국제법을 가르치고 있다.
법학전문대학원이 도입되기 전에는 법학부와 대학원에서 법철학도
강의하였으며 국제적 인권보장과 국제적 법치주의의 실현에 관심을 두고
연구를 계속해 왔다. 국제법평론회, 영남국제법학회, 그리고 대한국제법학회
회장을 역임하였으며 대한국제법학회로부터 古河 국제법학술상과 玄民 국제법학술상을
수상한 바 있다. 대표적인 저서로는 『법학의 기초이론』, 『국제법특강: 국제법의 쟁점
및 과제』, 그리고 영문 저서인 *Global Governance and International Law*가 있다.

국제적 법치주의는 실현 가능한가?*

Ⅰ. 서 론

Judith Shklar 교수는 오늘날 '법의 지배'(rule of law), 즉 '법치주의'라는 표현은 이념적으로 남용되고 너무 많이 일반적으로 사용됨으로써 그 개념이 무의미하게 되었다고 보고 있으며, Brian Tamanaha 교수는 법치주의의 개념은 대단히 모호하기 때문에 논자들마다 그 존재 자체에 대해서는 지지를 보내지만 내용에 대해서는 나름대로 확신을 가지고 온갖 다양한 방식으로 이해하고 있는 '선'(good)의 개념과도 같다고 보고 있다.[1]

그러나 Tamanaha 교수 자신도 법치주의는 계속 유지되고 찬양되어야 마땅한 (인류 역사의) 주요 성취라는 견해에 동조하면서 그 개념에

---

* 이 글은 "국제적 법치주의의 강화에 관한 고찰"(『서울국제법연구』, 제6권 2호, 1999, pp. 27-58)과 "Global Governance and the International Rule of Law"(『국제법학회논총』, 제45권 제2호, 2000, pp. 1-17)를 비롯하여 필자가 발표한 다수의 관련 논문을 참조하여 2017년 7월 3일 개최된 국제법평론회 주최 국제법 캠프의 강연자료로 작성한 것을 일부 보완한 것임을 밝힌다. 필자의 최근까지의 관련 논문과 2010년 말까지의 영문 논문은 대부분 『개정판 국제법특강: 국제법의 쟁점 및 과제』(보고사, 2018)와 *Global Governance and International Law*(BoGoSa, 2011)에 수록되어 있다.

1 Tom Bingham, *The Rule of Law*(London: Penguin Books, 2010), p. 5; Brian Z. Tamanaha, *On the Rule of Law — History, Politics, Theory —* (Oxford: Oxford University Press, 2004), p. 3; John F. Murphy, *The United States and the Rule of Law in International Affairs*(Cambridge: Cambridge University Press, 2004), p. 1.

대한 이론적 성찰을 시도하고 있는 것은,[2] 우여곡절에도 불구하고 법치주의가 인간 사회의 자유화 및 문명화 과정에서 결정적인 영향력을 행사해 왔기 때문인 것이다. 오늘날 법치주의는 민주사회와 독재사회를 구별하는 기준이 되며 사회의 문명화 정도를 판단하는 기준이 된다. 법치주의는 자유와 정의 그리고 평등과 복지를 지향하며 인간 사회의 평화적 존속을 위한 필수적 요건이라고 할 수 있다.[3]

본래 법치주의는 법체계(국내법)를 보유하면서 통치적 사회로 존재해 왔던 개별 주권국가들(sovereign States)의 영역 내에서만 문제되는 것으로 간주되어 왔던 것이 사실이다.[4] 그러나 국제공동체(international community)가 형성되고 국제법이 발전해 나감에 따라 법치주의는 점차 개별 국가의 영역을 벗어나서 국가들 간의 대외관계 및 국제공동체의 전 분야에 걸쳐서 기본적인 거버넌스(governance)의 원리로 적용되어야 한다는 생각이 확산되고 있는 것도 사실이다.[5] 이러한 관점에서 새롭게 맞이한 21세기에 있어서 주된 과제 가운데 하나가 바로 "국제적 수준에서의 법치주의의 확립"이라는 주장이 나온 것[6]은 매우 시의적절한 것이었다.

그러나 아직도 국제사회의 일각에서는 국제법의 법적 성질에 대한

---

2 Brian Z. Tamanaha, *ibid.,* pp. 4, 7-14; Bingham도 '법치주의'의 개념이 너무 불명확하고 주관적이어서 별 의미가 없다고 하는 견해에 대해서 세 가지 반론이 가능하다고 하면서, 첫째, 많은 사건에서 법관들이 판결을 내릴 때 법치주의를 언급하고 있다는 사실, 둘째, 법치주의는 매우 중요한 국제법적 문서에 확고하게 언급되고 있다는 사실, 그리고 셋째, 법치주의라는 표현은 이제 영국의 제정법에서도 사용되고 있다는 사실 등을 들고 있다(*ibid.,* pp. 6-9).

3 The Commission on Global Governance, *Our Global Neighborhood*(Oxford: Oxford University Press, 1995), p. 303.

4 박은정, 『왜 법의 지배인가』(돌베개, 2010), p. 326.

5 Jan Klabbers, Anne Peters, and Geir Ulfstein, *The Constitutionalization Of International Law* (Oxford: Oxford University Press, 2011), p. 59; Arthur Watts, "The International Rule of Law", *German Yearbook of International Law*, Vol.36, 1993, pp. 15-45.

6 "Laying Down the Law", by Paul Johnson, *Wall Street Journal*, 10 March 1999, A22(Brian Z. Tamanaha, *op. cit.,* p. 127에서 인용).

부정적인 관점이 엄존하고 있는 것이 사실이며, 설사 국제법의 법적 성질을 인정한다고 하더라도 그 실효성에 대한 비판적 입장들이 여전히 견지되고 있는 것도 부인할 수 없다. 이러한 국제사회의 현실 속에서 법치주의를 거론하고, 나아가서 그 확립을 위한 조건들을 검토하는 것이 매우 섣부르거나 이상주의적인 낙관론에 불과한 것이 아닌가 하는 비판이 제기되는 것이 이상하지 않을 수도 있을 것이다.

그리고 또 다른 한편으로는 국제적 수준에서의 법치주의의 확립에 관한 논의가 국제법의 '세계법'(world law)으로의 발전과 이를 바탕으로 하는 '세계국가'(world State)의 창설을 염두에 두고 있는 것이 아닌가 하는 의구심을 자아내고 있는 것도 사실이다. 세계국가나 세계법의 가능성에 대한 거론은 궁극적으로는 주권국가의 완전한 해체를 바탕으로 하고 있는 것이라는 점에서 매우 급진적인 접근일 뿐만 아니라 (주권국가들에 대해서는) 매우 위험한 발상인 것이 사실이기 때문이다.

이러한 배경 하에 본고에서는 국가와 같은 집권적(centralized) 정부기관을 결여하고 있는 국제사회에서의 법치주의, 즉 '국제적 법치주의'(international rule of law)가 어떠한 의미를 가지는 것인지, 국제적 법치주의는 어느 수준에서 실현 가능한 것인지, 그리고 국제적 법치주의의 확립이 인류의 앞날을 위하여 반드시 필요한 일이라면 그 실현을 위한 과제는 무엇인지에 관한 논의를 전개하고자 한다.

여기서 국제적 법치주의의 실현과 관련된 과제로 검토하게 될 '국제법의 인간화'(humanization of international law), '국제법의 헌법화'(constitutionalization of international law), 그리고 '글로벌 거버넌스'(global governance)의 강화 등은 최근 국제법 학계에서 새롭게 주목을 받기 시작한 '문제적 쟁점들'(problematic issues)이다.

II. 국제법 및 국제적 법치주의의 의의

1. 국제법의 법적 성질[7]

법규범을 포함하여 모든 사회규범은 그것이 성립되고 있는 사회의 구성원들, 즉 수범자(addressee)들이 그러한 규범을 승인하고 이를 지켜야만 하는 근거, 즉 규범으로서의 '권위'(authority), 즉 '타당성'(validity)의 근거를 가지고 있어야 한다. 이러한 의미에서 규범의 '권위' 또는 '타당성'은 그 규범이 효력(Geltung) 있는 규범으로 존재하기 위한 '필요조건'인 것이다.[8] 또한 그 '권위'가 인정됨으로써 효력 있는 규범으로 존재하고 있다고 하더라도 반드시 그 규범이 실제로 준수되고 이행되리라는 보장은 없다. 당위적 측면에서 일정한 행동을 명령하거나 금지하고 있는 규범은 오히려 그에 의하여 요구되고 있는 행위의 내용이 현실적으로는 제대로 이루어지지 않을 수 있다는 가능성을 전제로 하여 성립되고 있다. '당위규범'은 '자연법칙'과는 달리 인간 행위에 대한 '인과적 결정론'(Kausaldeterminismus)을 거부하며 현실적으로는 언제나 그 위반이나 침해가 예상될 수 있다는 데 그 특징이 있는 것이다.[9]

따라서 모든 사회규범은 그 수범자들에 의하여 정상적으로 준수되거나 혹은 위반되는 경우에 그에 따른 대응이 가능해야만 한다. 그 대응은 일정한 효과 발생이나 불이익의 형태로 나타날 수 있는데, 이를 넓은 의미에서 '제재'(sanctions)라고 하는 것이다. 모든 규범은 따라서 그 자신의 규범적 요소의 하나로 '제재'의 가능성 및 '제재'의 현실적

---

7 김부찬, "국제법상 제재의 개념과 변천", 『국제법평론』, 통권 제37호, 2013, pp. 13-19.

8 Nobert Hoerster, *Was ist Recht? — Grundfragen der Rechtsphilosophie*, 윤재왕 역, 『법이란 무엇인가?』(세창출판사, 2009), p. 58.

9 R. Zippelius, *Einfürung in das Recht*, 김형배 역, 『법학입문』(삼영사, 1990), p. 19.

집행을 위한 최소한의 체계(장치)를 가지고 있어야 한다고 본다. 흔히 말하는 규범의 '실효성'(effectiveness)은 이러한 제재의 요소를 통하여 담보되는 것이다.

국제법은 일종의 법규법으로서 자신의 타당성에 대한 근거와 제재 장치를 갖추고 있어야만 '법' 규범으로서의 존재성을 인정받으면서 실효적으로 기능을 수행할 수 있게 된다. 이하 이 점에 대하여 검토한다.

(1) 국제법의 타당성

전통적으로 국내법(municipal law)이 일국의 통일적 법체계에 속하는 법규범의 총체를 의미한다면, 국제법(international law)은 자신의 영역에 한하여 주권적·법적 관할권을 갖는 주권국가들을 기본적인 구성원으로 하여 성립되고 있는 국제사회의 법규범의 총체를 의미하는 것으로 정의되어 왔다. 간단히 말한다면 국내법은 '국가(국내사회)의 법'이며, 국제법은 '국제사회의 법'이라는 것이었다.

그러나 그동안 '국제법'의 법적 성질과 관련하여 법으로서의 효력을 가질 수 있는 '타당성(validity)의 근거' 또는 '권위'(authority)가 존재하지 않는다거나, 심지어 그 효력이나 준수를 보장할 수 있는 '제재'(sanctions) 장치가 없다는 이유에서[10] 그 법적 지위를 전적으로 부정하거나 최소화하려는 시도도 많이 있었다. 국제법의 법적 존재 및 법적 성질에 대한 논의는 오랫동안 계속되어 온 것이 사실이다.

16~17세기에 걸쳐서 근대국제법의 창시자로 규정되고 있는 H. Grotius 를 비롯하여 국제법의 선구자들인 F. de Vitoria, F. Suarez 등은 모든 법은 보편적이며 영원한 효력을 갖는 '정의의 원칙'(principles of justice), 즉 자연법(natural law)에서 나온다고 하면서 국가의 권리·의무에 관한 국제법 규칙들을 자연법적 원칙으로부터 도출하고자 하였다.[11]

---

10 J. L. Kunz, "Sanctions in International Law", *American Journal of International Law*, Vol.54, 1960, pp. 324-25.

그런데 Grotius 사후 18세기에 들어와 C. van Bynkershoek로부터 법실증주의에 바탕을 둔 국제법 연구가 시작되었다. 특히 E. von Vattel은 국가들의 '실정국제법'(positive international law)에 대한 준수 의무는 그들의 자발적 '동의'(consent)에 근거를 두고 있지만 '자연법'과 관련해서는 그들 자신의 양심(conscience)에 대해서만 책임을 진다고 하면서 그 법적 효력을 부정함으로써 법실증주의적 국제법학이 본격적으로 전개되는 계기를 마련하였다.12

15~17세기에 걸쳐서 주권국가의 성립 및 근대 국제사회의 형성 과정에 많은 기여를 한 '주권론'(theory of sovereignty)이 '법실증주의'(positivism)의 흐름과 더불어 근대 국제법학에 끼친 영향은 지대하였다. N. Machiavelli와 J. Bodin에 이어 국가 주권의 절대성을 주장했던 T. Hobbes나 J. Austin과 같은 실증주의 학자들은 법의 개념을 '주권자의 명령'(command of the sovereign)으로 정의하면서, 소위 국제법은 주권자에 의하여 정립되지 않았다는 근거에서 법으로서의 성격을 갖지 못한다고 하였다.13 이들은 법적 권위와 제재의 가능성을 오로지 주권국가의 의사 및 권력에 근거하여 설명하고 있다.

이들은 국제사회에는 주권국가들에 대하여 '우월한 권위'(superior authority)나 정부적 강제기구가 존재하지 않기 때문에 국가에 대하여 구속력을 갖는 '국제법'이 성립될 수는 없다고 보았던 것이다.14 이들은 이른바 국제법은 기껏해야 '실정적 도덕'(positive morality)에 불과하다고 하였다.15 Jellinek도 국제법은 국가의 '자기제한'(self-limitation)에 근거하

---

11 Peter Malanczuk, *AKEHURST's Modern Introduction to International Law*, 7th rev.(London and New York: Routledge, 1997), pp. 15-16.

12 *Ibid.*, pp. 16-17.

13 *Ibid.*, p. 17; D. Lloyd, *The Idea of Law*(New York: Penguin Books, 1983), p. 175, pp. 183-186; John Austin, *The Province of Jurisprudence Determined*, 1832, pp. 86-88.

14 국제법의 법적 성질에 대한 부정론의 근거와 이에 대한 비판에 대해서는 Terry Nardin, *Law, Morality and the Relations of States*(Princeton University Press, 1984), pp. 115-148 참조.

15 Wolfgang Friedmann, *The Changing Structure of International Law*(New York: Columbia

여 설정되는 것으로서 그 자체로서(*per se*) 법적 지위를 가질 수는 없고 단지 국가의 '대외적 국가법'(äusseres Staatsrecht)으로서만 효력을 가질 수 있다고 주장하였다.

현대 국제법 시대에 들어와서 Triepel, Anzilotti, 그리고 Oppenheim 등은 국내법과 국제법의 법적 성질을 다 같이 인정하면서도 양자는 서로 다른 법체계에 속한다고 하는 '이원론'(dualism)의 입장을 견지하였다. 이들은 '의사주의'(voluntarism)에 입각하여 국내법은 일국의 '의사'(will)에 근거를 두고 성립되는 반면에 국제법은 둘 이상의 국가 간의 '합의'(compromise) 또는 '공동의사'(common will)에 근거를 두어 성립한다는 점을 그 근거로 들고 있다. 이들은 그 결과 국제법과 국내법은 서로 다른 법의 주체, 규율 대상 및 타당 범위를 갖기 때문에 서로 충돌하지도 않으며 특별한 조치가 없이는 상대방의 영역에서 효력이 발생되지도 않는다고 한다.

반면에 법실증주의자의 한 사람인 H. Kelsen은 규범주의의 입장에서 국제법의 법적 성질 및 국제법의 국내법에 대한 우월적 지위를 논증하고 있다. Kelsen은 Austin과 같은 '법명령설'(command theory of law)에 의존하지 않고 나름대로 독자적인 논거를 제시하면서 국제법의 법체계적 지위를 논증하고 있다.[16] Kelsen은 국제법의 효력근거를 '근본규범'(basic norm, Grundnorm)에 두고 있으며 '위임의 우위'(Delegationsprimat)에 입각하여 국제법의 국내법에 대한 우위를 설명하고 있다. 켈젠에 의하면 모든 법질서는 각각 '세계법'(world law)이 될 것을 요구하며 각 법질서 속에는 제각기 '규범체계의 통일'이라는 요청이 포함되어 있다고 한다. 그리하여 한편으로는 법체계가 하나의 세계법을 정점으로 떠받든다고 하는 논리적 귀결이 성립한다고 한다. 그러나 실제로 각 법질서는 법체계의 '세계법적 완결'을 스스로의 체계 속에서 성취하

University Press, 1964), p. 83.
16 D. Lloyd, *op., cit.*, pp. 195-96.

려는 의도를 가지고 있기 때문에 다른 법질서와 충돌되는 결과를 보이게 된다. 그런데 바로 이러한 현실이 법적 안정성의 요청에서 모든 개별국가의 법질서 위에 있는 법, 즉 국제법의 존재를 인정해야만 하는 논리적 근거가 된다는 것이다.[17] J. L. Brierly,[18] W. Friedmann[19] 그리고 H. L. A. Hart[20] 등도 정도의 차이는 있으나 국가의 권력적 의사나 실정적 규범이 아니라 국제법 규범의 존재에 대한 확신 내지 승인에 입각하여 그 존재 근거를 설명하고 있다.

T. Franck는 현실주의 및 법실증주의적 경향에 대항하여 소위 '가치지향적 방법론'(value-oriented approach)을 통하여 국제법의 의무 근거를 설명하고자 한다. 즉, Franck는 국제법의 근거 및 준수가 오로지 '권력'(power)을 통해야만 설명이 가능하다고 보는 입장에 반대하면서, 국제법에 대한 '자발적 복종'을 유도하기 위한 요소로 '정당성'의 개념을 원용하는 이른바 '정당성 이론'(legitimacy theory)을 정립한 바 있다.[21] Franck는 초기에는 절차적 형식과 관련하여 '정당성'의 요소를 강조하였으며, 후기에는 법적 의무의 원천과 관련하여 '공정성'(fairness)과 '정당성'의 문제를 제기하였다. 당초 Franck가 절차적인 문제로 접근했던 규칙의 정당성 문제는 '절차적 공정성'(procedural fairness)을 거쳐 '실질

---

17 Hans Kelsen, *Principles of International Law*, 2nd ed. (rev. & ed. by Robert W. Tucker)(New York: Holt, Rinehart, and Winston, 1966) 참조.

18 Brierly는 국제법을 포함한 모든 법의 근거는 법철학적으로 탐구되어질 수 있는 문제라고 하면서, "인간이 단순한 개인이거나 또는 국가 내에서 타인과 결합되어 있거나 상관없이 인간이 이성적 존재인 한 인간이 살아가야 할 세계의 지배원리는 질서이지 혼란은 아니라는 것을 믿지 않을 수 없다"는 데에서 법의 구속력에 대한 궁극적인 해답이 나온다고 한다(J. L. Brierly, *The Law of Nations*, 6th ed.(Oxford: Clarendon Press, 1976), p. 56).

19 "The best evidence for the existence of international law is that every actual state recognizes that it does exist and that it is itself under obligation to observe it."(W. Friedmann, *op., cit.*, p. 86).

20 H. L. A. Hart, *The Concept of Law*(Oxford: Oxford University Press, 1993), pp. 208-231.

21 Thomas M. Franck, *The Power of Legitimacy Among Nations*(Oxford: Oxford University Press, 1990); T. M. Franck, "Legitimacy in the International system", in Beth A. Simmons (ed.), *International Law*, Vol. II (SAGE Publications Ltd., 2008), pp. 3-30.

적 공정성'(substantial fairness)의 문제로 발전하였다. 이는, 실질적으로 공정한 규칙은 강제성이 없는 경우에도 법적 의무와 함께 법의 준수에 대한 견인력(compliance-pull)을 발휘할 수 있다고 하는 것이다.22

생각건대, 법의 존재 또는 '타당성'이 인정되는 것은 단지 주권적 권력기관에 의하여 의도적으로 정립되었기 때문만은 아니다. 또한 입법적 권한을 가지고 있는 기관에 의하여 정립되었다고 모두 법으로서의 효력을 갖게 되는 것도 아니다. 자연법이든 실정법이든, 또는 제정법이든 관습법이든 그것이 법으로서의 효력을 갖게 되는 것은 그로 하여금 법으로서의 효력을 갖게 해 주는 '권위,' 즉 '법효력의 근거'가 존재하기 때문이다.

어느 규범에 대한 법적 '타당성'이나 '존재성'이 인정되는 경우, 그것이 실제로 얼마나 잘 준수되고 있는지에 대한 논의는 타당성 여하와는 별개로 접근해야만 하는 '실효성'의 문제에 속한다. 따라서 국제법과 관련하여 '실효성' 또는 실효성을 뒷받침하는 제재 또는 강제력(coercive forces)이 미흡하다는 점을 근거로 그 존재성이나 효력을 부정하는 것은 타당하다고 할 수 없는 것이다.

(2) 국제법의 제재 및 실효성

근대의 국가 간 체제 속에서 형성된 국제법은 태생적으로 개별국가의 국내법과는 다른 특성을 가지고 있다. H. Morgenthau는 국제법의 이러한 특성을 '분권적'(decentralized)인 성격으로 규정하였다.23 이처럼

---

22 오병선, "국제법의 가치지향적 연구방법에 대한 일고찰", 『서울국제법연구』, 제18권 제2호, 2011, pp. 139-42; Andrew T. Guzman, "A Compliance-based Theory of International Law", *California Law Review*, Vol.90, 2002, pp. 1834-1835; Sean D. Murphy, *Principles of International Law*(St. Paul, MN: Thompson/West, 2006), p. 157; Louis Henkin도 법은 '제재' 때문이 아니라 공동체가 이를 '권위 있는'(authoritative) 것으로 수용함으로써 효력이 발생하고 준수된다는 입장이다(M. E. O'Connell, *The Power & Purpose of International Law*(Oxford: Oxford University Press, 2008), p. 71).

23 Hans J. Morgenthau and Kenneth W. Thompson, *Politics Among Nations*, 6th ed.(Alfred A. Knopf, Inc., 1985), pp. 293-327.

국제법은 법의 '정립,' '적용' 그리고 '집행'을 담당하는 '집권적'(cen-tralized) 정부기관이 없는 국제사회 속에서 형성되고 발전되어 온 것이 사실이다. 오늘날 비록 국제법학계에서는 국제법의 법적 성질에 대한 부정론이 거의 사라졌지만 아직도 국제정치학이나 국제관계학을 보면 국제법의 존재 및 역할에 대한 회의론이 여전히 사라지지 않고 있음을 알 수 있다.

국제법의 효력에 대한 부정적인 평가는 주로 국제법의 실효성에 대한 부정적 평가를 바탕으로 하고 있다.[24] 그러나 앞에서 언급한 바 있듯이, 어떠한 규범도 그 자체로 제재의 요소 및 가능성은 모두 가지고 있으며 다만 그 현실적 형태와 활용 가능성만이 문제가 되는 것이다. 어쨌든 국제법의 경우에도 그 준수 및 이행을 담보하기 위한 제재 장치가 심리적인 형태든 물리적인 형태든 존재하고 있는 것이다.

오늘날 국제법상 '제재'의 개념에 관하여 유권적인 정의를 내리고 있는 문서나 법규가 존재하지는 않는다.[25] 따라서 국제법의 경우 제재의 개념 및 방식은 논자에 따라 매우 다양한 형태로 이해되고 있다. 법위반에 대한 '사후조치'가 아니라 법위반을 '방지'하거나 일정 외교적 목적을 달성하기 위한 '유인책'에 대해서 '제재'라는 용어를 사용하여 '적극적 제재'(affirmative sanctions)로 규정하기도 하며,[26] 실질적으로 제재에 해당하는, 국제법 위반에 대하여 취해지는 조치에 대해서 '제재'라는 용어를 사용하지 않는 경우도 있다.[27]

그러나 '국제법상 제재'는 국제법 위반에 따른 효과 또는 조치로서의 개념적 본질을 가지고 있는 것이다.[28] 이러한 관점에서 보면, 이른

---

24 P. Malanczuk, *op. cit.*, pp. 6-7.
25 Jean Combacau, "Sanctions", in: R. Bernhardt (ed.), *Encyclopedia of International Law*, Vol. IV (2000), p. 312.
26 Jeremy M. Farrall, *United Nations Sanctions and the Rule of Law*(Cambridge: Cambridge University Press, 2007), pp. 6-7.
27 그 대표적인 경우가 '국가책임법' 관련 논의 및 초안 채택 과정이다(J. Combacau, *op. cit.*, p. 311).

바 '일방적 제재'(unilateral sanction), '집단적 제재'(collective sanction)와 같이 국가 또는 국가들에 의하여 이루어지거나 국제기구를 중심으로 이루어지는 조치들만이 아니라, 개인의 국제범죄(international crimes)에 대한 처벌과 국제법 위반행위의 '무효화'(invalidation), 국가 및 국제기구에 대해서 추궁될 수 있는 '국제책임'(international responsibility) 등도 널리 국제법적 제재의 범주에 속한다고 본다.[29]

오늘날 절실히 필요한 것은 국제법공동체 속에서 국제적 법치주의를 실현해 나갈 수 있도록 국제법을 확충하고 그 제재 수단을 발전시켜 나가는 일이다. 이와 관련하여 국제공동체는 재판소를 비롯하여, 국제분쟁을 해결하고 국제법 위반에 대한 제재를 실효적으로 가할 수 있는 제도적 장치를 확보해 나가지 않으면 안 된다. 이를 통하여 국제법이 실효적으로 준수되거나 이행될 수 없다고 한다면 국제법의 현실적 기능 수행에는 많은 한계가 따를 수밖에 없고 국제적 법치주의의 구현도 한계에 봉착할 수밖에 없을 것이다.[30]

2. 국제적 법치주의의 의의

(1) 법치주의의 의의

철학적 의미로 보면 법치주의 내지 법의 지배는 곧 이성의 지배(rule of reason)를 의미하며,[31] 그 목적은 인간공동체의 공동선(common good)의 실현에 있다고 본다. 법치주의는 고대 그리스의 철학자들인 Platon

---

28 *Ibid.*, p. 312.
29 *Ibid.*, pp. 312-13; 김부찬, 전게논문(주 7), pp. 23-31 참조.
30 Jack L. Goldsmith and Eric A. Posner, *The Limits of International Law*(Oxford: Oxford University Press, 2005) 참조.
31 Ian Shapiro (ed.), *The Rule of Law*(New York: New York University Press, 1994), pp. 328-330; 김정오·최봉철·김현철·신동룡·양천수, 『법철학: 이론과 쟁점』(박영사, 2012), pp. 213-215.

과 Aristoteles에서 그 기원을 구할 수 있으며, Cicero를 대표로 하는 로마의 스토아 학파(the Stoics)를 거치면서 발전하였다. 법치주의는 Locke를 중심으로 근대의 사회계약론(theory of social contract) 및 자유주의(liberalism)의 흐름과 연계되면서 근대 자연권론(natural-rights theory) 및 자유자본주의(free capitalism)적 국가관의 토대를 형성하기에 이르렀다.[32]

법학적 의미에서 보면 법치주의는 정치적 공동체인 국가에 있어서 자의적인 '인간의 지배'(rule of man) 또는 '힘의 지배'(rule of power)를 배제하고 이성에 근거한 '합리적인 법규'에 의하여 통치되도록 함으로써 정부의 자의적 권력을 제한하는 것을 목표로 한다는 점에서,[33] 전통적으로 자연법론(natural-law doctrine)이나 자유주의적 국가관이 추구하고 있는 인간 본성(human nature) 내지 인간의 존엄성 존중의 요청과 부합된다.[34] 인간에 대한 국가의 지배는 그 어느 경우에도 '인간에 대한 봉사'라는 점에서 그 정당성을 찾아야 한다는 것이 법치주의의 본질적 의미인 것이다.[35]

그러나 자연법론이 퇴조하고 법실증주의(legal positivism)가 득세하던 시대에 법치주의는 극단적인 '형식주의'(formalism)로 흐르기도 하였다. 즉, 자연법론에 의한 비판이 사라진 역사적 무대에서 법실증주의는 일종의 권력적 실증주의와 다를 바가 없게 되었으며 법치주의는 곧 '법

---

32 Brian Z. Tamanaha, *op. cit.*, pp. 7-59; 김정오 외 4인, 상게서, pp. 218-219.
33 Tamanaha는 법치주의의 개념이 갖고 있는 요소(주제)로서 '법에 의한 정부(통치)의 제한'(government limited by law), '형식적 합법성'(formal legality), 그리고 '사람이 아닌 법의 지배'(rule of law, not man) 등 세 가지를 들고 있다. 그리고 '형식적 합법성'과 관련해서는 법의 '일반성'(generality), 법 '적용의 평등'(equality of application), 그리고 법의 '확실성'(certainty)이 문제된다고 한다(Brian Z. Tamanaha, *ibid.*, pp. 114-126); 篠田英朗 (시노다 히데아키)는 법치주의(법의 지배)의 가장 중요한 '기본적 방향성'은 바로 '人의 지배'를 배제하는 데 있다고 한다(시노다 히데아키 지음·노석태 옮김, 『평화구축과 법의 지배: 국제평화활동의 이론적·기능적 분석』(한국학술정보(주), 2008), pp. 37-43).
34 김정오 외 4인, 전게서, pp. 215-216; 김부찬, "21세기 국제법 발달에 대한 자연법론의 영향—'국제적 법치주의'를 중심으로—", 『국제법평론』, 통권 제36호, 2012, pp. 10-11.
35 Werner Maihofer, *Rechtsstaat und Menschliche Würde*, 심재우 역, 『법치국가와 인간의 존엄』 (삼영사, 1994), p. 55.

에 의한 지배'(rule by law)를 의미하는 것으로 그 의미가 변질되었던 것이다. '법에 의한 지배'의 논리에 따르면 국가의 통치가 단지 법에 근거를 두고 있기만 하다면 그 정당성이 인정될 수 있다는 주장이 성립될 수도 있었다. 민주주의(democracy)든 독재(dictatorship)든 '법'에 의하여 통치를 하는 국가는 모두 '법치국가'(Rechtsstaat)로 규정될 수밖에 없었으며, 그 결과 극심한 인권침해를 자행한 독재국가도 법치국가의 미명을 내걸 수 있었던 것이다.[36]

법의 '형식적 합법성'(formal legality)만을 중시하는 '형식적'(formal) 법치주의를 극복하기 위하여 법의 '내용'을 중시하는 '실질적'(substantive) 법치주의의 확립에 대한 관심이 고조되기 시작하였다.[37] 당초 실질적 법치주의는 자유주의의 전통과 맥을 함께 하는 것이다. 국가의 목적이 개인의 자유와 권리의 보장에 있다는 자유주의적 흐름은 일찍이 영국에서 시작되었다. 영국에서는 개인의 자유와 권리를 보장하기 위하여 법이 마련되어야 하고 정부의 통치, 즉 권력 행사는 헌법(constitution)에 입각하여 이루어져야만 한다는 입헌주의 또는 헌법주의(constitutionalism) 전통이 오래 전부터 이어지고 있었다.

이러한 배경 하에 영국의 법치주의는 헌법주의 및 자유주의 사상과 결합된 '법의 우위'(supremacy of law) 이론으로 발전되었다. 헌법학자인 Dicey는 정부권력의 제한, 법 적용의 평등, 그리고 사법과정의 우위 등 법치주의의 절차적 요소를 구체화함으로써,[38] '형식적 법치주의'의 요소를 분명하게 정립하고 이를 토대로 법이 실질적으로 그 내용에 자유

---

36 그 대표적인 예가 바로 나치 독일(National Socialist Germany)이다(Simon Chesterman, "Rule of Law", in R. Wolfrum (ed.), *The Max Planck Encyclopedia of International Law*, Vol. VIII(Oxford: Oxford University Press, 2012), p. 1015).

37 김정오 외 4인, 전게서, p. 223; 篠田英朗는 '형식적' 법치주의를 '협의의' 법의 지배로 '실질적' 법치주의를 '광의의' 법의 지배로 설명하고 있으며 이는 옥스팜(Oxfam)의 Roma Mani가 전자를 'minimalist'로 후자를 'maximalist'로 표현하고 있는 것과 유사하다(시노다 히데아키 지음·노석태 옮김, 전게서, p. 40).

38 S. Chesterman, *op. cit.*, p. 1015.

주의적 요소를 반영해 나갈 수 있도록 하였다.[39]

법치주의는 민주주의 절차에 따른 형식적 합법성을 충족해야 할 뿐만 아니라 법의 내용이 개인의 자유와 권리를 보장하기 위한 역할을 수행할 수 있도록 해야만 한다는 점에서 그 실질적인 측면이 강조되기 시작하였던 것이다.[40] 이에 따라 오늘날 법치주의는 '실질적 법치주의'를 의미하게 되었으며 이에는 형식적 법치주의의 요소도 당연히 포함되게 되었다.[41]

실질적 의미의 법치주의는 개인의 자유를 보장하고 사회적 복지의 실현을 내용으로 하는 법규범을 형식적 합법성의 절차에 따라 마련하고 법 우위의 원칙에 따라 국가의 권력 작용을 이에 따르게 함으로써 인간생활의 기초가 되는 자유·평등·복지를 실현시키려는 국가의 구조적·통치적 원리를 의미한다. 법치주의는 인간의 존엄성과 자유를 존중하고 평화로운 인간 공동생활의 전제가 되는 정의로운 생활환경을 조성할 뿐만 아니라 국가의 권력작용을 순화시킴으로써 국가존립의 기초를 든든히 하기 위한 것이다.[42]

한편 인간 사회는 오랫동안 국가를 중심으로 형성되어 왔으며 오로지 국가들만이 정치적 또는 법적 사회로 인식되어 온 것이 사실이다. 법의 역할이나 기능은 기본적으로 어느 국가 영역 내에 한정되는 것으

---

39 시노다 히데아키 지음·노석태 옮김, 전게서, pp. 45-47.
40 Tamanaha는 '법치주의'의 양태를 형식적 접근과 실질적 접근으로 구분한 다음 각각의 경우를 '약한'(thin) 단계로부터 '강한'(thicker) 단계까지 3 단계로 구분하여 설명하고 있다. 이에 따르면 법이 단지 '통치수단'으로만 활용되는 '법에 의한 지배'(rule by law)가 형식적 측면에서 가장 약한 단계의 법치주의에 해당하며 이는 중간의 '형식적 합법성'(formal legality) 단계를 거쳐 가장 높은 '민주주의적 합법성'(democracy+legality)의 단계에 도달한다고 한다. 그리고 실질적 측면에서 보면 단지 '개인의 권리'(individual rights)가 보장되는 약한 단계로부터 '인간의 존엄 및 정의에 대한 권리'(right of dignity and/or justice)가 보장되는 중간 단계를 거쳐 '사회복지'(social welfare)의 실현을 내용으로 하는 가장 높은 단계로 법치주의가 진행된다고 한다(Brian Z. Tamanaha, *op. cit.*, pp. 91-113).
41 *Ibid.*, p. 102.
42 *Ibid.*, pp. 102-113; 허영, 『한국헌법론』, 新3판(박영사, 2003), pp. 141-143.

로 이해되어 왔기 때문에 법치주의의 문제도 당연히 국내법적 관점에서 접근되어졌다. 그러나 근대 이후 주권국가 간의 관계를 중심으로 국제사회가 형성되고 점차 국제공동체로 발전하는 과정을 거쳐 왔으며 이에 따라 국제적 법치주의가 그 주된 과제로 대두되고 있는 것이다.

(2) 국제공동체의 형성 및 국제적 법치주의

근대의 국제사회는 기본적으로 주권국가들(sovereign States)에 의하여 형성된 사회였다. 이와 관련하여 이른바 '국제사회'는 어떠한 '사회'인가, 국제사회는 과연 '법적 공동체'로서의 성격을 가지고 있는가 하는 논의가 주로 국제정치학이나 국제관계론을 중심으로 이루어져 왔다. 국제관계론자인 H. Bull에 의하면 국제사회 내지 국제질서를 보는 기본 시각으로, 첫째, Machiavelli 또는 Hobbes적 전통(the Machiavellian or Hobbesian tradition)에 해당하는 현실주의적 국제질서관, 둘째, Kant적 전통(the Kantian tradition)에 해당하는 보편주의적 국제질서관, 그리고 셋째, 합리주의 또는 Grotius적 전통(the Rationalist or Grotian tradition)에 해당하는 국제주의적 국제질서관 등이 있다고 한다.[43]

T. Hobbes를 대표로 하는 정치적 현실주의(political realism)[44]의 입장에서는, 소위 국제사회는 구성원들 간의 공동체 의식보다는 대립·충돌의식이 더 강한 무질서한 '사회'로 본다. 이러한 입장에서 보면 국제사회는 여러 주권국가들의 단순한 集積(congeries)으로 이루어지고 있는 '무정부적인'(anarchical) 것으로서 이 주권국가들에 대한 어떠한 상위의 법적·도덕적 통제도 인정되지 않는다고 한다.

---

43 이상우, 『국제관계이론』, 3정판(박영사, 1999), pp. 100-106.
44 국제관계에서 현실주의의 입장은 이상주의와는 정반대이다. 현실주의자들은 국제관계에서 이상보다는 권력과 이익을 더 강조하고, 현상유지적이며, 경험적이고, 역사의 교훈을 존중하며, 국제평화에 대해서는 비관적이며 국제관계를 포함한 사회과학 일반에서 권력만이 기초 개념이 될 수 있다는 견해를 갖고 있다(James E. Dougherty & Robert L. Paltzgraff, Jr., *Contending Theories of International Relations*(Philadelphia: Lippincott, 1971), p. 7, 상게서, p. 83에서 인용).

이에 반하여 I. Kant와 같은 이상주의(idealism) 또는 보편주의(universalism)적 입장에서는 국제정치질서를, 국가들의 국경을 초월하는 인간들을 중심으로 하는 보편적 '인류공동체'(the community of mankind)로 규정한다. 이러한 관점에서는 국가들의 존재 근거도 인권 보장을 통한 인류 또는 개인들에 대한 봉사에 있다고 하며, 모든 인류가 직접적인 구성원이 되고 단일의 '보편적인 세계질서'(universalist world order)[45]에 입각한 '세계공동체'(world community)가 지향점으로 제시되고 있다.

이들과 비교하여 H. Grotius를 대표로 하는 국제주의적(internationalist) 시각은 '중간적인' 입장이라고 할 수 있다. 근대 국제사회의 이념적 기초를 정립했던 Grotius의 견해에 따르면 국제사회는 '국가들의 사회'(society of States)로서, 그 구성원인 국가들은 국제사회 또는 국제공동체가 정하는 규칙과 제도에 의존하면서 서로 공존하고 이를 바탕으로 공통의 목표와 과제를 위하여 서로 협력하는 국제질서를 갖춘 '사회'라고 인식한다. 또한 국제체제의 주체 또는 국제사회의 구성원으로서 국가들은 '주권적 존재'로 인식되었는데, 주권(sovereignty)은 대내적으로는 최고의 '자율적 지배 권력'으로 인식되었으며, 대외적으로는 국가의 독립성(independence) 내지 평등(equality)을 의미한다고 보았다.

1648년 '베스트팔렌 조약'(Treaty of Westphalia)을 통하여 확인된 근대 주권국가 및 국제사회의 존재 및 성격은 18, 19세기를 거쳐 20세기를 거치는 동안 크게 달라지지 않았던 것이 사실이다. 여전히 국제사회는, 국가들과 비교하여 볼 때 아직 '집권적 사회'(centralized society)로서의 조건을 충족시키지 못한 미성숙의 또는 원시적인 단계의 '분권적인 사회'의 특성을 가지고 있었던 것이다.

국제사회는 20세기 중반에 제노사이드(genocide)와 세계대전의 참혹한 비극을 경험하고 유엔(the United Nations)이라고 하는 국제기구를 창

---

45 뒤에서 설명하겠지만 Bull은 이러한 질서에 대하여 그로티우스적 국제질서와 달리 '헌법적'(constitutional)이라는 표현을 사용하고 있다(Jan Klabbers *et al., op. cit.*, p. 8).

설한 이후 20세기 후반에서부터 점차 조직화·통합화되는 이른바 '세계화'(globalization)[46]의 과정을 거쳐 왔다. 오늘날 21세기에 있어서 국제사회의 공동체적 요소는 훨씬 더 강화된 모습을 보이고 있는 것이 사실이다.[47] 세계화는 현재 국가 및 국제사회에 대하여 가장 중요한 도전적 요소들 가운데 하나로 인식되고 있으며, 이들 국가 및 국제사회에 대한 구조적 변화를 초래하고 있는 중이다.[48]

20세기에 들어와서 급증하기 시작한 '국제기구들'은 정부간기구들은 물론 수많은 비정부기구들을 포함하여 국제사회의 '상호협력'과 '조직화' 추세를 뚜렷이 증명하고 있다. 20세기를 거쳐 21세기에 들어와서 국제법은 국제사회의 다양한 주체들 및 행위자들 간의 관계를 대부분 규율할 수 있는 수준과 범위로 확충됨으로써 근대적 의미의 국제사회는 점차 국제법에 바탕을 둔 '국제공동체'(international community)로 발전해 왔다고 해도 과언이 아닌 것이다.[49]

---

46 globalization의 의미에 대해서는 많은 논의가 있으며 아직도 확정된 개념이 없는 것이 사실이다. 다만 경제·사회·문화 등 제분야에서의 인간의 활동이 특정 국가의 영역을 벗어나 전 세계적 범주에서 이루어지고 국가를 비롯하여 국제공동체 전 구성원들 간의 상호의존적 협력체계가 갖추어지는 과정을 의미하는 것으로 이해되고 있다. 이러한 과정에서 교통과 정보통신의 발달이 결정적 역할을 수행해 왔다고 본다. 이에 대해서는 A. LeRoy Bennett and James K. Oliver, *International Organizations: Principles and Issues*, 7th Ed.(Upper Saddle River: Prentice Hall, 2002), pp. 13-15, 274; Robert T. Kudrle, "Three Types of Globalization: Communication, Market, and Direct", in Raimo Väyrynen (ed.), *Globalization and Global Governance*(Lanham·Boulder·New York·Oxford: Rowman & Littlefield Publishers, Inc., 1999), p. 3 참조.

47 Joel P. Trachtman, *The Future of International Law: Global Government*(Cambridge: Cambridge University Press, 2013), p. 173; Francisco O. Vicuña, *International Dispute Settlement in an Evolving Global Society — Constitutionalization, Accessibility, Privatization —* (Cambridge: Cambridge University Press, 2004), p. 3.

48 Michael J. Warning, *Transnational Public Governance — Networks, Law and Legitimacy —* (New York: Palgrave Macmillan, 2009), p. 1.

49 김부찬, "New Trends in International Law and the Common Heritage of Mankind", 『국제법학회논총』, 제40권 제1호, 1995, p. 19; Hermann Mosler, *The International Society as a Legal Community*(Alphen aan den Rijn: Sijthoff & Noordhoff, 1980), p. 15; William L. Tung, *Interna- tional Law in an Organizing World*(New York: Thomas Y. Crowell Company, 1968), pp. 26-29.

원래 국제공동체는 국가들과 더불어 인류가 그 속에서 삶을 영위하고 있는 '인류공동체'(community of humankind) 가운데 하나의 형태에 해당한다.[50] "사회 있는 곳에 법이 있다"(*ubi societas ibi jus*)라는 法諺이 의미하듯이, 국제공동체도 스스로의 '법체계'를 전제하지 않으면 그 존재와 기능을 설명할 수 없게 된다. 이처럼 국제공동체도 공동체의 질서를 유지하고 그 구성원들이 함께 협력하며 공존할 수 있도록 해 주는 규범, 즉 법질서의 존재를 필요로 하는 것이다.[51]

오늘날 국제공동체는 기본적 구성원인 국가들뿐만 아니라 20세기 이후 급증하고 있는 국제기구들 그리고 나아가서 그 구성원 가운데 가장 기초적인 단계에 해당하는 개인들이 모두 포함된 인류공동체 또는 '세계시민사회'(world civil society)로 변화되고 있으며, 이에 따라 인류의 자유와 안전, 그리고 복지를 최대한으로 그리고 평등하게 보장하는 질서, 즉 '법치주의' 질서를 수립하는 것이 무엇보다 필요한 과제로 대두되고 있다.[52] 국제공동체에 있어서도 법치주의가 실현되어야만 한다는 의미에서 '법치주의의 세계화'(globalization of the rule of law) 또는 국제적 법치주의 문제가 국제공동체의 현안 과제로 등장하고 있는 것이다.[53]

---

50 이태재, 『법철학사와 자연법론』(법문사, 1984), p. 345.

51 김부찬, 『법학의 기초이론』(동현출판사, 1994), pp. 292-294.

52 Werner Maihofer, *op. cit.*, pp. 179-84; 최태현, "국제적 법치주의의 본질과 기능에 관한 소고", 『동아법학』, 제43호, 2009, p. 408.

53 Hans Kochler, *Democracy and the International Rule of Law*(Wien: Springer-Verlag, 1995); Boo Chan Kim, "The United Nations and the International Rule of Law", *Korean Yearbook of International Law*, Vol.1, 1997, pp. 86-90; 한편 이와 관련하여 Chesterman은 '국제적 법치주의'의 세 가지 측면을 다음과 같이 제시하고 있다: 첫째, 국가 및 다른 국제법주체들 상호간에 (국내적) 법치주의 원칙들을 적용하는 것, 둘째, 국내법규에 대한 인권규약의 우위성을 확립하는 것과 같이 국내법에 대하여 국제법을 우위에 두는 것, 셋째로, '세계적 법치주의'(global rule of law)의 단계로 현행 국내제도들의 공식적 중개를 거치지 않고 직접적으로 개인들을 규율하는 규범체계가 출현하는 것 등이다. Chesterman은 현 단계의 국제공동체 속에서 실현되고 있는 것은 첫 번째 의미의 법치주의이며 두 번째 의미의 법치주의는 유럽연합(EU)과 같은 (초국가적) 지역기구에서 이루어지고 있는 것으로 예외적인 경우에 해당한다고 보고 있다. 그리고 세 번째 의미의 세계적 법치주의

국제적 법치주의는 국제공동체에 있어서 힘이나 정치력이 주도하는 권력정치(power politics)를 배제하는 것을 목표로 한다. 주권국가나 국제기구의 강제력이나 권력은 확립된 법 원칙, 즉 국제법에 따라 발동되고, 국제분쟁 또한 국제법에 따라 평화적으로 해결되어야 한다는 것이다. 나아가서 국제적 법치주의는 인권, 사회정의 및 공동선을 지향하는 국제법을 통하여 인류 전체의 공동 이익 및 가치가 실현될 수 있도록 하는 것을 의미한다.54

오늘날 법치주의가 실질적·사회적 법치주의를 지향하고 있음에 비추어 국제적 법치주의는 자유·인권·환경·복지와 같은 인류 공통의 가치 및 과제의 해결을 위한 국제법의 적극적인 역할 및 그 실효성 제고를 위한 과제도 던져 놓고 있는 것이다. 동시에 국제적 법치주의는, 현재 국제공동체가 여전히 분권적 사회로서의 본질을 벗어나지 못하고 있어서 주권국가들과 같이 법치주의를 담보하기 위한 집권적 기구들을 보유하지 못하고 있다는 점을 고려하면, 오히려 그 성과를 제고하기 위한 방법 및 법제도적인 과제들에 대한 논의가 보다 활성화될 필요가 있음을 보여주고 있다.55

국제공동체의 중심적 역할을 수행하고 있는 유엔과 지역 차원에서 법적 공동체를 형성하는 데 앞장서 온 유럽이 국제평화 및 정의의 실현을 위하여 채택하고 있는 원칙 내지 가치 가운데 하나가 '법치주의'

는 세계법(global law)에 의하여 정의(justice)가 추구될 수 있을 때 비로소 가능한 형태로 보고 있으나, 현 단계에서도 선진화된 국가들에 의하여 구성된 세계적 기구를 통하여 (제한적으로) 실현될 수 있는 형태라고 한다(S. Chesterman, *op. cit.*, p. 1020; S. Chesterman, "An International Rule of Law?", *American Journal of International Law*, Vol. 56, 2008, pp. 355-356).

54 Tom Bingham, *op. cit.*, pp. 110-112; Mattias Kumm, "International Law in National Courts: the International Rule of Law and the Limits of the International Model", *Virginia Journal of International Law*, Vol. 44, p. 22.

55 Tamanaha는 이와 관련하여 국가들의 주권이 국제법에 의하여 제한을 받을 수 있는가? 국제법의 '형식적 합법성'(formal legality)을 충분히 확보할 수 있는가? 그리고 '모두를 위한 국제법'(an international law for all)이 가능한가? 하는 문제를 중심으로 검토하고 있다(Brian Z. Tamanaha, *op. cit.*, pp. 127-136).

이다.[56] 먼저 20세 중반인 1948년 총회에서 채택된 「세계인권선언」(Universal Declaration of Human Rights)은 그 전문에서 "… 사람들이 폭정과 억압에 대항하는 마지막 수단으로서 반란에 호소하도록 강요받지 않으려면 인권이 법의 지배를 통하여 보호되어야 함이 필수적 …"[57]임을 천명한 바 있으며, 1950년에 채택된 「인권 및 기본적 자유의 보호에 관한 유럽 협약」(European Convention on the Protection of Human Rights and Fundamental Freedoms)도 그 전문에서 "… 정치적 전통, 이상, 자유 및 법의 지배에 관한 공동의 유산을 갖고 있는 유럽 국가의 정부로서 세계인권선언 속에 규정된 일정한 권리를 집단적으로 실행하기 위한 최초의 조치를 취할 것을 결의"[58]한다고 천명한 바 있다.

21세기 들어와서는 「2005년 총회의 세계정상회의 결과물」(the General Assembly's 2005 World Summit Outcome)에서도 국내 및 국제적 수준에서의 법치주의에 대한 유엔의 관심과 의지가 적절히 지적되고 있다. 이 결과물을 보면 국제평화 및 정의의 실현이라는 국제공동체의 목표를 위하여 국내는 물론 국제적 수준에 있어서 법치주의에 대한 보편적 지지 및 이행에 대한 필요성이 제시되고 있음을 알 수 있다.[59] 나아가서 유엔은 2007년 총회 결의 62/70(the Rule of Law at the National and International Levels)의 前文에서 다음과 같이 천명하고 있다:[60]

---

56 Jan Klabbers *et al., op. cit.*, p. 59; Leo Gross, "The United Nations and the Role of Law", Roberts S. Wood (ed.), *The Process of International Organization*(New York: Random House, 1971), p. 341.

57 "… Whereas it is essential, if man is not to be compelled to have recourse, as a last resort, to rebellion against tyranny and oppression, that human rights should be protected by the rule of law, …"

58 "… *Being resolved*, as the governments of European countries which are like-minded and have a common heritage political traditions, ideals, freedom and the rule of law, to take the first steps for the collective enforcement of certain of rights stated in the Universal Declaration, …"

59 Resolutions adopted by the General Assembly(A/RES/60/1, paras. 11, 16, 119, 120, 134 참조.

60 "… *Reaffirming also* that human rights, the rule of law and democracy are interlocked and

"… 인권, 법치주의, 그리고 민주주의는 서로 연계되어 있으며 상호 보완관계에 있다는 점과 이들은 유엔의 보편적이고 불가분의 핵심적 가치이자 원칙에 속한다는 점도 재확인하고, 나아가서 국내 및 국제적 수준 모두에 있어서 법치주의에 대한 보편적 지지 및 이행에 대한 필요성, 그리고 정의의 원칙들과 함께 평화공존 및 국제협력의 토대를 이루고 있는 법치주의 및 국제법에 바탕을 둔 국제질서에 대한 유엔의 신성한 책임을 재확인하며 …"

Ⅲ. 국제적 법치주의의 실현을 위한 과제

1. 서   설

국제적 법치주의의 제고 또는 강화와 관련하여 가장 먼저 *관심을 가져야만 하는 것은 국제법을 확충하고 그 규범성 및 실효성을 제고하는 일일 것이다. 오늘날 국제법의 법적 성격을 부인하는 것이 비록 시대착오적인 태도라고 할지라도 그 적용 및 집행과 관련한 실효성에 대한 문제 제기는 끊임없이 이루어지고 있는 것이 사실이기 때문이다. 국제법의 규범적 효력의 기초를 이루는 '권위' 및 '타당성' 문제에 대한 재검토는 물론 국제법의 '이행' 및 '실효성' 확보를 위한 현실적 방안들을 모색하는 일들을 적극 추진할 필요가 있다고 본다.

국제법을 확충하는 것은 그 규율 범위를 확대하는 것을 의미한다.[61]

---

mutually reinforcing and that they belong to the universal and indivisible core values and principles og the United Nations, *Reaffirming further* the need for universal adherence to and implementation of the rule of law at both national and international levels and its solemn commitment to an international order based on the rule of law and international law, which, together with the principles of justice, is essential for peaceful coexistence and cooperation among States. …"(A/RES/62/70)

61 이는 국제법에 의하여 규율되지 않는 법적 '공백'(legal void)을 메꾸는 것을 의미하는

전통적으로 국가 간의 관계만을 규율하는 데서부터 오늘날 다양한 문제들과 관련하여 주권국가들 이외에 국제기구들과 개인들의 법적 지위와 상호관계를 규율하는 데까지 국제법의 주체 및 규율 범위가 확대되고 있는 것은,[62] 국제법이 곧 국제공동체의 법으로 그 위상 및 성격이 변화되었기 때문인 것이다.

오늘날 국제법은 유엔 국제법위원회(ILC)의 역할을 통하여 상당 부분 법전화(codification)되고 있으며, 국제법주체들 간의 다양한 형태의 조약 체결을 통하여 그 규율 범위를 점차 확대해 나가고 있다. ILC는 조약의 초안(draft)을 작성하는 임무를 수행해오고 있는데, 그 출범 초기부터 국제법의 점진적 발달 및 법전화 작업을 본격적으로 추진함으로써,[63] '국제법체계'를 형성하는 데 많은 공헌을 하여 왔다. ILC는 1996년 제48차 회기에서 국제법의 점진적 발달과 법전화의 범위를 심층적으로 분석한 후 국제법을 총 13개 분야로 구분하고 각 분야별로 ① 이미 ILC에서 검토가 종료된 주제 목록, ② 현재 검토 중인 주제

것으로서 규율대상에 대한 '法制化'(legalization)를 통해서 이루어지는 것이다. 넓은 의미에서 국제법의 '법제화'는 조약 등 法源의 증대와 관련분쟁의 해결을 위한 재판소의 확충을 포함하는 개념이며 나중에 언급할 국제법의 '憲法化'(constitutionalization)와는 구별되는 것이다. 즉, 국제법의 '법제화'는 '헌법화' 이전의 근대적인 국제질서, 즉 '비헌법적 질서'(non-constitutional order) 속에서 이루어지는 과정인 것이다(Jan Klabbers *et al., op. cit.*, p. 8.). 나중에 소개하겠지만 Anne Peters는 국제분쟁을 국제재판 절차를 통하여 해결해 나가는 것을 '司法化'(juridification)라고 한다(*infra* note 117).

62 John F. Murphy, *op. cit.*, p. 6.
63 국제법위원회는 1947년에 설립되었으며 그 해 개최된 제1회기에서 앞으로의 법전화를 위한 주제로서 다음과 같은 14개의 항목이 선정된 바 있다: ① 국가 및 정부의 승인, ② 국가 및 정부의 상속, ③ 국가 및 그 재산에 대한 재판권면제, ④ 국가영역 외에서 행해진 범죄에 대한 관할권, ⑤ 공해제도, ⑥ 영해제도, ⑦ 국적(무국적 포함), ⑧ 외국인에 대한 처우, ⑨ 비호권, ⑩ 조약법, ⑪ 외교관계 및 특권·면제, ⑫ 영사관계 및 특권·면제, ⑬ 국가책임, ⑭ 중재재판절차. 그리고 1971년 4월 23일 유엔 사무총장이 국제법위원회에 제출한 「국제법의 전망」(*Survey of International Law*, A/CN.4/245-23 April 1971)에 의하면 이외에 경제관계에 관한 법, 국가의 일방적 행위에 관한 법, 국제수로에 관한 법, 우주법, 환경법, 국제조직법, 무력분쟁에 관한 법, 국제형법 분야 등 다양한 분야가 포함되고 있다(B. G. Ramcharan, *The International Law Commission*(The Hague: Martinus Nijhoff, 1977), p. 64).

목록, 그리고 ③ 향후 검토 가능한 주제 목록으로 나누어 재조명한 바 있다.[64]

최근 인권 관련 조약을 중심으로 '자유권규약위원회'(Human Rights Committee) 등 그 이행보장제도도 많이 설치되고 있다. 나아가서 국제사법재판소(ICJ)를 비롯하여 국제해양법재판소(ITLOS), 국제형사재판소(ICC), 그리고 유럽연합사법재판소(ECJ) 및 유럽인권재판소(ECHR)를 비롯한 여러 지역인권재판소들도 국제공동체의 사법기관으로서 많은 역할을 수행하고 있는 것도 사실이다.

그러나 국제공동체 시대에 있어서 국제적 법치주의의 증진을 위해서는 국제법의 개념 및 역할에 대한 전향적인 접근을 통하여 그 확충 및 이행방안에 대한 보다 체계적인 접근이 필요하다고 본다. 국제법의 연원론과 관련하여 전통적인 접근을 과감히 벗어나고,[65] 국제적 재판기구들의 관할권 확대 민 판결의 이행을 확보하기 위한 실효적인 방안을 강구해 나갈 필요가 있는 것이다.[66] 사법체계의 확충을 포함하여 국제

---

64 이들 13개 분야는, 국제법의 연원(sources of international law), 국제법의 주체(subjects of International law), 국가와 기타 법인격자의 승계(succession of States and other legal persons), 국가 관할권 및 관할권으로부터의 면제(State jurisdiction/immunity from jurisdiction), 국제기구법(law of international organizations), 국제법상 개인의 지위(position of the individual in international law), 국제형사법(international criminal law), 국제공역법(law of international spaces), 국제관계법 및 책임(law of international relations/responsibility), 국제환경법(law of the environment), 경제관계법(law of economic relations), 무력충돌법 및 군비축소(law of armed conflicts/disarmament), 그리고 분쟁해결(settlement of disputes)이다. 이에 대해서는 박기갑, "유엔 국제법위원회 작업주제 선정", 『탈웨스트팔리아 시대에 있어서 국제법의 역할』(대한국제법학회 2013년 국제법학자대회자료집), pp. 25-26 참조.

65 이와 관련하여 최근 국제기구를 중심으로 조직적·집권적 형태의 국제법 정립(조약체결) 방식이 이루어지고 있다고 평가되거나 그 가능성이 제시되고 있음을 알 수 있다. 이러한 방식은 '국내입법'에 상응하는 의미에서 이른바 '국제입법'(international legislation)으로 규정되기도 하고 '공동체 입법'으로 표현되기도 한다(정인섭, 『新국제법강의』, 제5판(박영사, 2014), p. 79; 김부찬·이진원, "국제입법의 가능성과 한계 ─ 유엔 안전보장이사회에 의한 '입법적 결의'를 중심으로 ─", 『서울국제법연구』, 제18권 1호, 2011, pp. 81-116; 橫田洋三 編·박덕영 옮김, 『국제사회와 법 ─ 국제법과 인권, 통상, 환경 ─』(연세대학교 대학출판문화원, 2013), pp. 355-356.

66 The Commission on Global Governance, *op. cit.*, pp. 308-334; 최태현, 전게논문, pp.

법의 실효성 확보를 위한 효율적인 '감시 및 준수체제'(monitoring and compliance regime)가 마련되어야만 한다.[67]

이하에서는 이러한 문제의식을 바탕으로 국제적 법치주의의 제고 또는 증진과 관련하여 현재 국제법학계에서 새롭게 논의되고 있는 몇 가지 문제성 있는 쟁점과제들(problematic issues)을 검토하기로 한다.

2. 관련 과제

(1) 국제공동체의 발전 및 주권개념의 재정립[68]

앞에서 언급한 것처럼 법적인 측면에서 보면, 국제공동체는 그 구성원들 간의 관계가 법적으로 연결되고 규율되어진다는 점에서 하나의 통합적인 '법적 공동체'(legal community)로 존재하고 있는 것이다. 그리고 어떠한 사회가 법적 공동체로 존재하기 위해서는 공동체를 유지시키는 데 필요한 통합성의 요소가 공동체의 실현과제인 '공동이익'(common interests) '공통가치'(common values)로 설정되고 이러한 과제의 달성을

413-418; 김부찬, "국제적 법치주의의 강화에 관한 고찰", 『서울국제법연구』, 6권 2호, 1999, pp. 50-57; 김성원, "국제법의 헌법화 논의에 관한 일고찰", 『국제법학회논총』, 제58권 제4호, 2013, pp. 86-87 참조.

67 The Commission on Global Governance, *op. cit.*, p. 326; 이와 관련하여 Murphy는 국제법 정립에 있어서의 동의를 통한 '준수에 대한 약속 효과'(effect of initial commitment), 국제법 준수와 관련된 '평판 효과'(effect of reputational consequences), '상호주의의 존중'(fear of reciprocity), '규범의 준수견인 효과'(effect of "compliance pull" of the norm), 보고 및 감시체제 등 국제법의 '불준수에 대한 확인 기법'(techniques for identifying non-compliance) 확충, 국제법 '준수역량의 강화'(capacity-building), 국내적 적용을 위한 '국내절차의 보완'(compliance due to national processes) 등 다양한 국제의무 이행확보 방안을 제시하고 있다. 그리고 다른 국가가 국제법을 준수하지 않는 경우에 그 준수를 강제하는, 일종의 제재 수단으로서 먼저 '외교적 제재'(diplomatic sanctions), '경제적 제재'(economic sanctions), '대응조치'(countermeasures) 등 '비군사적 제재방안을 거론하고 이어서 '군사적 대응'으로서 '자위권'(right of self-defence)과 UN 헌장 제7장에 의한 '군사적 제재' 방식을 제시하고 있다(S. D. Murphy, *op. cit.*, pp. 153-178).

68 김부찬, "국제공동체의 발전과 유엔의 역할", 『아주법학』, 제10권 제2호, 2016, pp. 231-236 참조.

위한 의무들이 일종의 헌법적 공동체 속에서 보편적인 법적 의무로 공동체 구성원들에게 부과될 수 있어야만 한다.[69]

오늘날 국제공동체는 일종의 '공동의 공공질서'(common public order), 즉 '국제공공질서'(international public order)에 입각하여 존립되고 있으며, 국제법은 점차 "국가 간의 법"으로부터 Kant적 '세계시민사회의 법,' 또는 '국제공동체의 법'으로 그 개념이 移行되고 있다고 할 수 있다.[70] 국제법은 이제 국제공동체의 공통가치 및 공공질서를 반영하는 근본 규칙들에 바탕을 둔 공동체의 법질서로 규정될 수 있게 된 것이다.[71]

전통 국제법의 시대에는 법실증주의의 영향을 받아 국제법과 관련한 국가주권의 중요성이 거의 절대적이었으며 국제법의 구속력은 국가의 '동의'(consent)에 의해서 도출되는 것으로 인식되기도 하였으나, 국제공동체의 발전에 따라 국제법에 있어서 국가주권이나 동의의 비중은 점차 쇠퇴하고 있는 것이다.[72] 이러한 현실을 보여주는 결정적인 증거의 하나로서 국제법체계 속에 '강행규범'(*jus cogens*) 및 '대세적 의무'(obligations *erga omnes*) 개념이 확립되고 있다는 사실을 들 수 있다.[73]

강행규범은 1969년 「조약법에 관한 비엔나협약」(Vienna Convention on the Law of Treaties, 이하 "조약법협약")에 "일반국제법의 절대규범"

69 H. Mosler, *op. cit.*, pp. 15-17; Bardo Fassbender, "The United Nations Charter as Constitution of the International Community", *Columbia Journal of International Law*, Vol.36, 1996, pp. 546-555; Isabel Feichtner, "Community Interest", in *Max Planck Encyclopedia of Public International Law*, Vol. Ⅱ(Oxford: Oxford University Press, 2012), pp. 477-487.

70 Brian Z. Yhmanaha, *op. cit.*, p. 160; 最上敏樹는 이를 '세계시민법'으로 부르고 있다(最上敏樹, 『國際立憲主義の時代』(東京: 岩波書店, 2007), p. 5).

71 B. Fassbender, *op. cit.*, p. 617.

72 Amitai Etzioni, *From Empire To Community*, 조한승·서헌주·오영달 공역, 『제국에서 공동체로 ─ 국제관계의 새로운 접근 ─ 』(매봉, 2007), pp. 218-221; Nico Krisch, "The Decay of Consent: International Law in an Age of Global Public Goods", *American Journal of International Law*, Vol. 108, 2014, pp. 1-40.

73 H. Mosler, *op. cit.*, pp. 19-20; Elena Katselli Proukaki, *The Problem of Enforcement in International Law ─ Countermeasures, the non-injured state and the idea of international community ─* (London and New York: Routledge, 2010), pp. 1-53.

(peremptory norms of general international law)으로서 "그 이탈이 허용되지 아니하며 또한 동일한 성질을 가진 일반국제법의 추후의 규범에 의해서만 변경될 수 있는 규범으로서 전체로서의 국가들로 구성된 국제공동체에 의하여 수락되고 또한 승인되고 있는 규범"[74]으로 규정되고 있으며, 이러한 "강행규범과 충돌하는 조약은 무효가 된다"[75]고 한다. 법적 개념으로서의 '국제공동체'의 개념은 1970년 Barcelona Traction case에서 국제사법재판소(ICJ)가 국가 상호간에 성립되는 의무와 구별되는 것으로서 "전체로서의 국제공동체에 대한 국가의 의무", 즉 '대세적 의무' 개념[76]을 구체화함으로써 거듭 확인된 바 있다.[77]

강행규범과 대세적 의무를 중심으로 나타나고 있는 국제법 규범체계의 변화는 국가책임법 체계에도 질적 변화를 가져오고 있다.[78] 이와 관련하여 유엔 국제법위원회(ILC)는 국제공동체의 근본적 이익과 가치를 보호하기 위하여 '강행규범'의 존재가 인정되고 있다는 전제에서 그 위반에 대해서는 다른 통상적인 의무 위반에 대해서보다 가중된 책임을 부과하는 것이 필요하다는 점을 인식하였다.

당초 국가들의 강행규범 위반행위에 대하여 국가의 '국제범죄'(international crimes)의 성립을 제도화하려는 시도가 무산되기는 하였지만,[79] 2001년 채택된 「국제위법행위에 대한 국가책임 최종초안」(Draft

---

74 Article 53: "··· a peremptory norm of general international law is a norm accepted and recognized by the international community of States as a whole as a norm from which no derogation is permitted and which can be modified only by a subsequent norm of general international law having the same character."

75 Article 53: "A treaty is void if, at the time of its conclusion, it conflicts with a peremptory norm of international law. ···"

76 *Case Concerning the Barcelona Traction, Light and Power Company, Limited* (2nd Phase, 1970), para.33: "In particular, an essential distinction should be drawn between the obligations of a State towards the international community as a whole, and those arising vis-a-vis anpther State in the field of diplomatic protection. ···"

77 Hermann Mosler, "International Legal Community", in R. Bernhardt (ed.), *Encyclopedia of Public International Law*, Vol. II(1999), p. 1254.

78 김석현, 『국제법상 국가책임』(삼영사, 2007), pp. 33-34, 441.

Articles on the Responsibility of States for Internationally Wrongful Acts, 이하, "국가책임초안") 제2부 제3장[80]은 '강행규범의 중대한 위반'의 경우에 적용되는 조항을 특별히 포함시킴으로써 강행규범과 국제공동체의 긴밀한 상호관계를 제도적으로 확인하고 있다.[81] 또한 ILC는 국가책임초안 제48조에서 국제공동체의 이익과 가치를 보호하기 위한 대세적 의무 규범들은 공동체에 의하여 모든 개별국가들에 대하여 부과되고 있기 때문에,[82] 모든 개별국가들은 국제공동체 전체에 대하여 그 의무를 부담하게 되며, 그러한 의무가 위반되는 경우에는 피해국은 물론 국제공동체에 속하고 있는 여타의 국가들도 위반국에 대하여 책임을 추궁할 수 있도록 하였다.[83]

국제사회가 국제공동체로 발전하면서 전통적인 주권 개념의 절대성은 점차 약화되는 과정을 밟아왔다. 절대적 주권개념으로부터 점차 상대적인 주권개념으로 전환되어지고 있는 현실은 국제법이 종래 '국가

---

79 국가의 국제법죄 개념은 아직 제도화되지 못하고 있지만, 오늘날 "국제공동체 전체가 중요하다고 여기는 가치를 보호하기 위한" 국제법 규범의 위반의 경우 "이들 범죄를 억제하는 데 보편적인 이익이 있으므로" 모든 국가에 의하여 그 범죄자 및 피해자와 관련된 범죄지 또는 국적에 따른 연결고리와 상관없이 기소하고 처벌할 수 있다는 내용으로 개인들에 대한 '국제범죄'와 '보편관할권'(universal jurisdiction) 이론이 확립되고 있다(A. Cassese, *op. cit.*, pp. 436-450).

80 Article 40: 1. "This chapter applies to the international responsibility which is entailed by a serious breach by a State of an obligation arising under a peremptory norm of general international law."
2. "A breach of such an obligation is serious if it involves a gross or systematic failure by the responsible State to fulfil the obligation."

81 김대순, 『국제법론』, 제17판(삼영사, 2013), p. 130.

82 A. Cassese는 평화·인권·인민의 자결권·환경보호 등과 같은 공동체의 기본가치를 보호하는 의무는 곧 '공동체 의무'(community obligations)로서 국제공동체의 모든 회원국에 대한 의무, 즉 대세적 의무에 해당한다고 한다(A. Cassese, *op. cit.*, pp. 15-17.).

83 Article 48: 1. "Any State other than a injured State is entitled to invoke the responsibility of another State in accordance with paragraph 2 if: (a) The obligation breached is owed to a group of states including that State, and is established for the protection of a collective interest of the group; or (b) The obligation breached is owed to the international community as a whole." 한편 A. Cassese는 이러한 책임추궁의 권리를, 대세적 의무에 상응하여 모든 국가에게 귀속되고 있는 일종의 '공동체 권리'(community rights)로 본다 (*ibid.*, pp. 15-17.).

간 체제를 규율하는 법'으로부터 점차 '인간 중심적' 법체제로 발전하고 있는 현실과도 밀접한 관련이 있다.[84] 이러한 의미에서 주권은 국제사회의 존립 근거를 구성하는 지위로부터 국제법의 기초 하에서 그 규율을 받는 국제법주체로서의 지위, 즉 국제법주체성의 근거로 그 의미가 상대화되고 있다.[85]

이러한 사실은 주권 개념의 절대성에 대한 제약을 함의하고 있는 '주권평등(sovereign equality)의 원칙,' '국내문제불간섭(non-intervention)의 원칙,' 그리고 '무력사용금지(non use of force)의 원칙' 등이 국제법의 기본원칙으로 성립되고 있는 데서도 알 수 있다. 이들은 지금 유엔 헌장 제2조에 의해 명시적으로 규정되고 있기도 하다. 오늘날 국제인권규약을 비롯한 다수의 인권조약들에 포함되고 있거나 관습국제법으로 확립되고 있는 '인권원칙'(human rights doctrine)들도 강행규범으로서의 지위를 획득함으로써 국제법 규범을 통한 '인권보장체제'를 구축하는 것과 관련하여 국가 주권은 더욱 더 상대화하고 있음이 확인되고 있다.

21세기에 접어들어 이러한 주권개념의 변모를 보여주는 대표적인 사례는 바로 '보호책임'(responsibility to protect: 이하 "RtoP" 또는 "R2P")[86]의 법리이다. R2P는 2001년 '개입과 주권에 관한 국제위원회'(ICISS)에서 제기한 이래 유엔을 중심으로 계속 논의되고 발전되어 왔으며, 2005년 총회 결의를 통하여 개념적으로 정립된 바 있다. R2P는 집단살

---

84 Armin von Bogdandy, "Constitutionalism in International Law: Comment on a Proposal from Germany", *Harvard International Law Journal*, Vol. 47, 2006, pp. 223-228.

85 최태현, 전게논문, p. 411.

86 RtoP는 2000년 캐나다의 주도에 의해 주로 민간인으로 구성된 '개입과 국가주권에 관한 국제위원회'(International Commission on Intervention and State Sovereignty; "ICISS")에서 2001년 발간한 *The Responsibility to Protect*(보호책임)이라는 보고서에 의하여 처음으로 제기되었다. 이에 대해서는 The International Commission on Intervention and State Sovereignty(ICISS), *The Responsibility to Protect*, International Development Research Center, 2001(이하 "ICISS 보고서"); Gareth Evans, *The Responsibility To Protect — Ending Mass Atrocity Crimes Once and For All* — (Washington, D.C.: Brookings Institution Press, 2008); 박기갑 외, 『국제법상 보호책임』(삼우사, 2010) 참조.

해(genicide), 전쟁범죄(war crimes), 인종청소(ethnic cleansing), 그리고 인도에 반하는 죄(crimes against humanity)와 같은 극심한 인권 유린 사태가 발생하는 경우 이른바 '인간안보'(human security)의 실현을 위한 주권국가들의 개별적 책임 및 국제공동체의 책임 문제를 국제공동체 차원에서 새롭게 접근하고 있는 것이다.[87]

인간안보와 R2P는 바로 안보(security)의 기본단위가 국가에서 개인의 단위로, 그리고 국가의 '주권'보다 개인의 '인권'을 중시하는 방법론적 변화를 토대로 하여 성립된 전향적 개념이다.[88] R2P의 법리를 보면 집단살해나 인종청소, 인도에 반한 죄와 같은 극단적인 상황에서의 국제공동체의 '의무'나 '책임'이 분명하게 언급되고 있다는 점이 주목되고 있다.[89] 이제 국제공동체 속에서 국가의 '주권'과 '인권'의 이분법적 대립이 '책임으로서의 국가주권'(sovereignty as a responsibility)이라는 개념을 통해 서로 조화될 수 있게 되고,[90] 나아가서 국가주권의 성격 변화가

---

87 박기갑 외, 상게서, pp. 24, 40, 146-149; Priyankar Upadhyaya, "Human Security, Humanitarian Intervention, and Third World Concerns", *Denver Journal of International Law and Policy*, Vol.33, 2004, pp. 71-79; *In Larger Freedom: Towards Development, Security and Human Rights for All*, U.N. Doc. A/59/2005 (21 March 2005), para.135.

88 소병천, "국제법상 주권담론에 대한 소고", 『국제법학회논총』, 제58권 제4호, 2013, pp. 140-141; Barbara von Tigerstrom은 '인간안보' 개념은 바로 국제[(세계)질서의 인간중심적 요소의 하나라고 한다(Barbara von Tigerstrom, *Human Security and International Law*(Oxford: Hart Publishing, 2007), p. 50).

89 "2. Foundations: The foundation of the responsibility to protect, as a guiding principle for the international community of states, lie in ⋯."(RtoP in the 2001 ICISS report: Core Principles, in G. Evans, *op. cit.*, p. 40.)

"138. Each individual state has the responsibility to protect its population from genocide, war crimes, ethnic cleansing, and crimes against humanity. ⋯ The international community should, as appropriate, encourage and help States to exercise this responsibility and support the United Nations in establishing as early warning capability. 139. The international community through the United Nations, also has the responsibility to use appropriate diplomatic, humanitarian, and other peaceful means, in accordance with Chapters Ⅵ and Ⅷ of the Charter, to help to protect populations from genocide, ⋯. In this context, we are prepared to take collective action, in a timely and decisive manner, through the security Council, in accordance with the Charter, including Chapter Ⅶ, ⋯."(R2P in the UN General Assembly 2005: World Summit Outcome Document in *ibid.*, pp. 48-49.)

분명하게 인정될 수 있게 된 것이다.[91]

(2) 국제법의 인간화[92]

최근 국제공동체 및 국제법의 변화와 관련한 특징 가운데 하나가 그 무대에 개인(individuals)을 포함하여 다국적기업(MNEs), 민간기구 (NGOs) 등 '비국가행위자들'(non-State actors)이 대거 등장한 것이다. 이 러한 변화에 대응하여 국제법학자들은 이러한 비국가행위자들의 지위 및 역할에 많은 관심을 가지고 있다. 이들은 당초 주로 이러한 비국가 행위자들에게도 법적 지위가 부여되고 국제법상 권리와 의무가 주어지 고 있는가, 그 권리와 의무는 국제적 절차에 따라 집행될 수 있는가 하 는 문제를 중심으로 접근하였다.

그러나 중요한 것은 이러한 변화가 비국가행위자들 가운데 특히 개 인에 대하여 제한적으로 국제법적 지위를 부여하는 수준을 넘어서서 국제인권법을 중심으로 국제법의 '내용'(substance) 형성과 발전에도 큰 영향을 미치고 있다는 사실이다. 이러한 변화와 발전은 더 나아가서 국제법(학)의 방법론 또는 패러다임(paradigm)에게까지도 영향을 미치고 있다는 평가도 있다. 국제법협회(ILA)가 이러한 현실에 대하여 단순히 "일반국제법에 대한 국제인권법의 영향"이라는 표현을 사용하고 있는 반면,[93] T. Meron은 '국제법의 인간화'[94]라고 하는, 보다 강한 용어를 사

---

90 Mehrdad Payandeh, "With Great Power Comes Great Responsibility? The Concept of the Responsibility to Protect within the Process of International Lawmaking", *Yale Journal of International Law*, Vol.35, 2010, pp. 470-471.

91 Anne Orford는 유엔 헌장 채택 이후 국제관계에 있어서 가장 중요한 규범적 발전이 있다면 아마도 이는 RtoP의 인정일 것이라고 하면서, 이로 인하여 국가들을 국제적 감 독 하에 두는 것이 정당화되고 국가주권의 성격이 변화되었다고 보았다. Orford는 국 가주권이 상대화됨으로써 궁극적으로 그 정당성은 '국제공동체의 승인' 여하에 따라 판단될 수 있을 것으로 보고 있다(Anne Orford, *International Authority and the Responsibility to Protect*, Cambridge: Cambridge University Press, 2011, Jan Klabbers, *International Law*(Cambridge: Cambridge University Press, 2013), p. 198에서 인용).

92 김부찬, "'국제법의 인간화'에 대한 서론적 고찰 — 그 배경 및 동향을 중심으로—", 『국 제법학회논총』, 제59권 제4호, 2014, pp. 41-79 참조.

용하고 있는 것이다.[95]

2004년 베를린에서 열린 국제법협회(ILA) 총회에서 집행이사회는 '국제인권법 및 관행위원회'(Committee on International Human Rights Law and Practice, 이하 "위원회" 또는 "ILA 위원회")로 하여금 '일반국제법과 국제인권법의 관계'에 대한 보고서를 적성하도록 임무를 부여하였던 것이다. 이에 따라 2006년 토론토 총회에 중간보고서가 제출되고 최종보고서는 2008년 ILA 제73차 총회에 제출되었다. 이 최종보고서는 『ILA 제73차 총회보고서』(Report of the 73rd Conference of the ILA)에 포함되어 출간되었다.[96]

---

93 이는 C. Trindade의 용례처럼 '국제법의 인간화'가 전체로서의 국제법이나 일반국제법에 대한 인권 및 국제인권법의 영향이 이미 상당한 정도로 파급되어 일종의 '패러다임'(paradigm), 즉 설명체계의 변화가 이루어졌다는 전제에서 사용되고 있는 것으로 받아들여질 수 있다는 점을 우려하여 단지 일반국제법에 대한 국제인권법의 영향이 어느 범위에서 어느 정도 나타나고 있는가를 중립적 입장에서 파악하기 위한 작업임을 강조하기 위한 命名이다(상게논문, p. 52).

94 이 용어는 이미 50여년 전 Maurice Bourquin의 논문("L'humanisation de droit des gens" in La technique et les principes du droit public: etudes en l'honneur de Georges Scelle)에서 사용되었다고 한다. 한편 일본의 阿部浩己(아베 고기) 교수는 이를 "國際法の人權化"로 표현하고 있다. 이에 대해서는 阿部浩己, 『國際法の人權化』(東京: 信山社, 2014) 참조.

95 Meron은 2003년 헤이그 국제법 아카데미(the Hague Academy of International Law)에서 "인권 시대의 국제법"(International Law in the Age of Human Rights)을 주제로 일반강의(General Course)를 진행하고 나서, 강의 내용을 수정·보완하여 The Humanization of International Law(국제법의 인간화)를 출간하였다. 이 책은 제1장(전쟁법의 인간화), 제2장(국제인도법 위반의 범죄화), 제3장(조약법), 제4장(국가책임의 인간화: 양자주의로부터 공동관심사로), 제5장(국제법의 주체), 제6장(국제법의 연원), 제7장(국제재판소), 그리고 제8장(유엔 기구와 인권의 보호) 등 모두 8개의 장으로 구성되었다(Theodor Meron, The Humanization of International Law(Leiden·Boston: Martinus Nijhoff Publishers, 2006).

96 Menno T. Kamminga & Martin Scheinen (eds.), The Impact of Human Rights Law on General International Law(Oxford: Oxford University Press, 2009), pp. 1-4 참조. M. T. Kamminga와 M. Scheinen이 공동 편자로 되어 있는 상게서는 Kamminga가 집필한 최종보고서와, Scheinen을 포함하여 ILA 위원회에 참여하여 분야별로 일반국제법에 대한 인권법의 영향에 관하여 검토하고 논문을 작성한 위원들의 글을 모두 수록하고 있다. 즉, 이 책에는 "Final Report on the Impact of International Human Rights Law on General Law"(by M. T. kamminga), "Impact on the Law of Treaties"(by M. Scheinen), "Impact on General Principles of Treaty Interpretation"(by Jonas Christoffersen), "Impact on the Law on Treaty Reservation"(by Ineke Boerefijn), "Impact on State Succession in Respect of

일반국제법과 국제인권법의 관계를 연구하는 것과 관련하여 ILA 위원회는 두 개의 접근방법에 대하여 고려하였다. 하나는 국제인권법의 특수성 및 독자성을 강조하고 일반국제법의 규칙과 원칙들은, 최소한 어느 정도는 국제인권법에 적용되지 않는다고 보는 입장이다. 이 접근방법은 국제(공)법 내에 이른바 '자기완결적 체제'(self-contained regime)들이 다수 존재하는 것을 인정하는 좀 더 일반적인 경향에 따른 것으로서, '파편화 접근방법'(fragmentation approach)에 해당한다. 다른 하나는 국제인권법이 일반국제법의 한 영역을 차지하고 있으며 또한 양자는 가능한 한 많은 범위에서 상호 조화를 이루어야 한다는 점을 논의의 출발점으로 삼는 입장으로서, 이를 '조화적 접근방법'(reconciliation approach)이라고 한다.97 위원회는 파편화 접근방법보다는 조화적 접근방법이 국제사회의 실행과 월등히 합치된다는 점에서 후자의 접근방법에 따르기

Treaties"(by M. T. Kamminga), "Impact on the Process of the Formation of Customary International Law"(by Jan Wouters and Cedric Ryngaert), "Impact on the Structure of International Obligations"(by Sandesh Sivakumaran), "Impact on the Immunity of States and their Officials"(by Thilo Rensmann), "Impact on the Right to Consular Notofication"(by Christina M. Cerna), "Impact on the Law of Diplomatic Protection"(by Riccardo Pisilla Mazzeschi), 그리고 "Impact on State Responsibility"(by Robert McCorquodale) 등 11개의 글들이 실려 있다.

97 阿部浩己 교수는 일반국제법과 국제인권법의 관계를 연구하는 것과 관련하여 세 가지 입장이 대립하고 있다고 한다. 이들은 '전통주의적 입장'(traditionalists), '자율론적 입장'(autonomists), 그리고 '온건한 진화론적 입장'(moderate evolutionists) 등이다. 전통주의적 입장은 일반국제법의 전통적 개념의 테두리 내에 국제인권법의 체계를 수렴시켜서 국제법의 일체성을 확보하려고 한다. 이를 대표하는 자는 Alain Pellet이다. 이에 반해 자율론적 입장은 전통적인 국제법의 개념이 오히려 인권 보호를 저해하는 방해물이 된다는 시각을 가지고 있다. 이러한 입장을 내세워 온 대표적인 논자는 미주인권재판소 소장에서 국제사법재판소(ICJ)의 판사로 자리를 옮긴 C. Trindade이다. 그는 인권법의 자율성을 추진하는 입장을 넘어서, '국제법의 인간화'라는 국제법의 패러다임 전환에도 앞장서고 있다. 그에 의하면 국제법은 국가중심적인 것을 벗어나서 인간과 인류 전체의 보호와 바람의 충족을 향한' 새로운 강행규범이 되어야 한다고 한다. 이러한 양 극단의 입장 사이에서 중용을 취하는 것이 온건한 진화론적 입장이다. 그 중에는 Theodor Meron이 포함되어 있다. 이 입장은 일반국제법과 인권법의 상호보완성을 설명하고, 가능한 한 일반국제법에 근거를 둔 인권법의 적용을 요구함과 더불어, 때로는 인권의 요청에 따라서 일반국제법의 전통적 개념을 재해석하도록 요청한다(阿部浩己, 전게서, p. 6).

로 하였다.[98]

국제법의 인간화와 관련된 논의에 있어서 중요한 문제는 다음과 같다: "국제법은 상호주의적 의무에 바탕을 두는 '국가중심적' 체계로부터 다양한 범주의 행위자들 및 국제공동체의 이익과 가치를 반영하는 '규범적'(normative) 체계, 즉 '인간중심적'(human-centered) 체계로 변화하고 있는가?" 그리고 "좀 더 특별히, 그러한 변화가 일반국제법에 널리 영향을 미치고 있는가 아니면 국제인권법, 국제인도법 또는 국제형법 등 일종의 국제법의 특별법 분야에 국한되고 있는가?"

ILA에 제출된 최종보고서는 Menno Kamminga에 의하여 작성되었으며 일반국제법에 대한 국제인권법의 영향에 대하여 다양한 측면에서 연구한 위원들의 연구자료에 의거하고 있다.[99] 또한 최종보고서는 또한 여러 위원들의 의견이나 제안으로부터 도움을 받기도 하였다.[100] 물론 위원회는 최종보고서에 포함된 조사가 불완전하며 일반국제법에 대한 국제인권법의 영향은 이제부터 시작되고 있는 '과정'(process)에 불과하

---

98 M. Scheinen은 "인권법(조약)의 일반국제법에 대한 영향"과 관련하여 '헌법주의적 접근 방법'(constitutional approach)을 제시하고 이에 관하여 논의하기도 하였으나, 이는 인권법(조약)에 대하여 '세계헌법'(global Constitution)으로서의 지위를 인정하고 여타의 모든 국제법 분야에 대하여여국제인권법이 상위의 위치에서 영향을 미치는 것으로 본다는 점에서 매우 전향적인 것이다. 이는 위의 주에서 언급되고 있는 Trindade의 입장과 유사하며 ILA가 취하고 있는 '조화적 접근방법'의 수준을 넘어서는 것이다(M. Scheinen, "Impact on the Law of Treaties", in M. T. Kamminga & M. Scheinen, *op. cit.*, pp. 29-31.).
99 위원회는 다음과 같은 작업 방법을 채택하였다. 첫째, 국제인권관련 조약기구들, 지역 인권재판소, 국제형사재판소 및 특별국제형사재판소 등을 포함하는 국제인권기구들에 의하여 발전되어 온 일련의 법적 문제들을 찾아내었다. 이들은 국가들보다는 개인들의 이익을 반영하도록 되어 있는 것이어서 전통국제법과 조화를 이루는 것이 어려워 보인다. 다음으로 위원회는 이러한 개념들이 일반국제법을 반영하고 있는지 아니면 특별 (국제)법으로 남아 있는 것인지 여부를 검토하였다. 이러한 작업은 기본적으로 일반국제법의 수호자(guardian)로 간주되고 있는 국제사법재판소(ICJ)와 국제법위원회(ILC)의 실행을 조사하는 방식으로 이루어졌다. 많은 경우에 ICJ와 ILC는 명백히 인권기구들의 결정(실행) 및 개념들을 차용하여 왔으며, 그 출처를 밝히지 않고 동일한 차용 방식을 채택해 왔다. 물론 차용 과정은 전에 국제인권조약기구의 멤버였던 자들이 점차 많이 ICJ와 ILC 멤버로 참여하는 방식으로 해서 용이하게 이루어지고 있다(M. T. Kamminga & M. Scheinen, *op. cit.*, p. 3).
100 *supra* note 96 참조.

다고 하는 점도 인식하고 있었다.

ILA 위원회는 전통국제법질서의 압도적인 '국가 중심적'(State-centered) 성격을 완화하고 국제인권법 분야의 특별한 '비상호주의적'(non-reciprocal) 성격의 국제의무들을 받아들이도록 하기 위하여 국제인권법이 일반국제법에 영향을 미치는 것이 매우 바람직하다고 생각하고 있다.[101] 국제인권법을 비롯하여 국제인도법과 국제형법 등 인권 및 '인간성'(humanity)을 이념적 기초로 하는 국제법 분야의 발전에 따라 전통적인 국제법의 국가 중심적 성격에 많은 변화가 초래되기 시작했다고 보는 것이다.

이러한 변화는 오늘날 국제법주체론, 국제법의 법원 및 해석론, 그리고 국가책임법 등 국제법 전반에 걸쳐서 인간성 및 인권의 중요성이 반영되도록 영향을 미침으로써 국제법 전반에 걸쳐서 새로운 패러다임이 필요하다는 사실을 말해주고 있다.[102] 국제법은 이제 실질적 법치주의의 과제인 인간의 가치 및 인권의 실현을 목표로 하는 '인간중심적'

---

101 그러나 위원회는 일반국제법을 인권법의 시각만으로 재단하는 '인권주의'(human rightism)나 '인권 만능주의'(human rights triumphalism)에 빠지는 것을 경계했으며, 또한 일반국제법에서 발견되는 혁신적 요소들이 모두 인권법학자들의 창조적 사고의 결과로 보는 함정에도 빠지지 않으려고 했다(김부찬, 전게논문(주 92), p. 53).

102 이와 관련하여 Cassese는 그의 국제법 교과서에서 '국제공동체'의 시각에서 국제법의 이론을 전개하고 새로운 발전 방향을 제시하고 있다. 그는 특히, 제5편(국제법의 현안 과제)에 포함되고 있는 제19장(인권보호)에서 '인권과 관습법,' '인권이 전통국제법에 미치는 영향,' 그리고 '인권의 현재 역할' 등을 통하여 인권원칙(human rights doctrines)의 중요성 및 여러 분야의 전통국제법에 대한 영향을 분석하고 있다(A. Cassese, op. cit., pp. 393-398과 그 번역서인 강병근·이재완 역, 『국제법』, 제3판(삼우사, 2014), pp. 491-497 참조). Cassese는 특히 '인권이 전통국제법에 미치는 영향'과 관련하여 "인권주의(human rights doctrine)는 긍정적으로 여러 분야의 전통국제법에 영향을 미쳤다. … 인권주의는 국제공동체에 새로운 세계관을 불러들이게 되었다. 여기에서는 신생국가 혹은 정부에 대한 승인, 국제법 주체, 관습법, 국제의무의 구조, 조약에 대한 유보, 조약의 종료, 강행규범, 법률이행 여부의 국제적 감시, 대응조치를 포함한 집행, 국제형사재판소의 운용, 전쟁법, 즉 현대적으로 표현하면 무력충돌 시 인도주의법에 미친 영향만 언급해도 족하다. 이 모든 분야에서, 인권주의는 이익의 '사적' 추구를 목표로 하여 결국 집단의 요구사항을 외면하고 상호주의에 근거하는 법적 관계의 집합체에서, '공동체의무'와 '공동체권리'가 등장하면서 단계적으로 형성되어 공익으로 보강된 핵심적 기본가치에 기초한 공동체로서 세계공동체로 이행하는 데 유효한 자양분으로서 기여하였다."고 설명하고 있다(강병근·이재완 역, 상게서, p. 494).

법체제로 변화하는 과정에 있다고 보아도 무리가 아니다. 이러한 의미에서 '국제법의 인간화'는 국제적 법치주의의 실현에 있어서 매우 중요한 의미를 갖게 되는 것이다.

(3) 국제법의 헌법화

오늘날 국제법학자들에 의하여 '국제 또는 세계 헌법주의'(international or global constitutionalism)와 '국제법의 헌법화' 논의가 본격적으로 시작되고 있다.[103] 국제법의 헌법화나 헌법주의는 유럽인권재판소(ECHR)가 유럽인권협약(ECHR)의 '헌법적 성격'을 언급하거나,[104] E. Stein이 유럽사법재판소(ECJ)의 설치를 통하여 유럽공동체(EC)가 비로소 '헌법화'의 과정에 진입했다고 평가하는 등,[105] 처음에는 유럽이라는 지역에 한정된 논의로 출발했던 측면이 있다. 그러나 오늘날 헌법주의나 헌법화 논의는 유럽의 경우에만 특유한 것이 아니라 전 세계적 범주에서 나타나고 있는 현상 내지 문제 또는 제도적 변화에 대한 논의로서 국제공동체 및 세계질서의 성격을 변화시킬 수 있는 중요성을 갖는 문제로 인식되고 있다.[106]

엄밀히 말하면 '헌법주의'(constitutionalism)와 '헌법화'(constitutionalization)는 구별되는 개념이다. '세계헌법주의'는 국제사회 또는 국제공동체가 좀 더 나은 세계로 발전하기 위해서 하나의 법제도적 장치로서 '국제 또는 세계' 헌법의 필요성을 규범적·당위론적 차원에서 주장하는 것을 말하며, 이에 반하여 '헌법화'는 국제공동체 속에서 일부 국제법 규

---

103 Jan Klabbers *et al., op. cit.,* pp. 1-44; Karolina Milewicz, "Emerging Patterns of Global Constitutionalization: Toward a Conceptual Framework", *Indiana Journal of Global Legal Studies,* Vol.16, 2009, p. 415.

104 *Bankovic and Others against Belgium and Others* (Application No. 52207/99), ECtHR, Grand Chamber, inadmissibility decision of 12 December 2001(M. Scheinen, *op. cit.,* p. 29).

105 Eric Stein, "Lawyers, Judge, and the Making of a Transnational Constitution", *American Journal of International Law,* Vol.75, 1981, pp. 1-27.

106 Jan Klabbers *et al., op. cit.,* p. 20; Karolina Milewicz, *op. cit.,* p. 414.

범들이 '헌법적 요소들'(constitutional elements)[107]을 함의하고 있으면서 실제로 헌법적 역할을 수행하고 있는 것을 하나의 사실 또는 현상으로 파악하는 것을 의미한다.[108]

그러나 세계헌법주의적 관점은 당위론적 차원에서 국제법의 헌법화를 요구하는 것이며 국제법의 헌법화 과정은 헌법주의적 사고에 의하여 고무되는 것으로서 양자는 서로 밀접한 관련을 맺고 있다.[109] 오늘날 국제법의 헌법화 과정이 非一非再하게 목도되는 반면 동시에 국제법의 '파편화'(fragmentation)도 하나의 뚜렷한 경향으로 나타나고 있는 것도 사실이기 때문에 이로 인한 국제법의 통합적 질서 구축의 어려움을 극복해 나가기 위하여 제도적 차원에서 '헌법적 역할'을 수행하는 국제법이 필요하다는 주장이 헌법주의적 관점에서 나오고 있는 것이다.[110]

사실 세계헌법주의는 다양한 수준에서 또한 다양한 의미로 주장되고 있다.[111] 가장 강한 수준에서는 세계국가 또는 세계정부의 기초로서의 '국제 또는 세계헌법'(international or world constitution)의 제정을 요구하기도 한다. 즉, 국제공동체는 하나의 법적 공동체로서 글로벌 거버넌스의 구축 및 국제적 법치주의의 제고와 관련하여 보다 정합적이고 체

---

107 '헌법적 역할'이 무엇을 의미하는지는 일단 국내 '헌법'의 개념 및 역할을 통해서 파악될 수 있다고 본다. 이러한 의미에서 Paulus는 각국의 헌법에 공통적으로 포함되고 있는 주요 구성요소로서 민주주의, 법의 지배(법치주의), 권력분립, 인권보장 등을 제시하고 있다. 한편 세계헌법 또는 국제공동체 헌법의 주요 구성요소로서 Peters는 자의적 지배의 최소화, 투명성의 제고, 제도적 효율성의 제고, 책임성의 강화, 세계시민사회의 글로벌 거버넌스로의 참여 독려 등을, D'Souza는 인권존중, 법의 지배, 정의, 인도적 정신, 민주주의의 가치, 세계평화, 빈곤 경감을 위한 노력 및 사회적 약자에 대한 관심 등을 들고 있다(김성원, 전게논문, pp. 83-91 참조).

108 상게논문, p. 81; Jan Klabbers *et al., op. cit.*, pp. 4, 10.

109 Jan Klabbers *et al., ibid.*, p. 10,

110 21세기 초반에 있어서 국제법의 '파편화'(fragmentation), '위계화'(verticalization)와 함께, '헌법화'에 대한 논의가 국제법학계의 '삼위일체'(Holy Trinity)적 논의의 주제가 되고 있다(*ibid.*, pp. 1, 28-29).

111 '세계입헌주의'의 다양한 의미와 그에 관한 이론적 논의에 대해서는 Jan Klabbers *et al., ibid.*, pp. 25-31; 김성원, 전게논문, pp. 81-102 참조.

계적이며 보편적인 헌법적 질서의 확립을 필요로 한다는 것이다. 그러나 오늘날 규범적·제도적 차원에서 국제공동체 속에 국내 헌법에 상응하는 하나의 헌법을 마련할 필요가 있는가? 그리고 그 실현가능성은 있는가? 하는 문제와 관련해서는 회의론이 많은 것이 사실이다.112

생각건대, 오늘날 국제공동체의 현실 속에서 주장할 수 있는 것은 세계정부를 매개로 하지 않는 '헌법적 질서'(constitutional order)의 구축이라고 본다.113 이러한 의미에서 오늘날 국제사회의 공동체적 특성이 점차 강화되고 있는 것은 국제법이 국제공동체 속에서 실제로 '헌법적 역할'(constitutional role)을 수행해 온 결과라고 본다. 이러한 의미에서 국제공동체와 국제법은 계속하여 헌법화 '과정'(process)을 거치고 있다고 보아도 무방할 것이다.114 나아가서 세계적 범주에서 이루어지고 있는 권력 및 규범의 제도화로서의 헌법화 '현상'이나 '과정'으로도 오늘날의 국제공동체를 '법적 공동체'로, 나아가서 '헌법적 공동체'(constitutional community)로 규정하는 데 무리가 없지 않나 생각한다.115

따라서 중요한 것은 현행 국제법체계 속에서 '헌법주의' 및 '헌법화'의 증거인 '헌법주의 요소들'을 발견하고 이에 대하여 이론적·실무적으로 대응해 나가는 작업이라고 본다.116 '실질적 의미'(substantive sense)에서 '헌법적 역할'을 수행하는 국제법 규범들이 어떤 것들인가 그리고 그 역할은 어떠한 수준인가 하는 현실적인 문제를 다룸으로써 '세계헌법주의'와 '국제법의 헌법화' 논의를 조화시켜 나갈 수 있다고 본다.117

---

112 상게논문, p. 72 참조.
113 시노다 히데아키 지음, 노석태 옮김, 전게서, p. 51.
114 Jan Klabbers et al., op. cit., p. 7; Karolina Milewicz, op. cit., p. 413; Thomas Kleinlein, "On Holism, Pluralism, and Democracy: Approaches to Constitutionalism Beyond the State", European Journal of International Law, Vol.21, 2010, p. 1076.
115 Jan Klabbers et al., ibid., pp. 153-157.
116 Anne Peters, "The Merits of Global Constitutionalism", Indiana Journal of Global Legal Studies, Vol.16, 2009, p. 398.
117 M. Scheinen, op. cit., pp. 30-31.

이러한 의미에서 오늘날 국제법 체계 속에서 실현되고 있는 헌법주의 요소들에 관하여 Anne Peters가 요약하고 있는 아래의 내용은 매우 중요한 함의가 있는 것이다:[118]

첫째, (국가)주권의 원칙은 이미 국제법상 제1의 원칙(Letzbegründung)으로서의 지위를 상실하고 있다. 국가는 더 이상 '자기목적적' 존재가 아니며, 이제 국가주권의 규범적 지위는 오히려 인권, 인간의 이익 및 필요, 그리고 '인간안보'가 존중되고 증진되어져야 한다는 법원칙으로서의 'humanity'로부터 도출되어진다고 본다. 둘째, 국제법 정립과 관련하여 '국가 동의'(State consent)의 원칙은 일정 부분 '다수결에 의한 의사결정'(majoritarian decision-making) 방식으로 대체되고 있다. 다수결 방식은 글로벌 거버넌스의 효율성을 증대시켜 줄 수 있다. 셋째, 인권보호, 기후(환경)의 보호 등과 같은 기본적 가치들은 관련 다자조약들에 대한 거의 보편적인 비준을 통하여 국제적으로 수락되고 있다. 이처럼 '헌법적 가치들'(constitutional values)을 포함하고 있는 일반조약에 대한 공식적 수락은 '국제법의 헌법화'가 이루어지는 시발점을 의미한다. 넷째, 국제분쟁의 해결이 '준강제관할권'(quasi-compulsory jurisdiction)을 갖고 있는 다양한 국제재판소의 설치를 통하여 이루어지도록 함으로써 점차 '司法化'(juridification)되고 있다. 이러한 분쟁해결의 '사법화'는 단순히 국제관계에 대한 법적 규율을 의미할 뿐만 아니라 국제법에 내포된 헌법주의적 요소의 특별한 측면을 보여주는 것이다.

'국제법의 헌법화' 과정은 반드시 강한 헌법주의적 접근과 연계하지 않는다고 하더라도 그 자체로서 국제법 및 국제관계의 전통적 관점에 대한 혁신적인 변화를 보여주고 있는 것이다. 이는 국제사회의 국가중심적 법제도에 대한 구조변화와 국가주권에 대한 이념적·제도적 제약을 반영하고 있으며, 개인들에 대한 인권보장과 같은 국내 헌법적 가

---

118 Anne Peters, *op. cit.*, pp. 398-399.

치 및 헌법주의의 요소들을 국제법체계 속에서 기본적인 고려 대상으로 삼도록 하는 실천적 성과를 도출해 왔던 것이다.[119]

즉, 국제법의 헌법화는 자연스럽게 전통적으로 국가 내부에서만 문제가 되어 왔던 '법치주의'의 형식적 합법성 규칙이 국제공동체의 절차적 거버넌스 원리로 자리잡을 수 있도록 하고 나아가서 인류에 대한 '인권보장'과 '사회복지'의 실현과 같은 실질적 규범내용이 국제법 규범 속에 확립될 수 있도록 해 온 것이다.[120]

현상으로서의 '국제법의 헌법화'는 제도적 차원으로 보면 일종의 '실질적 의미'의 헌법 개념과 연결되는 측면이 있다고 본다.[121] 즉 형식적 의미에서 어느 하나의 문서를 국제공동체의 헌법으로 특정하지는 못하지만 Peters가 지적하고 있는 것처럼 국제공동체 구성원들의 '공통의 보편적 가치'(common and universal values)를 반영하여 수립된 복수의 헌법적 규범 또는 제도들이 현행 국제법 규범체계 속에서 발전되어 왔다고 할 수도 있기 때문이다.

생각건대, 실질적 의미에서의 국제공동체 헌법 규범들 가운데 가장 확실한 예가 바로 '강행규범' 및 '대세적 의무' 개념과 연결되어,[122] 그 특별한 지위가 인정되고 있는 국제인권법 또는 인권조약들이 아닌가 한다. 국제인권조약들은 국제법의 '위계적'(hierarchical or vertical) 질서 속에서,[123] 주요 인권원칙들을 중심으로 실질적인 '헌법적 역할'을 수행해 나갈 수 있다는 것이다.[124] 현재의 시점에서 보더라도 국제인권법

---

119 *Ibid.*, p. 422.
120 *Ibid.*, p. 423.
121 즉, Hurrel의 용어에 의하면, 이러한 유형의 헌법은 '대륙법적 개념'(continental type)이 아니라 영국의 '보통법적 개념의 헌법'(common law constitution)에 해당하는 것이다 (Andrew Hurrel, *On Global Order: Power, Values, and the Constitution of International Society*(Oxford: Oxford University Press, 2007), Jan Klabbers *et al., op. cit.*, p. 23에서 인용).
122 Jan Klabbers *et al., ibid.*, pp. 25-26.
123 Francisco O. Vicuña, *op. cit.*, p. 5.
124 Matthew Craven의 표현을 빌리면, 인권조약은 '준헌법적 성격'을 지닌다(M. Craven,

또는 인권조약의 기본원칙들은 그야말로 국제법의 하나의 특수한 분야가 아니라 '세계헌법'의 '맹아적 형태'(embryonic form)에 해당한다고 할 수 있으며, 유엔 헌장(Charter)의 경우도 제한적으로 제2조에서 규정하고 있는 '주권평등의 원칙', '무력사용금지의 원칙', 그리고 '국내문제불간섭의 원칙' 등은 국제공동체의 '기초적인 규범 틀'에 해당하는 것으로서 그 헌법적 지위가 인정될 수 있다고 본다.[125]

국제법의 헌법화는 국제공동체 속에서 법치주의가 제대로 실현되고 확산될 수 있도록 하는 데 결정적인 요소가 될 수 있다. 그러나 국제공동체가 아직은 세계국가로서의 조직적 체계를 구비하지 못하고 있는 단계이기 때문에 그 필요성은 차치하고 국제법의 위계화나 국제법의 헌법화를 공식적·제도적으로 확립하는 데는 많은 한계가 있을 수밖에 없다는 것이 솔직한 생각이다.

(4) 글로벌 거버넌스의 강화

세계화(globalization)가 점차 심화되고 있는 오늘날 국가를 비롯한 국제공동체의 구성원들은 국제법규범 및 국제기구 등의 다양한 네트워크를 통하여 공통과제 및 가치가 실현될 수 있도록 효율적인 협력체제를 구축하고 이를 바탕으로 국제질서를 수립해 나갈 필요성을 절감하고 있다. 이들은 현실적으로 이러한 과제가 하나의 정부 또는 '집권적 권위'(central authority)를 보유하는 '세계국가'(world State)의 창설을 통해서가 아니라 '정부 없는 거버넌스'(governance without government)로서 보다 효율적인 '글로벌 거버넌스'(global governance)[126]의 구축을 통해서만 가

"Legal Differentiation and the Concept of the Human Rights Treaty in International Law", *European Journal of International Law*, Vol. 11, 2000, p. 493).

125 M. Scheinen, *op. cit.*, pp. 29-30; 시노다 히데아키 지음, 노석태 옮김, 전게서, pp. 53-56 참조. 유엔 헌장의 국제공동체 헌법으로서의 역할 및 지위에 관한 집중적 논의에 대해서는 B. Fassbender, *op. cit.*; 김성원, 전게논문, pp. 91-93 참조.

126 'global governance'의 의미도 논자에 따라 매우 다양하게 사용되고 있어서 그 어느 개념 정의도 보편적이지는 못한 것이 사실이다. 가장 엄밀하게 정의한다면, global

능하다는 점을 인식하고 있다.[127]

Väyrynen에 따르면 글로벌 거버넌스는 세계정부가 존재하지 않는 국제공동체 내에서 그 구성원들 간의 관계를 규율하고 상호 협력체제를 통하여 다양한 문제에 대처할 수 있도록 해주는 국제적 제도 및 규범을 정립하는 '집단적 행동'(collective actions)을 의미한다.[128] 그리고 Finkelstein은 한마디로 글로벌 거버넌스에 대하여 "(개별국가의) 정부들이 국내에서 하는 일들을 국제적으로 행하는 것"으로 정의하였다.[129]

이러한 관점에서 보면 개별 국가 내에서의 정부에 의한 '통치'(government)가 '법치주의'에 의거하여 이루어지도록 요구되어 왔듯이 국제공동체 내에서의 글로벌 '거버넌스'(governance)[130]도 그 구성원들로 하

governance는 일종의 world government에 의하여 이루어지는 governance를 의미하게 되지만 현행 국제공동체에서 이러한 수준의 governance는 존재할 수 없는 것이다. 'world government'는 다만 이론적인 입장에서 또는 정치적인 운동 차원에서 주장되고 있으며, 그 가운데 유력한 것으로 'world federalism'과 'world unionism' 등이 있다고 한다. 이에 대해서는 Michelle Sanson, *International Law and Global Governance*(Cameron May), pp. 9-15, 233-271 참조.

127 James N. Rosenau and Ernst-Otto Czempiel (eds.), *Governance Without Government: Order and Change in World Politics*(Cambridge: Cambridge University Press, 1995), pp. 1-2; Oran R. Young, *Governance in World Affairs*(Ithaca and London: Cornell University Press, 1999), pp. 1-23; Colin I. Bradford, Jr., "Global Governance Reform for the 21st Century", p. 5. (http://www.oecd.org/dataoecd/14/62/34983436.pdf).

128 Raimo Väyrynen, "Norms, Compliance, and Enforcement in Global Governance", in Raimo Väyrynen, ed., *Globalization and Global Governance*(Lanham · Boulder · New York · Oxford: Rowman & Littlefield Publishers, Inc., 1999), p. 25.

129 "Global governance is doing internationally what governments do at home"(Lawrence S. Finkelstein, "What Is Global Governance", *Global Governance: A Review of Multilateralism and International Organizations*, Vol.1, September-October 1995, p. 369).

130 governance와 government는 동일한 개념이 아니다. 兩者가 모두 일정한 목적을 달성하기 위한 합목적적 행위를 지향하고 일정한 규범체계를 활용하지만 government는 '공식적 권위'(formal authority)와 계획된 정책의 집행을 위한 '경찰력'(police power)의 뒷받침 속에 그 활동이 이루어지는 데 비하여 governance는 경우에 따라 국가가 보유하고 있는 그러한 요소를 활용할 수도 있지만 국가 외에 다양한 비국가행위자들이 함께 참여하여 이루어지는 것이기 때문에 언제나 government가 보유하고 있는 그러한 공식적 제도나 권력을 활용하지는 못한다는 점에서 차이가 있다. 한마디로 governance가 government의 요소를 포함하면서도 그 이상의 주체들과 제도를 아우르고 있는 보다 포괄적 개념이라고 할 수 있다(James N. Rosenau and Ernst-Otto Czempiel (eds.), *op. cit.*, p. 4).

여금 일종의 법치주의, 즉 '국제적 법치주의'에 입각하여 상호 협력적으로 기능을 수행할 수 있도록 요구하고 있다고 할 수 있는 것이다.[131] 따라서 국제적 법치주의의 제고는 오늘날 국제공동체의 존립 및 운영과 관련하여 보다 효율적인 글로벌 거버넌스를 구축하는 것과 밀접한 관련이 있게 된다.

이에 따라 글로벌 거버넌스를 위한 국제공동체의 규범적 수단으로서 국제법의 규제적·조정적 역할이 적극적으로 필요하게 된다. 아울러 국제법의 기본원칙과 다양한 규칙들은 글로벌 거버넌스 차원의 논의 및 의사결정 과정들을 통하여 모색되고 추구되도록 하고 있는 국제공동체의 공통의 가치와 목표를 확인해 줄 수 있어야만 하는 것이다.[132]

오늘날 국제적 법치주의의 강화와 관련하여 보다 효율적인 글로벌 거버넌스를 확립하는 것이 매우 중요한 과제로 대두되고 있다. 1995년 유엔 창설 50주년을 맞이하여 '글로벌 거버넌스 위원회'(the Commission on Global Governance)가 발표한 보고서인 *Our Global Neighborhood*[133]에는 국제적 법치주의의 강화 및 글로벌 거버넌스의 구축이 필요하다고 하면서 그 개념과 관련하여 다음과 같이 적시하고 있다.

"거버넌스란 개인과 제도, 공공부문과 민간부문이 공동의 사안을 관리해 나가는 여러 가지 방식의 총체이다. 거버넌스는 그 지속적 과정

---

131 "It seems evident that 'the rule of law' is to 'government' in every sovereign State what 'the international rule of law' is to 'global governance' in international community."(Boo Chan Kim, *Global Governance and International Law*(BoGoSa, 2011), p. 45)

132 The Commission on Global Governance, *op. cit.*, pp. 325-334; Karsten Nowrot, "Global Governance and International Law", pp. 15-16(http://www.telc.uni-halle.de).

133 세계의 여러 정치지도자들이 1991년 20세기를 마감하고 21세기를 맞이하는 시점에서 세계체제를 안전하게 운영해 나가기 위한 문제에 체계적으로 대응하기 위하여 'Commission on Global Governance'를 발족하고 글로벌 거버넌스에 대한 종합적인 보고서인 *Our Global Neighborhood*를 유엔 창립 50주년이 되는 1995년에 발간하였다. 한국에서는 이를 조선일보사에서 '세계는 하나, 우리의 이웃'이라는 제목으로 번역 출간한 바 있다. 세계체제관리위원회 편저·유재천 번역, 『세계는 하나 우리의 이웃』(조선일보사, 1995) 참조.

을 통해 상충하는 이해관계나 다양한 이해관계가 조정되고 협조적인 조치가 취해질 수 있는 것을 말한다. … 세계적 수준에서 보면, 과거에는 거버넌스란 주로 정부 간의 관계로 여겨져 왔지만, 이제는 NGOs, 시민운동, 다국적기업 및 세계적 자본시장을 포함하는 것으로 이해해야만 하게 되었다."[134]

국제공동체의 글로벌 거버넌스의 구축에 있어서 국제법의 규범력과 실효성을 강화하는 것이 무엇보다도 중요한 과제로 대두되고 있으며, 이와 관련하여 앞에서 논의한 '국제법의 헌법화' 문제와 함께 최근 이른바 '세계행정법'(global administrative law, 이하 "GAL")에 대하여 관심이 집중되고 있다. GAL은 글로벌 거버넌스의 효율적 운용을 위하여 필요한 기술적·행정적 성격의 규범을 의미하는 것으로서 국가 및 비국가 행위자들, 즉 글로벌 거버넌스 주체들의 다양한 이해관계를 조화시키려는 목표를 갖고 있는 것이다.[135]

국제법의 헌법화 논의가 국제공동체 차원의 공통의 보편적인 가치에 입각한 헌법적 질서 구축에 관심을 갖고 국제법체계의 위계적·수직적 구조에 관심을 갖고 있다고 한다면 GAL 논의는 보편적 가치체계의 천명이 아니라 글로벌 거버넌스 영역, 즉 '세계행정영역'(global admi‐nistrative space)에서의 절차적·기술적 원리 및 기준에 집중하려는 입장을 가지고 있다.[136] 그리고 글로벌 거버넌스의 경우 그 주체 및 범위와

---

134 "Governance is the sum of the many ways individuals and institutions, public and private, manage their common affairs. It is continuing process through which conflicting or diverse interests may be accommodated and cooperative action may be taken. … At the global level, governance has been viewed primarily as intergovernmental relationships, but it must noe be understood as also involving non-governmental organizations(NGOs), citizen's movements, multinational corporations, and the global capital market."(The Commission on Global Governance, *op. cit.*, pp. 2-3.)

135 N. Krisch & B. Kingsbury, "Introduction: Global Governance and Global Administrative Law in the International Legal Order", European Journal of International Law, Vol.17, 2006, p. 2; 김성원, "WTO 체제의 유효성에 관한 세계행정법 시각에서의 검토", 『동아법학』, 제64호, 2014, pp. 206 -209 참조.

136 Jan Klabbers *et al., op. cit.,* p. 27.

관련하여 반드시 국제법주체들에 국한하지 않고 보다 탄력적으로 접근
하고자 한다는 점에서 세계헌법주의나 국제법의 헌법화 논의와 그 접
근방법에 있어서 차이가 있다.[137]

따라서 글로벌 거버넌스 구축 및 GAL과 같은 새로운 법체계의 필
요성에 대한 논의는 기존의 국제법 방법론에 대한 변화를 유도하는 데
도 많은 영향을 미치고 있는 것으로 보인다. 국제법의 연원과 관련하
여 글로벌 거버넌스의 주체로서, 주권국가들과 함께 민간기구(NGOs)를
포함한 다양한 국제기구들, 그리고 다국적기업(MNEs)과 전문가를 중심
으로 한 개인들이 조약체결 과정에서나 관습국제법의 성립요소로서 국
제공동체의 '법적 확신'이나 '일반관행'의 형성에 있어서 실질적인 영향
을 미치고 있는 것을 알 수 있다.

국제법주체론과 관련해서도, 비국가적 실체(non-State entities)에 대한
국제적 법인격(international legal personality)의 부여에 있어서 전통 국제
법 시대에서 주권국가들의 의사(will)가 하나의 절대적인 기준으로 원용
되었던 국가 중심적인 접근 방법이 오늘날의 '다중심적인'(multicentric)
글로벌 거버넌스[138] 시대에는 더 이상 金科玉條가 될 수 없다는 비판
이 유력하게 제기되고 있는 것이 사실인 것이다.[139]

---

137 김성원, 전게논문(주 135), pp. 208-211; Laura Henry, "Improving the Legal
   Accountability of International Institutions to States — Comparing Constitutionalist and
   Global Administrative Law Approaches —", 『세계헌법연구』, 제22권 1호, 2016, pp.
   68-73 참조.

138 Raimo Väyrynen, *op. cit.*, pp. 25-27.

139 Karsten Nowrot, *op. cit.*, pp. 16-19; 노르웨이 국제법학자인 Finn Seyersted는 국제기구
   의 법인격과 관련하여 '객관적 법인격론'(theory of objective personality)을 주장하고 있
   다. 객관적 법인격론은, 국제기구의 법인격은 그 회원국들의 합의, 즉 그들의 의사에
   종속되는 것이 아니라 국제기구의 고유한 또는 내재적인 속성으로부터 나온다고 하
   는 것이다. 즉, 국가들이 그 성립요건을 갖춤으로써 자동적으로 획득하게 되는 국가
   로서의 지위, 즉 '국가성'(statehood)으로부터 국제적 법인격이 당연히 도출되듯이, 어
   떠한 단체적 실체가 국제기구로서의 요건을 갖추게 되면 국제기구로서의 지위, 즉
   '국제기구성'(organizationhood)을 보유하게 되고 국제기구를 설립하는 주권국가들의
   '의사'(will)에 근거하지 않고 자동적으로 국제적 법인격이 인정된다고 보아야만 한다
   는 것이다(Jan Klabbers, *Advanced Introduction to the Law of International Organizations*

오늘날 국제법의 확충 및 실효성의 강화, 그리고 글로벌 거버넌스의 구축과 관련한 유엔의 역할은 점차 중요해지고 있다. 따라서 유엔은 국제공동체의 모든 국가들을 상대로 글로벌 거버넌스 차원에서 그 권력을 통합하거나 제한할 수 있는 권한을 갖는 민주적 기구로 발전되고, 나아가서 비정부기구들을 포함한 다양한 국제기구들과 개인을 포함한 국제적 시민사회의 구성원들의 활동을 통합·조정하는 데 중심적 역할을 수행할 수 있도록 기능적 혁신을 모색할 필요가 있다고 본다.[140]

Ⅳ. 결   론

국제적 법치주의는 국제공동체의 운영을 위한 글로벌 거버넌스의 원리로서, 법적 공동체이기는 하지만 본질적으로 분권적 특성을 벗어나지 못하고 있는 국제공동체의 권력통제 및 민주적 권력행사의 기본 원리라고 할 수 있다. 국제적 법치주의는 기본적으로 국제공동체에 있어서 힘이나 정치력이 주도하는 권력정치를 배제하고 주권국가, 국제기구, 그리고 개인 등 모든 국제법주체들과 행위자들이 실정적 법규범,

---

(Cheltenham·Northampton: Edward Elgar Publishing Ltd., 2015), pp. 21-22; 김부찬, "국제기구의 국제적 법인격 및 권한의 근거에 대한 소고", 『법과 정책』, 제22집 제3호, pp. 87-112).

140 Elisabeth Zoller, "Institutional Aspects of International Governance", *Indiana Journal of Global Legal Studies*, Vol. 3, 1995, pp. 121-23; Saul H. Mendlovitz and Burns H. Weston, "The United Nations at Fifty: Toward Humane Global Governance", *Transnational Law & Contemporary Problems*, Vol. 4, 1994, pp. 309-26; 현재 유엔이 '세계정부'(world government)로서의 역할을 수행하기를 기대하는 것은 어렵지만 적어도 글로벌 거버넌스 차원에서 그 기능을 수행하는 것은 가능하다고 본다. 세계정부는 확립된 제도에 의한 집권적 권력 행사를 의미하는 것이지만 거버넌스는 국가, IGOs, 그리고 INGOs 등의 협력적 상호작용을 통한 문제의 처리 및 해결을 시도할 수 있는 정도의 체제를 필요로 하는 것이기 때문이다(Anne-Marie Slaughter, "The Real New World Order", *Foreign Affairs*, Vol. 76 No. 5, 1997, p. 184).

즉 국제법에 따라 행동하고 국제분쟁도 평화적으로 국제법에 따라 해결되도록 함은 물론 이를 바탕으로 국제공동체 속에서 인권 및 사회정의가 실현되도록 하는 것을 목적으로 하고 있다.

세계화 시대인 오늘날 국제공동체는, 과거 전통적 국제사회에서 절대적인 위치를 차지하고 있던 주권국가들이 저마다의 국익추구를 우선시 했던 국가주의나 Grotius적 의미의 국제주의의 단계를 넘어서서 주권국가들을 비롯하여 국제기구들과 개인들 모두가 국제공동체 또는 인류공동체 구성원으로서 보편적 이념과 가치를 추구하는 세계주의 또는 보편주의를 지향하고 있다고 할 수 있다.

이러한 변화는 전통적인 국제법의 역할 및 성격에도 많은 영향을 미치고 있다. 근대의 국제주의적 질서를 뒷받침하고 있던 국가중심적인 국제법체계는 오늘날 인간의 존엄 및 인권을 우선시 하는 인간중심적 법체계로 전환되고 있는 것이 사실이며 이러한 국제법의 인간화는 더 나아가서 국제법의 헌법화 과정도 촉진하고 있는 것이다.

물론 이러한 변화가 언제나 순탄하게 지속되고 있는 것은 아니라고 본다. 현실을 직시하면 국제공동체의 발전 속도가 기대에 미치지 못하고 있다는 평가도 있으며 많은 국가들이 자국의 이익을 위하여 국제공동체의 공통의 이익이나 가치를 외면하여 행동하는 모습도 비일비재하게 목격할 수 있는 것도 사실이다. 특히 일부 강대국의 경우 '우월주의'(triumphalism) 또는 '예외주의'(exceptionalism)를 내세워 국제적 법치주의의 요청에 반하는 행동을 자행하는 경우도 없지 않다고 본다.

그러나 이러한 현실을 보면, 국제공동체 속에서 국제평화와 안전을 유지함은 물론 인류 전체의 보편적 가치로서의 정의·인권·복지의 이념이나 가치가 반드시 실현될 수 있도록 글로벌 거버넌스의 구축과 국제적 법치주의의 제고에 더욱 관심과 힘을 모으지 않으면 안 된다는 생각을 하게 된다.

국제공동체 속에서 법치주의의 이념을 확산시키고 제도적으로 실현해 나가기 위하여 국제법의 확충을 통한 규범력 중대와 실효성 강화를 위한 연구에 많은 관심을 가져야만 할 것이다. 이러한 관점에서 최근 국제법학자들에 의하여 국제적 법치주의에 대한 논의와 함께 국제법의 인간화, 국제법의 헌법화, 그리고 글로벌 거버넌스에 대한 논의가 본격적으로 시작되고 있는 것은 참으로 반가운 일이 아닐 수 없다.

국제사회가 국제공동체로 발전하고 국제법이 국제공동체의 법으로 전환되도록 하는 데 중요한 역할을 수행하고 있는 것이 바로 유엔이다. 유엔은 엄밀한 의미에서 보면 하나의 정부간기구에 불과하지만 20세기 중반 이후 국제공동체의 생성과 발전 과정에서 단순히 국가 간의 이해관계를 논의하고 조절하는 국제주의적 기구로서만이 아니라 주권국가를 비롯한 국제공동체의 다양한 구성원들에 의한 글로벌 거버넌스의 중심적 역할을 수행해 오고 있는 세계적·보편적 국제기구이다.

유엔은 그동안 국제평화와 안전에 관한 분야에 있어서뿐만 아니라 국제공동체 차원에서 새롭게 부각되어진 인간안보의 과제를 해결해 나가는 데도 많은 노력을 경주해 왔다. 유엔은 강행규범 및 대세적 의무의 존재를 제도적으로 확립함으로써 국가 중심의 전통적인 국제법 질서가 인간 중심의 공동체적 법질서로 변모할 수 있도록 하는 데 크게 기여하고 있다. 나아가서 유엔은 최근 국가들로 하여금 인권 보장을 위하여 국가주권의 우위성을 인권에 양보해야만 하도록 R2P 원칙을 발전시켜 나가고 있다.

국제적 법치주의의 증진을 통하여 국제공동체가 법적 공동체로서의 성격을 보다 강화시켜 나가는 것이 중요한 과제의 하나라고 본다면, 이러한 과제를 해결해 나가는 데 있어서 국제공동체를 대표하여 유엔이 그 중심적 역할을 수행해 나갈 수 있도록 개혁해 나가는 것도 매우 시급한 과제가 아닌가 한다.

04

한 상 훈

연세대학교 법학전문대학원 교수이다. 형사법, 법심리학, 형사정책,
국민참여재판을 연구하여 왔으며, 최근에는 즐거움과 행복, 윤리학,
공리주의, 진화론, 패러다임론에 관심을 갖고 있다. "법학을 통하여 인류의
지속가능한 행복을 추구하는 것"을 학문적 모토로 삼고, 100년 뒤에도 읽힐
수 있는 저술을 쓰려고 노력하고 있다. 『법과 진화론』(우수학술도서), 『형법입문』의
공저자이며, 『법심리학』을 공동번역하였다.

즐거움과 법규범 그리고
패러다임 결과주의*
- 행복과 법의 조화를 위하여 -

I. 들어가는 글

근대 공리주의의 창시자인 벤담은 다음과 같이 말하였다. "모든 법령이 지니고 있거나 지녀야 하는 일반적 목적은 일반적으로 공동체의 전체적 행복이다. 또한 그렇기 때문에, 가능한 한 우선적으로 그러한 행복을 감소시키는 경향이 있는 모든 것을, 달리 말하면 폐해를 없애고자 한다."[1] 또한 밀은 다음과 같이 말한다. "'최대 행복의 원리'를 따를 경우, 우리가 우리 자신의 이익을 고려하든 아니면 다른 사람의 이익을 고려하든, 가능한 한 고통이 없고 또 질적으로나 양적으로 할 수 있는 한 최대한 즐거움을 만끽할 수 있는 그런 존재 상태에 이르는 것이 궁극적 목적이 된다. 나머지 모든 것은 이 궁극적 목적에 비추어서, 그리고 그것에 도움이 될 때 바람직한 것이 된다. … 공리주의에 따르면 이것은 인간 행동의 목적(end of human action)일 뿐 아니라 자연스럽게 도덕의 기준(standard of morality)이 되기도 한다."[2]

---

* 본고는 2017. 4. 26. 영미헌법연구회에서 발표한 내용을 발전시킨 것입니다.
1 벤담, 『도덕과 입법의 원리 서설』, 1789, 고정식 역, 2012, 13장 §1.

공리주의는 "최대다수의 최대행복의 원칙"이라고 하는 벤담의 표현에서 명확하게 드러나듯이 사회 전체의 행복(happiness), 즐거움(pleasure)[3]을 증대시키는 것이 선하고 도덕적이고 올바르다고 한다. 반대로 불행(unhappiness), 고통(pain)을 증대시키는 것은 부도덕하다. 공리주의는 영국의 법률가이자 사상가, 정치가인 제레미 벤담(Jeremy Bentham)이 정식화하여, 밀(J.S. Mill) 등이 발전시킨 사상으로서, 쾌락주의, 결과주의, 합리주의, 평등주의 등을 주창하여, 칸트로 대표되는 의무론적 사상과 대립하는 것으로 알려져 있다.

이러한 공리주의는 국민의 행복, 복지, 경제발전을 추구한다. 법의 제정, 개정에서 개인의 행복, 공공복리, 공공선을 고려하는 것은 당연한 일이다. 마찬가지로 법의 해석에서도 행복, 공공복리, 공공의 이익이 고려될 것이다. 헌법에도 이러한 행복, 공공복리에 대한 규정은 여러 곳에서 언급되고 있다. 예를 들어, "안으로는 국민생활의 균등한 향상을 기하고 밖으로는 항구적인 세계평화와 인류공영에 이바지함으로써 우리들과 우리들의 자손의 안전과 자유와 행복을 영원히 확보할 것을 다짐하면서"(헌법 전문)라는 부분에서 "행복을 영원히 확보한다"는 명확히 행복의 추구를 선언하고 있으며, 제10조는 "모든 국민은 인간으로서의 존엄과 가치를 가지며, 행복을 추구할 권리를 가진다. 국가는 개인이 가지는 불가침의 기본적 인권을 확인하고 이를 보장할 의무를 진다"고 하여 행복추구권을 규정하고, 제23조 제2항에서 "재산권의 행사는 공공복리에 적합하도록 하여야 한다"고 할 때의 공공복리도 행복과 차이가 없고, 제37조 제2항의 "국민의 모든 자유와 권리는 국가안

---

2 밀, 『공리주의』, 1863, 서병훈 역, 2007, 2장 10문단.
3 'pleasure'를 대개는 '쾌락'으로 번역하고, 쾌락의 사전적 의미는 "유쾌하고 즐거운 감정", "감성의 만족, 욕망의 충족에서 오는 유쾌하고 즐거운 감정"이라고 한다(국립국어원, 표준국어대사전). 하지만, 쾌락에는 부정적 뉘앙스가 있어서 오히려 즐거움으로 번역하는 것이 적절하다고 본다. 자세히는 한상훈, "법의 목적과 행복: 즐거움과 행복에 기초한 법학을 위한 시론", 「법과사회」, 57집, 2018, 205쪽 이하 참조.

전보장·질서유지 또는 공공복리를 위하여 필요한 경우에 한하여 법률로써 제한할 수 있으며, 제한하는 경우에도 자유와 권리의 본질적인 내용을 침해할 수 없다"는 규정의 공공복리도 마찬가지이다.

형법의 해석에 있어서도 범죄의 구성요건에 있어서 공익을 해할 목적이 포함되어 있기도 하고, 위법성조각사유에서 긴급피난, 정당방위, 정당행위, 명예훼손죄의 위법성조각사유에서 이익형량이 사용된다. 이익형량은 결과의 대소(大小)에 관한 것이므로, 대표적인 공리주의적 사고방식이라고 할 것이다. 이처럼 헌법, 형법 등 많은 법영역에서 공리주의적 사고가 투영되어 있다.

지난 4월 6일 박근혜 전 대통령의 뇌물, 직권남용, 강요 등에 관한 1심(2017고합364)에서 서울중앙지법 형사22부(재판장 김세윤 부장판사)는 징역 24년과 벌금 180억원을 선고하면서, 양형이유를 다음과 같이 시작하였다. "피고인 박근혜는 국민에 의해 선출된 국가 원수이자 행정부의 수반인 대통령으로서 국민으로부터 위임받은 권한을 오직 헌법과 법률에 따라서 국민 전체의 자유와 행복, 복리 증진을 위해 행사해야 할 의무가 있었다." 대통령의 임무는 국민 전체의 자유와 행복, 복리의 증진이라고 본 것이다.

그럼에도 불구하고, 공리주의 자체는 많은 경우 비판되고 있다. 현대적 정의론을 주장한 존 롤즈(John Rawls)는 그의 정의론에서 공리주의를 비판하고,[4] "정의란 무엇인가"의 저자 마이클 샌들(Michael Sandel)도 공리주의를 비판한다.[5] 공리주의의 행복, 복지, 공공복리, 그리고 이익형량이라는 결과주의적 사고가 이미 법의 입법과 해석에 반영되고 최대다수의 최대행복이라는 원리는 공공의 이익, 공공복리라는 표현에 반영되어 있음에도 불구하고, 왜 공리주의 자체는 비판받고 의심되고 있는가? 어떠한 측면이 공리주의에 대한 반감과 오해를 야기하고 있는

---

4 John Rawls, *A Theory of Justice*, 1971 참조.
5 Michael Sandel, *Justice: what's the right thing to do?*, 2009 참조.

가? 현대적으로 공리주의를 재해석하는 것은 가능한가? 그리고 나아가 4차산업혁명과 인공지능혁명이 진행되어 전인미답(前人未踏)의 길에 들어서고 있는 21세기 인류에게 올바른 공리주의적 사고가 필요한 것이 아닌가? 이러한 질문이 떠오른다. 한마디로 정리하자면, 다음과 같다. 도덕과 법의 궁극적 목적이 행복이라는 생각은 위험한가? 본고는 이 문제를 살펴보고자 한다.

Ⅱ. 벤담과 밀의 공리주의

공리주의의 창시자라고 할 수 있는 제레미 벤담은 최대다수의 최대 행복(greatest happiness for the greatest number)의 원리, 공리의 원리 (principle of utility)가 모든 도덕적 판단의 제1의 원리라고 하였다. 모든 도덕과 입법은 이러한 공리의 원리에 의하여 지도되어야 한다. 벤담은 양적 공리주의를 주장하여, 모든 즐거움은 동일하다고 보았고, 즐거움을 판단하는 기준을 제시하였다. 강도, 지속성, 확실성, 원근성, 순수성, 생산성, 범위 등을 즐거움의 양적 판단기준으로 보았다.[6]

벤담과 달리 J. S. 밀은 질적 공리주의를 주장하였다. 만족한 돼지보다 불만족한 사람이 더 좋고, 만족한 바보보다는 불만족한 소크라테스가 더 좋다고 본 것이다. 돼지의 철학이라는 양적 공리주의를 뛰어넘고자 하였다. 또한 개인의 자유와 정의도 공리주의적 관점에서 정당화하였다. 해악의 원칙(harm principle)을 정식화하여, 타인에게 해를 주지 않는 한 개인의 자유는 존중되어야 한다고 보았다.[7] 개인이나 정부의 행위나 정책은 공동체의 즐거움을 증대시키고 고통을 감소시키는 정도에 따라서 옳고, 그 반대의 경우에는 옳지 않다.

---

6 벤담, 『도덕과 입법의 원리 서설』, 1789, 고정식 역, 2012 참조.
7 밀, 『공리주의』, 1863, 서병훈 역, 2007; 밀, 『자유론』, 1859, 서병훈 역, 2005 참조.

공리주의는 행위공리주의와 규칙공리주의로 구별된다. 행위공리주의(act utilitarianism)는 한 행위가 관계 되는 모든 사람의 행복, 즐거움을 극대화할 때 올바르다. 이에 반하여, 규칙공리주의(rule utilitarianism)는 행위가 직접적으로 행복이나 즐거움을 극대화하는가에 따라서 옳고 그름의 판단하는 것이 아니라, 어떤 규칙, 즉 대부분 또는 모든 사람들이 받아들일 경우에 행복, 즐거움을 극대화하는 규칙에 의해 결정한다.[8] 밀의 공리주의도 규칙공리주의로 해석될 수 여지가 있다.[9]

J. S. 밀은 "어떤 일에 대해 절제가 필요한 것들의 경우 — 사람들이 도덕적 고려 때문에 하지 않지만, 특정한 사건에서는 결과가 유익할 수도 있는 경우 — 이러한 행동이 일반적으로 행하여지면 일반적으로 유해하고, 이것이 이러한 행위를 자제해야 하는 의무의 근거가 된다는 점을 의식하지 못한다면 양식 있는 행위자라고 할 수 없을 것이다."[10] 어떤 행위가 특정사건에서는 즐거움을 산출하지만 일반적으로 행해졌을 때에는 고통을 산출하는 경우, 그러한 행위는 자제해야 한다는 내용이다. 이처럼 밀은 일반적으로 행복과 즐거움을 증가시키는 규칙의 존재를 인정하고 그러한 규칙을 준수할 것을 주장하므로, 규칙공리주의자의 측면이 있는 것이다.

밀은 일반적 규칙의 존재를 옹호하지만, 동시에 일반적 규칙에 대한 예외적인 규칙이나 사건이 있을 수 있다고 본다. "정의(justice)란 집합적으로 본다면 사회적 효용(social utility)이 아주 높기 때문에, 다른 어떤 것보다 강력한 의무이다; 비록 특정한 다른 사회적 의무가 너무나 중요하여 정의의 일반적 격률 중 하나에 우선하는(overrule) 특정한 사건이 발생할 수는 있지만 말이다. 따라서 어떤 사람의 목숨을 살리기 위

---

8 Roger Crisp, *Mill on Utilitarianism*, 1997, 엄성우 역,『밀의 공리주의』, 2014, 154쪽 참조.
9 이러한 관점을 명확하게 제기한 논문은 J.O. Urmson, "The Interpretation of the Moral Philosophy of J.S. Mill". *Philosophical Quarterly*, 1953, 10: 33-9이다. Rex Martin, "Two Concepts of Rule Utilitarianism", *Journal of Moral Philosophy* 5, 2008, p. 245 참조.
10 밀,『공리주의』, 1863, 2장 19문단.

해서 필요한 음식이나 의약품을 훔치거나 힘으로 빼앗는 것, 또는 병을 치료할 수 있는 단 한 사람의 전문의를 납치하거나 강요해서 환자를 돌보게 하는 것은 허용될 수 있을 뿐 아니라 의무이다."[11] 정의나 권리와 같은 규칙은 그러한 규칙이 있음으로써 사회의 공리가 증가될 수 있으므로, 권리나 규칙은 공리주의의 관점에서도 충분히 정당화될 수 있다고 본다.

규칙공리주의에 의할 경우, 개별 행위가 가져오는 행복, 불행의 계산에 관계없이 일반적 규칙에 해당되는지 여부에 따라서 행위의 도덕성을 판단하므로 법적 안정성과 예측가능성, 자유, 정의 등도 보장할 수 있는 장점이 있다고 본다.[12]

Ⅲ. 행복의 추구와 도덕

공리주의는 즐거움, 행복의 추구를 도덕적 판단의 궁극적 목표와 기준으로 삼기 때문에, 의무론적인 관점에서는 비판의 소지가 있다. 공리주의가 추구하는 즐거움을 저급한 육체적 쾌락으로 보게 되면, 사회의 고결한 도덕이 훼손될 것이라는 우려도 있다. 공리주의와 같은 결과주의적 쾌락주의(consequentialist hedonism)는 '돼지의 철학'이라고 비판도 받았다. 실제로 육체적 쾌락에의 탐닉이나 마약, 도박 등과 같은 강렬한 반사회적인 쾌락은 도덕적으로 바람직하지 않고 비난을 받을 가능성이 크다.

이러한 비판을 의식해서 J.S. 밀은 저급한 육체적 쾌락과 고급한 정신적 쾌락으로 구별하는 질적 공리주의를 주장하기도 하였다. 하지만,

---

11 밀, 『공리주의』, 1863, 5장 33문단.
12 Richard Brandt, Brad Hooker, John Gray 등이 규칙공리주의를 주장한다. Rex Martin, "Two Concepts of Rule Utilitarianism", *Journal of Moral Philosophy* 5, 2008, p. 227 이하 참조.

[그림] 매슬로의 욕구단계론

육체적 쾌락이 항상 저급하고 정신적 쾌락은 고급한지 논란의 여지가 있다. 배고픈 소크라테스가 항상 배고프다면 그러한 상태를 행복이라고 말할 수 있을 것인가, 결국 소크라테스는 기아로 사망하게 되지 않을 것인가?

그렇다면, 밀의 질적 공리주의보다는 오히려 [그림]과 같이 매슬로 (A. Maslow)가 주장한 욕구단계설[13]의 욕구와 그 충족에서 오는 즐거움을 공리주의적 즐거움을 판단하는 데에 하나의 단서로 채택할 수 있을 것이다. 생리적 욕구의 충족은 다른 것보다 우선하지만 그렇다고 생리적 욕구가 고급한 욕구는 아니고 그러한 충족에서 오는 즐거움이 고차원적이지도 않다. 하지만, 생리적·육체적 욕구는 기본적이고 1차적인 욕구이며, 사람의 생존에 필수적이라는 측면에서 경시될 수 없다. 나아가 이처럼 생존에 필요한 기본적 욕구가 충족되지 않을 때 사람이 느끼는 고통은 대단히 크므로 다른 욕구보다 우선적으로 충족되어야 할 것이다.[14]

안전과 평화에 대한 욕구는 생리적 요구에 다음 가는 기본적이고

---

13 매슬로, 『인간의 동기와 성격』, 1954, 조대봉 역, 1992 참조.
14 Robert J. Taormina & Jennifer H. Gao, "Maslow and the Motivation Hierarchy: Measuring Satisfaction of the Needs", *American Journal of Psychology*, Vol. 126, No. 2 (Summer 2013), p. 169 참조.

역시 중요한 욕구이다. 이러한 욕구가 충족되지 않을 때 느끼는 고통도 역시 적지 않다. 사랑, 자존감, 자아실현의 순서로 고차원적이고 정신적 욕구이면서 정신적 즐거움이 된다. 이처럼 욕구와 그 충족에서 오는 즐거움에는 질적 차이는 없지만 단계는 있을 수 있다. 이를 '즐거움 단계설'이라고 할 수도 있겠다. 적어도 밀이 말하는 바와 같은 질적 차이, 고급 즐거움과 저급 즐거움의 차이는 없다고 생각된다. 저급한 즐거움이라기보다는 1차적·생리적 즐거움이라고 하는 편이 보다 정확한 표현이라고 할 것이다.

더군다나 생리적 욕구와 안전의 욕구는 기본적이고 1차적이며 객관적이다. 개인에 따른 차이보다는 인류의 공통적 욕구이고 필요이다. 이러한 욕구를 충족시키는 것은 개인의 의무인 동시에 국가나 공동체의 의무이기도 하다. 기본적 인권에 속하는 욕구라고 생각된다. 이에 반하여, 사랑, 자존감, 자아실현의 욕구는 개인적 차이가 크다. 그 구체적 내용은 사람마다 그의 능력, 자질, 선호, 지향, 가치관 등에 따라서 천차만별일 수가 있다. 이러한 2차적 욕구의 충족에는 개인의 자발성과 노력이 더욱 중요하다고 할 것이다. 이렇게 본다면, 욕구와 그 충족에서 오는 즐거움에는 저급과 고급의 차이가 있다기보다는 오히려 1차적 즐거움과 2차적 즐거움의 차이가 있다고 생각된다.[15]

공리주의에 대한 또다른 대표적인 비판은 개인의 희생을 강요하는 전체주의로 흐를 것이라는 점이다. 한 명의 무고한 사람을 희생함으로써 전체의 이익을 증가시킬 수 있다면 공리주의는 기꺼이 그러한 희생을 선택할 것이라고 비판한다. 예를 들어, 한 명을 살인자로 몰아서 사형함으로써 사회의 불안을 없애고 평화를 되찾는 것이 지적된다. 이 외에도 더들리 사건(R. v. Dudley and Stephens, 1884)과 같이 긴급피난 상

---

15 사회가 승인할 수 있는 즐거움은 거짓즐거움이나 과도한 즐거움과 구별되는 '지속가능한 즐거움'이어야 할 것이다. 이에 관하여 상세히는 한상훈, "법의 목적과 행복: 즐거움과 행복에 기초한 법학을 위한 시론", 「법과사회」, 57집, 2018, 205쪽 이하 참조.

황에서의 살인과 식육의 정당화 문제, 여러 명의 환자를 살리기 위한 강제장기이식의 문제, 전철수 사건(trolley problem)이라고 하는 5명의 근로자를 구하기 위하여 1명을 희생시키는 문제 등이 있다.

이러한 도덕적 딜레마상황에 대하여 많은 사람들은 무고한 사람의 처형에 반대한다. 하지만, 5명을 구하기 위하여 한 명을 희생하는 전철수 사건에 대하여는 찬성하기도 한다. 이러한 공리주의적 사고와 직관적 사고를 어떻게 설명할 것인지 많은 논란이 되기도 한다.

직권주의자, 의무론자는 인간의 존엄성, 기본권, 인권에 대한 보장의 관점에서 다수를 구하기 위한 소수의 희생의 부당성을 주장하기도 한다. 하지만, 최근의 연구에 의하면, 인간의 인지적, 도덕적 판단은 직관적 자동모드와 숙고적 수동모드의 이중처리과정을 거친다고 한다.16 여러 민족, 문화를 조정할 수 있는 메타도덕으로 공리주의에 주목하고 그 타당성이 논의된다. 인간의 도덕적 판단은 직관적이고 감정적인 자동모드와 합리적이고 숙고적인 수동모드의 이중처리과정이라고 설명하면, 일견 부당한 결론으로 보이는 공리주의의 결론들이 사실은 충분히 변용하여 수용할 수 있다고 본다. 롤즈나 샌들이 공리주의를 비판하기 위해 사용하였던 강제장기이식, 전철수 사례(trolley problem)와 같이 다수를 위한 소수의 강제적 희생 등이 공리주의적 관점에서도 보정될 수 있다고 보는 것이다.17

많은 사람들은 무고한 사람을 처형하여 얻는 가식적 평화보다는 진실을 원한다. 그 이유는 무엇인가? 공감능력 때문이라고 할 것이다. 사람들은 타인의 불행의 자신의 불행으로 받아들여 상상하면서 함께 고통을 느끼고 공감할 수 있다. 그러므로 무고한 사람을 처벌하는 사회

---

16 Kahneman, *Thinking, Fast and Slow*, 2011, 이진원 역, 『생각에 관한 생각』, 2012; Joshua Greene, *Moral Tribes: Emotion, Reason, and the Gap Between Us and Them*, 2013, 최호영 역, 『옳고 그름』, 2017 참조.

17 전철수문제(trolley problem)의 다양한 변형과 문제점에 관하여는 Joshua Greene, *Moral Tribes: Emotion, Reason, and the Gap Between Us and Them*, 2013, 211쪽 이하 참조.

는 일부의 권력자를 제외한 대부분의 사람들에게 희생자의 불행을 공감하게 하고, 자신도 피해자가 될 수 있다는 불안감을 일으키며, 이러한 불안감은 고통이 된다. 공리적 계산을 할 때 대다수의 불안감도 고통으로 계산되어야 할 것이다. 그렇다면 가식적 평화가 주는 즐거움과 무고한 사람의 처형에서 오는 불안감의 고통을 계산한다면, 오히려 무고한 사람을 처형하는 사회가 더 큰 고통을 줄 수 있다. 그러므로 현명한 공리주의자라면 장기적으로 볼 때 무고한 사람을 처형하는 체제를 선택하지 않을 것이다. 나아가 개인의 인권이나 자유가 자의적으로 침해되는 사회를 원하지도 않을 것이다. 인간이 갖고 있는 공감능력과 상실에 대한 불안감이라는 고통에 기초할 때, 공리적 판단은 보다 정교하고 현실적이 될 것이다. 이러한 관점은 밀의 '공리주의'나 '자유론'에서도 나타나고 있다.

장기적이고 현명한 관점에서의 공리주의는 개인의 기본적 자유를 보장하는 형태의 규칙공리주의일 것이다. 이러한 접근법은 진실에 반하는 무고한 사람의 희생에 반대한다. 자유와 인권, 정의의 훼손에도 비판적일 것이다. 강제적 장기이식도 사회 전체의 불안을 조장하고 인간의 자율성과 존엄성에 대한 신뢰를 약화시켜서 장기적으로 즐거움을 감소시키고 고통과 불쾌를 오히려 증가시킨다고 생각된다.

IV. 즐거움, 행복과 규칙

전체를 위한 소수의 희생이라는 문제는 꾸준히 공리주의에 대한 비판으로 기능하였다. J.S. 밀은 그의 저서 '공리주의'에서 정의원칙을 강조하면서도 일정한 경우 예외를 인정할 수 있다고 서술하였다. 형법학자의 입장에서 밀이 들고 있는 사례들[18]은 한번 생각해볼 필요를 느낀다.

---

18 밀, 『공리주의』, 1863, 5장 33문단.

먼저, 어떤 사람의 목숨을 살리기 위해서 필요한 음식이나 의약품을 훔치거나 힘으로 빼앗는 사례는 일종의 긴급피난이라고 생각된다. 긴급피난에 의하여 위법성이 조각되기 위해서는 우리 형법 제22조 제1항의 해석론으로 위난의 현재성, 이익균형성, 적합성, 보충성 등이 요구된다. 사람의 생명이 위태로운 상태에서 타인의 음식을 무단으로 가져가는 행위는 일단 절도죄의 구성요건해당성이 있다고 할 것이다. 이때, 생명과 재산이 대립하고 있으므로 이익균형성은 긍정될 수 있고, 위난의 현재성도 인정된다. 적합성의 경우, 행위자가 절취한 음식물에 특별한 사정이 없다면 적합성요건도 충족될 것으로 보인다. 다만, 보충성요건은 논란이 될 것으로 보인다. 사람의 생명을 구하기 위하여 타인의 음식물을 절취하는 것이 유일한 수단일 것인가? 예를 들어, 산행이나 탐험을 하던 중에 어떤 사람이 다리를 다쳐서 움직이지 못하게 되었고, 먹을 것마저 떨어졌는데, 산속 깊은 곳이라서 전화도 되지 않고 기타 즉각적인 국가나 단체의 도움을 받기 어려운 상황이라면 보충성요건은 충족될 수 있을 것이다. 따라서 음식물을 훔쳐서라도 사람의 생명을 구하는 것은 허용되고 또 도덕적으로도 정당화될 것으로 생각된다. 예를 들어, 한 동반자가 배낭에 가득 먹을 것을 갖고 있으면서도, 허기와 갈증에 죽어가는 사람에게 조금도 먹을 것을 나누려고 하지 않는다면, 다른 동반자가 그 사람의 배낭에서 음식물을 훔치거나 빼앗아서 사람을 살리는 것은 허용될 뿐 아니라 요구된다고 본다.[19]

나아가 이러한 경우에는 오히려 음식물의 제공을 거부하는 소유자는 독일형법 등에 규정된 구조불이행죄(제323조의c)로 처벌받을 가능성도 있을 것이다. 하지만, 우리 형법에는 아직 이러한 규정이 없다. 따라서 유기죄 또는 부작위범에서의 보증인지위가 인정될 수 있을 때에만 처벌될 것이다.

---

19 사후에 이러한 피난행위로 인하여 발생한 피해에 대한 보상은 긍정적으로 검토되어야 한다.

통상의 일반적인 경우라면 타인의 음식물을 훔치기 전에 경찰이나 정부, 복지단체 등에 우선적으로 구조를 요청하는 것이 필요하다. 예를 들어, 시내의 주택에서 한 사람이 굶고 있다면, 타인에게서 먹을 것을 훔치기 전에 복지기관에 먼저 도움을 요청하는 것이 우선이다. 빅토르 위고의 소설 '레 미제라블'에서 장발장은 굶주린 조카에게 먹을 것을 주기 위해 빵을 훔치다가 징역을 살게 된다. 이 당시에는 아직 복지제도가 발달하지 않았을 것이므로 긴급피난에 해당할지 보다 전향적으로 검토할 수 있겠다. 하지만, 현대 복지국가에서는 기초생활보장제도가 도입되어 있으므로 그러한 복지제도를 우선적으로 활용해야 할 것이다.

이처럼 복지기구의 개입이 가능한 상황에서 굶주린 사람에게 주기 위하여 타인 소유의 음식물을 절취하는 행위는 적어도 현대 복지국가에서 보충성이 결여되어 긴급피난으로 위법성이 조각되기 어려울 것이다. 물론 이러한 검토는 우리의 형법규정과 학설에 기초한 것이므로, 밀이 살던 시대의 여건에서 말하고자 하는 취지와 다른 것은 아닐 것이다. 아마도 밀이 살던 19세기 영국에는 복지제도나 응급구호시스템이 잘 발달하지 않았을 수도 있기 때문이다. 하지만, 현재적 관점에서 볼 때, 밀의 사례는 위법성이 조각되거나 도덕적으로 요구되는 일반적 사례라고 하기는 어렵지 않을까 하는 생각이 든다.

사람의 생명을 구하기 위한 음식물 절취(절도)의 경우에서도 보충성이 문제된다면, 음식물의 강취(강도)나 의사의 납치와 같은 보다 극단적인 사례는 말할 필요가 없을 것이다. 더군다나 의사의 납치와 같은 사례에서는 이익균형성이 문제될 수도 있을 것이다. 한 사람의 생명을 구하기 위하여 의사를 납치하였지만, 그로 인하여 그 의사가 생명을 구하기 위해 수술하고자 했던 환자를 적시에 수술하지 못하여 그 환자가 생명을 잃을 수도 있다. 이러한 상황이라면 이익균형성도 결여될 것이다.

나아가 보다 장기적인 관점에서 보자면, 의사를 지망하는 사람이 줄고, 결국 의사의 숫자가 부족해질 수 있다. 의사는 항상 납치와 협박의 위협에 시달려야 한다면 누가 의사가 되고자 하겠는가? 그렇다면 결국 의사는 부족하거나 아예 없어질 것이고, 그렇다면 더 많은 사람이 질병으로 죽어가지 않을 것인가? 이렇게 본다면, 사유재산의 보장도 마찬가지이다. 굶어 죽어가는 사람을 위하여 자신의 빵이나 재산을 내놓는 것은 아름다운 나눔이지만, 그를 살리기 위해 누군가 자신의 집에 침입하여 음식물을 훔쳐가거나 강취할 수 있고, 그러한 행동이 도덕적, 법적으로 허용되거나 장려된다고 한다면 사람들은 불안해서 살기 어려워질 것이다. 아예 근로의욕이 떨어져서 생산적 활동을 하지 않게 되거나, 아니면 담장을 더 높이고 경호원을 고용하는 등 조치를 취해야만 할 것이다. 사회의 활력은 떨어지고 비생산적 비용이 증가할 우려가 있다. 결국 사회 전체의 행복이나 즐거움은 늘어나는 것이 아니라 오히려 고통이 커질 수 있다. 이러한 관점은 비단 자유주의자의 주장만이 아니고, 규칙공리주의의 관점에서도 인정될 수 있다. 즉, 사회 전체의 행복과 즐거움을 평가할 때에는 개별적 행위에 대한 근시안적 평가에 국한할 것이 아니라 보다 장기적 관점에서 접근하는 규칙공리주의가 요청된다.

그러므로, 정의, 법치주의, 자유, 인권, 사적 자치, 기본적 소유권과 같은 원칙이나 권리에 대한 예외는 신중하게 인정되어야 할 뿐만 아니라 그러한 예외 자체가 하나의 원칙이 될 수 있을 정도인 경우에 한하여 허용되어야 할 것이다.

예를 들면, 흉악한 범죄가 발생했을 때에 사람들의 불안과 무질서, 여론을 시급히 무마하기 위하여 무고한 사람을 범죄자로 몰아 처벌하는 것은 사회 전체의 공리를 증가시키므로 공리주의에 의하면 도덕적으로 허용될 것이라고 하면서 공리주의를 비판하는 경우가 있다. 하지만, 실제 무고한 사람을 처벌하는 것은 사회 전체의 행복과 즐거움을 장기적으로 증가시키지 못한다고 할 것이다.[20] 실제 진범은 체포되지 않았으므로 다른 범죄가 다시 발생하게 되면 곧바로 경찰의 발표가 허위임이 폭로될 것이고, 이후에는 오히려 경찰의 발표 자체의 신뢰도가 실추할 것이기 때문에 장기적으로는 오히려 사회의 불안과 무질서를 가중할 것이기 때문이다.

나아가 형사법적으로 볼 때, 경찰이나 검찰이 무고한 사람임을 알면서도 허위로 증거를 조작하여 유죄로 처벌받도록 한다면 이는 살인죄의 구성요건을 충족하게 되고, 긴급피난 등의 위법성조각사유가 인정되지 않는 한 오히려 경찰 등 수사기관이 살인자가 될 것이다. 그런데, 무고한 사람의 생명(사형인 경우) 또는 신체의 자유(징역인 경우)와 추상적인 사회의 여론이나 불안은 이익형량의 요건을 충족하지 못한다고 할 것이다. 또한 보충성요건도 충족되기 어려울 것이다. 왜냐하면 무고한 사람을 처벌하는 이외에 다른 방법이 없다는 것이 증명되기는 곤란할 것이기 때문이다. 오히려 진범을 수사 중임을 사실대로 발표하고, 진범의 체포 전까지 시민의 적극적 협조와 신고, 제보를 요청하는 것이 더 적절한 방법일 것이다.

이 정도의 논증으로 공리주의가 소수의 희생으로 다수의 이익을 추구할 것이라는 비판은 충분히 논박되었다고 생각한다. 하지만, 여전히 공리주의에 대한 약간의 의구심은 남아 있을 수가 있다. 소수의 희생으로 다수의 이익을 꾀할 수 있는 예외적인 경우가 있지 않겠는가? 아직도 일말의 불안감이 완전히 해소되지는 않았을 수 있다.

사람들은 확실한 것, 절대적인 것, 영원한 것을 추구하는 경향이 있다. 소크라테스나 플라톤이 이데아를 탐구한 것도 이러한 경향의 반영이라고 생각된다. 특히나 자신의 생명이나 자유, 신체, 재산 등이 어떠한 외부의 힘이나 다수의 이익이라는 명목 하에 동의 없이 무단으로

---

20 2단계 공리주의에 입각한 반론으로는 문병도, "공리주의에 제기되는 전형적 반례에 대한 2계단 공리주의적 해결 — 무고한 사람의 처벌문제를 중심으로 —", 「범한철학」 32권, 2004. 3, 29쪽 이하 참조.

침해되는 것을 원하지 않는다. 그렇기에 천부인권이나 정언명령, 절대적 기본권과 같은 관념이 사람들에게 수용된다. 하지만 왜 그럴까? 그것은 바로 사람이 갖고 있는 불안감, 그리고 그로부터 야기되는 불안하고 불쾌한 감정(고통, 불행)으로 인하여 사람들은 위험을 회피하는 경향(위험 회피, risk aversion)이 있기 때문일 것이다.[21]

마치 연인들이 사랑을 속삭이면서 "당신을 영원히 사랑해. 세상이 아무리 변해도 나의 사랑은 결코 변하지 않을 거야"라고 고백하는 것과 비슷하다고 본다. 누구도 영원히 살지 못하고, 심지어 결혼 후에는 열정적 사랑이 지속되지 않을 것임을 안다. 그럼에도 사랑에 빠진 두 연인은 이러한 영원한 사랑의 맹세에 감동하고 편안함과 안식을 얻는다. 만약 합리적인 사람이 "나는 지금 이 순간은 당신을 사랑해. 하지만 열정적 사랑은 1년 정도밖에 지속되지 못한다는 연구결과가 있어. 1년 뒤에도 당신을 지금처럼 사랑할지는 불확실해"라고 고백한다면 어떤 일이 벌어질까? 분명히 진실을 말하고 있으며 솔직한 사람임에도 불구하고 아마도 이 사람의 애인은 불안과 실망에 빠질 것이다.

사람은 안전과 사랑, 소속감을 추구하고, 그것을 얻었다고 믿을 때 즐거움과 행복을 느낀다. 확실하고 완전한 안전이 존재한다는 믿음 자체가 즐거움과 행복의 원천인 것이다. 모든 이익과 즐거움을 그때그때 계산해서 행동하려고 하는 공리주의는 이러한 사람의 심리와 믿음에 반하여 오히려 결과적으로 불행과 고통을 가져오게 된다. 가히 '공리적 계산의 역설'(paradox of utilitarian calculation)이라고 할 수 있다. 사람은 계산하고 따지면 따질수록 불안하고 불행해질 가능성이 커진다. 이처럼 우리는 불안정하고 변화하는 현실 속에서 오히려 절대적이고 확실한 영역에 속하고 싶어한다. 계산의 역설에서 벗어나는 유일한 방법은 계산하지 않는 순수한 절대적 영역을 만드는 것이다. 이러한 영역을

---

21 이에 관하여는 Kahneman & Tversky, "Choices, Values, and Frames", *American Psychologist*, vol. 39 no. 4, 1984, p. 341 이하 참조.

'계산으로부터 자유로운 영역'(calculation-free area)이라고 할 수 있다. 사람은 이처럼 계산에서 자유로운 영역, 절대적 가치에 대한 욕구가 있다. 그러므로 정의, 법치, 기본권, 인권 등은 이에 대하여 쉼없이 계산하고 따지고 비교하는 것보다, 이러한 가치와 권리를 계산으로부터 자유로운 영역에 위치시키는 것이 오히려 공동체 구성원의 행복과 즐거움을 증진시키는 결과가 된다.

나아가 계산을 하지 않는 것이 행복하기 때문에 계산하지 않겠다라고 말하는 것보다, 자연이나 하늘, 신이 부여한 권리이므로 인간은 침범할 수 없는 불가침의 영역이다라고 말하는 것이 더 큰 안도감을 준다. 천부인권론이나 자연법론이 많은 사람을 매료시키는 이유이다. 그러므로 궁극적으로 사람의 즐거움과 행복의 증진에 관심을 가지는 진정한 행복주의자는 매번 어떠한 행동을 결정할 때마다 즐거움, 고통, 행복, 불행을 계산하지 않을 것이다. 오히려, 계산 자체가 가져오는 불안과 비용을 감안하여, 계산으로부터 자유로운 불가침의 영역을 설정하고, 이러한 신성한 영역과 '계산이 허용되는 영역'(calculation-exposed area)을 구별할 것이다. 계산이 허용되는 영역에서도 매번 개별적 행위를 할 때마다 자신의 행위가 산출해내는 즐거움과 고통을 계산하는 수고를 덜기 위하여 일정한 규칙의 존재를 긍정할 것이다. 즉 규칙결과주의에 도달할 것으로 생각된다.[22]

이렇게 볼 때, 공리주의가 기본적 인권이나 기본권, 정의, 법적 안정성을 무시하고 침해할 것이라는 비판은 '계산에서 자유로운 영역'을 설정함으로써 해소될 수 있다고 본다. 다만, 이때 기본적 인권을 인정하

---

22 여기에서 규칙결과주의(rule-consequentialism)는 규칙공리주의를 포함하여, 일정한 즐거움과 행복이라는 결과를 산출하는 규칙에 따라 행위하는 것이 도덕적으로 올바르다고 하는 입장을 말한다. Brad Hooker, "Rule-consequentialism", *Stanford Encyclopedia of Philosophy (internet edition)*, 2015 참조. 결과주의는 즐거움과 행복이라는 주관적 감정 이외에 정의, 평등과 같은 가치도 결과에 포함시킨다. 아울러, 사견으로는 객관적 웰빙과 같은 객관적 요소도 결과주의의 고려범위에서 배제될 필요가 없다고 본다.

는 근거는 천부인권이나 자연권이기 때문이 아니라, 기본권을 침해당할 수 있다는 불안은 행복을 감소시키기 때문에, 그러한 불안을 감소시키기 위해서 계산하지 않고 절대적인 영역으로 남겨놓으려는 공리적 사고에 기초한 것이다. 이렇게 하여, 공리주의에 대한 두 가지 비판은 해소되었다. 요약하자면, 즐거움이라는 결과를 강조함으로써 사회의 가치와 도덕이 타락할 것이라는 비판은 즐거움단계설에 입각하여 해소되었고, 결과주의가 인권과 정의, 개인의 희생을 가져올 것이라는 비판은 '계산에서 자유로운 영역'의 인정을 통하여 극복할 수 있음을 밝혔다.

그런데, 규칙결과주의의 관점에서 일정한 규칙이 형성되었을 때, 규칙 간의 갈등이 발생할 여지가 있고, 이럴 경우 어떠한 방법을 통하여 규칙 간의 갈등이 해결될 수 있는지, 그리고 형성된 규칙이 어떠한 절차를 통하여 개정될 수 있는지는 명확하지 않아서, 이에 대한 비판이 있다.[23] 또한 규칙의 잦은 개정은 결국 비효율과 비용의 증대를 가져와서 행위공리주의와 같아질 것이라는 지적도 있다.[24]

V. 규칙은 어떻게 변경, 개선되는가?

규칙결과주의에 대하여 제기되는 비판은 쿤(T. Kuhn)의 패러다임이론[25]을 도입하여 상당부분 해결될 수 있다. 기존의 규칙을 더 이상 받아들이기 어려울 때, 다시 말해서, 기존의 규칙에 따라서 개별 행위를

---

23 B. Eggleston, "Conflicts of Rules in Hooker's Rule-consequentialism", *Canadian Journal of Philosophy*, 37, 2007, pp. 329-49; S. Levy, "The Educational Equivalence of Act and Rule Utilitarianism", in Hooker, B., E. Mason, and D. E. Miller (eds.), *Morality, Rules, and Consequences*, Edinburgh: Edinburgh University Press, 2000, pp. 27-39 참조.

24 David Lyons, *Forms and Limits of Utilitarianism*, 1965 등 참조.

25 이에 대하여는 Thomas Kuhn, *The Structure of Scientific Revolutions*, 3rd ed., 1996; 토마스 쿤 지음, 김명자·홍성욱 옮김, 『과학혁명의 구조』, 4판, 까치, 2013; Alexander Bird, "Thomas Kuhn", *Stanford Encyclopedia of Philosophy(internet edition)*의 설명 등 참조.

할 때에 행위가 산출하는 행복이나 즐거움보다 불행이나 고통이 더 커질 때, 기존의 규칙은 더 이상 사회 전체의 즐거움과 행복을 제공하지 못하고, 따라서 도덕적으로 옳지 못하게 된다. 이는 기존의 규칙이 원래부터 착오로 잘못 제정되었을 때에도 그렇겠지만, 그보다는 제정시에는 적절한 규칙이었지만, 사회의 변화와 기술의 발달로 인하여 더 이상 순기능을 하지 못할 때 주로 문제될 것이다. 이처럼 기존의 규칙이 부합하지 않게 되는 사례들을 이상사례(anomalies)라고 할 수 있다. 이러한 이상사례가 증가, 누적되면 기존 규칙의 위기가 도래하고, 보다 많은 즐거움과 행복을 줄 수 있게 하기 위해 기존 규칙의 개정이 문제된다.

하지만, 어떠한 매카니즘으로 기존의 규칙이 변경될 수 있는지 종래의 규칙공리주의에서는 명확한 관점을 제시하지 못하였다. 이를 패러다임이론의 관점에서는 보다 명쾌하게 해결할 수 있을 것이다. 즉, 기존의 규칙으로 만족스러운 결과가 도출되지 않을 때, 이에 대항하여 새로운 대안적 규칙이 등장하고, 기존의 규칙과 경쟁하게 된다. 더 좋은 대안적 규칙이 존재할 때, 기존의 규칙을 변경하여 새로운 규칙을 수용할 것을 주장하는 목소리가 점차 높아진다. 이때 개선의 편익과 개선의 비용을 형량, 계산하여 개선 편익이 개선 비용보다 클 때에는 규칙의 변경이 바람직하게 된다. 결국 기존의 규칙과 새로운 규칙은 경쟁하다가 새로운 규칙으로 변경될 것이다. 이러한 과정은 마치 쿤(T. Kuhn)이 과학혁명의 역사에서 발견한 질적인 변화와 유사하게 패러다임의 변경(paradigm shift)으로 나타날 것이다. 이러한 변화, 개선의 매카니즘을 통하여, 기존의 규칙결과주의에서 설정한 규칙은 행복, 즐거움을 극대화할 수 있는 새로운 규칙으로 개선되고 사회의 전체적 행복, 즐거움을 증가할 수 있게 된다.

기존의 규칙을 변경, 개선하는 것이 사회의 공리를 증가시킬 때 규칙의 개선이 필요하다. 다만, 규칙의 변경에는 비용이 들어간다. 이를 개선 비용(retooling cost)이라고 할 수 있다. 새로운 규칙이 가져오는 이익이 기존 규칙의 이익보다 많아야 할 뿐 아니라 추가적으로 규칙의 변경 자체로부터 발생하는 비용(개선 비용)도 넘어설 때, 규칙 개정이 이루어지기에 적절한 시점이 된다. 이러한 입장을 법학에서는 '법 패러다임주의'라고 할 수 있다.[26] 나아가 윤리학의 영역에서 이처럼 패러다임이론을 결과주의나 공리주의의 규칙의 설정과 변경에 적용하는 관점을 '패러다임 결과주의'(paradigm-consequentialism)라고 할 수 있을 것이다.[27]

VI. 나가는 글

지금 이 시대, 인공지능과 사물인터넷, 자율주행차, 지능형로봇 등이 개화하기 시작하는 제4차 산업혁명의 시대에서 행복과 즐거움에 대한 성찰은 더욱 절실하다. 더 이상 지난 시대의 관습과 경험, 직관에 근거한 윤리나 도덕, 법은 더 이상 타당하지 않을 것이다. 새로운 세상에서 새로운 관점의 윤리와 법제도로 무장하지 않는다면, 우리는 다수의 SF영화가 우려하는 것처럼 인공지능의 노예가 될지도 모른다. 인공지능은 개발하되, 인간을 위하여, 인간의 행복을 위하여 활용되도록 해야 한다. 사람을 위한, 사람에 의한, 사람의 인공지능과 과학기술이 되도록 노력해야 할 것으로 믿는다. 지원이 필요한 곳에는 지원을 하고, 자유가 요구되는 곳에는 자유를 주지만, 규제나 처벌의 필요성을 간과해

---

26 한상훈, "패러다임과 법의 변화: 한국형사법의 방법론 모색", 「저스티스」, 2017년 2월호, 240쪽 이하 참조.
27 '패러다임 결과주의'는 사회 내의 규칙을 포함하는 패러다임을 긍정하고 규칙이나 패러다임의 변화과정은 쿤이 말하는 과학에서 패러다임의 변화와 유사한 구조로 파악하며, 규칙이나 패러다임 간의 경쟁을 예상하는 등의 점에서, 행위결과주의와는 확연하게 다르고, 규칙공리주의와도 구별된다. 이에 관한 상세한 연구는 추후의 과제로 남긴다.

서는 안된다. 도덕과 법의 궁극적 목적은 인간의 즐거움과 행복이라는 생각은 위험한 것이 아니라, 새 시대의 보편적 기준이 되어야 하지 않을까 생각해본다.[28]

즐거움과 행복을 도덕과 법의 궁극적 목적으로 바라보는 관점은 자연스럽게 공리주의와 연결된다. 하지만 본고는 종래 행위공리주의와 규칙공리주의의 한계를 지적하고, 이를 극복할 수 있는 새로운 이론으로서 패러다임 결과주의(paradigm-consequentialism)를 제시하였다. 패러다임 결과주의는 토마스 쿤의 패러다임 이론을 기초로 하여 이를 윤리, 도덕, 법의 영역의 도덕적 판단에 적용한 것이다.[29] 이러한 관점은 지배적인 규범, 도덕, 법을 패러다임으로 포섭함으로써 윤리적, 법적 패러다임의 변화구조를 과학적, 객관적 관점에서 파악할 수 있게 하는 장점이 있다.

새로운 세상을 맞을 준비가 되어 있지 않은 사람에게 신세계는 위험하고 불안하게 느껴질 수 있다. 하지만, 우리가 원하든 원하지 않든 세상은 변한다. 새로운 이론과 열린 태도, 합리적 법제도를 갖춘다면 우리의 미래는 틀림없이 밝을 것이다. 그렇기에 새로운 패러다임에 입각한 과학적 관점을 갖고 대변혁의 시대에 들어설 때 헤르만 헤세의 유명한 말이 더욱 깊게 울린다.

"새는 알을 깨고 나온다. 알은 세계다. 태어나고자 하는 자는 하나의 세계를 깨뜨려야 한다."

---

28 최근 형법에서 공리주의적 관점의 소개로는 김혜경, "공리주의적 관점에 기초한 형법관의 이해", 「형사법연구」, 30권 1호, 2018, 77쪽 이하 참조.

29 쿤의 패러다임이론을 법학에 적용하는 관점으로는 Campbell, C.M. (1974) "Legal Thought and Juristic Values", *British Journal of Law and Society*, Vol. 1, No. 1, pp. 13-30; Stobbs, Nigel (2011) "The Nature of Juristic Paradigms: Exploring the Theoretical and Conceptual Relationship Between Adversarialism and Therapeutic Jurisprudence", *Washington University Jurisprudence Review*, 4(1), pp. 97-150 참조.

05

김 성 룡

경북대학교 법학전문대학원에서 형사법을 가르치고 있다.
『법적 논증의 기초』(문광부우수도서), 『법수사학』(연구재단저술지원)의
저자이며, 한스 켈젠의 『규범의 일반이론』(연구재단번역총서, 세종도서)의
역자이다.

형법·형벌폐지론은 극복되었는가?
– 자유형에 대한 하나의 대안 –

1974년 출간된 '형법폐지를 위한 변'(Plädoyer für die Abschaffung des Strafrechts)이라는 저술에서 플라크(Arno Plack)는[1] '만약 형벌이 도움이 되고, 범죄들을 막을 수 있었다면 이미 인간사회에서 범죄는 오래 전에 사라져 버려야 했을 것'이라고 했다.

2016년 사법연감에 따르면 2007~2016년 10년 동안 연 평균 접수된 형사사건은 150만~200만 건에 달하고, 2016년 제1심 공판사건 중 유죄 건수는 구속 33,323건, 불구속 235,187건으로 매년 법원의 판결로 확정된 범죄만 26~27만 건이라고 한다.[2] 그 수치는 매년 거의 비슷한 수준으로 유지되고 있다.

오늘날 Plack의 주장이 쉽게 받아들여지지는 않겠지만 적어도 형법·형벌의 존재가치에 대한 근본적인 물음이자 비판이라는 점에서 여전히 의미가 살아있는 주장이다.

2016년 범죄백서에 따르면, 2015년 1,948,966명의 범죄자 중에서 그 범죄 이전에 전과가 없는 자, 즉 초범인 범죄자는 21.4%였고, 특히 형법을 위반한 범죄자 중 전과가 없는 자는 30.6%였으며, 나머지는 모두 재범 이상의 전과가 있다.[3] 즉 매년 새로운 범죄자의 80(70)%가 이미

---

1 https://akj.rewi.hu-berlin.de/zeitung/02-1/plack.html#sdfootnote8anc (2018.2.2. 최종방문)
2 법원행정처, 2016 사법연감, 600쪽 이하.

전과가 있는 피고인들이라는 말이다. 심지어 6범이 넘는 전과자 비율이 초범과 비슷한 비율로 대부분을 차지하고 있다. 물론 어떤 범죄의 전과인지, 그 내용도 중요할 것이나 형사제재가 과연 범죄예방의 기능을 하는가에 대한 의문제기를 문제 삼을 수는 없어 보인다. 일반예방적 관점이건, 특별예방적 관점이건 제대로 기능한다고 보기 어렵다는 비판을 피할 수 없어 보인다.

2016년 사법연감에 따르면 법원이 접수한 형사사건은 총 1,644,804건이고, 공판사건 중 판결에 이른 243,781건 중 집행유예를 제외한 자유형이 약 61,000건, 재산형이 약 79,000건 이상이다. 자유형의 형기를 보면 1년 미만(24,844명)과 1년 이상~3년 미만(27,416명)의 자유형이 거의 대부분을 차지하고 있다.

달리 말하면 그 폐해로 인해 줄기찬 폐지 주장에 노출되어있는 단기 자유형이 범죄에 대한 반작용의 대부분을 차지하고 있고, 그 집행 흠결의 문제를 논외로 하더라도, 피해자에 대한 손해배상이 아니라 국가의 재정에 투입된다는 비판을 받고 있는 벌금형이 공판사건에서도 대부분을 차지하고 있음을 알 수 있다. 약식을 포함하면 형사제재는 벌금, 즉 재산형이 대부분을 차지하고 있고, 그렇다면 과연 형벌이 민사제재와 어떤 차이가 있는가라는 근본적인 의문이 들게 한다. 국가가 개인의 사적 복수권을 빼앗아와 독점하면서 피해자의 고통의 대가를 국가재정에 사용한다는 비난을 피할 수 있을 것인가 하는 지적인 것이다. 피해자기금에 얼마를 할당하고 범죄예방에 일정액을 나눠주고, 형사소송절차에서 일정 배상액의 선고와 집행이 가능하도록 해준다는 것으로 그 역할을 다했다고 생각한다면 국민을 피지배자로 보던 시절의 은사와 구별하기 어렵다.

형법과 국가에 의한 처벌, 즉 공형벌에 대한 비판적인 입장은 인간

---

3 법무연수원, 2016 범죄백서, 517, 519쪽.

의 역사가 시작한 이래 줄곧 이어져온 것이다. 이미 플라톤도 형벌과 그 형벌을 규정하고 있는 형법의 정당성에 대해 고민했고, 절대적 형벌론과 상대적 형벌론에 필적하는 이론을 고안했다.4 독일의 니체는 '형벌은 다름 아닌 전쟁과 같은 행위'이고, '패배한 적과의 청산'으로 표현했다. 독일을 넘어 국내에까지 익히 알려진 형법과 형사정책의 대가인 리스트는 '형사정책 대신에 사회정책'을 강조했고, 라트브루흐는 '형법의 미래는 보다 나은 형법, 더 좋은 형법에 있는 것이 아니고, 형법보다 더 좋은 그 무엇에 있다'고 진단했다. 하지만 1970년대~1980년대에 와서야 비로소 형법을 권력매커니즘의 정제된 형태로 정의하며, 기능장애에 빠진 주변적인 인구집단에 대한 의도적인 고통부과의 수단이라고 공격하는 폐지론의 움직임이 등장하기 시작했다.5

형사정책적 관점에서의 폐지론은 형법폐지론이다. 세부적으로 보면 폐지론의 유형과 내용은 다양하다. 예를 들어 약한 형태의 다이버전적 의미를 담고 있는, 어느 정도 타협된 폐지론과 강한 의미의 폐지론으로 나눌 수 있고, 이러한 구분법에 따르면, 전자는 주로 사형제 폐지, 종신형 폐지나 자유박탈형의 폐지로 나타나고, 후자와 같은 최근의 급진적인 폐지요구들은 형법을 전체적으로 폐지하자고 주장하고 있다. 물론 폐지론자들 사이에서는 약한 의미의 폐지론이 진정한 의미의 폐지론인지 회의적인 목소리도 있다. 단어의 진정한 의미에서의 폐지론은 당연히 형법 그 자체를 폐지하자는 주장이라고 하는 것이 적절해 보인다.6

'형법폐지를 위한 국제회의'(International Conference on Penal Abolition7)

---

4 Klug, "Rechtfertungung oder Abschaffung des Strafrecht?", Skeptische Rechtsphilosophie und humanes Strafrecht, Bd. 2(1981). S. 3.

5 Mühl, Strafrecht ohne Freiheitsstrafen-absurde Utopie oder logische Konsequenz? Die Laufzeitleistungsstrafe als alternative Sanktion(2015), S. 51ff.

6 독일의 논의에서 폐지론의 세부 유형과 특징 등에 대해서는 Mühl, aaO., S. 52ff.

7 http://icopa13.blogspot.kr/ (2018.3.30. 최종 방문)

에서 활동하는 던보프(Frank Dunbaugh)는 여전히 형법을 폐지해야 할 이유들을 열거하면서 제도유지론자들을 당혹스럽게 몰아붙인다.

1. 우리의 형사사법체계는 어떠한 정의도 이루어내지 못한다.
2. 사실상 형사사법체계는 달성된 정의를 좌절시킨다.
3. 형사소추는 회복할 수 없는 오판에 이를 수 있고, 그런 결과를 낳고 있다.
4. 형사소추는 통상 인종적 부정의로 귀결된다.
5. 형사소추는 일반적으로 빈자와 약자에게 부정의를 생산한다.
6. 형사소추는 범행으로 인해 유죄판결을 받는 자에게 심각한 해악을 부과하는 것을 의도한다.
7. 형사소추는 그와 관련된, 범죄와 무관한 사람에게 심각한 해악을 미친다.
8. 형법은 범죄의 피해자에게 효과적인 구제책을 제공하지 않는다.
9. 형법은 그들의 알려진 목적을 달성하지 않는다.
10. 형법은 그 결과물로 시민으로서의 이익을 박탈당한 시민들을 생산해 낸다.
11. 형법은 사람들을 소원하게 만들고, 정부에 대한 확신을 약화시킨다.
12. 형법체계는 재정부족으로 어떠한 정의나 진실을 모색할 수 없는 상태이다. 그것은 시스템을 통해 단지 사람들을 마치 소시지 공장에서 고기를 처리하는 것처럼 취급한다. 그들을 갈아서 랩으로 단단하게 감싼 후에 보내버린다.

던보프는 이런 내용의 목록은 수없이 많이 만들 수 있지만 자신의 논거의 핵심요지는 '형법은 어떤 유용한 목적에도 봉사하지 않는다'는 것이라고 말한다. 만약 우리가, 통상의 경영관리기법을 사용하여 조심스럽게 그것을 살펴보면, 비용-이익의 관점에서는 도저히 형사법체계의 유지를 정당화할 수 없다는 것을 알게 된다는 것이다.[8]

---

8 goo.gl/HxBMBr (2018.3.30. 최종검색)

좋은 형법, 좋은 형벌이 아니라 '무언가 다른 그것'을 아직 발견하지 못한 것인지, 우리가 지금 어딘가 다른 곳을 보고 있는 것은 아닌지 등은 여전히 더 살펴보고 고민해야 할 문제로 잠시 미뤄두고, 여기서는 우선 독일의 한 연구단체의 제안에서 시작하여 지금까지 어느 정도 연구·검토되었다고 하는 자유형의 한 대안(Alternative)을 소개해 보기로 한다.

1981년 독일 아놀드스하인(Arnoldshain)에서 개최된 기독교 연구단체의 '자유형의 대안'(Alternative zur Freiheisstrafe)이라는 세미나를 마친 일단의 회원들이 연구그룹을 만들었고, 8년에 걸친 논의 끝에 자유형 폐지를 위한 그들의 대안을 제시했다. 이름하여 Laufzeitleistungsstrafe, 국어로 옮기기 쉽지 않지만, 유기자유형과 같이 일정 형기기간 동안 노동을 하여 그 임금의 몇 %를 납부하는 대체형을 말하는 것이다. 유기급부형이라고 옮기는 것이 그들의 이해에 어느 정도 부합할 듯하다. 일시적으로 벌금을 납부하는 것, 혹은 분납하는 것이 아니라, 예를 들어 하한 6개월부터 상한 120개월까지, 무기징역이나 종신형을 대체하는 유기급부형의 경우에는 150개월을 상한으로, 매월 자신의 수입의 20%를 납부하는 것과 같은 형사제재를 말한다. 이미 1963년 바우만(J. Bauman[9])이 제안한 Laufzeitgeldstrafe(유기 벌금형)에서 발전한 생각이라고도 한다.

중간 정도의 범죄와 중범죄에서는 자유형에서 발생하는 생활의 수준(Lebensstandards) 저하라는 효과에 주목하면서도 징역형의 자유박탈이 가져오는 반사회적 효과로부터 구분되는 유기급부형을 제안한 것이다. 당시 연구그룹의[10] 생각에 따르면 유죄선고를 받는 자가 1일간 할 수 있는 근로시간의 20% 정도를 공공근로 등에 봉사하게 하거나, 1일간

---

9 Baumann, Entwurf eines Strafgesetzbuches, Allgemeiner Teil(1963), §§ 35ff.
10 소속 구성원들로는 Sigrid Bernhardt, Heinz Cornel, Thomas Feltes, Hans-Claus Leder, Ulrich O. Sievering, Wolfram Schädler 그리고 Dieter Zimmermann 등이라고 한다(이에 대해서는 Mühl, aaO., S. 94, Fn. 17을 볼 것)

수입의 20%를 납부하게 하는 식으로 삶의 질적 저하를 가져오도록 해서 자유형이 주는 자유박탈적 요소를 제거하고 불편함을 겪도록 하는 것이 현재의 자유박탈적 징역형의 대안이라는 것이었다. 양자 중 어떤 것을 선택할지는 형집행대상자의 선택에 맡기는 것을 원칙으로 하고, 만약 이러한 노동이나 유기벌금 납부를 거부하는 자에게는 민사소송적 강제집행 수단을 활용하는 것을 제안했다. 이외에도 이와 관련한 여러 다양한 사전·사후적인 조치와 처분들이 제안되었다.

최근에는 이러한 제안과 기본적으로 태도를 같이 하면서 과연 일률적으로 20% 혹은 30%라는 방식의 접근이 모든 사람에게 동일한 형벌 효과를 보증할 수 있을 것인가에 의문을 품는 사람들이, 형집행대상자의 경제적·사회적 여건과 사정, 재산상태 등을 고려하여 실질적으로 자유로운 사람의 생활 수준에서 20% 혹은 30%의 질적 저하를 가져올 수 있도록 시간과 납부 금액의 수준이 달라져야 한다고 주장하고 있다.[11]

물론 1년에 12억원, 1개월에 1억원의 수익을 얻는 사람에게 1개월에 2천만원을 유기벌금형으로 납부하게 하는 것과 1년에 1,200만원, 1개월에 100만원의 수익을 올리는 사람에게 20만원의 유기벌금형을 납부하게 하는 것 중 어느 것이 보다 가혹한 형벌효과라고 할 수 있을지 쉽게 단정하기 어렵다. (교도소에 수감된 자가 아니라 형을 받는 자라는 의미에서) 후자의 수형자가 월 수익 중 20만원을 벌금으로 납부하고 나면 한 달 내내 라면이나 칼국수를 먹고 살아야 하는 형편이라는 것과, 그렇다고 하더라도 후자는 총 240만원의 벌금을 납부할 뿐이지만, 전자의 수형자는 연간 1억 2천만원의 벌금을 내게 되는데, 그렇다면 양자 중 어느 쪽의 삶의 질이 더 떨어지게 되는 것인가라고 묻는다면 어떻게 답할 것인가, 우리는 과연 무엇을 기준으로 제재의 평등·불평등을

---

11 대표적으로 Mühl, aaO., S. 124ff.

판단할 것인가의 문제가 전면으로 등장하게 될 것임은 자명하다. 무엇을 기준으로 해야 할 것인가?

최근에 주장되는 수정된 유기급부(벌금)형(Modifizierte Laufzeitleistungs-strafe) 제도들은 결국 어떤 방식으로 수형자들에게 주어지는 형사제재의 부담을 그 각자의 죄책에 부합하게 동일한 불편과 삶의 질 저하를 느낄 수 있도록 정할 수 있을 것인가 하는 본질적 과제와 싸우고 있다고 할 수 있겠다.

아니면, 비록 자유형은 자유형 그대로 형벌로 인정하고 그 집행유예시의 대체처분으로 생각했지만, 이미 1963년 Baumann의 생각에서 읽어 낼 수 있는 방식, 즉 재산의 다소를 불문하고, 수익의 많고 적음을 가리지 않고, 형기로 산정된 기간 동안은 죄를 지은 사람이면 누구나 사람이 살 수 있는 최소조건의 유지를 위해 필요한 금전만을 소비할 수 있도록 허용하는 방식이 보다 공평한 것은 아닌가? 즉, 결정된 형기 중에는, 부자와 빈자를 불문하고, 한 인간이 사람으로 살아가는데 필요한 최소한의 비용의 사용만을 허용하고, 나머지의 수익을 벌금으로 거두어들이는 것이 보다 공평한 것일까?

유기급부형 혹은 유기노동·벌금형은 형법·형벌 폐지론의 폭넓은 스펙트럼 중 단지 자유형을 대체하는 방법에 대한 온건한, 약한 의미의 폐지론의 한 유형으로 분류할 수 있다. 자유박탈적인 징역형에 기능적으로 유사한 기능은 하면서 반사회적이고 비통합적인 부작용을 제거한 대체형벌이라는 주장이 어느 정도의 설득력을 가지는 것인지, 그렇다고 하더라도 이를 형벌이라고 한다면 과연 노역장유치나 벌금형, 나아가 손해배상과는 실질적으로 어떤 차이가 있는 것인지는 명확하지 않아 보인다. 수정된 유기급부형을 주장하는 자들도 결국 노동은 물론 금전납부도 거부하거나 그러한 능력이 되지 못하는 자를 그냥 내버려 둘 수는 없으므로 대체자유형이라는 자유박탈이 불가피하다고 하는데, 그렇다면 또 다시 우리의 본질적인 딜레마인 "자본주의 사회의 형법체계에서는 결국 경제적 약자만이 자유박탈을 당하는 것이 아닌가?"하는 반론에 빠질 수밖에 없다.

이 짧은 소개 글이 '형법·형벌의 존재 정당성', '형법·형벌의 폐지 필요성·가능성', '대체형벌의 유형과 설득력', 그리고 라트부르흐가 희망했던 '형법과 형벌이 아닌, 그것보다 더 좋은 그 무엇'에 관한 우리의 성찰과 고민이 다시 깨어나는 계기가 되었으면 한다.

06

김 혜 경

계명대학교에서 형사법 교수로 재직 중이다. 형법 일반이론과 진화론, 정치철학 등과의 학제적 연구에 관심이 많다. 공저인 『법과 진화론』 이외에 공동체적 관점을 토대로 정치철학적 접근을 시도한 저서인 『처벌의 원리』의 출간하였으며, 최근에는 회복적 사법의 대안으로서 전환적 사법에 관하여도 연구하고 있다.

사회안전을 위한 유리벽:
형벌 대신 예방처분 일원론이 정답이다?
- 인간다움의 회복은 진화감응성에서
찾아져야 한다 -

I. 이론의 진화와 불완전함의 극복

이론은 진화한다. 진화는 불완전함을 기초로 하지만, 언제나 완전함을 지향하는 것은 아니며 적응과정에서 드러나는 또 다른 모순 또는 결함을 시정하는 방향으로 복잡하게 진행된다. 이론 역시 마찬가지이다. 롤즈(Rawls)는 "우리가 결함 있는 이론을 그나마 묵인하게 되는 것은 그보다 나은 이론이 없을 경우인데, 이와 마찬가지로 부정의는 그보다 큰 부정의를 피하기 위해 필요한 경우에만 참을 수 있는 것"[1]이라고 하였다. 정의를 위한 이론 역시 마찬가지이다. 또한 법은 정의를 추구하지만, 법이 언제나 정의로운 것이 아니라는 점은 자명하다. 정의는 각 시대의 주요한 관심사로서의 지위를 차지하였지만, 다양한 견해의 제시로 인하여 명백하고 정확히 규정을 한다는 것은 불가능하다.

---

1 John Rawls, *A Theory of Justice,* Havard University Press, 1999. 황경식 역, 정의론, 이학사, 2013, 36면.

또한 정의만큼 그 하위 개념간의 중첩과 상반성이 두드러지는 개념도 드물다. 다만 공통사항을 발견한다면 당대의 사회적 환경과 가치관을 기반으로 하여, 전체와 개체, 즉 국가와 개인 간의 문제에서 어느 것에 중점이 실려 있느냐에 따라 정의의 개념 정립이 영향을 받는다는 점이다.

그리고 복지국가를 이상으로 하는 현대에 이르러서는 정의가 사회질서, 사회제도의 수준에서 다루어지고 있는 것이 일반적인 흐름이다. 그러나 사회질서는 추상적 구도가 아니라 인간이 생활하고 삶의 가치를 실현해 나가는 무대에 적용되는 원리이다. 따라서 사회질서란 인간의 개별적인 행위들을 통하여 구체적인 내용이 부과되어야 하는 형식이라고 할 수 있을 것이다. 사회질서는 개인들에게 행위를 금지하거나 명령하기도 하지만, 또한 그러한 인간의 행위에 의해서 실현되는 것이기도 한다. 그러므로 사회질서로서의 정의를, 개인들이 사회를 통하여 자기 자신을 실현시키는 제도적 틀이라고 본다면, 정의의 개념은 국가나 개인 — 전체나 개체 — 어느 한 방향에 의해서 정립되기보다는, 국가와 개인, 사회질서와 구성원 간의 불가분의 관계성으로부터 출발하여야 할 것이다.

밀이 언급한 바와 같이 형법이 언제나 정의로운 것은 아니다. 법은 부정의할 수 있다.[2] 그러나 형법이 당대의 가치관을 토대로 동태적으로 변화한다는 점에서는 정의와 유사성이 있다. 즉, 형법과 정의는 서로 동일한 개념은 아니지만, 그 방향성과 역동성은 같다. 형법과 정의의 서로 같은 방향성은 형법이 정의를 얼마나 담아낼 수 있겠는가라는 과제를 부여하게 된다. 정당한 형법을 넘어서서 정의로운 형법이어야 하는바, 반대로 정의로운 형법이야 말로 정당한 형법으로 승인될 수 있을 것이기 때문이다.

---

2 벤담과 달리 밀은 대중민주주의의 가능성과 동시에 그것이 실현되었을 때의 위험성, 즉 최대다수의 최대행복이 동시에 다수의 독재가 될 것을 우려하였다는 점에도, 다수에 의한 입법이 내포하는 부정의를 지적하였다고 볼 수 있다. 김명식, "행복학, 공리주의, 숙의민주주의", 사회와 철학 제31집, 사회와철학연구회, 2016. 4, 173면.

Ⅱ. 논의의 출발점: 위험한 생각이란 무엇인가?

여기에서 우리에게 필요한 것은 위험한 생각이다. 위험한 생각이란 저자의 수준에서는 필요하지만 전통적인 형법이론에 위반되기 때문에 포기하거나 우회하여야만 하는 무엇, 또는 이론의 토대는 빈약하지만 현실적으로는 매우 매력 있는 무엇이다. 물론 그 '무엇'이란 법학과 관련한 국가의 제도일 수도 있고 순수한 이론일 수도 있다. 그야말로 완벽하게 이론적으로도 뒷받침되고 현실가능성이 있는 제도나 이론들은 "위험"할 수 없다. 그것은 정답이기 때문이다. 그러나 우리가 원하는 바는 아마도 우리에게 유익하거나 매력 있지만, 그 자체가 모순적이거나 이론적으로 빈약한 '무엇'일 것이다.

형법의 목적은 아마도 국가형벌권을 통해서 실현될 것이다.[3] 보안처분이란 단지 형법상 형벌을 통해서는 달성하기 어려운 목적을 위한 보완재의 역할을 하거나 또는 전통적인 형법사상으로는 뒷받침될 수 없는 제도들을 형법에로 끌어들이기 위한 하나의 장치로서 역할을 하여 왔다. 하지만 형벌과 보안처분은 목적을 달리한다는 점에서, 전통적으로 양자는 구분되어 왔다. 형벌은 과거의 행위를 전제로 한 책임주의가 한계로서 작용하여 왔고, 보안처분은 장래의 재범여부에 관한 위험성판단이 기준으로 제시되어 왔다. 그러나 형벌이 보안의 역할까지 담당하여 행위책임보다 무거운 중형을 부과하는 보안형벌이 가능한지에 관한 논의가 없었던 것은 아니다. 그러나 보안형벌은 책임주의에 반한다는 이유로 채택되어 질 수 없었다. 하지만, 현재 우리의 형벌제도들을 둘러보면 과히 중형주의의 한계를 뚫고 인간으로서 감내하기 어려

---

3 여기에서 가정적으로 '될 것이다'라고 한 이유는 실제로 그렇게 되는지 의문이기 때문이다.

운 정도의 길고 긴 '감금'을 통해서 보안의 역할을 담당함으로써, (아직까지 그러한 용어를 정식으로 사용하고 있지는 않지만) 초기 보안형벌이 의도하였던 목적을 향하여 내달리고 있다. 그와 같은 형태에서는 형벌 일원주의를 주장함이 타당할 듯 보인다.

반면, 그와 같은 형벌은 이미 형벌임을 포기한 바와 같다고 비판할 수 있다. 형벌이 책임주의의 한계를 이미 벗어나 버렸다면, 그것은 형벌의 본질을 져버린 것이기 때문이다. 그렇다면 반대로 보안처분 일원론의 주장은 어떠한가? 지금까지 보안처분은 명칭사기라는 오명을 뒤집어쓰면서도 문어발식 확장을 멈추지 않고 있다. 더욱이 형벌이 할 수 없었던 목적들을 그 안에 담고 말이다. 예컨대, 범죄자에 대한 교육과 치료, 엄중한 감시, 거세, 성충동조절, 재사회화 등의 정상적인 사회인으로 만들기 위한 다양한 시도들이 기본권을 과도하게 침해할 수 있다는 우려에 대하여, 그저 "위험성"이 있고 그러한 위험성을 제거할 수 있다면, 그리하여 정상인으로 되돌릴 수 있다면 그 자체로써 목적을 달성하는 것이라는 한마디로 일축하면서 그 영역을 넓히고 있는 것이다.

그렇다면 과연 보안처분은 그와 같은 부정적인 역할만 있는 것일까? 또는 우리가 가지고 있는 형벌은 정말 정당하고 합목적적인 것일까? 보안처분이 본래의 역할을 충실히 수행할 수 있다면, 4차 산업혁명시대에서는 형법이 궁극적으로 추구하는 바에 보안처분이 보다 부합하는 것은 아닐까? 이것이 바로 여기에서 제시하는 위험한 생각이다. 시대가 변하면 사회도 변한다. 형벌도 사회재(財)의 일종이라면 형벌도 바뀌어야 한다. 여기에서는 현대사회의 형벌 또는 형종들이 구시대의 잔재이고, 따라서 4차 산업혁명시대에는 빅 데이터(Big Data Statistical Analysis)와 발전된 의학기술 등을 통하여 행위자의 위험성을 정확하게 분석함을 기초로, 인간본성에 부합하는 (명칭여하를 불문하고! 그것이 반드시 보안처분이라는 명칭일 필요는 없다) 제재가 새로이 그 자리를 대신하여야 할지도 모른다는 사고로부터 출발하고자 한다.

논의의 본질은 여전히 '인간본성에 부합'하여야 한다는 것이다. 지금까지 우리가 형벌이라고 불러왔던 제재들이 실패하였다면, 그 원인은 무엇일까 우선 고민해 보고, 새로운 제재로서 '인간본성에 부합'하는 무언가를 찾고자 하는 시도가 꽤 의미 있을 것으로 보인다. 이러한 생각이 위험하다고 하는 이유는 간단하다. 지금까지 형벌과 보안처분 이원론 및 형벌 일원론은 논의된 바 있지만, 보안처분 일원론을 주장한 학자는 찾아보기 어렵기 때문이다.

Ⅲ. 형벌과 보안처분은 왜 구별되어야 하는가?

1. 4차 산업혁명시대: 책임주의의 한계

형벌이 책임주의에 구속됨은 인간의 자유의지를 전제로 하였을 때에만 가능하다. 책임주의는 법치주의와 죄형법정주의로부터 비롯된[4] 형법의 기본원리이다. 책임은 책임비난의 대상이 되는 객관적으로 존재하는 불법에 관하여, 행위판단의 의사능력이 있는 행위자가 규범에 반하는 반가치태도를 형성함으로서 그러한 범죄행위를 선택하였다는 점에 대한 비난가능성 여부이다. 따라서 개인책임의 원칙은 개인의 불법행위에 대하여 최소한의 전제조건으로서 자신의 행위에 대한 선별가능한 의사능력을 표현하는 책임능력이 있어야 하며, 형법이 요구하는 바에 대해 인식가능하여야 한다. 우리 헌법상 인간의 존엄성을 존중하고자 하는 제10조에 따라서도 형법상 행위자는 자율적이고 윤리적인

---

4 憲裁決 2017. 10. 26, 2017헌바166, 공보 제253호, 1107면(憲裁決 2011. 6. 30, 2011헌가7
   등; 憲裁決 2010. 10. 28, 2010헌가55등; 憲裁決 2010. 7. 29, 2009헌가18등; 憲裁決 2010.
   5. 27, 2009헌가28 참조).

존재를 전제로 하면서, 책임주의는 모든 형법적 제도에 대하여 개인이 자율적으로 판단할 능력을 보유하고 있음은 물론 적법과 불법의 선택 상황에서 윤리적으로 올바른 선택을 할 것임을 전제로 출발할 것을 요구하게 된다.

책임주의가 헌법상의 이념임에는 틀림없으나, 전통적으로 자율적이고 윤리적인 인간상을 전제로 구상된 책임주의의 내용은 사실상 근대 법치주의의 산물이다. 신고전적 범죄론체계가 형식적 또는 심리적 책임개념에서 탈피하여 책임의 내용을 비난가능성 또는 기대가능성으로 충전하여 윤리적이고 도덕적인 인간을 전제로 한 책임을 구성한 당대의 철학사조 및 그 인식 배경이 된 다양한 사회 환경의 결과라는 점에서, 책임주의는 20세기 초반의 법학이라는 학문의 총합이다.

그러나 현대 사회는 책임주의가 완성되었던 시대와는 많은 간극이 생겼다. 전통적인 책임사상에서 강조하는 바는 타행위가능성이며, 행위자의 의지에 의한 합리적 선택가능성이다. 그러나 4차 산업혁명은 보다 특수한 정황 하에서 책임귀속의 문제를 논하도록 만든다. 주지하는 바와 같이 인지과학의 발달은 인간의 의식의 흐름을 보다 정밀하게 분석하였고,[5] 인식과 의지가 언제나 행위 이전에 발생하지 않는다는 점을 알아내 버렸다.[6] 뿐만 아니라 AI의 발전은 책임귀속의 또 다른 문제들을 야기한다. 인공지능의 선택이 윤리적이라고 할 수 있는가, 인공

---

[5] 예컨대, 이정모·손지영, "법 인지과학: 법 영역의 인지과학적 조명", 서울대학교 법학 제51권 제4호, 서울대학교 법학연구소, 2010. 12, 384-385면은 "인지과학적 관점에서 실제로 선택하는 행위에 있어서 어떤 행동을 선택할 것인가에 대한 갈등 가운데에 인식 가능하고 측정가능한 진정한 의사결정의 자유가 존재한다고 믿는 것은 오늘날 인지과학 특히 뇌신경과학 분야의 연구결과들을 통하여 볼 때 다시 검토해 볼 여지가 있는 전제로, 이에 형법상 책임비난의 근거와 전통적인 형벌운용의 정당성은 인지과학의 관점에서 행위자의 책임에 대한 재해석과 새로운 책임기반이 필요하다"고 보기도 한다.

[6] 2007년 독일 베를린의 번스타인 계산신경과학센터의 신경과학자인 존-딜런 하네스(John-Dylan Haynes) 박사가 우리의 의식적인 판단을 규명하기 위해 인간을 대상으로 한 가지 실험을 수행한 것은 한 예이다. Soon CS, Brass M, Heinze HJ and Haynes, JD, *Nature Neuroscience,* 11, 2008, 543-545면 참조.

지능이 선택한 행위로 인하여 타인에 대한 법익침해의 결과가 발생하였을 경우 인공지능을 이용한 행위자가 도덕적이고 법적인 책임비난의 귀속자가 되어야 하는가 및 그러한 선택을 윤리적이라고 할 수 있는가 등의 문제들을 도외시한 채 형법이 완강하게 전통적인 책임주의를 고수해야 한다면 부수되는 많은 문제들에 직면하지 않을 수 없다.[7] 또한 개인의 책임 이외에도 기업의 사회적 책임뿐만 아니라 심지어 국가도 기능적으로 책임을 져야 하는 상황에 놓이게 되기도 한다. 즉, 책임주의가 완전히 사라지고 그것의 대체재가 대신 자리를 차지할 것인지 아니면 책임주의는 여전히 존재하되 그것을 보충할 보완재가 추가될 것인지는 여전히 확실하지 않지만, 적어도 책임주의만으로는 형법과 형벌의 귀속을 해결하기는 어렵다는 점에 주목하여야 할 것이다. 그럼에도 불구하고 책임주의의 틀에 갇혀서 당위적으로 요구되는 법적 장치들을 포기하여서는 안 될 것이다. 나아가 책임주의의 본질을 재조명하는 것도 우리 시대의 임무일 것이다. 그리고 이를 바탕으로 시대와 관념의 변화를 수용하고, 진정 국민의 자유와 권리를 보호하는 방안이 무엇인가를 찾아야 할 것이다.

2. 형벌 포퓰리즘(Penal Populism)이 초래한 형벌의 비대화

포퓰리즘은 언어 기원적으로는 매우 중립적인 용어이다. 라틴어 '포

---

7 예컨대 2018년 3월 미국 애리조나 주 피닉스 외곽에서 자율주행 중이던 우버의 볼보 XC90이 야간에 도로를 무단 횡단하던 자전거 사용자를 치어 사망한 사고가 일어났다. 이는 자율주행 모드로 주행하는 차에 의해 일어난 것으로는 지금까지 알려진 첫 번째 사망 사고로 기록됐다. 사고는 밤 10시경에 사고차가 자전거를 밀고 차도로 들어선 49세 여성을 들이받으면서 일어났고, 피해자는 병원으로 이송된 뒤 숨졌다(http://v.auto.daum.net/v/oLCZRsCKXA). 그 외에도 자율주행자동차의 선택이 윤리성의 문제가 개입될 경우를 예정할 수 있다. 예컨대 앞차의 급정거로 인하여 좌우로 차를 회전하여야 하는 순간 왼쪽에는 어린아이가, 오른쪽에는 노인이 있어서 자율주행자동차에 탑승한 자를 포함한 누군가의 희생이 필요한 순간에 인공지능의 선택이 그 무엇이든간에 그것에 윤리적인 색채를 입힐 수 있겠는가의 문제 등이 그것이다.

풀루스(populus)'에서 유래된 말로, 인민이나 대중 또는 민중으로 번역되기 때문에, 포퓰리즘은 대중주의 또는 민중주의로서 민중의 의사를 대변하는 것 정도로 이해할 수 있다. 그러나 그것이 정치적인 용어로 사용되면서, 형벌 포퓰리즘이란 매우 부정적인 의미로 이해된다. 1993년 Sir Anthony Bottoms는 'populist punitiveness'라는 신조어를 만들었는데, 이는 국민의 처벌에 관한 대중적인 입장이라고 믿는, 정치인들이 자기 고유의 목적을 위해 이용하는 정치적 개념을 전달하고자 생겨났다.8 그 이후로, 형벌 포퓰리즘(penal populism)은 형사사법체계에서 '대중'의 역할에 관하여 발생한 중요한 변화를 설명하기 위하여 연구되어져 왔다. 특히 이는 부정적 의미로서, 정치인들의 정치적인 이해관계에 종속되어 실현되는 형사정책들을 통칭하는 용어로 사용되어 왔다. 역으로 형벌 포퓰리즘을 추구하는 정치인들은 오로지 선거의 승리를 목적으로 형벌정책들을 표방할 뿐, 정의를 실현하거나 범죄율을 낮추려는 것에는 관심을 두지 않는다.9 따라서 형벌 포퓰리즘 하에서 형벌정책들은 단기의 강력한 인상을 주는 형벌정책들을 양산해 왔으며, 이를 통해 형벌의 진정한 목적은 외면되었다. 나아가 형벌 포퓰리즘은 보다 덜 가치있다고 여겨지는 구성원들이 정부에 의하여 단순히 잊혀지거나 또는 도외시되어 왔던 점에 대한 각성을 반영하는 용어로 사용되면서, '잊혀진' 자들로서의 범죄피해자와 정부의 관계를 설명하기도 한다.10

우리의 사법제도를 돌이켜보면 국민이 정치에 관심을 가질수록, 정치권은 대국민적 인기를 위하여 보다 자극적이고 강한 인상의 정책들을 펼쳐왔다. 특히 국민의 이목을 집중시키는 사건이 발생할수록 그것

---

8 Sir Anthony Bottoms, The politics of sentencing reform. In C. M. Clarkson, R. (Ed.), *The philosophy and politics of punishment and sentencing,* Oxford: Oxford University Press, 1995, 40면.

9 J. V. Roberts, *Penal Populism and Public Opinion,* Oxford University Press, 2003, 5면.

10 Tess Bartlett, *The Power of Penal Populism: Public Influences on Penal and Sentencing Policy from 1999 to 2008,* Victoria University of Wellington, 2009. 6, 9면.

에 대한 강력한 대처를 형법적으로 풀어내고자 하였으며, 이를 통하여 중형주의 일변화를 양산해 내었다. 그로 인하여 형벌은 이미 인간이 전 생애를 통해 감내할 수 없을 정도의 가중화의 길을 걷고 있으며, 형법이나 형사정책이 가지는 고유의 목적은 도외시된지 오래이다. 예컨대, 국민의 눈과 귀가 쏠리는 성범죄가 발생하면 언론매체들은 보다 자극적인 기사들을 통해 국민들의 이목을 더욱 집중시키고자 하고, 그것이 확대되어 커다란 공감대라고 착각할 만한 분위기를 만들어 낸다. 그 허울만 있는 공감대는 정치권에게는 인기에 야합할 수 있는 좋은 먹잇감이 되고, 그와 관련된 보다 강력하고 자극적인 제도들 — 성범죄 친고죄 폐지, 징역형의 상한 2배 올리기, 전자발찌 부착, 신상공개제도 확대, 신상공개 방법의 생활밀착화, 화학적 거세(성충동억제 약물투여가 맞지만 보다 강한 인상을 주는 단어들을 정치권은 찾아야 한다) 등 — 을 대중에게 제공한다. 그리고 이를 접한 국민들은 대중적 불안감을 해소할 출구로서 이를 인식한다.

이와 같은 단순한 순환고리의 반복은 보다 강력한 형법제도들을 강구하게 만든다. 국가권력 중에서도 가장 기본권침해적 권력이자 가시적 효과가 가장 높은 것이 국가형벌권이기 때문에, 정치권은 다른 사회제도보다 형벌의 강화를 통해 확실한 정치적 효과를 기대하고자 한다. 형벌 본래의 목적이나 기능과는 무관하게 제도가 스스로 비대해지는 것이다. 이처럼 형벌 포퓰리즘 하에서는 비대화되는 형벌을 제어하기 어렵게 된다. 일단 가중된 형벌은 다시 축소되지는 않는 경향이 있기 때문이다. 형벌의 크기는 국가형벌권과 비례한다는 점에서도 그것이 위헌적 요소가 있지 않는 한 축소되는 것을 기대하기는 어렵다.

3. 형벌의 실효성 판단

(1) 형벌로서의 자유형: 범죄자의 신체 구속이 아닌 대중의 심리 구속

형벌로서의 자유형이 도입된 것은 그리 오래 되지 않았다.[11] 중세까지 신체를 누군가의 소유로 이해하였던 시대에는 신체에 대한 침해가 형벌이 되었고, 그 기능의 상실로부터 사망이라는 기능의 영구적 박탈까지가 마치 재산형과 같은 역할을 하여 왔다. 그러나 근대 이후 인권에 대한 시각들이 신체형을 거부하게 되었고, 그 대안으로서 자유형의 도입이 대체재로서 역할을 하여 왔다. 그러나 실제로 근대 자유형은 개인이 가지는 인력의 공공재적 사용의 다른 이름이 아니었던가... 범죄자 또는 부랑자들이 가지는 사적 노역의 공적화를 통해 자본주의 발전의 바탕이 되는 기반사업들을 펼쳐나갔고, 그것을 죄의 대가로 이해하였던 것이 초기의 자유형이었음을 왜곡할 필요는 없을 것이다. 근대 초기 형벌로서 감금에 대한 착상이 많은 개혁자들에 의해서 비판을 받았던 이유는, 일반대중에 대한 효과가 결여되어 있고, 사회에 무익하고 유해할 뿐만 아니라 비용문제 및 악덕의 증가, 일괄적인 감금으로는 개별화된 처우가 될 수 없다는 등의 많은 이유가 있었다.[12]

물론 현재는 교정의 개념을 도입하여 재사회화를 목적으로 한다고 하지만, 이 역시 두 가지 점에서 자유형의 목적이 달성될 수 없다는 논거가 가능하다. 첫째, 형의 장기화이다. 보안형벌이라고까지 비판을 받게 되는 현대 자유형의 장기화는 교정목적이 실패하였음을 자인하는 것이다. 국가가 자유형을 50년으로 장기화하였음은 그동안 최대 25년

---

11 감옥의 역사에 관한 자세한 내용은 Paul-Michel Foucault, *Surveiller et punir: Naissance de la prison*, Gallimard, 1975. 미셸 푸코 저·오생근 역, 감시와 처벌: 감옥의 역사, 나남출판사, 1999 참조. 또한 한인섭, 형벌과 사회통제, 박영사, 2007 참조.
12 미셸 푸코 저·오생근 역, 앞의 책, 175면 이하 참조.

을 교정목적을 위해 투입하였음에도 불구하고 그것이 실패하였기 때문에 두 배에 달하는 장고의 세월을 더 달라고 요구하는 것이다. 교정목적을 달성하기에는 25년도 짧다고 한다. 과연 교정목적은 자유형을 통해 달성될 수 있을 것인가? 자유의 장기 박탈을 통해 자유의 소중함을 터득하게 하겠다는 의미인가? 미국의 경우 이미 사설교도소들은 사익을 위해서 보다 많은 수감자들의 보다 긴 형기를 원한다. 많은 교도소들이 중형교도소의 위상을 가지길 원한다. 교정의 실패는 단순한 감금의 장기화만을 요구하게 되는데, 그것이 과연 자유형의 목적인가를 반문해야 할 것이다.

둘째, 실제 자유형의 선고 및 집행 비율의 문제이다. 조회 가능한 2016년도 범죄통계를 보면, 총 수사가 개시된 범죄사건 1,982,859건 중 기소된 자는 768,382명으로 38.8%에 해당하지만, 실제로 1심에서 무기징역을 포함한 징역형의 선고는 61,519명으로 전체의 8.00%에 불과하다.[13] 이미 기소사건중 벌금, 과료, 몰수 등 재산형에 해당하는 사건으로 구약식으로 해결되는 것이 578,855명으로 전체 기소사건의 75%를 상회하고, 나머지 구공판 사건도 집행유예 및 재산형이 징역형의 2.7배에 달한다. 이는 비단 2016년도만의 이례적인 현상이 아니며, 항상적으로 징역형의 비율은 전체 선고형의 10%를 넘어서지 않는다. 즉, 우리의 인상은 범죄를 범하는 자는 교도소에서 징역을 살아야 한다고 생각하지만 전체 범죄자의 92% 이상은 교도소에 발을 들여 놓지도 않는다. 그리고 발을 들여 놓는 자들 중에서도 다수는 1년 이하의 단기형에 불과하다.

그렇다면 우리가 징역이라는 신체의 구속을 통해 교정을 하는 비율은 극히 예외적이라고 할 수밖에 없다. 그렇다면 형벌이 중형화 된다고 하더라도 실제로 그와 같은 중형을 "감내"하는 범죄자는 매우 적다.

---

13 2017년도 법원행정처 발행 '사법연감' 및 대검찰청 발행 '범죄분석'의 내용 중에서 발췌하였다.

그 결과 중형주의는 범죄자의 신체를 구속하는 것이 아니라, 대중의 심리를 구속하는 셈인 것이다. 형벌의 중형화로 인하여 우리 사회가 안전하다는 눈속임을 통해서 말이다.

(2) 형벌로서의 재산형: 유전무죄 그리고 연좌제

형벌로서 재산형은 어떤 의미인가? 일반적으로 재산형이란 범죄행위자에게 경제적 활동에 필요한 자산을 박탈함으로서 경제적 곤궁상태를 만들어서 생활상태의 조건을 열악하게 하거나 제한하는 것을 목적으로 한다.[14] 이 때에도 행위와 대가 간의 균형, 즉 비례성의 원칙이 요구된다. 이때 비례성의 원칙은 범죄행위와 그 불이익으로서의 벌금, 징역형과 벌금형 사이뿐만 아니라 각 조문에 규정된 벌금형 간에도 요구된다. 자기책임성의 원리는 형법자체의 한계로 기능함으로써 과도한 형벌권의 행사를 막는 방어막의 기능을 담당하면서,[15] 구체적으로는 비례의 원칙으로 표현되기 때문이다.

그러나 만일 벌금형이 이와 같은 목적을 가진다면 벌금형은 행위에 비례하는 것이 아니라 행위자의 자산상태 또는 경제력에 비례하여야 한다. 즉 책임주의가 과거의 행위에 대한 비례의 원칙을 근간으로 자리 잡은 개념이라면, 벌금형은 그에 부합하지 않는다. 재산형의 액수는 비례성의 원칙에 따라 행위에 근거하여야 하지만, 그렇게 할 경우 가진 자들은 재산형이 형벌로서 가지는 목적을 전혀 달성할 수 없는, 즉 형벌 위에 존재하는 신적 존재가 되어버린다. 반면 행위자의 경제력을 고려하여 곤궁상태를 만들 수 있는 만큼에 비례하여 부과하게 된다면, 이번에는 행위책임의 원칙에 반하게 된다. 더욱이 행위자의 생활상태를 곤궁하게 만드는 것이 형벌의 목적이라는 점은 또 어떻게 설명할

---

14 김혜경, "법정형으로서 합리적 벌금형을 위한 필요조건", 형사법연구 제24권 제2호, 한국형사법학회, 2012, 117면.
15 Roxin, "Sinn und Grenzen staatlicher Strafe", *Strafrechtliche Grundlagenprobleme*, 1973, 17면.

것인가? 생활상태가 범죄 이전보다 곤궁해 진다고 해서 행위자가 자신의 행위를 반성하거나 재사회화 될 수 있다고 할 수 있는가? 재산형이 근대이전의 사회에서처럼 전재산을 박탈하는 형태로 이루어지는 경우에는 행위자가 범죄를 후회할지도 모르겠다. 그러나 그것은 명백히 책임원칙에 반한다.

더욱이 오늘날 독일을 비롯한 많은 국가들이 채택하고 있는 일수벌금형[16]이나 벌금분납제, 청소년의 범죄행위에 대한 친권자의 대납제 등은 벌금을 포함한 재산형이 형벌로서 아무런 의미를 가질 수 없음을 드러낸다. 뿐만 아니라 경제적 곤궁을 목적으로 한다면 연좌제에 해당하는 것은 아닌가? 범죄행위자의 경제적 박탈로 인하여 가족 구성원 전부가 경제적 곤궁상태가 되어 버린다면 더더욱 책임주의에 반하는 결과가 아닌가?

(3) 형벌로서의 명예형: 이유 없는 권리 박탈

일반적으로 명예형이란 자유박탈형이나 재산몰수형 이외에 행위자에게 일정한 사회참여를 제한하는 형식을 의미한다. 우리나라의 경우 자격정지, 자격박탈 등이 이에 해당한다. 그러나 이미 1992년의 법무부 개정안은 자격상실을 형의 종류에서 삭제하였다. 자격정지는 형의 종류로 존치되었지만, 그것은 선고정지를 의미할 뿐이었다. 따라서 당연정지 유형의 자격정지도 역시 형의 종류에서 삭제하였지만, 현행법에서는 형종으로 남아있게 되었다. 다만 그 이유는 명백하지 않은 것으로 보인다. 이후에도 2011년 형법개정안 제40조에 명예형은 없다.[17] 자

---

16 독일의 동 제도가 반사회적이며 사회적 약자를 고려하지 않은 제도임이 분명히 드러난 이상 벌금형제도의 개정이라는 입법적 조치가 불가피하다는 독일 내부의 비판적인 시각에 관한 소개로는 김성룡, "독일의 일수벌금형 운영 40년 결산이 주는 시사", 형사법의 신동향 54, 대검찰청, 2017, 156면 이하 참조.

17 다만 형종이 아닌 독립된 조문으로서 제42조에 자격상실과 자격정지를 두었는데, 형의 부수효과로서는 의미가 있다는 점이 그 이유이다. 법무부, 형법(총칙) 일부개정법률안 제안이유서, 2011. 4, 53면.

격상실은 형의 부수효과에 불과하므로 그것을 형벌이라고 할 수 없고, 자격정지 역시 실무상 선고에 의한 자격정지가 활용되지 않는다는 점을 근거로 삭제하였다. 2017년 통일형법시안[18] 제39조는 형벌을 자유형과 벌금형 두 가지로 단순화시키면서 자연스럽게 명예형을 형종에서 삭제하였다.

자유형의 부수효과로서 자격제한을 부과할 것인지는 입법정책의 문제가 된다. 대체로 다른 국가들도 자격제한을 형벌의 일종으로 설정하고 있지는 않지만 형의 부수효과로는 부과하는 바, 예컨대 독일 형법은 중죄로 1년 이상의 자유형을 선고받은 자에게 공무담임자격과 선거권 및 피선거권 등을 제한하며,[19] 프랑스 형법 역시 중죄의 유죄판결을 받은 수형자에게 선거권과 피선거권 및 사법관련 직무수행 등의 자격을 제한한다.[20] 따라서 최소한 형의 부수효과로서의 자격제한은 부과하는 것이 타당하겠지만, 그 역시도 입법기술의 문제일 뿐이다. 헌법재판소도 집행유예자와 수형자에 대하여 구체적인 범죄의 종류나 내용 및 불법성의 정도 등과 관계없이 전면적·획일적으로 선거권을 제한하는 것은 침해의 최소성원칙에도 어긋나며 따라서 헌법에 합치되지 않는다고 본다. 특히 집행유예자는 집행유예 선고가 실효되거나 취소되지 않는 한 교정시설에 구금되지 않고 일반인과 동일한 사회생활을 하고 있으므로, 그들의 선거권을 제한해야 할 필요성이 크지 않다고 보았다.[21]

---

18 이는 형사정책연구원이 통일을 대비하여 가안으로 마련한 것으로, 주로 한국형사법학회 중견학자 중심으로 완성되었다.

19 독일형법은 제45조와 제45조의a 및 제45조의b에서 부수효과로서의 자격제한을 규정한다. 이승호, "전통적 형벌제도의 정비방안", 형사정책연구 제17권 제4호, 한국형사정책연구원, 2006, 718-719면 참조

20 한국형사정책연구원, 통일시대의 형사정책과 형사사법통합 연구(Ⅲ): 통일형법(시안)의 이론과 정책(가안), 2017, 123면.

21 憲裁決 2014. 1. 28, 2012헌마409 등. "수형자에 관한 부분의 위헌성은 지나치게 전면적·획일적으로 수형자의 선거권을 제한한다는 데 있다. 그런데 그 위헌성을 제거하고 수형자에게 헌법합치적으로 선거권을 부여하는 것은 입법자의 형성재량에 속하므로 심판대상조항 중 수형자에 관한 부분에 대하여 헌법불합치결정을 선고한다."

수형자의 피선거권이 제한되는 것은 물리적 또는 장소적인 한계 때문이라고도 할 수 있다. 그러나 수형자의 선거권 제한은 이유 없는 권리박탈에 해당한다. 선거권이 제한되는 수형자가 정작 자유박탈적 형벌로부터 해방된 후에 그로 인하여 직접적인 손익의 주체가 된다면, 그것은 과도한 권리침해이다. 집행유예자 역시 마찬가지이다. 특히 신체적으로 아무런 제한을 받지 않는 집행유예자의 형벌의 원인된 범죄가 무엇이었는가를 묻지 않고 일괄적으로 선거권과 피선거권 또는 일정한 직의 취임을 제한하는 것은 "교정"이라고는 찾아볼 수 없는 일방적인 권리박탈에 불과하다. 따라서 명예형은 형벌로서 아무런 효과가 없으며, 이제 더 이상 형벌이라고 해서도 안 된다.

4. 형벌의 목적과 기능의 실패

징역형은 인간의 자유를 박탈함으로써 사회가 얻는 이익은 아무것도 없다는 것을 단적으로 보여준다. 만일, 자유박탈기간 동안 물리적으로 사회와 격리됨으로써 당해 범죄자에 의한 범죄가 잠정적으로 재발하지 않을 것이라는 기대만이 징역형의 형벌목적이라면, 그러한 목적달성을 위하여 소요되거나 희생되는 바는 지나치게 크다고 할 수밖에 없다. 우선 범죄자의 신체의 자유와 감금으로 인하여 부수되는 다른 많은 기본권들, 범죄자의 가족과 격리됨으로 인하여 발생하는 2차적 제한들, 범죄자를 가두기 위하여 소요되는 인적·물적 경제재들과 부동산 및 그것을 위해 세금을 내는 모든 국민들의 재산권, 지역 혐오시설을 통해 인근 지역거주자들이 가지는 고통들, 그리고 그 밖에도 수반되는 불이익들은 우리의 상상을 초월한다. 더욱이 교도소의 과밀화는 재산형과는 달리 외적으로 감추어질 수 없기 때문에 사회공동체에 부여하는 인상은 매우 강하며 또한 안전사회에 대한 열망과는 대립각을 이루고 있게 된다. 반면 오로지 감금기간 동안의 특정 범죄자의 재범을 방지한다는 이익은 불이익에 비하여 지나치게 그 대가가 작다. 소위 경제성마저도 형편없이 낮아진다.

재산형 역시 형벌로서의 목적이 경제적 불이익의 부과 또는 경제활동의 전제가 되는 재의 박탈을 통한 궁핍의 경험이라면, 아마도 현대사회에서 그것을 통해 얻어지는 이익은 그다지 크지 않다. 오히려 재산형을 통해 국가의 양적 이익을 확대할 것을 목적으로 한다고 하면 보다 솔직해질 수 있을 것이다. 그러나 그것은 형벌의 목적이 될 수 없다. 개인의 재산을 박탈하여 국가의 배를 불리는 것을 형벌이라고 할수 없기 때문이다. 명예형은 더더욱 형벌로서 가치가 없다.

그렇다면 결과적으로 우리가 지금까지 형벌이라고 하였던 형종들은 모두 그 역할을 하지 못하거나 처음부터 적절하지 않은 수단이었을지도 모른다. 또한 앞서 언급한 바와 같이 처벌되는 행위자가 자연인뿐만 아니라 법인과 국가도 될 수 있다면, 더 나아가 인공지능까지도 될수 있다면 현재의 형종들은 다른 형태로 전환 또는 변형(transformative)되어져야 한다.

Ⅳ. 진화론적 접근: 사회안전을 위한 유리벽인가?

1. 형벌과 보안처분의 차별성이 사라지다.

(1) 형벌의 실패와 보안처분의 문제점 진단

오늘날 우리가 살아가는 사회는 과학기술의 혁명이 사회의 모습을 변화시키고 가치관을 변형시키는 과정 중에 있다. 가치관의 변화는 비단 사회현상만을 지칭하는 것이 아니라 제도의 변화도 포함한다. 과학기술의 혁명은 인간의 생활환경을 변화시킬 뿐만 아니라 인간 그 자체의 탐구영역조차도 변화시킨다. 그에 따라 인간에 대한 이해의 폭도 과거에 비하여 혁신적으로 넓어졌다. 그와 같은 인간에 대한 이해의 변화는 다양한 분야에 적용되고 있으며, 적용되어야만 한다. 형법체계 역시 예외가 아니다. 앞서 우리가 형종으로 분류하였던 자유형과 재산형 및 명예형이 형벌로서 존재가치가 극히 낮거나 없다는 점을 거론하였다. 형벌의 목적 또는 기능으로서의 응보의 개념은 점차 축소되거나 지금의 형종으로는 실현되기 어렵다. 그와 같은 축소경향은 개인에 대한 응보의 적절성을 자유제한의 기간으로 산정하거나 박탈되는 재산의 양으로 평가하는 것이 사회질서를 정상화하거나 공동체의 연대를 강화하는 데에도 하등의 의미가 없기 때문이다 그렇다면 도대체 형벌부과의 의미 또는 목적을 어디에서 찾을 것인가?

한편 현재 적용되고 있는 보안처분의 현실을 살펴보자. 보안처분은 그 명칭 자체에 관하여도 많은 논란이 있어 왔다. 용어 또는 언어가 가지는 힘 때문이기도 하지만, 어떠한 용어를 사용하는가에 따라서 그 제도의 내용이 달라질 수 있다는 점에서 매우 민감한 문제이기는 하다. (그러나 여기에서는 범죄와 관련하여 부과되는 형벌 이외의 기본권 침해 작용을 통칭하는 용어로 사용하되, '보안처분'이라는 용어는 적절히 대체될 수 있는 언어가 선택되기 전까지 잠정적인 대체재로서만 이해하고자 한다.)

그와 같은 보안처분들이 비판을 받는 이유는 서너 가지로 요약된다. 첫째, 우리 법제사에서 보여지는 보안처분의 탄생의 비극이다. 보안처분은 1970년 중반 군부독재시절 사상통제와 사회정화를 위하여 형벌의 손이 미치지 못하는 부분의 대청소 역할을 맡았다. 이른바 사상범 싹쓸이의 방식으로 악용되었고, 범죄자에게 책임보다 과중한 기본권침해를 하기 위한 장치로 활용되었다.

둘째, 명칭사기의 문제이다. 형벌이 존재함에도 불구하고 추가적으로 범죄자에게 보안처분이라는 '제재'가 투입되는 이유가 명백히 형벌의 목적과 분리되어야 함에도 불구하고, 보안처분은 이름을 달리하고 형벌의 목적을 이어받아 왔다. 예컨대, 과거 보호감호처분이 대표적이다. 형벌이 형기를 판결로써 확정되는 것과는 달리, 보호감호는 기간의 확정 없이 재사회화보다는 형기의 연장으로서 역할을 하여 왔다. 또한 현재 행해지는 신상공개는 현대판 주홍글씨라는 오명을 쓰고 범죄자에게 형기종료 후에도 낙인찍기 역할을 하고 있다. 이와 같이 보안처분은 재범예방을 위한 적절한 방법을 도모하지 않고, 오로지 형벌이 행해 왔던 역할을 명칭만을 달리하여 지속하여 왔다.

셋째, 보안처분의 구체적 방법론의 문제이다. 우리사회에서 보안처분의 범주에 속하는 제재들이 과연 범죄자의 재범을 예방하기 위한 적절한 도구들인가의 문제가 제기된다. 예컨대 전자발찌의 경우 그것이 보안처분으로서 효과가 있음을 입증하기 위해서는 전자발찌 의무착복 기간이 종료된 후에, 비로소 전자발찌를 작용하였던 기간 동안 받았던 고통이나 인상으로 인한 '자유로움이 주는 행복의 교육'을 마치고 그 이후에도 재범을 하지 아니하였다는 점이 증명되어야만 전자발찌가 보안처분으로서 '효과가 있다'라고 할 수 있다. 그러나 전자발찌 착용기간이 최대 45년이라는 점은 그 '효과'를 기대하기보다는 장기간 '감시'의 역할밖에 기대할 수 없다. 우리가 2007년 도입된 전자발찌라는 제재의 효과를 입증하기 위해서 최장 2052년까지 무작정 기다려야만 하는가?

마지막으로 재범 위험성의 객관적 예측 또는 측량가능성의 문제이다. 보안처분에 있어서 가장 본질적인 의문이자 난제이기도 하다. 과거 범죄의 죄질은 명약관화하다. 범죄자가 행한 범죄는 객관적으로 존재하고 그 무게만큼의 책임으로서 형벌의 종류와 양을 결정하는 것은 대단히 어렵지만 불가능한 일은 아니다. 그러나 재범위험성의 객관적 측정기준이 아무 것도 없는 상태에서 법관의 주관적 평가에 의지하여 재범위험성을 결정하고 제재의 종류와 기간을 부여하도록 함은 관련 법은 있어도 이미 그것은 '법률주의'일지언정 실질적으로는 '법치'가 아니다. 법률주의(rule of legislation)는 법의 내용과 집행의 방식을 묻지 않고 모든 것을 '법대로' 만 처리해야 한다는 것으로, 법의 내용이 국민의 자유와 기본권을 침해하는가 여부 또는 법의 집행에 불공정이나 차별은 없는지 등을 가리지 않음으로써 극단적으로는 법률만능주의로 전락한다. 그러한 법률주의는 언제나 합법화된 폭력을 내재하게 되며, 그러한 폭력은 기준 없이 부과되는 보안처분이라는, 국가에 의한 강제력의 발동 형식으로 국민을 향해 그 모습을 드러낸다.

(2) 보안처분의 문제점 해결과 그 이후의 현상

그러나 이와 같은 보안처분의 비판점들이 해결된다면 그 다음에는 어떻게 되는 것일까?

첫 번째 문제점인 탄생의 비극은 역사적 사건이므로 반성의 문제이지, 그것이 현행 보안처분 자체를 부정할 이유가 될 수는 없다. 역사적으로 군부독재시절을 감내하여야만 했던 우리의 아픔의 일부이기 때문에, 오히려 보안처분의 정상화를 통해서 그 고통을 치유하여야 하는 것이지 이를 부정하여야 하는 것은 아니다. 두 번째 및 세 번째 문제점의 해결은 매우 명료하고 간단하다. 보안처분을 올바르게 정립하여 제도화함으로서 해결될 수 있다. 명칭사기라든가 방법적 오류라는 오명들은 목적에 부합하는 제도의 정립을 통해서, 의지만 있다면 언제든지 해결할 수 있다.

가장 큰 문제점은 바로 마지막의 예측가능성이다. 어쩌면 보안처분에서 가장 극복하기 어려운 과제이다. 그러나 우리는 빅데이터 시대에 살고 있다. 집적된 많은 정보들을 사용하고, 과학발전의 도움을 받는다면 그것이 과연 형벌의 책임양에 관한 예측가능성보다 떨어진다고 할 수 있겠는가 반문하고 싶다. 형벌부과의 기준이 되는 양형기준표 역시 과거 판결의 내용을 통계화하여 인자를 추출하는 방식을 사용한다.

해법은 정보의 축적을 통한 예측가능성의 객관화 방법이다. 그렇다면 빅데이터의 정렬과 통계화를 통하여 미래에는 재범에의 예측가능성을 보다 객관적인 지표로 데이터화할 수 있을 것으로 기대된다. 또한 인지과학을 비롯한 신경과학, 신경심리학, 범죄심리학 등의 관련 학문들의 발전은 재범에의 예측여부에 부합하는 개별화된 맞춤형 제재의 개발을 가능케 할 수 있을 것으로 전망된다. 범죄행위의 발현은 동일하지만 범죄에로의 이유는 범죄자마다 서로 상이하고 그들의 심리적, 신경학적 또는 인지적 인자들 역시 서로 다르기 때문에 재범을 예방하기 위한 '처방' 역시 같을 수 없기 때문에 재범예방을 위한 도구로서 부과되는 '제재'는 마치 병원에서의 의사의 '처방'과 같은 역할을 하여야 할 것이다. 물론 범죄자가 '범죄를 범하는 환자'는 아니다. 여기에서 '처방'이라는 비유를 사용하는 이유는 '제재의 개별화'를 강조하기 위함이다. 재범예방을 위한 '제재'는 형벌처럼 천편일률적일 수 없고, 가장 '인간다움'을 회복시켜주는 도구여야 하기 때문에 '개별화'되어야 한다.

2. 인간다움: 형벌보다는 예방처분(가칭)이 보다 진화감응성이 있다.

"인간성 또는 인간화 요청"이 형법적 사회통제와 통합을 구현하는 형사정책의 토대이며 지도이념이라는 광범위한 합의가 존재한다고 한다.[22] 인간화의 요청은 원래 형법영역에서도 정책적 토대였다. 그러나 형벌은 앞서 본 바와 같이 인간다움을 추구하지 않았다. 그러나 형벌이라는 명칭을 떠나서 범죄의 대가 또는 처벌되는 자의 개선을 위하여 필요한 것은 개개인의 재사회화에 적합한 맞춤형이어야 한다. 형법상의 범죄를 구성할 때에도 인간이 감내할 수 있는 한도 내에서 자유제한이 이루어져야 하며, 그에 대한 제재 역시 인간으로서의 가장 기초

---

22 박학모, "보안처분제도의 재구성을 위한 성찰과 제언", 보호관찰 제14권 제1호, 한국보호관찰학회, 2014, 8면.

가 되는 인격적 처우에서 벗어나서는 안 된다. 그러한 점에서 현재의 형종은 비판을 받는다. 자유를 박탈하여 자유의 진정한 의미를 터득하게 하고자 하는 징역형이나, 자본주의적 색채를 가질 수밖에 없는 재산형, 그리고 이유 없는 권리박탈인 명예형이 그것이다.

이를 대체할 새로운 제도를 구상한다면 그것이 반드시 형벌일 필요는 없어 보인다. 보다 진화감응성이 있고 인간다움을 회복시킬 수 있는 방안을 마련하여야 할 것이며, 그것을 우리가 반드시 "제재"라고 할 필요도 없다. 제재라는 의미는 무엇을 하지 못함을 의미한다. 과거의 형벌은 징역형을 통해 자유로운 장소이전의 자유를 제한하고, 벌금형을 통해서 경제적인 활동의 자유를 제한하였으며, 명예형을 통해서 일정한 자격을 제한하였다. 그리고 그러한 제한들이 범죄의 대가라고 일컬었다. 그러나 기본권의 제한을 통해서 범죄의 대가를 치름으로서 형벌목적과 형사정책의 목적이 달성되었는가는 회의적이다.

또한 일정한 권리의 제한을 수단으로 한다는 것은 인간다움을 방해하는 요소를 개인에게 투입하여 고통을 느끼게 하는 것밖에 없다. 그리고 그것이 가장 인간다운 방법인가는 고민해 보아야 할 것이다. "형사정책의 인간화"는 개인적으로는 처우의 "인간다움"으로 귀결되고, 그것이 "진화감응성"이 있어서 인간본성에 가장 부합할 때 최적의 효과를 거둘 수 있을 것으로 보인다. 최적의 효과라 함은 사회의 안전과 개인의 회복을 동시에 추구할 수 있는 것임을 의미한다. 지금까지 형벌이든 보안처분이든 개인의 회복보다는 사회방위에만 치우쳐져 있었음은 부인할 수 없다. 그리고 형벌 이외의 처분을 "보안"처분이라고 명칭하는 것도 그와 같은 목적이었음을 반증한다.

따라서 애써 명칭이 목적을 반영하여야만 한다면 "예방처분(가칭)" 정도가 바람직할 것 같다. 범죄를 하였다는 과거의 역사적 사실은 바뀌지 않는다. 그렇다면 우리가 원하는 바는 그러한 옳지 못한 역사적 사실의 "반복"의 예방일 것이다. 그리고 그 예방은 범죄자를 포함한 모든 사회구성원의 참여를 통한 '인간다움의 회복'에 핵심이 있는 것은 아닌가 한다. 범죄자는 물론 범죄의 대가를 치루어야 한다. 그러나 범죄의 대가가 반드시 신체적 또는 경제적 고통이어야 하는가? 인간으로서의 진정한 참회일 수는 없는가? 범죄의 대가로서 참회할 수 있는 기회를 부여하는 것이 불가능한가? 고통보다는 참회가 더욱 인간답고, 더욱 재범예방적이지 않는가? 이러한 많은 의문의 해소가 궁극적으로는 보다 진화감응성이 있는, 그리고 더욱 인간적인 예방처분을 만들어낼 것이다. 물론 미래의 시대에는 보다 정확한 재범예측이 가능하다는 전제는 앞서 언급한 바와 같다.

3. 사회방위 개념을 배제한 진화론적 접근으로서의 예방처분

형사법의 근저에 인간본성이라는 현상 진술이 놓일 때에는, 형벌과 보안처분은 인간본성의 회복 또는 개선이라는 공통의 목적을 가질 수 있다. 우리 형법은 형벌과 보안처분 이원론을 취하고 있지만, 이는 현행 법체계와 양립하기 위한 필연적 방법은 아니다. 기존의 일원론들은[23] 이원론과 달리 보안처분과 형벌의 기능을 분리하지 않고자 하는 점 및 사회안전 개념을 우선한다는 점이 특징이다. 그러나 사회안전은 행위자의 정상적인 사회복귀를 통하여 간접적으로 또는 부수적으로 달성될 수 있는 목적으로 이해해도 무방할 듯하다. 여기에서의 사회복귀는 사회구성원으로서 갖추어야 할 최소한의 인간상을 의미하며, 가장 최적의 또는 가장 이상적인 인간상을 의미하지 않는다. 반면 사회안전은 대체로 최소한이 아니라 최상의 상태를 목적으로 함이 일반적이다.

---

[23] 김성돈, 형법총론, 806면에 따르면 형벌과 보안처분에 관한 일원론은 행위자의 사회복귀와 사회의 안전이 형벌에 의하여 보장되지 못할 때에는 보안처분만을 적용한다. 또한대체주의는 행위자의 사회복귀를 위해서는 보안처분의 선집행이 합리적이라는 점, 보안처분이 사실상 형벌과 같은 해악의 성질을 가지고 있으며, 형벌의 목적은 보안처분에 의해서도 달성될 수 있다는 점을 이유로 한다.

그러한 사회안전은 도달할 수 없는 이데아가 될 뿐이다.

사회방위는 국가 또는 체계를 중심으로 이해되는 개념이다.[24] 그러한 이해는, 개인에게 가해지는 가시적인 불이익이, 체계존립이라는 비가시적이고 추상적인 이익을 위해 강제되는 것으로 비추어진다. 사회방위는 그 자체로서 독자적인 선이 아니며, 특정 개인에게 과해지는 구체적인 불이익으로서 보장될 성질의 것이라고 보기에는 너무나 크다. 이 때문에 사회방위와 같은 거대 개념의 추구를 위한 보안처분의 투입은 그 상한선을 설정하기 어렵다. 이는 제동을 걸 수 없을 만큼 질주하는 보안처분의 강화라는 우리 사회의 현상으로 드러나고 있다. 그러나 인간본성의 회복에 초점을 맞추게 된다면, 예방처분의 구체적 방법들은 "보안"처분의 방식과는 달라야 한다.[25] 따라서 궁극적으로는 '인간다움의 회복'이 예방처분의 목적이 되어야 하고, 사회방위 또는 사회안전은 그에 부수적으로 수반되는 반사적 효과 정도로 이해하여야 할 것이다.

V. 형사법이 추구하는 인간상

형사법이 추구하는 인간상은 도달할 수 없는 이상적인 윤리의 옷을 입고 있어서는 안 되며, 인간에 대한 생물학적 이해의 기초 위에 그려지는 모습이어야 한다. 형사정책의 인간화가 추구하는 바 역시 "제도

---

24 물론 신사회방위론은 개인보호를 전제한 사회방위를 언급한다. 이수성, "사회방위론의 과거와 현재", 서울대학교 법학, 제24권 제2·3호, 서울대학교 법학연구소, 1983. 9, 85-101면은 사회질서는 개인을 통해서, 그리고 개인을 위해서 존재하기 때문에, 신사회방위론은 형사정책에 있어서 사회질서를 보호하려고 하나, 이는 개인의 보호를 전제로 하는 것임을 강조한다. 그러나 신사회방위론은 지나치게 추상적이며, 개인과 사회 양자를 동등하게 양립시킬 수 없는 입법방향 내지 입법의 구체적 기술에 대하여는 전혀 언급하고 있지 않다.
25 여기에서 그 구체적인 방안을 논의하기는 어려워 보인다. 다만, 예방처분이라는 개념과 그것이 가지는 함의를 설명하는 한에서 그치고자 한다.

의 인간화 요청"이다. 지금까지 형벌이 '인간다움'을 추구하지 않았음은 자명하다. 재사회화라는 용어를 사용하기는 하였지만, 작금의 보안처분들 역시 형벌의 다른 이름일 뿐이다. 근대 형법이 만들어 놓은 형벌들이 그 기능을 수행하지 못하고 있다면, 현대에 맞는 제재로 대체되어야 할 것이며, 그 제재의 목적은 응보나 범죄의 대가여서는 아니 된다. 물론 책임주의 역시 그에 맞게 재설정되어야 한다. 또한 전통적인 책임주의가 행위자가 선택한 행위에 비례함을 표방하지만, 꼭 그것에 맞는 정도인가도 의문을 가하여야 한다. 더욱이 행위자의 '선택'이 진정 '행위 이전의 행위자의 의지'였는가 조차도 과학적으로 의문이 제기되는 시점에서 책임주의는 넘어서야 하는 한계에 부딪치게 된다. 한편 4차 산업혁명의 기술들을 통해 과거처럼 자의적이고 불확실한 근거로 범죄가능성을 예측하지 않는다면, 즉 그와 같은 예방처분[26]에서의 예측의 불확실성이 해소된다면, 그리하여 예방처분의 치명적 난점에 대한 해결책이 강구된다면, 이제 그것의 가치를 충분히 존중할 수 있을 것이다.

여기에서는 책임이나 대가에 초점을 맞추기보다는 사회적 측면에서는 공동체의 연대를 강화하고 사회안전을 위한 유리벽을 설계한다는 의미에서, 그리고 개인적 측면에서는 범죄를 예방한다는 의미에서 예방처분이 필요하다고 보았으며, 예방처분의 구체적 내용은 인간본성에 부합하도록 구상되어야 함을 강조하였다. 제도는 인간의 본성과 진화방향에 부합하여야 한다. 인간본성이 그러하다는 설명이 형법이 그것을 '강제하여야한다'는 당위를 포함하지는 않는다. 그러나 반대로 당위는 능력을 포함한다. 수범자가 무엇을 해야만 한다면, 반대로 수범자에게 그것을 하는 것이 가능하여야 한다는 의미가 이미 내포되어야 하기

---

26 앞서 언급한 바와 같이 보안처분이 사회방위를 중심으로 한 개념이라면, 예방처분은 개인의 재사회화를 통한 범죄예방에 중심을 두고자 칭한 개념이기 때문에, 여기에서는 예방처분이라는 개념을 가칭으로 사용하고자 한다.

때문이다. 이는 형법이 수범자에게 본성적으로 이를 준수할 능력이 없거나 매우 낮은 행위를 기대해서는 안 된다는 의미이다.[27]

결론적으로 범죄에 가해지는 형벌은 수단으로서 적절하지 않으며, 형법의 목적을 달성할 수 있는 도구도 아니다. 또한 책임주의도 이제는 그 한계를 드러내고 있는 것으로 보인다. 그렇다면 우리가 새로인 구상하여야 할 형사법체계는 미래지향적이어야 하고, 범죄자의 '인간화'에 초점이 맞추어져야 한다. 따라서 예방처분이라 함은 범죄자의 '인간다움'의 회복을 강조하여야 하고, 그로 인하여 반사적으로 사회안전을 위한 보이지 않는 유리벽이 보호막처럼 주어질 것을 기대하여야 한다. 즉, 모든 형사법체계 내의 제재들은 '인간화'를 목적으로 하여야 한다.

우리가 사는 사회는 근대를 넘어서서 미래를 향해 나아가고 있으며, 과학적 발전의 속도와 가치관의 변화속도 역시 근대와 달리 매우 빨리 회전하는 시계 속에 놓여 있다. 동일한 시간에 변화속도가 상대적으로 빠르다는 의미이다. 변화속도만 빠른 것이 아니라 질적인 변화는 법률체계가 그 속도를 따라잡기 버거울 정도이다. 비록 형법체계가 앞서 나가지 못하더라도(물론 앞서 나갈 필요도 없고 그래서도 안 된다), 변화를 수용하여 현대의 과학과 가치관을 반영하려는 자세를 반드시 갖추어야 함은 '당위'이다. 그러한 의미에서 형사법이 추구하는 인간상, 또는 형사법체계가 갖추어야 할 제도는 '인간다움'이어야 한다.

---

27 김혜경, "사회생물학적 인간본성에 기원한 도덕과 형법의 무게", 형사정책연구 제27권 제1호(통권 제105호), 2016 · 봄, 33면.

07

김 재 윤

형법학자이며 전남대학교 법학전문대학교 교수이다. 주로 기업범죄,
경제범죄, 환경범죄, 의료범죄에 관하여 연구하고 있다. 최근 저서로
『기업의 형사책임(Corporate Criminal Liability)』이 있다. 이 저서는
2016년 대한민국학술원 우수학술도서로 선정되었다.

진정한 범죄자인 법인의 범죄능력을 긍정하라!*

법인의 범죄능력은 인정되는가? 이 질문에 대해 "단체는 죄를 범하지 못한다"(societas delinquere non potest)라는 법언(legal maxim)은 하나의 답일 수 있으나 틀림이 없는 정답은 아니다. 이 질문에 대한 정답을 찾기 위한 노력은 19세기 독일에서 본격적으로 시작되어 현재까지도 진행 중이다. 애초 법인은 형사책임의 주체로 고려되지 않았다. 왜냐하면 법인은 "지옥에 떨어뜨려야 할 영혼도, 걷어찰 수 있는 육체도 없기"(no soul to be damned, no body to be kicked)[1] 때문이다. 이에 법인은 범죄행위에 요구되는 주관적 불법구성요소를 형성할 수 없고, 법적으로 가공된 것으로 형벌이 부과될 수도 없다는 것이 독일 형법학계의 지배적 견해이다.

그러나 오늘날 법인의 수는 지난 세기를 거치며 급격히 늘어났다. 그리고 최근 몇 년 동안 법인에 대한 일반대중의 인식은 진정한 법적인 지위를 가지고 있다는 쪽으로 이동하고 있고 있으며, 법인은 이를 관리하고 통제하는 자연인과 구별되는 독자적인 존재임을 나타내고 있

---

* 이 글은 김재윤, 기업의 형사책임, 마인드탭, 2015, 82-106면의 내용을 요약정리한 것임.
1 C.M.V. Clarkson, "Kicking Corporate Bodies and Damning their Soul", *The Modern Law Review* Vol. 59, 1996, 557면; Richard Card, *Card, Cross and Jones: Criminal Law* (15th ed., 2001), § 20.51.

다. 이러한 법인에 대한 인식 변화와 맞물려 법인의 범죄능력은 인정되는가라는 질문은 여전히 유효하다. 그렇다면 이 질문에 대한 답을 법인의 범죄능력 부인론에서 제시하는 대표적인 세 가지 논거에 대한 반박을 통해 정답은 아닐지라도 또 다른 답을 찾아보기로 한다. 사회과학은 수학과 달라 틀림이 없는 정답이 없음을 고려하면서...

첫째, 법인에게 자연인과 동일시되는 행위능력을 인정할 수 있는가? 법인의 범죄능력 부인론은 형법상 가벌적인 행위(Handlung)는 고유한 인간의 행위만을 전제로 하기 때문에 법인의 행위는 고려될 수 없다고 한다. 그러나 이러한 논거는 다음과 같은 이유로 그 설득력이 적다. 하나는, 형법상 행위에 관하여 독일과 우리나라의 다수설은 인과적 행위론이나 목적적 행위론가 아닌 '사회적 행위론'(soziale Handlungslehre)을 취하고 있다. 사회적 행위개념은 행위를 "인간의 의사에 의하여 지배되거나 지배될 수 있는 사회적으로 의미 있는 행태"라고 정의함으로써 '사회적 중요성'이라는 요소가 필요하다. 이러한 입장에서는 법인의 행위는 자연인인 그 기관 또는 구성원의 의사에 의하여 지배되거나 지배될 수 있는, 그리고 사회적으로 의미가 있는 작위 또는 부작위를 의미한다. 또한 법인의 기관 또는 구성원인 임직원의 행위를 법인의 행위로 귀속시키거나 법인 그 자체로서의 행위로 인식하는 것이 가능하다. 그 결과 법인에게 행위능력을 인정하는 것도 가능하다.[2]

다른 하나는, 법인은 그 구성원을 합친 것이기는 하지만 그 구성원의 변동이나 구성원의 개인의 의사와는 상관없이 사회생활상 그 자체의 독특한 성격이나 행동양식을 갖고 활동하는 독자적인 사회적 실체이다. 즉 법인은 현실적 존재하는 사회적 실체이므로 법적 의무의 수범자가 되며, 법인이 자신에게 향하여진 수범명령을 이행하지 못하였을 경우 법인은 의무침해를 행하는 것이 된다. 다만 이때 법인의 행위

---

2 김성규, "법인처벌의 법리와 규정형식", 법조 통권 578호, 2004, 121-122면.

능력을 인정하는 방법으로 법인은 자연인으로 구성된 기관을 통해 위반행위를 하지만 기관의 위반행위는 법인의 자격으로 외부적으로 활동을 하는 것이므로 기관의 행위를 법인의 행위로 귀속시키거나, 법인을 그 구성원으로부터 독립한 고유한 사회적 활동성을 가진 실체로 보는 사회체계이론적 인식을 기초로 하여 법인의 기관구성원인 자연인의 행위는 동시에 그 개인의 업무와 의사와는 구별되는 독자적인 법인 고유의 행위로 파악하거나(종속모델), 또는 개인의 위법행위는 반드시 필요하지 않고 법인 그 자체의 조직구성상의 결함, 즉 법인의 인적·조직적 측면에서 준법프로그램(compliance program)이나 내부통제 시스템을 정비하고 이를 적정하게 운용하는 것을 법인의 법적 의무로 부과하면서 이러한 의무의 해태를 법인의 관리감독과실로 인정하여 책임을 묻는 방법(독립모델)이 있을 수 있다.[3] 다만 법인의 행위능력을 긍정한다고 해서 바로 법인이 형법전에 나타난 모든 범죄를 범할 수 있다는 것은 아님에 유의해야 한다. 특히 반윤리적인 성격이 강한 범죄행위는 법인조직체의 활동으로 그 범죄구성요건을 실현할 수 없기 때문에 이 경우 법인의 행위능력은 인정될 수 없다.

둘째, 법인은 형법적 의미에서 책임(Schuld)[4]을 부담할 수 있는가? 일반적으로 책임의 본질을 의사형성과 의사실행에 대한 비난가능성(Vorwerfbarkeit)이라고 보는 '규범적 책임론'(normative Schuldlehre)[5]에 따

---

3 이러한 두 모델에 대해 자세한 설명은 김재윤, 기업의 형사책임, 마인드탭, 2015, 제5장 §11 Ⅲ. 참조.
4 구성요건의 해당성과 위법성 이외에 책임은 형벌의 성립근거이자, 형벌의 한계를 정하는 범죄요소이다. 그러나 개별적 책임요소의 정확한 체계적 지위 및 그의 상호관계는 그리 간단히 설명될 수 없다. 이에 대한 여러 견해의 자세한 설명은 Jescheck, *Lehrbuch des Strafrechts, Allgemeiner Teil*, 4. Aufl., 1988, 382면 이하 참조.
5 그러나 무엇으로 책임비난을 실질적으로 근거지울 수 있는지, 비난가능성과 책임이라는 개념이 어떠한 관계 속에서 서로 위치하고 있는 지 등의 개별적인 책임요소에 대해서는 견해가 나누어지고 있다. 이에 대해 자세히는 Achenbach, *Historische und dogmatische Grundlagen der strafrechtssystematischen Schuldlehre*, 1974, 19면 이하; Jescheck, 앞의 책, 378면 참조.

르면, 책임판단을 위한 준거점은 불법행위이다. 즉 책임판단에 의하여 행위자에게 그가 합법을 결의하여 행동을 할 수 있었으나 불법을 결의하고 위법하게 행위를 하였다는 데에 대하여 개인적인 비난이 가하여지는 것이다.[6] 이 견해에 의하면 법인에게는 자연인에게 있어서와 같은 의사가 없고 위법행위에로 나아갈 것인지의 여부를 결정할 능력도 없다. 따라서 사회·윤리적 성격을 갖는 이러한 형법적인 책임비난은 법인에게 가해질 수 없다고 한다.[7]

그러나 이러한 전통적 책임론과 달리 법인의 고유한 책임능력을 확립하고자 하는 시도가 증가하고 있는데 이른바 '독립모델'이 그러한 시도의 하나이다. 이러한 독립모델에서는 '조직책임'(Organisationsschuld) 내지 '조직과책'(Organisationsverschulden) 등과 같은 개념을 사용하는데, 개인형법의 책임과 구별되는 법인의 고유한 책임을 어떻게 구성할 수 있을지가 문제로 남는다. 하지만 이러한 문제는 현대사회에서 법인의 존재를 보다 자세히 살펴보면 해결될 수 있다. 즉 현대사회에서 법인은 독자적인, 법인 구성원의 단순한 총합과는 구별되는 특별한 사회적 존재로서 설명된다. 이러한 존재는 고유한 법인문화를 향유하고 있다. 현대 경영학에서는 이러한 측면을 개인의 정체성과는 명확히 구별되는 '법인의 정체성'이라는 개념으로 표현하고 있다. 이러한 살아있는 유기적 조직체로서의 법인은 하나의 고유한, 아주 특별한 역동성을 나타낸다. 이러한 역동성은 초개인적인 법인(기업)정신으로까지 표현되고 있다. 이러한 상황과 관련하여 법인은 조직 내부에서 일련의 결의과정에 의해 발전된 범죄적 불법에 대해 스스로 책임을 져야만 한다. 또한 현대사회에서 일반인도 대부분의 법인(기업)범죄에 있어 진정 책임 있는 범죄인은 바로 법인 구성원이 아닌 법인 그 자체라고 여기고 있다. 결

---

6 Welzel, *Das deutsche Strafrecht*, 11. Aufl., 1969, 138면: "행위자가 의도적으로 할 수 있는 것, 오직 그것에 대해서만 비난할 수 있을 뿐이지, 이에 반해 그가 본래 어떤 사람이냐에 대해서는 비난할 수 없다."

7 R. Schmitt, *Strafrechtliche Maßnahmen gegen Verbände*, 1958, 106면.

국 현대사회에서 독자적인 사회적 구성체로서의 법인에게 그가 행한 반사회적 내지 불법행위 대해 형법상의 고유한 책임능력을 인정할 수 있다.

셋째, 법인의 수형능력과 관련해서 형벌의 목적과 기능이 법인에 대해서도 실현될 수 있는가? 일반적으로 형법의 목적은 사회 공동체에서 일반국민의 평화로운 공동생활을 보호하는 데 있다고 한다면 형벌은 법질서의 유지와 보호에 기여해야 한다. 이러한 형벌의 기능으로부터 형벌은 규범위반성에 대한 개인책임을 전제로 해서 부과된다는 점이 도출된다. 이러한 입장에서는 자연인과는 달리 법인에게는 행위능력과 책임능력이 부인되는 동시에 책임 있고 위법한 행위에 대한 국가의 반작용으로서의 형벌을 부과할 수 있는 어떠한 준거점도 인정되지 않는다고 한다.

그러나 이러한 다수설의 입장은 다음과 같은 이유에서 점점 그 설득력을 상실해 가고 있다. 우선, 규범일치적인 행위와 관련한 동기부여력이 법인에 대한 형벌에는 결여되어 있기 때문에 형벌이 법인에게 부과되는 경우에 그 본질적 의미를 획득할 수 없다고 하는 일부의 견해[8]는 설득력이 없다. 왜냐하면 법인 역시 자연인으로 구성되었기 때문에 법인으로 하여금 반사회적 내지 불법한 행위를 저지하게 하는 동기부여가능성은 여전히 존재한다. 따라서 벌금의 부과와 그에 따른 법인의 재정적 손실은 법인(기업)정책에 일정한 영향을 미칠 수 있으며, 법인에 대한 처벌은 법인에 속한 모든 개개인, 즉 대표이사, 기관 및 그 밖의 구성원에게 장래의 규범일치적인 행위와 관련하여 긍정적인 영향을 미치게 할 수 있다.[9] 이와 더불어 주주와 관련하여 법인형벌은 그들에게 법인(기업)경영에 관한 감독권과 협력권을 적절하게 사용하게 하고

---

8 R. Schmitt, 앞의 책, 196면, 216면; Seiler, *Strafrechtliche Maßnahme als Unrechtsfolgen gegen Personenverbände*, 1967, 92면.

9 Ackermann, *Die Strafbarkeit juristischer Personen im deutschen Recht und in ausländischen Rechtsordnung*, 1984, 189면.

장래의 합법적인 법인(기업)운영에 긍정적인 영향을 미치게 할 자극을 제공한다.[10] 다른 한편으로, 법인은 형벌의 부과와 결합된 사회·윤리적 비난의 수범자가 될 수 없기 때문에 법인의 수형능력은 부인된다[11] 는 반론 역시 수긍할 수 없다. 왜냐하면 법인은 개인과 마찬가지로 대표이사 및 그 구성원에 의한 범죄를 저지하기 위해 필요한 모든 행위를 할 법적·윤리적인 의무를 수반하기 때문에 법적·윤리적 행위요구의 수범자로서 간주될 수 있다. 규범일치적인 행위를 하지 않았기 때문에 법인에게 가해지는 비난 역시 이러한 윤리적인 거부의 일종이다. 이 때문에 개인과 마찬가지로 법인을 공공의 사회·윤리적인 불가치 판단의 영역 밖에 놓아 둘 수는 없다. 결국 법인에 대한 형벌의 부과는 원칙적으로 형법의 본질과 모순되지 않는다고 본다.[12]

그리고 법인에 대한 형벌은 일반적인 형벌의 목적인 '일반예방'(Generalprävention)의 효과와 '특별예방'(Spezialprävention)의 효과를 달성할 수 있다. 우선, 형벌의 투입은 잠재적 범죄인에 대한 위하에 의하여 장래의 범죄를 방지하는 것(소극적 일반예방)과 법규범에 대한 준수의식과 법적 신뢰를 강화하는 것(적극적 일반예방)에 기여해야 한다.[13] 법인에 대한 형벌 역시 일반예방의 효과를 달성할 수 있다는 점은 부인될 수 없다.[14] 즉 법인에 대한 형벌은 일반인, 특히 법인의 대표이사에게 국가가 특별한 형태의 범죄를 용인하기보다는 개인범죄와 같이 동일한 결과를 갖는 형벌을 부과할 수 있음을 명료하게 보여줄 수 있다. 특히 공적인 소송절차를 이행함으로써 나타나는 공개성으로 말미암아 법인(기업)의 이미지는 치명적인 상처를 입을 수 있기 때문에 법인형벌의 일반예방 효과를 충분히 거둘 수 있다.[15] 나아가 형벌은 범죄인에

---

10 Ehrhardt, *Unternehmensdelinquenz und Unternehmensstrafe*, 1994, 201면 이하.
11 R. Schmitt, 앞의 책, 196면 참조.
12 Ehrhardt, 앞의 책, 202면.
13 Maurach/Zipf, *AT*, 66면 이하.
14 Ackermann, 앞의 책, 196면 이하.

대한 위하와 범죄인의 사회복귀 또는 격리를 통하여 바로 그 범죄인이 다시 죄를 범하는 것을 방지하는 데 기여해야 하고, 동시에 일반인을 형의 집행을 통하여 개별적인 범죄인으로부터 지속적으로 또는 잠정적으로 보호해야 한다는 특별예방의 효과를 거두어야 한다.[16] 법인에 대한 형벌 역시 이러한 특별예방의 효과를 거둘 수 있다. 즉 법인에게 개인형벌이 아닌 법인형벌을 부과함으로써 장래의 사회규범 일치적인 행위에 대한 교육적 효과를 기대할 수 있다. 법인형벌은 법인 내부의 감시의무와 통제의무를 강화하게 하고, 법인의 대표이사를 선임할 때 특히 그의 신뢰성과 법 준수성을 주목하게 한다. 또한 법인경영 및 직무수행에 관한 명확한 행위지침을 세우게 하고, 건전한 법인(기업)문화의 형성을 유도하게 함으로써 법인의 대표이사 및 법인 구성원에 의한 범죄행위가 전혀 자리를 잡을 수 없게 한다. 더 나아가 법인의 운명에 전반적인 영향을 미치는 대표이사 및 법인 구성원으로 하여금 장래에 있어 법질서위반행위를 저지하도록 하는 노력을 강화하게 한다. 이로써 법인형벌은 법인 개선(Besserung)의 효과를 충분히 거둘 수 있다.[17] 또한 법인형벌은 위험한 범죄인에 대한 일반인의 보호라는 특별예방의 또 다른 목적을 달성할 수 있다. 예컨대 활동의 자유를 제한하는 자유형의 효과는 영업정지의 효과와 일치될 수 있으며, 특히 중한 사례에 있어서는 법인의 해산[18]도 고려될 수 있다.[19] 결국 법인형벌은 특별예방의 효과를 거둘 수 없다는 견해는 더 이상 지지될 수 없다.

---

15 Ehrhardt, 앞의 책, 203면 이하.
16 Maurach/Zipf, *AT*, 66면 이하.
17 Ehrhardt, 앞의 책, 205면.
18 법인에 대한 영업정지 및 해산 등은 형법이 인정하는 형벌이 아니므로 형벌체계에 비추어 범죄능력을 부인해야 한다는 견해(이재상·장영민·강동범, 형법총론 제8판, 박영사, 2015, 96면)도 있으나, 이는 설득력이 없다. 왜냐하면 형사제재에는 형벌만 있는 것이 아니라 보안처분도 법질서위반행위에 대한 형법적 제재이므로 형사제재 중 형벌이 아닌 보안처분을 부과한다고 해서, 이것 때문에 형벌을 과할 수 없다는 이유로 범죄능력까지 부정해야 한다는 주장은 수긍될 수 없기 때문이다.
19 Ackermann, 앞의 책, 199면.

결론적으로, 법인은 자연인과 마찬가지로 행위능력, 책임능력, 수형능력이 긍정된다. 법인(기업)범죄에 있어 진정한 범죄자는 자연인이 아니라 법인 그 자체이므로 법인의 범죄능력을 긍정함으로써 법인(기업)범죄에 효율적으로 대처할 수 있다. 법인의 복잡한 조직구조와 명령체계로 인해 법인의 활동범위 내에서 그리고 그 자신의 이익을 위해서 행해진 범죄행위를 개별 법인 구성원에게 귀속시키거나 형사책임을 묻기보다 법인 그 자체에게 물어야 한다. "조금 더 많은 법인 자체를 처벌함으로써 조금 더 많은 법인의 영혼을 지옥에 떨어뜨릴 경우 종업원의 생명과 안전을 보다 더 확보할 수 있고, 공중이나 환경에 중대한 위험을 처하게 하는 활동을 하고 있는 법인에게 조금 더 많은 양심을 환기시키는 자극이 될 것이다."[20]라는 Clarkson 교수의 지적은 전적으로 타당하다.

20　Clarkson, 앞의 논문, 572면.

08

장 성 원

세명대학교 법학과 교수이다. 서울대학교에서 형사법을 전공하였고
독일 프라이부르크 대학교에 수학하였다. 박사학위 논문인 "포섭의 착오"
이래, "고의조각적 법률의 착오", "구성요건착오와 금지착오의 구별", "반전된
착오의 구분과 체계적 지위", "인과과정 착오의 구조적 본질", "방법 착오와
인과과정 착오의 관계"와 같은 논문을 통하여 고의와 착오론 등 형법 해석학을
연구하고 있다.

성매매는 누구의 법익을 침해하는가?

Ⅰ. 범죄행위로서 성매매

「성매매알선 등 행위의 처벌에 관한 법률」(이하 "성매매처벌법")에서는 성매매를 금지행위로 규정하면서(제4조), 성매매를 한 사람에 1년이하의 징역이나 300만원 이하의 벌금·구류 또는 과료를 부과하고 있다(제21조 제1항). 여기서 성매매란 불특정인을 상대로 금품이나 그 밖의 재산상의 이익을 수수하거나 약속하고 성교행위나 유사 성교행위를 하거나 그 상대방이 되는 것을 말한다(제2조 제1항 제1호).

성매매처벌법은 성매매 당사자뿐 아니라 성매매를 불법적으로 강요한 경우, 권유하거나 알선한 경우에 관련자도 모두 형벌의 대상으로 삼고 있다.[1] 그럼에도 성매매 규범은 낙태 정도까지는 아니더라도 간통이 그러했던 것처럼 행위규범으로서나 재판규범으로서 영향력을 크게 상실한 채 존속되어 오고 있다.[2] 그에 따라 성매매를 금지하고 형사

---

[1] 성매매처벌법 제4조는 성매매 외에도 성매매알선 등 행위, 성매매 목적의 인신매매, 성매매 목적의 고용·모집 또는 직업 소개·알선 행위, 성매매 행위 등에 대한 광고행위 등을 금지하고, 제18조 이하에서 이들 행위를 처벌하는 벌칙규정을 마련하고 있다.
[2] 국내외 성매매사범이 연간 2만 건 이상 검거됨에도 이들에게 불법에 대한 의식이나 범죄로서 위법성 인식은 충분하지 않고, 오히려 운이 따르지 않아 재수없게 걸렸다고 생각하는 경우가 많은 실정이다. 성매매처벌법 이후 범죄 통계를 보면, 성매매는 낮은 기소율과 높은 구약식률을 특징으로 하고, 일부 정식재판으로 가는 사건에서도 80% 내외가 집행유예 또는 벌금형으로 처벌되어, 상대적으로 낮은 수위에서 경미하게 처리

처벌을 부과하는 것이 과연 적절한가에 대하여도 상당한 논란이 계속 있어 왔다.

성매매는 그 자체로 다양한 동기와 경로로 이뤄지며 때로는 다른 유형의 불법행위와 결합되어 발생하기도 한다는 점에서 복합적인 행위로 존재한다. 성매매의 유형 가운데 특히 폭력이나 강요에 의한 성매매와 성착취 목적의 성매매와 같이 다른 형태의 불법과 결합된 성매매에 대하여는 가중처벌이 이뤄진다. 강요나 협박, 폭행, 감금, 인신매매 등 강제력이나 불법행위가 개입된 비자발적 성매매에 대한 처벌 필요성에는 이견을 찾아보기 어렵다.[3] 불법성이 명확하면서 침해하는 법익이 구체적이고 또 그 불법의 크기도 상대적으로 적지 않기 때문일 것이다.

논의가 집중되고 있는 영역은 개인간 자유의사에 따라 이뤄지는 소위 자발적 성매매이다. 다른 불법이 결합되어 있지 않다는 점에서 단순 성매매라 할 수 있다. 합의에 기초한 성매매를 가리키므로 다른 불법이 개재된 경우라도 그 안에 자발적인 부분이 존재한다면 그 한도에서는 자발적 성매매로 볼 수 있다. 현행 성매매처벌법은 성매매에서 자발성 여부를 묻지 않고 성판매자와 성구매자를 동일한 법정형으로 처벌하고 있다.[4] 이로부터, 단순 성매매도 처벌되어야 하는지, 자발적 성매매는 누구의 법익을 침해하는지에 대한 물음이 제기된다.

됨을 알 수 있다.

3 이경재, "자발적 성매매 처벌의 위헌성 여부", 형사판례연구[22], 2014, 209면; 김은경, 성착취 목적의 인신매매 현황과 법적 대응방안, 한국형사정책연구원 2002; 천진호, "성착취와 성착취형 인신매매에 대한 형사법적 대응과 개선방안", 형사정책연구 제13권 제4호, 2002, 151면 이하.

4 다만, 성판매자 가운데 인신매매나 강요를 당한 성매매피해자에 해당하는 경우, 그리고 19세 미만의 아동·청소년인 경우에는 처벌대상에서 제외된다(성매매처벌법 제6조 제1항 및 아동·청소년의 성보호에 관한 법률 제38조 제1항). 또 19세 미만의 아동·청소년으로부터 성을 구매한 자도 아청법의 적용을 받는다(제13조 제1항).

II. 성매매를 바라보는 스펙트럼

성매매에 대하여는 몇 가지 유형의 입법례와 그에 버금가는 다양한 해석례가 존재한다.[5] 특히 법학분야뿐 아니라 여성학계, 철학이나 경제학계 등 각 분야의 전문가들과 이해단체로부터 논란의 대상으로써 관심을 받고 있다. 그 지형은 다음과 같이 크게 나눠볼 수 있다.

먼저, 성매매 여성들이 사회경제적 이유로 유입되므로 자발적 성매매는 거의 불가능하다는 점에서 사회구조적 문제로 접근하면 성매매처벌의 정당성을 찾을 수 있다는 견해와,[6] 성매매는 인격과 신체적 자유에 대한 침해이며 사회적 해악이므로 자발적 성매매도 처벌되어야 한다거나,[7] 선량한 성풍속을 저해하기 때문에 공공복리나 사회질서 관점에서 제한이 가능한 입법정책상 문제일 뿐이라고 보는 견해[8] 등이 유력하게 주장된다. 이는 자발적 성매매를 포함한 성매매행위의 처벌 필요성과 정당성을 인정하는 쪽이다. 이른바 여성학에 기반하여서는 성판매자를 제외하고 성구매자만 처벌해야 한다는 이원적 입장이 주류를 이루고 있다고 한다.[9] 주로 여성인 성판매자는 성폭력 사회의 피해자로서 비범죄화 대상이지만 성매수인은 형사처벌이 필요하다는 입장이다.

이와 달리, 법학계에서는 성매매 금지에 대하여 처벌의 근거나 실익

---

5 성매매 논의지형의 개관으로는 송승현, "성매매처벌법 제21조 제1항의 위헌성 여부", 서울대 법학 제56권 제3호, 2015, 80면 이하 참고.
6 신옥주, "성매매 규율유형을 중심으로 살펴본 자발적 성매매 합법화논의에 관한 비교법적 고찰", 이화여대 법학논집 제18권 제1호, 2013, 63면.
7 정현미, "성매매방지정책의 검토와 성매매처벌법의 개정방향", 이화여대 법학논집 제18권 제2호, 2013, 223면.
8 박찬걸, "최근의 성매매피해자 개념 확대 논의에 대한 검토", 형사정책연구 제25권 제1호, 2014, 180면 이하.
9 성판매자와 성구매자에 대한 차별적 범죄화 정책(이른바 '노르딕 모델')에 대한 비판으로 조국, "성매매에 대한 시각과 법적 대책", 형사정책 제15권 제2호, 2003, 281면.

이 없다는 점에서 형법이 개입할 필요가 없고 성판매자와 성매수자를 불문하고 비범죄화해야 한다는 견해가 다수를 점하고 있다.[10] 이들은 성매매가 비윤리적·비도덕적임을 인정하더라도 형법적 개입을 정당화할 근거가 있는가에 대하여 회의적인 시선을 전제하고 있다.

이 와중에 헌법재판소가 2016년 성매매에 대한 첫 위헌법률심판에서 성매매를 처벌하는 규정이 헌법에 위반되지 않는다는 결정을 내린다.[11] 2012년에 서울에 사는 40대 여성이 13만원을 받고 한 남성과 성교하여 성매매를 하였다는 범죄사실로 기소되어 형사재판 계속 중, 성매매처벌법 제21조 제1항에 대한 위헌법률심판을 신청하자 법원이 이를 받아들여 헌법재판소에 제청한 사건이다. 헌법재판소는 다수의견으로 성매매가 성풍속을 해치고 성을 상품화하여 인격적 자율성을 침해하므로 현재로서는 법적 규제의 대상이자 사회적 이익을 침해하는 범죄로서 존치되어야 한다는 입장을 피력하고 있다. 이 결정으로 성매매는 범죄로서 정체성을 다시 확인받고 그 생명을 연장하게 되었다.

다만, 성매매의 가벌성에 대한 논란은 헌법재판소 결정에도 불구하도 여전히 진행형이라 할 수 있다. 헌법재판소의 합헌 결정으로 성매매를 처벌하는 규정에 대한 합법성이 충분히 확보되었다거나 처벌의 필요성이 적극적으로 정당화되었다고는 볼 수 없기 때문이다.[12] 위헌이

---

10 이경재, "성매매특별법 시행 4년에 대한 평가와 제언", 형사정책연구 제20권 제1호, 2009, 722면; 이덕인, "자발적 대가성 성관계의 비범죄화", 형사정책 제20권 제1호, 2008, 179면; 임상규, "성매매특별법의 필요성과 문제점", 형사정책 제17권 제1호, 2005, 191면; 김성천, "성매매의 비범죄화", 중앙법학 제6집 제4호, 2004, 136면; 조국, 위의 논문, 281면; 이영란, "성매매(윤락행위) 최소화를 위한 입법정책", 저스티스 제65호, 2002, 203면 등.

11 헌법재판소 2016. 3. 31. 선고 2013헌가2 결정. 재판관 1인의 전부 위헌의견과 2인의 일부 위헌의견 외에 6인의 다수의견으로 합헌으로 보았다.

12 재판관 2/3 이상의 지지를 얻어야 하는 헌법재판소의 위헌결정은 실정 법규가 헌법에 위반되어 효력을 유지할 수 없을 정도에 이른 때에 내리는 판단이다. 현행 법률이 가지는 실효성과 입법권에 대한 존중에 기반하여 사후 결정으로 위헌을 선고하는 것을 최대한 신중하게 하도록 한 것이다. 위헌은 입법권자의 입법결단으로서 법률 또는 그 규정이 헌법의 명문규정과 헌법정신에 위배됨을 뜻한다. 헌법의 수인한도를 넘어선 상

아니라는 것만으로는 헌법의 취지와 정신을 온전히 구현하고 있다고 단정할 수 없다. 헌법재판소의 합헌결정에도 불구하고 성매매처벌의 정당성을 확인하고 범죄로서 정체성을 따져봐야 할 필요가 있다.

Ⅲ. 성매매를 금지하는 이유

성매매 범죄성을 인정하는 논거에는 서로 다른 분야에 걸쳐 다양한 관점이 투영되어 있으나 여기서는 주로 2016년 헌법재판소의 다수의견을 소재로 하여 몇 가지를 검토해 보기로 한다. 헌법재판소는 성매매를 근절하여 건전한 성풍속 및 성도덕을 확립하는 데 성매매처벌법의 입법목적이 있음을 확인하면서 그 정당성을 검토하고 있다. 성매매가 근절되어야 하는 해로운 행위인가에 대하여는 시각을 달리할 수 있지만 성매매 금지가 무엇을 보호하기 위한 것인가에 대하여는 대체로 다르지 않은 입장들을 내보인다.

성매매를 금지해야 하는 가장 큰 이유 가운데 하나는 바로 건전한 성풍속과 성도덕을 보호하기 위함이라는 것이다. 성매매가 비단 은밀한 영역에서 벌어지는 개인간 문제에 그치지 않고 성에 대한 인식을 왜곡하여 사회의 성풍속과 성도덕을 해한다는 논리이다. 여기서 한 발 더 나아가면 성폭력이나 성매매 목적의 인신매매와 같이 강압적인 성범죄의 환경을 조장하여 퇴폐·향락문화를 확산시켜 사회에 해악을 가져온다고 보게 된다.

"개인의 성행위 그 자체는 사생활의 내밀영역에 속하고 개인의 성적 자기결정권의 보호대상에 속한다고 할지라도, 그것이 외부에 표출

태에서 위헌결정을 내리게 되고, 그 한도 범위 안에서는 여전히 헌법에 위반되지 않는다고 판단하게 된다. 따라서 헌법에 위반되지 않는다는 결정은 해당 법률이나 규정이 적극적으로 헌법에 부합한다는 의미는 아닐 수 있다.

되어 사회의 건전한 성풍속을 해칠 때에는 마땅히 법률의 규제를 받아야 하는 것"(헌재 2015. 2. 26. 2009헌바17등 참조)이라거나, "외관상 강요되지 않은 자발적인 성매매행위도 인간의 성을 상품화함으로써 성판매자의 인격적 자율성을 침해할 수 있으며, 성매매산업이 번창할수록 자금과 노동력의 정상적인 흐름을 왜곡하여 산업구조를 기형화시키는 점에서 사회적으로 매우 유해한 것"(헌재 2012. 12. 27. 2011헌바235)이라고 한다.

성매매를 허용하게 되면 성산업의 활황, 불법체류자의 증가, 노동시장의 기형화를 초래하여 경제적·사회적 안정을 해하고 성도덕 문란을 가속화한다는 것이다. 이를 받아들인다면 성매매는 국민의 생활과 사회·경제 영역에 실로 크나큰 영향력을 가진 영역임을 알 수 있다. 그러면서 헌법재판소도 음성화된 성매매 시장이 여전히 활성화되어 있다는 점에서 성매매에 대한 처벌이 성매매 근절에 대한 실효적인 대책인가에 대하여는 한계를 인정한다. 다만 성매매 예방이나 재범방지 교육과 같은 제약이 덜한 수단에 의한 대처가 반드시 성매매 근절 효과가 크다는 보장이 없다면서 물리치고 있다. 성매매를 형사처벌함에도 성매매 근절이라는 입법목적은 달성되지 못하고 있으며 성매매가 대폭 감소했다는 보고도 들리지 않는다는 점에서 금지와 처벌이 능사가 아님은 분명하다고 보여진다.

이에 대하여 헌법재판소는 "성매매 여성에 대한 차별과 낙인, 기본적 생활보장, 인권침해의 문제는 성매매를 '노동'으로 인정하거나 성판매의 비범죄화를 통하여 해결할 것이 아니라, 성을 판매하지 않고도 얼마든지 살아갈 수 있도록 국가와 사회가 효과적인 대안을 제시하면서 보다 많은 투자를 하고 우리 사회의 문화적 구조와 의식을 변화시키는 것이 우선적인 과제"라고 한다. 그런데, 성매매를 처벌하기 시작한 1961년 이래 지금껏, 성매매를 하지 않고도 살 수 있는 효과적인 대안을 국가와 사회가 제시하고 있는지, 성매매를 회피하려는 사회의 문화적 구조와 의식변화를 이뤄내고 있는지에 대하여 긍정적인 답을 내리기 어려운 것 또한 사실이다.

헌법재판소의 논리와는 반대로, 성판매를 하지 않고도 살 수 있는 효과적인 대안 제시나 문화적 구조와 의식 변화가 도래하기를 기다리는 것보다는, 성매매를 노동으로 인정하거나 성매매를 비범죄화하는 쪽이 문제해결에 빠른 길로 보여지기까지 한다. 성매매를 둘러싼 현실을 본다면, 성매매를 노동으로 인정하고 비범죄화하여 성매매 여성에 대한 차별금지와 기본 생활보장, 인권침해를 방지하는 일이 국가적 대안제시와 사회적 의식변화가 이뤄지기 전까지 취해야 할 우선적인 방책이 아닌가 싶은 것이다.

Ⅳ. 성의 상품화

헌법재판소는 성매매가 자본을 이용하여 성을 극단적으로 침식하는 행위라고 규정한다. 그렇기 때문에 국가가 적극 개입할 정당성을 찾을 수 있다고 본다. 보호하려는 가치와 제한되는 기본권을 비교하더라도 건전한 성풍속과 성도덕이라는 공익적 가치는 개인의 성적 자기결정권이라는 기본권보다 가볍지 않다는 것이다. 이는 인간의 성에 대하여 또는 성이 갖는 영향력에 대하여 공익적 가치를 크게 부여한다는 인상을 준다. 자기결정에 따른 행위임에도 불구하고, 개인간의 합의에 의한 행위임에도 불구하고 이를 억제하면서 지켜야 하는 다른 중요한 가치가 무엇인지, 건전한 성풍속과 성도덕의 실체는 무엇인지 궁금해지지 않을 수 없다.

성매매 금지에 지지를 보내는 입장에서는 성매매가 건전한 성풍속과 성도덕을 침해한다고 본다. 특히 성의 상품화, 교환가치로서 수단화를 경계한다. "인간의 정서적 교감이 배제된 채 경제적 대가를 매개로

하여 이루어지는 성매매는 성을 상품화하고, 돈만 있으면 성도 쉽게 살 수 있다는 인식을 확대, 재생산한다. 그 결과 성판매자는 하나의 상품으로 간주되며, 성구매자의 성욕을 충족시키는 과정에서 정신적·신체적 폭력에 노출될 위험을 안게 된다."는 것이다. 그런데 성적 신체를 이용한 용역을 경제적 대가와 교환하는 데 소용하는 것이 인간으로서는 할 수 없는 인간의 존엄성을 해하는 비인간적인 행위인지는 쉽사리 단정하기 어려운 부분이 있다.

헌법재판소를 비롯한 금지론에 따르면, "성매매는 경제적 대가를 매개로 하여 경제적 약자인 성판매자의 신체와 인격을 지배하는 형태를 띠므로, 대등한 당사자 사이의 자유로운 거래 행위로 볼 수 없다"고 한다. 그러나 경제적 차등이 있는 사이에서 계약이나 거래가 성립된다고 하여 반드시 자유로운 거래행위라 볼 수 없는지는 확실치 않다. 또한 가령 일회성의 성매매 거래에서 불특정한 성매수자가 성판매자의 신체와 인격을 지배한다고 할 수 있을지도 의문이다. 만약 성매매에 수반되는 당사자의 경제적 사정만으로 신체와 인격을 지배하는 불법이자 범죄라고 한다면, 경제적인 대가를 매개로 자신의 육체와 감정을 소모하며 노무와 용역을 제공하는 일반적 경제활동과 고용활동도 이와 다를 바 없지 않은지 반문할 수 있다. 성매매보다 더 강도가 높고 침해가 클 수도 있는 육체노동과 심신을 피폐하게 하고 정신적 스트레스를 가져오는 감정노동이 합법적인 영역에서 널리 존재하고 있음은 잘 알려져 있다. 그렇다면, 양자를 전혀 다른 시각으로 이분하여 불법과 합법으로 나누는 근거는 무엇인가?

V. 성도덕의 문란

성매매를 금지하면서 처벌하는 성매매처벌법이 위헌이 아니라는 헌법재판소의 논리에는 성매매 행위자 개인을 향한 금지와 사회구조적 관점에서 금지라고 하는 양 측면의 논거들이 혼재되어 있다. 금지의 표면적 논거는 건전한 성풍속과 성도덕에 대한 보호이지만, 성풍속과 성도덕의 실체가 무엇인지에 대하여 분명하게 말하고 있지는 않다. 그 가운데 성의 상품화와 성도덕의 문란화와 같은 도덕적이거나 사회윤리적 평가에 근거를 둔 이유들이 명시적으로 적시되고 있을 따름이다. 그렇다면 대개의 성판매자로서 성매매 여성에 대한 비난의 실체는 무엇인가? 다수의 성매수자를 형성하는 남성에 대한 비난 근거도 결은 다르더라도 동일선상에서 찾아볼 수 있다.

헌법재판소는 성매매를 비범죄화하면 "국민의 성도덕을 문란하게 하는 현상을 더욱 심화시킬 수 있다"고 하면서, "인간의 성을 고귀한 것으로 여기고, 물질로 취급하거나 도구화하지 않아야 한다는 것은 인간의 존엄과 가치를 위하여 우리 공동체가 포기할 수 없는 중요한 가치이자 기본적 토대"라고 한다. 자율적인 의사에 의한 성매매라 하더라도 "자신의 신체를 경제적 대가 또는 성구매자의 성적 만족이나 쾌락의 수단 내지 도구로 전락시키는 행위"이므로 강압에 의한 성매매와 본질적인 차이는 없다고 한다. 성매매는 곧 인간의 존엄성을 자본의 위력에 양보하는 행위라고 이해한다.

여기서 성도덕의 문란과 성의 상품화가 가리키는 내용의 일단을 추론할 수 있다. 성도덕이 문란해서는 안 된다는 말은 성은 절제되고 정숙해야 한다는 뜻을 내포한다. 성이 상품화되어서는 안 된다는 말은 성은 경제적 대가로 교환될 수 없는 특별하며 소중한 가치를 지닌다는 뜻으로 읽힌다. 헌법재판소가 성을 인간 존엄성과 결부하여 이해하는 것을 보면 성과 관련된 신체는 인간 신체 가운데 고유한 가치를 지니는 정수라고 할 수 있으며, 성을 통한 감정은 인간이 갖는 감정 가운데 고귀하고 특수한 것이 된다. 이렇게 보면, 인간 존엄성에 직결되는 인간 신체와 정신의 중핵에 해당한다는 것이 성에 담긴 사회적 가치이다.

성매매는 결국 인간 존엄성을 형성하는 성이라는 소중하고 특별한 것을 돈벌이의 수단으로 삼아 남용하는 일이 된다. 거칠게는 다음과 같은 명제로 구체화할 수 있다. i) 성은 소중하고 특별한 것이어서 성과 관련된 신체는 지키고 아껴야 하며 함부로 사용해서는 안 된다. ii) 성은 가급적 사랑에 결부되거나 특정한 상대로 절제되어야 하며 감정 교감 없이 방종해서는 안 된다. iii) 성은 금전으로 교환될 수 없는 것이므로 돈벌이의 수단이나 경제적 대상이 되어서는 안 된다. 이 같은 금지명령이 성도덕 문란화와 성 상품화의 주요한 내용을 차지한다. 성매매는 이런 금지명령이 결합된 형태로서 건전한 성풍속과 성도덕을 침해하는 사회적으로 유해한 행위가 된다.

VI. 정치적으로 올바르지 않음의 맥락

성매매에서 성을 파는 일은 신체 가운데 성적인 기관을 중심으로 신체와 감정을 모두 동원하여 총체적인 성적 용역을 제공하는 것을 급부의 내용으로 한다. 그런데 금지론적 사고의 바탕에는 성 관련 신체는 소중하고 특별한 것이어서 매매나 급부의 대상으로 제공되어서는 안 된다는 이해가 깊게 자리하고 있다. 성 기관이 다른 신체에 대해 갖는 특수성은 물리적인 육체 그 자체로서 측면과 정신적이거나 관념적인 측면이 함께 들어 있다고 보여진다.

우선 생물학적인 측면을 보자. 이는 성기관을 판매목적으로 불특정인에게 급부로 제공하게 되면 일정한 위험이나 침해를 수반할 수 있다는 문제일 것이다. 먼저 떠올릴 수 있는 것은 성병과 같은 질병에 대한 감염 위험이다. 불특정인을 대상으로 한 성매매로 HIV와 같은 각종 감염성 질병의 위험이 높아짐은 부인하기 어렵다. 그러나 자신을 질병의 감염위험에 노출시킨다거나 감염위험을 증대시켰다고 하여 곧바로 처벌의 정당성이 확보되는 것은 아니다. 감염을 예방하기 위한 조치를 병행한 경우에는 달리 볼 것인가를 상정한다면 질병 감염의 위험은 금지의 본질이 될 수 없음을 알 수 있다.

다음으로는 특히 여성의 성기관은 임신과 출산을 위한 예비자원으로서 성격을 지니는데 성매매를 통하여 임신과 출산에 대한 장애나 그 위험을 증가시킨다는 우려가 제기될 수 있다. 임신과 출산이라는 것을 숭고한 사회적 국가적 사명으로까지는 보지 않더라도 개인과 가족에 행복을 가져올 하나의 요인이 될 수 있다는 점은 널리 인정된다. 성매매로 신체 손상위험에 노출된다거나 원하지 않는 임신과 그에 따른 낙태가능성이 상존하게 되어 장래의 임신과 출산에 지장을 줄 수 있다는 지적은 완전히 틀린 말은 아니다. 다만 이마저도 개인이 감수하거나 선택할 수 있는 영역임에는 틀림없다. 임신과 출산 가능성이 없는 상태에서는 성매매를 허용할 것인가를 반문해본다면 이 역시도 금지의 핵심을 이룰 수 없다고 여겨진다. 성적 기관에 대한 물리적이거나 생물학적인 이유가 성매매 금지의 본질을 형성하지 못한다면 이제는 무엇인가 정서적이거나 관념적인 특수성이 있지 않은가를 따져봐야 한다.

헌법재판소는 "인간의 정서적 교감이 배제된 채" 거래되는 성의 상품화를 우려한다. 성과 사랑은 법으로 통제할 수 없는 시대라고 전제하면서도 성에 관한 건전한 풍속과 도덕은 법으로 유지할 수 있고 또 유지해야 한다는 입장에 서있다. 그러면서 "불특정인을 상대로 한 성판매는 특정인에 대한 성판매에 비해 사회적 유해성이 훨씬 크다고 평가"한다. 경제적 지원을 대가로 성적 관계를 유지하는 이른바 스폰서 계약이나 일부 축첩계약과 같이 특정인에 대한 애정관계나 특별한 감정이 결부된 관계를 불특정인을 대상으로 한 성매매 같은 관계와 구별하고 있다. 가령 애정이 전제된 지속적 관계와 그렇지 않은 일시적 관계가 있다고 한다면, 전자를 권장하고 후자를 제한하는 데에 합당한 이유가 있다는 논리이다. 그런데 이런 논리구조를 따라가다 보면, 성에 대한 절제, 정조나 순결과 같은 이제는 뒤로 제쳐두고 지나온 것으로 치부되는 과거의 유물들을 떠올리게 된다.

특히 여성에 대한 관점으로서는 현대에 와서 정치적으로 올바르지 않다고 하여 사실상 금하는 사고에 의도치 않게 맥락이 닿게 된다는 오해를 받을 수 있다. 달리 말하면 성매매를 금지하면서 내세우는 말과 그 배경을 이루는 생각이 혹시 남성중심의 성차별적인 사고의 연장은 아닌지 되짚어볼 필요가 있다. 성은 타인의 간섭과 개입이 최대한 배제되어야 할, 자기결정에 기반한 사적 자치의 영역이다. 성이 자유화되고 개방화된 오늘날에는 "불특정인을 상대로 한" 일시적 유흥을 위한 관계나 애정과 무관하게 혼인이나 취업, 승진과 같은 다른 목적에서 성을 수단으로 삼는 "정서적 교감이 배제된" 관계는 물론이고, 여러 사람을 동시에 만나거나 경제적 지원에 의탁한 관계, 간통처럼 혼인 바깥에서 이뤄지는 불륜적인 행위까지도 도덕이나 사회윤리적 비난은 차치하고 법의 개입은 최소한에 머물러야 한다는 점에 합의를 보고 있다. 타인이 도덕적 잣대를 들어 비난할 수는 있을지라도 공적인 영역에서 금지나 처벌의 선상에 올릴 수 없다는 것이 정치적 올바름으로 여겨지고 있다.

VII. 노동·직업에 대한 차별적인 취급

성매매를 계속 금지하려는 쪽에서는 성을 경제적 교환가치의 대상으로 전락시켜 물신화의 도구로 삼는다는 점을 들어 성매매를 강하게 성토한다. 여기서는 성에 대한 성품화가 비난의 중심에 있지만 경제적 부에 대한 세속적 추구나 안락함을 위한 물질적 방편의 추구도 은연중에 비하되고 있다. 그리고 그 안에는 노동을 바라보는 오래된 편견이 들어있다. 예를 들어 한 대학생이 방학마다 공사장에서 종일 모래를 퍼담고 벽돌을 지고 나르는 노동을 한 결과, 손발에 물집이 잡히고 어깨와 허리에 통증을 얻는 신체 혹사를 당한 끝에 등록금을 마련한 경우를 생각해 보자. 가족, 친구나 타인이 이 사람에게 어떤 비난을 가할 것으로는 쉽게 상상할 수 없다. 사회 통념은 오히려 그 반대로 건강한 노동 가치의 발현이라 하여 긍정적으로 평가할지도 모른다.

이와 달리 어떤 대학생이 방학마다 하루 몇 시간씩 유흥업소에 접대 아르바이트를 하면서 때로 성매매에 가담하는 일을 한 결과, 만성피로와 함께 온 몸에 근육통을 얻는 등 건강상태가 나빠진 채 등록금을 손에 쥐었다고 해보자. 가족, 친구에 이 사실을 알리기조차 어렵겠지만 알려지더라도 앞의 사례와는 전혀 다른 반응이 기다릴 것이다. 즉 사회윤리적으로나 도덕적으로 이 둘의 노동은 차별적인 대우를 받게 된다. 그리고 우리는 그 차별에 어느 정도 합리적인 이유가 있다고 보고 있다. 두 경우는 모두 경제적 목적을 얻기 위한 수단으로서 자신의 육체를 이용하고 있다. 그 과정에서 신체에 대한 혹사나 질병을 부수하여 얻게 되었고 아마도 그 결과는 예상하였거나 감수하였을 것으로 볼 수 있다. 그럼에도 이 둘은 전혀 다른 차원에서 이해되고 취급된다. 때로는 그 직업의 정당성에 대하여 또는 방법상 적절함에 대하여 완전히 상반된 태도를 보일 것으로 예측된다.

성매매는 장기매매와 같이 신체적 건강을 침해하는 계약과는 다르다. 신체의 일부를 공여하는 것을 내용으로 하는 계약은 건강면에서 회복이 어려운 영구적인 손상을 가져온다. 직접적인 건강침해가 명백하게 예견된다. 개인 건강뿐 아니라 사회에도 노동력 상실·감소라든가, 건강침해로 인한 공적 부담 증가라든가 하는 구체적 피해가 예정되어 있다. 이와 달리 건강에 대한 불가역적인 피해가 없고 간접적 침해나 경한 정도의 침습을 가져온다는 측면에서 성매매행위는 이보다는 육체노동 혹은 감정노동에 가깝다고 평가할 수 있다.

자신의 몸과 시간, 에너지를 투입하여 경제적 이익을 추구했다는 점에서 성매매는 여타의 노동과 동일한 것처럼 보이지만 결과적으로 전혀 다르게 규정된다. 노동이자 직업의 측면에서 둘의 차이는 무엇이길래 법적 취급을 달리할 정도인지 돌아보게 된다. 성매매는 도덕적으로 비난받을 뿐 아니라 법적으로 금지와 처벌의 대상이 됨으로써 직업으로서도 공인받지 못하고 있다. 노동이나 직업으로 인정받지 못하기 때문에 각종 건강상 지원이나 사회보장적 접근은 아예 차단된 상태로 남게 된다. 성기관을 이용한 노동과 다른 신체를 사용한 노동이 이처럼 전혀 다른 취급을 받는 현상은 도덕적 사회윤리적 비난의 차이에 그치지 않는다는 점에서 유의미한 분기점이 된다.13 사회적 비난과 도덕적 책임은 다르게 규정할 수 있다고 하더라도, 법적으로 특히 금지와 처벌로 차별 취급을 해야 할 근거와 실익이 있는가 하는 점이다.

여기에 대한 답은 개인에게서, 성매매에 종사하는 당사자로부터 찾아보기가 어렵다. 많은 사람들이 그 차이는 개인의 신체나 감정, 금전이나 노동 이런 부분에 있는 것이 아니라 타인의 시선, 공중의 불편과 같은 사회적 관점에서 접근해야 함을 지적하고 있다. 물론 이 둘을 근본적으로 구별짓는 사회적 관점이 무엇인지, 성매매로 침해하는 부분이 무엇인지에 대한 해명은 충분하지 않다. 그렇지만 비록 성매매가 갖는 비도덕성과 반윤리성을 인정하더라도 사회윤리적인 가치위반을 반드시 강제력을 수반한 형벌로 대처해야 하는지에 대하여는 고민이

---

13 국제앰네스티는 2015년 8월 11일 성노동자(sex worker)들의 인권보호를 위해, 합의 성거래(sex trade)에 대한 완전 비범죄화를 정책으로 채택했다. "성노동자들은 물리적·성적 폭력, 자의적 체포와 구금, 갈취와 학대, 인신매매, 강제 HIV 테스트 및 의료 개입과 같은 인권침해에 노출될 위험을 안고 있다. 의료와 주택 서비스 및 다른 사회적, 법적 보호에서도 배제될 수 있다. 성노동자의 인권을 보호하고 이들이 겪는 학대와 폭력 위험을 감소시킬 최선의 길은 성노동과 관련된 모든 측면들을 비범죄화하는 것이라고 결론"내린 셈이다. 국제앰네스티 한국지부 홈페이지(https://amnesty.or.kr/11646/) 참고. 보고에 따라서는, 앰네스티의 합의 성거래 완전 비범죄화 운동은 전 세계 2/3 국가와 OECD 회원국 34개국 중 32개국이 이미 채택·시행 중인 합법화 및 비범죄화 정책의 연속선상에 있다고 한다. 한국인권뉴스 2015.8.13.자 기사(www.peopleciety.com/archives/6669) 참고(이상 2018.7.27. 접속).

필요하다.[14] 비형사적 대처가 가능한지에 대한 진지한 검토 없이 형벌의 투입을 정당화할 수는 없는 일이다. 비범죄화의 문제로 끝날 일이 아니라 예컨대 직업이나 노동의 관점, 건강과 위생의 관점, 사회보장의 관점 등에서 당사자의 권리나 보호수단의 강구와 함께 비형법적 수단으로 대처할 필요성과 가능성에 대한 탐구가 병행되어야 하지 않은가 하는 것이다.

VIII. 건전한 성풍속과 성도덕이라는 법익의 실체

성매매가 타인이나 사회적 법익을 침해하는가 하는 물음은 성매매로 침해받는 법익의 실체가 무엇인가에 대한 논의로 환원된다. 성매매가 침해하는 법익은 돌려보면 성매매를 금지하고 처벌함으로써 얻는 이익이다. 성매매의 보호법익은 건전한 성풍속과 성도덕의 보호라고 하는 사회적 이익에 집중된다. 그런데 성매매가 범죄로서 요건을 갖추려면 그 행위가 추상적인 수준에서 성풍속이나 성도덕에 반한다는 정도로는 부족하다. 성풍속이나 성도덕에 반한 결과 구체적으로 사회질서나 안녕에 해가 된다거나 위험하게 한다는 점이 필요하다.

기대와 달리 사회의 건전한 성도덕이라는 것은 계량이 불가능하거나 객관적 확인이 곤란하다. 성풍속이라는 개념 자체가 유동적이며 상대적이다. 간통죄를 두고서도 결혼제도와 함께 혼인으로 얻게 되는 사회적 이익, 사회질서, 결혼에 대한 통념을 보호한다고 보았지만, 그 실체가 존재하는지, 실체가 무엇이고 어떻게 파악하는지에 대하여는 폐지전이나 후에나 객관적으로 담보하기 어렵다. 간통죄가 존치될 때와

---

14 이에 대하여는 이덕인, "성매매알선 등 행위의 처벌에 관한 법률 제21조 제1항의 위헌 논란과 쟁점", 형사법연구 제27권 제3호, 2015, 88면; 최상욱, "성매매처벌법의 허와 실", 강원법학 제19권, 2004, 85면; 조국, 앞의 논문, 282면 참고.

폐지된 때 사이에 사회구조나 제도, 일반인의 인식에 영향을 가져온 어떤 특정한 사건이나 극적인 변화가 있었다고 보기도 어렵다.

법정형이 두 배나 무거우면서 어느 모로 보나 성매매보다 중한 범죄라 할 간통죄조차 한 순간에 사회적 도덕률이나 건전한 성풍속으로부터 해방되었다. 도덕적 비난과 민사적 책임의 영역에 남게 되면서 건전한 성풍속과 성도덕을 근거로 형사처벌하던 시각으로부터는 벗어난 것이다. 성매매를 떠받치고 있는 건전한 성풍속이나 성도덕에 관한 통념이라는 것이 얼마나 가변적이며 실체를 잡아두기 어려운 개념인가를 여실히 보여주는 예라고 할 수 있다. 이처럼 사회적 도덕률, 건전한 풍속, 사회제도적 구조라는 것은 추상적이고 확증이 곤란한 개념이므로 보조적이고 간접적인 배경으로서는 몰라도 그 자체로 범죄의 가벌성을 지탱하는 주된 보호법익으로 기능할 수 있는가에 대하여는 회의적인 시선을 거두기 어렵다.

성매매 처벌에 반대하는 사람들은 오히려 도덕의 과잉입법화를 저어한다. 겉으로는 공정한 사회를 지향하는 듯하면서도 그 안에서는 성매매에 대한 형벌의 확대와 같이 사회적 약자에 대한 핍박이 횡행한다는 것이다. 생계이자 직업으로서 성매매에 종사하는 사람에 대하여 직업선택의 자유를 박탈하는 것일 뿐 아니라 성윤리와 성도덕, 성풍속이라는 이름으로 법적 책임을 추궁하는 것이 과중하지 않은가 하는 점이다. 헌법재판소는 "사회구조적 요인에 의해 불가피하게 성판매에 종사하는 자가 많은 상황에서 이들에 대한 형사처벌이 과도하다는 비판이 있을 수 있"지만, "성매매 실태를 보면 빈곤 등의 사회구조적 요인이 아니라, 쉽게 돈을 벌 수 있다는 유혹에 따라 소득 보충, 용돈 마련 등을 위한 적극적이거나 자발적인 성판매자도 상당 부분 있다는 점"을 들어 이를 배척하는 태도를 취한다.

우리 사회 일부에서는 부동산이나 주식, 가상화폐에 투자하거나 건물이나 토지를 임대하고 명의를 대여하는 것과 같이 각종 투기성 불로

소득에서부터 무임승차나 무형의 투자 방법을 이용하여 반드시 피땀을 흘리지 않고도 돈을 벌 수 있는 구조를 갖고 있다. 자기 몸을 이용하여 감정을 소모하며 불특정인을 상대로 시간과 에너지를 쏟아부어 성을 판매하는 일이 과연 이들에 비해 돈을 쉽게 버는 것인가도 의문이지만, 이를 인정하더라도 이들이 그 동기와 사정이 어떠하든 자기 육체와 감정을 투자한 이상 쉽게 돈을 벌면 안 되는 이유는 무엇인지 알 수 없다. 생계형 성매매 종사자에 대한 처벌을 최소한의 적정한 방편이라 할 수 있을지, 비생계형이 섞여있고 가려내기 어렵다고 하여 그 전부에 대한 처벌이 정당화되는 것인지는 확신할 수 없다.

이에 대하여 헌법재판소 스스로도 현대 형법의 추세가 "개개인의 행위가 비록 도덕률에 반하더라도 본질적으로 개인의 사생활에 속하고 사회적 유해성이 없거나 법익에 대한 명백한 침해가 없는 경우에는 국가권력이 개입해서는 안 된다는 사생활에 대한 비범죄화 경향이 강한 것은 사실"임을 자인한다. 그렇다면 성매매를 가벌적으로 보는 전제로서 성매매에서 법익에 대한 침해가 명백한 것이라고 할 수 있는지, 사회적 유해성이 강하다고 볼 수 있는지에 대한 답이 있어야 한다. 그렇지 못하면 혹시 성매매가 침해하는 사회적 이익의 실체가 주위 사람들의 기분 나쁨이라든가 그런 행위가 보기 싫고 못 마땅함이라든가 하는 심정적인 침해나 위험에 그치는 것은 아닌지 의구심을 들게 한다. 단순히 불쾌하다거나 민폐를 끼친다거나 하는 식의 법감정에 따른 법익 위태화 정도로는 성매매의 처벌 필요성을 충분히 정당화하기 어렵다.

성매매를 금지함으로써 얻는 이익이나 보호하려는 사회적 법익이 명확하지 않고 불분명하다면 그 자체로 넘길 일이 아니라, 이제부터는 성매매의 금지로부터 발생하는 행위 당사자에 대한 침해를 고려하여 교량하여야 하는 일이 주어진다. 성매매가 타인의 법익이나 사회적 법익에 대한 침해를 가져온다는 접근과 마찬가지로, 성매매의 금지는 금지당하는 개인의 이익이나 권리에 대한 침해를 가져온다.

IX. 법익침해의 명백성과 형법의 겸억성

성매매에 대한 자유는 행복추구권에서 파생되는 성적 자기결정권을 보장하는 역할을 한다. 성적 자기결정권은 자기의 성을 누구와 공유할 것인지, 어떻게 처분할 것인지에 대한 개인의 전적인 자유권을 가리킨다. 성을 거래의 대상으로 삼을지, 성을 금전의 대가성과 결부시킬지조차 자기결정권의 범위 안에 들어있다고 보아야 한다. 이 점에서 특히 자발적 성매매에 대한 처벌은 자기결정권을 침해하게 된다.[15] 자신의 자발적 결정에 기초하여 상호 합의한 성매매는 타인의 이익을 특별히 침해하지 않음은 물론이고 사회적 유해성도 구체적으로 찾아보기 힘들다.

성매매 금지를 둘러싸고는 자유권의 한계와 함께 공익 요구의 근거에 관한 논의가 들어가 있다. 성매매를 법적으로 허용함으로써 보장하게 되는 자유권적 기본권과 금지함으로써 보호하게 되는 공익적 가치를 서로 재보면서 비교하는 까닭이 여기에 있다. 성매매가 가져오는 이익과 침해하는 이익에 대한 충돌상황은 막연하게 어떤 이익이 더 중요하고 우선시되는가에 의해 결정될 수는 없다. 성매매의 금지와 처벌이라는 규범적 특성을 고려할 때 형법의 기본원칙을 개입시키지 않을 수 없다. 민주주의 원리로서 법치국가 원리는 형법에 보충성과 겸억성을 요구한다. 성적 자기결정권에 관련하여 개인의 권리와 사회적 이익이 갈등하는 지점에서 형법의 보충성과 겸억성을 존중하여 비범죄화를 진행한 경험을 가지고 있다. 간통죄와 혼인빙자간음죄가 그러하다. 민

---

15 이효원, "성적 자기결정권에 대한 헌법재판소의 결정 분석", 형사법의 신동향 제34호, 2012, 345면; 이훈동, "성매매와 형사법적 처벌의 한계", 외법논집 제33권 제1호, 2009, 507면 참고.

주주의원리가 형법에 요구하는 것은 법익보호를 위하여 형법이 전면으로 확장되는 모습이 아니라 형법의 개입 없이 법질서와 사회체계 안에서 다양한 의견이 수렴되고 각 분야의 갈등이 해소되는 상황이다.

성매매처벌법에서는 형법이 최후수단으로 기능하지 않고 최우선수단으로 동원되는 형국이다.[16] 형법은 최후수단으로서 보충적으로 적용되어야지 사회적 갈등해결의 첨병으로 가장 먼저 투입되는 수단이 되어서는 안 된다. 형법이 위험에 대한 관리도구, 그 가운데에서도 최고의 신속한 직접 도구로 전락하는 일은 지양되어야 한다. 특정 행위에 대한 범죄화를 고려할 때에는 위험의 원인과 내용을 구체적으로 분석하여 그것이 침해하려는 이익이 무엇인지, 위태롭게 하는 권리는 어떤 것인지 확정하여야 한다. 법익균형에 근거한 비례의 요구는 침해될 법익과 보호될 법익의 형량에 출발점을 두고 있다. 성매매에서도 침해하는 법익과 침해받는 법익에 대한 면밀한 검토가 선행되어야 한다. 그리하여 성매매를 벌하는 이유가 건전한 성풍속을 해한다거나 성윤리에 반할 위험이 있다는 추상적이며 특정되지 않는 모호한 법익을 대상으로 한다는 비판을 해소하여야 한다. 건전한 성풍속과 성도덕에 가려진 진짜 법익이 무엇인지 들여다보아야 한다. 성매매로 보호하고자 하는 법익의 실체가 나와 다른 행동과 생각에 대한 거부감이나 혐오라든가, 근거가 박약한 생물학적 건강상 이유라든가, 이제는 극복된 성차별적 사고의 파편이라든가, 노동과 직업에 대한 편견에 사로잡힌 잔재는 아닌지 심심하게 고민해보아야 한다.

범죄는 도덕이나 윤리와는 달리 법률로 보호하고자 하는 구체적인 이익에 대한 침해가 있을 때 성립하는 개념이다. 범죄는 형벌을 전제하는 개념이고 형벌이 필요적으로 수반된다. 형벌은 강제성을 가진 채 행위자의 권리와 자유를 침해함에도 다른 법익을 보호한다는 이유로

---

16 박혜진, "성매매처벌법의 실효성", 형사법연구 제19권 제4호, 2007, 384면.

예외적으로 허용하는 것이라고 할 수 있다. 범죄는 이점에서 법익침해와 동떨어진 별개로는 상정하기 어렵다. 행위자의 행위가 타인과 사회, 국가 그밖에 법률이 정한 보호법익에 피해를 가져오지 않는다면 이를 범죄로 할 수 없다. 성매매가 가져온다는 침해는 추상적인 수준에서 불확실하게 설정되어 있다. 사회의 건전한 성풍속이라든가 성판매자의 인격적 자율성, 금전화될 수 없는 성의 고귀함과 존엄성 등 이 가운데 어느 하나도 객관적으로 입증될 정도로 구체화되어 제시되거나 명확하게 파악되는 부분이 없다.

보호법익은 비록 사회나 국가에 관련된 것이라 하더라도 피상적인 수준에 머물러서는 안 되고 구체적으로 상정가능한 침해 내용이 일정 정도 증명되어야 한다. 비범죄화를 거론하는 입장에서는 특히 성매매로 인한 구체적인 이익의 침해가 없다거나, 명확하지 않다는 근거를 대고 있다.[17] 보호법익에 대한 명확하고 구체적인 근거가 없다면 범죄는 그 존립토대를 잃게 된다. 보호법익이 뚜렷하게 확인되지 않은 채 범죄로 설정하는 일은 편견이나 선입견, 왜곡되거나 남용된 법감정의 산물에 다름 아니라는 비판에 직면하게 된다.

X. 성매매 정체성에 대한 진화된 인식

성매매는 개인의 자유권과 공중의 성도덕이나 성풍속의 갈등지점에 위치하고 있다. 개인간에 서로 동의하거나 합의하여 보호받기를 포기한 권리에 대하여 공익을 이유로 보호가치를 내세울 때에는 그에 걸맞는 보호법익과 침해 또는 침해위험을 확보하여야 한다. 성매매를 허용

---

17 박기석, "성매매행위의 비범죄화", 원광법학 제34권 제1호, 2018, 36면; 박성민, "성매매특별법상 자발적 성매매행위의 비범죄화 가능성 고찰", 형사법연구 제27권 제4호, 2015, 10면 이하; 이덕인, 앞의 논문, 181면 등.

함으로써 행위자가 보호받는 이익은 구체적이고 명백하다. 그에 반하여 성매매를 금지함으로써 보호받는 이익은 추상적이며 명확하지 않음을 살펴보았다. 성적 자율성은 개인이 선택할 수 있고 그 부담은 개인이 책임질 수 있다. 자발적 성매매에서조차 성판매자는 성적 자율성을 침해받고 있다는 논리는 지나치게 개인의 자율성과 선택권을 지워내고 그 자리를 사회 구조라는 억압기제로 덮어씌운 결과라고밖에 볼 수 없다. 이런 이해에는 사회구조적 시각에서 강요나 폭행 등 강제성이 결합된 성매매형상을 일반화하여 자발적 성매매를 비롯한 모든 성매매유형에 확대투영하려는 시도가 엿보인다.

성매매를 금지하지 않으면 성을 도구화, 상품화하여 인간 존엄성을 해하는 결과에 이른다고 하지만, 인간의 존엄성이 유독 성에만 존재하는지, 왜 성에서만 강조되어야 하는지 이해하기 어렵다. 사람의 신체와 정신은 다양한 요소로 구성되어 있지만 성과 관련된 신체나 감정에만 인간의 존엄성이 깃들었다고 볼 이유는 없다. 허리가 부러질 듯 팔다리가 으스러질 듯 일하여 그 대가로 경제적 이익을 얻는 것은 인간 존엄성에 대한 침해가 아닌지, 자신의 관심사와는 전혀 상관없이 생존을 위한 밥벌이로 일생 봉사하고 근로하는 노동자들은 자기 육체와 감정을 상품화하여 팔아넘기고 있는 것은 아닌지 되묻게 된다. 이것이 사회구조적 폭력과 착취의 형상이라면 성매매와 마찬가지로 노역 제공자와 구매자는 공히 금지와 처벌의 대상으로 삼아야 할 것이다. 그러나 신체와 감정 에너지를 소모하는 이같은 생존을 위한 경제활동이 인간의 존엄성을 침해하여 사회의 건전한 윤리와 도덕에 반하므로 금지시켜야 한다고 보는 이는 거의 없다. 그렇다면 성 노동에 관하여만 달리 볼 이유가 없지 않은가 하는 점이다.

인간은 이성을 미덕으로 삼는 동물이다. 근대에서 계몽이란 인간 이성을 밝히고 고양하는 것이었다. 인간의 고유성과 독자성을 규정짓기 위해 이성에 대한 강조를 거듭할수록 동물로서 인간은 망각하도록 강요된다. 그렇지만 인간은 역시나 동물로 존재한다. 역사상 가장 이성적인 시대라 할 현대에도 인간은 여전히 동물로서 본성을 벗어버리지 못하였고 앞으로도 숙명처럼 지니게 될 것이다. 인간은 의식주뿐 아니라 온갖 욕구로 행동이 추동되는 욕망복합체이다. 이른바 사회의 건전한 풍속과 성도덕은 인간 본성으로서 욕구와 욕망에 눈을 닫고 외면하기를 요구한다. 사회는 인간의 욕망을 유형·무형의 방법으로 억제하거나 스스로 조절하여 통제하기를 기대한다. 그에 편승하고 적응하는 인간을 미덕으로 여긴다.

성매매를 "인간의 성에 대한 본능을 충족하는 불가피한 수단의 하나로 보는 것은 성매매가 가진 비인간성과 폭력적, 착취적인 성격을 간과한 것"이라고 지적한다. 그런데 여기서 성매매는 은연중에 강제적이고 비자발적인 성매매로 치환되어 읽히고 있음을 알 수 있다. 자발적인 단순 성매매에서 폭력성과 착취성은 당연히 전제되는 것이 아니다. 성적인 부분을 급부로 용역화하여 경제적 수단으로 삼는다고 하여 본인이 동의하고 자발적으로 결정한 것을 인간의 존엄을 해하는 불법으로 단정지을 수 없다. 인간이 성으로 본능을 충족하는 방식은 다양하게 나타날 수 있다. 성매매담론에서는 성 욕구에 관한 인간 본성에 대한 이해가 전제되어야 한다.[18] 필요악이라는 말은 성매매를 두둔하거나 정당화하기 위해 꺼내든 빈말이 아니라 적나라한 성매매의 현상을 반성적으로 투사하는 표현일 뿐이다.

성도덕과 성관념에 대한 진보된 인식의 필요성은 늘 주장되어 왔다. 일례로 진화심리학적 관점에서 성매매를 접근하는 설명에서는 성매매가 남녀 불평등을 조장하거나 강화한다고 단언할 수 없으며, 진화심리학이라고 하여 성매매를 반드시 정당화하는 것은 아니라고 한다.[19] 인

---

18 이경재, 앞의 논문, 222면 이하 참고.
19 김성한, "진화심리학이 성매매에 시사하는 바는 무엇인가", 철학연구 제82집, 2008, 97면 이하.

간 본능에 대한 존중과 배려는 본능에 따른 모든 행위를 허용할 것을 내용으로 하지 않는다. 타인의 권리와 이익을 침해하는 경계에서는 교량의 대상이 되어야 하며, 그 한계를 넘어서게 되면 제한이 불가피하다. 다만, 그런 한도 안에서는 본능에 따른 행위로 삶을 위한 행위로 성매매의 존재를 인정하고 개인이 갖는 하나의 법익으로서 그 공간을 확보해 줄 필요가 있다.

법과 규범은 도덕의 최소한이라 한다. 법 영역에서 인간 욕구를 존중하면서 이성적 인간으로 본분을 지켜나갈 방안은 없는 것인가? 도덕률에 대한 위반을 곧 범죄로 의제할 것이 아니라, 인간의 본질에 관한 근원에서부터 다시 고민해야 할 문제이다. 인간 자체, 인간의 특성, 인간이 가진 본능과 욕구에 대한 깊은 이해와 배려가 법에 스며들어야 한다. 적어도 무시하거나 왜곡해서는 안 된다. 범죄와 처벌의 이원구조를 취하는 형법에서는 침해나 침해위험이 있는 법익에 대한 보호라는 담장으로 범죄성립과 처벌근거에 관한 한계선을 구축하고 있다. 법적으로 보호받아야 할 누군가의 법익을 침해하는가 하는 점이 범죄와 형벌을 설정하는 근간이 된다. 그렇다면 다시 묻게 된다. 성매매는 누구의 법익을 침해하는가? 성매매의 피해자는 누구인가?

09

제주대학교 법학전문대학원 교수로 형사법을 강의하고 있다.
『기업범죄연구』와 『기초법연구』 등 다수의 저서를 출간하였으며
이 중에서 『형법상 법률의 착오론』과 『현대 형법학 제2권』, 그리고 공저인
『법과 진화론』은 대한민국학술원 우수학술서로 선정되었다. 학제적 연구에도
관심이 많아 "괴델정리의 법이론적 함의"란 논문을 집필하였고, 최근에는 인공지능의
도덕적 행위주체성과 자유의지 및 인간의 존엄성 등으로 관심영역을 넓혀 국내의 한 융
합연구기관과 학회에서 "지능형 자율로봇의 사고에 대한 형사책임"과 "자유의지와 형벌
의 정당성" 및 "인간의 존엄과 책임원칙"을 주제로 학술발표를 하였다. 현재 한국형사
법학회, 한국형사소송법학회, 한국경찰법학회의 학술지 편집위원 및 한국법철학회의 연
구이사를 맡고 있다.

도킨스의 틀린 생각

"도덕원칙으로서 응보는 인간행동에 관한 과학적 관점과 양립불가능하지 않다"

Ⅰ. 범죄자는 고장 난 기계일까?

지금으로부터 10여 년 전 대중적으로도 유명한 진화생물학자 리처드 도킨스는 "베이즐의 차를 때리는 것을 모두 다 멈추자(Let's all stop beating Basil's car)"라는 짧은 글에서 "도덕원칙으로서 응보는 인간행동에 관한 과학적 관점과 양립할 수 없다"는, 당시로서는 매우 도발적으로 보일 수 있는 주장을 펼친 바 있다. (형)법과 도덕, 나아가 법체계 전반의 권위에 대한 전면적인 도전으로 받아들여질 수 있는 위험한 명제를 제시한 것이다. 그의 글은 엣지(Edge) 재단 홈페이지의 2006년도 연례 질문[1]에 게재되어 있고, 여기에 실린 110여 명 저자들의 글을 편집, 번역해 국내에 단행본으로 출간한 책 '위험한 생각들'에도 수록돼 있다.[2] 그런데 흥미롭게도 도킨스의 이 글은 같은 방식으로 영국과 미

---

1 엣지는 해마다 전 세계의 저명한 전문가들에게 특정한 주제의 질문을 던지고, 그들로부터 관련 논문을 받아 편집한 '세계질문센터'라는 특집을 홈페이지에 게재하는데, 참고로 2015년의 질문은 "생각하는 기계에 대해 당신은 어떻게 생각하는가?(What do you think about machines that think?)"고, 2006년의 질문이 바로 "당신의 위험한 생각은 무엇인가?(What is your dangerous idea?)"이다.

2 존 브록만 편집·이영기 역, 위험한 생각들(갤리온, 2007). 한국어판 책에서 그의 글 제

국 등의 몇몇 출판사에서 출간한 'What is your dangerous idea?'라는 제목의 영문원서에는 수록되어 있지 않은데, 일반 독자들은 물론 해당 분야의 전문가들 중에서도 이 사실을 아는 사람은 거의 없는 듯하다.

도킨스의 글은 여러 측면에서 도발적이다. 특히 필자에게 더 그렇게 느껴진 것은 1차적으로는 명백히 법관이나 법학자 등 법률가들을 겨냥해 응답을 끌어내려는 의도를 품고 있다고 보였기 때문이었다. 그럼에도 불구하고 외국과 달리 국내 법학계에서는 아직 이렇다 할 반응이 없다는 점은 매우 의아스러운 부분이다.

우선 나는 두 가지 점이 궁금했다. 첫째, 도킨스는 과연 어떤 근거에서 그와 같은 대담한 주장을 펼칠 수 있었던 것일까? 둘째, 그의 글은 어떤 이유에서 영미에서 출간된 원서에는 수록되어 있지 않은 것일까?

순서를 바꾸어 먼저 두 번째 질문에 대해서 생각해 보기로 하자. 만일 독자들이 이 사실을 알게 되었다면 어떤 생각들을 떠올렸을까? 아마도 출판사측의 독자적인 결정이라든지 그 밖의 어떤 불가피한 사유가 있지 않았겠느냐는 등 다양한 추측이 가능할 것이다. 그런데 나는 직감적으로 도킨스가 자신의 주장을 즉각 철회한 것이 아닌가 하는 생각이 들었다. 학문적 직역에서는 이미 공간된 글이라도 이후 신념이 변하거나 정당한 반론을 접하게 되면 이를 어떠한 방식으로든 철회하는 편이 양심적인 태도로 평가될 수 있기 때문이다. 그에 대한 세간의 시선은 매우 다양하지만, 여러 저서를 통해 보여준 진화생물학자로서, 또한 탁월한 저술가로서의 면모에 비추어 볼 때 상기 글은 상대적으로 논리적 허점이 많아 보였기 때문에 더욱 그러한 생각을 하게 되었던 것이다. 다만 이러한 추정을 뒷받침할 만한 근거가 필요했고, 이를 찾기 위해 한동안 수소문을 한 끝에 필자의 생각이 옳았음을 확인할 수

목은 "범죄자가 아니라, 범죄자의 유전자를 벌하라"로 번역되어 있다.

있었다. 나의 궁금증을 시원하게 해소시켜 준 인물은 도킨스의 학문적 동료이자 저명한 미국 철학자인 대니얼 데닛이었다. 그는 이메일로 "당신의 생각이 옳다. 도킨스와 나는 그 문제에 대해 거듭 의견을 나누었고, 그는 범죄자를 베이즐 폴티의 고장난 차에 비유한 자신의 직관이 아주 정확한 것은 아니었다는 결론을 내렸다."라는 회신을 보내주었다. 결국 도킨스는 범죄자를 영국 TV 시트콤에 출연한3 베이즐 폴티(Basil Fawlty)의 고장 난 차에 비유한 직관은 적절하지 못했음을 시인했다는 것이다. 그렇기 때문에 그는 그 글을 기고한 것을 후회하였고, 철회하려고 노력했으나 엣지 홈페이지에서 글을 내리는 데는 실패했는데 다만 그 결실로서 영미에서 출간된 단행본에는 수록되지 않게 되었다는 것이다.4 그런데 데닛의 회신 내용을 받아들이는 데 있어서 유의할 점이 있다. 그가 "아주 정확한 것은 아니었다."고 신중하게 표현하고 있는 것으로 미루어 볼 때, 도킨스는 자신의 주장을 전면적으로 철회한 것은 아니고, 글에서 일부 비유가 적절하지 못했음을 뒤늦게 알게 되었다는 정도로 이해하는 편이 더 타당할 것이다.

그렇다면 과연 도킨스는 어떤 점에서 자신의 비유가 잘못되었음을 시인할 수밖에 없었을까? 이에 대해서는 첫 번째 질문에 대해 검토해 보면서 함께 살펴보도록 하겠다.

도킨스의 주장은 이런 것이다. "도덕원칙으로서 응보(retribution)는 인간 행동에 관한 과학적 관점과 양립불가능하다. 과학자로서, 우리는 인간의 뇌가 인간이 만든 컴퓨터만큼 동일한 방식으로는 아니겠지만, 확실히 물리법칙의 지배를 받는다는 사실을 믿는다. 우리는 컴퓨터가

---

3 영국 TV의 시트콤 주인공인 베이즐 폴티는 자신의 차가 고장 나서 출발하지 못하자 차에게 경고를 한 후 그래도 움직이지 않자 나뭇가지로 차를 거의 망가질 정도로 때린다.

4 이 내용은 대니얼 데닛의 글 "Some Observations on the Psychology of Thinking About Free Will", in: *Are We Free? Psychology and Free Will* (Oxford Univ. Press, 2008), 253면에 수록되어 있다.

오작동할 때 컴퓨터를 처벌하지는 않는다. 하드웨어든 소프트웨어든 우리는 문제점을 찾아내 손상된 부품을 대체하는 방식으로 수리한다. 우리는 왜 살인범이나 강간범과 같은 '결함 있는 사람(defective man)'에게는 이와 동일한 방식으로 반응하지 못하는 것일까? 우리는 왜 베이즐 폴티를 비웃듯이 범죄자를 처벌하는 법관을 진정 비웃지 못하는 것일까? 살인자나 강간범은 결함 있는 부품이 있는 기계가 아닐까? 아니면 결함 있는 양육, 결함 있는 교육, 결함 있는 유전자는? 비난이나 책임과 같은 개념은 범법자들이 관련된 곳이면 어디든 자유롭게 퍼져나간다. 그러나 우리의 신경계에 관한 진정 과학적이고 기계론적(truly scientific, mechanistic) 관점은 책임이란 생각을, 감경되었든 아니든, 무의미한(nonsense) 것으로 만든다. 아무리 중한 범죄라 할지라도, 그것은 원칙적으로 피고인의 생리(physiology)와 유전(heredity), 그리고 환경(environment)이라는 선행조건의 탓으로 돌려져야 한다. 비난과 책임의 정도를 결정하는 법원의 심리는 폴티(Fawlty)의 자동차처럼 고장 난(faulty) 사람에게는 무의미한 것이 아닐까?"

이상의 도킨스의 주장은 분명 나름의 호소력은 있다. 또한 스스로 '과학자로서 우리는'이라고 지칭하듯이 실제로 상당수 과학자들이 공유하는 생각이기도 하다. 그리고 그동안 너무나 당연시 해왔던 범죄자에 대한 비난과 책임이라는 규범적 관행에 대해 과학자로서 비판적으로 의문을 제기하고 있다는 점에서 분명 경청할 만한 가치가 있다. 하지만 건전한 상식과 직관을 가진 독자라면 아마도 대부분 그의 논지에 어딘가 석연치 않은 점이 있다고 느낄 것이다. 글의 어느 대목이 그런 인상을 주는 것일까? 먼저 도킨스의 지지자이건, 적대적 비판자이건 그가 일찍이 자신의 유명한 저서인 '이기적 유전자'[5]에서 인간을 비롯

---

5 Richard Dawkins, *The Selfish Gene* (Oxford Univ. Press, 2006), 19면 참조. 그는 태초의 원시수프에서 "살아남은 복제자는 자신이 들어가 살 수 있는 생존기계를 만든 것들이었다."고 주장한다.

한 모든 동식물 등 유기체를 유전자가 스스로의 보호를 위해 만들어낸 '생존기계(survival machine)'라고 규정한 대목을 떠올릴 수 있을 것이다. 이러한 발상은 위 글에서 범죄자를 '결함 있는 기계'로 보는 관점으로 이어진다. 그는 "신경계에 관한 진정 과학적이고 기계론적 관점은 책임이란 생각을, 감경되었든 아니든, 무의미한 것으로 만든다."고 역설한다. 이 말은 무슨 의미일까? 약간의 교양이 있는 독자라면 파악했겠지만 여기서 말하는 '진정 과학적이고 기계론적 관점'은 '결정론(deter-minism)'을 뜻한다. 비록 도킨스는 결정론이란 말을 직접 사용하고 있지 않고 어쩌면 그 자신은 결정론의 관점에 서 있다고 인정하고 싶지 않을지도 모르겠지만, 그의 논지는 결정론과 핵심적인 생각을 공유한다. 결정론은 인간의 행동은 인과적으로 결정되어 있다는 입장으로서 그에 대해 비난을 가하거나 책임을 묻는 것은 무의미하다는 견해와 쉽게 결합한다. 일반적으로 책임비난이나 형벌은 인간의 '자유의지(free will)'에 따른 의사결정을 전제한다. 그런데 도킨스는 생리, 유전, 환경이 인간의 행동을 결정한다고 생각하고 있으므로, 인간의 행동이 전적으로 결정되어 있다면 그러한 것들이 무의미해질 수밖에 없다. 이런 맥락에서 보면 도킨스가 말한 '도덕원칙으로서의 응보6와 과학적 관점의 양립불가능성'은 '자유의지와 과학적 결정론의 양립불가능성'으로 재해석될 수도 있다. 어쨌든 그의 주장이 독자 일반에게 호소력 있게 다가오면서도 거부감도 불러일으키는 것은 바로 '자유의지와 결정론의 대립'이라는, 오랜 세월 치열하게 전개된 지적 논쟁의 전장(戰場)에서 일방적으로 '결정론'의 편을 들어주고 있기 때문일 것이다.

오늘날 자유의지와 결정론이라는 주제는 비단 전문적인 철학자와 윤리학자, 법학자 또는 과학자들 사이에서만 다루어지는 테마가 결코

---

6 '응보(應報)'란, 비단 보복이나 형벌뿐 아니라 칭찬과 보상 등 '응분의 대가를 받거나 치르게 하는 것' 일체를 포괄한다고 볼 수 있지만, 여기서는 도킨스 글의 맥락상 범죄자에 대한 책임비난과 형벌을 의미한다.

아니다. 어느 정도 지식과 교양이 있는 독자들이라면 누구나 한 번쯤은 고민해 봤을 만큼, 영화와 교양서적은 물론 일상에서도 흔히 접할 수 있는 이율배반(二律背反)의 한 사례이다. 저 유명한 철학자 칸트만 고투했던 문제는 아니라는 뜻이다. 그러므로 도킨스가 베이즐 폴티의 차에 범죄자, 즉 결함 있는 인간을 빗대어 책임과 처벌의 부당성을 주장하는 것은 상식적인 독자들이라면 쉽게 수긍하기 어려울 것이다. 이것은 어떤 관점을 취하느냐의 문제이고, 그와 생각이 다른 사람도 분명 많을 것이다. 하지만 그의 주장은 어떤 맥락에서는 분명 호소력 있게 다가오는 것도 사실이다. 왜냐하면 전통적 규범과 관행은 물론 현행법 역시 특수한 부류의 행위자들, 예컨대 정신병자 등에 대해서는 완전한 책임능력을 부여하지 않고 비난과 책임을 제한하면서 형벌감면의 효과나 보안처분 등 그에 합당한 제도를 마련해 두고 있다는 점에서 도킨스의 주장은 분명 일리가 있어 보인다. 그러한 부류의 범죄자들에게 비난을 가하고 책임을 지우는 것은 무의미하다. 이른바 '자유의지'가 제대로 작동하지 않는 자들이기 때문이다. 따라서 도킨스의 베이즐 폴티 직관은 바로 그 부분에서는 타당한 측면이 있다. 그러한 범죄자들은 관리와 치료의 대상이지 분명 처벌의 대상은 아니다. 형법적으로 "책임은 비난가능성"이므로 그들은 적법행위의 가능성이 없어서 도덕적으로 비난할 수 없는, 따라서 책임이 인정되지 않는 사람들이라고 평가된다. 그렇다면 도킨스가 자신의 직관이 완전히 정확하지 않았다고 시인한 부분은 어쩌면 베이즐 폴티 직관을 범죄자 일반으로 부주의하게 확대적용한 데 있다고 볼 수 있을 것이다. 하지만 필자가 보기에 그의 주장에는 상식적 이해의 수준을 넘어서는 상당히 전문적 이해를 요하는 복잡한 측면이 있기 때문에 보다 면밀한 검토가 필요하다고 본다. 이 점에 대해 살펴보기로 하자.

Ⅱ. 책임과 비난은 단지 쓸모 있는 허구적 구성물에 불과한 것일까?

도킨스는 다음과 같이 말한다. "사람들에게 왜 중범죄를 사형이나 장기형에 처할 것을 지지하느냐고 묻는다면 그 이유는 대체로 응보와 관련된다. 예방과 갱생과 같은 이유도 들 수 있겠지만, 본심은 분명 악행에 대한 보복(payback)이라는 점에 있는 것이다. 우리 인간은 왜 앞서 말한 것처럼 범죄자를 수리와 교체가 필요한 고장 난 기계로 다루어야 한다는 결론을 받아들이는 것이 거의 불가능하다고 느끼는 것일까? 아마도 그것은 비난과 책임은 물론 사실은 선과 악 같은 정신적 구성물이 다윈식 진화에 의해 장구한 세월을 거쳐 우리 인간의 두뇌에 자리잡고 있기 때문이다. 즉, 비난과 책임은, 이 세상에서 과연 무엇이 벌어지고 있는지에 대한 더 진실에 가까운 분석을 짧게 단축시켜 주는 수단으로서(as a means of short-cutting a truer analysis of what is going on in the world) 우리의 두뇌에 자리잡은 '지향적 행위자(intentional agent)'라는 '쓸모 있는 허구(useful fiction)'의 한 단면이다."

다소 난해해 보이는 위 주장에 의하면 앞서 논의한 바와 같이 우리가 범죄자를 결함 있는 기계로 보아야 하는 것이 타당함에도 불구하고 그렇게 하지 못하고 반드시 범죄자에게는 응보를 가해야 한다고 생각하는 이유는 진화에 의해 우리의 두뇌 속에 자리잡은 비난과 책임, 선과 악이라는 정신적 구성물, 나아가 지향적 행위자라는 유용한 허구의 작동 때문이라는 것이다. 일단 우리의 본성에는 악행을 저지른 자에게 보복을 가하려는 뿌리깊은 응보적 성향이 있다는 사실을 함축하고 있다는 점에서 상기 주장은 진화심리학적 관점에 서 있음을 파악하기는 어렵지 않다. 다만 '비난과 책임'이라는 정신적 구성물이 '지향적 행위자라는 유용한 허구'의 한 단면이라는 그의 주장은 관련 배경지식에 대한 검토가 필요한 부분이다.

우선 인간의 응보적 성향은 너무나 근원적이어서 여기에는 진화적 토대가 있다는 점은 굳이 진화심리학이나 진화생물학의 여러 연구결과를 일일이 거시하지 않더라도[7] 동서고금(東西古今)의 인류 사회에서 사적 보복관습이 편재해 왔고[8] 그것이 오늘날에도 공형벌(公刑罰)이라는 제도화된 모습으로 온전하게 유지되고 있다는 사실만 보더라도 쉽게 간취할 수 있는 부분이다. 달고 기름진 음식에 대한 선호라든지 뱀이나 맹수에 대한 본능적 두려움처럼 인간은 가해자에 대해 보복을 가하려는 본성을 타고난다. 그것이 생존과 번식이라는 적응문제를 해결하는데 유리한 심리적 기제여서 자연선택되었기 때문이다. 이러한 맥락에서 도킨스는 그와 같은 인간의 본성이 인간행동에 관한 '과학적 진실'이 밝혀져 감에 따라 결국 극복 내지 계몽되어야 할 반성적 성찰의 대상이라는 견해를 제시하고 있다고 볼 여지도 있을 것이다. 수렵채집기의 원시조상에게는 매우 유용했던 달고 기름진 음식에 대한 선호가 오늘날에는 극복의 대상이 된 것처럼 말이다.

그런데 흥미로운 점은 그가 사람들이 응보적 성향을 떨쳐버리지 못하는 이유에 대해 "그것이 진화된 심리적 기제로서 마음에 자리잡고 있기 때문이다."라고 답하는 대신 "비난과 책임이라는 정신적 구성물이 다원적 진화에 의해 두뇌에 자리잡고 있기 때문"이라고 분석하고 있다는 사실이다. 전자의 해답이 독자들에게 상식적으로 이해가 더 쉬운 설명방식이고, 도킨스도 이를 모를 리가 없을 터인데, 후자의 방식으로 해답을 제시한 이유는 무엇일까? 이에 대한 답을 찾기 위해 일단 진화에 의해 비난과 책임이라는 정신적 구성물이 두뇌에 자리잡게 되

---

7 이러한 연구결과를 소개하고 있는 문헌으로는 안성조, 현대 형법학 제2권 (경인문화사, 2016) 참조.
8 고대 근동지역에서의 혈족에 의한 '피의 보복(blood-feud)' 관습을 상세히 소개하고 있는 문헌으로는 안성조, 현대 형법학 제1권 (경인문화사, 2011) 참조.

었다는 주장의 의미를 해명해 볼 필요가 있을 것이다.

진화론적 관점에 따르면 응보적 감정과 태도나 성향은 적응도를 높여주는 심리적 특질이기 때문에 자연선택된 것이다. 즉 응보적 행동은 공동체 내에서 배신자를 억제하고 상호 이타성을 촉진하여 장기적으로 볼 때 사회적 협력을 강화하는 역할을 하는데, 그러한 행동을 동기화하기 위해서는 응보적 감정과 태도 및 성향이 유용했고, 따라서 이들이 자연선택된 것이라고 본다. 그런데 어떤 행동이 실천에 옮겨지는 복잡한 맥락과 지성적 존재로서 인간의 특성은 보복행동의 감행에 일정한 제약조건을 가한다. 우선 응보행동에는 비용과 위험이 따르기 마련이다. 잘 생각해 보라. 가만히 앉아서 보복을 당하는 자가 어디 있겠는가? 그리고 보복은 단기적 이익과 불일치할 수도 있다. 보복에 드는 비용이 그로 인한 이득보다 클 경우 누가 보복행동을 쉽게 하겠는가? 다음으로 만약 진화론이 옳다면, 인간에게 특유한 고도의 지적 능력, 즉 자신의 지향적 상태를 성찰적으로 들여다볼 수 있는 사고능력은 인간의 다른 특질들과 함께 진화의 역사 속에서 함께 발달해 온 것으로 볼 수 있는데, 그 과정에서 고도의 인지능력은 자신의 응보감정, 태도, 성향에 대해 의심의 눈으로 그것이 과연 진실에 부합되는지 비판적으로 성찰할 수 있으므로 이 역시 응보적 행동을 억제하게 만들 수 있었을 것이다.[9] 도킨스의 글을 보라. 바로 그가 이처럼 과학적 성찰을 통해 보복행동이 덧없다고 비판하고 있지 않은가?

이렇듯 인간의 응보적 성향이 적응적 이익이 있어서 진화해 왔다고 하여도 보복을 감행하는 현실적 맥락의 복잡함과 고도로 발달한 인간의 사고능력은 이를 억제하도록 만들어 적응도를 감쇄시킬 위험을 낳게 된다면, 자연선택은 그러한 감쇄효과를 상쇄할 만한, 다시 말해 인간의 응보적 성향을 합리적인 것으로 수용할 수 있게 만들어 주는

---

9 이러한 지적으로는 Tamler Sommers, *Relative Justice* (Princeton Univ. Press, 2012), 36-38면 참조.

'그 무엇'을 요구하게 될 것이다. '그 무엇'에 해당하는 것은 응보적 감정과 태도와 성향은 물론 그로부터 동기화된 응보행동을 정당한 것으로 만들어 주는 기능을 해야 할 것이다. 일반적으로 인간의 어떤 행동을 정당한 것으로 만들어주는 것은 믿음과 규범과 가치의 체계이다. 따라서 응보적 성향이 단지 칸트가 말한 자연적 경향성[10]의 하나에 머

---

10 본성, 소질, 성향, 본능, 경향성 등은 일상적으로든 학술적으로든 자주 사용하지만 다소 주의가 필요한 용어이기도 하다. 예컨대 에드워드 윌슨은 인간의 본성은 곧 '후성규칙(epigenetic rules)', 즉 정신발달의 유전적 규칙성이라고 규정한다. 칸트는 과학자들 혹은 철학자들의 통상적 용법과도 다르게 정의하므로 더욱 주의를 요한다. 칸트는 우선 인간이 본성적으로 선하거나 악하다고 말할 때의 본성(Natur)은 순전한 '자연적 추동'을 의미하는 것이 아니라 '자유를 사용하는 주관적 근거'로 규정한다. 왜냐하면 만일 본성이 순전히 자연적 원인에 의해 규정되는 것이라면 인간이 선을 추구하거나 악을 추구하는 것 모두 '인과적 현상'에 불과하므로 이에 대해 도덕적 평가를 내려 책임을 물을 수 없게 되기 때문이다. 그는 인간의 본성 안에는 선에의 근원적 소질로서 '동물성·인간성·인격성'이 있고 악에의 성향으로 '허약성·불순성·사악성'이 있다고 한다. 선에의 소질과 악에의 성향은 '자유를 사용하는 주관적 근거'가 되며 이로부터 선하거나 악한 마음씨(Gesinnung) 및 준칙이 유래한다. 칸트에 의하면 '소질(Anlage)'이란 '어떤 존재자에게 필요한 구성요소인 동시에 그러한 존재자이기 위한 그 구성요소들의 결합의 형식'이고, '성향'은 경향성(습성적 욕구)을 가능하게 하는 주관적 근거이다. 그는 성향과 경향성의 중간에 '본능'이 있는데 이는 어떤 것을 행하거나 향유하고자 하는 필요욕구라고 정의한다. 이상의 내용은 이마누엘 칸트 저·신옥희 역, 이성의 한계 안에서의 종교 (이화여대 출판부, 2015), 25-39면과 이상익, 본성과 본능 — 서양 人性論史의 재조명 — (서강대 출판부, 2016), 205면 이하. 한편 백종현 교수는 상기 언급한 성향(propensio)을 '성벽'으로 번역하고 있다. 칸트의 인간 본성론이 함축하는 바는 인간에게 도덕적으로 선한 본성 및 소질이 있다고 하더라도, 인간은 그것만으로는 아직 선한 것이 아니며, 이를 통해 악으로의 자연본성적 성향을 극복하고 도덕법칙을 따르려는 준칙을 채택하려는 자유의지(선의지)를 능동적으로 행사해야만 선해질 수 있다는 점이다. 다시 말해 선한 본성이나 소질에 함유된 동기를 자신의 준칙으로 자유롭게 선택하느냐 않느냐에 의해 선하게도 되고 악하게도 되며 따라서 그에 대해 책임을 물을 수 있다는 것이다. 임마누엘 칸트 저·백종현 역, 이성의 한계 안에서의 종교 (아카넷, 2015), 38면과 208면 참조. 이처럼 칸트에게서는 본성, 성향, 소질 등과 자유(의지) 및 책임의 관계가 명확하게 고찰되고 있는 반면, 필자가 보기에 '도덕의 생래성'을 주장하는 진화이론이나 윤리학 등은 이 점에 대한 면밀한 관심과 검토가 없거나 부족하다고 생각된다. 이는 다윈 자신은 물론이고 이러한 관점에 서 있는 현대의 이론가들인 에드워드 윌슨, 마크 하우저, 조너선 하이트, 조슈아 그린 등도 별반 다르지 않다. 도킨스도 마찬가지다. 그는 인간의 상호적 이타성의 진화를 다루고 있는 정치학자 로버트 액설로드의 저서 '협력의 진화' 추천의 글에서 밝히고 있듯이 "자연선택된 뿌리 깊은 이기심으로부터, 굳이 의도하지 않아도 거의 형제애나 다름없는 우애가 실제로 생겨난다. 이것이 액설로드의 비범한 책이 주는 고무적인 메시지이다."고 말하며 그 책의 의의에 대해 '순진한 낙관론이 아니라 믿음직한 낙관론'이라고 평가하지만, 칸트

물지 않고 보편타당한 도덕원칙으로 승격되어 우리에게 도덕법칙으로 작용하기 위해서는 이를 원리적으로 근거지울 수 있는 믿음과 규범의 체계가 필요한바, 그것은 바로 도킨스가 우리의 두뇌에 자리잡은 '정신적 구성물'이라고 규정한 책임과 비난이라는 믿음과 규범의 가치체계인 것이다. 그렇다면 도킨스는 '책임과 비난에 기초한 도덕원칙으로서 응보'[11]라는 규범 및 가치체계가 자연선택이 만들어 낸[12] '유용한 허구'에 불과하다고 비판하면서 '도덕적 가치체계의 진실성'에 도전을 하고 있는 것이다. 즉, 정확히 말하면 그가 겨냥하고 있는 것은 '도덕원칙으로서의 응보'이지 단순한 '응보적 성향'이 아닌 것이다.

그렇다면 과연 도킨스의 말대로 책임과 비난은 단지 적응도를 높이기 위해 인간의 두뇌에 자리잡은 '허구적 구성물'에 불과한 것일까? 그는 왜 그러한 규범체계를 허구라고 말하는 것일까? 그것은 전술한 바와 같이 그가 인간행동을 과학적이고 기계론적으로 설명하는 것이

적 의미의 본성과 도덕 및 책임의 문제에 비추어 보면 이는 순진한 낙관론의 '다른 버전'에 불과해 보인다. 로버트 액설로드 저·이경식 역, 협력의 진화 (마루벌, 2016), 추천의 글 참조. 한편 칸트와는 다른 노선이지만, 생래적 도덕성이 어떻게 진정 합당한 (reasonable) 것이 될 수 있는가를 자연주의적 윤리학의 관점에서 고찰하고 있는 문헌으로는 마크 존슨 저·노양진 역, 인간의 도덕 (서광사, 2017) 참조.

11 응보는 왜 도덕원칙인가? 칸트에 의하면 응보나 처벌은 정언명령이다. 또한 만일 응보를 상대방에 대한 책임을 묻는 일체의 행위로 포괄적으로 규정한다면, 저명한 칸트 연구자인 크리스틴 코스가드의 칸트 해석에 따르면 우리는 자신과 타인에게 항상 책임을 물어야 한다. 그 이유는 도덕법칙이 모든 인격에게 있는 인간성에 따를 수 있도록 우리에게 명령하는, 상대방에 대한 존중(respect) 때문이다. 이 점에 대해서는 Christine M. Korsgaard, *Creating the Kingdom of Ends* (Cambridge Univ. Press, 1996), 212면.

12 도킨스는 책임과 응보의 규범 및 가치체계가 자연선택에 의해 진화했다고 보고 있는데, 이는 문화도 후성규칙을 통해 유전자의 영향을 받는다는 점에서는 타당하지만(후성규칙은 그것을 산출하는 유전자가 선택되고 진화하는 것과 동일한 방식으로 선택되고 진화하므로), 후성규칙의 문화에 대한 영향의 한계를 고려하면 규범이나 가치체계는 단순히 '자연선택'의 산물이라기보다 '문화적 선택'의 산물로 보는 것이 더 타당할 것이다. 후성규칙(epigenetic rules)이란 문화의 진화를 어느 방향으로 편향시켜 유전자와 문화를 연결시켜 주는 '정신발달의 유전적 규칙성'을 말한다. 윌슨에 의하면 후성규칙이란 "세상을 특정한 방식으로 보게 만들고, 특정한 행동을 더 잘 배우게 만드는 신경형질"을 의미한다. 에드워드 윌슨 저, 최재천·장대익 역, 통섭-지식의 대통합- (사이언스북스, 2005), 268면 참조.

가장 진실에 부합된다고 생각하기 때문이다. 즉 범죄자를 고장 난 기계로 보는 관점을 취하는 이상 비난과 책임은 현실의 법과 도덕을 합리화시키는 허구적 구성물에 불과하다. 비난과 책임은 자유의지를 전제하지 않고는 무의미한 개념인데, 기계론적으로 결정된 세계라면 자유의지는 실제로는 존재하지 않으며, 따라서 그에 기초한 비난과 책임은 허구적 '믿음'에 불과할 것이기 때문이다. 그런데 과연 자유의지는 정말 허구에 불과한 것일까? 이 문제를 본격적으로 다루어 보기에 앞서 도킨스가 사용한 '지향적 행위자라는 쓸모 있는 허구'라는 표현에 주목해 볼 필요가 있다.

'지향적 행위자'라든지 '지향성(intentionality)'은 상당한 배경지식을 요하는 전문적인 철학용어이다. 그것은 일상적으로 '의도'로 번역되지만 그와는 다른 개념으로서 무엇을 '향함(directedness)' 내지 무엇에 '관함(aboutness)'이란 의미이다. 예컨대 우리가 뮤지컬을 보려고 '의도'한다고 말할 때 그 의도하는 것에 따르는 믿음, 바람, 희망, 두려움, 호와 불호, 지각 등은 모두 지향적 현상들이다.[13] 진화생물학자인 도킨스가 저 용어를 자신의 논지전개에 자연스럽게 사용하고 있음을 보면, 그와 절친한 학문적 동료인 대니얼 데닛의 영향을 엿볼 수 있다. 데닛은 '지향성'이란 용어를 '지향적 자세(intentional stance)'란 개념과 결부시킨 장본인이기도 하다. 데닛에 의하면 우리는 대개 우리가 해석하려는 어떤 대상들에게, 그것이 인간이든 동물이든 아니면 로봇이든, 우리와 같은 마음(minds)을 부여하곤 한다. 지향적 자세[14]란 어떤 대상에 대해 그것이 마치 일정한 목적을 갖고, 세계에 대한 인식과 이해를 바탕으로 한 믿음(beliefs)과 욕구(desires)에 따라서 행동을 선택하는 합리적 행위자라는 전제 하에 그것의 행동을 해석하는 전략을 의미한다. 한 마디로 어

---

13 이 용어는 19세기 말 독일의 철학자 브렌타노(F. Brentano)가 마음 혹은 정신현상의 특성을 설명하기 위해 도입한 용어이다.
14 지향적 태도나 지향적 관점으로도 번역될 수 있다.

떤 대상의 행동을 예측하기 위해 그것을 합리적 행위자로 간주하는 전략을 말한다. 지향적 자세로 대상의 행동이 잘 예측되면, 그 대상은 '지향계(intentional system)'로 볼 수 있다. 지향계는 지향적 자세에 의해 행동이 예측되고 규명되는 존재이며, 데닛에 의하면 인간은 물론, 동식물과 체스 컴퓨터 등도 각각 정도의 차이는 있지만 지향계로 볼 수 있다.

데닛의 지향계 이론으로부터 도킨스가 어째서 책임과 비난이 지향적 행위자라는 쓸모 있는 허구의 한 단면이라고 말하고 있는지 가늠할 수 있는 단서를 발견하게 된다. 우선 '쓸모 있다'는 것은 우리가 지향적 자세를 취해봄으로써 타인 혹은 동식물과 로봇의 행동을 예측할 수 있기 때문이다. 다만 '허구'라는 것은 지향적 자세가 예컨대 동식물과 로봇 등을 합리적 행위자로 '가정'할 뿐 실제로 그러하다는 뜻은 아니기 때문이다. 그런데 도킨스는 왜 인간에 대해서조차도 타인을 지향적 행위자로 해석하는 것이 '허구'라고 보는 것일까? 그것은 데닛의 이론을 조금 더 들여다보면 이해가 된다. 대상의 행동에 대한 예측전략에는 지향적 자세만 있는 것은 결코 아니다. 우리는 던진 공의 운동이나 뿌린 씨앗이 언제 어떤 과실을 맺을 것인가에 대한 예측을 위해서는 다른 종류의 자세를 취하곤 한다. 그중의 하나가 물리적 자세(physical stance)이며 이는 물리학의 법칙에 따라 어떤 대상의 행동을 예측하는 것이고, 다른 하나는 설계적 자세(design stance)로서 어떤 대상이 특정한 구조로 설계되어 있으며 그 구조와 설계대로 작동할 것이라고 예측하는 전략을 말한다. 전자의 예로는 상기 던진 공의 운동을, 후자의 예로는 씨앗의 생장과정을 들 수 있을 것이다. 예측은 패턴의 인식으로 가능해진다. 대개 하나의 대상은 두 개 이상의 패턴 인식방법, 예측전략에 의해 해석될 수 있지만, 각각의 전략은 각각의 대상에 따라서 가장 좋은 전략이 어느 것인지 결정된다. 예컨대 체스 컴퓨터는 물리적 자세는 물론 설계적 자세에 의해서도 해석가능하지만, 게임에서 이기기 위한 최선의 전략은 그 컴퓨터를 게임에서 이기기 위해 가장 유리한 수를 두려는 합리적 행위자로 간주하는 지향적 자세가 된다. 지향적 자세는 다른 자세들에 비해 패턴인식을 가장 신속하게 효율적으로 할 수 있는 예측전략이라는 특징이 있다.

상기 데닛의 이론에 입각해 본다면 도킨스가 '이 세상에서 과연 무엇이 벌어지고 있는지에 대한 더 진실에 가까운 분석을 짧게 단축시켜 주는 수단으로서' '지향적 행위자'는 우리의 두뇌에 자리잡은 '쓸모 있는 허구'라고 규정한 근거를 어렵지 않게 파악할 수 있게 된다. 과학자로서 도킨스가 보기에는 인간의 행동에 대한 가장 진실에 가까운 분석은 물리적 자세에 입각한 해석일 것이다. 그렇기 때문에 비록 지향적 자세에 입각해 타인의 행동을 해석하는 예측기법이, 긴 시간과 노력을 요하는 물리적 자세보다 훨씬 효율적이어서 자연선택에 의해 우리의 두뇌에 자리잡았다고 하더라도[15] 그것이 의존하는 패턴인식방법, 즉 인간은 믿음이나 욕구와 같은 지향적 상태(intentional states)를 지닌 합리적 행위자라는 가정은 어디까지나 허구에 불과한 것이 된다. 예컨대 체스 컴퓨터를 물리적 법칙 수준에서 분석해 가면서 게임에 임하면 시간적 제약 때문에 질 것은 자명하므로 따라서 지향적 자세로 대응을 하는 것이 가장 효과적인 전략이지만, 그렇다고 실제로 체스 컴퓨터에게 목표와 믿음과 욕구가 있는 것은 아니므로 그것을 합리적 행위자로 보는 것은 단지 '쓸모 있는 허구'가 되는 것이다. 유사한 맥락에서 비록 인간은 실제로 지향적 상태를 지니고 있다는 점에서는 체스 컴퓨터와 다르지만, 우리가 지향적 자세에 입각해 잘못을 저지른 자를 비난하고 책임을 물을 때, 그러한 판단의 전제가 되는 자유의지는 과학적 결정론에 비추어 볼 때 존립할 수 없으므로 타인에 대해 지향적 자세를 취해 그를 비난하고 책임을 지우는 것도 역시 유용한 허구에 불과하다는

---

15 지향적 자세가 자연선택에 의해 우리 두뇌에 자리잡았다는 말은 어떤 종류의 인지능력 혹은 특정한 인지적 태도가 자연선택되었다는 의미로 해석할 수 있을 것이다. 이 점에 대해서는 마이클 토마셀로 저·이정원 역, 생각의 기원 (이데아, 2017), 24면 이하 참조.

것이 도킨스의 입장인 것이다.

이상 고찰한 바를 정리해 보자면, 도킨스가 보기에 인간을 자유로운 선택을 할 수 있는 합리적 행위자로 간주하는 것은 분명 행동을 예측하는데 있어서 유용하고 효과가 있지만 가장 진실한 관점이라 할 수 있는 과학적 기계론에 입각한 물리적 자세에 비추어 보면 이는 단지 계산을 단축시켜 주는 효율적 예측기법으로 허구에 불과하다. 그리고 그러한 허구에 기초한 책임과 비난이라는 규범체계 역시 우리의 두뇌에 자리잡은 허구적 구성물에 불과한 것이 된다.

자, 그렇다면 이제 도킨스가 왜 그토록 대담한 주장을 하게 되었는지 이론적 근거를 가늠해 볼 수 있게 되었다. 그러면 이제 다시 다음의 주제, 자유의지에 논의의 초점을 맞추어 보기로 하자.

Ⅲ. 자유의지와 결정론, 그리고 책임

자유의지에 대해 천착하기 시작하면, 누구나 궁금해지는 점이 하나 있다. 자유의지란 말은 과연 언제부터 어떤 의미로 사용되기 시작했을까? 고대인들도 과연 이 용어를 사용했을까? 찾아볼 수 있는 관련 기록과 문헌에 의하면 기원 후 2세기 무렵의 어느 신학자가 최초로 사용하기 시작했다고 한다. 그 이후 기독교의 영향으로 '자유의지'란 개념은 책임과 비난과 처벌의 기초로서 널리 인식, 확산되어 왔고,[16] 오늘날 형법학에서도 형벌의 근거로서의 책임은 행위자가 적법하게 행동할 수 있었음에도 불구하고 그렇게 선택하지 않았다는데 대한 도덕적 비난가능성에서 찾는 입장이 일반적이다. 물론 형법학설 중에는 자유의지를 환상에 불과한 것으로 평가하면서 다른 방식으로 형사책임의 기초를 세우려는 입장인 신파(新派), 소위 실증주의 학파의 이론도 있다.

---

16 Michael Frede, *A Free Will* (Univ. of California Press, 2011), 102-103면.

현대의 형법학자들은 대체로 자유의지의 실천적 기능에 대해서는 긍정을 하면서도 자유의지의 실체에 대해서는 신중히 접근하는 편인데, 요컨대 적극적으로 입증될 수는 없으며, 단지 '국가에 필요한 허구(staatsnotwendige Fiktion)'에 불과할 수 있으나, 시민들의 일반적인 경험에 비추어 볼 때 형법의 영역에서 인간에게 자유의지가 있는 것으로 취급해도 크게 무리를 범하는 것은 아니며, 따라서 존재론적으로는 증명될 수 없지만, 규범적으로는 의미를 가질 수 있다는 입장을 취하고 있다.17 어떻게 보면 자유의지 긍정론과 부정론의 경계지점에서 애매한 태도를 취하고 있다고 볼 여지도 있겠으나 일반적으로 법률가들은 과학이나 철학, 신학 등 타학문분과 영역에서 논쟁이 첨예한 사안들에 대해서는 '중립적 입장'을 취할 수밖에 없고, 또 그렇게 하는 것을 미덕으로 여기고 있으므로, 상기 형법학자들의 견해를 그리 이해 못할 바는 아닐 것이라고 생각한다.18

그런데 여기서 비난과 책임을 '유용한 허구'라고 보는 도킨스의 입장이나 상기 형법학자들의 입장이 사실상 같은 것이 아닌가 하는 의문이 들 수 있을 것이다. 유사하지만 분명한 차이가 있다. 형법학자들을

---

17 이상의 견해에 대해서는 대표적으로 김일수·서보학, 새로쓴 형법총론(박영사, 2006); 박상기, 형법총론(박영사, 2007), 219면; 배종대, 형법총론(홍문사, 2013), 426면; 임웅, 형법총론(법문사, 2009), 271면; 신동운, 형법총론(법문사, 2015), 360면; 이재상·장영민·강동범, 형법총론(박영사, 2017), 305면; 오영근, 형법총론(박영사, 2012), 398면; 귄터 엘샤이트·빈프리트 하세머 저, 배종대 역, "非難 없는 刑罰", in: 책임형법론(홍문사, 1995), 119면 이하 참조.

18 법학자들의 이러한 신중한 태도에 비해 국내외의 최고법원 판례 중 일부는 '자유의사', '자유의지', '윤리적 자기결정' 등의 용어를 사용함으로써 명시적으로 자유의지를 긍정하는 입장을 취하고 있다. 예컨대 대법원 1968. 4. 30. 선고 68도400 판결(형법 제10조에서 말하는 사물을 판별할 능력 또는 의사를 결정할 능력은 자유의사를 전제로 한 의사결정의 능력에 관한 것[이다]); 대법원 2014. 4. 10. 선고 2011다22092 판결(흡연을 시작하는 것은 물론이고 흡연을 계속할 것인지는 자유의지에 따른 선택의 문제로 보[인다]). 그리고 BGHSt. 2, 194(Der innere Grund des Schuldvorwurfes liegt darin, daß der Mensch auf freie, verantwortliche, sittliche Selbstbestimmung angelegt und deshalb befähigt ist, sich für das Recht und gegen das Unrecht zu entscheiden können) 및 332 U.S. 596 (1948)(The court instructed the jury to disregard the confession if it found that he did not make the confession voluntarily and of his free will).

비롯한 대부분 법률가들은 책임비난을 긍정하며 형벌의 근거로서 인정한다. 반면에 도킨스는 응보로서의 책임비난과 형벌을 언젠가 극복되어야 할 계몽의 대상으로 본다. 또한 이 문제에 대해 법률가들이 중립적 입장을 취하는 이유 중 하나는 대체로 어느 한쪽 입장의 당부에 대해 자신의 전문영역이 아닌 이상 '이론적' 확신이 없기 때문일 터인데, 반면 도킨스는 과학자로서 결정론에 대한 나름의 근거에 기초한 확신을 갖고 있다는 점이다. 어쨌거나 이하에서는 자유의지가 과연 그렇게 불안하고 불완전한 지위와 토대 위에 서 있는 개념인지, 현대과학의 관점에 입각해 볼 때에도 결정론이 과연 타당성을 유지할 수 있을 것인지 검토해 보기로 한다.

임마누엘 칸트에 의하면 자유는 크게 세 가지 층위에서 그 성격이 드러난다. 첫째, 스스로가 인과계열의 한 원인이 된다는 '자발성'으로의 자유, 둘째, 현상계에서의 감각적 충동의 강제와 경향성을 극복하고 도덕적으로 옳은 행동을 할 수 있는 '선의지'로서의 자유, 그리고 마지막으로 보편타당한 도덕법칙을 스스로 세우고 따를 수 있는 '자율성'으로서의 자유가 그것이다. 그는 인간에게 실천이성에 의해 바로 그와 같은 자유를 실현할 수 있는 능력, 즉 자유의지가 있다고 한다.[19] 자유의지를 오로지 선을 행하려는 의지로 국한시키지만 않는다면 칸트가 말한 자유의지는 자발적으로, 유혹 등에 구애받지 않고, 자신이 세운 준칙을 따를 수 있는 능력이라는 점에서 오늘날 일반적으로 논의되고 있는 자유의지 개념에 잘 부합된다고 보아도 될 것이다. 그런데 주지하다시피 결정론은 이러한 자유의지가 불가능하다고 본다. 칸트는 비록 현상계(現象界), 즉 우리가 일상적으로 경험하는 감성적 세계의 인과법칙으로부터 벗어날 수 있는 자유의지를 예지계(睿智界)에서 가지고 있다는 논리를 폄으로써 우리가 현상계의 인과법칙으로부터 어떻게 자유

---

19 이상 칸트의 자유개념과 자유의지론에 대해서는 임마누엘 칸트 저·백종현 역, 순수이성비판 1 (아카넷, 2008); 임마누엘 칸트 저·백종현 역, 실천이성비판(아카넷, 2012) 참조.

로울 수 있는지, 그와 동시에 그 인과법칙과 자유의지가 어떻게 양립 가능한지를 탁월하게 잘 해명해 주었지만, 결정론, 특히 도킨스식의 과학적 결정론은 칸트의 그러한 논지에도 치명적인 위협을 가할 수 있다.

칸트는 예지계에서 실천이성에 의해 자유의지의 발현이 가능하다고 말한다. 하지만 현대 과학의 주류적 견해에 의하면 인간의 인지와 의지작용 역시 신경적 토대를 기반으로 하고 있다. 신경적 토대란 간단히 말해 뉴런의 발화에 의한 신경프로세스를 의미한다. 만일 이 견해가 옳다면, 칸트가 현상계로부터 '구원해 낸' 자유의지는 또 다른 라플라스의 악마[20]를 만나게 된다. 그 이유는 바로 실천이성의 활동 역시 신경과학적으로 보면 뉴런의 발화에 의한 자연적 인과법칙 하에 설명이 될 수 있기 때문이다. 요컨대 칸트는 실천이성은 자연의 인과법칙으로부터 자유롭게 도덕적 결정을 내릴 수 있다고 보지만, 현대과학의 관점에 의하면 실천이성 역시 신경프로세스라는 자연의 인과계열 내에 위치해 있고 따라서 자유의지가 설 자리는 없다는 것이다. 도킨스가 역설한 바, "과학자로서, 우리는 인간의 뇌가 인간이 만든 컴퓨터만큼 동일한 방식으로는 아니겠지만, 확실히 물리법칙의 지배를 받는다는 사실을 믿는다."는 주장도 바로 이러한 신경과학적 지식에 기초한 것으로 볼 수 있다. 한 마디로 모든 물리적 사건은 물리적 원인을 지니듯, 신경세포는 다른 신경세포 때문에 활동한다는 것이고, 이처럼 뉴런의 발화가 물리적 원인을 갖는다면 인간의 의식적 인지와 의지작용 역시 물리적 인과계열 내에 놓일 수밖에 없다.

여기까지 보면, 결정론의 승리다. 칸트의 탁월한 통찰력과 우리의 일상적인 확고한 믿음에도 불구하고 자유의지는 이제, 과거 화학이론

---

20 18세기에 활동했던 프랑스의 수학자이자 천문학자로 그는 우리의 지성이 우주만물의 모든 것을 알 수 있을 만큼 전지하다면 천체의 움직임은 물론 작은 원자의 움직임까지도 하나의 공식으로 파악할 수 있을 것이라고 보았다. 이 가설에 의하면 자유의지는 설 자리를 잃는다. 그가 말한 전지전능한 지성을 라플라스의 악마(Laplace's Demon)이라고 한다.

에 통용되었던 플로지스톤(phlogiston)처럼 소멸될 위기에 있는 것이다. 인간의 행동을 설명하기 위해 더 이상 필요 없는 개념이 될 위기에 처해 있다는 뜻이다. 하지만 현대 과학자들과 철학자들은 여기서 한 걸음 더 나아간다.

일찍이 분석철학자 무어(G.E. Moore)는 우리가 자유의지의 의미를 통상 타행위 가능성이 있다는 뜻으로 이해한다면 "그는 다르게 행위할 수 있었다."는 진술의 의미는 오로지 "만일 그가 다르게 행동하기로 선택했다면, 그는 다르게 행동했을 것이다."라는 뜻으로 분석될 수 있고, 그리고 이러한 사실은 모든 사건은 원인이 있다는 인과율 내지 결정론과 전혀 모순되지 않는다고 주장한 바 있다. 자유의지가 과학적 결정론과 양립할 수 있는 하나의 가능성을 보여준 것이다.[21]

미국의 저명한 현대 철학자인 로데릭 치좀은 아리스토텔레스를 인용하며 다음과 같은 예를 든다. "이리하여 막대가 돌을 움직이고, 그 막대는 손에 의해 움직이고, 그 손은 인간이 움직인다."[22] 이 간단한 사태들의 묘사에서 돌의 움직임과 막대의 움직임, 나아가 손동작과 인간 사이에는 '외재적(transeunt)' 인과성이 있음은 분명하나, 여기서 궁극적으로 손동작의 원인은 행위자 자신에게 있다는 사실에 주목한다. 그는 어떤 행위자가 사건이나 사태의 원인이 되는 경우에 '내재적(immanent) 인과성'이 있다고 한다. 요점은 만일 행위자 자신도 뇌 속의 사건을 지배할 수는 없고, 따라서 그 역시 외재적 인과성의 범주인 신경프로세스의 영향을 받는 것이 아니냐고 반문한다면, "누군가 A를 하는 경우, 내재적 인과성에 의해, 그는 뇌 속에 어떤 사건을 발생시키고, 이 뇌 속 사건은, 외재적 인과성에 의해, A가 발생하도록 한다"는 것이다. 다시 말해 행위자 자신이 곧 신경프로세스의 한 원인이 된다는 것이다.[23]

---

21 G.E. Moore, *Ethics* (Oxford Univ. Press, 1912), 90면.

22 Aristotle, *Physics*, 256a.

23 Roderick Chisholm, "Human Freedom and the Self", in: *Free Will* (Hackett Publishing Company, 2009), 177면 이하.

논리적으로도, 직관적으로도 명쾌해 보이지만, 과연 어떻게 행위자가 자신의 뇌 속 사건의 원인이 된다는 것일까? 우리는 흔히 뇌 속의 사건이 행동에 영향을 주는 '상향식' 인과관계에만 익숙해져 있어서 그역은 거의 생각하지 못하는 경향이 있다. 따라서 행위자가 뇌 속 사건의 원인이 된다는 설명이 잘 와 닿지 않는다. 하지만 인과관계에는 '하향식' 인과관계도 있다.

저명한 인지신경과학자이자 신경윤리학자인 마이클 가자니가는 다음과 같이 말한다. "신경과학에서 하향식 인과관계(downward causation)란 정신적 상태가 신체의 상태에 영향을 미친다(a mental state affects a physical state)는 뜻이다. 거시(巨視) A 수준에서의 어떤 생각이 미시(微視) B의 물리적 수준에서 신경세포에 영향을 줄 수 있다는 말이다. 이론생물학자 데이비드 크라카우어가 든 예를 보면, 우리가 컴퓨터 프로그래밍을 할 때, 전자(electrons)의 수준인 미시 B 수준에서 프로그래밍하는 것이 아니라 실제로 더 상위의 수준인 거시 A(예컨대 Lisp 프로그래밍) 수준에서 한다는 것이다. 그러면 거시 A가 정보의 손실 없이 미시물리학으로 번역된다(compiled down). 즉, A가 B의 원인이 된다. 물론 A는 물리적으로는 B로 만들어졌고, 모든 단계의 번역은 B의 물리학을 통해 오로지 B에서 이루어진다. (뇌 혹은 마음과 관련시켜 보면) 더욱 심오한 사실은 이러한 상위 수준이 없다면 우리는 의사소통을 할 수 없다는 점이다. 왜냐하면 말을 하기 위해서, 마음의 번역기(mind compiler)가 작동하도록 하는 대신, 움직이고 싶은 모든 입자를 특정해야 하기 때문이다.[24] 요컨대 믿음, 생각, 욕구와 같은 정신의 상태는 모두 뇌의 활동으로부터 비롯되지만, 하향식으로 뇌의 활동에 영향을 줄 수 있고, 결과적으로 그런 것들이 이런저런 방식으로 행동하려는 우리의 결정에 영향을 미친다는 것이다. 다시 말해 생각이나 믿음, 욕구가 그 자체로

---

24 Michael S. Gazzaniga, *Who's in Charge?* (HarperCollins, 2011), 138-139면 참조.

어떤 사태를 발생시키는 원인이 될 수 있다는 의미이다.

유사한 맥락에서 심리철학과 언어철학의 권위자인 존 설도 다음과 같이 말한다. "의식은 상위수준에서의 뇌가 보이는 생물학적 특질이다. 뇌에는 신경(신경교세포, 신경전달물질, 혈류 등과 함께) 말고는 없지만 뇌가 보이는 의식이라는 특질은 단위 신경수준에 영향을 미친다. 또한 개별 분자의 움직임이 원인이 되어 (바퀴의) 고형성(solidity)을 형성하듯 개별 신경의 활동이 원인이 되어 의식을 형성한다. 의식이 몸을 움직이게 할 수 있다고 말할 때 우리가 정작 말하고 있는 것은, 신경구조가 몸을 움직인다는 것이다. 그런데 신경구조가 그 방식으로 몸을 움직일 수 있는 것은, 신경구조가 바로 그 의식상태에 처해 있기 때문이다. 고형성이 바퀴의 특질인 것처럼, 의식은 뇌의 특질이다."[25]

신경철학의 선구자인 패트리샤 처칠랜드 역시 다음과 같이 인상적인 말을 남겼다.[26] "만일 자유의지는 환상이다라는 말이 의미하는 바가 우리가 숙고하고 선택하는 것을 가능하게 해주는 신경기제가 있으므로 우리는 자유의지를 가질 수 없다는 것이라면? 기가 막힐 노릇이다. 그렇다면 그들은 진정한 선택을 위해서는 무엇이 필요하다고 생각하는 것일까? 비물리적 영혼?"

그렇다면 치좀의 행위자-원인론(agent-causation)이 어떻게 가능해 지는지 이론적으로도 설명이 가능해진다. 가자니가와 설, 처칠랜드의 견해를 종합해 볼 때, 인간의 자유의지는 비록 신경학적 기제를 통해 발현되는 것은 분명하지만 그렇다고 미시차원의 신경프로세스가 거시차원의 인간의 행동을 결정하는 것은 아니고, 자신과 타인의 목표와 믿음과 욕구 등을 고려하여 거시차원에서 발현된 자유의지가 하향식으로 신경프로세스에 영향을 주면서 우리의 행동을 결정한다는 것이다.

자, 이 정도면 이제 우리 자신이 어떻게 행위자-원인이 될 수 있는

---

25 존 설 저·강신욱 역, 신경생물학과 인간의 자유 (궁리, 2010), 70-71면.
26 패트리샤 처칠랜드 저·박제윤 역, 신경 건드려 보기 (철학과 현실사, 2014), 248면.

지 이론적 배경을 어느 정도 갖추게 되었다. 우리는 자유의지가 신경과학적 인과관계 하에 놓여있어도 여전히 의미있고 유용한 개념이 될 수 있다는 것을 알 수 있다.

조금 다른 측면에서 한 가지 더, 도킨스의 주장에서 지나치다고 생각되는 점을 짚고 넘어가 보기로 하자. 전술한 바대로 도킨스는 인간의 행동은 물리법칙 하에 설명되는 것이 가장 진실에 부합된다고 믿고 있다. 데닛의 물리적 자세도 바로 이러한 관점과 연관된다. 그런데 과연 인간의 행동이 전적으로 물리법칙에 의해 해석되거나 예측될 수 있을까? 그것은 '무제약적 자유의지'가 정말 환상에 불과하듯, 과학자들의 '과대망상'은 아닐까?

이에 대해 노벨 물리학상 수상자 필립 앤더슨은 이러한 환원주의 패러다임이 잘못되었음을 지적한다. 그는 "환원주의 가설(the reductionist hypothesis)은 결코 구성주의 가설(the constructionist hypothesis)을 함축하지 않는다. 즉 모든 것을 단순한 기본법칙으로 환원할 수 있는 능력이 그 법칙으로부터 출발해 우주를 복원할 수 있는 능력을 함축하지 않는다."고 한다. 그 이유는 예컨대 입자물리학에서 고체물리학으로, 분자생물학에서 세포생물학으로 그 복잡성(complexity)의 단계마다 전적으로 상이한 성질이 나타나는바, 그에 따라서 전적으로 새로운 법칙과 개념, 그리고 일반화가 필요하기 때문이라고 한다. 요컨대 심리학은 생물학의 법칙으로, 생물학은 화학의 법칙으로 환원될 수 없다는 것이다.[27]

앤더슨의 견해를 지지하며 영국의 철학자 줄리언 바지니는 다음과 같이 말한다. 현대과학은 점점 더 "전체는 그 부분의 총합보다 크다"는 명제를 확증해주고 있으며, "당신은 뇌가 어떻게 작동하는지 살펴볼 수 있고 이론상으로는 소립자와 관련해 발생하는 모든 현상을 기술할 수 있다. 그렇지만 입자의 움직임을 지배하는 법칙을 살펴보는

---

27 Philip W. Anderson, "More Is Different", *177 Science 393* (1972), 393면. 이 논문의 제목은 "더 많은(복잡한) 것은 다른 것이다" 정도로 이해하면 될 것이다.

것만으로는 이 법칙을 바탕으로 뇌처럼 복잡한 기관에 입자들이 배열될 때 어떤 일이 일어나는지를 알아낼 수도 없다. 물리적 우주가 의식을 발생시키긴 하지만, 물리법칙은 의식을 예측하지 않는다(The laws of physics do not predict consciousness)."

유사한 맥락에서 마이클 가자니가는 마음이 어떻게 작동하는지에 대해서 뇌의 신경프로세스만 연구해서는 예측할 수도, 이해할 수도 없다는 점을 지적한다. 그 이유는 마음과 의식은 뇌의 신경프로세스로부터 야기되는 '창발적 속성(emergent properties)'인데 이는 근본적인 물리적 수준에서는 나타나지 않던 새로운 속성이기 때문이다. 그는 다음과 같이 말한다. "나는 뇌상태(brain-state) 이론가들, 즉 모든 정신상태(mental state)가 아직 발견되지 않은 신경상태(neural state)와 동일하다고 주장하는 신경환원주의자(neural reductionist)들이 신경과 관련된 미시적 정보로부터 의식적인 사고나 심리를 예측할 수 있는 결정론적 모델을 증명할 수 있다고 생각하지 않는다. 내 생각에 의식적 사고는 창발된 속성이기 때문이다."

상기 견해들을 종합해 보자면, 인간의 행동에 대해 마음과 의식의 수준, 뇌와 신경의 수준, 물리적 수준에서 각각 일정부분 설명이 가능하겠지만, 이를 각 수준에서 전자를 후자의 수준으로 환원시켜 설명하는 것은 불가능하다는 것이다. 이 각각의 설명 중에서 어느 것이 제대로 된 타당한 설명인지는 절대적인 것이 아니라 우리가 무엇을 이해하려고 하는지에 달려 있다. 예컨대 폴이 제인과 결혼하려는 이유는 뇌와 신경의 수준이나 물리법칙으로는 설명하기에 부적합하다. 결론적으로 말해, 앞서 논급한 바 있는 '하향식 인과관계'란 개념과 연관시켜 보면, 인간의 행동은 신경활동에서 창발한 정신적 상태, 즉 믿음과 의식적 사고와 욕구 등이 두뇌의 활동을 하향식으로 통제하면서 이루어진 결과라는 점에서, 이를 전적으로 물리적 수준으로 환원시켜 설명할 수는 없다.

덧붙여, 필자가 보기에 도킨스식 물리적 환원주의는 결정론을 함축하는바, 만일 결정론의 의미가, 단지 인과적 연관성이 있다는 의미를 넘어서 어떤 행위자의 과거사실이 그를 "물리적으로 가능한 유일한 특정한 상태로 밀어붙여(pushing), 단 하나의 미래가 결정되어 있다"는 견해를 뜻한다면 물리적 환원주의는 극복하기 매우 어려운 난관에 부딪치게 된다. 아인슈타인의 일반상대성이론과 더불어 20세기 물리학의 두 기둥 중 하나인 양자역학[28]은 그러한 의미의 결정론과 양립할 수 없기 때문이다. 물리학자 카를로 로벨리는 양자역학의 함의에 대해 "원자 수준에서는 우연이 작동하고 있으며, 뉴턴 물리학과 달리 초기 데이터로부터 미래를 정확히 예측할 수 없고, 단지 확률만을 계산할 수 있다."고 말한다. 요컨대 미래는 과거에 의해 하나로 결정되지 않는다는 것이다.[29] 이러한 관점에서 보면 물리적 환원주의에 따라 가장 근본적인 수준이라 할 수 있는 뉴런을 구성하는 물리적 입자단위로까지 내려가 보더라도 뉴런의 미시적 차원에서는 결정성이 부재할 수밖에 없고, 따라서 인간행동의 물리적 예측은 성취할 수 없는 목표가 될 것이다.[30]

이처럼 물리적 환원주의는 잘못된 것이며 인간의 정신적 속성들이 뇌의 신경과정으로 환원될 수 없는 창발적 속성이고 그 자체로 행동의 원인이 될 수 있다는 견해는 사실 데닛의 지향계 이론에도 암시되어 있다. 데닛에 의하면 물리적이든 지향적이든 각각의 자세에 의해 파악

---

28 흔히 양자역학이라고 하면 하이젠베르크나 슈뢰딩거를 떠올리지만, 양자역학에 기여한 과학자들로는 막스 플랑크와 아인슈타인, 닐스 보어와 폴 디랙도 있다.

29 카를로 로벨리 저·김정훈 역, 보이는 세상은 실재가 아니다 (쌤앤파커스, 2018), 111-137면 참조. 다만 거시적 세계에서 결정성이 나타나는 이유는, "이런 우연이, 이런 미시적 우발성이 만들어내는 변동이 일상생활에서 알아차리기에 너무 작다는 사실 때문"이라고 한다.

30 매우 정치한 방식으로 양자역학을 원용해 자유의지의 가능성을 입론하는 로저 펜로즈와 같은 물리학자도 있다. 펜로즈의 견해에 대한 소개로는 안성조, "인간의 존엄과 책임원칙-자유의지와 관련해 과학기술은 우리를 어디로 인도하고 있는가?-", 형사정책 제31권 제2호, 2019 참조.

된 패턴은 동일한 대상에 대한 것이라 할지라도 서로 내용적으로는 다를 수 있지만 모두 '실재하는(real)' 것이라고 한다. 다시 말해 타인의 행동에 대해 지향적 자세를 취함으로써 파악되는 패턴, 즉 믿음이나 욕구와 같은 그의 지향적 상태는 그에 대해 물리적 자세를 취함으로써 인식할 수 있는 패턴과 마찬가지로 '실재하는 패턴(real pattern)'으로 보아야 한다는 것이다.[31] 그의 주장은 자칭 소위 '정신적 실재론자'의 입장으로서 그에 따르면, 믿음이나 욕구는 물리학에서 '중력의 중심(a centre of gravity)'이라는 가상의 지점을 지칭하는 개념처럼 어떤 실체나 대상은 아니지만 어떤 대상의 행동(또는 운동)을 매우 정확한 정도로 기술하고 예측할 수 있게 유용한 정보를 주는 개념이라는 점에서 '실재한다'고 한다. 달리 말하면 믿음과 욕구는 총체로서 인간의 어떤 '상태'이지 그의 '일부분'은 아니라는 뜻이다. 사람들은 실제로 무언가를 믿으며, 이는 실제로 피로감를 느끼는 것과 마찬가지이다.[32] 따라서 결국 만일 인간의 행동을 물리적 자세에 입각해서만 이해하려 한다면 지향적 자세에 의해서만 파악될 수 있는 '실재하는 패턴'을 보지 못하게 된다. 설령 예측은 되더라도 인간 행동에 대한 진정한 이해와 해석이 될 수 없다는 것이다. 이러한 맥락에서 바지니는 지향적 자세가 타인의 행동을 예측하는데 효과적인 이유에 대해 그것은 우리 인간이 '실제로' 생각하고 결정하고 의도하기 때문이라고 한다. '믿음'과 '욕구' 및 '의도'와 같은 지향적 상태는 분명 실재한다는 것이다.

---

31 Daniel C. Dennett, "Real Patterns", *88 The Journal of Philosophy 27* (1991), 49면.
32 이 점에 대해서는 Marc V.P. Slors, "Intentional System Theory, Mental Causation and Empathic Resonance", *67 Erkenntnis 321* (2007), 323면. 네덜란드 라드바우드 대학의 심리철학 및 언어철학 교수인 Slors에 따르면 지향적 자세와 관련된 데닛의 입장은 비트겐슈타인과 라일(Ryle), 콰인(Quine)의 여향을 받은 것이라고 한다. 참고로 Slors는 데닛의 입장이 정신적 상태의 실재성을 옹호하는 다른 엄격한 실재론보다는 온건한 실재론(mild realism)이라고 평가하는데, 그 주된 이유는 데닛은 정신적 상태가 행위를 야기시킬 수 있는 '인과적 효능(causal efficacy)'이 있다고 보는 '정신의 인과성(mental causation)'를 직접적으로 주장하지는 않고 있기 때문이라고 한다. 그러한 측면에서 데닛의 지향성 이론은 '실재론 겸 해석주의(realism cum interpretationism)'로 평가된다.

이상의 논의를 정리해 보자. 필립 앤더슨과 마이클 가자니가, 그리고 줄리언 바지니와 대니얼 데닛 등의 견해에 비추어 보면 인간의 행동은 물리적 수준으로 환원이 불가능한, 지향적 속성을 지닌 마음과 의식의 구성물들, 즉 믿음과 욕구, 의지, 사고 등이 타인의 지향적 상태와 상호작용한 결과로 이해할 수 있고, 비난과 책임, 도덕원칙으로서 응보도 바로 이러한 수준에서 이해할 때 참된 의미를 가질 수 있다. 따라서 이를 전적으로 뇌의 신경프로세스나 뉴런을 구성하는 입자들 간 물리법칙 수준으로 환원시켜 분석하려는 시도는 과학적으로도 지지받기 어려울 뿐만 아니라, 설령 가능하다고 하더라도 그러한 환원적 설명은 우리의 삶에 명백하게 실재하고, 실제로 작동하고 있는 것들에 대해 부당하게 눈을 감게 만들어 행동의 옳고 그름, 그리고 책임여부 등을 판단하는 데 필요한 적절한 수준의 정보나 패턴을 제시해 주지 못한다는 점에서 인간 행동에 대한 진정하고 합당한 해석이 되기 어렵다. 범죄자는 왜 단지 '고장 난 기계처럼' 다루어질 수 없는 것일까? 응보와 책임은 왜 결코 초연하게 다룰 수 없을 만큼 우리의 삶과 '맞물려 있고' 또 그토록 '진지하게' 느껴지는 것일까? 아마도 그것은 '쓸모 있는 허구(useful fiction)'의 한 단면이 아니라, 인간에게 고유한 '삶의 형식(form of life)'의 한 단면이기 때문일 것이다.

　　그렇다면 이제 결론을 내릴 때가 된 것 같다. 분명 필자의 생각에도 어디엔가 오류나 오해가 있을 것이다. 또한 개인적으로는 본서에서 논급한 견해들과 관련된 현대의 과학이론들 간의 내적 정합성에 대해 약간의 의문도 남아 있다.

　　하지만 나는 이제 이 글을 읽고 있는 독자들이 자유의지와 결정론 사이의 오랜 논쟁에서 가장 핵심적인 대립양상이 어떤 것인지 충분히 이해하였고 또 그로부터 도킨스의 생각이 어디에서부터 무엇이 잘못되었는지 스스로 가늠할 수 있게 되었으리라고 생각한다.

　　도킨스는 자신의 글을 다음과 같이 마무리한다. "나의 위험한 생각은 우리가 결국 이러한 과학적 진실을 깨닫게 됨으로써 책임과 비난을 그만두고 심지어 그것들을 조소하게 되리란 것이다. 베이즐 폴티가 자신의 차를 때릴 때 그를 비웃듯이. 하지만 나는 결코 그러한 수준의 계몽에까지 도달할 것 같지 않다는 점이 두렵다."고...

그가 그러한 수준의 계몽에 다다를 수 없는 이유에 대해 우리는 이렇게 답할 수 있다. 그것은 "도덕원칙으로서 응보는 인간행동에 관한 과학적 관점과 양립불가능하지 않기 때문"이라고...

10

오 병 철

연세대학교 법학전문대학원에서 민법, 사이버법, 개인정보보호법을
강의하고 있다. 국립경상대학교 법과대학 교수로 재직하는 중에
경남과학기술대학교 컴퓨터공학과에서 공학사를, 충북대학교 대학원
정보통신공학과에서 공학석사, 공학박사 학위를 취득하였다. 불법행위법, 가족법,
전파법, 개인정보보호법, 전기통신사업법, Cyber Security, Digital Copyright에 관한
저서와 논문 들을 발표하였다.

The End of Family

I. 가족의 상대성

1. 민법상 가족의 개념

머독(G. P. Murdock)이 가족(family)이란 "주거를 같이하고, 경제적 협동과 자녀의 생산으로 특징지어지는 하나의 사회집단"이라고 정의한 바와 같이, 가족이란 최소한 한명 이상의 부모(또는 부모 대리인)와 그들의 자녀로 구성된 사회적, 경제적 단위이다.[1] 이러한 학술적 개념정의는 우리가 일상적으로 생각하는 보편적인 인식과 일치한다. 대체로 가족의 구성원들은 하나의 가정을 이루고 생활을 같이하고 있고, 경제적 협동체로서의 기능을 하며, 부부간에는 사회적으로 인정된 성관계로 자녀를 출산하게 된다.[2]

우리나라 가족법에서 오랫동안 치열하게 논란이 되어 왔던 주제 중 으뜸은 호주제의 존폐 논쟁이 아닌가 생각한다. 호주제를 폐지하자는 주장 중에 대중들에게 가장 귀에 쏙 들어오는 슬로건이 "호주에도 없는 호주제는 없애자"라는 유력 정치인의 수사(修辭)였다면, 가장 과학

---

1 한상복·이문웅·김광억, 문화인류학, 서울대학교출판문화원, 2011, 269면.
2 가족의 개념에 대한 다양한 정의는 유영주 외, 새로운 가족학, 도서출판 신정, 2004, 14-15면 참조.

적인 논거는 "생물학적으로 어머니는 핵의 반과 미토콘드리아를 제공하는 것이고, 아버지는 핵의 반만을 제공"하는 것이므로 모계를 도외시하는 남성중심의 호주제는 생물학적 원리와 모순된다는 저명 생물학자의 주장이었다.[3] 입법자들이 생물학적인 법칙의 주장에 설득되었기 때문이었다기 보다는, 민법 제정 이후 줄기차게 호주제 폐지를 주장해온 여성, 여성단체 그리고 진보적 합리주의자들의 다양한 방식의 투쟁을 통한 쟁취로 결국 2005년 민법 개정을 통해 남성중심의 호주제는 폐지되기에 이르렀다.

호주제도의 핵심은 가(家) 즉 호(戶)의 존재에 있다. 가(家)[4]는 호주와 가족으로 구성된다. 그러나 2005년 개정 이전의 민법은 가를 개념정의하지 아니하고, 호주를 가장 먼저 개념정의하고 있다. 당시 민법으로 돌아가 보면, 민법 제778조는 호주의 정의를 규정하면서, "일가의 계통을 계승한 자, 분가한 자 또는 기타 사유로 인하여 일가를 창립하거나 부흥한 자는 호주가 된다."라고 명시하고 있었다. 그리고 나서 제779조에서 "호주의 배우자, 혈족과 그 배우자 기타 본법의 규정에 의하여 그 가에 입적한 자는 가족이 된다."라고 규정하였다. 즉 '호주'가 먼저 존재하고, 그 다음 호주가 존재할 '가(家)' 그 후에 그 가에 속하는 '가족'이 규정되는 형식을 갖추고 있었다. 그러므로 호주, 거칠게 표현하여 '가의 주인'이 폐지되면, '가'제도 자체도 소멸되어야 하고, 나아가 '가'를 구성하는 종속적 존재인 가족도 존재할 수 없게 된다.[5]

호주제를 폐지하기로 결심하자 예상하지 못한 새로운 불안의 그늘이 우리 사회를 덮기 시작했다. 호주제의 폐지로 '가족'이라는 개념이

---

3 오마이뉴스, 2005. 3. 8.자 보도(http://www.ohmynews.com/NWS_Web/View/at_pg.aspx?CNTN_CD=A0000245320).

4 이하에서 家는 戶와 동의어이므로 병기하지 않는다.

5 물론 가 구성원에 계층구조를 두지 아니하고 가의 구성원 모두를 평등한 가족으로 일원화하는 것 또는 호주(아니면 다른 대체용어로 전환)를 그대로 존속하면서 차별적 요소를 제거하는 방안도 불가능한 것은 아니다. 그러나 '호주'라는 용어 자체에 극단적 거부감을 갖는 상황에서 그러한 대안들이 설 자리는 없었다.

민법에서 사라지면 '가족의 해체' 현상의 심화, 곧 '가족의 종말'이 오는 것이 아닌가 하는 두려움이었다. 결국 호주와 가는 폐지하지만, 가족의 개념은 그대로 민법에 규율함으로써, 뿌리 깊은 남성중심주의를 탈피하면서도 가족의 붕괴는 막겠다는 의지를 법개정에 반영하였다. 따라서 현행 민법 제779조는 ① 배우자, 직계혈족 및 형제자매와 ② 생계를 같이하는 직계혈족의 배우자, 배우자의 직계혈족 및 배우자의 형제자매인 가족만을 개념정의하고 있다. 그러므로 '붕어' 없는 '붕어빵'처럼 '가' 없이 '가족'만 남게 되었다.

현행 민법 제799조 가족의 개념정의는 민법상의 실질적인 법적 효력이 존재하지 아니하는 선언적 의미를 가질 뿐만 아니라, 모순적인 상대적 가족개념으로 입법되는 문제가 발생하였다. 즉 생계를 같이하는 배우자의 형제자매는 가족이지만, 생계를 같이하는 형제자매의 배우자는 가족의 개념에 포함되지 않는 모순이 발생하였다. 예를 들면 형수에게는 시동생이 민법상 가족이지만, 시동생에게는 형수가 민법상 가족이 되지 아니하는 넌센스가 발생하는 것이다.6

2. 가족의 역사적 다양성

인류학적인 측면에서 매우 다양한 가족의 형태가 발생되고 또 소멸되어 왔다. 19세기 후반 사회진화론자들에 의해 촉발된 초기 인류가족의 형태에 관한 논쟁은 Bachofen, MacLennan, Morgan 등이 주장하는 모계가족사회론과 Maine, Westermarck 등이 주장하는 부계가족사회론이 대립하고 있었다. Bachofen에 따르면 초기 인류는 동물과 같은 무분

---

6 '가족'동반외식을 형수가 제안하면 시동생은 따라나서도 되지만, 반대로 시동생이 제안하면 형수는 가족이 아니므로 따라나설 수 없으며, 만약 자동차보험의 가족한정특약의 '가족'개념에 민법상의 가족개념을 적용한다면, 시동생의 자동차를 형수가 운전하는 경우와 형수의 자동차를 시동생이 운전하는 경우는 정반대의 법적 결과를 가져오게 될 것이다.

별한 짝짓기, 즉 난혼이 이루어졌으므로, 어머니만이 확실히 알려지게 되어 모계사회가 형성되었다고 한다.[7] Morgan에 따르면, 원시상태의 초기는 가족이 존재하지 않는 단순한 난혼 상태였고 여기서 최초의 가족(즉 어느 정도 일정한 대상자와 성적 관계를 맺고 함께 사는 것을 가족이라고 할 때)은 형제자매끼리 결혼하여 이루는 가족 — 이를 모건은 혈연가족(consanguine family)이라고 부른다 — 이며, 여기서 더 발전하면 친형제자매를 제외한 직계(直系)와 방계(傍系)에 속하는 여러 명의 자매들이 하나의 집단이 되어 역시 같은 원리로 이루어진 형제들의 집단과 결혼하며, 여기서 다시 원시적인 일부일처제 가족이 생긴다. 다음 단계에서는 가부장제 가족(patriarchal family)이 생겨서 가부장의 권위에 따라 대가족·핵가족 등의 유형이 결정되며 일부다처제의 실시도 결정된다. 이렇게 하여 마지막 진화의 단계는 서구인들이 가지고 있는 일부일처제 가족이라고 한다.[8]

이와 같이 가족의 형태는 변화되어 왔고, 그 개념도 시대에 따라 상대적인 것이다. 가족의 형태를 변화시키는 동인은 무엇인가. 가족과 같은 사회조직의 형태는 기술수준, 경제조건, 재산권의 발달 정도, 계급구조 및 정치 통합의 수준 등과 반드시 일정한 상관관계는 없다는 견해[9]도 있다. 그러나 가족은 근본적으로 경제공동체를 이루는 기초사회라는 점은 불변이므로, 엥겔스가 "혼인은 확실히 경제적인 요소에 좌우된다"[10]고 선언한 바와 같이, 가족의 변화에서 경제조건이나 경제적 환경이 가장 중요한 요소라 생각된다.

가족의 변화는 오랜 시간이 걸리는 긴 호흡이 필요한 것은 아니다. 경우에 따라서는, 매우 빠른 속도로 변화가 이루어질 수도 있다. 일례로 1961년 이전에는 미국의 전 주에 걸쳐서 동성애가 범죄행위로 취급

---

7 한국가족관계학회 편, 가족학, 도서출판 하우, 1993, 75-76면.
8 한상복·이문웅·김광억, 앞의 책, 272면.
9 한국가족관계학회 편, 앞의 책, 77면.
10 프리드리히 엥겔스 저·김현미 역, 가족, 사적 소유, 국가의 기원, 책세상, 2007, 120면.

되었으나, 불과 50년이 지난 오늘날 동성애를 넘어 동성의 혼인도 허용되는 시대를 맞게 되었다. 동성간의 혼인을 통해 형성되는 새로운 가족형태는 비교적 최근 들어 급속도로 전세계로 확산되고 있다. 동성혼에서는 생물학적인 한계로 자연적인 출산은 기대하기 어렵다. 그러므로 부모와 자녀의 관계는 규범적인 입양을 통해서만 가능하게 된다. 이 경우 가족의 구성은 혼인과 출생이라는 자연스러운 사실이 아니라 혼인과 입양이라는 완전히 규범적인 제도를 통해서만 이루어질 수 있게 된다. 결국 혈연관계는 가족의 형성에서 전적으로 배제되는 현상이 동성혼이라는 새로운 가족제도에서 나타난다. 이러한 동성혼에서 볼 수 있듯이 현재의 가족의 형성과 구조가 영구불변은 아니다. 출생이 수반되지 않는 가족의 형성과 세대의 계승이라는 변화는 이미 우리 눈 앞에 등장하고 있는 것이다.

3. 가족의 지역적 다양성

가족의 형태와 구조가 역사적으로만 변화되어 온 것은 아니다. 같은 시대를 살아가는 사람들 속에서도 지역에 따라 가족의 형태와 구조가 다르게 나타날 수 있다. 오늘날 우리가 유일하게 바람직한 혼인형태로 인정하는 일부일처제도 지구상 다른 장소에서는 다른 혼인형태와 병존하고 있다. 이슬람의 일부다처제는 가장 널리 알려져있는 일부일처제와 다른 혼인 형태이다.[11] 일부다처제는 노예제의 산물이었으며 현재도

---

11 이슬람식의 일부다처제도 시대에 따른 변화가 존재한다. 이슬람 이전 암흑시대 또는 무지의 시대로 불려졌던 시기에는 아내의 숫자에 대한 제한이 없는 일부다처제 사회 였지만 이슬람이 등장하면서 특수한 환경과 조건 하에서 네 명으로 제한되었다. 그 조건이란, 첫째로 부인이 불임증이어서 임신이 불가능한 경우 두 번째 아내를 둘 수 있으며, 둘째로 부인이 성불능이거나 심한 질병 또는 예기치 못한 사고로 성생활을 할 수 없는 경우이며, 셋째로 전쟁이나 사고로 인하여 여성의 숫자가 남성의 숫자보다 절대적으로 많을 때 미망인들을 부인으로 받아들일 수 있다는 것이다. 만약 이러한 특수 환경을 제외하고 또 부인들에게 공정성을 유지하기가 어렵다고 생각될 때에는 반드시 일부일처제여야 한다; 장창민, "이슬람 가족법에 관한 연구", 법학연구 제27권 제4호,

특별한 지위를 가진 개인에게 국한된 것이긴 하지만,[12] 일부일처제와 나란히 존재하고 있는 것은 엄연한 사실이다. 일부다처제보다 더 드문 희귀한 제도이긴 하지만, 일처다부제도 지구상에 현존하고 있다. 티베트의 하층계급과 인도의 토다(Toda)족 그리고 태평양의 마키저스(Marquesas)섬 주민에서 일처다부제를 찾아볼 수 있으며, 그 원인으로는 여유아(女乳兒殺害; female infanticide)풍습에 따른 남녀성비의 불균형이나 경제적인 이유에서 형제들이 동거하며 부인을 공유하는 행위를 들고 있다.[13]

일부일처제만을 인정하는 나라에서도 제도의 세부에서는 상이한 점을 찾을 수 있다. 우리 민법에서는 중혼의 경우에 혼인취소사유로 규율하고 있어서, 당사자가 혼인을 취소하거나 또는 이혼하지 아니하는 한 중혼상태가 적법하게 유지될 수 있다. 그러나 독일, 오스트리아, 스위스의 경우에는 중혼이 범죄로 규정되어 형사처벌의 대상이 되기도 한다. 즉 동시대라고 하더라도 가족의 형태는 지역에 따라 상이할 수 있음은 물론이다.

4. 가족의 구심점

가족의 구성은 이원적 구조로 되어 있다. 남녀의 결합, 즉 혼인과 세대 간의 결합, 즉 출생 또는 입양의 두 요소가 그것이다. 역사와 지역에 따라 가족의 개념과 형태는 다를지라도, 남녀의 결합과 세대의 결합이라는 요소가 결여되어 있을 수는 없다. 즉 가족은 혼인과 차세대로 구성되며, 가족의 연속이 인류의 역사를 이루는 것이다.

가족의 구심점은 남녀의 결합인 혼인이다. 과거의 혼인은 순수한 애

연세대학교 법학연구원, 2017, 281-282면.

12 프리드리히 엥겔스 저 · 김현미 역, 앞의 책, 95면.
13 유영주 외, 앞의 책, 48면.

정보다는 오히려 신분적, 경제적. 문화적 동인에 의해 이루어졌다. 혼례식장에서 배우자의 얼굴을 처음으로 제대로 보았다는, 지금으로서는 이해할 수 없는 현상이 드문 것은 아니었다. 그러나 현대사회에서 혼인은 전적으로 오로지 애정만이 동인이 되어야 하고, 그 외의 요소가 작용하는 것은 순수하지 못한 것으로 여겨지게 되었다. 혼인은 오직 애정만을 위한 사회적 제도라는 이상적인 가치관이 자리잡게 되었다. 전통적으로는 이성 간의 애정을 기반으로 하는 혼인이지만, 최근 동성혼이 등장하면서 혼인은 남녀의 결합이라는 원칙도 더 이상 유지되지는 못한다. 이는 전통적인 가족으로서는 매우 낯선 이질적인 요소이다.

남녀의 혼인은 애정에 기반한 자연스러운 육체적 결합을 수반하게 되고, 임신과 출산을 통해 혈연으로 이어진 후속 세대를 생산하게 된다. 출산을 통한 혈연 역시 가족을 형성하는 핵심적인 구심점이다.[14] 혼인한 여자가 출산한 아이에게는 반드시 생물학적인 아버지가 존재한다. 그러나 출산으로부터 아버지가 자연스럽게 추론되는 것은 아니다. 태어난 아이의 생물학적인 아버지가 누구인가는 오랫동안 인류의 해결하기 어려운 난제였다. 일부일처제의 기원을 다양한 관점에서 찾을 수 있으나, "혼인 중에 수태된 아이의 아버지는 남편이다"라는 나폴레옹 법전 제312조의 선언이 3,000년에 걸친 일부일처제의 최종결과이다.[15] 일부일처제 하의 혼인을 통해 부성을 결정하는 규범은 오늘날까지도 그대로 유지되고 있다.

가족의 또 다른 의미는 경제공동체로서 생존에 필요한 물질적 확보에 있다. 수렵경제에서 목축경제로 이행되면서 새로운 부의 원천이 개발되고 그 부는 가족의 사적 재산으로 귀속되었으며, 부의 축적은 다시 대우혼과 모권적 씨족에 기초한 사회에 타격을 주었다는 엥겔스의

---

14 다만 동성혼에서는 육체적인 결합은 있어도 임신과 출산은 불가능하므로 입양이라는 규범적 후속세대 생산만이 가능할 뿐이다.
15 프리드리히 엥겔스 저·김현미 역, 앞의 책, 104면.

지적16에 나타나듯, 가족의 모습은 당대의 경제상황을 그대로 반영하는 것이다. 농경사회에서 산업사회로 이행하면서 개인주의적 경제구조에서 가족의 규모는 축소의 길을 걷게 되었고, 가족의 경제적인 의미는 급격히 퇴색되기에 이르렀다. 그럼에도 불구하고 경제공동체로서의 가족의 기능은 현재까지도 친족간 부양이라는 민법상의 제도로 남아있다.

5. 일부일처제 가족

우리 사회에서 일부일처제는 선량한 풍속 기타 사회질서의 중핵을 이루는 것이다. 그러나 일부일처제만이 인류의 유일한 '올바른' 혼인의 형태라고 할 수는 없다. 복혼, 즉 일부다처제나 일처다부제 역시 공존하는 혼인의 형태로 지구상에 여전히 유지되고 있다.17 그러나 일부일처제가 가장 보편적인 가족 형태로 되고 있는 이유에 대해 다음과 같이 제시하고 있다. 첫째로, 부부는 애정을 기초로 하여 결합되는 것으로서 하나의 남자와 하나의 여자가 가족을 이루는 것이 가장 바람직하며, 둘째로 사회적으로 남녀의 성비가 대부분 균형을 이루고 있으므로 성비의 유지상 일부일처제가 이상적이고, 셋째로 부부는 경제적으로 협력하는 관계에 있기 때문에 하나의 남자와 하나의 여자가 협동하는 것이 경제적으로 유리하며, 넷째로 종교적으로 하나의 남자와 하나의 결합이 이상적이라고 여기는 곳에서는 복혼제를 허용하지 않기 때문이다.18

이와 같은 일부일처제의 '존재의 이유'에 변화가 없는가. 이제 하나

---

16 위의 책, 87면.
17 미국의 인류학자 머독에 의하면, 554개의 사회 중 일부다처제가 있는 사회가 415개, 일부일처제만 허용하는 사회가 135개, 일처다부제가 있는 사회가 4개로 나타나고 있다는 언급은 충격적이다. 물론 일부다처제라고 해서 사회 모두가 일부다처제 가족은 아니다; 유영주 외, 앞의 책, 48면.
18 위의 책, 47-48면; 부성을 결정하는 일부일처제의 중요한 필요성에 대해서 가족학 교과서에서 언급하지 않는 점은 의아하다.

하나 살펴보겠지만, 전통적 애정관과 경제적 환경 그리고 종교적 신념 모두 이전과 같지 않다. 어떠한 가족의 형태를 유지하는 존재의 이유가 소멸되면, 새로운 가족형태로 대체되거나 또는 병존하는 것은 역사적으로 증명된 바 있다. 만약 현재의 일부일처제를 유지하는 '존재의 이유'에 어떠한 변화가 생기고 있다면, 분명 일부일처제의 운명은 단지 시간의 문제일 뿐이다.

II. 가족의 종말

1. 애정의 유효기간

혼인은 남녀 간의 애정을 기반으로 하는 독점적이고 배타적인 영구적 결합이다. 혼인이야 말로 애정의 최종 결실이라는 점은 문화, 도덕, 법률 등의 사회적 합의에 도달해 있다. 혼인을 형성하는 동인(動因)도 그리고 혼인을 유지하는 에너지도 모두 남녀 간의 변함없는 애정이다. 만약 혼인에 부부의 애정 이외의 요소, 가문이나 재산과 같은 세속적인 요소가 개입되는 것은 매우 불결한 것으로 여겨지고 있다. 순수한 혼인이란 오로지 애정에만 기반하여야만 한다.

미국 코넬대 인간행동연구소에서 2년간 5,000명의 미국인을 대상으로 사랑의 유효기간에 대해 조사했다. 연구팀은 18개월에서 30개월이면 뜨겁던 사랑이 식는다는 사실을 발견했다.[19] 남녀 간의 애정에 유효기간이 존재하고, 학자에 따라 그 기간은 다소 차이가 있으나 길어도 3~4년을 넘지는 못한다고 한다. 물론 인체에서 분비되는 도파민이라는 호르몬을 가지고 판단하는 과도한 유물론적인 관점이라는 한계는 존재할지라도, 현실세계에서 영구불변의 남녀 간의 애정이란 매우 이상적

---

19 http://news.chosun.com/site/data/html_dir/2018/01/26/2018012602904.html

인 환상에 가까운 것이다.

애정에 유효기간이 있고 또한 이상적으로 혼인이 전적으로 애정만을 기반으로 하는 것이라면, 혼인에도 유효기간이 존재할 수밖에 없다. 시간이 지나 뜨겁던 사랑이 식으면, 애정 없는 혼인을 해소하든가 아니면 형식적으로 유지하든가 선택에 놓이게 된다. 현실에서도 혼인이 오로지 남녀간의 애정만의 결실인 경우도 흔하지 아니하고, 또 영구적이고 배타적인 남녀의 결합이 실현되는 것도 쉽지 않다. 물론 애정이 혼인을 구성하는 매우 중요한 결정적 요소임은 부정하기 어렵다. 그러나 경제적 환경도 혼인을 유지하는 또 다른 중요한 요소임에는 틀림없다. 애정에 유효기간이 있다는 학자들의 다양한 수많은 주장이 있음에도 불구하고, 혼인에 법적인 유효기간을 인정하지 아니하는 까닭은 부양의무라는 명분으로 존재하는 경제적 공동체로서의 존재가 있기 때문이다. 부부간의 부양의무 그리고 미성년인 자녀와 부모간의 부양의무는 이른바 1차적 부양으로서 평균적 부양의무를 부담하는 것이고, 이는 가족이 곧 생존공동체라는 의미이다.

그렇다면 경제적 환경이 변화한다면 혼인 그리고 가족의 모습도 변화될 수 있지 않을까. 과학기술의 발전은 경제적 생산에서 육체적 노동력의 가치를 크게 약화시켰다. 컴퓨터와 디지털로 구성된 IT환경에서는 정신적 노동인 지식정보가 곧 생산력이고, 정신적 노동에서는 근육과 물리력과 같은 남녀의 태생적 격차는 존재하지 아니한다. 목전에 다가와 있는 인공지능에 의해 통제되는 로봇의 시대에는 인간의 육체적 노동은 로봇에 의해 대부분 대체될 것이다. 특히 강한 근육을 요구하는 강도는 높으나 단순한 노동은 인간이 로봇을 능가할 가능성은 거의 없을 것이다. 육체적 노동을 기반으로 하는 생산력이 중시되는 산업사회에서 주목받는 남성의 경제적 영화는 더 이상 기대하기 어려워졌다. 이러한 변화가 일부일처제에 균열을 가져오지는 않을까.

'인류가 농경사회에 진입하여 부(富)가 늘어남에 따라 가족 내에서 남편이 아내보다 더 중요한 지위를 차지하게 되고, 남자는 가정에서 주도권을 잡게 되었으며, 결국 모계사회에서 부계사회로 이행되고, 이러한 모권의 전복은 여성의 세계사적인 패배였다'[20]는 엥겔스의 관점은 새로운 생산력의 시대가 도래하는 현재에 시사하는 바가 크다. 남성 중심의 가족공동체와 일부일처제가 농경사회 이후 산업사회까지 육체적 노동이 생산력인 시대를 관통해 왔다면, 지식정보사회에서 정신적 노동이 생산력인 시대에는 진정한 남녀 평등의 가족공동체와 동성혼을 비롯한 다양한 혼인 형태가 등장할 수 있는 경제적 환경이 마련되는 것이다. 특히 대규모 공장을 물적 토대로 하는 집단적 육체 노동이 필수적인 산업사회와 달리 소규모의 개별적 지적 노동이 가능한 지식정보사회에서는 공동체적인 가족보다는 개인주의적인 가족으로의 변화도 예견할 수 있고, 이미 우리 사회에서도 가족은 지극히 경량화되어 가고 있다.

나아가 여성의 생산력 증대로 인하여 이상적인 것으로 여겨져 온 애정만을 기반으로 하는 새로운 혼인의 등장도 예견해 볼 수 있다. 혼인의 경제공동체로서 의미가 감소될수록, 애정공동체로서의 성격은 강조된다. 여성의 생산력 증대는 경제적 지위의 상승을 가져올 것이고, 남성의 외부적 경제활동을 통한 수입에 주로 의존해온 가족의 물적 토대는 약화될 것이다. 엥겔스가 예리하게 지적한 바와 같이, "여성 해방의 전제조건은 모든 여성이 공적 산업으로 복귀하는 것이고 이를 위해서는 사회의 경제적 단위라는 개별 가족의 성격이 제거되어야 한다는 점이 명백해질 것이다."[21] 혼인의 애정공동체로서의 성격이 강조되면, 유효기간의 한계가 있는 애정이 존재하는 동안에만 유지되는 남녀의 잠정적이고 일시적인 결합이 더 자연스러울 수도 있다. 경제적 환경이 동질적인 다수의 남녀의 느슨한 복수의 결합이 공존하는 방향으로의

---

20 프리드리히 엥겔스 저·김현미 역, 앞의 책, 89면.
21 위의 책, 114면.

변화까지도 예상해볼 수 있다. 이는 오래된 일부일처제의 신화의 균열을 초래할 지진의 전조가 아닐까.

2. 규범적 부성의 한계

인류가 처해왔던 오래된 난점은 여성이 낳은 아이의 아버지가 누구인가를 밝히는 것이었다. 출산이라는 신성한 천명은 오로지 여성에게만 맡기어졌지만, 여성만의 단성 성식은 불가능한 것이고 반드시 생명에 대한 남성의 기여가 있어야만 한다. 여성이 출산한 아이의 아버지를 보다 쉽게 확인할 수 있는 방법은 여성이 하나의 남성과의 사이에만 성적 교섭을 하는 일부일처제나 일부다처제를 확립하는 것이다. 일부일처제 혼인의 중요한 목적은 여성이 낳은 아이의 아버지를 결정하는 것이다. 즉 가족 내에서 남편의 지배와 부를 상속할 확실한 남편의 아이를 낳는 것이 일부일처제의 목적이고, 친아버지를 확실히 해야만 하는 까닭은 훗날 아이들이 아버지의 재산에 대한 직계 상속자가 되기 때문이다.[22]

일부일처제 혼인에서 남편이 여성이 낳은 자녀의 아버지가 되기 위해서는 혼인의 정조의무를 전제로 한다. 그러므로 적어도 여성에게는 혼인 전의 성적 교섭이나 혼인 중에 배우자 이외의 남성과의 성적 교섭은 엄중한 비난의 대상이 된다. 우리 민법에서는 제826조의 부부간의 의무에서 '정조의무'를 명시적으로 규정하고 있지는 않지만, 제840조의 재판상 이혼사유의 제1호에서 '배우자의 부정한 행위가 있었을 때' 가정법원에 이혼을 청구할 수 있도록 하여 간접적으로 정조의무를 혼인의 중요한 의무로 다루고 있다. 나아가 제844조의 친생자 추정 규정을 두어 혼인이 성립한 날로부터 200일 후부터 혼인관계가 종료한

---

22 위의 책, 96면.

날로부터 300일 이내에 출생한 경우에 혼인 중에 임신한 것으로 추정하고, 혼인 중에 임신한 자녀만 남편의 자녀로 추정하고 있다. 그러므로 혼인이 성립한 날로부터 200일이 경과하기 이전[23]이나 혼인관계가 종료한 날로부터 300일후에 출생한 자녀는 출산한 여성의 혼인 외의 자녀가 되고, 아버지는 알 수 없는 것으로 다루게 되어 어머니의 성과 본을 따르게 된다. 이처럼 부성 추정 규정을 통해 혼인 중의 자녀와 혼인 외의 자녀를 엄격히 구분하는 것도 혼인의 부성 결정 기능을 제도화한 것이다. 특히 혼인 중의 자녀와 혼인 외의 자녀가 자녀로서의 법적 효력에는 아무런 차이가 없음에도 불구하고 개념을 준별하고 있을 만큼 규범적 부성의 영향력은 강력하다.

"혼인 중에 수태된 아이의 아버지는 남편이다"라는 나폴레옹 법전 제312호와 "아내가 혼인 중에 임신한 자녀는 남편의 자녀로 추정된다"는 우리 민법 제844조 제1항이 항상 일상생활의 현실과 일치하는 것은 아니다. 혼인 중에 임신한 자녀의 생물학적인 아버지가 법률상 아버지로 추정되는 사람이 아닌 경우도 드물게 존재하는 것이 현실이다. 민법 제847조의 친생부인의 소를 통해 법률상 부성 추정과 생물학적인 부성의 불일치를 바로잡을 수 있는 길이 없는 것은 아니지만, 자녀의 복리 등을 고려하여 친생부인의 소에는 상당한 제약이 붙어있다. 또 친생부인의 소가 제기된 경우에 가정법원은 유전자 검사를 통한 과학적인 부성 판단을 유력한 간접사실로서 결정적으로 의존할 수밖에 없는 것이 현실이다.

그리고 민법 제844조 제2항에서는 '혼인이 성립한 날로부터 200일 후에 출생한 자녀'에 대해 혼인 중에 임신한 것으로 추정하고 있다. 이 규정은 의료현실과는 다소 괴리가 있다. 혼인성립의 날로부터 200일 후에 출생한 경우에만 부성을 추정하는 규정은 "혼인성립의 날 임신되

---

23 혼인이 성립된 시점부터 혼인이 성립한 날로부터 200일 이내에 태어난 자녀도 혼인 중의 자녀인가에 대해서는 학설이 대립되고 있다.

었다고 가정하고, 태아가 임신 이후 200일 이내에도 정상적으로 출생할 수 있는가?"의 의학적 가능성에 규범의 타당성이 결정적으로 달려 있다. 민법 제정 당시와는 비교할 수 없는 의학의 발달로 인해 조산한 미숙아의 생존율은 높아지고 있다. 우리나라의 실증적 연구에 따르면, 임신한 날로부터 200일 이하에 해당함이 확실한, 24주 이하[24]의 미숙아 210명 중에서 110명이 생존하고 100명은 사망한 것으로 밝혀져, 24주 이하에 태어난 미숙아의 생존율이 사망률보다 오히려 더 높다.[25, 26] 이렇게 임신한 날로부터 200일 내에 태어나도 생존할 가능성이 높은 것이 우리의 의료현실이다. 혼인 개시 후 성적 교섭이 존재하고 이를 통해 임신된 자녀가 혼인 성립 후 200일 내에도 생존하여 태어날 수 있음을 규범적으로 배제하는 것은 옳지 않다. 그러므로 혼인성립의 날로부터 200일 후에 출생한 자녀에게만 부성을 추정하는 민법의 타당성은 회의적이지 않을 수 없다.

3. 과학적 부성 증명

2017년 민법 개정 이전에는 제4편 친족에서 유전자 검사를 통한 과학적 증명에 대해서는 전혀 언급이 없었다. 가사소송 과정에서는 친생부인이나 인지청구 등의 경우에 유전자 검사 결과가 거의 그대로 매우 중요한 간접사실로 받아들여지는 것이 현실임에도 불구하고 민법전에서는 어떠한 규정도 존재하지 않았다. 가족관계등록 등의 실무에서는 더 엄격해서, 혼인 외의 자녀가 아버지와의 친생자관계를 형성시키기

---

24 의학적으로 태아 24주라 하면, 배란후 168일 또는 성적 교섭이 있은 후 22주를 의미한다.

25 Jae Woo Lim, Sung-Hoon Chung, Dae Ryong Kang, Chang-Ryul Kim, "Risk Factors for Cause-specific Mortality of Very-Low-Birth-Weight Infants in the Korean Neonatal Network", *JKMS*, 2015, Vol.30, p.38.

26 비공식적으로 확인한 바에 따르면, 삼성의료원에서 20주된 조산아를 생존시킨 사례와 제일병원에서 21주된 조산아를 생존시킨 사례도 있다고 한다.

위해서, 반드시 재판으로 확정되지 않는 한, 혈연상의 부자관계를 증명하더라도 가족관계등록부에 이를 기재할 수 없다.[27]

2017년 민법 개정을 통해서 혼인관계가 종료된 날로부터 300일 이내에 출생한 자에 대해서는 어머니 또는 어머니의 전 남편이 가정법원에 친생부인의 청구를 할 수 있게 하고, 이 친생부인의 청구가 있는 경우에 가정법원은 혈액채취에 의한 혈액형 검사, 유전인자의 검사 등 과학적 방법에 따른 검사결과 또는 장기간의 별거 등 그 밖의 사정을 고려하여 허가 여부를 정하도록 민법전에 과학적 증명에 대해 명시하였다. 또 인지의 허가청구에서도 동일한 규정을 두었다. 이는 매우 긍정적인 방향으로의 친자법 발전이라고 평가할 수 있다.

친자관계를 신속하고 명료하게 성립하도록 하여 자의 복리를 추구하는 것이 부성 추정의 이념인 것은 헌법재판소의 결정문의 "친자관계의 신속한 확정을 통하여 법적 안정을 찾고자 하는 자의 이익"이라는 표현에도 잘 나타나 있다. 동시에 헌법재판소는 "법률적인 친자관계를 진실에 부합시키도록 하고자 하는 모·자·생부·부(夫)의 이익"과의 조화도 동시에 강조하고 있다.[28]

그렇다면 '진실에 부합하는 친자관계의 형성'과 '신속하고 명료한 친자관계의 성립'이라는 부성 추정의 양대 이념의 조화는 어떻게 현실적으로 실현할 것인가. 과학적 친자감정이 가능하게 되었다면 이제 친생추정제도의 가장 중요한 역할은 간단하고 신속하게 법적 부자관계를 결정하는 것이고, 혈연과 일치하지 아니하는 법적 부자 관계에 대처하는 것은 친생추정이 아닌 친생부인제도의 기능이라고 하는 주장[29]은 주목할 만하다. 유전자 검사를 통한 과학적 증명이야말로 신속하고 명료하면서도 생물학적 진실에 부합하는 친자관계 형성 및 확인 방법이

---

27 호적선례 200410-2; 권재문, 친생자관계의 결정기준, 경인문화사, 2011, 22면.
28 헌법재판소 2015.4.30. 2013헌마623 결정.
29 권재문, 앞의 책, 289-290면.

라 생각된다.[30] 유전자 검사 결과 부성이 증명된 사람은 향후 친생자관계부존재확인 소송에서도 유전자 검사를 통해 부성 검증이 이루어질 것이므로, 유전자 검사 과정에 오류가 있는 등의 지극히 예외적인 경우가 아닌 이상, 부자관계가 깨지는 일은 없을 것이다. 영국의 경우에 법률상 부를 포함한 당사자 전원의 협력 하에 이루어진 유전자 검사결과를 제시하여 생부가 있음을 입증하는 명백한 증거를 제시하여 규범적 부성 추정에도 불구하고 제3자의 자녀로 출생신고할 수 있는 길을 열어두고 있다.[31]

이와 같이 과학적 부성 증명을 도입함으로써 얻는 부수적인 소득도 있다. 과학적 부성을 인정하게 되면 혼인 중의 자녀와 혼인 외의 자녀라는 구분은 존재의의가 없어지게 된다. 현재 혼인 중의 자녀인가 아닌가에 따른 자녀로서의 법적 효력에는 아무런 차이가 없으므로, 양자의 구분의 민법상 실익은 오직 부성 추정 이외에는 찾아볼 수 없다. 과학적 부성의 증명을 도입하게 되면, 어머니의 혼인 여부와 관계없이도 유전자 검사결과를 제출하여 아버지와 자녀 사이의 친생자관계를 형성시킬 수 있으므로 굳이 적서차별의 퇴화된 잔재인 '혼인 외의 자녀'라는 자녀의 복리에 결코 도움이 되지 않는 굴레에서 해방시킬 수 있게 된다.

끝으로 친생부인에서는 거의 유일한 결정적 간접사실로 취급되는 유전자 검사결과를 왜 출생신고에서 원칙으로 활용할 수 없어야 하는가는 쉽게 납득되지 않는다. 생물학적인 아버지와 법적인 아버지가 불일치하는 병리현상을 바로잡을 때에 유력한 소극적인 간접사실로 다루

---

30 2017년 민법 개정을 위한 논의에서도 규범적 부성이 추정되더라도 혈액형, 유전자검사 그 밖의 사정에 비추어 부(夫)의 자녀가 아님이 명백한 경우에는 가정법원의 확인을 받아 규범적 부성을 배제하자는 주장도 제기된 바 있다; 현소혜, "친생자 추정: 헌법불합치결정에 따른 개정방안", 성균관법학 제27권 제4호, 2015, 86-87면.

31 현소혜, "친생자 추정과 가족관계등록절차의 개선방안", 법학논고 제49집, 경북대학교 법학연구원, 2015, 281면.

어지는 유전자 검사결과라면, 출생한 자녀와 아버지의 친생자 관계를 형성하는 적극적인 증명으로 다루어지지 못할 까닭이 없다. 유전자 검사 결과가 왜 반드시 부자관계를 깨트릴 때만 활용되어야만 할 합리적인 이유를 찾을 수 없다면, 과학적 부성 증명의 수단으로 적극적으로 도입되어야 할 것이다.

4. 혼인의 부성 판단 기능 약화

혼인의 부성결정 기능은 규범적인 정조의무를 논리적인 전제로 하고 있으므로, 현실적으로는 상당히 취약한 한계를 내포하고 있다. 유럽연합 공식통계기구 유로스타트에 따르면 지난 2016년 EU 28개 회원국과 유럽자유무역연합(EFTA) 4개국 중 혼외출산비율이 절반 이상을 차지한 국가가 10개에 달한 것으로 파악됐다. EU 내에서 혼외출산 비율이 가장 높은 나라는 프랑스로, 신생아의 59.7%, 즉 10명 가운데 6명 꼴로 혼외출산인 것으로 드러났다. 프랑스 다음으로는 불가리아와 슬로베니아의 혼외출 비율이 각각 58.6%로 2위를 차지했고, 에스토니아(56.1%). 스웨덴(54.9%), 덴마크(54.0%), 포르투갈(52.8%), 네덜란드(50.4%) 등이 그 뒤를 이었다. EFTA 4개국 가운데서는 아이슬란드의 혼외출산 신생아 비율이 69.6%로 집계돼 유로스타트가 조사한 국가들 중 가장 높은 수치를 기록했다. 노르웨이도 56.2%로 절반을 넘었다.[32] 혼외출산 비율이 증가하는 경향은 이미 상당히 진행되고 있음이 실증되고 있다. 혼외출산된 자녀의 부성판단은 과학적 부성 증명에 실질적으로 의존하게 될 것이고, 혼인의 부성판단 기능은 갈수록 약화될 수밖에 없다.

만약 최초의 부성 판단이 과학적인 증명을 통해서도 가능해진다면, 혼인의 부성결정 기능은 약화될 수밖에 없다. 과학적 부성 증명 하에

---

32 http://news.mk.co.kr/newsRead.php?year=2018&no=247813(2018.4.18.방문).

서는 혼인의 정조의무도 다른 관점에서 조명되어야 한다. 현재의 규범적 부성 추정이 성립되기 위해서는 정조의무가 전제조건으로 필수적으로 요구되는 것이지만, 과학적 부성 증명이 도입되면 정조의무는 자녀의 아버지를 정하기 위한 기능은 상실하고 애정의 독점적 지위를 확보하기 위한 정서적이고 감정적인 측면이 부각된다. 즉 혼인이 아버지를 지목하는 것이 아니라면, '임신을 수반하지 아니하는 혼외정사'에 대한 현재의 법적 비난과 동일한 시각만이 남게 된다. 또한 혼인 전의 성적 교섭이나 혼전 출산에 대한 부정적 가치판단도 무의미해질 것이다. 혼인이 성립되기 이전이라도 애정에 기반하는 성적 교섭이 존재하는 것은 오히려 자연스러운 것이므로, 과학적 부성 증명을 도입한다면 이를 금기시할 이유가 없다. 또 혼인하지 않은 여성이 출산을 하더라도 과학적으로 부성을 증명하여 자녀에게 아버지를 법적으로 인정할 수 있으므로 혼전 출산이나 혼인중 출산이나 아무런 차이가 있을 수 없다.

혼인의 정조의무가 여성이 아닌 남성에게도 주어진다는 점에서 정조의무는 반드시 부성을 결정하기 위해서만 존재하는 것은 아니다. 이는 정조의무의 또 다른 존재의의가 있기 때문이고, 독점적 애정에 대한 감정적 요구가 바로 그것이다. 애정에 기반한 혼인의 정조의무는 사라지지 않는다. 그러나 정조의무라고 해서 그것이 반드시 2명의 애정 당사자 사이에서의 정조의무만을 의미하는 것이라고 단언할 수는 없다. 이러한 전통적인 정조의무는 일부일처제 하에서만 유효한 정조의무일 뿐이다. 일부일처제가 아닌 새로운 사회적 혼인관계, 예를 들면 선택적 군혼이 등장하게 된다면, 새로운 혼인질서 내에서 애정당사자 간의 정조의무로 존재하게 될 것이다.

5. 일부일처제 가족의 진화

"일부일처제는 진화의 수수께끼다." 영국 케임브리지대 동물학과 디터 루카스 교수의 말이다. 포유류 중에 암수가 같은 영역에서 번식기의 한차례 이상을 함께 지내는 종은 전체의 9% 정도이다. 영장류는 이보다 조금 많은 15%-29%가 짝이 되어 함께 지낸다.[33] 생물학적인 관점이 아니라 정치경제학적인 관점에서도 일부일처제는 결코 자연스러운 것이라고 보기 어렵다. 일부일처제는 자연적인 조건이 아니라 경제적 조건에 기초한 것으로 원시적 공동소유에 대한 사적 소유의 승리에 기반한 최초의 가족형태이고, 남자와 여자의 화합으로써 역사의 등장한 것이 아니며, 화합의 최고형태로 나타난 것은 더더욱 아니다.[34] 그럼에도 불구하고 오늘날 인류의 지배적인 혼인유형은 일부일처제임은 틀림없다.

일부일처제 혼인 유형이 영구불변의 생명력을 지닌 의심의 여지 없는 '진리'인가는 의문이다. 엥겔스는 일부일처제가 자본주의적인 경제적 원인에서 생겨났다고 해서 이러한 원인이 사라지면 일부일처제도 소멸할 것인가에 대해 일부일처제는 사라지기는커녕 오히려 완전하게 실현되고, 개인적인 성애가 작용하여 결혼의 완전한 자유가 실현될 것이고 더불어 이혼의 자유도 보장될 것[35]이라고 예견한 바 있다. 이러한 엥겔스의 견해에 대해 절반에는 수긍할 수 있으나, 나머지 절반에는 공감하기 어렵다. 지식정보사회에서 고양된 여성의 생산력으로 인해 개인적 성애가 작용하여 결혼과 이혼의 자유가 보장될 것이라는 점에는 공감하지만, 일부일처제가 강화되고 완전하게 실현될 것이라고 예견하기는 어렵다. 전적으로 애정에 의해 결정되고 유지되는 혼인이라면, 혼인의 생명력은 애정의 존속 여부에 의해 결정된다. 다수의 학자가 주장하는 바와 같이 애정의 유효기간이 불과 몇 년에 불과하다면, 혼인의 생명력도 결코 길다고 할 수 없다. '검은 머리가 파뿌리가 될

---

33 "많은 암컷과 짝지으면 후손 더 많은데…'암수 한 쌍 결합' 왜", 중앙일보, 2017.12.17. 보도 기사.
34 프리드리히 엥겔스 저·김현미 역, 앞의 책, 101면.
35 위의 책, 115면.

때까지' 혼인이 유지될 것이라는 기대는 서로에게 하기 어려워 질 것이다. 그렇다고 해서 애정에 불타면 혼인관계를 형성했다가 애정이 식으면 혼인관계를 해소하는 것은 너무 많은 비용이 소요되는 문제가 생긴다. 자연스럽게 변화하는 애정에도 사회적으로 비난받지 않으면서 동시에 혼인관계의 형성과 해소에 따른 비용을 아낄 수 있는 방향으로 혼인의 형태가 이행될 것이라는 것은 쉽게 예견할 수 있다. 즉 '변하는 애정에 대한 사회적 수용'과 '지속적 혼인관계의 유지'라는 서로 모순되는 것과 같은 가치를 조화롭게 수용할 수 있는 혼인관계의 탄생이 바로 그것이다.

Ⅲ. '군족'의 출현

1. 변화의 맹아

21세기에 들어 세계는 이른바 '제4차 산업혁명'[36]의 시기를 맞이하고 있다. 작금의 경제적 환경변화의 핵심은 대규모의 산업기계를 이용한 공장제생산에서 탈피하여, 컴퓨터와 인공지능 그리고 인터넷으로 대표되는 지식정보사회로의 이행이라고 할 수 있다. 인공지능 소프트웨어에 의해 통제되는 물리적인 하드웨어 그리고 모든 소프트웨어와 하드웨어를 초연결하는 네트워크에 의해 생산되고 소비되는 새로운 생산의 시대를 맞이하고 있다. 이러한 경제적 환경의 혁신은 혼인 그리고 혈

---

36 2016년 다보스포럼(Davos Forum)에서 세계경제포럼(World Economic Forum)의 회장인 클라우스 쉬밥(Claus Schwab)이 현재의 시대를 제4차 산업혁명의 시대(Era of the Fourth Industrial Revolution)라고 말하면서부터 확산된 것이며, 제1차 산업혁명을 기계화, 수력발전, 증기기관 중심사회, 제2차 산업혁명을 대량생산, 조립라인, 전기 중심사회, 제3차 산업혁명을 컴퓨터와 자동화 중심사회, 제4차 산업혁명을 사이버물리시스템(Cyber Physical System, CPS) 중심사회라는 점을 들고 있다.

연 나아가 가족이라는 인간의 가장 근본적인 관계를 어떻게든 변화시킬 것임은 틀림이 없다.

인공지능을 이용한 스마트사회에서는 인간의 근육에 의존하는 노동은 더 이상 생산력의 근간이 되지 못한다. 인공지능에 의해 통제되는 금속성 로봇보다 더 강한 물리력을 발휘할 수 있는 인간의 근육은 없다. 인간의 노동력과는 비교할 수 없는 효율적인 물리력을 가진 인공지능 로봇이 인간의 단순 노동을 대체하는 현상은 이미 국제공항의 청소 로봇에서 나타나고 있다. 전통사회에서 강조되던 남녀사이의 노동력의 차이라는 것은 로봇과 인간과의 노동력 차이와는 비교할 수 없을 만큼 미미한 것이다. 이제 남녀의 노동력 격차는 인공지능 로봇에 의해 극복되고 무시될 것이다. 인간의 물리적인 단순 노동이 의미를 상실해가는 제4차 산업혁명 이후의 스마트사회에서는 지식정보가 가장 중요한 가치로 부각될 것이다. 지식정보를 창출하는 지적 능력을 발휘하는 두뇌는 근육과 달리 남녀 사이에 근본적 격차가 존재하지 않는다. 이제 적어도 경제적 생산력에서는 남성과 여성의 격차는 존재하지 않게 된다. 20세기를 앞두고 엥겔스는 생산력과 생산관계의 모순에 따른 자본주의의 붕괴에 의해 진정한 남녀평등이 올 것이라고 예견했으나, 결국 21세기 과학기술의 혁신적 진보가 진정한 남녀평등을 자연스럽게 실현시키게 될 것이다.

과학기술의 혁신에 따른 남녀평등의 실현으로 혼인은 진정한 애정만을 기반으로 하는 감정공동체로서 새로운 가치관과 이상을 추구하게 될 것이다. 상실한 애정에도 불구하고 불행한 혼인을 끌고 가야 할 이유는 남녀 양쪽 어디에도 남아 있지 않다. 혼자서 의·식·주의 기본적인 일상생활을 하는 데에 불편함을 느끼지 못하는 사회화된 공급체계에서는 오로지 이를 상품으로 구입할 금전적 풍요만이 필요할 뿐이다. 이제 전통적인 혼인의 운명은 낭만적 사랑의 유효기간에 전적으로 달리게 된다.

자녀의 아버지를 법적으로 판단해주는 혼인의 부성추정 역할도 퇴색될 것이다. 자녀를 임신한 여성의 '법률상 배우자'를 '자녀의 아버지'로 추정하는 규범적 부성추정은 혼인의 정조의무라는 추상적인 법적 규범을 전제로 하는 것이다. 혼외 정사의 가능성이 상존하는 현실에서는 혼인의 정조의무는 취약한 것이므로, 어머니의 법률상 배우자가 자녀의 탄생에 기여한 생물학적인 아버지가 아닌 경우를 완전히 배제할 수는 없다. 이러한 불일치는 친생부인의 소에서 가정법원의 판결을 통해 후발적으로 교정되는데, 법관도 사람인 이상 자녀의 진정한 생물학적인 아버지가 누구인지를 정확히 판단할 신통력을 가질 수는 없다. 오로지 유전자 검사라는 과학적 방법을 통해 자녀와 법률상의 아버지가 생물학적으로도 부자관계가 있는가를 전문가에게 의뢰하고, 그 검사결과에 실질적으로 의존하여 친생부인의 소에서 판결을 할 수밖에는 없다. 현재도 과학기술이 실질적으로는 부자관계의 유무 판단을 하되, 다만 규범적인 선언만을 법관이 하는 것에 불과하다. 그렇다면 굳이 어머니의 남편이 자녀의 아버지라는 정확도 떨어지는 법적 추정을 먼저 하고, 이를 나중에 소송을 통해 유전자 검사라는 과학적 증명으로 검증하는 번거로운 과정을 취할 이유가 있는가. 과학적 진보에 따라 유전자 검사가 간편하고 경제적인 상품으로 널리 보급되면, 부성의 판단은 처음부터 과학적 증명에 의해 이루어지게 될 것이다. 그렇게 되면 혼인의 부성추정 역할은 존재의의를 잃게 될 것이다.

　　가족의 중요한 기능 중 하나는 부모가 인류의 새로운 세대인 미성년 자녀를 보호하고 교양하며 부양하는 것이다. 전통적인 남성중심의 가부장제 하에서는 자녀의 양육은 주로 어머니인 여성에게 맡겨져 있었고, 이것이 '스테레오타입(stereotype)'으로 굳어지게 되었다. 그러나 이미 육아의 사회화는 시작되고 있다.[37] 육아의 사회화는 단지 인류 후속

---

37 우리나라의 보육예산이 12년 동안 83조 3,900억원이었고, 2017년 한해 동안 0~2세 어린이집 예산만 4조 4,414억원에 이르고 있다(http://news.mt.co.kr/mtview.php?no=20180403

세대의 양육의 문제가 아니라 여성의 경제활동 나아가 사회참여 그리고 궁극적인 남녀평등과도 서로 긴밀하게 연관되어 있는 것이다. 21세기 과학기술의 혁신적 진보가 진정한 남녀평등을 자연스럽게 실현시킨다면, 더 이상 가정 내에서 어머니에 의해 전담되는 양육은 유지될 수 없고 유지되어서도 안된다. 육아의 사회화는 가족의 구성에서 혈연주의의 퇴보를 가져올 가능성이 높다. 가정내 육아에서는 혈연관계를 기반으로 하는 부모와 자녀의 연결이 중요하여 '피에 의한 부양'이 기본이 되겠지만, 사회화된 육아에서는 국가와 사회의 역할이 중요하여 '제도에 의한 부양'이 강조될 것이다. 그렇다면 자녀의 입장에서도 누가 나의 부모인가, 나아가 누가 나와 부모를 같이하는 형제인가의 중요성도 현재보다는 약화될지도 모른다.

결혼은 오로지 낭만적 사랑에 기초한 감정공동체로 진화하여, 애정의 유효기간이 종료하면 혼인도 해소되는 시대, 자녀의 아버지는 어머니의 혼인 배우자가 아닌 유전자 검사 결과에 의해 과학적으로 증명되는 시대, 태어난 자녀의 양육을 어머니가 가정 내에서 전담하는 것이 아니라 사회가 제도적으로 수행하는 시대가 오면, 혼인과 가족은 반드시 변화하게 될 것이다. 그리고 그 구체적인 모습도 지금까지 우리에게 익숙하게 받아 들여지고 쉽게 예상되는 그러한 풍경과는 사뭇 다르지 않을까.

2. 군혼(群婚)의 재등장

과학기술의 혁신적 진보가 가져온 낭만적 사랑에 기초한 혼인의 이상이 실현되면, 견고한 일부일처제 혼인제도에 균열을 가져올 수도 있다. 알려진 낭만적 사랑에 의해 이루어진 혼인은 그 불꽃 같은 사랑이

20024463856).

꺼지면 더 이상 유지할 동력을 잃는다. 몇 개월 또는 몇 년에 불과하다고 알려진 애정의 유효기간이 경과하면 혼인을 해소해야 하는 상황에 직면하게 된다. 어느 시대를 막론하고 혼인제도가 존재하는 한 배우자 아닌 자와의 애정관계, 특히 성적 교섭은 비난을 피할 수 없으므로, 혼인관계를 해소하지 아니하고 새로운 낭만적 사랑이 허용되거나 또는 존중될 수는 없음은 물론이다. 그러므로 또 다시 낭만적 사랑이 시작된다면, 기존의 낡은 혼인은 해소하고 새로운 혼인관계를 형성할 수밖에 없을 것이다. 새로운 사랑과 혼인관계를 형성하는 것도 결코 쉬운 일은 아니지만, 애정이 식어버린 상대와 혼인을 해소하는 것은 더 피곤한 일이다. 이러한 피곤하고 번거로운 인생의 중대사를 평생동안 반복해야 하는 고달픈 인생이 미래의 인류의 삶이 되는 것은 끔직하다.

변화하는 사랑의 감정에도 충실하고 혼인도 지속적으로 유지하는 일견 서로 모순되는 이상을 둘다 만족시킬 수는 없을까. 현재와 같은 공고한 일부일처제를 유지하면서 이러한 이상을 추구하는 것이 어렵다는 것은 자명하다. 변화하는 애정에 충실하기 위해서는 적어도 기존의 애정관계를 해소하는 것이 현재의 법률상 이혼과 같이 어려워서는 안된다. 그러나 일부일처제에서의 애정관계의 해소는 곧 혼인의 해소와 직결되기 때문에 일부일처제를 극복하지 아니하는 한, 낭만적 사랑의 대상을 법률상 배우자로 쉽게 변경하는 것은 불가능하다. 그렇다면 낭만적 애정에 기반한 지속적인 혼인관계를 형성하기 위해서는 현재와 같은 1대1의 독점적 일부일처제의 변화는 불가피하다.

우리는 일부일처제의 모순을 극복하는 맹아를 이른바 '졸혼(卒婚)'이라는 낯선 풍조에서 최근 발견하고 있다. 법률상으로는 혼인이라는 명분을 유지하여 배우자로서의 상속이나 각종 대외적 관계에서 부부로서의 지위 등의 법적 효력은 향유하면서도, 실질적으로는 애정공동체나 경제공동체로서의 부부관계는 해체하여 새로운 낭만적 사랑을 암묵적으로 인정하는 혼인관계도 등장하고 있다. 이러한 점에서 졸혼도 명백한 일부일처제의 실질적 변화의 과도기적인 모습이라고 생각된다.

앞서 제시한 낭만적 사랑에 기초한 감정공동체로서의 혼인, 부성의 과학적 증명, 육아의 사회화가 완전히 실현되는 시대에 지배적인 혼인의 모습은 무엇인가. 새로운 혼인제도에 요구되는 필수적인 조건은 '단기적인 애정의 유연한 허용' 그리고 '장기적인 법적 혼인의 지속'이다. 장기적인 법적 혼인의 테두리 내에서도 단기적인 낭만적 사랑의 변화가 유연하게 수용될 수 있어야 한다. 즉 법적인 혼인을 유지하면서도, 애정의 상대는 용이하게 교체할 수 있어야 한다. 이로써 법적 혼인 밖에서 낭만적 사랑을 구하는 규범적 비난을 피하는 동시에 법적 혼인을 벗어나는데 수반되는 고통과 비용을 감수하지 않아도 된다. 결국 먼 미래에 다가올 혼인의 새로운 형태는 결국 사회적으로 동질적인 남성 집단과 여성 집단 사이의 '군혼(群婚)' 외에는 생각하기 어렵다.[38]

인공지능과 로봇이 인간의 노동력을 대체할 고도화된 지식정보사회에서 등장할 군혼의 구체적인 내용은 무엇일까. 우선 남녀 1인이 혼인신고를 함으로써 성립되는 정적인 일부일처제의 혼인성립와 달리 군혼의 성립은 동적인 형성과정을 가질 것으로 생각된다. 일련의 남성 무리가 하나의 집단을 만들고 또 다른 여성 무리가 배우자 집단을 만들어서 집단간 혼인을 함으로써 군혼을 성립시키더라도, 특정 남성 또는 여성이 그 혼인집단의 구성원으로 새롭게 참여하거나 또는 탈퇴하는 것은 허용될 것이다. 그러므로 군혼의 혼인관계는 확정적으로 고정된 것이 아니라 동적으로 지속적인 형성과정을 유지하게 될 것이다. 집단의 관점에서의 군혼의 성립은 남성 무리와 여성 무리의 최초의 혼인관계의 형성으로 나타나겠지만, 개인적인 관점에서의 혼인의 성립은 무리에 가입하는 것으로 또 혼인의 해소는 무리에서 탈퇴하는 것으로 실

---

38 엥겔스는 서너 명 내지 그 이상의 남자들이 한 명의 공동 아내를 가지지만, 그와 동시에 이들은 또 각각 세 명 내지 그 이상의 남자들과 공동으로 두 번째 아내를 가지며 그런 식으로 세 번째, 네 번째 아내를 공유하는 결혼형태를 이른바 '클럽혼'이라고 명명한 바 있다; 프리드리히 엥겔스 저·김현미 역, 앞의 책, 95면.

현될 것이다. 혼인의 자유가 보장되는 한 군혼 무리에의 가입의 자유나 탈퇴의 자유는 보장되어야 한다. 다만 무리에의 가입은 적어도 동성(同性) 무리와 배우자 무리가 정하는 일정한 요건과 절차를 거쳐야 할 필요가 있을 수는 있다. 군혼은 혼인하는 무리 사이의 동질성과 무리 구성원의 동질성 확보가 중요하게 다루어질 것이기 때문이다. 또한 특정한 무리에 소속되어 있으면서 배우자 무리외의 다른 무리와의 애정관계는 허용될 수 없으며 법적 비난을 면하기 어렵다. 만약 개인의 입장에서는 참여하는 무리와 동질성을 느끼지 못하거나 또는 배우자 무리에서 낭만적 사랑을 발견할 수 없다면, 군혼에서 이탈하는 형태로 이혼을 하고 다시 새로운 무리에 가입을 함으로써 새로운 군혼에 편입될 것이다.

군혼이라고 해서 상대방 무리 전체와 난교(亂交)를 하는 것으로 이해되어서는 곤란하다. 군혼 하에서도 일부일처제적인 독점적 애정관계를 유지하고자 하는 인간의 소유욕은 그대로 유지된다고 보는 것이 자연스러울 것이다. 다만 군혼 하에서의 특정 파트너와의 독점적 애정관계는 일부일처제의 혼인과 달리 느슨한 관계로서 간이하게 형성되고 해체될 것이다. 경우에 따라서는 군혼 내의 독점적 애정관계를 훼손할 위험을 고려하여 현재 애정 파트너와의 정조의무가 부과될 수도 있겠지만, 여기에서의 정조의무는 일부일처제에서의 정조의무와는 비교할 수 없을 정도로 약한 도의적인 의무에 불과할 가능성이 높다. 다만 군혼 무리를 벗어난 다른 무리와의 애정관계 특히 성적 교섭에 대해서는 일부일처제에서의 정조의무를 위반한 것 이상의 법적 비난이 부과될 것이다.

군혼제가 등장한다고 하더라도 나아가 군혼제가 현재의 일부다처제와 같이 부분적으로 보편적인 혼인의 형태 중 하나로 자리 잡는다 하더라도, 일부일처제의 완전한 소멸을 의미하는 것은 아니다. 군혼제는 일부일처제와 병행하여 양립하는 택일적 혼인형태가 될 것이다. 군혼을 할 것인가 아니면 현재와 같은 일부일처혼을 할 것인가는 당사자가 자유롭게 결정할 문제일 뿐이다. 또한 처음에는 군혼제를 선택하였지만 군혼 무리에서 탈퇴하여 일부일처제로 전환하는 것도 가능할 것이고, 그 반대도 허용될 것이다. 영구적인 애정과 혼인의 유지를 자신할 수 있고 또 선호하는 당사자 사이에서는 군혼이 아닌 일부일처혼을 선택할 것이다. 현재도 일부다처제와 일부일처제가 공존하는 것처럼, 군혼제와 일부일처제는 병존할 것이다. 다만 현재의 일부다처제는 특정한 지역과 종교적인 배경으로 국한되지만, 군혼제는 전세계적인 범위에서 보다 보편적인 양상을 띨 가능성이 있다.

3. 군족(群族)의 출현

혼인제도에 군혼이 등장하게 된다면, 군혼제에서 가족관계는 어떠한 변화를 맞이하게 될 것인가. 일부일처제에서는 단일한 부모와 그 혈족관계인 자녀들로 구성된 가족이 가장 지배적인 형태가 되어 왔다. 군혼을 하는 경우라면 최소한 단일한 부모와 그 자녀로 구성되는 전통적인 가족은 더 이상 유지될 수 없다. 이러한 점에서 현재와 같은 '가정'은 붕괴되고, 마침내는 현재와 같은 '가족'개념의 보편적 지배도 종말을 맞게 될 것이다.

군혼 내에서 단기적인 애정 파트너를 여러 번 교체하는 혼인형태에서는 자녀에게 부모는 각 한명일지라도, 같은 부모를 둔 형제가 여럿일 가능성은 낮아진다. 예를 들어 갑, 을, 병, 정으로 구성된 남성 무리와 A, B, C, D로 구성된 여성 무리의 군혼에서 갑-A 사이의 자녀㉠, 갑-B 사이의 자녀㉡, 을-B 사이의 자녀㉢, 을-D 사이의 자녀㉣, 병-C 사이의 자녀㉤, 정-D 사이의 자녀㉥ 등 아버지를 같이하는 형제자매(㉠㉡, ㉢㉣) 또는 어머니를 같이하는 형제자매(㉡㉢, ㉣㉥)의 이중의 무리로 구성될 가능성이 높다. 즉 ㉣에게는 ㉢은 아버지를 같이하는 형제자매이고 ㉲은 어머니를 같이하는 형제자매가 되지만, ㉢과 ㉲ 사이에는 공통의 아버지도 어머니도 존재하지 않는다. ㉢과 ㉲ 둘 다 ㉣과는 형제자매이지만, ㉢과 ㉲은 직접적으로는 혈족도 아니고 인척도 아니라 현행 민법상으로는 친족의 범위에 포함되지 아니한 이른바 사돈에 불과하다.[39] 전통적인 관점에서는 이성동복(異姓同腹), 동성이복(同姓異腹)의 형제자매가 무수히 많이 존재하게 되어, 친족은 아니지만 '형제자매'가 아니라고도 할 수 없는 새로운 무리가 출현하게 될 것이다.

군혼제에서도 누구에게나 생물학적인 아버지와 어머니는 하나일 수밖에 없다. 그러나 하나의 아버지와 다수의 여성 무리와 애정 파트너 관계를 비교적 자유롭게 형성할 수 있으므로 아버지의 배우자는 잠재적으로는 여성 무리 전체가 될 수 있다. 반대로 하나의 어머니도 다수의 남성 무리와 애정 파트너가 될 수 있으므로 어머니의 배우자도 잠재적으로는 남성 무리 전체가 될 수 있다. 그리고 아버지와 잠재적인 아버지의 배우자들이나 어머니와 잠재적인 어머니의 배우자들과의 사이에서 출생할 수많은 자녀들은 새로운 의미의 형제자매가 될 것이다. 이제 가족의 개념은 종말을 맞고 세대의 연속성을 의미하는 새로운 개념과 형태의 '족(族)'이 등장하게 될 것이다. 구체적으로는 이와 같은 군혼과 군혼으로부터 생성되는 다수의 새로운 의미의 형제자매인 2세 그룹을 하나로 묶는 '군족(群族)'의 형태로 발전되게 될 것이다.

군혼에 의해 일생에 걸쳐 다수의 애정 파트너와의 관계에서 자녀를 출산하더라도 누가 아버지인가를 결정하는 부성의 판단은 문제가 되지 않는다. 전통적인 일부일처제에서는 출산한 어머니의 법률상 배우자를 아버지로 추정하였지만, 과학적 부성 증명에 따라 아버지를 결정한다면 규범적 부성 추정은 더 이상 필요하지 않다. 과학적 부성 증명으로 혼인의 부성결정기능을 충분히 대체할 수 있다. 이러한 점에서 아버지

---

39 ㉲의 직계존속 D의 배우자인 을의 직계비속이 ㉢이므로, '혈족의 배우자의 혈족'으로서 인척의 범위에 해당되지 아니한다.

를 알 수 없는 야만시대의 군혼[40]과는 차별화된다. 만약 예외적으로 동시에 복수의 애정 파트너와 관계가 허용되는 경우라도 할지라도, 과학적 부성 증명에서는 그러한 중첩적 애정 관계는 아무런 문제가 되지 않는다. 군혼에서도 혼인 관계에 있는 배우자 무리 외의 혼인 외의 성적 교섭은 엄격히 금지될 것이므로, 잠재적 아버지의 수는 어머니와 군혼하는 남성들의 수로 일차적으로 제한되므로 과학적으로 증명하는 것은 용이하다. 만약 군혼 외의 성적 교섭이 있다면 잠재적인 아버지 후보군에서 생물학적인 아버지를 발견할 수 없겠지만, 아버지를 알 수 없는 위험은 일부일처제의 경우보다는 상대적으로 크지 않을 것으로 생각된다.

가족에서 군족으로 이행되어 아버지 또는 어머니를 달리하는 어린 미성년 자녀가 다수 존재하더라도 육아의 사회화를 통하여 전통적인 부모 또는 가족의 역할을 상당 부분 대체하게 될 것이다. 또 부양도 현재도 친족적 부양의 중요성보다는 사회복지 차원의 사회적 부양이 더 강조되는 실정이므로, 향후 군족에게 법적 부양의무를 부과하는 것은 어렵고 사회복지제도를 통한 부양이 더 활성화 될 것이다.

IV. 결 론

지식정보사회로의 발전에 따라 인공지능과 로봇이 인간의 육체적 노동을 거의 완전하게 대체하는 상황이 머지 않아 도래할 것이다. 그 날이 오면, 인간의 근육에 의존하는 물리적인 육체노동의 가치는 매우 낮아질 것이고, 생산력은 지식정보의 창출에 의해 결정될 것이다. 인류 역사 이래 극복할 수 없었던 남녀의 본질적인 물리적 힘의 차이에 기인하는 생산력의 격차는 정신적 노동에 따른 지식정보의 생산에서는

---

40 프리드리히 엥겔스 저·김현미 역, 앞의 책, 114면.

완전히 극복된다. 과학기술의 혁신이 가져오는 새로운 지식정보 생산력의 시대에 이르러 자연스럽게 완전한 남녀평등이 실현될 것이다.

생산력에 있어서 완전한 남녀평등이 실현되면, 남녀의 혼인은 경제적 또는 사회적 요소를 배제하고 이상으로 낭만적 사랑에만 기초하는 애정공동체로 진화될 것이다. 그러나 인간의 낭만적 사랑이란 시간의 흐름에 취약한 것이어서 영구적이지 못하고, 불과 몇 개월 내지 몇 년의 유효기간이 존재한다는 것이 일반적인 인식이다. 결국 낭만적 사랑에 기초한 혼인이라면, 애정의 유효기간이 경과하면 더 이상 혼인을 유지할 동력을 상실하게 될 것이다. 그렇지만 혼인의 성립과 해소에는 많은 노력과 비용이 소요되므로, 일생에 걸쳐 여러번 혼인을 반복하는 것은 매우 어려운 일이다.

과학기술의 발전은 혼인에서 부성판단의 기능을 거의 무력화하였다. 진정한 혈연관계가 있는 아버지는 어머니의 혼인보다 유전자 검사라는 과학적 증명으로 통해 더 정확하게 이루어질 수 있다. 오로지 혼인은 순수한 낭만적 사랑 그 자체로서의 의미만 강조된다. 또한 현재에도 활발하게 진행되는 육아의 사회화는 고도화된 지식정보사회에서 더 강화될 것이다. 전통적인 가족에 의한 육아나 부양은 국가가 전적으로 부담하게 되어, '피에 의한 부양'에서 '제도에 의한 부양'으로 전환될 것이다.

낭만적 사랑에 기초한 감정공동체로서의 혼인, 부성의 과학적 증명, 육아의 사회화가 실현되면, 법적 혼인의 테두리 내에서 단기적인 낭만적 사랑의 변화를 유연하게 수용하는 혼인제도를 갈망하게 될 것이다. 그 모습은 결국 일련의 남성의 무리와 여성의 무리가 혼인을 하는 군혼제로 나타날 것이다. 군혼을 한 무리들 사이에서의 애정 파트너를 교체하는 것은 혼인을 해소하지 아니하여도 얼마든지 가능한 것이므로 무리 내에서의 애정의 변화를 유연하게 수용할 수 있을 것이다. 또 군혼에서 태어난 아버지와 어머니를 달리하는 수많은 형제자매는 가족이 아닌 '군족'으로 광범위한 관계를 형성할 것이다. 설령 군혼제를 취한다고 하더라도 여성이 출산한 자녀의 아버지를 정하는 것은 어렵지 않다. 거의 대부분의 경우에는 군혼을 한 제한된 남성 무리가 잠재적인 아버지 후보군이 될 것이기 때문이다. 이렇게 군혼제에서 태어난 자녀의 양육과 부양은 국가와 사회가 공적인 제도화된 부양을 통해 사회복지 차원에서 담당하게 될 것이다.

설령 군혼제와 군족이 출현한다고 해서, 일부일처제와 전통적 가족이 완전히 소멸되는 것은 아니다. 즉 군혼제과 군족이 일부일처제와 가족을 전면적으로 대체하지는 못할 것이다. 인류의 일부는 여전히 독점적이고 영구적인 애정을 유지하면서 일부일처제를 고수할 것이고 그 남녀 사이에서 태어난 자녀들로 가족을 구성할 것이기 때문이다. 마치 지금 일부일처제가 문명사회의 지배적인 혼인제도임에도 불구하고 일부다처제가 지구상에서 당당하게 공존하는 것처럼, 군혼제와 일부일처제는 선택적 관계에 놓이게 될 것이다. 어느 제도가 더 시대정신을 잘 반영할 것인가에 따라 지배적인 혼인과 가족제도로 자리를 잡게 될 것이다. 군혼제의 출현에 대해 당장 걱정하거나 환호할 필요는 없다. 분명 지금은 아니다.

> **"그러니 깨어 있어라. 집주인이 언제 돌아올지, 저녁일지, 한밤 중일지, 닭이 울 때일지, 새벽일지 너희가 모르기 때문이다."** (마르코복음 13:35)

11

이 동 진

서울중앙지방법원 판사 등을 거쳐 현재 서울대학교 법학전문
대학원에서 민법과 의료법을 가르치고 있다. 『주해친족법』(2015) 중
"혼인의 효력과 이혼" 부분의 집필자이다. 근래에는 비교사법, 법경제학,
보건의료정책 및 정보 프라이버시에 관하여 연구하고 있다.

혼인을 법이 규율하여야 하는가?
– 국가/법의 혼인에 대한 중립성 명제에 관한 약간의 생각 –

1. 이것은 사실은 위험한 생각이 아니다.

혼인 중립성(marriage neutrality)은 국가 또는 법이 혼인에 대하여 중립적이어야 한다는 생각을 말한다. 여기에는 국가 또는 법이 혼인을 하였는지 여부에 따라 차별을 하여서는 아니 된다는, 적어도 혼인을 함으로써 더 불이익을 입게 하여서는 아니 된다는 생각과, 국가 또는 법이 특정한 형태의 혼인을 다른 혼인보다 더 우대하여서는 아니 된다는 생각이 포함된다.

앞의 경우의 예로 유명한 것이 이른바 부부합산과세의 위헌 여부이다. 소득재분배를 위하여 누진세를 채택하면 과세대상의 가액이 커질수록 세율도 올라간다. 그리하여 남편은 연 1억 원을 벌고 처는 전업주부인 경우와 부부 모두가 각자 연 5천만 원씩 버는 경우 합산소득은 같지만 세금부담은 전자가 더 커질 수 있다. 부부가 경제공동체라면 두 가족의 실제 형편은 비슷할 것임에도 말이다. 그리하여 과세의 형평을 기하려면 경제공동체인 부부의 소득을 합산하여 한 번에 세율을 정하는 것이 바람직하다. 그런데 그렇게 하는 경우 각자 연 5천만 원씩 벌던 부부는 결혼 전에는 5천만 원에 해당하는 세율의 적용을 받다가 결혼하면 1억 원에 해당하는 세율을 적용받아 세금을 더 많이 내게 된다는 또 다른 불공평이 발생한다. 이는 국가 또는 법이 혼인을 제재 (이를 marriage penalty라고도 한다)하는 셈이 되어 옳지 않다는 것이다. 실제로 헌법재판소는 위와 같은 이유로 자산소득에 대한 부부합산과세 규정이 위헌이라고 선언하였다.[1] 독일연방헌법재판소도 같은 입장이다. 그러나 미국연방대법원은 두 형평을 동시에 맞출 수 없는 이상 이를 위헌이라고 할 수 없다고 한다.

2. 위와 같은 의미의 혼인 중립성은 지금도 논란이 되고 있다. 그러나 근래에는 좀 더 넓은 맥락에서 혼인 중립성이 문제되고 있다. 국가 내지 법이 부부관계나 부부 사이의 일 일반에 대하여 중립적이어야 하고, 어느 한 형태를 강요하거나 우대하여서는 안 된다는 것이다.

이는 무엇보다도 혼인의 모습에 대한 법적 규율이 형식화되고 개개 인의 권리가 강조된 결과이다. 몇 가지 예를 들어보자. 서구에서는 한 때 성행위는 부부 사이에서만 허용되고, 부부 사이에서는 피임과 낙태 가 금지되거나 심지어 형사처벌의 대상이었던 시기가 있었다. 그러나 오늘날 성행위가 부부 사이에서만 허용된다는 생각은 더는 찾아보기 어렵고, 피임과 낙태는 금지되기는커녕 가급적 의논하여 정하되, 끝까 지 협의가 이루어지지 아니할 때에는 최종적으로는 여성이 결정권을 가져야 한다는 주장을 심심치 않게 찾아볼 수 있다.[2] 또한 과거 부부 — 실은 처 — 는 부부라는 이유만으로 배우자의 성관계 요구에 응하여 야 할 법적 의무가 있고, 때문에 부부 사이에는 강간이 성립할 수 없다 고 이해되었다.[3] 그러나 지금은 혼인관계가 파탄된 뒤 이혼 전은 물론,

---

1 헌법재판소 2002. 8. 29. 선고 2001헌바82 전원재판부 결정. 이른바 종합부동산세에 대 한 헌법재판소의 헌법불합치결정(2008. 11. 13. 선고 2006헌바112 등 전원재판부 결정) 도 주된 근거는 부부합산과세의 위헌성에 있었다.
2 우리나라는 아직 모자보건법 제14조 제1항이 인공임신중절수술에 원칙적으로 배우자의 동의를 요구하고 있다. 그러나 이 규정이 헌법에 합치하는지에 대하여는 의심이 있다.

혼인관계가 원만히 존속 중일 때에도 폭행 또는 협박으로 간음한 때에는 강간죄가 된다.[4] 이제 부부가 각자 자기 직업과 종교 등을 정할 법적 권리를 갖는다는 점을 진지하게 의심하는 사람은 찾아보기 어렵다. 아직까지 부부가 서로 다른 이성(異性)과 이성관계를 맺지는 아니할 의무(이를 성적 충실의무, 정조의무 등으로 부르기도 한다)를 진다는 관념은 유지되고 있으나 헌법재판소의 위헌결정으로 간통죄가 폐지되고,[5] 대법원의 판례변경으로 부부관계가 파탄된 뒤에는 다른 이성과의 교제에 대하여 위자료를 달라고 하기도 어려워진[6] 지금 이러한 관념 내지 법적 의무가 갖는 힘은 제한적이다. 이러한 법적 의무 또한 시간이 지나면서 점차 해체되어갈 가능성이 높다. 결국 부부관계는 부부가 협의하여 그때그때 정하여야 할 일이고 법이 정해줄 일은 아니라는 생각에까지 나아가게 될 것이다. 혼인법이 지난 수십 년간 여러 국면에서 이루어온 발전의 상당부분이 이러한 것이었다.

3. 법에서 혼인의 내용 내지 실체를 정하지 아니한다면 결국 법적인 의미의 혼인에는 '혼인'이라는 이름과 혼인신고라는 형식만이 남게 된다. 사실 그러한 생각도 오래 전부터 존재해 왔다. 이미 1950년대에 혼인신고만 하면 — 당사자가 무슨 생각으로 한 것이든 — 법적 의미의 혼인으로 인정받아야 한다는 견해(이를 형식적 의사설이라고 한다)가 주장되었고, 독일에서는 이러한 입장이 오래 전부터 정설(定說)이다.

문제는 법이 혼인으로 인정해주는 순간 다른 관계와는 다른 차별적 취급이 이루어진다는 점에 있다. 부부간에는 이혼시 재산분할청구권이 인정된다. 배우자가 사망한 뒤에도 상당한 기간 배우자의 연금을 받을

---

3 대법원 1970. 3. 10. 선고 70도29 판결.
4 대법원 2013. 5. 16. 선고 2012도14788, 2012전도252 전원합의체 판결.
5 헌법재판소 2015. 2. 26. 선고 2009헌바17 등 전원재판부 결정.
6 대법원 2014. 11. 20. 선고 2011므2997 전원합의체 판결.

수 있고, 부양가족으로 등록하여 세제상의 혜택을 받을 수도 있다. 다양한 규제와 급여가 혼인을 매개로 이루어진다. 결혼한 사람에게 불리한 차별은 안 되지만 결혼한 사람에게 유리한 차별은 많은 경우에 허용된다. 법적 혼인에 별다른 내용 내지 실체가 없다면, 그리하여 그것이 이름뿐이라면, 이러한 차별을 어떻게 정당화할 수 있는가?

그리하여 혼인법의 다른 한편에는 여전히 어떤 전통적인 혼인관념 내지 혼인모델이 살아있다. 예컨대 혼인신고를 하지 아니한 채 사는 이른바 사실혼(事實婚)도 이제는 상당한 법적 보호를 받고 있다. 그러나 이때에는 혼인신고가 없는 만큼 오히려 남들이 보기에 결혼으로 보이는 관계를 요구한다. 한 사람과 혼인 중인 사람이 다른 사람과 사실혼관계를 맺는 이른바 중혼적(重婚的) 사실혼은 법적 보호를 받지 못한다.7 별거를 전제한, '마음만 이어진' 관계도 마찬가지이다. 그러나 이러한 현상은 어디까지나 법률혼에 대한 법적 규율의 밖에서 벌어지는 주변적인 현상이다. 그리고 뒤에 보는 것처럼 언제까지 지속될지 알 수 없는 현상이기도 하다.

4. 이러한 점에서 특히 시사적인 것은 동성혼(同性婚; same sex marriage)의 보호이다. 법적 의미의 혼인의 내용 내지 실체의 형해화(形骸化)에도 불구하고 여전히 남아 있는 가장 대표적인 혼인의 징표 중 하나가 서로 다른 두 성(性)의 남녀의 결합이라는 점이다. 동성혼은 바로 이에 도전한다.

과거 동성애는 그 자체 처벌과 금압의 대상이었다. 이후 여러 나라에서 사적(私的)인 문제로 개인의 자유에 맡겨졌다. 그 다음 단계로 제기된 쟁점이 동성커플의 결합에 대하여 혼인 유사의 법적 보호를 제공하는 것이었다. 이에 대하여는 찬반 논쟁이 적지 아니하였는데, 반대논

---

7 대법원 1996. 9. 20. 선고 96므530 판결 등 다수.

거 중 하나가 동성혼은 — 아직까지는 — 재생산(reproduction)이라는 가족의 핵심기능을 하지 못하고 따라서 특별히 보호할 필요가 더 적다는 것이었다. 그러나 오늘날 이러한 주장은 설득력을 잃어가고 있다. 대다수의 선진국에서 출산율이 극도로 떨어지고 혼외관계에서 출생하는 자녀의 비율이 크게 늘어났다. 재생산이 — 국가적으로 — 중요한 일임은 분명하나, 이성간의 혼인이 반드시 재생산에 기여하는 것은 아니고, 이성혼이 재생산을 전제로 보호되는 것도 아니다. 두 사람이 경제적, 사회적, 육체적, 정신적으로 매우 긴밀한 관계를 맺는다는 점에서 이성커플과 동성커플에 차이가 없다면 전자에서 합리적인 법적 보호는 후자에도 제공되어야 하지 않을까? 그리하여 독일을 비롯한 상당수의 나라가 혼인 외의 공동체관계 내지 혼인 외 결합(이를 대개 civil union이라고 부른다)을 인정하고 이에 혼인에 준하는 법적 보호를 제공하면서, 동성커플을 여기에 포함시켰다.

이로써 문제는 대부분 해결된 것처럼 보였다. 그러나 그처럼 같은 효력이 인정된다면 왜 혼인으로 해주지 아니하고 별도의 결합관계를 두는가? 그것은 동성혼에 대한 상징적 수준의 차별이 아닐까? 그리하여 네덜란드 등 몇몇 나라에서 동성 간의 결합도 혼인으로 인정해주는 입법이 이루어졌다. 십 수 년 전의 일이다. 미국에서도 주별로 그러한 움직임이 있었다. 그리고 마침내 2013년 미국연방대법원은 동성혼을 부정하는 내용의 연방입법인 이른바 혼인보호법(Defense of Marriage Act) 제3조에 대하여 위헌을 선언하였다.[8] 많은 나라가 그 뒤를 따르고 있다. 우리는 아직까지 동성혼을 혼인으로도, 혼인 외의 결합(가령 사실혼)으로도 보호하지 아니하고 있으나, 동성혼의 인정이라는 범세계적 조류를 한없이 무시할 수는 없을 것이다.

---

8 United States v. Windsor, 133 S.Ct. 2675 (2013).

5. 법적 의미의 혼인의 내용 내지 실체의 형해화(形骸化)에도 불구하고 여전히 남아 있는 그 밖의 혼인의 표지로는 ─ 이성혼을 전제한 표현이기는 하나 ─ 일부일처제(一夫一妻制) 내지 중혼(重婚)금지와 종생혼(終生婚), 즉 '죽음이 우리를 갈라놓을 때까지' 부부로 살겠다는 ─ 많은 경우 결국 지키지 못할 ─ 맹세를 들 수 있다. 그러나 이성혼의 원칙이 무너져가는 지금 과연 이들의 처지는 다를지, 다른 취급을 정당화할 만한 논거를 찾을 수 있을지 상당히 의심스럽다.

우리나라의 경우 여러 사정(가령 경기변동 등)에 따라 다르지만 대략 결혼한 부부 서너 쌍 중 한 쌍은 결국 이혼한다. '우린 절대 이혼하지 않을 거야'라고 굳게 믿고 결혼할 수도 있겠지만, 이는 반사실적인 믿음이다. 결혼생활이 원만하게 유지되느냐 실패로 끝나느냐는 일방 또는 쌍방의 의지만으로 결정되지 아니한다. 그러니 사실 결국 이혼하게 될 가능성이 제법 있다는 점을 충분히 잘 알고, 심지어는 굳이 무리하여 평생 결혼을 유지하겠다는 마음은 배제한 채 순리에 따르겠다고 생각하고 결혼하였다 하여 비난할 까닭도 없다. 나이 차가 아주 많이 나는 결혼의 경우 '죽음'이 갈라놓는 것이라 해도 그 시기가 비교적 일찍 도래할 것임을 예상하고 결혼하게 마련이고, 재혼의 경우 사정에 따라서는 처음부터 배우자 사망 전 이혼(및 재산분할)을 해줄 것을 예정하고 결혼할 수도 있다(temporary marriage). 이러한 경우를 혼인이 아니라고 할 만한 합리적인 이유를 찾기 어렵다.

외국에서는 부부관계를 맺고 있으나 서로 배우자의 이성교제를 허용하는 이른바 개방혼(open marriage)도 나타나고 있다. 이 문제에 대한 규율이 동성혼과 다르지 아니하게 전개된다면 어떤 일이 벌어질까? 과거에도 상호 양해가 있으면 간통 기타 부정행위에 대한 제재가 불가능하였다. 그러나 간통이나 부정행위를 적극적으로 승인한 것은 아니고, 단지 법이 의무위반에도 불구하고 제재를 하지 아니하는 것에 불과하였다. 그러나 앞으로는 — 동성혼이 그러하였던 것처럼 — 법적으로 정면에서 승인하는 날이 올 수도 있다. 그렇다면 다중혼(多重婚)이라 하여 부정되어야 할 이유는 무엇인가.

6. 이러한 변화의 논리적 귀결은 다음 둘 중 하나가 될 것이다.

첫째, 혼인의 요건을 최소한으로 정하고 혼인에 대한 법적 규율도 최소한으로 두는 것이다(minimizing marriage). 이성이든 동성이든, 두 사람이든 세 사람 이상이든 혼인할 수 있고, 그로써 혼인의 효력을 누린다. 혼인에 남는 것은 결국 '혼인'이라는 이름과 그 형식으로써 신고뿐이다.

둘째, 혼인 자체를 폐기하고, 계약법, 부당이득법, 불법행위법, 형법 등으로 해체하는 것이다. 부부가 함께 사는 것은 일종의 특수한 계속적 계약의 규율대상이고, 경제적 공동체를 형성하는 일체의 관계에서 그 성격에 따라 재산분할청구가 인정되며, 그 당사자 관계에 대하여 제3자가 부당한 간섭을 한다면 다른 계약 기타 관계에 대한 부당간섭과 마찬가지로 불법행위법과 형법의 규율대상이 된다. 자녀를 출산하여 양육하는 경우 재생산을 이유로 그에 대한 국가의 보호와 지원을 받으며, 부모의 자격으로 자녀를 공동으로 양육한다. 동거인 사이에서도 종종 그러한 것처럼 부부 사이에서도 생활공동관계에 터 잡아 일종의 보증인적 지위가 인정되어 생명, 신체, 건강 등이 위태로워지면 서로 보살펴줄 의무를 진다. 그중 일부는 법적 의무가 된다. 혼인법의 여러 기능과 효과는 경제적 공동체관계, 성적 공동체관계, 생활공동체관계, 부모로서의 지위 등 각각의 근거에 따른 별개의 제도로 각기 해체되고, 혼인이어서 부여되는 효과는 없어진다.

사실 두 논리적 귀결 사이의 차이는 크지 아니하다. 이미 법률혼의 영역에서 다양한 형태의 결합이 널리 혼인이 될 수 있음을 적극적으로 승인하는 데 이르면 법률혼을 선택하지 아니한 개인적 결합에서도 어떤 특정 혼인모델을 전제로 법적 보호를 제공하는 것은 부자연스럽다. 즉, 이때에도 결합이기만 하면 그때그때 필요한 법적 보호와 지원이 이루어져야 한다. 가령 동성 간의 사실혼, 동성 간 성적 결합이 없거나 제3자에게 개방된 결합도 비슷한 보호를 받아야 하는 것이다. 법률혼에서는 그 실질적 내용을 열어두더라도 혼인신고라는 형식 내지 이름으로 이들을 묶을 수 있다. 그러나 사실혼, 즉 혼인 외의 결합에는 그러한 형식조차 없으므로, 사실혼이라는 이름으로 묶음으로써 법적 보호를 제공하기는 어렵다. 그러므로 이때 법적 보호는 다시 계약법, 부당이득법, 불법행위법, 형법 등에 의하여 그때그때 필요한 보호를 결합하는 형태가 될 가능성이 높다. 이러한 상황에서 혼인은 이들 보호의 결합상품으로 인식될 것이다.[9] 즉, 전자와 후자의 차이는 전자가 후자에 대하여 하나의 선택지, 즉 '혼인'이라는 결합상품을 더 제공한다는 점에 있을 뿐이다.[10]

그러니까 국가 내지 법이 혼인을 개별적인 법률관계로 해체하고 직접적인 법적 규율의 대상으로 삼지 아니하는 것, 달리 말하여 혼인(의 실체) 없는 혼인법 내지 혼인법 없는 혼인은 실은 위험한 생각이 아닌, 지난 수십 년간 세계 각국에서 진행되어온 발전의 논리적 귀결인 셈이다.

7. 그렇다면 이러한 날, 혼인의 완전한 사사화(私事化, privatization)라고도 부를 수 있는 날을 가까운 장래에 보게 될까? 아마 상당한 시간이 필요할 것이다. 크게 두 가지 이유를 들 수 있다.

첫째, 한 사회 안에는 다양한 부부관계, 커플, 가족관계가 존재한다. 서로 다른 세대의 사람들이 서로 다른 부부관계를 형성하고 수십 년간

---

9 이 결합상품의 대표적인 특징은 해소가 자유롭지 아니하다는 점이다.
10 오늘날 서구 사회에서 많은 커플이 일부러 혼인하지 아니하고 사실혼관계에 머무르는 것은 혼인이라는 결합상품을 선택하지 아니하겠다는 의식적 결정이다. 우리나라에서도 사실혼관계의 일방 당사자가 혼인신고를 할 생각이 없음이 분명한 경우 타방 당사자가 몰래 혼인신고를 하여도 법률혼이 되지 아니한다.

그러한 관계를 지속하고 있다. 현재 70대 이상인 부부의 경우 1970년 대에 혼인생활을 시작하였을 가능성이 높다. 맞벌이는 흔하지 아니하 였거나 맞벌이 하였다 하더라도 여성은 부업이었을 가능성이 높다. 혼 인모델은 전통적인 가부장적 혼인이기 쉬울 것이다. 반면 현재 40대, 50대인 부부는 1990년대부터 2000년대 사이에 혼인생활을 시작하였을 가능성이 높다. 성평등 의식이 훨씬 높아졌고, 맞벌이가 훨씬 많아졌으 며, 처가 더 소득이 많은 경우도 적지 아니하다. 경제, 사회계층도 큰 영향을 미친다. 부유층과 고소득 전문직, 중간계층, 저소득층의 부부관 계는 서로 다른 모습을 갖게 마련이다. 지금까지 혼인법은 전통적인 이성혼, 특히 처의 보호가 필요한 이성혼을 전제로 설계되고 운용되어 왔다고 할 수 있다. 그리고 그것이 변화요구에 직면한 까닭은 한 사회 의 실제 혼인의 모습이 다양해졌고, 그 변화가 전체적으로 좀 더 많은 자율과 자유, 형식적 평등을 요청하기 때문이다. 그러나 다른 한쪽에는 여전히 실질적 평등, 보호 및 후견적 개입을 요청하는 커플관계가 있 다. 이들이야말로 혼인법의 도움을 가장 필요로 하는 사람들이고, 혼인 법이 주로 염두에 두었던 사람들이다. 아직 분명히 존재하는, 그리고 앞으로도 상당기간 상당한 규모로 존재할 이들을 당장 놓아버릴 수는 없다.

둘째, 남녀 간 성적 결합과 재생산, 그에 수반되는 장기적 경제적, 사회적 및 정서적 공동체관계의 형성과 유지는 앞으로도 주류적인 모 델로 남을 가능성이 높다. 부부관계가 각기 다르고 다를 수밖에 없음 은 물론이나, 그럼에도 불구하고 '혼인'이라고 부를 수 있는 어떤 사회 관계의 유형과 그 전형성에서 조금 벗어난 관계, 좀 더 벗어난 관계가 서로 다른 정도를 두고 존재할 것이고, 인류가 수천 년의 생활양식을 근본적으로 바꾸어 유토피아에 나오는 것과 같은 삶으로 전체적으로 전환할 것 같지는 아니하다. 이처럼 혼인이 실재(實在)하는 한 혼인을 법에서 지워내는 것은 정치적 내지 상징적으로는 매우 부담스러운 일이 될 수 있다. 법적으로만이 아니라 현실에서도 더는 큰 의미가 없었던 호주제의 폐지조차도 상당한 논란이 있었다. 이성혼을 부정하지 아니하고, 소수자를 위한, 실제로 다수에게 해가 되지도 아니할, 동성혼을 승인하여야 한다는 주장도 정치적, 종교적으로 상당한 공격을 받아왔고 아직도 받고 있다. 주류적인 혼인모델을 법의 규율대상에서 제외하는 것은 그보다 훨씬 더 어려운 일일 수 있다.

그럼에도 불구하고 변화가 이루어지고 있고 그 방향이 제법 일관되어 있다는 점은 부정하기 어렵다. 동성혼의 승인에서도 확인한 것처럼 근본적인 변화는 눈치채지 못하는 사이 다가와서 어느 날 갑자기 그 모습을 드러내기도 한다. 그렇게 된다면 혼인법도 더는 존재하지 아니하거나 지금까지의 그것과는 완전히 다른 모습으로 탈바꿈하는 수밖에 없을지 모른다.

12

최 준 규

서울중앙지방법원 판사, 한양대학교 교수 등을 거쳐, 현재
서울대학교 법학전문대학원에서 민법과 도산법을 가르치고 있다.
『주해 상속법』(근간) 중 유류분 부분을 집필하였다. 최근에는 담보 · 도산 ·
상속제도와 각 제도들이 만나는 지점에서 발생하는 법률문제에 관심을 갖고
공부하고 있다.

유류분 제도는 존속되어야 하는가?

피상속인의 유증이나 증여가 있더라도 상속재산 중 일정비율은 상속인에게 유보시키는 제도를 유류분이라고 한다. 유류분 제도는 피상속인의 유언의 자유를 제한한다.

우리 유류분 제도는 서구(西歐)의 제도를 일본의 입법례를 참조하여 이식한 것이다. 조선시대에는 현 유류분 제도에 정확히 대응하는 제도가 없었다. 그러나 조선시대에도 유언의 자유는 제한적으로 인정되었고, 법정상속에 크게 어긋나는 유언은 난명(亂命)으로 보아 그 효력을 부정하였다. 한편 일제의 조선총독부가 편찬한 관습조사보고서는 "조선에서는 상속인이 받을 유류분에 대하여 확실한 관습이 없다."고 하고 있으며, 조선고등법원 1930. 2. 25. 선고 1929민상제584호 판결도 같은 취지의 판시를 하고 있다. 유류분 제도는 1958년 민법제정 시에는 도입되지 않았다가 1977년에 도입되었다. 도입 당시 법사위안에 대한 국회심사보고서(1977. 12. 16)는 유류분 제도 신설의 이유를 다음과 같이 밝히고 있다. "현행법상 유언절대자유의 원칙에 따른 무사려한 유증으로 부양가족의 생활을 곤란케 할 위험이 있으며 상속재산의 성격상 당연히 유류분제도가 필요함." 즉, 피상속인의 재산에 의존하던 자들의 생활보장 및 피상속인 명의의 재산에 대한 잠재적 지분의 청산을 유류분 제도의 근거로 보고 있는 것이다. 유류분 제도가 입법된 현실적 이유로는, 피상속인이 딸들에게는 재산을 물려주지 않으려는 남녀

차별 현상을 막으려는 목적도 있었다.

그런데 오늘날 유류분 제도는 과연 필요한가? 유류분 제도의 청산 및 부양 기능은 오늘날 그 역할이 현저히 감소하였다. 농경사회·대가족 사회가 아닌 산업사회·핵가족 사회에서 피상속인 명의의 재산 형성에 상속인들이 기여한 경우는 — 상속인이 피상속인의 배우자인 경우를 제외하고는 — 흔치 않다. 나아가 이러한 청산 기능은 굳이 유류분 제도가 존재하지 않더라도 다른 법리(명의신탁, 부당이득반환 등)를 통해 일정 부분 달성할 수 있다. 평균수명이 늘어나면서 피상속인 사망시 상속인들의 부양필요성이 있는 경우는 거의 존재하지 않게 되었다. 피상속인 사망시 이미 상속인들은 장성하여 독립된 생계를 유지하고 있는 경우가 대부분이다. 우리 현실에서 피상속인은 상속인들이 결혼하는 과정에서 주택구입 등을 위해 이미 상당액의 자금을 출연한 경우가 많다. 오늘날 딸들에게는 재산을 물려주지 않고 아들에게만 재산을 물려주는 경우가 실제로 얼마나 많은지는 알 수 없다. 그러나 설사 아들에게만 재산을 물려주었더라도, 이는 재산을 물려준 사람이 알아서 결정할 일이지, 법을 통해 그 물려준 재산을 다시 강제로 찾아다가 딸에게 주는 것이 바람직한 것인가?

헌법재판소 2013. 12. 26. 선고 2012헌바467 결정은 "유류분권리자는 일반적으로 혈연이나 가족 공동생활을 통하여 피상속인을 중심으로 긴밀한 유대관계를 가졌던 사람들로서, 유류분은 피상속인이 법정상속에서 완전히 벗어난 형태로 재산을 처분하는 것을 일정 부분 제한함으로써 가족의 연대가 종국적으로 단절되는 것을 저지하는 기능을 갖는다."고 한다. 그러나 부 또는 모의 재산 중 일부를 자녀에게 반드시 보장해 주어야 가족의 연대가 유지되는가? 부 또는 모의 재산은 부 또는 모 개인의 것이지, 그것이 '가족'의 것(이른바 '가산(家産)') 또는 자녀의 것은 아니지 않는가? 부모가 재산을 누구에게 물려줄 것인지 여부는 전적으로 부모의 자유의사에 따라 결정되어야 하는 것 아닌가? 부모가 자녀 중 일부에게만 재산 전부를 물려주었다면 그로 인해 가족의 연대가 훼손되는가? 여기서 가족의 연대는 무엇을 의미하는가? 물려받은 재산의 절대적 액수가 얼마인지, 다른 상속인과 비교해 지나치게 많거나 적게 물려받았는지 등에 따라 가족 간의 연대가 강화되거나 약화되는가? 만약 부모가 재산을 한 푼도 자녀에게 물려주지 않고 자신의 생전에 모두 소비하고 사망하였다면, 가족의 연대는 훼손되는가? 만약 부모의 생전 뜻에 따라 자선단체에 기부된 재산을 자녀가 유류분권이라는 이름으로 되찾아 온다면, 그것이야말로 가족의 연대를 해치는 행위가 아닐까?

우리 현실에서 유류분 분쟁은, 비교적 재산이 많은 부가 사망한 후, 〈망인의 전처와 그들 사이에서 태어난 자식들 vs. 망인의 재혼 배우자 및 그들 사이에서 태어난 자식들〉이라는 대립구도 하에 일어나는 경우가 많다. 이러한 분쟁에서 유류분 제도가 갖는 가족간 연대 실현 기능이 얼마나 구현되는지 매우 의문이다. 오히려 유류분 제도가 분쟁과 갈등을 조장하는 측면이 있다는 생각이 들 정도이다.

유류분 제도의 존속 필요성에 대해서는 진지한 재검토가 필요하다. 상속인들의 부양필요성이 존재하거나 상속인들이 상속재산형성에 기여한 경우를 제외하고는, 피상속인의 유언의 자유는 가급적 존중되어야 한다. 청산이나 부양 상황에 대비한 합리적 대안이 마련되지 않은 상태에서 제도의 전면적 폐지가 어렵다면, 해석론을 통해서 가급적 피상속인의 유언의 자유를 존중할 필요가 있다. 2018년 시점에서 우리는 1958년 민법 제정시 유류분 제도를 도입하지 않은 입법자의 결단이 갖는 의미에 대하여 다시금 생각해 볼 필요가 있다.

13

윤 지 현

1999년 변호사로 본격적인 법률가 경력을 시작하여 2008년부터
서울대학교 법학전문대학원에서 세법을 가르치고 있다. 세법 전반에 걸쳐
연구하고 있으며, 특히 조세절차법과 국제조세 분야에서 다수의 중요한 글을
썼다. 2010년부터 2016년까지 국제조세협회(International Fiscal Association)의
상설학술위원회(Permanent Scientific Committee) 위원을 지냈고, 2018년
국제조세협회 서울 총회(Congress)의 공동 총괄보고자(co-general reporter)이다.

증여세 완전포괄주의는 얼마나 '완전포괄적'일 수 있는가?
– 증여 개념을 포괄적으로 정의하는 '방식'에 관한 생각 –

Ⅰ. 이른바 '완전포괄주의' 입법의 배경과 과정, 그리고 내용

1. 도 입

상속세와 증여세는 사람들에게 비교적 친숙한 세금이다. 그리고 『상속세 및 증여세법』(이하 "상증법"이라고 부른다)이라는 단일 법전(法典)이 이 두 세목(稅目)을 한꺼번에 규율한다. 이 중 특히 증여세에는 이른바 '완전포괄주의'라고 불리는, 전문가 아닌 사람들도 관심이 있다면 때로 들어 보았을 입법 태도가 채택되어 있다.

2. 완전포괄주의의 입법 배경과 과정[1]

완전포괄주의가 상증법에 들어온 것은 2004년 초의 일이다.[2] 잘 알려진 것처럼 이는 주로, 막대한 부(富)를 가지고 있기 때문에 상속세 부담을 걱정해야 하는 사람들 중 일부가, 상속세와 이를 보완하는 세금인 증여세[3]를 내지 않기 위해서 잠재적 상속인들이나 그 밖에 가까운 사람들에게 재산 또는 다른 경제적 이익을 이전하는 다양한 거래 — 흔히 사람들 사이에서 '편법 증여'라고 불리는[4] — 를 하였다는 현실과 관련이 있다. 즉 상증법이 이와 같은 '부의 이전'[5]에 증여세를 부과할 수 있는 법적 근거를 과세관청에 제공하지 못하였다는 점에 국민적

---

1 이러한 배경에 관하여 필자는 이미 다음의 영어 문헌에 좀 더 상세한 서술을 남겼다. YOON, Ji-Hyun, "A Giant Leap for Fairer Tax or Blind Compromise with Public Opinion? — A Review on the New Case Law on 'Substance-over-Form' by the Supreme Court of Korea", *Journal of Korean Law* Vol. 13 No. 1. (December, 2013), pp. 161-166.

2 2003년 12월 30일 법률 제7010호로 개정된 상증법. 본문에서 계속 설명하는 내용이지만, 법제처의 '국가법령정보' 웹사이트(www.law.go.kr)에서 확인할 수 있는 이 법 개정의 전반적 의도는, "현행 [상증법의] 증여세 과세대상은 […] 열거되지 아니한 새로운 유형에 대하여는 과세하지 못하는 문제가 있어서 과세유형을 일일이 열거하지 아니하더라도 사실상 재산의 무상이전에 해당하는 경우에는 증여세를 과세할 수 있도록 하"는 데에 있다.

3 상속세는 걷더라도 증여세를 걷지 않는다면 죽기 전에 상속인들에게 재산을 증여함으로써 상속세 부담을 쉽게 피할 수 있다. 이 문제를 보완하는 데에 증여세의 중요한 존재의의가 있다. 이창희, 세법강의(제16판: 2018년판), 박영사, 1087-1088면.

4 '변칙증여'라는 표현도 있다. 이창희(주3), 1118면 이하.

5 그 자체로 반드시 의미가 분명한 것은 아니지만, 완전포괄주의 도입에 중요한 역할을 한 것으로 여겨지는 용역 보고서를 전재(轉載)한, 성낙인·박정훈·이창희, "상속세 및 증여세의 완전포괄주의 도입방안에 관한 연구", 서울대학교 법학 제44권 제4호(2003년 12월), 서울대학교 법학연구소, 221면을 보자. 여기에서는 완전포괄주의가 곧 "법률에 구체적으로 정해진 유형이 아니더라도 '부의 무상이전'이 있는 이상 거기에 증여세를 부과하자는" 주장이라고 분명히 설명하고 있다. 곧 완전포괄주의가 말하는 '증여'란 '부의 무상이전' — 그 의미가 무엇이든 간에 — 을 가리키는 것이 된다. 그리하여 이창희(주3), 1114-1115면에 따르면 '현행법상 증여 개념의 고갱이는 […] 재산의 무상이전은 언제나 증여세 과세대상이 된다는 것'이라고 한다. 위에서 언급한 용역 보고서의 필진 중 유일한 세법학자인 이창희의 견해는, 이 보고서가 완전포괄주의 입법의 과정에서 중요한 역할을 하였음을 전제하는 이상, 특히 늘 경청할 가치가 있다고 생각한다.

불만이 있었다. 그리고 상증법이 정하는 증여세 과세대상으로서 '증여' 개념이 지나치게 좁게 규정되어 있었기 때문에 바로 이러한 문제가 생겨났다는 이해 하에, '증여'의 범위를 좀 더 넓게, 곧 '완전하게 포괄적'으로 정할 필요가 있다는 생각이 나타났다.6 이러한 '완전포괄적' 정의에 근거하여 그에 해당하는 경우에는 언제나 증여세를 부과할 수 있어야 한다는 것이다. 이러한 생각이 일부 정치인들에 의하여 '완전포괄주의'라는 이름으로 불리기 시작했고, 지금까지 말한 것이 곧 완전포괄주의 입법의 배경을 이룬다.

요약하자면, 분명히 재산이나 이익을 이전 받았음에도 불구하고 이에 대하여 상속세도 증여세도 물릴 수 없다는 결론은 부당하며, 이러한 재산·이익에 대하여는 빠짐없이 과세가 가능하여야 한다는 생각이 완전포괄주의의 이론적·현실적 배경이다. 이러한 의미의 증여세 완전포괄주의는 노무현 전 대통령이 제16대 대통령선거에서 내세웠던 공약이기도 한데, 실제로 노 전 대통령의 당선·취임 이후 집권 여당의 중요 정책과제로서 곧바로 추진되었다. 완전포괄주의의 도입이 이러한 민주주의의 정치적 과정을 거쳤다는 점을 감안하면, 방금 살펴본 것과 같은 기본적 입법 의도는 무엇보다 정치적·절차적인 측면에서 충분한 정당성을 가진다고 여겨진다. 그리고 이 점은 완전포괄주의에 관한 해석론에서 매우 중요하다.

---

6 이 말과 대비되는 것이 '유형별 포괄주의'라는 것이다. 증여와 달리, 소득세법은 소득을 일정한 유형들로 구분한 다음 각각을 다르게 취급하는데, 이자소득이나 배당소득과 같이 그 유형 내에서 과세대상이 포괄적으로 정하여진 경우가 있다(이자소득이나 배당소득에 해당하는 이익에 관한 포괄 조항으로서 소득세법 제16조 제1항 제12호와 제17조 제1항 제9호 참조). 즉 그 유형에 속하는 개별적·구체적 이익들을 열거한 후 그에 해당하지 않더라도 일정한 기준을 충족하는 경우 마찬가지로 과세된다는 내용의 조항을 두고 있다. '유형별 포괄주의'란 이러한 입법방식을 지칭한다.

3. 완전포괄주의 입법의 내용

완전포괄주의가 도입되기 전에도 상증법이 '편법증여'의 행태에 대하여 눈 감고 있었던 것은 아니다. 다만 이때의 상증법은 그 사례로 알려진 것들에 대하여 일일이 따로따로 규정을 두어 증여세를 물리는 형태를 취하고 있었다. 이러한 행태들이 원래 증여세의 과세대상인 '증여' ─ 세법이 따로 정하지 않는다면[7] 일단은 민법의 개념을 따를 수밖에 없다는 생각[8]이 보통이다 ─ 에 해당하지 않음을 전제로 하여, 그럼에도 증여세를 부과하고자 이를 하나하나, 즉 '개별적·구체적'으로 증여 '의제'하였던 것이다.[9] 하지만 다른 곳에서 지적된 것처럼 이러한 입법 태도에는 근본적인 문제가 있었다. 이러한 행위 유형은 사람의 상상력에 따라 얼마든지 새로이, 무궁무진하게 만들어질 수 있으므로, 이를 전부 예측하여 일일이 과세의 대상으로 미리 정해 놓는 일은 애초에 가능하지 않기 때문이다.[10] 그러한 의미에서 어찌 보면 이러한 '의제' 규정들은, (부주의한 사람이 잘 모르고 걸려드는 경우가 아니라면) 앞으로는 거의 적용되지도 않을, 그러한 의미에서 사실상 다양한 편법증

7　실제로 주2에서 말한 개정 이전의 구(舊) 상증법은 증여의 개념에 관한 별도의 정의 조항을 전혀 두지 않고 있었다.

8　세법학에서 이른바 '차용개념의 해석' 문제로 불리는 것이다. 이창희(주3), 83-85면 참조.

9　주2에서 말한 구 상증법의 조문들을 살펴보면, 현행법에서 증여 '의제'와 무관한 조항들이 당시에는 증여의제에 관한 조항으로서 존재하고 있었던 것을 확인할 수 있다. 예를 들어 '증여재산'의 범위를 일반적으로 정하는 현행 상증법 제2조 제7호는 '증여의제의 과세대상'을 정하는 구 상증법 제32조에 대응한다. 또 현행법에서 증여의 경우를 예시한 것으로 이해되는 제33조 이하의 조항들이, 구 상증법에서는 그 제목에서 보듯 모두 '증여의제' 조항으로 파악되고 있었다.

10　이를 지적한 문헌으로 예컨대 이창희(주3), 1120-1121면. 여기서는 증여의제의 입법을 기본적으로 '소 잃고 외양간 고치는 격으로 뒤쫓는 모습'에 비유하면서 이는 근본적으로 '간접적 변칙적 증여의 유형 모두를 미리 내다볼 수는 없는 까닭'이라고 지적한다. 또한 그럼에도 불구하고 이러한 입법을 계속한 결과, '이런 숨바꼭질이 수십 년간 되풀이되면서 [당시의 증여의제 조항들이] 한없이 길고 복잡한' 성격을 갖게 되었다고 비판한다.

여의 형태가 있었음을 역사적으로 기록하는 의미밖에 가질 수 없는, 또 그러면서도 극도로 복잡하고 이해하기 까다로운 조항들을 만들어 넣은 것에 지나지 않는다고 비판 받을 여지도 있었다.

이에 대한 대안으로서 완전포괄주의는, 말 그대로 증여세 부과대상인 '증여'의 개념을 '포괄'적으로 정하자는 것이 일단 그 핵심이다. 그리하여 개별적·구체적 증여의제의 필요성을 없애고, 증여의제 조항이 없더라도 '증여'에 관한 이러한 포괄적·일반적 정의 조항에만 근거하여 재산·이익의 이전에 과세할 수 있도록 하는 것이다.[11] 이와 같은

	구 상증법(완전포괄주의 도입 당시)	현행법(2015년 말 개정 이후)
증여정의조항	제3항: 이 법에서 "증여"라 함은 그 행위 또는 거래의 명칭·형식·목적 등에 불구하고 경제적 가치를 계산할 수 있는 유형·무형의 재산을 타인에게 직접 또는 간접적인 방법에 의하여 무상으로 이전(현저히 저렴한 대가로 이전하는 경우를 포함한다)하는 것 또는 기여에 의하여 타인의 재산가치를 증가시키는 것을 말한다.	제2조(정의) 이 법에서 사용하는 용어의 뜻은 다음과 같다. 6. "증여"란 그 행위 또는 거래의 명칭·형식·목적 등과 관계없이 직접 또는 간접적인 방법으로 타인에게 무상으로 유형·무형의 재산 또는 이익을 이전(移轉)(현저히 낮은 대가를 받고 이전하는 경우를 포함한다)하거나 타인의 재산가치를 증가시키는 것을 말한다. (단서는 생략)
조세회피방지조항	제4항: 제3자를 통한 간접적인 방법이나 2 이상의 행위 또는 거래를 거치는 방법에 의하여 상속세 또는 증여세를 부당하게 감소시킨 것으로 인정되는 경우에는 그 경제적인 실질에 따라 당사자가 직접 거래한 것으로 보거나 연속된 하나의 행위 또는 거래로 보아 제3항의 규정을 적용한다.	참고: 국세기본법 제14조 ③ 제3자를 통한 간접적인 방법이나 둘 이상의 행위 또는 거래를 거치는 방법으로 이 법 또는 세법의 혜택을 부당하게 받기 위한 것으로 인정되는 경우에는 그 경제적 실질 내용에 따라 당사자가 직접 거래를 한 것으로 보거나 연속된 하나의 행위 또는 거래를 한 것으로 보아 이 법 또는 세법을 적용한다.

11 꼭 적절한 비유가 될지는 모르겠지만, 혹시 규제법학에서 말하는 '원칙중심 규제(principle-based regulation)'와 '규정중심규제(rule-based regulation)'의 개념에 익숙한 독자라면 이를 떠올리면서 두 가지 입법 태도를 비교하여 보는 것도 좋으리라 생각한다. 이 개념들에 관하여는 예컨대 정순섭, "원칙중심규제의 논리와 한계", 상사판례연구 제22권 제1호, 37면 이하 참조.

입법의도에 따라 새로 들어온 조항으로는 두 가지가 있었다. 하나는 방금 말한 대로 증여의 개념을 극도로 넓게 정의한 구 상증법 제2조 제3항이고, 다른 하나는 그럼에도 불구하고 이를 회피하고자 하는 행위가 무의미함을 다시 한 번 (중복하여) 선언한 같은 조 제4항이다.

방금 말한 대로 이 중에서도 더 중요한 것이 '증여'를 '완전포괄적'으로 정의하는 제3항이다. 조문이 약간 길지만 잘 뜯어보면, 여기서 궁극적으로 '증여'의 범위를 획정(劃定)하는 기능을 하는 것은 '재산을 이전'한다는 부분과 '기여에 의하여 타인의 재산가치를 증가시키는 것'이라는 부분의 둘이다. 그 앞의 수식어는, '재산을 이전'한다는 등의 표지가 충족되기만 하면 그 밖의 모든 사정은 문제되지 않고 고려하지도 않는다는 점을 다소 어렵게 말하고 있을 따름이다. 그리고 그와 같이 정해놓고 나서도 걱정이 없지 않았던지, 제4항에 그러한 과세를 회피하고자 하는 어떤 행위도 상증법 적용의 차원에서는 그대로 받아들이지 않음을 못 박고 있다. 이러한 이중(二重)의 잠금 장치는 그 동안 과세가 쉽지 않았던 편법증여의 행태에 증여세를 부과하고자 하는 입법의 의도가 얼마나 확고하고 간절한 것이었는지를 잘 드러낸다.

현재는 이 조항들 중 제3항이 제2조 제6호로 자리를 옮겨 잡았고,[12] 제4항은 삭제되어 있다.[13] 다만 제4항의 삭제는, 아마도 조세회피 행위를 방지하고자 하는 의도를 가진 이 조항의 문구가 이미 일반법인 국세기본법 제14조 제3항에 포함[14]되어 있음에 따라 굳이 개별법에 이를

---

12 2015년 12월 15일 법률 제13557호의 상증법 개정에 따른 것이다. 아래 주13, 15, 16, 30, 31 등에서도 언급하듯이 이때의 상증법 개정은 완전포괄주의에 관련된 사항들을 다수 다루었다.

13 이 조항은 먼저 2013년 1월 1일 법률 제11609호의 상증법 개정에 따라 제4조의2로 옮겨갔다가(그러면서 '경제적 실질에 따른 과세'라는 제목을 갖게 되었다), 주12에서 말한 2015년 말의 상증법 개정으로 사라졌다. 현행법의 제4조의2는 '증여세 납부의무'라는 제목에서 보듯 전혀 다른 내용을 정한다.

14 이 조항은 2007년 12월 31일 법률 제8830호 개정으로 국세기본법에 신설되었으며, 본문에서 말하고 있듯 그 문구는 본문의 표 안에 인용한 구 상증법 제2조 제4항의 그것과 유사하다.

되풀이하는 조항을 둘 필요가 없다는 인식에 터 잡은 것일 뿐, 완전포괄주의의 입법의도를 약화시키고자 하는 뜻에서 나온 것은 아니라고 여겨진다. 즉 현재로서는 일반적 입법 절차에 더하여 대통령 선거라는 정치적 의사결정의 과정까지 거친 결과로 도입된 완전포괄주의의 입법의도가 다른 것으로 바뀌었다고 볼 만한 근거는 없다.[15] 조금 단순화시켜 되풀이하자면, 이 조항의 기본적 의도는 재산이나 이익의 이전이 있는 곳에는 일반적으로 증여세의 부과가 따라야 한다는 것이다. 꼭 특정 유형의 거래에 관한 과세의 근거 조항 — 말하자면 '개별적·구체적 성격'을 가지는 — 이 있어야 증여세를 물릴 수 있다는 입장을 취함은 그러한 입법의도에 정면으로, 명백하게 어긋난다.[16]

Ⅱ. '완전포괄주의'에 관한 '전통적' 차원의 논란

일정한 조세회피 행위가 있었을 때에, 그러한 행위의 법적 형식에 불구하고 '실질'(또는 '경제적 실질')에 따라 과세할 수 있는지가 논란이 된다. 이는 '완전포괄주의' 과세의 문제와 비슷한 차원에서 논의될 수 있다. 즉 세법이 일정한 조세회피 행위의 유형을 특정하여 그 법적 형

---

15 주12에서 말했듯이 지금까지 완전포괄주의에 관한 상증법 조항들이 가장 많이 변경된 것은 2015년 말 상증법 개정 때의 일이다. 하지만 법제처 웹사이트(주2)에서 확인되는 이 개정의 배경은 어디까지나 '증여세 완전 포괄주의 원칙에 부합하도록 증여 및 증여재산의 개념과 과세대상 증여재산의 범위를 명확히 하'는 것이었으며, 이로 인하여 완전포괄주의의 적용을 원래보다 좁히려 하는 어떤 고려가 있었다고 볼 근거는 없다.

16 주12, 15에서 말한 상증법 개정과 관련하여, 개정 실무를 담당한 기획재정부 세제실에서 펴낸 '2015 간추린 개정세법'(http://www.mosf.go.kr/com/synap/synapView.do?atchFileId =ATCH_000000000002337&fileSn=1), 101쪽은, 완전포괄주의에 따른 현행 상증법 체계 하에서 증여세를 부과할 수 있는 경우로서, (i) 개별적·구체적 증여예시(또는 의제) 조항들이 적용되는 때와, (ii) 증여예시 조항들이 '준용'될 수 있는 때에 더하여, (iii) 상증법이 정한 증여의 정의가 충족된 때를 들고 있다. 이는 적어도 정부 입법의 실무에 관여한 사람들의 의도가, 증여에 관한 포괄적인 정의 규정만으로 증여세를 부과하는 것이 여전히 가능하도록 하는 데에 있음을 가리킨다.

식에 불구하고 실질에 따라 과세할 수 있다고 따로 정해야만 그러한 과세가 가능한지, 아니면 그러한 '개별적·구체적' 조항이 없어도 실질에 따른 과세를 '포괄적·일반적'으로 선언한 국세기본법 제14조에 근거하여 그와 같이 과세할 수 있는지 하는 문제이다.[17]

두 가지 입장이 모두 지지자를 확보하고 있고, 순수하게 이론적인 측면에서 무엇이 정답이라고 단정하기는 예나 지금이나 쉽지 않다. 다만 이 문제에 관한 대법원의 입장 정리는 일단 2012년 초에 이루어졌다.[18] 기본적으로 이는 반드시 개별적·구체적 조항이 있어야만 과세할 수 있는 것은 아니라는 입장이다. 전원합의체 판결이라는 형식을 감안하거나 그 전에 선고된, 이른바 조세법률주의를 중시하던 판결들[19]의 내용과 비교·대조하여 볼 때 상당히 중요한 의미가 있다고 평가할 수 있다. 그리고 이러한 입장을 증여세 완전포괄주의의 영역에 옮겨다 놓으면, 종전처럼 개별적·구체적 증여의제 조항이 있어야만 과세할 수 있다는 결론은 역시 더 이상 통용될 수 없게 된다.

결국 위 2012년 판결을 중핵으로 하는 현재의 판례 하에서 '실질' 개념의 해석과 적용 여하에 따라 법적 형식에 얽매이지 않은 과세가 가능한 것과 마찬가지로, 증여세의 영역에서는 (포괄적·일반적인) '증여' 개념의 해석과 적용 여하에 따라 증여세를 물릴 수 있다. 즉 더 구체적인 내용을 가진 개별 조항의 존재는 과세의 필요조건이 아니다. 그리고 이러한 해석은 I.의 말미에 언급한 완전포괄주의의 입법의도에 잘 들어맞는다. 실제로 대법원은 국세기본법이 정하는 실질과세 원칙과, 완전포괄주의의 증여 개념에 관한 해석론 사이에 존재하는 연관성을 분명히 인식하고 비슷한 해석론이 적용됨을 확인하는 판결을 최근 선

---

17 주11에서 언급한 '원칙중심' 또는 '규정중심' 규제의 논의는 여기에서도 참고할 가치가 있을 것이다.
18 대법원 2012. 1. 19. 선고 2008두8499 전원합의체 판결 참조.
19 법적 형식을 더 존중하는 듯한 입장을 보여준 것으로서 예를 들자면, 대법원 1991. 5. 14. 선고 90누3027 판결, 대법원 2009. 4. 9. 선고 2007두26629 판결이 대표적이다.

고하기도 하였다.[20]

Ⅲ. 현 시점에서 완전포괄주의가 갖는 의미와 한계

1. 완전포괄주의가 갖는 의미

Ⅰ.에서 강조하였듯이, 완전포괄주의 입법은 세제(稅制)의 공평성에 관한 사람들의 생각이 민주주의 원칙에 따른 정치적 의사결정 과정에 반영되어 탄생한 것이다. 그 결과 개별적·구체적인 과세의 근거 조항이 없다면 세금을 물릴 수 없다는 관념은, 적어도 현재의 우리나라에서는 더 이상 발붙이기 어려운 것이 되었다고 받아들여야 한다. 물론 상증법 제2조 제6호의 '증여' 개념이 현실 세계에서 증여세의 부과 여부를 결정할 수 있는 기준으로 무리 없이 작동할 수 있도록 그 해석론(또는 입법론)을 앞으로도 계속 가다듬어 나가야 한다. 하지만 이 조항이 단독으로 과세의 근거 조항이 될 수 있는가, 아니면 상증법 제33조 이하 개별 조항들의 적용요건에 들어맞는 경우에 한하여 증여세를 부과할 수 있는가 하는 문제는 더 이상 논란의 대상이 될 여지가 없다는 것이다.

2. 완전포괄주의의 한계에 관한 생각

(1) 일반론 — '막연한 포괄성'보다 '일반적 원칙'의 존재가 필요

그러면 완전포괄주의에 따른 과세에 정말로 한계는 없는가 하는 의문도 자연스레 떠오른다. 이는 기본적으로는, 방금 말한 대로 단독으로

---

20 대법원 2017. 2. 15. 선고 2015두46963 판결 참조.

과세의 근거가 되는 '증여' 개념의 해석론을 다듬어 나가는 차원의 문제이다. 그런데 지금까지 주로 살펴본 대로라면 재산이나 이익의 이전이 있는 이상, 그러한 개념이 포섭할 수 있는 범위는 가능한 한 늘 넓히는 것이 좋다는 생각에 바로 이를 수도 있다. 하지만 그러한 명제의 일반적 정당성은 인정한다 하더라도, 구체적 해석론 차원에서도 항상 '증여' 개념의 범위를 넓힘으로써 바른 결론을 얻을 수 있는 것은 아니다.

무엇보다 하지 말아야 할 일은, 완전포괄주의의 '증여' 개념을 모호하게 정하여 두거나 해석론 차원에서도 이를 그대로 내버려 둠으로써 과세관청이 과세하고자 할 때에 늘 쉽게 과세의 근거로 활용할 수 있는 길을 열어주는 것이다. 증여 개념이 막연하게 포괄적이기만 하다면, 이러한 일이 생길 수 있다. 이러한 증여 개념을 입법론이나 해석론 차원에서 그대로 방치하면 물론 증여세를 부과할 수 있는 잠재적 범위는 넓어질 것이다. 하지만 현실적으로도 이러한 범위에서 빠짐없이 과세하기는 어려운 노릇이어서, 사실은 과세할 수 있는 대부분의 경우에 오히려 과세를 하지 않거나 못하는 역설적 결과가 생길 수도 있다. 말하자면 법과 현실의 괴리가 생겨나는 것이다. 문제는 이때 어떤 이유에서든 과세관청이 유독 특정 사안에서 '법대로' 과세하겠다는 입장을 취하는 경우이다. 이러한 과세가 실제로 이루어지게 되면, 이는 어쨌든 그 자체로는 증여 개념에 들어맞(거나 또는 증여 개념에서 벗어나지 않)는 과세로 인정되기 마련이다. 그리고 이것이야말로 조세법률주의에 따르는 전통적 입장에서 경계하여 마지않는 '자의(恣意)에 따른 과세'[21]가 아닐 수 없다. 그리고 이 글에서는 적어도 세법의 영역에서 이러한 상황이 필요하거나 바람직하다는 평가를 받을 수 없음이 당연하다고

---

21 이러한 입장을 드러낸 과거의 대표적 판결로서 대법원 1991. 5. 14. 선고 90누3027 판결(주19)은 '권력의 자의로부터 납세자를 보호하기 위한 조세법률주의의 법적 안정성 또는 예측가능성의 요청'이라는 표현을 사용하여, 결국 이러한 입장이 과세관청의 '자의에 따른 과세'로부터 납세자를 보호하기 위한 것이라는 이해를 드러내고 있다.

전제한다. 결국 증여에 관하여 지나치게 포괄적인 정의 조항을 두어서
는 안 되는 것이다.

일반론으로서, 과세의 근거 조항은 과세의 한계를 정하는 기능도 함
께 수행하여야 한다. 즉 그러한 조항에 따라 과세가 가능한 경우와 불
가능한 경우가 구별될 수 있어야 한다. 이는 완전포괄주의의 '증여' 개
념에 관한 조항이라고 다를 것이 없다. 이렇게 보면 '포괄성'이 완전포
괄주의 하의 '증여' 개념이 가져야 하는 유일한 미덕은 아닐 것이다. 아
울러 '증여' 개념이 가져야 하는 일반적인 표지들 — 또는 '원칙들' — 을
함께 적절히 제시할 수 있어야 한다. 그렇다면 이때 완전포괄주의의
'포괄성'이란, 그러한 '일반 원칙들'의 범위 안에서는 과세가 예외 없이,
즉 '완전 포괄적'으로 이루어져야 한다는 의미가 된다. 이것이 이 글의
기본적 주장이다.

(2) 구체적으로 문제되는 국면

그러면 완전포괄주의의 '증여' 개념이 가져야 하는 이러한 일반적
표지들이 어떤 것인지에 관하여 생각하여 볼 필요가 있다. '부의 무상
이전'이라는 말이 '증여' 개념의 핵심이라고 하기는 했지만 그것만으로
는 아마 충분하지 않으리라 생각한다. 이 문제와 관련하여 물론 더 상
세하고 정밀한 논의가 필요하겠지만, 이 짧은 글에서는 특히 다음의
두 가지를 살펴보려고 한다.

1) '재산가치를 증가시키는 행위'의 범위에 관한 문제 — 구체적이
고 유용하면서도, 일반적인 성격을 갖는 정의의 필요성

이미 살펴본 대로 현행법은 '증여'의 개념을 '타인에게 … 재산 또는
이익을 이전하'는 것과 '타인의 재산가치를 증가시키는 것'의 두 가지
로 정하고 있다. 어떤 사람에게 원래 없던 '재산 또는 이익'을 이전하여
이를 갖도록 하는 경우 원론적으로는 그러한 이전의 시점에, 이전된

재산·이익의 가치를 측정하여 증여세를 물릴 수 있을 것이다.

그러나 이러한 의미의 '완전포괄적' 과세에도 어려움이 전혀 없지는 않다. 예를 들어 어떤 재산·이익을 앞으로 얻을 수 있는 기회나 법적 지위, 또는 권리를 이전하여 주는 경우가 그러하다. 이러한 '기회나 법적 지위, 또는 권리'도 그 자체로 '재산 또는 이익'에 해당한다고 볼 여지가 있기 때문이다. 그리고 이때에는 그러한 기회 등을 활용한 결과 실제로 이익을 얻은 시점에 이를 (증여로든 소득으로든) 과세하는 것이 옳은가, 아니면 그러한 기회 등이 이미 경제적 가치가 있는 재산 또는 이익에 해당한다는 점에서 곧바로 증여세를 물려야 하는가 하는 문제가 생긴다. 역시 원론적으로는 두 번째 이해가 옳다고 말할 여지가 있지만, 현실적으로는 그러한 기회 등의 가치를 평가하는 일이 어려운 데다가, 경우에 따라서는 상식에 맞지 않는 것 같은 일도 벌어질 수 있기 때문에 일률적으로 말하기 어렵다. 예를 들어 주식매수선택권 — 흔히 '스톡옵션(stock option)' — 을 대가 없이 취득하는 경우가 있다면 이때는 소득세에서 그러하듯이[22] 권리 행사의 시점에 증여세를 물려야 하지 않을까 생각할 여지가 있다. 이때에는 무엇보다 주식매수선택권 자체의 가치 평가가 쉽지 않다는 점도 이러한 결론에 영향을 미칠 것이다. 반면 금전채권을 대가 없이 양수하는 경우라면 아마도 채권을 행사하여 만족을 얻는 때보다는 양수 시점에 곧바로 금전채권의 가치에 따라 증여세를 물려야 한다고 누구나 생각할 것이다. 그렇다면 이러한 경우들을 구별하기 위한 경계선 — 예를 들자면 신뢰할 만한 평가의 현실적 가능성인가? — 이 필요할 터이지만, 이를 긋는 것이 쉽지 않기 때문에 어려움이 생긴다. 해결이 곤란한 문제이지만, 그나마 이러한 논란이 생기는 경우가, 이 첫 번째 유형의 증여에서는 상대적으로 그리 흔하지 않을 것이라는 정도로 여기서는 논의를 마무리하도록 하자.

---

22 예를 들면 소득세법 시행령 제38조 제1항 제17호, 또는 이 조항 신설 전 같은 결론을 확인한 대법원 2007. 11. 15. 선고 2007두5172 판결 참조.

그러나 두 번째 유형, 즉 '타인의 재산가치를 증가시키는 것'의 경우에는 조금 더 문제가 심각하여진다. 이 유형에서는 납세자가 원래 가지고 있던 재산의 가치가 증가한다. 소득과세의 영역에서 이러한 가치증가분은 흔히 '미실현이익(未實現利益)'이라고 불리고, 말 그대로 '실현'이 있기 전에는 과세되지 않음이 원칙이다(곧 '실현주의'). 그리고 이를 이용한 탓인지, '재산가치를 증가시키는' 형태로 이익을 가까운 사람에게 이전시키는 일이 드물지 않다고 보아, 상증법은 완전포괄주의 하에서 이를 증여의 범주에 포함시키고 있다. 신주의 인수나 합병, 분할 등 이른바 자본거래의 결과로서, 보유하고 있던 주식의 가치가 증가한 경우 그 가치증가분을 증여재산으로 보아 과세하도록 하는 많은 조항들23은 그 전형적인 예가 된다. 하지만 완전포괄주의에 터 잡은 이상 그러한 전형적인 경우가 아니더라도, 어떤 사람이 어떤 '행위'를 하고 그로 인하여 다른 사람이 갖고 있던 재산의 '가치[가] 증가'하는 일이 생겼다면, 마찬가지로 상증법에서 말하는 증여에 해당한다고 이해할 여지가 있다. 이는 소득과세에 관하여 세법이 취하는 실현주의에 대한 중대한 예외가 된다.

그런데 완전포괄주의를 통하여 상증법이 이와 같이 실현주의의 예외를 정하였다고 보고, 이를 널리 미실현이익에 과세할 수 있는 근거로 삼을 수 있는지에 관하여는 좀 더 생각하여 볼 필요가 있다. 예를 들어 국가가 어떤 경제정책을 편 결과, 특정 부류의 사람들이 갖고 있는 특정 종류의 재산으로부터 앞으로 더 많은 수익이 발생할 것으로 예상되어 그 결과 그러한 재산의 가치가 더 올랐다고 가정하여 보자. 그러한 정책 수립과 집행에 관여한 공무원은 '타인의 재산가치를 증가시키는' 일을 한 것인가? 만약 그렇지 않다는 결론이 나온다면(물론 그래야 할 것이다) 이는 '타인의 재산가치를 증가시키는 것'이라는 말에

---

23 현행 상증법에서는 제38조, 제39조, 제39조의2 등이 대표적이다.

관한 어떠한 일반적 해석론에 근거한 것인가?

사실 이미 갖고 있는 재산의 가치가 증가하는 원인에는 다양한 것들이 있을 수 있다. 또 그 중 대부분은 결국 어떤 사람의 행위로 환원될 수 있을 터이다. 하지만 그때마다 그 사람으로부터 증여가 있었다고 보는 것은 상식에 어긋날 뿐 아니라 과세행정의 측면에서도 불가능하다. 여기서 말하고자 하는 내용은, 기본적으로 하나의 '포괄적'인 증여 개념(만)으로 증여세 부과의 범위를 결정지으려고 하는 완전포괄주의의 생각이 처음부터 불가능하다기보다는, 현행법의 '증여' 개념이 그러한 기능을 수행하기에 턱없이 부족하고, 그러한 의미에서 말하자면 막연하고 지나치게 포괄적이라는 것이다.

요컨대 '편법증여'라는 개념이 완전포괄주의에 관한 논의를 촉발시켰음을 인정한다면, (비록 거칠고 별 구체적인 내용이 없어 보이는 말처럼 들리기는 하지만) 그러한 말이 암묵적으로 담고 있는 핵심 요소들을 추려내어 '증여'에 관한 정의에 일반론으로서 반영시킬 필요가 있다. 이는 입법론 차원에서도, 해석론 차원에서도 모두 생각해 보아야 할 절실한 문제이다. 예를 들어 편법증여는 대개 특수관계인들 사이에서 일어난다는 점을 감안한다면, 여기서 문제되는 '타인의 재산'의 범위를 '특수관계인인 타인의 재산'으로 축소하여 해석하거나 또는 입법을 할 여지가 있다. 꼭 그래야 할지는 더 따져봐야겠지만, 이렇게만 하더라도 법 적용의 '목표' 또는 '대상'이 훨씬 뚜렷해질 수는 있다. 또 실질과세 원칙의 적용에 관한 현재의 판례[24]가 시사하듯이, 그러한 행위를 한 주된 목적이(또는 그러한 목적 중 하나가) '타인의 재산가치를 증가시키'려

---

[24] 주18에서 인용한 대법원 2008두8499 전원합의체 판결에서는 실질과세 원칙에 근거하여, 당사자들이 취한 법적 형식에 구애 받지 않고 실질에 따라 과세하기 위한 요건 중 하나로, '[법적 형식과] 실질의 괴리가 [관련된 세법] 규정의 적용을 회피할 목적에서 비롯된 경우'일 것을 들고 있다. 또 주20에서 인용한 대법원 2015두46963 판결은 완전포괄주의의 맥락에서 구 상증법 제2조 제3항과 제4항을 적용하기 위한 요건이 충족되었는지 여부를 판단하는 고려요소 중 하나로서, '당사자가 그와 같은 거래 형식을 취한 목적'이 무엇인지를 따져보아야 함을 분명히 한다.

는 데에 있는 경우에 한한다고 정할 수도 있을 것이다. 이러한 경우에만 비로소 실현주의의 예외를 인정하고, 재산가치의 증가만으로 누군가로부터 증여가 있었다고 이해하여 그에 증여세를 물리게 되는 것이다.

여기서 이러한 세부적인 논의를 더 진행하기는 어렵다. 다만 완전포괄주의의 핵심이 증여 개념의 올바르고 유용한 정의에 있다는 점을 분명히 인식해야 함은 강조하여 둔다. 그렇기 때문에 그러한 정의를 단순히 넓게 하면 늘 좋다거나 충분하다고만 생각해서는 안 된다. 특히 우려되는 것은 그러한 의미의 막연히 포괄적인 정의에 대한 부정적 인식 때문에, 완전포괄주의에 따른 과세가 아예 이론적·현실적으로 불가능하거나 그르다는 생각이 은연중에 사람들의 마음속에 뿌리내릴 가능성이다. 무엇보다 중요한 일은 완전포괄주의를 생각하고 입법한 사람들 — 꼭 국회의원이나 세제실 공무원만을 가리키지 않는다 — 이 과연 어떤 경우에 증여세가 부과되어야 한다고 생각하였을까 따져보는 것이다(앞의 예로 다시 돌아간다면, 일상적인 업무로서 정책을 수립·집행한 공무원과, 오로지 또는 주로 특정인의 사적 이익을 도모할 생각을 가지고 같은 일을 한 공무원에게는 각각 증여세가 부과될 수 있을 것인가?). 그리고 그러한 생각의 범위와 한계를 정확하고 뚜렷하게 나타낼 수 있으면서 현실 세계에서 과세의 기준으로 실제 기능할 수 있는 말로 '증여'의 일반적 개념을 해석론·입법론 차원에서 다시 정의해야 한다. 물론 이러한 문제들이 늘 그렇듯 쉽지 않은 일이지만, 사실은 그래야만 완전포괄주의가 제대로 작동할 수 있을 것이다.

2) '법인 과세'에 관련된 문제 — 법인 과세의 체계에 관한 올바른 이론적 이해

법인의 개념은 사람이 거래의 필요에 따라 생각해 낸 것이고, 민사법은 이러한 거래의 필요를 충족시키기 위하여 법인에 관한 많은 법리를 발전시켜 왔다. 그 핵심은 사람이 만든 어떠한 추상적 또는 구체적 존재 — 예를 들면 사단(社團)이나 재단(財團) — 에 법인격(法人格)을 부여한다는 것이다. 그 결과 이러한 법인격을 부여 받은 '법인'은 법의 세계에서 많은 경우 사람 — 곧 '자연인' — 과 동등하게 취급된다. 세법의 영역에서도 법인의 존재는 대단히 까다로운 문제를 많이 발생시킨다. 법인세와 출자자들의 배당소득세 간 관계 — 흔히 '이중과세' — 는 물론 그러한 문제들 중 가장 잘 알려진 것이지만, 그 밖에 또 다른 수많은 문제들 중 하나에 지나지 않는 것이기도 하다.

한편 완전포괄주의의 문제가 굴지의 기업들을 보유한 이른바 재벌 일가들의 일정한 행태에서 상당 부분 비롯되었음은 이미 살펴본 대로이다. 또 현재 우리 사회에서 부(富)를 보유한 사람들 중 많은 수가 기업가이거나 기업과 일정한 관련을 맺고 있는 사람들이라는 점에서 볼 때, 재산이나 이익을 가까운 사람들에게 이전하는 거래에서 영리 목적으로 설립된 법인이 이런저런 방식으로 개입하는 경우가 흔하리라는 생각을 하여 볼 수 있다. 물론 앞의 1)에서 언급한, 자본거래를 통하여 타인이 가진 주식의 가치를 증가시키는 행위도 그러한 경우의 한 예이다.

여기서는 최근에 대법원 판결들[25]을 통하여 실제로 문제가 된 유형의 사실관계 — 보통 '흑자법인 증여' 사건 정도로 불리는[26] — 를 떠올려 보자. 이는 특수관계인이 주주로 있는 법인에 이익을 주는 경우로서, 그러한 법인이 흔히 말하는 '결손법인'[27]이 아닌 때를 가리킨다. 종종 이야기하듯이 세법 이론의 시각에서 볼 때 '법인의 소득은 곧 주주의 소득'이 된다. 하지만 그렇다고 하여 이러한 의미의 '주주 소득'에 바로 세금을 물리지는 않는다. 법인에 발생한 소득에는 '법인의 소득'

---

25 예컨대 대법원 2015. 10. 15. 선고 2013두13266 판결.
26 이 사건들이나 이에 관한 대법원 판결들을 논의의 대상으로 삼은 어느 글은 '흑자 영리법인을 이용한 간접증여'라는 표현을 사용하고 있다. 이창희·김석환·양한희, "증여세 완전포괄주의와 흑자 영리법인을 이용한 간접증여", 조세법연구[21-3], 381면 이하.
27 상증법 제45조의5 제1항 제1호의 '대통령령으로 정하는 결손금이 있는 법인'을 가리킨다.

에 대한 법인세를 물리고, 이로 인하여 주주가 얻은 이익은 그것이 배당되거나 주식이 양도되었을 때 비로소 과세되는 것이다. 즉 일반적으로 법인이 얻은 이익은, 비록 그것을 동시에 주주의 이익으로 볼 여지가 있다 하더라도, 일단 법인의 이익으로서만 과세한다. 주주에 대한 소득세의 부과는 별도의 사건 — 배당이나 주식 양도 — 이 일어나는 시점으로 미루어진다.[28] 이는 입법의 잘못으로 인한 과세의 공백이 아니라 '법인 과세'에 관한 세법의 기본적 이론 체계에 해당한다.

그러면 완전포괄주의는 (실현주의에 대해서 그러하였듯이) 이러한 법인 과세의 기본 체계에 대해서도 예외를 이루는가? 완전포괄주의라고 해도 법인에 대한 증여가 항상 주주에 대한 증여로서 과세대상이 된다고 새기기는 어렵다.[29] 과세의 범위가 너무 넓어져서, 그야말로 '법과 현실 사이의 괴리'가 크게 나타날 것이고, 결국은 (1)에서 이야기한 우려스러운 상황 — '자의에 따른 과세'의 의심이 종종 생기는 — 이 벌어지리라 예상하기 때문이다. 다만 일정한 경우 — 예컨대 증여의 의도나 상대방이 일정 수준 이상으로 분명하게 드러나는 경우라든지 — 에 한하여 법인에 대한 증여를 주주에 대한 증여로 취급한다고 해석할 수는 있을 것이다. 사실 여기서 논의하고 있는 '흑자법인 증여'의 경우 과세 관청을 이례적인 과세로 이끈 단서는 아마도 증여를 받는 흑자법인을 지배하는 주주들이 증여를 한 사람과 일정한 특수관계에 있다는 점이

---

28 게다가 이러한 법인과 주주 단계의 과세는 (본문 중에서도 짧게 언급하였듯이) 동일한 경제적 이익에 대한 '이중과세(二重課稅)'라는 이유에서, 일정한 방법으로 그로 인한 경제적 부담을 덜어 주는 조치를 취한다. 배당소득 과세에서 세액공제(소득세법 제56 조 제1항 참조)를 하여 주거나, 주식 양도소득을 가볍게 과세{주식에 적용되는 양도소 득세 세율(제104조 제1항 제11호)을 다른 세율(같은 항 다른 호들이 정하는 세율이나, 종합소득세에 적용되는 제55조 제1항의 세율)들과 비교하여 보라}하는 것은 모두 그 러한 의미가 있다.

29 다른 생각도 있다. 이창희·김석환·양한희(주26), 396면. 그러나 이 견해가 본문에서 필자가 논의한 것과 같은 문제의식 — 즉 법인에 대한 증여가 주주에 대한 '간접 증여' 로서 증여세 부과의 대상이 될 수 있는 한계가 어디인지 — 을 염두에 둔 검토의 결과 인지는 분명하지 않다.

었을 터이다. 그렇다면 이러한 특수관계의 존재 여부에 따라 증여가 되기도 하고 그렇지 않을 수도 있다고 해석할 여지가 있다(아니면 역시 중요한 것은 증여의 '의도'이고 특수관계의 존재는 그러한 의도의 존재를 추정하게 하는 사실이 된다고 새길 수도 있으리라). 다양한 생각이 가능하지만 어쨌거나 중요한 것은, 증여 개념의 정의에 관한 일반적 해석론— 그 내용이 무엇이 되었든— 으로써 이러한 내용을 분명하게 정해 두어야 한다는 점이다(다만 명문의 조항 없이 이러한 결론을 해석론으로 도출할 수 있을지, 아니면 증여 개념에 관한 좀 더 상세한 입법이 필요한지에 관한 논쟁은 따르겠지만…).

요컨대 과거의 완전포괄주의 하에서는 법인 과세의 기본적 이론 체계를 넘은 증여세 부과가 가능한지, 가능하다면 어떤 경우에 가능한지 여부가 불분명하였다. 이는 상증법이 갖고 있던 증여의 정의 조항과 그에 대한 해석론이 여전히 불완전— 그런 의미에서 '지나치게 포괄적'이라는— 하다는 의미가 된다. 이 조항에 따라 독립적으로 과세 여부를 판단하는 것이 현실적으로 불가능하였기 때문이다.

지금 시점에서 이 문제는 입법적으로 해결된 모양새다. 즉 현행법은 법인에 대한 증여가 당연히 주주에 대한 증여로서 과세되지는 않는다고 분명히 밝히고 있다. 따라서 현행법 하에서는 어떤 이익이 '법인의 것'으로 인정되는 경우라면, 그것이 동시에 주주의 이익으로 평가될 수 있다 하더라도 증여세 과세대상이 아니다.30 즉 비록 별도의 조항에 따른 결과이지만, 이러한 이익은 완전포괄주의의 증여 개념에서 전면적으로 배제된다. 이는 방금 살펴본, 법인 과세에 관한 세법의 기본적 이론 체계를 완전포괄주의 하에서 그대로 존중하는 의미를 가진다. 이것이 일정한 경우에는 주주에 대한 증여가 있다고 볼 수 있는 길을 열어주는 방안과 비교하여 꼭 나은 것인지는 더 논의할 대상이다. 하지만

---

30 상증법 제4조의2 제3항. 이 조항도 주12, 15, 16에서 언급한 2015년 말의 상증법 개정에서 신설되었다.

적어도 완전포괄주의 하의 증여 개념은 일반론 차원에서 이 점에 관한 분명한 고려를 포함하고 있어야 하였던 것이다. 다만 이제 해석이 아니라 입법을 통하여 이 점이 법에 반영되어 있을 따름이다.

한편 법인의 소득으로 과세되는 것은 주주에 대한 증여로 파악하지 않는다는 현행법의 일반적 입장에 대한 구체적·개별적인 예외도 물론 법이 정할 수 있고 실제로 정하고 있다. '일감 몰아주기'니 '일감 떼어주기'니 하는 이름으로 널리 알려진 상증법 제45조의3, 4와 '특정법인과의 거래를 통한 이익'과 같은 표현을 제목에서 사용하고 있는 동법 제45조의5가 모두 그러한 예이다. 이 제45조의5는 이제 '흑자법인 증여'도 따로 증여세 부과대상에 포함시켜 놓고 있다.[31] 하지만 이들은 이미 지금껏 살펴본 것과 같은 의미의 일반적 '증여' 개념에서 벗어나 있다. 따라서 그야말로 증여가 아닌 것을 증여로 '의제'한, 곧 개별적·구체적 '증여의제' 조항에 해당하는 것이다(실제로 위 조항들의 제목이 또한 그러한 표현을 사용하고 있다). 그리고 이러한 이해는 '흑자법인 증여'에 관한 대법원 판결들[32] — 물론 증여의제 조항이 생기기 전에 발생한 사건들에 관한 것이다 — 에서 확인되기도 하였다.

되풀이하자면 법인에 재산이나 이익을 이전한 경우, 현행법 하에서 이는 법인세 부과의 대상일 뿐 주주에 대한 증여로서 증여세 부과대상이 되지 않는다. 이러한 현행법의 입장이 반드시 최선인지에 관하여는

---

31 상증법 제45조의5 제1항 제3호. 이 조항은 2014년 초 상증법 개정(2014년 1월 1일 법률 제12168호)으로 당시 제41조 제1항 후단(後段)에 신설되었다가, 2015년 말의 상증법 개정으로 현재와 같이 자리잡게 되었다.

32 주25에서 언급한 것과 같은 판결이다. 다만 이 판결은 완전포괄주의 증여 개념에 따라 과세 여부를 결정한다기보다는, 기본적으로 '결손법인 증여'(주27)에 관련된 조항을 '흑자법인 증여'에 유추적용하는 것이 가능한지를 따지고, 그러한 유추적용이 불가능하기 때문에 이는 완전포괄주의가 전제하는 '증여'에도 해당하지 않는다는 논리를 제시한다. 필자는 이러한 판결 이유에 공감하지 않는다. 완전포괄주의의 '증여' 개념은 독립적 과세의 근거로 작용할 수 있게끔 그 자체로 분명하게 정하여져야 하고, 거꾸로 개별적 예시 또는 의제 조항의 해석에 따라 '증여' 개념의 일반적 포섭 범위가 달라지는 것은 아니라고 생각하기 때문이다. 하지만 본문에서 밝혔듯 결론에는 찬성하는 셈이다.

논의의 여지가 있다. 그러나 이미 강조하였듯이, 어떤 내용이든 이 문제에 관한 해석의 일반적 지침이나 '원칙'이 완전포괄주의의 증여 개념에 포함되어 있어야 함에는 의문이 없다. 그래야 이러한 증여 개념이 증여세 부과가 가능한지 여부에 관한 궁극적인 판단 기준으로 작동할 수 있기 때문이다. 무엇보다 법에서 과세범위를 막연히 넓게 정하여놓고, 과세관청이 그렇게 하고자 하는 때에만 그러한 과세를 정당화시켜주는 결과가 되어서 아니 된다 함은 이미 (1)에서 말한 대로이다.

한 가지만 덧붙이자면, 혹시 이때 실질과세 원칙에 따라 법인격을 무시하고 소득을 바로 주주에게 귀속시켜 과세할 수 있을지도 모른다. 이러한 과세는 현행법 하에서도 일반적으로 가능하다. 이때에는 처음부터 이익이 법인에 (실질) 귀속된다고 볼 수 없는 경우이기 때문이다. 다만 이 경우에는 논리필연적으로 법인세를 부과할 수 없다. 사실 이는 완전포괄주의의 문제라기보다는 일반적 조세회피방지 조항으로서 실질과세 원칙, 그 중에서도 실질귀속 원칙의 적용 문제일 따름이기도 하다.

Ⅳ. 맺 음 말

완전포괄주의는 이른바 '편법증여'로 널리 알려진 부정적인 행태에 대처하기 위한 입법태도로서 이론적·현실적 정당성을 가지고 있다. 또 세법의 조항으로는 보기 드물게도 대통령 선거라는 정치적 과정을 거친 결과로 도입된, 그러한 의미에서 정치적 정당성까지 부여 받은 제도이다. 따라서 그 후 어떤 새로운 입법적 결단이 이루어지지 않는 한, 이러한 입법 의도가 관련 조항들의 해석에서 충분히 존중 받아야 할 당위성이 있다. 따라서 그 이전의 전통적 입장과 같이, 말하자면 조세법률주의에 경도된 해석을 계속하여 유지하여서는 안 된다. 즉 지금에 와서도 납세의무자의 예측가능성이나 법적 안정성―그 자체로 결코 무시할 수 없는 가치들이지만―을 내세워 개별적·구체적인 과세의 근거 조항이 없다면 증여세를 물릴 수 없다고 생각하는 것은 정말로 '위험'하다.

물론 이 글이 이러한 방향의 '위험'한 생각을 적극적으로 제안하고자 쓰인 것은 아니다. 필자가 이 글을 쓰는 이유는 이 책에 실린 많은 다른 글들이 그러하듯이, 오히려 일견 '위험'하다고는 해도 완전포괄주의가 그 원래의 뜻을 살려 좀 더 바르게 적용될 수 있는 길이라고 생각하는 내용을 제시하고자 함에 있다. 지금껏 말했듯이 완전포괄주의의 핵심은 증여에 관한 포괄적·일반적 정의만으로 증여세를 물릴 수 있는 범위를 정하는 것이다. 개별적·구체적인 예시 조항들의 유용성이 그것만으로 완전히 없어지는 것은 아닐지 모르지만, 궁극적으로 완전포괄주의에서 증여의 정의 조항만으로 과세가 가능하여야 한다는 점에는 변함이 없다. 그리고 이는 곧 그러한 정의 조항만으로 과세가 되지 않는 경우도 분명히 가려낼 수 있어야 한다는 의미이다. 이는 다시 다음의 두 가지 생각으로 이어진다.

첫째, 그렇기 때문에 그러한 정의는 물론 '포괄적'이어야 하지만, 그저 넓다고 해서 늘 좋은 것만은 아니다. 증여세를 물려야 하는 대상―또는 '편법증여'―의 일반적 특징과 범위에 대한 분명한 인식을 바탕으로, 그러한 대상에 관하여만, 그리고 그러한 대상에 관한 한 빠짐없이(즉 '포괄적'으로) 과세될 수 있도록 정하여야 하는 것이다. 이러한 정의 조항과 그에 관한 해석론은 결코 완전포괄주의를 '선언'하는 데에 그치는 것이 아니라 현실 세계에서 과세의 범위와 한계로서 작용하게 된다. 따라서 구체적 사건을 다루는 과세관청이나 법원에게 세법 해석·적용의 일반적 기준을 실제로 제공하여 줄 수 있어야만 한다. 그런 의미에서 보면 현행법이 두고 있는 증여의 정의, 특히 '타인의 재산 가치를 증가시키는'이라는 부분은 그 말뜻이 지나치게 넓거나 막연하고, 무엇을 과세하고자 하는 것인지에 관한 분명한 방향성을 제시하지 못하고 있다. 따라서 이를 더 구체화하는 조치 — 입법이든 해석이든 — 가 필요하다. 즉 증여 개념의 외연(外延)을 분명히 할 수 있는 다수의 일반적 해석 원칙들이 제시되어야 한다.[33] 그리고 그러한 의미에서라면 증여 개념을 지금보다는 더 좁게, 하지만 더 구체적으로 정의하는 것이 불가피하다.

둘째, 증여세 과세의 대상이 되는 재산이나 이익의 범위를 정할 때 전체적인 세법의 이론 체계라는 측면을 아울러 고려해야 한다. 이 글에서는 그 중 특히 이익이 법인에게 귀속되는 경우 주주의 이익에 증여세를 부과함에 이러한 문제가 있음을 지적하였다. 즉 세법의 이론 체계라는 측면에서 볼 때, 다른 분명한 규정이 없다면 법인에 귀속되는 이익은 주주에 대한 증여의 범위에서 제외될 수밖에 없다는 점을 우선 분명히 인식하여야 한다. 물론 경우에 따라 일정한 요건 하에서는 법인에 대한 증여를 동시에 주주에 대한 증여로 볼 수도 있다. 그러나 이러한 예외적인 결과에 이르기 위해서는 어떠한 경우에 그러한 예외에 이를 수 있는지를 분명히 정하여야 한다. 이는 물론 현행법처럼 개별적·구체적 증여의제 조항을 통해서 이루어질 수도 있다. 하지만 완전포괄주의 하에서라면 좀 더 일반적인 성격을 갖는 요건들 — 또는 '원칙들' — 을 해석론이나 입법으로 설정하여 두고 그러한 요건들이 충족되는 경우에 일반적으로 주주에게 증여세를 물리는 방안이 더 나은 것이다.

결론적으로 완전포괄주의는, 증여의 포괄적·일반적 정의 조항이 증여세의 부과 기준으로 실제로 무리 없이 기능할 수 있는 범위 내에서, 그리고 법인 과세를 비롯한 세법의 기본적 이론 체계와 잘 어울리거나 아니면 그러한 이론 체계의 예외가 뚜렷하게 인정되는 범위 내에서 포

---

33 주 20, 24에서 언급한 대법원 2015두46963 판결은 이러한 시도의 좋은 사례라고 생각한다.

괄적일 수 있다. 이러한 법이론적·체계적 제한을 생각하지 않고 모든 재산이나 이익의 이전, 또는 재산가치의 증가에 대해서 언제나 과세할 수 있고 또 그렇게만 정하여 두면 충분하다고 막연히 생각하는 것은 완전포괄주의의 현실적 규범력을 오히려 약화시킨다. 따라서 완전포괄주의의 핵심이 무엇이고 그 한계는 어디까지인지에 관한 분명한 이해와 인식이 증여 개념의 해석론(또는 입법론)에서 여전히 필요하다. '흑자법인 증여 사건'을 통하여 겪었듯이 완전포괄주의에 관하여는 아직도 많은 오해가 있고 이를 둘러싼 사건은 앞으로도 종종 발생할 것이다. 그리고 이러한 사건들의 올바른 해결에는 완전포괄주의에 관한, 바로 이러한 올바른 이해가 꼭 전제되어야 한다.

(누차 말하지만) 이것은 결코 완전포괄주의를 고사(枯死)시키고자 하는 '위험'한 생각이 아니다. 또 완전포괄주의를 예전의 실질과세 원칙처럼 선언적인 차원으로 격하시키고자 하는 것도 물론 아니다. 오히려 완전포괄주의가 원래의 입법의도대로 계속 존재하면서 잘 기능할 수 있도록 하는 최소한의 전제조건이다. 그리고 이러한 조건이 충족되지 못한다면, 오히려 개별적·구체적인 과세의 근거 조항이 있어야만 세금을 물릴 수 있다는, 현재로서는 입론의 여지가 없는 과거의 생각이 되살아날 우려마저 있다. 그리고 완전포괄주의의 도입을 민주주의적 정치 과정을 통하여 뒷받침한 일반 국민들의 인식이 바뀌지 않는 한 이것이야말로 정말로 '위험'한 일이 아닐 수 없다.

14

강 주 영

제주대학교 법학전문대학원에서 행정법과 조세법을 가르치고 있다.
한국법제연구원에서 재정법제연구센터장을 지내면서 세법 외에 재정법도
연구의 관심분야로 삼고 있다. 또한 차등분권을 실시하고 있는
제주특별자치도의 특별한 법적 지위에 따라 제주에서의 '고도의 자치권' 실현의
법제도적 기반의 조성에 관심을 두고 있으며 그에 관한 공법논문을 발표하고 있다.

우리는 얼마나 많은 세금을 내야 할까?

I. 평범하지만 낯선 질문

우리는 얼마나 많은 세금을 내야 할까? 세법이 개정되고 그 개정된 세법은 대부분 세금인상을 내용으로 하는데 우리는 거의 매번 세금인상에 대한 푸념을 짧게 늘어놓다가 무신경 또는 무기력하게 세금을 납부하게 된다. 또 부가가치세의 경우에는 우리가 사는 상품의 가격에 이미 포함되어 있어서 내는 줄도 모르고 세금을 내고 있다.

세금뿐만이 아니다. 이른바 준조세라고 하는 각종 부담금, 공과금 등도 우리가 세금처럼 인식하고 납부하고 있다.

나라와 지방자치단체가 납부하라고 하니 성실하게도 자진신고까지 해가며 세금을 내고는 있지만 도대체 우리는 얼마의 세금을 내야 하는 것이며, 국가와 지방자치단체는 어느 정도까지 우리의 재산에 세금을 매길 수 있을까?

II. 세금을 내야 하는 이유 – 조세국가주의

우리가 세금을 내야 하는 이유는 「대한민국헌법」이 국민이라면 누구라도 납세하도록 의무를 지우고 있기 때문이다(제38조). 세금은 돈을 버는 성인뿐만 아니라 돈을 들고 과자를 사먹는 정도의 아이라도 내야 한다. 과자에는 부가가치세가 붙어 있기 때문이다.

그러나 세금을 내야 하는, 즉 납세의 의무가 헌법에까지 규정된 데에는 더 깊은 이유가 있다. 우리의 국가가 임무를 달성하기 위한 또는 달성할 수 있는 기반이 세금이 되기 때문이다. 즉, 국가나 지방자치단체가 자기의 목적달성과 자기에게 주어진 과제를 수행할 때 발생하는 필요한 재정적 수요를 근본적으로 세금이라는 토대를 통해 충족시키고자, 시장 경제적으로 조직되어 있으며 소유물의 사적 사용을 기반으로 하는 경제주체에 의지하는 국가(조세국가, Steuerstaat)의 이념을 받아들이기 때문이다.

따라서 조세국가주의이념을 주축으로 하는 우리와 같은 현대 자본주의 법치국가에서는 전시·사변 또는 이에 준하는 국가 비상사태가 아니면 원칙적으로 국가가 자기의 임무를 수행하기 위해 조세가 아닌 부역, 공물헌납, 징발 등의 방식을 동원해서는 안 된다(「징발법」).

이리하여 우리는 국가와 지방자치단체에 대해서 납세의무를 지고 또 그 외에는 누구에 대해서도 납세의무를 지지 아니한다.

Ⅲ. 조세부담의 크기

이와 같이 국민이라면 ― 또는 외국인이라도 우리나라에서 ― 소득이 있는 사람은 세금을 내야 하는 것은 당연한 사실이다. 그러나 세금은 반대급부 없이, 즉 세금을 낸다고 하여 국가나 지방자치단체로부터 그에 따라 직접적으로 돌려받는 것이 없이 일방적으로 부과되고 또 그에 따라 납부에 대한 법적 의무를 지게 되므로 세법이 개정되거나 제정될 때는 그와 관련한 사회적 논쟁이 발생하게 되고 당연히 매우 엄격한 정치적·법적 통제절차를 거치게 된다. 또한 세법이 개정되거나 제정된 이후에도 그 적정성과 적법성에 대한 사법적 심사가 이루어지기도 한다.

세법에 대한 사회적 논의와 법적 통제는 그러나 주로 개별적 세법에 대해서 이루어지는 데 국한된다. 즉, 세법이 개정되거나 제정될 때 이루어지는 정치적·사회적 그리고 법적 논의는 새롭게 변경 신설된 개별 세목으로 인하여 국민이 부담하게 되는 세부담이 어떠하며 그 결과는 어떤지를 중심으로 이루어진다. 따라서 개별 세법에 대한 논의와 법적 심사는 결국 논의의 대상이 되고 있는 세법으로 인한 개별적 부담에 대해서만 이루어지게 된다.

하나의 세목에 대한 공제·감면, 세율, 과세표준 등의 과세요건에 대한 변동은 헌법적 관점에서는 주로 평등의 원칙과 재산권의 보장 차원에서 검토될 수 있다.

즉, 검토의 대상이 되는 세금이 같은 소득을 얻은 사람에게는 같은 크기의 조세부담을 부담하게 하는 것인지(조세상 수평적 평등) 또는 같은 크기의 소득이 아님에도 같은 크기의 조세부담을 과하는지(조세상 수직적 평등)가 평등의 관점에서 검토될 것이며, 재산권과 관련해서는 검토의 대상이 되는 세금이 납세의무자의 재산에 대한 본질적 침해, 즉 과세를 통해 납세의무자의 재산을 몰수하는 효과(Konfiskation)를 가져오는 것인가가 심사될 것이다.

그러나 일상적인 경제·법생활을 영위하는 개별 국민은 하나의 세금만을 내는 것은 아니고 다양한 경제생활의 영역에 따라 그리고 매번 과세요건을 충족하는 경제행위에 따라 다양한 종류의 세금을 내게 된다. 사회적 논의, 특히 세법적 논의가 하나의 세금이 변동될 때 국민과 경제에 어떤 영향을 미치는지에 집중한 반면 납세의무자인 개별 국민은 다양한 세금을 자신의 재산으로써 납부할 의무를 부담하게 된다. 그러나 이와 같이 다양한 세금이 납세의무자의 재산에 어떤 정도의 크기로 부과될 수 있는지, 즉 전체적 조세부담의 크기가 어떤 정도이면

가능하고 또 어떤 정도를 넘어서면 위법한 것인지에 대한 법적 기준은 사실상 없다.

특히 이와 같은 문제는 납세자의 경제적 성과에 따른 세금이 아닌 정책목적을 달성하기 위한 이른바 유도적 조세에 있어서 더 큰 문제를 남긴다. 예컨대 환경세의 경우, 환경세의 세율과 과세표준은 환경세 납세의무자의 소득이 얼마나 되며 이익을 얼마나 남기느냐에 있지 아니하고 오로지 반환경적 행위를 어느 정도로 하느냐에 따라 조세부담의 크기가 결정된다. 따라서 아무리 경제적 담세력이 없이 빈궁하더라도 반환경적 행위를 하는 한 세금납부의 부담을 지게 된다.

이와 같이 유도적 조세와 그렇지 않은 조세가 혼재되어 납세자에게 전체로서 세부담이 가해지게 될 경우 납세자의 헌법상 재산권에 대한 본질적 침해까지는 아니라 해도 재산상의 부담은 상당하여 구체적 기준을 정할 필요가 발생하게 된다.

IV. 절반분배의 원칙

1. 내 용

우리의 경우에는 헌법상 재산권의 보장과 관련하여 조세부과라는 국가의 공권력 작용이 개인 재산에 대한 몰수적 처분에 해당할 경우 재산권의 본질적 침해에 해당한다는 독일의 논의가 긍정되는 것으로 보이며, 우리 헌법재판소는 비례의 원칙을 적용하여 과세권행사로 인한 재산권침해를 논의는 하였으나 여기에서 국가의 과세권행사의 한계를 도출해 낼 구체적인 논거는 발견되지 않고 있다.[1] 이마저도 전체적 조세부담이 개인에게 미칠 수 있는 한계와 관련한 것이 아닌 개별 세

---

[1] 김성수, "국가과세권과 평등권, 재산권과의 관계", 고시계, 2003, 26면.

목의 부담크기에 관한 심사에 그친다.

한편 독일의 경우 연방헌법재판소는 "재산에서의 예정수입과 그 밖의 재산수입에 대한 전체적 조세부담은, 수입과 공제 가능한 경비 그리고 그 밖의 부담경감을 정형화하여 고찰했을 때, 재산세의 대상이 되는 수입 중 반 정도를 사적 용도와 공적 용도에 분배해야 한다"고 판단하였다.[2]

독일 연방헌법재판소가 제시한 절반분배의 원칙은 사실 개인에게 가해지는 모든 조세상의 부담에 대한 한계기준이 아니라 재산세의 대상이 되는 수입, 즉 소득세, 법인세, 영업세 등에 대해서만 적용된다. 그럼에도 불구하고 이와 같은 구체적 기준을 제시한 것은 최소한 입법부와 행정부에 대한 논의의 가이드라인을 제시하여 개별 조세부담이 아닌 전체 조세부담이 미치는 재산권에 대한 영향 또는 그 관계를 고려하도록 한 점에 있어서 큰 의의를 가진다.

2. 헌법적 함의 — 재산권보장과 관련하여

독일연방헌법재판소의 절반분배의 원칙은 사실 어떠한 계량경제학적 고려나 그 검증 후에 제시되었다기보다는 상당히 직관적인 결정에 따른 것으로 보인다. 개인 재산의 절반 정도는 사적 용도에 쓰여야 한다는, 환언하여 개인 재산의 최대 절반 정도는 조세 등의 공과금으로 통해 징수되어 공적 용도로 사용될 수 있다는 가치판단은 말 그대로 가치적 판단에 해당하는 것이지 구체적인 사회과학적 근거에 따른 기준이라고 보기 어려운 측면이 있다.

그럼에도 불구하고 이와 같은 다소 "황당한(?)" 기준이 헌법상 가지는 의미는 작지 않다. 즉, 앞에서도 언급한 바와 같이 우리의 경우 개

---

2 BVerfGE 93, 121 결정문의 C II 3 c) 부분.

별 세목에 대한 국가과세권의 한계가 비례원칙과 관련하여 이루어지는 정도에 불과하여, 국가가 전체로서의 조세부담이 개인에 대해 가지는 한계에 대해서는 사실상 고려하지도 않고 있는 가운데서 다시 개인의 재산권을 정면으로 지키기 위한 헌법상 재산권보장규정의 함의에 대해서 지금까지와는 전혀 다른 차원의 판단기준을 제시한 점에 있다.

환경세의 헌법적 적정성을 다루는 점에 있어서도 재산권과 관련하여서는 환경세의 부과가 반환경적 기업에 대한 교살적 또는 몰수적 상황을 단기간에 초래하지 않는다면 환경세가 재산권규정을 침해한 것이라고 볼 수 없다는 인식이 있다.[3] 이는 물론 환경세라는 하나의 세목에 대한 재산권침해 상황을 상정한 것이지만 본질에 있어서는 조세부담 전체의 크기와 재산권과의 관계에 있어서도 동일하다고 볼 수 있을 것이다.

그렇다면 지금까지의 재산권보장에 대한 이론적 논의는 조세부담과 관련하여 진실로 납세자의 재산권 보장에 기여하는 것일까? 아니면 실제적으로 작동하는 규범일까? 전술한 바와 같이 교살적·몰수적 조세가 아니라면 이는 입법자의 입법형성의 재량에 속하는 것이지 국가과세권이 국민의 재산권을 본질에 있어서 침해한 것은 아니라고 한다.

현실에 있어서는 물론 교살적·몰수적 조세가 입법화되기는 어려울 것이다. 법의 문제 이전에 사회적 논쟁을 통해서 걸러질 것으로 예상되기 때문이다. 어떻든 이론상이라 하더라도 조세부담이 교살적이 되거나 몰수적 성격을 띤다는 것은 사실 헌법에 규정되어 있는 재산권이라는 하나의 기본권에 관한 문제가 아니라 사유재산의 부인과 같은 국가의 정치적 정체성이라는 문제에도 맥이 닿게 된다. 현실에서도 발생하기 어려운 상황이 되었을 때만이 등장하게 되는 재산권보장이라는 헌법적 보호막은 국가의 조세입법에 있어서의 형성재량이라는 측면에

---

3 강주영, "환경세의 헌법적정성에 대한 고찰", 환경법연구, 2006, 539면.

서는 사실 무용지물이다. 특히, 국가의 역할이 비대해지며 공적 영역뿐만 아니라 사적 영역에서도 국가의 재정작용의 수요가 폭발적으로 확대되어 세입확충의 유혹이 증가일로에 있는 최근의 상황에 있어서는 더욱 그러하다.

이에 반해 절반분배의 원칙은 국가의 과세권 행사라는 측면에 있어서 헌법상 재산권 보장규정을 저승에서 이승으로 소환하는 매개체가 될 수도 있을 것이다. 전혀 명확하지 않은 "교살적·몰수적 상황", 즉 어떤 경우가 특정 납세의무자에 대한 교살적이며 몰수적인지에 대한 판단을 고려할 필요 없이 전체적 조세부담이 납세의무자 재산의 50%에 근접하거나 초과하는 경우 재산권 보장규정은 바로 작동할 수 있기 때문이다.

V. 맺 으 며

물론 여기에는 사법부의 적극적인 판단행위에 대해 매번 빠지지 않고 등장하는 '권력분립의 원칙'과의 불화라는 문제가 등장하기는 한다. 법률제정권자가 향유하는 입법형성에 대한 침해라는 주장이 있을 수 있기 때문이다.

또한 절반분배 원칙에 있어서 가장 본질적인 문제, 즉 도대체 어떻게 또는 왜 50%여야 하는가?

그리고 저소득자의 50%와 고소득자에게 있어서의 재산의 50%는 같은 헌법적 의미를 가지는가 그렇지 않다면 이 부분에 있어서도 누진제와 같이 재산에 가해지는 국가과세권의 한계가 소득분위별로 달라야 하는 것인가?

이와 같이 절반분배의 원칙이 가지는 많은 문제점에도 불구하고 과세권의 한계와 관련해서는 전혀 기능하지 못하는 지금의 재산권의 내용보다는 진일보한 점이 있을 것이라는 점은 부인하기 어렵다.

조세법적 수단은 가장 고유한 기능인 국가재정수입의 충당이라는 것 외에도 사회정책적 수단으로서도 활발히 사용되고 있다는 점에서 조세 및 공과금을 통한 국민의 재산권에 대한 부담은 점점 늘어날 것이다. 이 때 심사의 고려사항으로서 세입 확충의 규모, 경제활력에 대한 영향만을 기준으로 삼을 것이 아니라 국민의 재산에 대한 추가적 부담의 크기가 적정한가에 대한 법적 기준을 검토해야 할 때가 되었다.

우리가 독일의 연방헌법재판소와 같이 과감하게 특정 수준의 한계를 지금 바로 제시하지는 못하더라도 과연 국가의 과세권 및 공과금 부과의 전체적 한계가 어디까지인가에 대한 법적 경제적 논의가 활발해지기를 기대한다.

15

윤 성 현

한양대학교 정책학과에서 헌법을 가르치고 있다. 영미(英美)의
18~19세기 민주주의·자유주의·입헌주의 사상과 역사에 대한
관심으로부터 출발하여, 현재는 우리 헌법상 민주주의 원리가 자유주의·
입헌주의 등과 균형 있게 공존할 수 있도록 하기 위한 새로운 헌법이론의
정립과 헌법정책의 제도화를 위한 연구를 진행 중에 있다. 공저로『포스트휴먼시대의
휴먼』이 있고, 주요 논문으로 "J. S. Mill 민주주의론의 기초개념으로서 숙의(熟議)",
"국가정책 주민투표제도에 관한 헌법정책론–참여·숙의민주주의 이론을 중심으로",
"통일헌법의 기본원리로서의 민주주의 연구" 등이 있다.

대의민주주의를 넘어,
하이브리드 민주주의는 가능한가?

I. 서구 자유민주주의의 대표 브랜드,
대의민주주의의 쇠퇴

고대 아테네의 한 시대를 풍미했던 demokratia라는 단어는, 이후 오랜 세월 사람들의 기억 속에서 아예 잊혔거나 오히려 부정적으로 기억되다가, 18세기 말 미국 독립혁명과 프랑스 혁명을 거쳐 19세기 서구 국가들을 중심으로 democracy라는 단어로 다시 주목받기 시작하고, 20세기 이후가 되면 세계 각국의 정치는 물론 문화와 생활양식 전반에 이르기까지 널리 활용되는, '마법의 단어'로 거듭나게 되었다. 최근에는 쓰는 사람마다 democracy, 즉 민주주의(民主主義)에 대한 각자의 정의가 있다고 할 정도로 폭넓게 사용되고 있어, 민주주의를 논하는 경우라면 과연 '어떤 민주주의인가'를 되물어야 할 상황에 이르게 되었다.

영국의 정치학자 존 던(John Dunn)은 민주주의의 개념사를 '단어-관념-제도'의 3차원에서 파악하면서, 아테네 이후 2천년 동안 고대 민주주의로부터 살아남은 것은 민회나 추첨과 같은 제도가 아니라, 투키디데스와 플라톤, 아리스토텔레스의 저작에서 찾을 수 있는 일련의 사유(a body of thinking)라고 진단한다.[1] 이와 같이 오랫동안 수면 아래 묻혀

있었던 민주주의를 근대 산업사회의 정치원리로 새롭게 부활시킨 대표적인 국가는 미국이었다.[2]

미국은 영국으로부터 독립하여 민주 공화국임을 표방하면서도, 서구 민주주의의 오랜 영감의 원천인 고대 아테네의 민주주의 제도나 방식을 따르지 않았다. 오히려 제임스 매디슨(James Madison)과 같은 미국 건국의 기초자들(Founding Fathers)은 미국 연방을 순수 민주주의(pure democracy)와 구분되는 확장된 공화국(republic), 즉 대의민주주의 체제로 만들고자 했다.[3] 이는 물리적으로는 과거 도시국가와는 달리 근대 국민국가의 확장된 규모에 적합한 통치체제를 구상한 것이었고, 원리적으로는 민주주의(democracy)에 근대의 산물인 자유주의(liberalism)를 결합시킨 자유민주주의(liberal democracy) 정치체제를 구상한 것이었다. 따라서 미국은 아테네식의 추첨과 같은 제도를 채택한 것이 아니라, 선출된 대표에게 통치권을 자유위임하여 국가 전체의 이익을 판단하도록 맡기는 형태의 대의민주주의를 채택했다는 점에 주목해야 한다. 대의민주주의를 근간으로 한 자유민주주의는 18~19세기 서구를 중심으로 조형되어 지속적으로 발전되었고, 20세기 후반인 1980년대 말과 1990년대를 전후하여 2차 대전 후 치열한 경쟁을 벌였던 구소련과 동구권의 인민민주주의 체제가 잇달아 몰락하면서, 이제 자유민주주의의 독주 시대가 열린 것으로 보였다.

---

1 John Dunn, *Setting the People Free: the Story of Democracy*, London: Atlantic, 2005(강철웅·문지영 공역, 민주주의의 수수께끼, 후마니타스, 2015), 39면. 던에 따르면, 플라톤 등의 저작에서 민주주의는 주로 경멸스럽고, 의심스러운 집단이익 체제로 묘사된다(같은 책, 39-50면).

2 민주주의라는 단어와 사유가 근대적으로 부활된 이후 가장 큰 수혜자는 미국이었다고 생각한다. 거기에는 여러 가지 요인이 복합적으로 작용했으나, 프랑스의 정치사상가이자 법률가였던 알렉시스 드 토크빌(Alexis de Tocqville)이 쓴 『미국의 민주주의』(제1부 1835년, 제2부 1840년)의 결정적 기여를 빼놓을 수 없을 것이다(John Dunn, 위의 책, 73면도 동지).

3 James Madison, The Union as a Safeguard Against Domestic Faction and Insurrection, *The Federalist Papers* No.10, November 23, 1787. https://kr.usembassy.gov/education-culture/nfopedia-sa/living-documents-american-history-democracy/federalist-papers-1787/

    그러나 21세기 현재의 대의민주주의는 총체적인 위기에 직면해 있
다. 중국·러시아 등 전통적인 권위주의 체제는 물론이고, 미국·일본
등 대표적인 자유민주주의 국가들도 소위 스트롱맨(strong man) 전성시
대로 불릴 만큼 민주주의의 본궤도에서 이탈하여 권위주의와 극우 정
치의 범주에 다가서고 있다. 자유민주주의·대의민주주의 진영을 대표
하는 미국에서 최근 불고 있는 소위 '트럼프 현상'은 이런 흐름의 완결
판이나 다름없다.[4] 유럽의 불안정성도 만만치 않다. 미국·일본 등에
비해서는 상대적으로 사회민주주의 성향이 강했던 서유럽도 오늘날에
는 대부분 중도·보수, 심지어는 극우화의 경향마저 감지되고 있고, 구
소련을 비롯한 동구권은 자유민주주의로의 체제전환을 하던 중 다시
권위주의로 회귀하는 유턴 현상도 보여 준다.[5] 대의민주주의를 통해
해결되지 못한 정치적 쟁점들이 국민투표나 주민투표로 분출되는 현상
도 21세기 들어 유난히 두드러지게 나타난다. 몇 가지만 예를 들어봐
도, 2014년 우크라이나 크림반도의 러시아 귀속여부에 대한 주민투표,
스코틀랜드 독립 찬반 주민투표, 스페인 카탈루냐 주의 독립 주민투표,
2015년 그리스 구제금융 국민투표, 2016년 영국의 브렉시트(Brexit) 찬
반 국민투표 등이 이어지고 있다.
    21세기에 대의민주주의가 쇠퇴기로 접어든 데는 여러 가지 원인이
있을 것이다. 20세기 후반 인민민주주의 체제의 전반적 몰락으로 세계

---

4 Democracy Index 2016에서 가장 주목할 사건은, 미국이 트럼프 집권 이후 완전한 민주
   주의(full democracy)에서 결함있는 민주주의(flawed democracy) 등급으로 내려앉은 것이
   었다(The Economist Intelligence Unit, *Democracy Index 2016*, 4면). Democracy Index 2017
   에서도 미국의 등급과 등수(21위)는 2016년과 동일했다. 참고로 대한민국도 현재 결함
   있는 민주주의(flawed democracy) 등급인 것은 마찬가지이지만, 2016년 24위에서 2017
   년 20위로 순위가 올라서 미국보다 상위에 랭크되어 있다.
5 Democracy Index 2016 조사에서 동유럽은 무려 19개국의 점수가 전년도보다 하락하였
   음이 지적되었다(The Economist Intelligence Unit, *Democracy Index 2016*, 5, 36-39면).
   Democracy Index 2017에서도 동유럽의 민주주의 퇴조현상(Democratic backsliding
   continues in eastern Europe)은 여전하였다(The Economist Intelligence Unit, *Democracy
   Index 2017*, 13면).

적으로 자유민주주의가 독과점적 지위를 가지게 되면서, 냉전시기 적대적 공생 관계 속에 감추어져 있었던 자체 모순들이 드러난 면이 있고, 다른 한편으로는 경쟁자를 잃은 가운데 변화와 발전의 동력을 잃고 오만한 모습을 보였다. 즉 대의민주주의의 핵심제도인 선거·정당은 대표와 선거민의 거리를 좁히기는커녕 점점 더 멀어지게 하면서 소수 엘리트의 독과점·담합 체제로 전락했고, 자유위임을 통해서 국가이익을 추구하리라 기대했던 대표들은 실제로는 개별이익이나 특정 집단 이익을 추구하는 데 급급한 모습을 보여 주었다. 선거와 자유위임 등의 장치로 제한된 대의민주주의는, 민주성은 부족하더라도 최소한 대표들 간의 토론정치를 통해 효율성과 생산성에서라도 실적을 보여 주기를 기대했지만, 실제로는 각자의 기득권을 지키기 위해 상대 정파의 정책과 주장을 모조리 거부하는 극단적인 파당 정치로 귀결되면서 입법의 품질이나 생산성은 기대하기조차 어려운 수준으로 쇠퇴하고 있고,6 또한 정치 엘리트들은 특정 이익단체나 자본권력과 유착하여 그들의 이익을 대변하는 폐해를 노정하기 일쑤여서, 국민의 대표에 대한 불신은 점차 극에 달하게 되었다.

II. 대한민국의 1987년 헌법 체제와 대의민주주의의 현 주소

대한민국은 정부 수립 이후로 산업화를 이뤄내면서도 정치적으로는

---

6 프랜시스 후쿠야마(Francis Fukuyama)는 이를 vetocracy라는 용어로 간명하게 표현한 바 있다("I mean by vetocracy the process whereby the American system of checks and balances makes collective decision-making based on electoral majorities extremely difficult". Francis Fukuyama, The Decay of American Political Institutions, December 8, 2013 https://www.the-american-interest.com/2013/12/08/the-decay-of-american-political-institutions/).

오랜 기간 독재와 권위주의의 시대를 보냈는데, 1987년 6월 10일의 민주항쟁을 통해 최초의 여야 합의를 통한 1987년 헌법개정을 이뤄내게 된다. 1987년 헌법개정의 핵심적 성취는 대통령 직선제와 단임제였고, 이는 그 이전과 비교할 때 적어도 대의민주주의의 절차적 측면에서는 분명한 진전이었다.7

이처럼 1987년 헌법개정 이후 1990년대 초반에 이르기까지는, 국내적으로는 새로운 헌법체제와 정치현실의 변화에 따라 대의민주주의 공고화의 조건이 진행되고 있었고, 대외적으로도 자유민주주의 체제의 일방적 승리로 귀결된 것으로 볼 수 있는 시기였으므로, 이 때 국내의 대의민주주의 헌법이론 관련 연구들이 많이 나온 것은 자연스러운 현상으로 이해될 수 있다.8

위 시기의 교과서적 설명은 오늘날까지도 비교적 큰 변화 없이 통용되고 있다. 헌법의 기본원리로서 민주주의를 중요하게 다루기는 하지만, 구체적 개념요소가 무엇인가에 대해서는 자세하게 논하지 않고 거의 곧바로 대의민주주의/직접민주주의를 구분한 뒤, 우리 헌법상으로는 대의민주주의가 원칙이라고 하면서 이에 대해 상술한다. 이어서 직접민주주의는 예외적으로만 허용될 수 있다고 하면서, 국민투표·국민발안·국민소환의 3가지 제도를 간략히 소개하고, 추가적으로 고전적 대의제에 대한 현대적 수정으로써 정당민주주의 현상을 논한 뒤, 이로 인해 고전적 대의제가 현대적으로 어떻게 변용되는지를 설명하는

---

7 대한민국 헌법 제67조 ① 대통령은 국민의 보통·평등·직접·비밀선거에 의하여 선출한다.

제70조 대통령의 임기는 5년으로 하며, 중임할 수 없다.

국회의원의 선출과 자유위임에 관해서는, 헌법 제41조 제1항 및 제46조 제2항 참조.

8 구병삭·강경근, 국민투표, 민음사, 1991; 이병훈, 대표원리와 의회주의의 기능, 고려대 법학박사논문, 1988(이후 단행본으로 출간됨. 이병훈, 대의원리와 의회주의, 박문각, 1993); 정종섭, 대의제에 관한 비판적 연구, 연세대 법학박사논문, 1989.8(이후 단행본으로 출간됨. 정종섭, 헌법연구 1(제3판), 박영사, 2004; 정종섭, 헌법연구 4, 박영사, 2003 에서의 "제2장 대의민주주의론에 대한 비판론 분석" 참조); 한태연, 헌법과 국민, 고시연구사, 1995 등.

방식의 논리구조가 대부분이다.

　1987년 헌법과 이에 대한 헌법학자들의 해석론이 위와 같았기에, 헌법재판소의 결정례들도 기본적으로 위와 같은 논리의 연장선상에 있어 왔다. 즉 헌법재판소는 우리 헌법상 자유민주적 기본질서의 내용으로 '의회제도, 복수정당제도, 선거제도' 등 대의민주주의의 핵심요소들을 제시하였고,[9] 대의민주주의에 관해서는 헌법의 기본원리이며, 그 구성요소의 핵심은 선거와 자유위임이라는 점을 반복하여 설시하여 왔다.[10]

　1987년 헌법은 권위주의 체제에서 벗어나 민주주의 체제로 이행하는 시대의 산물이었다. 따라서 이 시기에 대통령 간선제를 탈피하여 직선제를 도입하고, 의회의 권한을 이전보다 강화하는 등 서구 대의민주주의의 외형적·제도적 틀에 근접해 가는 모습을 읽을 수 있으나, 여전히 대의제가 전반적으로 내실화되지 않은 상태에서 대통령 등의 직선제를 곧 민주주의로 이해하는 수준에 머물렀던 것도 사실이다. 따라서 1987년 헌법상 민주주의에 대한 '해석론'이 주로 대의민주주의의 형태와 제도를 중심으로 전개될 수밖에 없었던 것은, 시대적 제약조건으로 이해할 수 있기도 하다.

　그러나 1987년 헌법을 전제로 하더라도, 오늘날 민주주의에 대한 '이론적' 혹은 '정책적' 설명 또한 과거의 '해석론'의 틀에 머물러야 하는지는 의문이다. 기존의 헌법상 대의제/민주주의 구분은, 근대국가에서 대의민주주의를 발전시키던 시기의 역사적 산물이어서, 고대나 중세와는 달리 광역화된 근대국가의 규모(size)의 문제를 해결하고, 나아가 민중지배(demos+kratia)의 위험을 피해 엘리트 지배를 구현하려던 측면이 컸다고 보아야 할 것이다. 물론 종래의 이론이 대의민주주의를 1987년 헌법체제에 안착시키는 데 기여한 부분도 있을 수 있고, 오늘

9　헌재 1990. 4. 2. 89헌가113.
10　헌재 1994. 7. 29. 93헌가4 등; 헌재 1998. 10. 29. 96헌마186; 헌재 2003. 10. 30. 2002헌라1; 헌재 2009. 6. 25. 2007헌마40 등 다수.

날 대의 원리와 제도를 이해하는 데 있어서도 출발점이 되는 것은 사실이지만, 현대의 변화된 국가·사회의 현실에서는 종전의 이분법적 구분만으로 민주주의·대의민주주의를 충분히 설명할 수 있다고 보기는 어렵지 않을까 한다.

오늘날의 민주주의·대의민주주의는, 인풋(input)의 차원에서 과거보다 더 넓고 강한 참여를 요구받는 한편, 아웃풋(output)의 차원에서도 숙의과정을 통해 과거보다 한층 높은 공익을 실현하도록 요구받고 있어, 종전과 같이 엘리트를 대표로 선출하고 이들에게 자유위임을 하면 공익을 산출할 것이라는 느슨한 전제로는 현재의 높아진 민주주의적 요구를 충족시키기 어렵다. 더군다나 기존의 구분법이 오늘날 유효성을 상실한 것이 아닌가 하는 의문의 배후에는, 대의제의 수많은 실패 사례들이 있기 때문에, 단순히 대의제의 원리적 우수성을 강변하고 민주주의를 제한한다고 해서 해결될 수 있는 문제가 아니다.

최근 소위 국정농단 사태로 인해 2016년 말 촛불혁명 혹은 촛불시민항쟁이 일어났고 그 결과로 2017년 3월 10일 현직 대통령 탄핵이라는 헌정사상 초유의 사태를 겪은 것은, 소위 87년 체제의 대의민주주의가 한계 상황에 봉착한 것이라는 강한 경고의 메시지였다.[11] 기왕에도 87년 헌법상 대통령제와 의회제도에 대한 여러 비판이 있어 왔지만, 대의민주주의의 대참사를 겪은 지금이야말로 정부형태를 중심으로 한 권력구조 전반, 또한 선거·정당 구조의 개편이 필요하고, 나아가 대의기관을 견제할 수 있는 시민참여의 제도화 등을 포함한 총체적 헌

---

11 국회와 언론의 지적에도 불구하고 피청구인은 잘못을 시정하지 않고 오히려 사실을 은폐하고 관련자를 단속하였기 때문에, 피청구인의 지시에 따라 일한 안○범과 김○ 등 공무원들이 최○원과 공모하여 직권남용권리행사방해죄를 저질렀다는 등 부패범죄 혐의로 구속 기소되는 중대한 사태로까지 이어지게 되었다. 피청구인이 최○원의 국정 개입을 허용하고 국민으로부터 위임받은 권한을 남용하여 최○원 등의 사익 추구를 도와주는 한편 이러한 사실을 철저히 은폐한 것은, 대의민주제의 원리와 법치주의의 정신을 훼손한 행위로서 대통령으로서의 공익실현의무를 중대하게 위반한 것이다(헌재 2017. 3. 10. 2016헌나1, 대통령(박근혜) 탄핵, 밑줄은 필자).

정 개혁이 절실한 골든타임이라고 하지 않을 수 없다. 이제는 이를 뒷받침할 수 있는 민주주의 이론의 새로운 구성을 진지하게 고민해 보아야 할 때가 되었다.

Ⅲ. 대의민주주의를 넘어, 하이브리드 민주주의 가능성의 모색

시민들의 민주주의에 대한 인식과 의지가 전반적으로 고양되어 더 많은 참여, 더 높은 수준의 민주주의를 요구하는 작금의 상황을 직시한다면, 그리고 이를 관철할 수 있는 기술적·물리적 장치로서 다양한 온라인과 네트워크 기술의 발달을 고려한다면, 이제는 과거의 협소한 대의민주주의 틀에만 국한되지 않는, 민주주의의 원의에 좀 더 충실한 다양한 제도를 상상할 수 있는 때가 되었다고 생각한다.

가령 2017년을 전후하여 나온 최근의 헌법개정안들을 살피면, 1987년 헌법에서 대의제 원칙에 반한다고 보았던 여러 직접민주주의 제도들을 헌법 개정을 통해 도입하는 방안들이 상당수를 차지했다.[12] 또한 헌법개정 국민투표에 대해서도, 종전과 같이 국회에서 의결된 헌법개정안을 국민투표에 붙여 확정한다는, 대의민주주의와 직접민주주의의 단선적·수동적 결합방식만이 아니라, 최근 아일랜드나 아이슬란드 등

---

12 예컨대 2018년 3월 정부가 발의했던 개헌안의 경우, 아래와 같이 국회의원에 대한 국민소환, 국민발안 및 주민발안·주민투표·주민소환에 대하여 헌법에 직접 제도의 근거를 명시하고 있다.
제45조 ② 국민은 국회의원을 소환할 수 있다. 소환의 요건과 절차 등 구체적인 사항은 법률로 정한다.
제56조 국민은 법률안을 발의할 수 있다. 발의의 요건과 절차등 구체적인 사항은 법률로 정한다.
제121조 ③ 주민발안, 주민투표 및 주민소환에 관하여 그 대상, 요건 등 기본적인 사항은 법률로 정하고, 구체적인 내용은 조례로 정한다.

의 예를 좇아 법률 등을 통해 추첨시민의회를 도입해야 한다든가 혹은 공론조사(deliberative poll)의 방식을 도입해야 한다는 등의 새로운 민주적 절차에 관한 논의가 적극적으로 개진되었다.[13]

따라서 이제는 헌법상 민주주의는 곧 대의민주주의이고 직접민주주의는 예외적으로만 적용된다는 과거의 도그마에만 머물러서는 곤란하다고 본다. 민주주의를 최대한 원의에 가깝게 이해하려 하지 않고, 실현형태, 즉 국가의사결정 주체에 따라 구분하여 대의민주주의/직접민주주의의 좁은 의미로 이해하는 방식은 이제 지양하고 극복할 때가 되었다. 다른 모든 헌법과 법률의 주요 개념들이 그러한 것처럼, 헌법상 민주주의 원리를 이론화하는 것은 동 원리를 분석 가능한 수준으로 개념화·구체화하는 데서 출발해야 한다. 그렇지 못한 헌법상 민주주의 이론은 다른 사회과학, 예컨대 정치학이나 사회학에서 논의하는 민주주의 이론의 발전상황과는 동떨어진 '갈라파고스의 이론'으로 전락할 수 있고, 이는 헌법이론의 통합적·융합적 성격에 반하여 결과적으로 사회적 수용성을 떨어뜨리는 요인이 될 수 있다.

필자는 민주주의의 형태보다 개념·원리에 충실하여, 헌법상 민주주의의 개념 요소를 참여(participation)와 숙의(deliberation)의 두 가지로 재정립해 설명할 필요가 있다고 본다.[14] 국민의사를 국가의사결정에 최대한 투입할 수 있도록 하는 인풋(input) 장치를 최대한 다양하게 마련함(참여)과 동시에, 참여를 바탕으로 최선의 공익과 국가의사(output)를 실

---

13 윤성현, "2017년 헌법개정과정에의 시민참여와 헌법교육의 모색 —1987년 헌법개정과정의 경험을 바탕으로 —", 법교육연구 제12권 제3호, 2017.12, 109-115면 참조.

14 윤성현, "J. S. Mill의 민주주의론에서 '참여'의 헌법이론적 의의", 공법연구 제40집 제1호, 2011.10, 236면 등 참조. 최근에는 여기에 더해 공화주의(republicanism)의 요소까지 추가하는 것을 잠정적으로 염두에 두고 있다(윤성현, "통일헌법의 기본원리로서의 민주주의 연구", 헌법학연구 제24권 제2호, 2018.6 참조). 그러나 '숙의' 개념도 이미 공화주의적 민주주의론의 핵심개념으로서 '공화'의 의미와 중첩되는 부분이 많기에, 공화를 추가하든 하지 않든 강조점의 차이가 다소 있을지언정 실질적으로 큰 차이를 가져오지는 않을 것으로 생각한다.

현하기 위해서는 어떠한 공론절차가 요구되는가(숙의)의 문제가 '국가의사를 국민이 결정한다.'는 민주주의 원리의 핵심과제를 내포하고 있다고 보기 때문이며, 이는 민주주의가 단순히 다수결의 수(number)의 원리에만 그치는 것이 아니라, 이성(reason)의 원리로서도 작동해야 한다는 점에서도 정당화될 수 있지 않을까 한다.

참여·숙의의 개념요소를 가장 폭넓게 충족시키는 방식이라면, 대의민주주의이든, 혹은 전통적인 직접민주주의 제도이든(국민투표, 국민발안, 국민소환), 아니면 오늘날 제기되는 제3의 새로운 방식이든(예컨대 공론조사, 추첨시민의회 등), 나아가 이들의 결합방식이건 무엇이든 문제될 것이 없다. 즉 민주주의의 방식이 민주주의 원리를 좌우해서는 안 되고, 민주주의 원리에 따라 제도가 마련되는 것이 정도(正道)이다.[15] 특히 현대에는 기술과 매체의 발전을 통해 근대국가의 규모 문제를 극복할 해결책도 나오고 있고, 대의민주주의의 원리적 우위도 무조건적으로 주장하기는 어려운 상황이 되었기 때문이다.

헌법상 민주주의의 구체적 재정의가 대의민주주의의 해체나 포기를 의미하지는 않는다. 대의민주주의의 정상화를 전제로 한다면, 앞으로도 대의민주주의는 민주적 제도들 중에서 여전히 가장 핵심적인 지위를 유지할 확률이 높다. 직접민주주의는 여전히 독재나 동원의 도구로 전락할 위험, 다수의 전제나 동조 현상으로 인해 소수자를 억압하거나 배제할 위험 등이 상존하기 때문이다. 하지만 민주주의의 개념은 일단 넓게 설정하여 다양한 방식이 통용될 수 있는 이론적 토대를 열어 두고, 민주주의의 방식은 해당 상황에서의 문제 해결에 가장 적절한 것을 경쟁을 통해 찾아가도록 하는 것이 대의민주주의를 위해서도 바람직하다. 직접민주주의나 숙의민주주의 등 다양한 제도가 존재하여 서

15 물론 민주주의가 어느 경우에나 항상 최우선적인 원리로만 기능해야 하는 것은 아니다. 자유주의·입헌주의 등 다른 헌법 원리와의 정당한 비교형량의 과정을 통해 제한되고 후퇴하는 상황도 발생할 수 있다. 그러나 민주주의 원리 자체를 처음부터 대의민주주의로 협소하게 이해하는 것과는 차이를 가져올 것이다.

로 경쟁관계에 있게 되면, 대의민주주의도 더욱 긴장하여 자체발전을 위해 노력하게 될 것이다. 민주주의 제도 상호간에도 견제와 균형이 요구되고, 이를 통해 대상과 상황에 따라 참여를 극대화하고 숙의가 가능하도록 하는 방식을 채택·활용하는 것이 민주주의의 본뜻에도 가장 합치한다.

필자는 앞서 언급한 민주주의 개념요소의 구체화를 원리적 토대로 하여, 다양한 민주적 제도들을 도출하고 상호 결합하는 방식까지 통칭하는 헌법이론·정책의 용어로서, 「하이브리드 민주주의」(hybrid democracy)[16]의 도입을 제안한다.[17] 이는 민주주의의 기초 개념으로서 참여와 숙의를 상정하고, 구현형식으로는 대의민주주의·직접민주주의·제3의 민주주의 제도 등을 폭넓게 열어 놓고서, 민주주의의 기초 개념으로서 참여와 숙의를 극대화시킬 수 있는 민주적 제도·형태를 다양하고 융통성 있게 조합·구현함으로써, '헌법상 민주주의≒대의민주주의'라는 도식을 깨고 대의민주주의 독과점의 폐해를 발전적으로 극복해 보자는 구상이다.

오늘날 각종 온라인 매체의 등장과 네트워크 민주주의의 발전은 「하이브리드 민주주의」로의 변화를 촉진하는 기제가 될 수 있다. SNS를 포함한 각종 온라인 플랫폼들은 정보의 유통을 광범위하게 확산시키고 이에 따라 다양한 의견들의 교환이 쉽게 이루어지고 있다. 따라서 헌법상 민주주의 거버넌스도 과거처럼 딱딱하고 고비용의 단선적·정태

---

16 하이브리드(hybrid)의 어감을 적절히 살리는 우리말을 아직 찾지 못해서, 잠정적으로 원어를 그대로 사용하기로 한다.

17 하이브리드 민주주의(hybrid democracy) 개념을 구상한 뒤 관련 선행연구를 검색해 보니, 미국의 헌법학자 엘리자베스 가렛(Elizabeth Garrett)이 캘리포니아의 민주주의를 설명하는 데 사용한 바 있고(Elizabeth Garrett, Hybrid Democracy, 73 *Geo. Wash. L. Rev.* 1096 (2005); Elizabeth Garrett, The Promise and Perils of Hybrid Democracy, 59 *Okla. L. Rev.* 227 (2017)), 국내에서는 정치학자인 류석진 교수 등의 보고서에서 동 개념을 소략하게 언급한 바 있었다(류석진 등 5인, 스마트-소셜 시대의 민주주의와 거버넌스, 정보통신정책연구원, 2011.11, 10, 13-14면). 그러나 필자가 구상한 의미와 정확하게 일치하지는 않는 것으로 보인다.

적 구조만이 아니라, 비용을 낮추면서도 유연하고 쌍방향적인 구조를 만들어 내는 것도 충분히 가능해졌다고 생각한다. 네트워크의 발전과 각 분야의 융복합 경향 등 사회현실의 다층적인 변화는 이미 광범위하게 이루어지고 있으며, 이에 따라 시민들의 생각과 선호 또한 다양하게 표출되고 있다. 경제적 상품과 서비스가 소비자의 수요에 따라 개별화·다양화되듯이, 헌법과 정치의 쟁점들에 대해서도 시민들의 수요를 개별적·다층적으로 충족시켜 주는 방안을 모색할 필요가 있다. 「하이브리드 민주주의」 개념의 도입이 '민주주의의 자유 시장'(free market of democracy)을 위한 규범적 토대를 마련하는 작은 밀알이 되기를 기대한다.

16

장 혜 진

제44회 사법시험 합격하고, 34기 사법연수원 수료 후 법무법인
광장에서 변호사 생활을 시작하였다. 파트너 변호사로 재직 중이던
2013년 여름, 제주대학교 법학전문대학원 교수로 전직하여 공법소송실무
관련 강의 등을 맡고 있다. 행정과 관련된 법들이 현실에 미치는 다양한
영향과 그 과정에서 발생하는 문제점들에 대하여 관심을 가지고 연구하고 있다.

공무원의 품위유지의무에서의 '품위'란 무엇인가?

I. 왜 이 글을 쓰게 되었나

사회규범으로서의 법은 사람을 "위한" 법이어야 한다.

법이 불특정 다수 또는 특정인을 상대로 일정한 요건에 따라 혜택을 부여하는 것을 내용으로 하는 법이라면, 그 법은 "제정 목적 자체"가 누군가를 "위한" 법이라는 것이 쉽게 이해가 될 것이다. 그러나 법이 형벌이나 징계 등의 강제력 또는 제재를 수반하는 법이라면 과연 그러한 법은 어떻게 사람을 "위한" 법이 될 수 있는 것인가? 이러한 경우에는 법의 제정 목적 자체가 사람을 "위한" 법이 되기 불가능한 것은 아닌지 의문이 들 수 있을 것이다.

필자는 이러한 경우에 "사람을 위한" 법이 되기 위해서는 최소한 문제되는 상황에서의 법 적용 및 해석에 있어 (심지어) 법 전문가일지라도 누가 그러한 역할을 담당하는지 여부에 따라 결론이 극단으로 갈리지 않아야 한다는 것이 중요한 기준이 될 수 있을 것이라고 생각한다.[1] 이 글은 '누가 그러한 역할을 맡는가'라는 아주 우연한 사정에 따

---

1 이 글에서 의문을 제기하고자 하는 부분은 우리나라의 경우 재판과 관련하여 기본적으로 3심제를 채택함으로써(헌법 제101조) 국민의 재판청구권(헌법 제27조)을 보호하

라 문제되는 상황에서의 결론이 극단으로 달라지지 않을 수 있도록, 이를 위해 법이 그러한 역할을 할 수 있는 요건들로 꼭 필요한 (적어도) 최소한의 사항들을 포섭시킬 수 있다면, 수혜적인 내용이 아닌 강제력을 수반하는 법일지라도 사람을 위한 법으로서의 기본 요건을 갖추고 있다고 할 수 있다는 생각을 펼쳐보고자 하는 시도에서 출발한 것이다.

Ⅱ. 문제되는 사안의 제시

먼저 필자가 평소 갖고 있던 위와 같은 생각을 더욱 고민하게 만든 실제 사례들을 제시해보고자 한다.[2]

제1 사안. A는 공동주택인 아파트에 거주하고 있다. A는 평소 집안에서 향초를 켜고 기분 전환하는 것을 즐겼다. 당시 여름이라 거실 베란다 문을 연 상태에서 향초를 켜 두었고, 저녁 7시경 잠시 바깥에 폐기용품을 버리러 간 사이에 강한 바람이 불어 향초가 쓰러지면서 실내로 불이 번졌으나, 다행히도 스프링클러가 정상 작동하여 불이 외부로 확산되지 않은 채 A의 거실 일부가 소훼되었다. 당시 아파트 화재경보기가 울림으로써 관리실의 신고를 받고 소방차가 출동하였으며, 경보기 소리를 듣고 일부 주민들이 관리실에 문의전화를 한 사실이 있다.

제2-1사안. B는 평소 본인이 직접 승용차를 운전하여 출·퇴근을 하고 있다. 그런데 어느 해 겨울, 눈이 많이 내리는 상황에서 출근을 위해 시속 30킬로미터 정도로 주행하던 중, 전방 횡단보도 앞에서 적색 신호로 변경되는 것

고 있는 것과는 다른 내용이다. 즉, 이 글은 재판 결과에 불복하는 당사자로 하여금 3번의 재판을 받을 수 있는 기회를 부여 받을 수 있도록 함으로써 당사자의 기본권을 보호할 수 있고, 이를 통해 법 해석 및 적용, 결론에 있어서의 불통일성을 극복하고자 하는 측면을 고려하여야 한다는 논의가 아니라, 그 보다는 전 단계라 할 수 있는 어떤 문제되는 사안에서 법 규정 자체의 의미와 규정 방식에 대한 제한을 통해 해석 및 결론 도출의 혼란을 막을 수 있다는 생각에서 출발한 글이다.

2 본 사안들은 실제 사례를 기초로 구성한 것이며, 결론에 영향이 없는 범위 내에서 일부만을 다소 각색한 것이다.

을 보고 멈추었으나 눈길에 미끄러지면서 횡단보도를 지나가던 행인의 팔 꿈치에 오른쪽 사이드 미러가 부딪치게 되었다. 당시 행인은 겨울 외투를 두껍게 입고 있다면서 별다른 충격이 없다고 하였으나, B는 본인의 명함을 교부하고, 특별한 이상이 있으면 꼭 연락하고 병원으로 가라고 하였다. 며칠 후 행인이 연락이 와서 크게 아프지는 않지만 정형외과에서 2주 진단을 받고 물리치료 등을 받고 있다고 하였고, 배우자가 횡단보도 사고는 무조건 경찰에 신고를 하여야 한다고 해서 일단 경찰에 신고를 하였다고 이야기를 하였다. 이후 자동차 보험으로 치료비 및 위자료 등이 지급되었다.

제2-2사안. C는 퇴근 후 저녁 7시경 약속 장소로 운전을 하고 있었다. 전방에는 신호등이 없는 횡단보도가 있었고, C는 사람이 있는지 여부를 확인하며 천천히 주행하였으나 주행 방향 왼쪽에서 오른쪽으로 횡단보도를 건너던 행인이 운전석 뒷부분 문에 팔을 부딪쳤다. 당시 C는 겨울이었고 저녁 시간인데다가 행인이 검은 옷을 입고 있어 전혀 보지 못하였고, 만약 본인이 횡단보도여서 속도를 줄이지 않고 도리어 조금 더 속도를 높였더라면 사고가 나지 않았을 것이라고 생각하고 있다. 마찬가지로 자동차 보험으로 피해자의 물리 치료비 및 위자료 등이 지급되었다.

먼저, 위 사안들에 있어, 각 행위자들은 어떠한 형사상의 책임을 부담하게 되는지 살펴보자. 제1 사안의 경우, A는 형법상의 실화죄(형법 제170조 제2항[3])에 해당하게 되며, 제2-1, 2 사안의 경우, B와 C는 각 교통사고처리특례법위반죄[4]에 해당하게 되는데, 실제로도 각 죄명으로

---

[3] 관련 형법 조항은 다음과 같다.
제170조(실화) ① 과실로 인하여 제164조 또는 제165조에 기재한 물건 또는 타인의 소유에 속하는 제166조에 기재한 물건을 소훼한 자는 1천500만 원 이하의 벌금에 처한다.
② 과실로 인하여 자기의 소유에 속하는 제166조 또는 제167조에 기재한 물건을 소훼하여 공공의 위험을 발생하게 한 자도 전항의 형과 같다.
제166조(일반건조물 등에의 방화) ① 불을 놓아 전2조에 기재한 이외의 건조물, 기차, 전차, 자동차, 선박, 항공기 또는 광갱을 소훼한 자는 2년 이상의 유기징역에 처한다.
② 자기소유에 속하는 제1항의 물건을 소훼하여 공공의 위험을 발생하게 한 자는 7년 이하의 징역 또는 1천만 원 이하의 벌금에 처한다.
[4] 관련 교통사고처리특례법 조항은 다음과 같다.
제3조(처벌의 특례) ① 차의 운전자가 교통사고로 인하여 「형법」 제268조의 죄를 범한 경우에는 5년 이하의 금고 또는 2천만 원 이하의 벌금에 처한다.
② 차의 교통으로 제1항의 죄 중 업무상과실치상죄(業務上過失致傷罪) 또는 중과실치상죄(重過失致傷罪)와 「도로교통법」 제151조의 죄를 범한 운전자에 대하여는 피해자의 명시적인 의사에 반하여 공소(公訴)를 제기할 수 없다. 다만, 차의 운전자가 제1항의

기소되어 벌금형을 부과 받은 사안이다. 그런데 위와 같은 사고로 인하여, A, B, C의 인간으로서의 "품위"가 유지되지 못하였다고 이야기할 수 있는가?

이제, 이 사안들을 "징계"라는 관점에서 살펴보기로 한다. A, B, C가 전부 공무원이라고 가정을 해보자. 위 사안들에서 과연 A, B, C는 "공무원으로서의" "품위"를 저버린 사람들인가? A는 본인의 집 안에서 본인의 취향에 따른 향초를 피우다 잠시 부재중일 때 발생한 행위이고, B, C도 업무와는 관계없는 개인적인 운전 중에 발생한 일로, 전부 고의가 아닌, 과실로 인하여 발생한 일이라고 평가할 수 있을 것이다.

이러한 과실로 인하여 발생한 결과에 대해 행위자에게 형사적인 책임을 묻는 것은 별론으로 하고, 각각의 사안과 같은 결과가 발생한 행위가 "공무원으로서의", 업무 외적인 "품위"를 유지하지 못한 행위인가?

실제 사안에서는 A, B, C 모두 공무원으로서의 품위유지의무를 위반하였다는 이유로 징계요구권자의 경징계 요구를 받았고, 징계위원회 단계에서 A와 C는 품위유지의무를 위반하였다는 이유로 경징계를, B는 품위유지의무가 인정되지 않는다는 이유로 징계를 받지 아니하였다. 이러한 결론에 공감을 할 수 있는가?

과연 "품위"가 무엇이고, 공무원이 부담하는 "품위유지의무"가 무엇이기에 위와 같은 사안들이 품위유지의무 위반이기도 하고, 아닐 수도 있는 것인지 여부와 관련하여, 법학적인 접근을 해 보기로 한다.

죄 중 업무상과실치상죄 또는 중과실치상죄를 범하고도 피해자를 구호(救護)하는 등 「도로교통법」 제54조제1항에 따른 조치를 하지 아니하고 도주하거나 피해자를 사고 장소로부터 옮겨 유기(遺棄)하고 도주한 경우, 같은 죄를 범하고 「도로교통법」 제44조 제2항을 위반하여 음주측정 요구에 따르지 아니한 경우(운전자가 채혈 측정을 요청하거나 동의한 경우는 제외한다)와 다음 각 호의 어느 하나에 해당하는 행위로 인하여 같은 죄를 범한 경우에는 그러하지 아니하다.
6. 「도로교통법」 제27조제1항에 따른 횡단보도에서의 보행자 보호의무를 위반하여 운전한 경우

Ⅲ. 공무원의 품위유지의무에서의 품위의 의미에 대한 법적인 해석

1. 품위의 국어사전상의 의미

먼저 일상적인 품위의 의미에 대하여, 국어사전에서는 「1. 직품과 직위를 아울러 이르는 말, 2. 사람이 갖추어야 할 위엄이나 기품, 3. 사물이 지닌 고상하고 격이 높은 인상, 4. 금화나 은화가 함유하고 있는 금·은의 비례, 5. 광석 안에 들어 있는 금속의 정도(특히 다이아몬드의 품질을 나타내는 등급이다), 6. 어떤 물품의 질적 수준」이라고 정의하고 있다.[5] 즉, 통상적으로 일상생활에서 흔히 어떤 사람의 품위에 대하여 쓰이는 용례로는 1, 2의 의미가 해당하게 된다는 점에 대하여는 의문이 없을 것이다.

2. 관련 규정

공무원은 헌법상 국민 전체에 대한 봉사자이며, 국민에 대하여 책임을 지는 지위임이 천명되고 있다(제7조 제1항). 이러한 신분의 특수성을 고려하면서, 공무원에 대하여는 위와 같이 일상적인 용어로 사용되는 "품위"와는 다른 의미가 적용될 수 있는지 여부와 관련하여, 공무원의 품위유지의무에 대한 규정 중 국가공무원법 및 관련 규정들을 살펴보기로 한다.

---

5 국립국어원, 표준국어대사전(http://stdweb2.korean.go.kr/search/List_dic.jsp)

(1) 국가공무원법

국가공무원법 제63조에 따르면, 공무원은 직무상의 품위는 물론 직
무 외적으로도 품위를 손상되는 행위를 해서는 안 되는 품위유지의무
를 부담하게 되며, 이를 위반할 경우에는 동법 제78조에 따라 징계사
유에 해당하게 된다. 한편, 국가공무원법 제63조상의 '품위손상에 해당
하는지 여부(즉, 품위유지의무를 준수하지 못하였는지 여부)'와 국가공무
원법 제73조 제1항 제3호의 '그 체면 또는 위신을 손상하는 행위에 해
당하는지 여부'는 본질적으로 다르지 않다고 보아야 한다는 점을 고려
한다면,[6] 결국 공무원의 징계사유에 대하여 규정한 제78조 제1항 제1
호(국가공무원법 위반), 제2호(직무상의 의무인 품위유지의무 위반) 내지
제3호(체면 또는 위신 손상)는 품위유지의 의무 위반의 경우에는 모두
징계사유로써 적용 가능한 규정이 된다.

(2) 공무원징계령 시행규칙

국가공무원의 징계와 관련하여서는 대통령령인 공무원 징계령 및,

---

6 문중흠, "징계처분과 재량통제에 관한 연구", 사법논집 제54집, 법원도서관, 2012, 410면.

총리령인 공무원 징계령 시행규칙 등에 의하여 그 기준과 절차 등이 구체화되어 있는바, 가장 상세한 기준이 규정되어 있는 공무원 징계령 시행규칙 및 별표 1을 살펴보도록 한다.

제2조(징계 또는 징계부가금의 기준) ① 징계위원회는 징계 또는 「국가공무원법」 제78조의2에 따른 징계부가금(이하 "징계부가금"이라 한다) 혐의자의 비위(非違)의 유형, 비위의 정도 및 과실의 경중과 평소의 행실, 근무성적, 공적(功績), 규제개혁 및 국정과제 등 관련 업무 처리의 적극성, 뉘우치는 정도 또는 그 밖의 정상 등을 참작하여 별표 1의 징계기준, 별표 1의2의 청렴의 의무 위반 징계기준, 별표 1의3의 음주운전 징계기준 및 별표 1의4의 징계부가금 부과기준에 따라 징계 또는 징계부가금(이하 "징계등"이라 한다) 사건을 의결하여야 한다.
③ 제1항에도 불구하고 비위의 정도가 약하고 과실로 인한 비위로서 다음 각 호의 어느 하나에 해당되는 경우에는 징계의결 또는 징계부가금 부과 의결(이하 "징계의결등"이라 한다)을 하지 아니할 수 있다.
3. 제4조제2항에 따른 감경 제외 대상이 아닌 비위 중 직무와 관련이 없는 사고로 인한 비위로서 사회통념에 비추어 공무원의 품위를 손상하지 아니하였다고 인정되는 경우
제4조(징계의 감경) ① 징계위원회는 징계의결이 요구된 사람에게 다음 각 호의 어느 하나에 해당하는 공적이 있는 경우에는 별표 3의 징계의 감경기준에 따라 징계를 감경할 수 있다. 다만, 그 공무원이 징계처분이나 이 규칙에 따른 경고를 받은 사실이 있는 경우에는 그 징계처분이나 경고처분 전의 공적은 감경 대상 공적에서 제외한다.
② 제1항에도 불구하고 징계사유가 다음 각 호의 어느 하나에 해당하는 경우에는 해당 징계를 감경할 수 없다.
1. 「성폭력범죄의 처벌 등에 관한 특례법」 제2조에 따른 성폭력범죄
3. 「성매매알선 등 행위의 처벌에 관한 법률」 제2조 제1항 제1호에 따른 성매매
4. 「국가인권위원회법」 제2조 제3호 라목에 따른 성희롱

별표 1 징계기준(제2조 제1항 관련)

비위의 정도 및 과실 여부 / 비위의 유형	비위의 정도가 심하고 고의가 있는 경우	비위의 정도가 심하고 중과실이거나, 비위의 정도가 약하고 고의가 있는 경우	비위의 정도가 심하고 경과실이거나, 비위의 정도가 약하고 중과실인 경우	비위의 정도가 약하고 경과실인 경우
7. 품위 유지의 의무 위반				
가. 성폭력(업무상 위력 등에 의한 성폭력, 미성년자 또는 장애인 대상 성폭력)	파면	파면-해임	해임-강등	강등-정직
나. 그 밖의 성폭력	파면	파면-해임	강등-정직	감봉-견책
다. 성희롱	파면	파면-해임	강등-감봉	감봉-견책
라. 성매매	파면-해임	해임-강등	정직-감봉	견책
마. 기타	파면-해임	강등-정직	감봉	견책

1) 품위유지의무위반 유형 분류의 특수성

위 규정들을 보면, 현행 국가공무원법 및 공무원 징계령, 공무원 징계령 시행규칙 등에서는 품위유지의무위반과 관련하여 성폭력, 성희롱, 성매매와 같은 "성범죄"에 대하여는 구체적인 비위 및 과실의 정도 등을 고려하여 징계양정을 규정하고 있지만, 그 외의 모든 비위행위에 관하여는 "기타"의 경우에 포섭되도록 함으로써, 기타의 범주에 포섭될 수 있는 품위위지의무위반의 유형이 굉장히 광범위함을 알 수 있다.

한편, 성폭력, 성희롱, 성매매가 중과실, 경과실 등 과실로 발생할 수 있는 행위로 평가할 수 있는지 의문이며, 해당 범죄의 성격에 비추어 보면 결과의 중함을 논할 수 있을지는 몰라도, 적어도 행위자의 과실 여부를 논할 수 있는 성격의 범죄가 아니라고 할 것이다.

2) 징계양정에 있어 경과실과 중과실의 구분

위 별표 1 징계기준에서는 징계양정에 있어 해당 공무원의 과실의 정도를 기준으로 구별하고 있다. 과실은 주의의무의 위반 정도(즉, 주의의무를 다소 해태하였는지, 중대하게 해태하였는지 여부)를 기준으로 경과실과 중과실로 나눌 수 있고 위 징계기준에서도 이에 따른 구별을 하고 있는 것이다.

한편, 대법원 판결은 "(국가배상책임과 관련하여 공무원의) 중과실이란 공무원에게 통상 요구되는 정도의 상당한 주의를 하지 않더라도 약간의 주의를 한다면 손쉽게 위법·유해한 결과를 예견할 수 있는 경우임에도 만연히 이를 간과함과 같은 거의 고의에 가까운 현저한 주의를 결여한 상태"라고 판단한 바 있다.[7]

3) 징계 감경의 예외와 징계의 예외 사유

품위유지의무와 관련된 비위행위 중 성폭력, 성희롱, 성매매는 공무원 징계령 시행규칙 제4조 제2항에 따라 원칙적으로 징계에 대한 감경을 할 수 없는 사유에 해당하게 된다는 특징이 있다. 한편, 이러한 성범죄와 관련이 없는 기타의 품위유지의무 위반 유형에 해당하는 비위행위 중, "비위의 정도가 약하고 경과실인 경우"이면서, 직무와 관련이 없는 사고로 인한 비위로서 사회통념에 비추어 공무원의 품위를 손상하지 아니하였다고 판단되는 경우 징계의결을 "하지 아니할 수 있다"고 규정되어 있다는 점을 유의하여야 한다. 품위를 유지하지 못한 행위를 징계사유로 규정하면서도 품위가 손상되지 않았다고 판단되는 경우에 조차 "징계의결을 하지 않는 것이 아니라", 징계의결을 하지 아니할 수 있다고 규정되어 있는 것이다.

---

7 대법원 2011. 9. 8. 선고 2011다34521 판결.

(3) 대법원 및 헌법재판소의 해석

대법원은, 국가공무원법상에서 규정한 품위유지의무에서의 품위의 의미에 관하여, "국민으로부터 널리 공무를 수탁 받아 국민 전체를 위해 근무하는 공무원의 지위를 고려할 때 공무원의 품위손상행위는 본인은 물론 공직사회에 대한 국민의 신뢰를 실추시킬 우려가 있으므로, 모든 공무원은 국가공무원법 제63조에 따라 직무의 내외를 불문하고 품위를 손상하는 행위를 하여서는 아니 된다. 여기서 '품위'는 공직의 체면, 위신, 신용을 유지하고, 주권자인 국민의 수임을 받은 국민 전체의 봉사자로서의 직책을 다함에 손색이 없는 몸가짐을 뜻하는 것으로서, 직무의 내외를 불문하고, 국민의 수임자로서의 직책을 맡아 수행해 나가기에 손색이 없는 인품을 말한다"라거나,[8] "(국가공무원법상의 품위유지의무에서의) '품위'라 함은 주권자인 국민의 수임자로서의 직책을 맡아 수행해 나가기에 손색이 없는 인품"이라고 판단하고 있다.[9]

헌법재판소는 "'품위' 등 용어의 사전적 의미가 명백하고, 대법원은 공무원이 유지하여야 할 품위에 관하여 '주권자인 국민의 수임자로서 직책을 맡아 수행해 나가기에 손색이 없는 인품'을 말한다고 판시하고 있는바, 위와 같은 입법취지, 용어의 사전적 의미 및 법원의 해석 등을 종합할 때 이 사건 법률조항이 공무원 징계사유로 규정한 품위손상행위는 '주권자인 국민으로부터 수임 받은 공무를 수행함에 손색이 없는 인품에 어울리지 않는 행위를 함으로써 공무원 및 공직 전반에 대한 국민의 신뢰를 떨어뜨릴 우려가 있는 경우'를 일컫는 것으로 해석할 수 있다"라고 판단한 바 있다.[10]

한편, "품위"라는 용어 자체는 가치 판단적인 요소를 포함하고 있으

---

8 대법원 2017. 11. 9. 선고 2017두47472 판결.
9 대법원 1998. 2. 27. 선고 97누18172 판결.
10 헌법재판소 2016. 2. 25. 선고 2013헌바435.

므로, 그 자체로 추상적일 수밖에 없고, 현재 국가공무원법 및 공무원 징계령, 공무원 징계령 시행규칙, 별표 1에서는 품위유지의무위반에 대하여 일정 유형의 성범죄 외에는 전부 "기타"의 품위유지의무위반 사항에 속하도록 규정함으로써, 위와 같은 대법원과 헌법재판소의 국가공무원법상의 품위 및 품위유지의무위반에 대한 판단 기준에 따르더라도, 결국 해당 공무원의 문제되는 행위가 업무에 속하는지 여부를 떠나 그러한 행위로 인하여 공무를 수행함에 손색이 없는 인품에 어울리지 않는 행위인지 여부에 대한 개별적인 판단이 불가피 할 수밖에 없게 된다.

(4) 품위유지의무의 인정 사례 및 부정 사례

대법원은 "공무원이 외부에 자신의 상사 등을 비판하는 의견을 발표하는 행위"에 대하여 "그것이 비록 행정조직의 개선과 발전에 도움이 되고, 궁극적으로 행정청의 권한행사의 적정화에 기여하는 면이 있다고 할지라도, 국민들에게는 그 내용의 진위나 당부와는 상관없이 그 자체로 행정청 내부의 갈등으로 비춰져, 행정에 대한 국민의 신뢰를 실추시키는 요인으로 작용할 수 있고, 특히 발표 내용 중에 진위에 의심이 가는 부분이 있거나 표현이 개인적인 감정에 휩쓸려 지나치게 단정적이고 과장된 부분이 있는 경우에는 그 자체로 국민들로 하여금 공무원 본인은 물론 행정조직 전체의 공정성, 중립성, 신중성 등에 대하여 의문을 갖게 하여 행정에 대한 국민의 신뢰를 실추시킬 위험성이 더욱 크므로, 그러한 발표행위는 공무원으로서의 체면이나 위신을 손상시키는 행위에 해당"한다고 판단한 바 있고,[11] 공무원이 출장 중 점심시간대를 지난 시각에 근무 장소가 아닌 유원지에 들어가 함께 출장 근무 중이던 여직원에게 성관계를 요구하였다가 이를 거부당하자 그

---

11 대법원 2017. 4. 13. 선고 2014두8469 판결.

직원에게 상해를 입힌 행위,[12] 역무원이 여객에 의해 습득 신고된 유실물을 보관하면서 그 내용물의 일부를 횡령한 행위,[13] 영관급 장교의 비인격적, 비윤리적인 처신으로 말미암은 사실혼관계의 파탄,[14] 지방자치단체가 발주한 공사의 지도 감독업무를 담당하면서 시공업자로부터 금 1,800,000원의 뇌물을 받아 구속된 경우,[15] 연가신청에 대한 허가가 있기도 전에 근무지를 이탈한 행위,[16] 고소인을 술집으로 불러 화해를 종용하고 금원을 차용하였으며 술값까지 고소인에게 부담시킨 행위[17]는 품위유지의무위반으로 보았다.

이에 반해, 대법원은 법원에 관련 사건의 진술서를 제출한 행위나,[18] 노동조합 관련 행사에서 민중의례를 주도한 행위,[19] 시립무용단원들이 감독의 사례비 횡령이나 예산 유용 등을 의심할 만한 상당한 정황이 있고, 감독이나 담당공무원에게 해명이나 조사를 요구하였으나 이를 무시당하자 기자들에게 유인물을 돌리고 검찰에 고발한 경우[20]는 품위유지의무위반행위가 아니라고 보았다.

그러나 이들 사안은 대부분 공무원이 중징계 이상의 징계처분을 받게 되어 불복한 경우들로, 이러한 사안과 달리 경징계에 해당하는 견책이나 포상 감경 등을 통해 불문경고 등을 받은 경우에는 공무원들이 이에 불복하지 않는 경우도 많은 것이 현실이다.

특히 이 글에서 논의하고자 하는 공무원의 업무와는 관련이 없으면서, (경)과실로 인한 것이면서, 그 결과가 중하지 않은 유형의 행위들도

---

12 대법원 1998. 2. 27. 선고 97누18172 판결.
13 대법원 1997. 1. 24. 선고 96누15763 판결.
14 대법원 1992. 2. 14. 선고 91누4904 판결.
15 대법원 1990. 11. 27. 선고 90누3508 판결.
16 대법원 1987. 12. 8. 선고 87누657, 87누658 판결.
17 대법원 1984. 7. 24. 선고 84누140 판결.
18 대법원 2015. 11. 26. 선고 2013두13174 판결.
19 대법원 2013. 9. 12. 선고 2011두20079 판결.
20 서울고등법원 1998. 2. 4. 선고 97구11210 판결(확정).

지금 현재의 규정에 따르면 공무원 징계령 시행규칙 별표 1의 품위유지의무위반 중 "기타"의 범주에 포함되는 행위들이 될 것인데, 과연 이러한 행위들을 모두 징계의 대상으로 보아야만 하는지 여부에 대한 의문을 제기하고자 하는 것이다.

IV. 품위유지의무 위반에 대한 제한적 해석의 필요성

1. 명확성 원칙, 과잉금지 원칙 위반 여부에 관한 대법원, 헌법재판소의 판단

앞서 살펴보았듯이, "품위"라는 용어 자체는 가치 판단적인 요소를 포함하고 있으므로, 그 자체로 추상적일 수밖에 없고, 품위유지 역시 의미가 매우 광범위하고 모호하다.[21] 결국 품위유지의무위반 여부에 대한 판단도 추상적 성격으로 인하여 판단의 여지가 있을 수밖에 없다. 이렇듯 가치 지향적이며 가치 판단적인 요소가 포함되어 있는 용어인 "품위"의 업무 내·외적인 유지와, 이를 위반할 경우 관련 형사처벌 외에 징계까지 하는 것 자체가 문제가 없는 것인지 의문이 들 수 있다.

이에 대하여 대법원은 "국가공무원법 제63조의 규정 내용과 의미, 입법 취지 등을 종합하면, 국가공무원법 제63조에 규정된 품위유지의무란 공무원이 직무의 내외를 불문하고, 국민의 수임자로서의 직책을 맡아 수행해 나가기에 손색이 없는 인품에 걸맞게 본인은 물론 공직사회에 대한 국민의 신뢰를 실추시킬 우려가 있는 행위를 하지 않아야 할 의무라고 해석할 수 있고, 수범자인 평균적인 공무원이 구체적으로 어떠한 행위가 여기에 해당하는지를 충분히 예측할 수 없을 정도로 규

---

21 장정애, "연예인 전속계약에 관한 고찰 — 품위유지조항을 중심으로 —", 인권과 정의 419호, 대한변호사협회, 2011, 41면.

정의 의미가 모호하다거나 불분명하다고 할 수 없으므로 위 규정은 명확성의 원칙에 위배되지 아니하고, 또한 적용범위가 지나치게 광범위하거나 포괄적이어서 공무원의 표현의 자유를 과도하게 제한한다고 볼 수 없으므로, 위 규정이 과잉금지의 원칙에 위배된다고 볼 수도 없다."고 판단하였고,[22] 헌법재판소 역시 "(품위유지의무의) 수범자인 평균적인 공무원은 이를 충분히 예측할 수 있다. 따라서 이 사건 법률조항은 명확성원칙에 위배되지 아니한다. 또한 이 사건 법률조항은 국민으로부터 공무를 수탁하여 국민전체를 위해 근무하는 공무원의 지위를 고려하여 공무원에게 높은 도덕성과 신중함을 요구하고, 공무원 개인 및 공직 전반에 대한 국민의 신뢰를 보호하기 위하여 직무 외 영역에서도 공무원에게 품위유지의무를 부과하고 있으며 이를 위반 시 징계사유로 삼고 있다. 그런데 공무원 개인 및 공직 전반에 대한 국민의 신뢰는 공무원의 직무 외의 영역에서도 형성될 수 있고 국민의 신뢰에 영향을 미칠 수 있는 공무원의 행위 유형은 다양하게 나타날 수 있으므로, 공무원의 직무와 관련된 사유에 한하여 징계사유로 규정하거나 품위손상행위의 유형을 구체적으로 열거하여 징계사유로 규정하는 방식에 의해서는 입법목적을 달성하기에 불충분하다. 나아가 어떠한 공무원의 행위가 품위손상행위에 해당한다 하더라도 징계양형의 단계에서 구체적·개별적으로 평가되어 각각 다른 징계처분이 내려질 수 있고, 해당 공무원에게는 징계처분에 대한 불복의 기회가 보장되어 있다. 따라서 이 사건 법률조항으로 인한 공무원의 기본권 제한을 최소화하기 위한 장치들이 마련되어 있어, 이 사건 법률조항이 공무원의 일반적 행동의 자유를 과도하게 제한한다고 보기 어려우므로, 과잉금지원칙에 위배되지 아니한다."라고 판단하였다.[23]

즉, 대법원과 헌법재판소 모두 공히 품위유지의무의 추상성은 인정

---

22 대법원 2017. 4. 13. 선고 2014두8469 판결.
23 헌법재판소 2016. 2. 25. 선고 2013헌바435.

하면서도, 해당 규정의 수범자인 공무원이 어떠한 행위가 이에 포함되는가를 충분히 알 수 있기 때문에 명확성 원칙에 위반되지 않고, 업무 외에도 품위유지의무를 준수하도록 하면서, 구체적·개별적·한정적 열거 방식으로 해당 유형을 분류하지 않아도 과잉금지원칙에 위반되지 않는다고 판단하였다.

2. 명확성 원칙 위반이 아니라는 판단에 대한 비판

품위유지의무라는 의무 자체가 본질상 추상적이며, 불확정 개념인데다가, 경찰공무원의 사례이기는 하지만, 징계처분 관련 불만사항으로 가장 큰 세 가지는 징계처분 전 조사과정, 징계양정, "징계원인 행위의 범위"[24]로서 이들이 거의 80% 이상을 자치하였다는 연구결과[25] 등을 고려한다면, 무엇보다 해당 공무원이 어떠한 행위가 품위유지의무위반 인지 아닌지를 충분히 알 수 있으므로 명확성 원칙 위반이 아니라는 부분은 타당한 지적이 아니라고 생각한다.

더구나 지금 현행 공무원 징계령 시행규칙에 따를 경우에는 품위유지의무위반 자체가 문제되면, 직무와 관련이 없는 사고로 인한 비위로서 사회통념에 비추어 공무원의 품위를 손상하지 아니하였다고 인정되는 경우에 조차 100% 징계를 받지 않는다고 단언할 수 없게 된다. 사회통념상 품위를 손상하지 않았는데도 징계를 100% 받지 않는다고 확정적 결론을 제시할 수 없고, 품위유지의무위반으로 징계를 받을 수 있다는 가능성을 열어 둔 것은 징계사유가 없음에도 징계를 할 수 있

---

24 징계처분 전 조사과정에 대한 불만 비율이 27.4%, 징계양정에 대한 불만 비율이 22.6%, "징계원인 행위의 범위"에 대한 불만비율이 30.0%로 징계원인 행위의 범위에 대한 불만비율이 가장 높았으며, 징계처분 사유에 해당하는 의무위반 범위가 너무 광범위하다는 비율도 65.4%에 해당하였다.

25 박기준, "경찰공무원 의무위반에 따른 징계제재에 관한 연구", 원광대학교 석사학위논문, 원광대학교 행정대학원, 2003, 68, 126, 128면.

다는 규정과 동일한 것이다. 결국, 이러한 가능성을 열어 둔 규정 체계도 명확하지 못하다는 비판을 피할 수 없다고 보아야 한다.

3. 과잉금지 원칙 위반이 아니라는 판단에 대한 비판

지금 현재 공무원 징계령 시행규칙 별표 1은 성범죄 유형에 관하여는 구체적·개별적·한정적 열거 방식을 일부 혼용하였다. 그러나 앞서 살펴보았듯이, 품위유지의무위반 유형 중 성범죄 관련 항목들은 과실로 인한 행위라고 평가하는 것이 부적절함에도, 이들 행위에 대하여 고의인지, 중과실인지, 경과실인지 여부를 고려 기준의 하나로 하여 징계양정을 분류한 것은 적절치 않다. 즉, 규정 자체가 목적과 수단의 적절성을 가장 기본적 원칙으로 하는 과잉금지원칙과 충돌하고 있는 것이다. 과연 어떠한 성범죄 유형에 대하여 비위의 정도가 약하고 경과실인 것으로 평가할 수 있을 것인가?

또한 성범죄 유형이 아닌 나머지 모든 가능한 상황에 대하여는 전부 "기타"라는 항목의 품위유지의무 위반 사항에 포섭되도록 하고 있는데, 이들 유형에 대하여는 더 이상의 세밀한 유형화가 과연 불필요한 것인지, 이런 유형화가 없어도 당사자에게 사법적인 불복장치가 마련되어 있기 때문에 과잉금지원칙 위반이 아니라고 볼 수 있는 것인지도 면밀히 살펴보아야 한다. 국가가 국민의 기본권을 제한하는 내용의 입법 활동을 함에 있어 준수하여야 할 기본원칙인 과잉금지원칙[26]은 "국민의 기본권을 제한하려는 입법은 목적이 정당하여야 하며, 방법이 적합해야 하고, 침해의 최소성과 법익의 균형성을 갖추어야" 하는데, 이는 입법 내용의 합헌성에 관한 심사기준으로써 헌법재판소의 일관된 판단기준이다.

---

26 헌법재판소 1992. 12. 24. 92헌가8.

그런데 현행 규정은 품위유지의무위반으로 볼 수 없는 최소한의 유형을 설정하지 않았다. 품위손상행위의 유형을 구체적으로 열거하여 징계사유로 규정하는 방식에 의해서는 "각급 기관에서 근무하는 모든 국가공무원에게 적용할 인사행정의 근본 기준을 확립하여 그 공정을 기함과 아울러 국가공무원에게 국민 전체의 봉사자로서 행정의 민주적이며 능률적인 운영을 기하게 하는 것"이라는 국가공무원법상의 목적(제1조)을 달성하기 어렵다면, 품위손상행위의 유형 중 최소한의 행위를 규정함으로써 해당 행위에 대하여는 품위유지의무위반이 아니라는 기준을 제시하는 것은 가능하고, 또 필요하다 할 수 있을 것이다.

　즉, 업무와의 관련성이 없으면서, (경)과실에 의한 행위이고, 그로 인한 피해가 경미한 경우 또는 당사자와 합의한 경우 등 직무 내외를 떠나 그 사람이 공무원이기 때문에 더 비난받아야 하거나, 더 나쁘다고 평가하기 어려운 유형들의 경우에는 행위자에게 행위에 대한 결과책임인 형사책임을 부과하는 것으로 그 사람에 대한 가벌적 또는 제재적 조치는 충분한 것이고, 징계책임까지 부과하는 것은 적절하지 않다고 생각한다. 입법적으로 이러한 최소한의 유형을 찾아 기준을 설정하는 것이야말로 누가 징계위원으로 들어가 평가를 하고 심사를 하는지 여부에 따라 결과가 달라지는지 여부나, 그러한 결과에 따라 누군가는 힘든 법적 투쟁을 해야 하고, 누군가는 징계를 받지 않는 상이하고 불평등한 결과를 초래하지 않는 첫걸음이 될 수 있다고 생각한다.

　설령, 만에 하나 대법원 및 헌법재판소의 판단처럼 이러한 최소한의 유형을 설정하기 어렵다고 볼지라도, 지금 현재 규정은 품위유지의무위반으로 볼 수 없다고 판단이 되는 경우에조차 "징계를 하지 않는 것"이 아니라, 공무원 징계령 시행규칙 제2조 제3항 3호에 따라 징계위원회의 재량에 따라 "징계를 하지 아니할 수도 있고, 징계를 할 수도 있는 가능성"을 열어 둠으로써 당사자인 공무원의 표현의 자유, 일반적 행동의 자유를 포함한 공무원으로서의 신분보장 및 불필요한 징계 회피라는 인격적 기본권의 보호에 있어 침해 최소성 원칙 및 법익 균형성 원칙을 위반함으로써 과잉금지원칙을 위반하고 있다고 보아야 한다.

V. 마 치 며

법이 형벌이나 징계 등의 강제력을 수반하는 법이라면, 이러한 법이 사람을 위한 법이 되기 위해서는 최소한 문제되는 상황에서의 법 적용 및 해석에 있어 법 전문가일지라도 누가 그러한 역할을 담당하는지 여부에 따라 결론이 극단으로 갈리지 않아야 하는데, 공무원의 품위유지 의무 위반과 관련하여서는 국가공무원법 및 관련 규정 자체가 이러한 역할을 충분히 하지 못하고 있다.

앞서 제시한 사례들은 누구나 해당 행위자들이 공무원이기 때문에 더 비난받아야 하는 사안들이라고 단정할 수 있는가? 사례 1에서는 그래도 향초를 비우고 자리를 뜬 것은 부주의한 행동이었다는 지적은 누구에게나 가능하지만, 공무원이 그렇게 하면 공무원으로서의 업무 외적인 품위를 갖추지 못한 행동이라고 할 수 있을까? 사례 2-1은 징계위원회 단계에서 공무원 징계령 시행규칙 제2조 제3항 제3호의 적용 여부에 따라 결론이 달라졌다. 같은 횡단보도상의 사고이지만 사고에 있어 참작할만한 사정이 있고, 결과가 다행히 경미한 것은 유사한데, 행위자에 대하여 교통사고처리특례법위반에 따른 형사상의 책임을 부과하는 것 외에, 과연 이러한 행위들도 공무원으로서의 품위를 갖추지 못한 행동이라고 하여 징계하여야만 하는 것인가?

징계권의 합리적 행사는 무슨 사유인지, 그 사유가 왜 발생하였는지 여부에 대한 신중한 고찰과 함께, 징계의 필요성, 형평성 등 제반사정을 충분히 검토하여야 하는 것이지, 이러한 고민 없이 징계를 "하여야만" 담보되는 것이 아니다.

국가공무원, 지방공무원, 경찰공무원, 교육공무원 등 다양한 공무원의 유형이 존재하고, 각 공무원의 역할과 책임에 따라 다소 다른 징계규정들이 제정되어 시행되고 있다. 그러나 징계규정들이 오로지 징계를 위한 규정으로서만 역할을 하는 것이 아니라, 합리적인 징계권 행사가 되기 위해서는 과연 해당 공무원의 행위가 공무원이기 때문에 더 비난받거나 달리 평가받아야 하는지 여부가 문제되는 행위들이 분명히 존재하고 있고, 이는 특히나 그 규정 자체의 추상성으로 인하여 판단이 쉽지 않은 품위유지의무의 경우에 더욱 심도 있는 고민이 선행되어야 한다고 본다.

품위유지의무에 대하여 명확성 원칙 위반도 아니고, 과잉금지 원칙 위반도 아니라는 대법원 판결 및 헌법재판소 결정에도 불구하고, 위와 같은 현실적인 다양한 문제점들을 고려한다면 최소한의 품위유지의무 위반에서 제외할 수 있는 유형들을 마련할 필요가 있다. 또한 지금 현재의 공무원 징계령 시행규칙 제2조 제3항의 본문과 제3호는 충돌하는 부분이 분명히 존재하므로, 공무원 징계령 시행규칙 제2조 제3항 제3호의 사유가 있으면 징계를 할 수 없도록 규정을 개정하여야 한다.

지난 겨울, 제주도에 며칠간 유례없는 폭설이 내렸고, 필자는 출·퇴근시 대중교통을 이용하였다. 평소 자가 운전으로 15분이면 이동하던 거리는 근 한 시간가량 소요되었다. 집에 체인을 감은 차가 있었고, 체인을 감을 경우 시내 및 학교까지의 이동에는 아무런 무리가 없었지만 집안의 다른 사람들과 달리 필자는 운전을 전혀 하지 아니하였다. 이는 다른 이유가 아닌, 지금 필자의 생각이 아직까지는 현재의 대법원 판결과 헌법재판소 결정과는 맞지 않는 위험한 생각이기에 당연한 사고(思考)의 결과였음을 밝혀둔다.

17

김 현 철

이화여자대학교 법학전문대학원 교수로 법철학, 생명의료법, 법교육, 법해석방법론, 법과 인권 등을 연구 및 강의하고 있다. 서울대학교에서 법학박사 학위를 받았으며, 다원주의 사회에서 공존의 조건을 모색하는 연구를 기초법학과 생명윤리의 관점에서 진행하고 있다. 현재까지 총 40여 편의 논문과 20여 권의 저서를 발표하였고 다수의 입법과정에 참여하였다.

주권 없는 민주주의

I.

데모크라시(democracy)라는 말은 그리스어 데모크라티아(demokratia)에서 유래한 것이다. 그리고 데모크라시는 동아시아 문화권에서 민주주의(民主主義)로 번역되어 지금까지 사용되고 있다. 그에 반해 주권(sovereignty)이란 말은 근대 초 보댕에 의해 정의된 이후 지금까지 사용되고 있다. 동아시아에서는 이를 주권(主權)이라는 말로 번역했다.[1] 그런데 그리스에서 데모크라티아라는 말이 만들어졌을 때 주권이란 말은 만들어지지 않았다. 그리고 18세기와 19세기를 거치면서 데모크라시라는 말이 서구에서 정당성을 가진 개념으로 일반적인 지지를 획득했을 때에도 데모크라시를 주권이라는 말과 직접 연관짓는 것은 보편적인 것은 아니었다. 예를 들어, 토크빌이 미국의 민주주의를 소개하면서 미국의 헌정의 원리 중의 하나로 주권재민(the sovereignty of the people)을 언급하기는 하지만, 토크빌 스스로 민주주의 자체가 주권재민의 체제라고 정의한 것은 아니었다.[2] 그럼에도 불구하고, 지금 우리나라의 민

---

1 처음에 주권으로 번역된 말은 sovereignty가 아니라 sovereign이었다. sovereign은 군주(君主), 군(君), 국주(國主) 등으로 번역되기도 했다. 이에 대해서는 김항, "주권의 번역 혹은 정치적 상상력의 멜랑콜리", 아세아연구 제54권 제3호, 2011 참조.
2 A. 토크빌 저, 임효선·박지동 옮김, 미국의 민주주의 1, 한길사, 1997, 제4장, 제9장 등 참조.

주주의에 대한 이해에는 국민이 주권자라는 이해를 거의 포함되어 있을 정도가 되었다. 헌법 교과서, 헌법재판소 결정례 모두 국민주권을 민주주의 개념의 핵심 표지로 언급하고 있다는 것은 주지의 사실이다.

이 글은 민주주의와 국민주권의 정치적 함의를 부정하려는 의도를 가지고 있는 것은 아니다. 또 많은 정치학자와 철학자들이 언급하고 있는 민주주의의 모호성이나 민주주의 제도의 한계와 문제점을 정리하려는 것도 아니다. 이 글은 민주주의와 주권이라는 말 그 자체에 내포된 어떤 지점을 지적하려는 것이다. 그것은 지배, 권력, 힘 등의 함축이 민주주의와 주권이라는 말 속에 들어 있으며, 그 함축은 민주주의와 주권이라는 말의 유행과 함께 지배, 권력, 힘이라는 개념을 우리의 공동체적 삶의 핵심적인 프레임으로 형성할 수 있다는 것이다. 우리가 어떤 세상을 꿈꾸고 그 세상을 행동의 지표로 규제적 이념으로 삼고자 한다면, 그 세상이 지배, 권력, 힘으로 점철된 것이기를 바라는 것이 합당한 것일까? 물론 민주주의, 주권 등의 개념은 역사적으로 지배, 권력, 힘의 변천 과정에서 매우 유용한 역할을 수행하였다. 그러나 그것이 앞으로의 역사에도 동일하게 유용해야 한다고 말한다면, 앞으로의 역사도 지배, 권력, 힘에 근거한 투쟁의 역사이기를 바라는 것이 될 것이다. 물론 인간이라는 개체가 무리를 이루어 살아나가는 과정에서 인간이라는 생명체에 '현실적으로' 지배, 권력, 힘이 작용하지 않을 수는 없다. 그러나 '인간의 현실'에 지배, 권력, 힘이 조금이라도 덜 작용하기를 바라는 소박한 소망이 있다면, 그 소망은 지배, 권력, 힘이 없는 세상을 꿈꾸는 데서 시작할 수도 있지 않을까?

II.

말을 만든다는 것은 사유와 의사소통을 위한 개념을 형성하는 것과 밀접한 관련이 있다. 말과 개념은 서로 영향을 미치면서 발전하는 것이다. 말의 힘은 그 말의 의미를 담는 것 이상의 결과를 가져온다. 그 말을 쓰는 사람들의 행동과 역사를 형성하기도 하기 때문이다. 비록 번역어이기는 하지만, 우리는 민주주의라는 말을 썼던 역사 속에서 낯선 그 말이 서구의 어떤 제도나 그를 본떠 우리가 채택한 어떤 제도를 단순히 지시하거나 함축하는 것 이상의 의미를 가졌다는 것을 이해할 수 있다. 민주(民主)라니? 왕을 모시고 오랫동안 살던 사람들에게 그 말을 이해한다는 것은 자신의 삶이 어떻게 바뀌는가라는 문제로 귀결되었던 것이다. 이렇듯 어떤 말을 가지느냐라는 문제는 어떤 개념(concept)의 이해라는 관점일 뿐만 아니라 그 말을 쓰는 사람들의 삶이 어떻게 형성되고 구성되는가라는 결과를 빼고 말할 수는 없는 것이다.

민주주의라는 말을 이런 이해를 바탕으로 다시 음미해 보면 갑자기 낯설어지는 지점이 발생할 수 있다. 먼저, 번역사를 볼 때 민주(民主)는 왕이나 일본식 표현인 국주(國主)에 대응하는 표현일 텐데, 이는 주인 개념을 전제로 하는 것일 것이다. 민주가 민(民), 즉 백성이 주인이라는 뜻을 가지고 있다면, 그것은 나라 안에 주인이 아닌 백성 이외의 존재가 있다는 의미인 것이다. 그렇다면 민(民)이 아닌 자는 누구인가? 그것은 역사적 맥락상 왕이나 그 분류에 넣을 수 있는 지배계층을 의미할 것이다. 즉, 민주라는 말은 그 자체 개념적 명제로 작용하기 이전에 역사적 명제로 작용할 수밖에 없다. 뿐만 아니라 역사적 명제로서의 민주라는 말에는 '왕이 없음', '백성이 왕을 대체함' 등의 함의를 가짐과 함께, '주인-하인'이라는 함의를 가지고 있다. 다시 말하면, 누가 주인인

가, 즉 누가 지배하는가라는 물음의 함의는 '지배', '위계' 등의 개념 요
소를 전제하고 있다.

나아가, 민주주의라는 번역어 자체가 가지는 낯섦이 있다. 민주주의
가 데모크라시의 번역어라는 점을 고려한다면, 동아시아에서 왜 '~主
義'라는 번역어를 채택하였을까? 잘 알려져 있듯이, 자유주의(liberalism),
공화주의(republicanism), 민족주의(nationalism) 등 '~주의'라는 번역어를
채택한 단어들은 '~ism'으로 끝나는 형태를 취하고 있다.[3] 데모크라시
를 민주주의라고 번역하였다면, 그것은 데모크라시가 헌정제도의 한
형태로 이해한 것이 아니라 이데올로기나 원리로 이해하였다는 것을
뜻한다. 왜 그랬을까? 그 이유를 상상해 보자면 다음과 같은 것이 아니
었을까? 즉, 동아시아에 민주(民主)라는 것은 역사적으로 거의 없었던
공동체적 삶의 방식이었기 때문에, 오히려 역설적으로 '~주의'를 붙여
이데올로기화 했었던 것이 아닐까? 이는 결국 민주주의가 동아시아의
문화와 심성에서 자리 잡는 것이 쉬운 것은 아닐 것이라는 불안이 표
식은 아닐까?

주권(主權)이라는 번역어는 민주주의 보다 훨씬 지배, 권력, 힘이라
는 함의를 직접적으로 가지고 있다. 권(權)은 힘이며, 주권은 으뜸 되는
최고의 힘인 것이다. 실제 동아시아에서 특히 일본에서는 '주권이란 무
엇인가'라는 개념의 문제가 아니라 '누가 주권을 갖는가'라는 실천의
문제가 역사적인 논쟁이 되기도 하였다.[4] 물론 주권은 세계질서와 국

---

3 물론 이런 현상은 민주주의라는 번역어에만 있는 것은 아니고 법치주의라는 표현에도
존재한다. 법치주의에 대응하는 서구의 단어는 명확하게 떠오르지 않는다. rule of law
(법의 지배), Rechtsstaat(법치국가) 등의 표현은 '~주의'라고 말하기 어려운 개념이다.
이런 맥락에서 법치주의라는 표현은 우리가 계수한 서구의 법체계의 가치나 원리를
내면화하게 하기보다, 동양의 법치(法治)를 이데올로기화하고 그 사상을 내면화하게
하는 뜻밖의 작용을 하고 있다.

4 일본에 대해서는 마루야마의 다음과 같은 표현이 인상적이다. "민주주의만이 영구혁
명의 이름에 합당한 것입니다. 왜냐하면 민주주의, 즉 인민의 지배는 영원한 패러독스
이기 때문입니다. 루소에 빗대어 말하자면 어떤 시대에도 '지배'는 소수의 다수에 대한
관계입니다. 그런데 '인민의 지배'라고 할 때는 그 자체가 역설적인 것이죠. 따라서 그

제정치에서 각 개별 국가들의 주체성과 독립성을 의미하는 개념으로 사용하였다는 점에서도 중요한 의의가 있다. 그러나 개념적으로 국제 정치에서 주권이라는 개념이 최초의 의미를 가진다고 평가되는 베스트 팔렌 체제를 생각해 보면, 그 체제의 기반은 군주주권이었다는 것을 기억해야 한다. 즉, 군주주권 시대의 베스트팔렌 체제 하에서 그것은 군주라는 지위의 주체성과 독립성을 의미한 것이었지, 국가 단위의 독 립성을 의미한 것은 아니다. 다시 말하면 17세기의 베스트팔렌 체제는 각 군주가 주권자로 지배하는 영역 내에서는 그 군주가 정하는 것을 다른 군주는 수용하여야 한다는 규칙을 협의한 것이다. 그렇다면 주권 이라는 개념이 일반화되는 과정에서 그 개념을 내면화하는 사람에게 주권은 당연히 지배와 힘의 문제가 될 수밖에 없고, 나중에 주권이 군 주가 아니라 국가나 국민에게 귀속된다고 이론화하더라도 그 문제가 지배와 힘의 문제라는 개념 구조의 본질이 바뀌는 것은 아니다.

Ⅲ.[5]

다시 데모크라시로 돌아오자. 그리고 데모크라시의 어원인 데모크라 티아에 대해 생각해 보자. 데모크라티아는 잘 알려져 있듯이, 데모스 (demos)라는 말과 크라토스(kratos)라는 말의 합성어이다. 크라토스는 그 리스에서 힘을 의미하는 단어이며,[6] 폴리스와 같은 공동체에서는 권력

것은 과정으로서, 운동으로서만 존재합니다(丸山眞男, 1996, 34) 이 번역은 김항, 앞의 글, 110면.

5 이 부분은 김현철, "이소노미아", 법철학연구 제21권 제1호, 2018의 내용을 재구성한 것임.

6 예를 들어 다음과 같은 표현이 있다. "오케아노스의 딸 스틱스는 팔라스와 교합하여/ 궁전에서 열망, 복사뼈가 예쁜 승리,/힘(kratos), 완력(bia)을 걸출한 자식들로 낳았다./ 이들은 제우스에게서 멀지 않은 곳에 살며,/제우스께서 앞장서시는 곳이 아니면 앉지 도 가지도 않고/늘 크게 천둥 치시는 제우스 옆에 자리 잡곤 했다." 이는 크라토스를 최고 지배자인 제우스와 연관짓는(즉, '제우스 옆에 자리 잡곤') 표현으로 크라토스가 정치권력의 의미를 가지는 맥락을 설명해 주고 있다. 헤시오도스 저·천병희 옮김, 신

이라는 함의를 가진다. 그리고 데모스는 클레이스테네스 통치시대에 확립된 아테네 폴리스의 행정단위를 뜻한다. 이 데모스 제도는 그 이전 시대 통치의 근간이 되었던, 귀족-평민의 구분을 지양하고 모두를 아테네 시민으로서 평등하게 대우하며 데모스에 사는 사람인 데모스인이 아테네 민회의 핵심단위를 구성한다는 함의를 가지고 있다. 그러나 그럼에도 불구하고 데모스인이 민회의 핵심이 된다는 것은 귀족이라는 신분계층이 사실상 지배하는 것을 변혁한다는 함의 또한 가지고 있어서, 데모크라티아는 귀족에서 평민으로의 아테네 지배권의 교체를 상징하는 단어라고 할 수 있다. 따라서 데모크라티아에서 유개념은 크라티아, 즉 크라토스의 어떤 상태가 되고, 종차는 데모스인이 크라토스를 지닌다는 것이 되는 것이다. 그런 의미에서 데모크라티아는 여전히 어떤 지배의 한 형태이다. 데모크라티아는 군주 1인이나 훌륭한 몇 사람이 '지배'하는 것에 대한 대항적 지배의 형태로서 군주제나 과두제는 지양할 수 있으나 지배 그 자체를 지양할 수는 없다. 물론 데모크라티아 개념을 아주 선해하자면, 소수 지배에 다수 지배를 대응시킴으로써 지배를 무화(無化)시킨다는 함축을 가진 것으로도 볼 수는 있을 것이다. 그러나 개념 그 자체로 보면 여전히 크라티아를 내재하고 있다는 점은 부인할 수 없다.

인간의 문명에서 민주주의는 독특한 지위를 차지하고 있다. 민주주의는 인간이 채택한 공동체 운영의 유일한 방식은 아니었으며, 오히려 역사적으로 찾기 드문 방식이라고 할 수 있다. 그러나 지금은 전지구적으로 볼 때, 대부분의 국가들이 민주주의를 정치 이념으로 채택하고 있음을 선언하고 있다. 심지어 권위주의나 전체주의 국가조차도. 필자는 그 이유 중의 하나가 민주주의가 가진 바로 이 개념적 측면에 있다고 생각한다. 그것은 민주주의가 지배/권력(Kratos)의 범주라는 점이다.

들의 계보, 도서출판 숲, 2009, 62면. 그리고 이런 설명은 F.M. 콘퍼드 저 · 남경희 옮김, 종교에서 철학으로, 이화여자대학교 출판부, 1995, 32면.

데모크라티아는 '누가 지배하여야 하는가'라는 질문에 대한 답이며, 그 질문의 배경에는 분열된 다양한 계층의 존재가 전제되어 있다. 권위주의나 전체주의 국가의 종언은 인민이 지배하는 방식에 의해서라기보다, 지배 그 자체가 최대한 지양될 수 있는 체제를 상상하는 것에서부터 시작될 수 있을 것이다.

이 크라토스적 사고는 역사에서 지속적으로 변형되며 나타난다. 로마의 임페리움(Imperium)과 도미니움(Dominium) 개념이 그것이며, 그 개념이 기독교 안에서 주님(Dominus)인 하느님과 그로부터 권력을 받은 황제라는 정치적 구조를 형성해 낸다. 그리고 신의 힘과 결합한 왕의 힘은 더 이상 근거를 가질 수 없는 최고의 힘이 된다. 이로써 하느님으로부터 권력을 받은 군주에게 주권자(sovereign)이라는 명칭이 부여되며, 군주는 주권(sovereignty), 즉 최고의 힘(sovereign power)이라는 속성을 가진 자가 된다. 즉, 주권이라는 말의 시작은 이미 크라토스적 사고 속에서 노정되어 있는 긴 역사의 어떤 측면일 뿐이다.

그런데 크라토스적 사고의 결정체인 주권은 상징적인 의미 이상의 함의를 가지고 있다. 그 함의를 필자는 '자본의 논리'에 비견할 수 있는 '주권의 논리'라는 표현으로 포착할 수 있다고 생각한다. 주권의 논리는 미셸 푸코의 표현처럼 '죽게 하거나 살게 내버려 둘' 권력의 형식으로 최초에 표현되겠지만,7 그 자체로 독자적인 논리를 가지게 된다. 주권은 '힘의 집중'이라는 운동 방향을 가지고 있으며, 대항적인 힘들을 개별화시키는 방식으로 무력화시킨다는 것이다. 그리고 그 무력화된 개별적인 힘을 수렴해서 더 강력한 힘으로 전이한다는 것이다. 이것이 사회적 힘의 관성법칙인 것이다. 이 사회적 힘의 관성법칙이 '주권의 논리'의 핵심 메카니즘을 이룬다.

이처럼 주권(혹은 권력)은 힘의 집중을 그 고유한 속성으로 가지기

7 미셸 푸코 저·이규현 옮김, 성의 역사 1: 지시의 의지, 나남, 2010, 146면. 푸코는 이 주권권력은 규율권력, 생명권력 등으로 전이된다고 설명한다.

때문에, 분산된 형태의 힘이나 권력을 배제하려고 한다. 그런데 힘 자체는 자연의 고유한 속성이기 때문에 사물화되는 것에는 한계가 있다. 그래서 사회적 힘은 힘에 대한 인간의 욕망과 신체에 터 잡아 사물화되는 방식을 취하게 된다. 그렇기 때문에 사회적 힘, 즉 권력은 권력의 담지자라는 형식을 고유하게 가지게 된다. 주의할 점은 이 권력의 담지자는 권력의 속성에 필수적인 형식일 뿐 그 담지자 자체가 권력을 지배하는 것은 아니라는 점이다. 즉, 스스로 권력을 쥐었다고 믿은 인간은 결국 일종의 호모 사케르에 불과한 존재이며, 시간과 공간의 제약을 받는 육체를 가진 필멸의 존재일 뿐이며, 주권의 논리에 의해 지배되고 결국 권력에서 소외되는 존재일 뿐이다. (독재자들의 말로를 보라. 결국 악취 나는 인간의 형태로 죽어 갔다.) 보댕의 다음과 같은 설명은 이런 관점에서 매우 시사하는 바가 많다.

> 주권은 절대적이고 영원한, 국가의 권력이다. … 국가는 가족과 가족들에게 공통된 것들에 대한, 최고의 권력(puissance souveraine)에 의한 정당한 통치라고 말한 바 있는데, 최고의 권력이 의미하는 바를 분명히 할 필요가 있다. 나는 최고의 권력은 영원하다고 말했다. 그 이유는 한 사람 또는 여러 사람에게 일정한 시간 동안 절대적인 권력을 줄 수 있지만, 시간이 끝나면 권력을 받은 사람들도, 주민이나 군주의 마음에 따라 (권력을 주민이나 군주가) 취소할 때까지, 이 권력의 수탁자와 보관자에 불과하기 때문에 독자적인 군주들(Princes souveraines)이라고 불릴 수 없다. 이들은 언제나 (주민이나 군주의 권력에) 잡혀있는 사람들이다.[8]

다시 말하면, 권력은 권력의 발생과정에서 그 권력 담지자로서 다양한 인간을 필요로 하지만, 주권의 논리가 작용하는 순간 권력은 집중

---

8 장 보댕 저·나정원 옮김, 국가에 관한 6권의 책 1, 아카넷, 2013, 245-246면. 밑줄은 필자.

되려고 하고 그 과정에서 다양한 권력 담지자는 하나로 수렴되게 된다. 이런 수렴의 과정을 상징적으로 보여주는 것이 주권과 주권자라는 개념이다. 주권은 최고의 권력으로서 다른 권력을 배제하는 의미를 함축하고 있다. 그러나 현실에서 주권이 다른 권력을 배제하는 방식은 '직접적 배제'라는 방식을 채택하기보다, 다른 권력에 종속되던 개인들을 그 권력의 담지자로부터 해방되게 하는 방식, 즉 개별화의 방식을 채택한다. 그리고 주권권력은 중심화한 자신의 권력을 법, 인권, 정의 등 정당화 기제를 사용하여 그 근거에 대한 재물음의 가능성을 아예 차단해 버린다. 결국 정당화 기제를 배경으로 삼아 주권은 영속 가능한 실재로 지속하고자 한다. 필자는 이런 정당화 기제의 가장 세련된 형태가 민주주의라는 개념과 국민주권이라는 개념이라고 생각한다. 즉, 주권의 논리가 최후로 진화된 형태는 개별 인격자로서의 주권자 혹은 권력의 담지자를 지우고, 추상적인 주권자 혹은 권력의 담지자로 대체하는 형식인 것이다. 만일 민주주의가 국민주권을 의미한다면, 국민주권은 '집합적 국민'이라는 개념을 동원하여 실제와 다르게 지배받는 개개 국민이 마치 지배하는 자와 동일시된다는 착각에 스스로 빠지게 할 뿐만 아니라 개개 국민을 추상적으로 개별화시킴으로써 권력에 대한 집단적 저항의 가능성을 차단하게 된다.

인간의 욕망은 그 주권이라는 괴물의 중요한 영양 공급원이다. 현대 민주주의 체제는 주권권력의 논리에 의해 계속 중앙집권화해 온 역사적 과정의 정점에 이르러 있고, 주변부 권력에게 정당성을 빼앗는 방식으로 중앙 권력을 정당화하면서 성공적으로 스스로를 보존하고 있다. 현대 민주주의 체제가 국민주권 혹은 주권의 개념에 의지하는 한 중앙집권적 중앙권력적 전체적 경향을 견제할 가능성이 사라진다. 대안이 있다면, 주권권력의 논리와 반대로 저항하는 것. 전체화하지도 않고, 개별화하지도 않는 권력의 변용을 상상하는 것이다.

자연종으로서 인간의 현실을 고려한다면 힘/권력이 삶에 필요하다는 것을 인정할 수밖에 없다. 그러나 그 권력이 계속 중심화하는 것은 견제해야 한다. 권력 중심화는 동시에 개별화된 권력이라는 환상과 같이 가기 때문에 이 환상도 견제해야 한다. 권력 중심화의 전략은 권력의 상대방을 개별화하는 것이고 개별화된 개개인에게 자기-주권(self-sovereignty)을 가지고 있다는 환상을 심어줄 수 있다. 그러나 삶은 혼자 이룰 수 없다. 같이 살아가는 동료와 상호작용하는 가운데 삶이 이루어진다. 힘/권력이 사실은 삶의 문제이고, 삶이란 혼자 사는 것이 아니라 같이 사는 문제라는 것을 이해한다면, 권력을 개별화하는 것은 환상이라는 것이 금방 밝혀질 수 있을 것이다. 이런 의미에서 현대 민주주의 그리고 그 총화라 할 수 있는 국민주권은 집합적 국민 개념에 기대는 한 허구개념이다.

IV.

그렇다면 어떻게 하자는 것인가? 일단 권력의 메카니즘에 대한 이해와 그에 대한 경계가 필요하다는 점을 지적하는 것은 당연할 것이다. 나아가 그런 메카니즘이 지양되는 사회를 상상하고 그 사회에 대한 상을 정립하는 것도 하나의 방법이 될 것이다. 그러면 그 상을 표현하는 하나의 형식이 헌정/헌법이다.[9] 플라톤의 『Politeia(국가/정체)』는

---

9 그런데 우리 역사에서 헌정에 대한 지식인과 위정자들의 토론은 있었을지 몰라도 나라 구성원 모두가 참여한 토론은 없었다. 따라서 헌법에 대해 토론은 더더욱 없었을 수밖에 없다. 그리고 이런 과정 없이 헌법전만 몇 번이나 개정되었을 뿐이다. 그리고 지금도 그러고 있다. 헌법다운 헌법은 나라의 구성원들이 스스로 만드는 헌법이다. 비록 「대한민국 헌법」 전문에서 "(유구한 역사와 전통에 빛나는) 우리 대한국민은 … 개정된 헌법을 이제 국회의 의결을 거쳐 국민투표에 의하여 개정한다."라고 하고 있지만, '우리 대한국민'이 실제로 헌법전을 만들고 개정하는 과정에 참여한 적이 있었는가? 따라서 국회가 헌법전을 제대로 기록하고 헌법으로 정한 헌법 개정 절차를 투명하게 진행하기 위해서도, '우리 대한국민'이 지금이라도 헌법을 직접 만드는 과정을 거쳐야 한다. 물론 '우리 대한국민'은 집합 개념이고, 그 안에는 무수하게 많은 현실의

헌정을 의미하는 가장 오래된 단어이다. 폴리테이아는 '폴리스의 구조'라고 풀어 쓸 수 있는데, 그것이야 말로 헌정을 뜻하는 말이 아닌가? 그리고 플라톤이 '자신은 폴리스의 아름다운 파라데이그마(paradeigma, 본보기)를 세워 보고자 한다'고 말했을 때, 그것은 가장 바람직한 헌정을 모색한다는 바로 그 뜻이라 할 수 있다. 그런데 그 가장 바람직한 헌정은 플라톤에게 실제 존재하는 것이라기보다, '존재해야 하는' 것이다. 이미 존재하는 헌정을 단순히 기술하는 것이라면, 플라톤의 그 책은 그토록 오랫동안 서구인들에게 큰 영향을 미칠 수 없었을 것이다. 플라톤의 폴리테이아는 플라톤이 그려 낸 이상적인 나라의 틀인 것이다. 그러나 '이상적'이라고 해서 현실의 사람들에게 아무런 영향을 미치지 않는 것은 아니다. 지금 여기 한정된 시간과 공간 그리고 제한되고 불완전한 정보에 기대어 살아가는 사람들에게 '무엇을 할 것인가'를 알려주는 등대는 늘 필요한 법이다. 칸트가 규제적 이념(regulative Idea)을 언급할 때, 그 이념은 이념이어서 현실에 존재하지 않는다는 의미가 아니라 이념이어서 우리가 영원히 추구해야 한다는 의미를 담고 있다.[10]

이런 맥락에서 민주주의와 국민주권은 재해석되고 재음미되어야 한다. 그것은 과거의 역사로부터 시작하는 것이고, 미래의 규제적 이념에로 이르는 방식이어야 할 것이다. 필자는 민주주의의 이상은 궁극적으로 지배가 없는 삶의 가능성을 규제적 이념으로 놓고, 거기에 조금씩 가까워지는 헌정구조를 만들어 나가는 사람들의 상상력을 발휘하는 과

사람들이 존재하고 다양한 꿈들과 사상들이 존재한다. 이제 필요한 것은 '우리 대한국민'의 이름 아래에서 우리 각자가 꾸는 '나라의 틀'에 대한 꿈을 내놓고 토론하는 일이다. 17세기 영국에서 '고래의 헌정' 개념을 놓고 치열하게 토론했던 것처럼, 미국 헌법 제정 과정에서 치열하게 토론했던 것처럼, 우리도 본격적인 토론의 시간을 가져야 할 것이다. 이른바 네그리와 하트의 표현처럼 '헌정투쟁(struggle over the constitution)'이 필요한 시기인 것이다.

10 이 부분은 김현철, "자유와 평등의 권리장전을 위한 헌정투쟁", 황해문화, 2017 가을 참조.

정에서 드러나게 될 것이라고 생각한다.

역사적으로 볼 때 인간에게 사회적으로 힘과 지배가 필요했던 이유는 그것이 반영된 사회구조가 인간의 생존에게 더 유리했기 때문일 것이다. 자연적 존재로서 외계로부터 삶에 필요한 자원을 획득해야 하는 인간에게 생존을 위한 모든 행위는 운동의 형식을 띠고 그것은 힘의 작용을 근본적으로 수반한다. 더구나 인간의 생존방식은 개별적 생존보다는 집단적 생존이 가능한 형태로 진행되어 왔고, 집단적 생존의 방식은 힘의 작용이 개체 단위를 넘어 사회적 단위에서 의미를 가지는 조건이 되었다. 사실 인간 개체의 생존을 생(生)이라고 부른다면, 하나의 생은 하나의 개체로서 존재하는 것을 전제로 한다. 그러나 그렇게 존재하는 것은 자연적으로 '어려운' 일, 즉 고(苦)이고, 인간과 몇몇 동물은 그 고(苦)를 통(痛)을 통해 종종 확인할 수 있다. 그러나 인간은 역사적으로 생존을 위한 조건을 나름 훌륭하게 극복하고 있으며, 그 과정 속에서 어울려 사는 인간의 '삶의 양식(forms of life)'은 생존의 어려움을 줄여나갈 수 있는 방식으로 정비되어 왔다. 민주주의의 이상이 서구에서 일반화되고, 국민주권이라는 개념이 널리 퍼진 데에는 이러한 역사적 과정이 그 원인이 되었을 것이다. 그리고 현재 인류는 매우 획기적인 생산성을 보이면서, 전 인류가 생존할 수 있을 정도의 생존 자원을 확보하고 있는 상황이다.

그러나 여전히 지구상의 어느 곳에서는 식량이 없어 굶는 사람이 많이 있으며, 지구상의 어느 곳에서는 전쟁과 테러로 상징되는 폭력에 노출되어 생존의 위협을 겪고 있는 많은 사람들이 존재하고 있다. 이것은 인간의 생존능력 그 자체의 부족 때문은 아니다. 인류 전체로 본다면 인간 모두는 생존의 위협 없이 생존할 수 있는 조건을 갖추고 있기 때문이다. 문제는 이런 인류 전체의 생산량이 인류 모두에게 골고루 배분되지 않기 때문에 생기는 것이다. 그리고 그런 배분의 문제가 전쟁과 테러라는 폭력의 형태로 전화되는 것이기도 하다. 따라서 현재

인류의 삶에 놓여진 과제는 인류 전체의 생산을 생존이 위협받지 않을 정도라도 최소한 배분하는 문제인데, 이는 결국 사회적·정치적 권력의 문제이다. 다시 말하면, 우리가 채택하고 있는 민주주의의 문제이며, 국민주권의 문제인 것이다. 민주주의와 국민주권으로 대변되는 사회체제가 정당화될 수 있는 최종의 순간은 자연종으로서 인간이 직면한 생존이라는 문제에 대한 적절한 해답이 될 경우일 것이다. 민주주의와 국민주권은 이 생존의 문제에 답해야 한다.

그리고 민주주의와 국민주권이 이 문제에 어느 정도 답이 되면서도 여전히 미흡한 부분이 있다면, 우리는 미래를 위해 이 부분을 폭로하고 상상력을 모아 그 변화를 모색해야 할 것이다. 필자의 이해에 따르면 민주주의와 국민주권이 지배와 권력의 차원에 매몰되어 있는 한 지금보다 더 나은 사회로의 이행은 어려울 것이다. 역사적으로 민주주의와 국민주권 이론은 큰 역할을 하였고, 과거보다 더 나은 삶을 이룰 수 있는 환경을 제공해 주었다. 그러나 앞으로도 그럴 것이라고 단정할 수는 없다. 인간의 삶이 필멸의 조건에 기초한 이상, 인간의 사회에도 영원한 것은 없을 것이기 때문이다. 영원이라는 사고 대신, 어렵고 힘들지만 서로 협력하여 제한된 시간 속에서 최선을 찾아가는 인간의 노력이 필요한 것이다.

필자는 그 방식을 주권의 논리에 매몰되지 않은 민주주의 모색이라는 화두로 제안하고자 한다. 이는 주권의 논리, 권력의 메커니즘에 민주주의가 계속 사로잡혀 있다면, 인간의 제도와 삶의 장치들이 결국 인간의 생존을 위해 형성되고 변화해 왔다는 근본적인 목표를 부분적으로 잃어버릴 수도 있기 때문이다. 그렇다면 주권의 자리에 들어가야 할 것은 무엇일까? 일응 생각해 볼 수 있는 것이 평등한 사회적 규칙의 시스템이다.[11] 모두가 참여한다는 점에서 민주주의적이고 공동으로

---

11 필자는 이를 이소노미아라는 개념으로 포섭하려고 한다. 이에 대해서는 김현철, 앞의 글, 참조.

사회적 권력을 관리한다는 점에서 새로운 권력 메커니즘이 될 수 있을 것이다.[12] 권력을 정립하고 나서 사후에 이를 견제하고 균형을 이루게 한다는 권력분립 메커니즘은 항상 불안정한 속성을 띠게 된다. 이에 비해 사회적 권력의 공동 관리라는 형태는 안정적인 형태가 될 수 있을 것이다. 다만, 이 글은 이 시스템에 대한 본격적인 제안을 하려는 것이 핵심적인 목표는 아니기에, 이에 대해서는 다른 글에서 밝힐 수 있기를 기대한다.

---

12 이런 부분은 루소의 일반의지라는 아이디어와 유사한 점이 많다고 생각한다. 루소의 체계는 사회적 규칙의 시스템으로 재음미될 수 있는 부분이 많을 것이다.

18

양 천 수

영남대학교 법학전문대학원에서 기초법을 가르치고 있다. 해석학과
대화이론 및 체계이론을 방법론적 기초로 삼고 있다. 현대 과학기술이
우리 사회와 법에 어떤 변화를 야기하는지에 관심이 많다. 『법해석학』,
『제4차 산업혁명과 법』, 『법과 진화론』(공저) 등의 책과 다수의 논문을
집필하였다. 『부동산 명의신탁』이 2011년에 문화체육관광부 우수학술도서로,
『법해석학』이 2018년에 대한민국학술원 우수학술도서로 선정된 바 있다. "현대
사회에서 '처분불가능성'의 새로운 논증 가능성"으로 제1회 북악법학학술상을,
"사법작용의 기능과 한계: 체계이론의 관점에서"로 2015년 단국대학교 법학연구소
최우수논문상을 수상하였다. 2018년에는 영남대학교 연구우수상을 수상하기도 하였다.

도박사회

I. 우리는 지금 도박사회에 살고 있다

이 글에서 필자는 다음과 같은 테제를 제시하고자 한다. '우리는 지금 도박사회에 살고 있다.' 이러한 주장은 매우 도발적이고 위험스럽게 보인다. 그 점에서 이 책의 기획의도에 잘 들어맞는다. 물론 필자의 이러한 주장에 대해서는 곧바로 반론이 제기될 것이다. 현재 우리 사회는 도박을 범죄로 금지한다. 자유와 평등이 보장되는 우리 자유민주적 사회에서는 여전히 그 누구나 열심히 노력함으로써 큰 성공을 거둘 수 있다. 따라서 우리 사회가 도박사회라는 주장은 틀렸다는 것이다. 이러한 반박은 일단 타당해 보인다. 왜냐하면 분명 우리 형법은 도박을 범죄로 규정하기 때문이다(형법 제246조). 또한 우리 헌법은 자유민주적 질서를 헌법이 보장해야 하는 기본질서로 규정할 뿐만 아니라 자유와 평등을 기본권으로 인정한다. 이러한 근거에서 보면, 우리 사회는 도박사회라는 필자의 주장은 설득력이 없어 보인다.

그러나 필자는 이 같은 반론에도 우리 사회가 도박사회라는 주장을 굽히지 않고자 한다. 왜냐하면 필자가 볼 때 우리 사회가 도박사회라는 모습은 잘 은폐되어 있기 때문이다. 도박을 범죄로 규정하는 형법이 도박사회의 모습을 은폐하는 데 기여한다. 그렇지만 이러한 노력에도 도박사회의 모습은 때때로 표출된다. 최근 우리 사회에 불어닥쳤던

'비트코인 열풍'이 이를 잘 예증한다. 이른바 대박을 꿈꾸는 많은 이들, 특히 '흙수저'로 일컬어지는 젊은이들의 상당수가 비트코인으로 대표되는 '암호화폐 투자', 아니 더욱 정확하게 말해 '암호화폐 투기'에 뛰어들었다. 시장에서는 암호화폐가 화폐로서 지닌 가치보다 투기가치가 더욱 부각되었다. 암호화폐로 큰돈을 벌었다는 소식이 곳곳에서 들려왔다. 동시에 "열심히 일해 무엇 하나"라는 탄식도 터져 나왔다. 그래서 너도나도 암호화폐 투기에 뛰어들었다. 그렇지만 모든 이들이 대박의 꿈을 실현하지는 못했다. 도박처럼 자신의 능력을 뛰어넘는 그 무엇이 오직 선별적으로만 대박의 꿈을 실현해 주었을 뿐이었다.

그 밖에도 이와 비슷한 예를 우리 사회에서 쉽게 발견할 수 있다. 투자라는 이름으로 진행되는 '부동산투기'나 '주식투기'가 우리 사회가 도박사회라는 모습을 잘 보여준다. 그것도 '사기도박사회'라는 것을 말이다. 이 글에서 필자는 과연 어떤 근거에서 우리 사회를 도박사회라고 부를 수 있는지를 논증하고자 한다.

II. 도박은 범죄이다

앞에서 언급한 것처럼, 현행 형법은 도박을 범죄로 규정한다. 그러나 이에 관해 크게 두 가지 의문을 제기할 수 있다. 첫째는 과연 어떤 근거에서 도박을 범죄로 인정할 수 있는가 하는 점이다. 둘째는 이미 우리 사회는 특정한 경우에 도박을 허용하고 있는데, 이는 어떻게 설명할 수 있는가 하는 점이다.

과연 어떤 근거에서 도박을 범죄로 볼 수 있는가? 철저한 자유주의를 신봉하는 사람들은 도박은 범죄가 될 수 없다고 말한다. 왜냐하면 도박은 도박 참여자의 상호합의에 의해 이루어지고, 따라서 타인에게 해악을 가하는 것이 아니기 때문이다. 더불어 도박을 할 것인가 말 것인가의 문제는 전적으로 자신이 결정할 수 있는 것이기에, 달리 말해 도박을 하고자 하는 사람의 자유에 해당하는 문제이기에 이를 범죄로 볼 수 없다는 것이다.

또한 우리 사회는 특정한 영역에서 명백하게 도박에 해당하는 행위를 법으로써 허용한다. 각종 로또, 경마, 경륜 등이 대표적인 예에 해당한다. 이러한 로또, 경마, 경륜 등은 분명 도박이라고 말할 수 있다. 운에 상당히 의존할 뿐만 아니라, 극히 낮은 확률이기는 하지만 대박을 터트려 큰돈을 획득할 수도 있기 때문이다. 외국인 관광객을 위해서는 상당히 폭넓게 카지노를 허용하고 있을 뿐만 아니라, 내국인에 대해서도 '강원랜드'에서는 카지노 이용을 허용한다. 심지어 로또의 경우에는 광고까지 허용한다. 국가가 한편으로는 도박을 범죄로 보면서도, 다른 한편으로는 이를 장려하고 있는 것이다. 이러한 법체계적 모순을 어떻게 이해할 수 있을까?

이 외에도 국가가 허용하는 것으로서 명백하게 도박이라고 할 수는 없지만, 도박과 상당히 유사한 것이 있다. 주식거래가 대표적인 경우이다. 물론 주식은 주식을 발생한 회사의 가치를 담보로 하기에 이를 도박이라고 단언할 수는 없다. 이른바 '가치투자'를 옹호하는 진영에 따르면, 주식회사의 실질적·내재적 가치를 합리적으로 분석함으로써 합리적인 주식투자를 할 수 있고, 이를 통해 수익을 거둘 수 있다. 이러한 가치투자를 적용하면 주식투자에서도 자신이 노력한 만큼 이익을 얻을 수 있다는 것이다. 그러나 우리나라 주식시장에서는 이러한 가치투자이론이 설득력을 얻기 어렵다. 기업의 가치나 실적과는 무관한 다양한 변수에 의해 주식가격이 결정되는 경우가 많기 때문이다. 뿐만 아니라, 우리의 주식시장에서는 '보이지 않는 손', 즉 '시장지배적 작전세력'에 의해 주식가격이 왜곡되는 경우도 많다. 각종 정보에서 소외된 개미들은 운과 감 그리고 흐름에 따라 주식시장에 참여할 뿐이다. 그리고 휩쓸린다. 요컨대, 우리의 주식시장은 주식이 투자의 대상이 아닌

투기의 대상이 될 뿐이다. 주식거래는 합리적 투자행위가 아닌 거대한 위험을 감수하는 무모한 도박행위인 것이다. 그것도 사기가 판치는 도박장에 기꺼이 참여하는 행위인 것이다.

이러한 맥락에서 보면, 국가가 암호화폐를 강력하게 규제하겠다는 것도 논리적 일관성을 잃은 정책이다. 이미 투기대상으로 변질된 주식은 합법적인 거래대상으로 인정되는데, 암호화폐가 투기대상이라는 이유로 금지되어야 하는 이유는 무엇일까? 그것이 도박이라는 이유만으로? 그러나 철저한 자유지상주의에 따르면, 도박 그 자체도 자유를 침해하는 행위는 아니다. 그런데도 대다수의 사람들은 도박을 나쁜 행위로 파악한다. 우리의 윤리적 직관은 도박은 바람직하지 않다고 말한다. 그 이유는 무엇 때문일까?

Ⅲ. 프로테스탄티즘과 자본주의 정신

우리 형법은 도박죄를 개인적 법익에 관한 범죄가 아닌 사회적 법익에 관한 범죄로 파악한다. 도박은 개인의 법익을 침해하는 범죄가 아닌 사회적 법익, 이를테면 사회적 이익이나 가치, 미덕을 침해하는 범죄라는 것이다. 정치철학적으로 말하면, 자유주의가 아닌 공동체주의 또는 집단주의로 도박죄를 정당화하는 것이다. 사실이 그렇다면, 도박행위가 침해하는 사회적 미덕은 무엇일까? 그것은 아마도 '노동윤리'가 아닐까 한다. 이때 말하는 노동윤리는 성실하고 검소하게 노동을 자신의 소명으로 받아들이는 윤리적 태도를 뜻할 것이다. 이러한 노동윤리는 그 유명한 막스 베버(Max Weber)의 저서 『프로테스탄티즘과 자본주의 정신』에서 잘 발견할 수 있다.

서구의 근대화 과정을 추적했던 베버는 프로테스탄티즘, 즉 청교도 정신에서 서구 자본주의 정신의 핵심을 발견한다. 잘 알려져 있는 것처럼, 청교도는 구원예정설을 주장하면서 사회적·경제적 성공을 통해 자신이 이미 신으로부터 구원을 받았다는 사실을 증명할 수 있다고 하였다. 이때 말하는 사회적·경제적 성공은 근면하고 검소한 노동을 통해 이룩한 것이어야 한다. 성실하고 검소하며 엄격한 노동으로 사회적·경제적 성공을 거두었다면 그 자신은 이미 신의 구원을 받았다는 것이다. 베버는 이러한 청교도정신에서 서구 자본주의 정신의 핵심, 즉 자본주의적 노동윤리를 발견한다. 이를 한마디로 요약하면 '성실성'이라고 말할 수 있다. 성실한 노동윤리에 의해 자본주의가 성장하고 부가 확대되었다는 것이다.

사실 이러한 노동윤리는 우리에게 낯설지 않다. 지난 1970년대에 우리 사회를 지배했던 '새마을정신'의 핵심에는 '근면'과 '자조'가 포함되어 있기 때문이다. 검소함이라는 미덕 아래 자신의 욕망을 억제하고, 성실하게 또는 가혹하게 노동에 임함으로써 우리는 경제적 고도성장을 성취할 수 있었다. 그리고 이를 통해 중산층 역시 성장하였다. 자신의 자율적인 결정으로 직업을 선택하고 근면하게 일을 하면 그 누구나 중산층에 진입하여 넉넉하게 먹고 살 수 있다는 윤리와 희망이 우리에게 내면화되었다. 따라서 우리는 자신의 직업을 소명, 즉 천직으로 알고 열심히 일하기만 하면 될 뿐이었다. 『이솝우화』에 나오는 "개미와 베짱이" 이야기도 이러한 노동윤리를 뒷받침한다. 우리는 베짱이를 비난하고 개미를 칭송해야 한다. 우리의 롤모델은 베짱이가 아닌 개미인 것이다.

그런데 도박은 이러한 노동윤리에 정면으로 반한다. 도박을 해서 운이 좋아 대박을 터트리면 힘들게 일하지 않아도 큰돈을 벌 수 있고, 이 돈으로 한평생 베짱이처럼 놀고먹을 수 있는 것이다. 굳이 자신의 욕망을 억제하면서 성실하게 일할 필요가 없는 것이다. 확률은 매우 낮지만, 한 번 대박이 터지면 자기 인생을 업그레이드할 수 있는 것이다. 그러나 사회 전체의 관점에서 볼 때, 모든 사람들이 이러한 마음가짐을 갖게 되면 사회시스템이 유지될 수 없다. 각자가 사회 각 영역에서 성실하게 노동을 해야만 비로소 사회가 정상적으로 작동할 수 있기 때문이다. 바로 이 점에서 도박은 자본주의 정신을 해치는 범죄가 된다. 도박은 노동윤리를 침해하는 사회의 적인 것이다. 그 때문에 사회는 형법을 동원해 도박을 범죄로 만든 것이다. 이러한 논증은 나름 설득력이 있다. 문제는 그 다음이다.

Ⅳ. 무너지는 자본주의 정신

프로테스탄티즘에 바탕을 둔 노동윤리는 우리 사회가 경제적으로 고도성장을 이룩하는 데 기여하였다. 이러한 노동윤리는 우리의 전통적인 유교문화와 결합하여 학력경쟁으로 이어지기도 하였다. 각자가 성실하게 공부하여 좋은 대학에 가면, 자신이 원하는 직업을 손쉽게 구할 수 있고, 이를 통해 최소한 중산층으로 진입할 수 있다는 사고방식이 우리 사회를 지배하였다. 물론 그 결과 극심한 사교육 열풍이라는 부작용을 낳기는 하였다. 그렇지만 자신이 열심히 노력해서 공부하고 일하면 어느 정도의 성공을 거둘 수 있다는 사고방식은 우리 사회가 정치·경제·사회·문화의 모든 측면에서 성장하는 데 기여하였다.

하지만 이렇게 우리 사회의 허리를 지탱하였던 프로테스탄티즘적 자본주의 정신은 최근 들어 점점 위기에 처하고 있다. 사회 전체적으로 '빈익빈 부익부'가 심화되면서 중산층 붕괴가 가속화되고 있는 것이다. 뿐만 아니라, 경제적 신분이 고착화되어 대물림되고 있다. 이는 서울 강남지역의 부동산 가격이 상징적으로 보여준다. 이제 평범한 봉급생활자는 아무리 열심히 일해 월급을 받아 저축한다 하더라도 서울 강남지역에 있는 아파트를 살 수 없는 지경이 되었다. 열심히 공부하고 일해도 경제적 부를 획득할 수 있는 기회와 가능성이 점점 사라지고 있는 것이다. 개천에서 용이 나올 수 있는 상황이 소멸되고 있는 것이다. '금수저'는 계속 금수저로, '흙수저'는 계속 흙수저로 살아갈 수밖에 없게 된 것이다.

이러한 상황에서 경제적으로 성공하기 위해서는 두 가지 방법을 사용할 수밖에 없다. 첫째는 '투자'라는 미명 아래 '투기'를 하는 것이다. 이를테면 부동산 분양로또에 당첨되어 강남에 진입하거나 주식투자로 대박을 터트리는 것이다. 그러나 부동산 시장과 주식시장의 진입장벽은 이미 높아질 대로 높아졌다. 특히 부동산 시장의 진입장벽이 상상할 수 없을 정도로 높아져 설사 분양을 받는 데 성공한다 하더라도 이를 감당할 수 없는 경우가 대다수이다. 주식시장에서도 대박을 터트리려면 처음부터 투자금액이 많아야 한다. 이미 가진 자만이 주식시장에서 큰돈을 벌 수 있는 것이다. 또한 이미 언급한 것처럼, 분양을 받을 수 있을지, 자신이 구입한 부동산의 가격이 상승할지, 자신의 주식이 급등할지 여부는 합리적으로 예측할 수 없는 경우가 많다. 부동산 투자나 주식투자는 이미 가진 자를 위한 합법적 도박이 되고 있는 것이다. 바로 이 때문에 많은 젊은이들이 암호화폐 투기에 열광한 것이다. 암호화폐 투기에 참여함으로써 대박을 꿈꿨고 또 실제로 몇몇은 엄청난 대박을 누리기도 하였다. 암호화폐로 대박을 터트려 큰돈을 벌면, '갑질'에 시달리는 일에서 해방되어 자신이 원하는 것을 즐기는 삶을 살겠다는 것이다. 이러한 사고방식의 배후에는 아무리 열심히 일해 봐야 '을'의 처지에서, '흙수저'의 삶에서 벗어날 수 없다는 체념이 깔려 있다. 어차피 잃을 것도 없는 처지에서 도박으로 인생을 바꾸겠다는 것이다. 도박적 한탕주의가 자본주의 노동윤리를 대체하고 있는 것이다.

둘째는 창업을 하는 것이다. 마이크로소프트의 빌 게이츠나 애플의 스티브 잡스, 구글의 브린과 페이지, 페이스북의 마크 저커버그처럼 기업을 창업하고 이를 세계적인 기업으로 키움으로써 경제적 부를 누릴 수 있다. 이를 위해서는 남들이 읽지 못한 것을 읽을 수 있는 창의적인 통찰이 필요하다. 블루오션을 볼 수 있는 눈이 필요하다. 창의성을 발휘해 새로운 시장을 개척하고, 창업을 함으로써 손쉽게 큰돈을 벌 수 있다는 것이다. 이는 덩달아 국가경제를 견인하는 성장동력이 되기도 한다. 그래서 요즘 우리 사회는 창업을 격려하고 창의성을 키우는 교육을 강조한다. 이제는 창의성을 키우지 않는 교육은 청산되어야 할 '적폐교육'으로 비치기도 한다. 그러면 창업과 창의성이 모든 것을 바꿀 수 있을까? 창의성만 갖추면 우리는 사회에서 성공할 수 있는 것일까?

V. 창업의 허상

요즘 유행어인 '제4차 산업혁명'이 지배하는 시대에서는 일의 패러다임 역시 바꾸어야 한다고 말한다. 급속도로 성장하는 인공지능이 그동안 인간이 차지했던 일자리를 대신할 것이기에 제4차 산업혁명에 적합한 새로운 일자리를 창출해야 한다고 말한다. 전통적인 노동집약적 대량생산에 적합한 일자리 패러다임에서 벗어나 현대사회에서 급속하게 증대하는 데이터에 기반을 둔 일자리 패러다임을 만들어야 한다고 말한다. 이러한 맥락에서 '데이터 경제학'이라는 개념이 주장되기도 한다. 빅데이터 역시 적극 활용해야 한다고 말한다. 이를 위해서는 창의적인 통찰력과 새로운 기술에 바탕을 둔 창업이 적극 이루어져야 한다고 말한다. 미국의 실리콘밸리처럼 다양한 '스타트업' 업체들이 등장해야 하고, 국가는 이러한 스타트업 업체들이 구글과 같은 글로벌 기업으로 성장할 수 있도록 적극 지원해야 한다고 말한다. 그리고 대학에서도 창업교육이 적극 이루어져야 한다고 강조된다. 미국의 명문 스탠포드 대학처럼 이제 대학은 취업자보다는 창업자를 배출하는 데 더욱 관심을 기울여야 한다는 것이다.

다양한 창업을 통해 새로운 블루오션을 창출하는 것이야말로 가진 것이라고는 사람과 기술밖에 없는 우리나라가 미래사회에서 생존할 수 있는 거의 유일한 길이라는 점은 원론적인 측면에서 볼 때 극히 타당하다. 국가적인 차원, 거시적인 차원에서 보면 사회 각 영역에서 창의적인 창업이 활발하게 이루어져야 한다. 그렇지만 마치 창업이 제4차 산업혁명 시대에 대응하는 유일한 해법이라고 부르짖는 것은 전적으로 타당하지는 않다. 두 가지 이유를 제시할 수 있다.

첫째, 아무리 창업이 중요하다고 해서 모든 사람이 창업에만 매달리는 것은 바람직하지 않다. 창의적인 기술과 통찰력으로 기업을 창업한 뒤에는 필연적으로 이 기업을 시장에 안착시키고 사업을 확장(scale up)하는 과정이 수반되어야 한다. 그렇게 해야만 비로소 기업은 수익을 안정적으로 창출할 수 있을 뿐만 아니라, 글로벌 기업으로 성장할 수 있는 초석을 마련할 수 있다. 그렇게 하기 위해서는 기업을 창업하는 능력도 필요하지만, 창업한 기업을 안정적으로 관리하는 능력도 필요하다. 말하자면 다양한 위험을 최소화하며 기업을 안정적으로 그리고 성실하게 관리할 수 있는 사람도 필요한 것이다. 이러한 관리자에게는 아마도 창의성보다는 성실성이 더욱 중요한 덕목이자 자질이 될 것이다.

둘째, 아무리 창의적이고 획기적인 기술과 안목을 갖고 기업을 창업한다 해도 그 기업이 시장에서 반드시 성공하는 것은 아니다. 창업한 기업이 시장에서 선택받기 위해서는 마치 도박처럼 운이 따라야 한다. 우리는 역사를 통해 정말 훌륭한 기술과 창의성을 갖추었는데도 시장의 선택을 받지 못한 기업의 실패사례를 무수히 알 수 있다. 이는 창업의 경우에서만 발견할 수 있는 것은 아니다. 소설이나 영화와 같은 다양한 창의적인 활동에서도 창의성과 시장의 선택이 반드시 일치하는 것은 아니라는 점을 발견할 수 있다. 새로운 통찰력을 제시하고 작품성도 훌륭한데도 시장의 선택을 받지 못한 작품은 무수히 많다. 이 때문에 창업을 통해 경제적 성공을 거두려면, 결국 도박처럼 운이 따라야 한다고 말할 수밖에 없다. 어찌 보면 창업으로 성공하는 것은 개인의 노력이나 자유 영역을 넘어선 것이라고 말할 수 있을 것이다. 이 점에서 창업에서는 실패를 두려워해서는 안 되고 이를 비판해서도 안 된다는 점이 강조된다. 그러나 개인의 측면에서 보면, 창업이 반드시 경제적 성공으로 이어지는 것은 아니라는 점에서 창업이 반드시 바람직한 길인 것은 아닐 것이다. 실패에 대한 보장책이 마련되지 않는다면, 개인이 볼 때 창업은 도박처럼 무모한 것일 수밖에 없다.

VI. 창의성 교육의 허상

이러한 맥락에서 볼 때 창의성을 강조하는 교육 역시 문제가 없지 않다. 최근 교육현장에서는 암기보다는 창의성을 강조하는 교육이 주류가 되고 있다. 제4차 산업혁명 시대에 대응하는 교육은 기존의 지식을 효율적으로 습득하는 것이 아니라 새로운 지식을 발견하고 만들 수 있는 역량을 지향해야 한다는 것이다. 이에 따라 교수법 역시 바뀌어야 한다고 주장된다. 일방적인 강의방식의 교수법은 구시대적인 것으로 비판받고 질문과 토론 그리고 자기주도학습이 강조되는 교수법이 대세로 떠오르고 있다. 최근 각광받고 있는 이른바 '거꾸로 교실'(flipped learning) 교수법이 이러한 흐름을 잘 반영한다.

이렇게 창의성을 강조하는 교육은 분명 우리에게 적지 않은 의미를 지닌다. 암기를 중시하는 전통적인 교육방식은 우리가 아주 효율적으로 기존의 지식체계를 따라잡는 데 기여하였다. 그렇지만 이제 세계 제1위의 위치에서 새로운 방향을 모색해야 하는 과정에서는 큰 기여를 하지 못한다. 한창 경제성장에 매진하면서 선진국을 따라가는 것만이 급할 때에는 우리가 과연 산업 영역에서 세계 제1위의 지위를 차지할 수 있을지 의문이 없지 않아 창의성 교육이 과연 우리에게 필요한지 회의적일 때도 있었다. 그러나 지난 2000년 이후 우리는 놀랍게도 세계 제1위에 해당하는 제품을 잇달아 세상에 내놓게 되었다. 하지만 그때부터 새로운 도전과 위기가 찾아왔다. 그 이전에는 경험하지 못했던, 새로운 방향을 창의적으로 모색해야 하는 난제가 닥쳐온 것이다. 이 점에서 볼 때 창의성은 분명 우리에게 필요한 능력이다. 이제 우리 교육체계에도 성실하고 효율적인 관리자보다는 다수의 창의적인 선구자를 길러야 할 때가 다가온 것이다. 그 점에서 창의성을 강조하는 교육철학과 교수법이 교육현장을 뒤덮고 있는 지금의 현실을 거부만 할 수는 없다.

그렇지만 창의성을 강조하는 교육방식 못지않게 기존의 교육방식에도 장점이 있다는 점을 간과해서는 안 된다. 이미 정립된 지식체계를 효과적으로 전달하는 데 주안점을 두었던 전통적인 교육방식은 분명 성실하고 안정적인 중간관리자 또는 전문가를 육성하는 데 도움이 되었다. 기업을 창업하고 유지하기 위해서는 창의적인 인재와 성실한 인재가 모두 필요한 것처럼, 사회 전체를 혁신하고 안정적으로 유지하기 위해서는 창의적인 혁신가와 성실한 관리자가 모두 요청된다. 바로 이 점에서 창의성을 유발하는 질문과 토론 그리고 전문성을 함양하는 암기 모두 교육에서 중요하게 고려해야 한다. 서양이 강조하는 '질문의 전통'과 동양이 강조하는 '암기의 전통' 모두 교육이 추구해야 하는 중요한 목표이자 방법인 것이다. 이 점에서 창의성만 강조하는 교육에는 허점도 분명 존재한다.

나아가 창의성 교육을 열심히 한다고 해서 실제로 창의성이 육성되고 함양될 수 있을지 의문이 없지 않다. 실제로 필자는 교육현장에서 창의성을 강조하는 교육을 실시하는 편인데, 아마도 필자의 교수능력이 부족해서 그런지 생각보다 원하는 성과를 얻지 못하는 경우도 많다. 그래서 필자는 생각한다. 창의성은 타고나는 것이 아닐까? 물론 교육을 통해 그 잠재능력이 발현될 수는 있지만, 애초에 부족한 창의성을 키울 수는 없는 것이 아닐까? 그러니 애초부터 창의성이 부족한 인재에게는 전통적인 교육방식이 더욱 적합한 것이 아닐까 하는 생각을 말이다.

VII. 우리 사회가 나아가야 할 방향

이처럼 우리는 더 이상 프로테스탄티즘적 노동윤리가 적용되지 않고 불확실성과 운이 지배하는 도박사회에 살고 있다. 개인의 성실성과 노력이 더 이상 만족할만한 부를 가져다주지 못하는 사회에 살고 있는 것이다. 대박을 터트릴만한 운명을 타고나지 않으면 흙수저의 굴레에서 벗어나지 못하는 것이다. 운을 타고 나지 않으면 더 이상 개천에서 용이 나올 수 없는 것이다.

사실이 그렇다면, 이제 우리가 나아가야 할 지향점은 무엇일까? 사회 자체가 도박사회이므로, 아예 도박에 대한 형법적 규제를 풀어야 할까? 도박은 더 이상 범죄가 되지 말아야 하는 것일까? 도박을 범죄화하는 것은 우리 사회가 도박사회라는 사실을 은폐하는 것에 불과한 것일까? 모든 것은 도박이고 우리 삶은 운명에 지배된다는 체념적인 사고방식은 사실 우리에게 낯선 것이 아니다. 이미 오래 전부터 우리 사회를 지배해 왔던 사고방식이다. 자신의 신분을 받아들이고 자신의 운명에 체념하는 사고방식은 지금도 널리 퍼져 있다. 그 때문에 많은 사람들이 사주와 관상, 손금에 의지하여 자신의 운명을 알고 싶어 한다. 애초에 자유주의와 프로테스탄티즘에 바탕을 둔 자본주의 노동윤리는 동양의 전통에서 볼 때 낯선 것이었다.

아니 어쩌면 자유와 노력은 모두 허상일지도 모른다. 자신이 원하는 목표를 자율적으로 결정하고, 이러한 목표를 성취하기 위해 성실하게 노력한다는 인간상은 모든 인간에게 평등하게 주어지는 것이 아니라, 오직 몇몇 인간에게만 선별적으로 주어지는 것인지도 모른다. 애초에 인간으로 태어나는 과정 자체가 우연적인 것이다. 우리는 부모를 선택할 수 없기 때문이다. 이를 증명하듯 현대 뇌과학자들은 자유의지는 인간의 진화과정이 만들어낸 허상이라고 말한다. 마치 이를 고려한 듯, 미국의 철학자 롤즈(J. Rawls)는 성실성과 같은 인간의 덕성 역시 전적으로 자신의 것이 아니라 우연적인 산물에 불과하다고 말한다. 따라서 지금 우리에게 필요한 것은 자유주의와 프로테스탄티즘에 바탕을 둔 자본주의 노동윤리의 허구성을 폭로하는 것일지도 모른다.

그렇다 하더라도 우리가 현실의 도박사회에 굴복하는 것은 바람직한 해법은 아니라고 생각한다. 도박을 범죄 개념에서 완전히 해방시키는 것은 오히려 우리 사회를 파멸로 이끌 뿐이라고 생각한다. 자본주의 노동윤리는 여전히 우리가 지향해야 할 미덕이라고 생각한다. 열심히 공부하고 일하면 언젠가는 반드시 좋은 날이 올 것이라는 희망이 없다면, 우리는 가혹한 현실 앞에서 쉽게 체념하고 굴복할 것이기 때문이다. 따라서 우리의 국가 및 사회는 자본주의 노동윤리가 제대로 작동할 수 있도록 각종 여건과 환경을 만드는 데 전념해야 한다. 도박에 운명을 걸지 않아도 넉넉하게 살 수 있도록 사회 시스템을 조성해야 한다. 그런 점에서 독일의 사회철학자 하버마스(J. Habermas)가 추구했던 '근대성의 기획'은 여전히 미완이지만 아직도 우리가 추구해야 하는 지향점이 될 수밖에 없다.

19

박 준 석

전북대학교 법학전문대학원에서 법철학, 법사상사, 생명윤리와
법 등을 가르치고 있다. 법의 사상(ideas)과 실무(practice)를 잇는
작업에 매력을 느끼고 있으며, 최근에는 법철학의 주제와 방법론의 체계가
만나는 지점을 두루 살펴보기 위한 연구를 진행하고 있다. 주요 저서로『법사상,
생각할 의무에 대하여』,『생명윤리법론』(공저) 등이 있다.

법률 논쟁 에피소드 I
- 보이지 않는 위험 -

처음에 '법학에서 위험한 생각들'이라는 테마로 글을 한 꼭지 써 보지 않겠냐는 제안을 받았을 때는 정말이지 별 생각이 없었다. 이후 차일피일 답을 미루다 끈질긴 권유에 어쩔 수 없이 불러 준 제목은 "법의 지배와 법의 이해가능성(Rule of Law and Its Intelligibility)"이었다. 좀 이상한 이야기일 수도 있지만, 개인적으로는 지금 이 순간에도 내가 여전히 같은 주제의 글을 쓰는 중이라 믿고 있다. 물론 글의 제목에는 약간의(?) 변화가 있었지만 말이다. 그렇다면 이 글의 실마리를 두 제목 사이의 관계에 대한 해명에서 풀어 나가는 것도 좋으리라.

당초에 생각했다던 제목에 대해서는 살짝 접어 두고서, 최종적으로 선택한 제목을 먼저 살펴보기로 하자. 눈썰미가 어지간히 없는 사람도 대충 이것이 조지 루카스(George Lucas)의 1999년 작《Star Wars: Episode I ― The Phantom Menace》[1]에다 말장난을 섞은 것임을 필시 알아차렸을 것이다.

잠시 이 영화에 대해서 이야기해 보자. (광팬들이 계시다면 죄송한 말씀이지만) 스타워즈 에피소드 중에서 그나마 볼 만한 것은《시스의 복수》[2] 정도였다고 기억하는 내가 별 감흥도 느끼지 못했던 이 영화의

---

1 이하《보이지 않는 위험》으로 적는다.
2 《Star Wars: Episode III ― Revenge of the Sith》(2005)

제목을 마지막 순간에 떠올린 데는 몇 가지 이유가 있었다. 우선 내가 쓰려고 하는 글의 내용이 과연 '진짜로 위험한' 생각을 담고 있는지에 대한 확신이 없었다. 얼추 '법의 지배'라는 근대적 이상(modern ideal)이 과연 '법의 이해가능성'에 대한 오늘날의 회의적 반론(skeptical objection)[3]을 견뎌 낼 수 있는지 묻고자 했던 반면, 대다수의 사람들에게 법은 언제나 알 수 없는 그 무엇이었다는 역사적 사실 앞에서 이 같은 물음은 다소 초라해지는 감이 있었기 때문이다. 결국 법의 현실 내지 실재(reality) 앞에서 내가 다루려는 물음이란 기껏해야 '보이지 않는 위험'을 뒤적거리는 유희에 불과함을 스포일러를 통해 이실직고하고, 가급적 본편에 대한 이목을 피해 보려는 속셈이었던 것이다.

한편 일말의 미련처럼 버리지 못한 생각도 있었는데, 그것은 이른바 '보이지 않는 위험'도 역시나 위험할 수 있다는 것이었다. 사실《보이지 않는 위험》이 그저 그런 오락 영화라는 평가를 받을 수밖에 없었던 데는 같은 해 개봉한《매트릭스》[4]가 너무 뛰어났다는 점도 한몫을 했을 것이다. 하지만 비록《매트릭스》가 구현해 낸 인식론적 성찰에는 비할 바 아니더라도,《보이지 않는 위험》또한 결코 가볍지 않은 정치 스릴러적 메시지를 담고 있다는 점은 얼른 눈에 띄지 않았던 것 같다. 세간의 이목을 비껴갔다는 사실이 블록버스터의 감독에게는 달가울 리 없었겠지만, 빈약한 글의 저자로서는 그 비결을 전수받고 싶을 지경이었다고나 할까? 어쨌거나 하던 말이나 마저 해 보자면, 나는《보이지 않는 위험》의 제목이 영화의 문맥에서 뜻하는 바를 단지 '가상의(imaginary or illusionary) 위험'이라거나, 혹은 '실재하지 않는(unreal or nonexistent) 위험'이라고 이해하는 것은 적절치 않다고 생각한다. 그것은 오히려 외부(external)의 적과 맞서야 한다는 드러난(explicit) 위험이 아닌, 자신의 내면(internal)에 감추어져 있는(implicit) 자기파멸적 위험을 뜻한다고 보

---

3 예컨대 프리드리히 뮐러(F. Müller)의 견해를 생각해 볼 수 있을 것이다.
4 《The Matrix》(1999)

아야 할 것이다.[5] 마찬가지로 '법의 이해가능성'에 대한 문제 제기는 바로 '법의 지배'의 기획을 그 내부에서부터 망가뜨릴지 모르는 자기배반적 현시(self-betrayal)에 대한 이야기라는 점에서, "… 보이지 않는 위험"은 이 글의 제목으로도 어울리겠다고 생각했던 것이다.

I. 법의 이해가능성

그나저나 애초에 왜 내가 "법의 지배와 법의 이해가능성"이라는 주제로 글을 쓰겠다고 했는지에 대해서도 약간의 설명이 필요해 보인다. 사실 나는 이와 관련된 글을 어느 학술대회에서 발표했던 적이 있고,[6] 나중에 그것을 발전시켜 논문으로 출간하기도 했다.[7] 그런데 왜 또 이 주제로 글을 쓰려고 한 것일까? 부끄러운 일이지만 앞서의 글들이 대체로 만족스러운 수준과는 거리가 있었기 때문이다. 일례로 2016년 당시 한 중국인 학자가 "당신이 말하는 '이해가능성(intelligibility)'이란 도대체 무슨 뜻인가요?"하고 물었을 때, 나도 솔직히 "피터 윈치(Peter Winch)가 *The Idea of a Social Science and Its Relation to Philosophy*에서 말했던 그 뜻이죠." 따위의 대답은 하고 싶지 않았다. 하지만 어쩌랴. 발표문에 기술한 내용들 외에 당장 내가 줄 수 있는 최선의 답이 바로 그것뿐이었던 것을.

엄살이 아니라, 다음의 몇 가지 사실들은 윈치가 말하는 '이해가능

---

5 공화국과 아나킨 스카이워커(Anakin Skywalker)에게 닥칠 운명과 관련지어 이 같은 해석을 제시하고 있는 글을 우연히 발견했다. "모든 창조적 미디어의 연인"임을 자처하는 어느 논객의 짤막한 분석은 다음의 주소에서 읽어 볼 수 있다. https://www.quora.com/why-is-the-movie-named-Phantom-Menace-Who-is-the-Phantom-Menace

6 2016년 5월 29일 중국 절강대학 광화법학원의 주최로 열린 제2회 "Chinese Philosophy of Law in Global Context" 국제학술대회에서였다.

7 박준석, "법사상과 법의 이해가능성", 『동북아법연구』 제10권 제3호, 전북대 동북아법연구소, 2017, pp. 499-519.

성' 개념을 한두 마디 문답으로 정리하기란 매우 곤란할 것이라는 점을 시사하고 있다. 첫째, 윈치가 보기에는 다양한 학문 영역에서 '이해가능성' 개념이 제대로 구사되는 예는 거의 없다.[8] 둘째, 그럼에도 불구하고 윈치가 그 개념 자체 또는 오용의 사례들을 찬찬히 풀어 설명하거나 적극적으로 규정하려 들지는 않고 있다.[9] (정말이지 귀 있는 사람은 알아들으라는 식이다.) 셋째, 그 개념 자체에 대한 학계의 연구도 딱히 활발히 이루어지지는 않고 있다.[10]

글을 썼으면 다만 얼마라도 나아감이라는 것이 있어야 하거늘, 이 주제에 대해서만큼은 영 개운치가 못했다. 그래서 기회가 된다면 체계적이고 엄밀한 논문이 아닌 다른 형태로 좀 더 자유분방하게 이를 되짚어 보고 싶었는지도 모른다.

자 이제 내가 왜 이런 제목으로 이런 내용의 글을 쓰고 있는지에 대해서 대충 감이 잡혔을 것이다. 그렇다면 지금부터는 본격적으로 '법의 이해가능성'이라는 것을 뒤적여 보자. 앞에서 나는 대뜸 '법의 이해가능성'에 대해서 오늘날 회의적 반론이 제기되고 있다고 말했었다. 결국 최종적인 평가가 필요한 지점은 바로 그 같은 반론의 타당성 여부가 될 것이다. 하지만 몇 차례 뒤끝이 좋지 않은 경험을 통해서 가지게 된 믿음에 따르면, 그러한 반론을 불러모은 '법의 이해가능성'이라는 것 자체가 도대체 무엇을 뜻하는 것인지를 먼저 짚고 넘어가지 않으면 안 된다.

---

8 그는 남들이 구사하고 있는 '이해가능성' 개념을 두고 "systematically ambiguous"하다고 말한다. Peter Winch, *The Idea of a Social Science and Its Relation to Philosophy*, Second Edition (Routledge, 1990/1958)[박동천 역, 『사회과학의 빈곤』, 모티브북, 2011], p. 76.

9 내가 아는 범위 내에서 그는 '이해가능성'이 결여되어 있다는 것을 일종의 "logical absurdity"를 의미한다고 말한 적이 있을 뿐이다. Peter Winch, "Nature and Convention", *Proceedings of the Aristotelian Society* N/S 60 (1960), p. 235.

10 국내의 연구 중에서 윈치의 '이해가능성' 개념을 직접 다루고 있는 글은 다음의 논문 정도일 듯하다. Hiheon Kim, "Peter Winch's Idea on Nature of Human Understanding", 『철학탐구』 제24집, 중앙대 중앙철학연구소, 2008, pp. 165-187.

다음의 질문에 대해 생각해 보는 것으로 밀린 숙제를 마무리해 보자: '어떤 사람이 어느 법률을 이해할 수 있다.'는 것은 무슨 의미일까? 첫 번째로 뇌리에 떠오르는 것은 어쩌면 그 사람이 일정한 정신적 능력(mental faculties)을 지니고 있다는 의미일 것이다. 즉 특정 법률의 내용을 파악할 수 있을 정도의 지적 능력을 갖추었다거나, 혹은 이른바 법률생활을 영위하는 데 필요한 최소한의 도덕적 감수성을 갖추었다는 의미 말이다. 두 번째로 떠올려 볼 수 있는 것은 그 사람이 당해 법률을 대상으로 하여 자신의 능력을 발휘하는 데 필수불가결한 여건(circumstances)이 모두 갖추어져 있다는 의미이다. 만일 문제의 법률에 대한 구체적인 정보 자체를 입수할 수 없는 객관적 환경 속에서는 본인의 지적 능력 여하에 상관없이 누구라도 그 법률을 이해할 수 있다는 말을 하지 못할 것이다. 세 번째로 생각해 볼 수 있는 것은 아마도 가장 논쟁적인 함의를 지니는 것일 텐데, 바로 어느 법률이 어떤 사람에게 이해가능한 것이기 위해 갖추어야 할 성질을 제대로 구비하고 있다는(qualified) 의미이다. 이러한 의미가 가장 논쟁적이게 되는 이유는 그것이 법 그 자체에 대해 모종의 자질 내지 자격(qualifications)을 요구한다는 점에서 찾을 수 있다. 풀러(Lon L. Fuller)의 유명한 표현에 빗대어 말하자면, 그러한 자질의 결여가 '법을 가능하지 않게 한다.'는 주장으로 이어질 수도 있기 때문이다.[11] 물론 그러한 자질은 어디까지나 '법이 이해가능한 것이기 위함'이라는 문맥 안에서 요구되는 것이기는 하다. 하지만 오늘날 우리가 알고 있는 법의 개념을 끝내 어떤 화석화된 개념으로 퇴화시키지 않는 이상, 그와 같은 문맥은 더 이상 우리가 취사선택할 수 있는 대상이 아니다.

---

11 Lon L. Fuller, *The Morality of Law* (Faucett Publications, 1964)[박은정 역, 『법의 도덕성』, 서울대학교출판부, 2015], 제2장 "법을 가능하게 하는 도덕(The Morality that Makes Law Possible)" 참조.

Ⅱ. 법의 자질로서 이해가능성의 두 차원

앞서의 논의에 의하면 오늘날의 상식적인 법의 개념을 전제하는 한, 법은 그 자체가 이해가능한 것이어야 하며, 그러한 자질을 갖추지 못한 것은 온전히 법이라 부르기 어렵다는 결론에 자연스럽게 도달하게 될 것이다. 사람에 따라서는 그렇다면 도대체 논쟁적이거나 무슨 '위험한' 구석이 있기는 하냐고 물을지도 모르겠다. 하지만 사실 우리가 법철학 분야의 주요 논쟁에 관하여 이야기할 때면 어김없이 등장하는 자연법론과 법실증주의의 충돌도 바로 이 지점에서 일어나는 것이라 할 수 있다. 이와 관련한 추가적인 배경 설명이 필요할지도 모르겠지만, 이 글의 주제와 관련해서는 다만 다음과 같은 점을 상기시키는 정도로도 충분할 것으로 생각한다. 풀러가 지적했던 바와 같이 법이란 "사람들의 행위를 규칙의 지배 하에 두고자 하는 기획"[12]이며, 무릇 사람들은 이른바 도덕적 행위자(moral agent)로서 살아가는 존재라면,[13] 그러한 사람들에게 법이 도대체 이해가능한 것이기 위해서는 그것이 필연적으로 최소한의 도덕적 자질을 갖추지 않으면 안 된다고 보는 견해가 있고,[14] 다들 알다시피 이 같은 말들은 모두 헛소리라고 보는 견해도 있다.

---

12 Lon L. Fuller, 앞의 책, p. 156.

13 알렉시(Robert Alexy)의 표현을 빌리자면, "법의 주체들이란 이유 내지 근거에 입각해 행동할 수 있는 능력을 지니고 있으며, 또한 종종 그렇게 행동하는 데 이해관심을 갖는 사람들이다." Robert Alexy, "The Nature of Arguments about the Nature of Law", in Lukas H. Meyer, Stanley L. Paulson, and Thomas W. Pogge (eds.), *Right, Culture, and the Law: Themes from the Legal and Political Philosophy of Joseph Raz* (Oxford University Press, 2003), pp. 4-5.

14 알렉시는 다음과 같은 판결을 내리는 법관을 생각해 보라고 한다. "비록 유효한 법을 그릇되게 해석한 탓에 부당하기는 하지만, 이에 피고인은 무기징역에 처한다." 이러한 판결은 과연 이해가능한 것이라 할 수 있겠는가? 알렉시의 설명에 따르면, 우리가 이 판결에 결함이 있다고 생각하는 이유는 판결행위에 함축되어 있는 '판결이 올바르다는 주장과 판결문 자체에 명시되어 있는 '판결이 그릇되다는 주장'이 이른바 수행적 모순

나는 이상과 같이 법의 개념을 둘러싼 법철학적 논쟁과 직접적으로 연결되어 있는 의미로서 법의 이해가능성, 혹은 다시 말해서 법이 이해가능한 것이기 위해서는 반드시 갖추어야 할 이른바 '법의 자질로서 이해가능성'이라는 것이 다시금 질적으로 구별되는 두 가지 차원에서 파악되어야 할 개념이라는 점을 지적하고 싶다. 이는 "실재하는 *개별적* 사물(*particular* real things)"[15]에 대한 경험적인 이해가능성에 관한 물음과 "실재의 본질과 그 이해가능성에 관한 물음"[16]을 엄격히 구별하는 윈치의 노선에 따른 것이다.

어떤 법률이 이해가능한 것이라 할 수 없게 되는 전형적인 사례로는 일견 다음과 같은 두 가지 경우를 생각해 볼 수 있다. 첫째, 그 내용과 형식이 말 그대로 통상적으로 이해하기에는 지나치게 어렵게 되어 있을 경우이다. 이는 다분히 경험적이고 현상적인 지식의 확보 과정이 순조롭지 않은 상태로서, 어느 정도의 지적 능력 및 배경 지식을 지닌 사람인지에 따라 이해가능성 여부의 판단은 달라질 수도 있을 것이다. 둘째, 우리가 알고 있는 법의 개념 그 자체 혹은 법의 이해가능성이라는 개념 자체와 양립할 수 없는 형태로 법률이 제정될 경우이다. 이는 당해 법률을 둘러싼 경험적이고 현상적인 지식이 아니라, 그러한 개개의 법률들을 포괄하는 개념으로서 법에 관한 철학적 지식 내지 법의 실재에 관한 지식을 추구하는 과정과 관련이 있는 상태라 할 수 있다. 이를 앞서의 경우와 구별해야 하는 이유는, 이 경우 무슨 난이도, 이해력, 또는 배경 지식 같은 것들이 문제되는 상황이 아니어서, 가령 '스스로 이해하지 못하겠다면 전문가에게 물어보라.'는 말조차 할 수 없기 때문이다. 물론 법을 지나치게 어렵게 제정해 놓고 대다수의 사람들로 하여금 매번 전문가에게 물어보지 않을 수 없게 만드는 것

(performative contradiction)을 일으키기 때문이라고 한다.

15 Peter Winch, 앞의 책, p. 62.
16 Peter Winch, 앞의 책, p. 74.

또한 문제가 없는 것은 아니다.[17] 하지만 많은 경우 극도로 복잡다기한 오늘날의 법률 환경을 고려할 때 전문가의 서비스를 매개로 한 이해가 능성의 확보가 그나마 나은 실천적 대안일 수 있다는 평가를 받고 있는 것 역시 사실이다.[18]

서두에서 언급했던 법의 이해가능성에 대한 오늘날의 회의적 반론은 이 두가지 차원에서 함께 제기되고 있다. 경험적으로는 전문가가 아닌 보통의 사람들이 이해하리라 기대할 수 없는 법률이 부지기수이며, 철학적으로도 '비록 (1) 끊임없이 변화하는 언어를 통해서만 비로소 우리에게 다가올 수 있고, (2) 그 텍스트의 가능한 의미 범위라는 것 자체가 확정되어 있을 수 없으며, (3) 법관의 해석을 거친 이후에야 비로소 그 텍스트의 의미가 구성되고, (4) 사람들로서는 자신에게 요구되는 바가 무엇인지 행위 당시에 알고 그것을 자신의 행동지침으로 삼는다는 것이 불가능하기는 하지만, 사람들의 행위를 그러한 텍스트의 지배 하에 두어야 한다.'고 선언함으로써 수행적 모순을 일으키고 있는 것이 법의 실재라는 것이다. 법의 진면목이 바로 이러한 것이라면, 도대체 법의 지배라는 것이 가당키나 할까?

Ⅲ. 법의 명확성 문제: 풀러가 윈치의 구분을 따랐다면?

잘 알려진 바와 같이 풀러는 법의 이해가능성을 이른바 법의 자질

---

17 이른바 "전문가주의"의 타당성에 대한 문제 제기로는 김성룡, "유추의 구조와 유추금 지", 『법철학연구』 제12권 제2호, 한국법철학회, 2009, pp. 66-69; 오세혁, "한국에서의 법령해석 ― 우리나라 법원의 해석방법론에 대한 비판적 분석 ―", 『법철학연구』 제6 권 제2호, 한국법철학회, 2003, pp. 129-130; 박준석, 앞의 글, pp. 507-510 참조.

18 국내의 연구 중에 이러한 견해를 취하고 있는 것으로는 변종필, "대법원의 형법해석론 에 대한 비판적 고찰", 『비교형사법연구』 제7권 제1호, 한국비교형사법학회, 2005, p. 23; 윤재왕, "권력분립과 언어 ― 명확성의 원칙, 의미론 그리고 규범적 화용론 ―", 『강 원법학』, 제44권, 강원대 비교법학연구소, 2015, pp. 442-443; 전종익, "포괄위임금지원 칙의 심사기준", 『헌법실무연구』 제13권, 헌법실무연구회, 2012, p. 556 등 참조.

로 파악하고 있는 대표적인 학자이다. 그의 표현을 따르자면 그것은 바로 "법을 가능하게 하는 도덕"[19]의 요소 내지 "법의 내적 도덕성 (internal morality of law)"[20]이 요구하는 바라고 할 수 있다. 그의 주장에 따르면 법률의 명확성에 대한 요청은 "합법성(legality)을 이루는 요소들 중에서도 가장 본질적인 것 가운데 하나"[21]이므로, 만약 "전적으로 이해할 수 없는 법률(wholly unintelligible statute)"[22] 같은 것이 실제로 주어진다면 그것은, 오스틴(J. Austin)의 표현에 의할 때, 마땅히 "부당하게도 법이라고 불리는 법률(laws improperly so-called)"[23]에 속하는 것으로 볼 것이다.

그런데 앞에서 언급했던 것처럼 이른바 법의 자질로서 이해가능성의 의미를 새기는 것은 법의 개념을 둘러싼 법철학적 논쟁과 직결되는 바이다. 그리고 주지하는 바이다. 그리고 주지하는 것과 같이 풀러는 하트(H.L.A. Hart)와 법철학사에 남을 치열한 논쟁을 벌였었다. 좀 엉뚱한 상상일지도 모르지만, 만약 풀러가 법의 자질로서 이해가능성을 다룰 때 윈치가 제안하고 있는 두 차원의 구별에 신경을 썼더라면 어땠을까? 실제로 풀러는 단순히 문외한에게 어렵고, 이해하는 데 좀 더 많은 배경 지식을 요하는 법률[24]과 숙련된 법률가를 포함하여 그 누구도 이해할 수 없는 법률[25]을 구별하지 않고 이를 한데 뒤섞어 명확성 (clarity)의 요청이라는 항목 중에서 다루고 있다. 이 점이 풀러와 하트의 논쟁을 겉돌게 만든 원인은 아니었을까? 그야말로 전문가 집단이라 할 수 있는 법 관련 공무원들의 관행이라는 것에 이론적으로 크게 의지하고 있는 하트가 보기에는 그저 조금 어렵다는 것이 법을 가능하지 않

19 Lon L. Fuller, 앞의 책, pp. 61-74.
20 Lon L. Fuller, 앞의 책, pp. 74-76.
21 Lon L. Fuller, 앞의 책, p. 100.
22 Lon L. Fuller, 앞의 책, p. 100.
23 Lon L. Fuller, 앞의 책, p. 100.
24 Lon L. Fuller, 앞의 책, p. 79.
25 Lon L. Fuller, 앞의 책, p. 66.

게 할 만큼 심각한 문제는 분명 아니었을 것이다. 그리고 이 문제가 어떤 것이 (법인지 여부는 고사하고) 도대체 무엇인지조차 이해할 수 없는 경우의 문제와 동일시되는 것 또한 납득할 수 없었을 것이다.

그나저나 풀러와 하트의 살벌하지만 명확하지 않은 논쟁이야 그들 사이의 문제일 뿐이라고 치부할 수 있다 하자. 하지만 우리를 직접 겨냥한 살벌하지만 명확하지 않은 법률에 대해서도 그저 그렇게 넘어갈 수 있을까? 어쩌면 너 나 할 것 없이 심드렁하게 넘어가 버리는 사이에 법의 지배를 망가뜨릴 '보이지 않는 위험'이 정작 우리 자신 안에서 자라고 있을지도 모를 일이다.

·

20

이 상 원

서울대학교 법학전문대학원에서 형법, 형사소송법 등을, 서울대학교
융합과학기술대학원에서 디지털증거법을 강의하고 있다. 서울대학교에서
법학사, 법학석사, 법학박사를, 미국 버클리대학교에서 LL.M.을 취득하였다.
형사법 분야 및 관련 법학 분야 그리고 법과 과학 분야에 관한 글을 발표하였다.

대법관(Justice)은 정의(Justice)인가?

I. 서 론

미국 연방대법원의 대법관은 'Justice'라고 불린다. Justice는 정의라는 뜻도 함께 가지고 있으니 대법관은 곧 정의인 셈이다. 독일은 법관을 'Richter'라고 한다. 형용사 'richtig'가 '올바르다, 정당하다'는 의미를 가지고 있으니 독일의 법관도 역시 정의인 셈이다.

우리 헌법은 사법권을 법관으로 구성된 법원에 속한다고 하고(제101조 제1항), 그 중 대법원을 최고법원으로 하였다(제101조 제2항). 법의 구체적인 의미를 밝히는 사법작용을 법관이 담당하므로 법관은 법을 선언하는 사람이고 사법작용의 종심인 대법원을 구성하는 대법관(제102조 제2항)은 법을 최종적으로 선언하는 사람이다. 우리 헌법사를 보면 제헌헌법부터 사용하던 대법관이라는 명칭이 1962년 이후 군사정권 시절 헌법에서는 사라져 대법원판사라고 불렸다가(1972년 유신헌법에서는 아예 최고법원의 법관도 일반 법관과 구별 없이 법관이라고만 하였다) 현행 헌법에서 대법관이라는 명칭이 부활하였다. 판사(judge)는 심판(judge)과도 같이 분쟁해결자로서의 인상이 강하였지만 대법관으로 복귀된 현재는 법의 최종적 선언자로서 헌법적 보장을 받고 있다. 법은 정의니 법의 최종 선언자인 대법관은 곧 정의이다.

그렇기 때문에 우리는 대법원 판결에 최종적인 권위를 부여하고 모든 법리적 논쟁을 대법원 판결로써 종결짓는다. 칸트의 하늘에 반짝이는 별들이 자명한 것처럼 내 마음 속에 있는 도덕률 또한 자명하다면, 그 도덕률은 선험적으로 인간에게 주어져 시공을 초월하여 존재할 것이다. 정의는 시공을 초월하여 절대적이다. 절대적인 정의는 판단 주체나 사안에 따라 다르지 않을 것이다. 대법관이 정의라면 사안에 따라 상황에 따라 대법관에 따라 서로 다른 결론에 이르지는 않을 것이다. 만일 대법원 판결이 경우에 따라 다른 결론에 이른다면 그럼에도 불구하고 대법관은 여전히 정의라고 할 수 있을 것인가.

Ⅱ. 흔들리는 정의

1. 시 간

대법원은 오랫동안 종중이란 공동선조의 후손 중 성년 이상의 남자를 종원으로 하여 구성되는 자연발생적인 종족집단체로서 그 성립을 위하여 특별한 조직행위를 필요로 함이 없이 관습상 당연히 성립하는 것이라고 이해하여 왔고 그 전제에서 수많은 법률관계를 판단하여 왔다. 이처럼 종원의 자격을 성년 남자로만 제한하고 여성에게는 종원의 자격을 부여하지 않는 것을 관습법으로 인정해오던 대법원은 2005년 이러한 종래 관습에 대한 우리 사회 구성원들의 법적 확신은 상당 부분 흔들리거나 약화되어 있고 헌법을 최상위 규범으로 하는 우리의 전체 법질서가 남녀평등을 실현하는 방향으로 변화되어 왔으며 앞으로도 이러한 남녀평등의 원칙은 더욱 강화될 것이라는 점을 들어 종래의 관습은 변화된 우리의 전체 법질서에 부합하지 아니하여 정당성과 합리성이 없다면서 그 법적 효력을 부인하였다.[1] 남녀가 평등하다는 것은

---

1 대법원 2005. 7. 21. 선고 2002다13850 전원합의체 판결.

법이 새로 창설하는 것도 아니고 그렇다고 하더라도 이미 우리 제헌헌법에서부터 인정되어 온 바인데 대법원은 위 판결 선고 이후의 법률관계에 대해서만 효력이 상실된다고 하였다. 어제의 정의와 오늘의 정의가 다름을 인정한 것이다. 위 판결은 사회 구성원들의 법적 확신, 사회를 지배하는 기본적 이념이나 사회질서의 변화로 인하여 법규범의 효력이 달리 평가될 수 있다고 하고 있다. 이는 결국 정의는 절대적이지 아니하고 시대에 따라 변화할 수 있음을 인정한 것이다.

대법원과 함께 최고법원을 이루는 헌법재판소는 2015년 간통죄에 관한 오랜 논쟁을 종식시켰다. 우리 형법은 제정당시 규정된 간통죄를 오랫동안 유지하여 왔다. 간통죄에 대한 비판은 꾸준히 헌법재판소의 문을 두드려왔는데, 헌법재판소는 1990년 헌법에 위반되지 않는다고 결정한 이래,[2] 1993년[3] 및 2001년[4]에 위 결정을 그대로 유지하는 결정을 하였다. 2008년에는 헌법에 위반된다는 의견이 다수였지만 6인에 이르지 못하여 헌법에 위반되지 않는다는 의견이 법정의견이 되었다.[5] 그러다가 드디어 헌법재판소는 2015년 위헌결정을 선고하였고,[6] 국회는 2016년 이미 효력을 상실한 간통죄 조항을 형법에서 삭제하였다.

---

2 헌재 1990. 9. 10. 89헌마82 결정. 이 결정에는 반대의견으로 재판관 한병채, 이시윤의 헌법불합치 의견과 재판관 김양균의 위헌의견이 있었다.

3 헌재 1993. 3. 11. 90헌가70 결정. 89헌마82 결정 이후 재판관 이성렬이 퇴임하고 재판관 황도연이 합류하였지만 결론은 같았다. 다만 재판관 황도연은 89헌마82 결정의 재판관 조규광, 재판관 김문희의 다수의견 보충의견에 가담하였다.

4 헌재 2001. 10. 25. 2000헌바60 결정. 이 결정에는 재판관 권성의 위헌의견이 있었다. 90헌마70 이후 재판관 전원이 교체되었으나 종래 합헌결정이 유지되었고 오히려 위헌의견은 1인으로 줄었다. 위 결정은 합헌판단을 하면서도 간통죄 폐지 여부에 대하여 입법자가 진지하게 접근할 필요가 있다는 점을 지적하였다.

5 헌재 2008. 10. 30. 2007헌가17등 결정. 이 결정에 관여한 재판관은 전원 새로운 재판관들이다. 재판관 이강국, 이공현, 조대현, 민형기의 합헌의견이 있었으나 재판관 김종대, 이동흡, 목영준, 송두환이 위헌의견, 재판관 김희옥이 헌법불합치의견으로 헌법에 위반된다는 의견이 다수였다. 다만 위헌정족수 6인에는 이르지 못하였다.

6 헌재 2015. 2. 26. 2009헌바17등 결정. 이 결정에 관여한 재판관도 전원 새로운 재판관들이다. 재판관 박한철, 이진성, 김창종, 서기석, 조용호, 김이수, 강일원은 위헌의견이었고, 재판관 이정미, 안창호는 반대의견이었다.

헌법재판소법은 형벌법규에 대한 위헌결정은 원칙적으로 소급효가 있다고 한다(제47조 제3항 전단). 당해 법규에 따른 판단이 위헌결정의 시점과 무관하게 동일하기 때문에 정의의 절대성을 확보하게 된다. 그러나 기존에 합헌결정이 있은 경우에는 종전결정일 다음 날까지만 소급하고(같은 항 후단), 이에 따라 그 이전에 선고된 판결은 부정의라고 평가된 법규를 근거로 처벌하였더라도 재심의 대상이 되지 않는다고 한다.7 결국 시대에 따라 변하지 않는 정의는 형사영역에서도 부정되어 있다.

2. 공 간

우리 형법은 공연히 사실을 적시하여 사람의 명예를 훼손한 행위를 명예훼손죄로 처벌하고 있는데, 적시된 사실이 진실이라도 마찬가지이다(제307조 제1항). 영미의 코먼로상으로도 진실 여부를 가리지 아니하고 명예훼손죄로 처벌하였었다. 그런데 1735년 Zenger 판결로 진실의 항변이 인정된 이래8 미국에서는 진실인 경우 대체로 형사처벌을 하지 않는다. 그 밖에 많은 나라들에서 명예훼손죄는 처벌되지 않는다.9 동일한 행위가 장소에 따라 범죄가 되기도 하고 아니기도 한 것이다.

우리 형법은 사실 적시 없이 공연히 사람을 모욕하는 행위를 모욕죄로 처벌하고 있고 그 법정형은 1년 이하의 징역이나 금고 또는 200만 원 이하의 벌금이다(제311조). 또한 모욕죄는 우리 사회에서 실제로 많이 문제되고 있다. 일본 형법도 모욕죄를 처벌하고 있으나 그 법정형은 구류 또는 과료로 매우 가볍다(제231조). 독일 형법도 모욕죄를 처

---

7 대법원 2016. 11. 10. 자 2015모1475 결정 등.

8 Alison Olson, *The Zenger Case Revisited: Satire, Sedition and Political Debate in Eighteenth Century America*, Early American Literature 35 (3): 223‑45 (2000).

9 권순민, "명예훼손죄의 비범죄화에 대한 논의와 그 대안에 대한 연구", 법학논총 40권 2호 (2016), 152 참조.

벌하고 있으나(제185조) 실제로 모욕죄로 처벌되는 수는 매우 적다.[10] 프랑스에서는 2000년 이후 모욕죄에 대해 벌금형만을 규정하고 있고 2004년에는 외국원수 모욕죄를 폐지하였다. 중남미 국가들은 '공무집행 중인 공무원을 공격·모욕·위협하는 표현'을 모욕죄로 처벌하다가 칠레, 코스타리카 등 다수의 국가에서 폐지하였고, 온두라스 대법원과 과테말라 헌법재판소는 이러한 모욕죄에 대해 위헌을 선언하였다.[11] 동일한 행위가 장소에 따라 범죄인 여부가 달라지고 범죄로 평가되더라도 그 형벌의 정도가 달라진다.

범죄에 의하여 외국에서 형의 집행을 받은 사람이 그 행위에 대하여 우리나라에서 다시 재판을 받는 경우 우리 형법은 형을 감경 또는 면제할 수 있도록 하여 법관의 임의적 감면사유로 정하였었다.[12] 그런데 독일 형법은 외국에서 집행된 형을 새로운 형에 필요적으로 산입하되(제51조 제3항) 외국에서 집행된 형의 종류가 국내 형법과 다른 경우 법원이 재량으로 산입기준을 정하도록 하고 있다(제51조 제4항). 일본 형법은 외국에서 형의 집행을 받은 경우 형의 집행을 필요적으로 감면하도록 하고 있다(제5조 단서). 헌법재판소는 우리 형법규정이 외국의 집행을 전혀 반영하지 않을 가능성을 열어두었다는 이유로 헌법불합치 결정을 선고하였다.[13] 이에 따라 형법이 개정되어 현재는 외국에서 집행된 형의 전부 또는 일부를 선고형에 필수적으로 산입하도록 하였다(제7조). 외국에서 집행된 형을 반영하는 방법과 정도가 나라마다 다르다. 또한 우리형법과 같이 외국에서 받은 형의 일부만 산입하는 경우, 동일한 행위로 받는 형이 장소에 따라 의미가 달리하는 것이 된다.

공간은 정의를 달리 정의하는가.

---

10 헌재 2013. 6. 27. 2012헌바37 결정 참조.
11 헌재 2013. 6. 27. 2012헌바37 결정 참조.
12 구 형법(2016. 12. 20. 법률 제14415호로 개정되기 전의 것) 제7조.
13 헌재 2015. 5. 28. 2013헌바129 결정.

3. 상   황

우리 형사소송법은 진술증거에 관하여 제정 당시부터 자백배제법칙(제309조)과 진술의 임의성(제314조)을 규정하여 임의성 없는 자백이나 진술의 증거능력을 배제하였다.[14] 대법원은 이에 나아가 위법하게 수집된 진술증거는 임의성이 있더라도 증거능력이 없다고 하였다.[15] 이는 자백배제법칙이나 진술의 임의성 요구를 넘어 위법수집증거라는 이유로 증거능력을 배제한 것으로서 진술증거에 관한 한 위법수집증거 배제법칙을 일찍부터 채택하여 왔다고 할 수 있다.

그러나 비진술증거에 관하여는 다른 입장을 취하여, 압수물은 압수절차가 위법하다고 하더라도 물건 자체의 성질, 형상에 변경을 가져오는 것은 아니어서 그 형태 등에 관한 증거가치에는 변함이 없어 증거능력이 있다는 이른바 성상불변론을 오랫동안 유지하여 왔다.[16] 그러다가 2007년 종래의 성상불변론을 폐기하고 비진술증거에 관하여도 위법수집증거 배제법칙을 전면적으로 인정하는 것으로 입장을 선회하였다. 대법원의 새로운 입장은 엄격하여 위법수집증거는 원칙적으로 증거능력이 배제되었다. 다만 예외적으로 위법행위가 적법절차의 실질적인 내용을 침해하는 경우에 해당하지 아니하고 오히려 그 증거의 증거능력을 배제하는 것이 형사사법 정의를 실현하려 한 취지에 반하는 결과

---

14 대법원은 임의성을 초기에는 신빙성의 문제로 다루다가 형사소송법 제정 후 증거능력 문제로 다루었다.

15 진술거부권을 고지하지 않고 작성한 검사 피의자신문조서(대법원 1992. 6. 23. 선고 92도682 판결)에 관하여 명시적으로 임의성을 증거능력 배제의 요건에서 배제하였고, 불법체포에 의한 유치 중에 작성한 검사 피의자신문조서(대법원 2002. 6. 11. 선고 2000도5701 판결), 증언을 번복시키기 위하여 증인을 소환하여 작성한 검사 진술조서(대법원 2000. 6. 15. 선고 99도1108 전원합의체 판결)에 관하여 임의성과 무관하게 증거능력을 배제하였다.

16 대법원 1968. 9. 17. 선고 68도932 판결; 대법원 1987. 6. 23. 선고 87도705 판결; 대법원 1994. 2. 8. 선고 93도3318 판결; 대법원 1996. 5. 14. 자 96초88 결정.

를 초래하는 것으로 평가되는 예외적인 경우에 한하여 증거능력을 인정하였다.[17]

우리 형사소송은 통제적 형사소송기를 지나 1987년 민주화 항쟁의 결실로 이루어진 헌법 개정을 계기로 보장적 형사소송으로 탈바꿈하기 시작하였다.[18] 성상불변론을 폐기한 위 판결은 이러한 역사적 흐름 속에서 보장적 형사소송을 제도적으로 구현한 구체적 예로 평가할 수 있다. 그런데 위 판결이 선고될 당시는 진보정권으로 평가되는 노무현 정부의 주도로 적법절차와 인권보장을 지향하는 사법개혁이 한참이었고 그 결실로 형사소송법 개정[19]이 이루어져 "적법한 절차에 따르지 아니하고 수집한 증거는 증거로 할 수 없다."는 위법수집증거 배제법칙이 형사소송법에 새로이 명문화되어(제308조의2) 공포된 후 시행되기 직전이었다. 이러한 사회·입법적 상황은 성상불변론을 폐기하고자 하는 충분한 동기를 제공하였다. 그동안 위법수집증거 배제법칙을 도입하여야 한다는 학계의 목소리는 일찍부터 있었고[20] 통설이 된 지 오래였다. 그럼에도 불구하고 굳건하게 성상불변론을 유지하여 오던 대법원이 입장을 선회한 데에는 위와 같은 상황이 적지 않은 영향을 미쳤을 것으로 생각된다. 미국의 미란다 판결이 그랬듯이, 위 판결의 피고

---

17 대법원 2007. 11. 15. 선고 2007도3061 전원합의체 판결(9:3). 다수의견에는 대법원장 이용훈, 대법관 고현철, 김용담, 김영란, 박시환, 김지형, 이홍훈, 박일환, 전수안이 참여하였다. 다만, 이에 대하여는 증거능력 유무를 판단함에 있어서는 적법절차의 요청과 실체적 진실규명의 요청을 조화시키는 균형이 유지되어야 한다면서 증거수집 절차의 위법사유가 증거능력을 부정해야 할 만큼 중대한 것이라고 인정될 경우에는 증거능력이 부정되고 위법 사유가 이 정도에 이르지 아니하는 경우에는 증거능력이 부정되지 아니한다고 하는 3인(대법관 양승태, 김능환, 안대희)의 반대의견이 있었다.

18 우리 형사소송의 시대구분에 관하여, 이상원, "형사소송법 분야", 사법부의 어제와 오늘 그리고 내일(상), 사법발전재단(2008), 631-634 참조.

19 형사소송법 2007. 6. 1. 법률 제8496호 개정(2008. 1. 1. 시행).

20 박정근, "위법수집증거의 증거능력", 고시계 12권 11호(1967.11), 56-58; 박승서, "형사증거법운용의 실태와 기초적 법리", 법률실무연구 1집, 서울통합변호사회(1979), 360-61; 백형구, "형사소송법상의 증거수집(하)", 고시연구 7권 12호 (1980.12), 126; 이수엽, "위법수집증거 배제법칙", 사법행정 23권 11호(1982.11), 35-36 등.

인이 결백했는지는 중요하지 않았다. 그는 환영받는 법리를 선고할 적임자로서 족하다.

정의는 상황에 민감하기도 하다.

4. 환   경

국가보안법은 보수와 진보 양진영이 바라보는 시각에 차이가 많은 법률 중 하나이다. 권위주의 정권을 지나면서 국가보안법이 정권유지의 도구로 사용된다는 비판이 진보 진영에서 늘 제기되어 왔다. 군 출신의 대통령들이 재임하는 동안 대법원에는 늘 국가보안법 사건이 넘쳐났다. 그런데 문민정부가 들어선 이후 국가보안법 사건은 다소 줄어들었고, 1998년 진보정권이 들어선 이후 사건들이 대법원에 이를 2000년 이후에는 그 수가 현저히 줄어들었을 뿐만 아니라 그 해석도 엄격해졌다. 오히려 이 기간 동안에는 과거 유죄판결이 재심으로 무죄로 바뀌었다.[21] 재심은 유사한 상황에 있던 긴급조치위반 사건에 대하여도 이루어졌다.[22] 이제 국가보안법은 힘을 잃어가는 듯했다. 그러나 2008년 바뀐 보수정권이 깊어지고 그 사건들이 대법원에 이를 2013년 이후 대법원에는 다시 국가보안법 사건들이 늘어났다. 특히 이 무렵 국가보안법 사건들은 디지털증거의 증거능력이 문제되는 경우가 많았다. 이들은 디지털증거에 관한 법리 발전에 지대한 공헌을 한 사건들이었다. 그런데 결론만 살펴본다면, 1999년의 사건에서는 증거능력이 부정되었는데,[23, 24] 2011년 이후 증거능력이 인정되는 추세로 돌아섰다.[25]

---

21 대법원 2011. 1. 20. 선고 2008재도11 전원합의체 판결(조봉암 사건).
22 대법원 2010. 12. 16. 선고 2010도5986 전원합의체 판결(긴급조치 위헌심사 사건); 대법원 2013. 5. 16. 선고 2011도2631 전원합의체 판결(민청학련 재심사건).
23 대법원 1999. 9. 3. 선고 99도2317 판결(영남위원회 사건).
24 대법원 2007. 12. 13. 선고 2007도7257 판결(일심회 사건, 일부인정).
25 대법원 2011. 5. 26. 자 2009모1190 결정(전교조 사건); 대법 2013. 7. 26. 선고 2013도2511 판결(왕재산 사건, 핵심쟁점에 관하여 증거능력 인정); 대법원 2015. 10. 15.자

이러한 현상은 단지 우연일 수도 있다. 그러나 정치적 환경과 대법원 판결이 현상적으로 연동되는 모습을 발견할 수 있다.26 특히 결론적으로 디지털증거의 증거능력을 인정한 판례들에 관하여 보면, 이들이 위법수집증거 배제법칙에 관한 위 법리를 변경한 것은 절대 아니다. 그러나 그 적용결과는 사뭇 온도차를 느끼게 한다.27

정의는 환경에 따라 변화하는가.

5. 판단주체

독수리 오형제로 불리던 대법관들이 있었다. 김영란, 이홍훈, 박시환, 김지형, 전수안 대법관 5인이 그들인데 이들이 모두 함께 대법원에 재직한 기간은 2006. 7.부터 2010. 8.까지 4년여 기간이다. 이들은 진보적 성향을 공유하며 많은 사건에서 의견을 같이 하였고, 대법원의 다양화에 기여하였다는 평가를 받는다.

위 대법관들은 (i) 실체적 진실발견보다 인권보장과 적법절차의 준수가 더 우선하는 가치라고 명시적으로 선언하였고,28 (ii) 국가보안법상 '이적행위를 할 목적'을 다수의견 보다 엄격하게 해석하였다.29 이들은 또 (iii) 재심사유의 하나인 무죄 등을 인정할 증거가 새로 발견되었을 때(증거의 신규성)의 의미에 관하여 피고인이 증거를 제출하지 못했던 데에 과실이 있는 경우를 제외하는 다수의견과 달리 법원에게 새로우면 피고인의 귀책사유로 증거를 제출하지 못한 경우에도 이에 해당한다고 하는 법원기준설을 택하고,30 새로운 증거가 무죄 등을 인정할

2013모1969 결정(통진당 사건); 대법원 2017. 11. 29. 선고 2017도9747 판결(225국 사건).
26 이 글에서 이 명제가 논증되었다고 할 수는 없다. 그래서 이 명제는 위험한 생각이다.
27 위와 같이 이 명제 또한 위험한 생각이다.
28 대법원 2009. 10. 22. 선고 2009도7436 전원합의체 판결(대법관 김영란, 박시환, 김지형, 전수안의 의견).
29 대법원 2010. 7. 23. 선고 2010도1189 전원합의체 판결(대법관 박시환, 김지형, 이홍훈, 전수안의 의견 및 대법관 김영란의 의견).

명백한 증거에 해당하는지(증거의 명백성) 여부의 판단에 관하여 재심대상 판결에서 채용한 구증거들 중에서 새로운 증거와 유기적으로 밀접하게 관련·모순되는 것들로 그 범위를 제한하는 다수의견과 달리 새로 발견된 증거와 재심대상인 확정판결이 채용한 모든 구증거를 함께 고려하여 종합적으로 평가·판단한다는 종합평가설을 택하여[31] 다수의견보다 재심사유를 완화하여 이해하였는데,[32] 이 판결이 선고될 당시는 과거 간첩사건들에 대한 재심이 한참 진행되던 때였다.[33] 위 대법관들은 노동쟁의에 대하여도 상대적으로 관대한 견해를 취하였다. 철도노동조합원들의 전격파업에 관하여, 다수의견이 쟁의행위로서의 파업도 사업자의 자유의사가 제압·혼란될 수 있다고 평가할 수 있는 경우에는 위력에 해당한다고 하여 업무상방해죄가 성립한다고 한 것과 달리, 파업은 부작위일 뿐이며 근로자에게 보증인적 지위를 인정할 수도 없고 작위와 동가치를 인정할 수도 없다고 하여 업무방해죄의 성립을 부정하였다.[34]

이처럼 법적 쟁점에 대한 판단이 판단주체에 따라 다르고 때로는 정반대의 결론에 이르게 되는데, 가령 보수든 진보든 판단주체에 따라 어떠한 일관성을 발견할 수 있다면, 이는 당해 쟁점에 원인이 있다기보다는 당해 쟁점을 판단하는 판단주체의 상이에 원인이 있다고 할 수 있다. 즉, 판단주체가 가진 어떠한 속성이 법적인 문제마다 일정한 경향의 판단에 이르게 하는 것이다. 이 속성은 판단주체의 속성으로서 문제로부터는 유리된 문제 외적 속성이다.

판단주체에 따른 상이는 법리에 관하여서뿐만이 아니다. 삼성그룹

---

30 대법관 김영란, 박시환, 김지형, 박일환, 김능환, 전수안의 의견.
31 대법관 김영란, 박시환, 김지형, 박일환, 김능환의 의견.
32 대법원 2009. 7. 16. 자 2005모472 전원합의체 결정.
33 이상원, "재심이유의 확장", 정의로운 사법 : 이용훈대법원장재임기념, 사법발전재단 (2011), 892-93 참조.
34 대법원 2011. 3. 17. 선고 2007도482 전원합의체 판결(대법관 박시환, 김지형, 이홍훈, 전수안, 이인복의 의견).

회장 비서실장과 중앙일보 사장 사이의 대화를 안기부 직원이 불법녹음한 도청자료를 입수한 방송사 기자가 방송프로그램을 통하여 공개한 사안에서 불법 감청·녹음 등에 관여하지 아니한 언론기관이 그 통신 또는 대화의 내용이 불법 감청·녹음 등에 의하여 수집된 것이라는 사정을 알면서도 이를 보도하여 공개하는 행위가 형법 제20조의 정당행위로서 위법성이 조각되는가가 쟁점이 된 사건이 있었다.[35] 다수의견은 위 보도행위가 정당행위에 해당하지 않는다고 하였고 소수의견[36]은 정당행위에 해당한다고 하여 결론이 극명하게 갈렸다. 그런데 위법성이 조각되기 위한 요건으로 다수의견이 제시한 기준은 (i) 비상한 공적 관심, (ii) 소극적 취득, (iii) 최소 침해, (iv) 이익형량으로 요약할 수 있고, 소수의견이 제시한 기준은 (i) 내용의 공공성, (ii) 취득방법의 적법성, (iii) 보도방법의 상당성, (iv) 이익형량으로 요약할 수 있어, 결국 추상적 기준 자체는 큰 차이가 없다. 그럼에도 불구하고 그 기준을 적용한 결과는 정반대로 나타났다. 같은 이론을 말하더라도 구체적 사안에의 생각이 다른 경우이다.

나아가 만일 위 사안에서 안기부 직원이 시민단체의 대화를 도청한 내용을 방송하였다고 한다면, 동일한 법리를 적용하면서도 다수의견과 소수의견이 서로 정반대로 뒤바뀌는 결론에 이르렀을 가능성은 없을까. 같은 이론을 말하면서 생각이 다른 이유는 이론이나 그 이론의 논리적 적용에 원인이 있는 것이 아니라 이들과는 전혀 무관한 판단주체의 성향에 원인이 있는 것은 아닐까.

판단주체의 성향에 따라 달라지는 결론이 정의라고 할 수 있을까.

---

35 대법원 2011. 3. 17. 선고 2006도8839 전원합의체 판결(삼성 X파일 사건).
36 대법관 박시환, 김지형, 이홍훈, 전수안, 이인복의 의견. 당시 대법관 김영란은 퇴임한 후였다.

6. 소   결

이상에서 보는 바와 같이 대법원 판결이 설시한 법리나 법리를 적용한 결과는 시간, 공간, 상황, 환경, 판단주체에 따라 서로 상이한 경우가 적지 않다. 같은 사안에서 서로 다른 법리나 결과가 나온다면, 그럼에도 불구하고 우리는 이 판결들이 정당하다고 하고 이 판결들이 정의라고 할 수 있을까.

정의는 어디서 오는가. 대법원 판결이 정의이고 대법관이 정의라면 그 정당성은 어디서 오는가. 켈젠류의 규범체계론에 의하면 합법성은 정당성의 근거가 된다. 대법관이 헌법에 근거하여 법을 최종적으로 선언할 권위를 부여받았으니, 그가 선언한 법은 헌법적 정당성을 가진다. 그러나 이러한 논리는 대법원 판결은 그 내용을 묻지 아니하고 모두 정의라는 결론으로 귀결된다.

한 국가사회에서 정당성은 구성원들의 내면화된 가치체계와 일치한다는 의식에 존재한다. 국가기관이나 사회제도가 정당하다는 것은 국가사회의 구성원들이 그러한 기관이나 제도가 정당하다고 신뢰한다는 것을 의미한다.[37] 대법원 판결이 정당성을 가지고 그 판시내용이 정의라고 할 수 있으려면, 그 판결이 정당하다는 국민들의 믿음이 선재하여야 한다. 정당하다는 믿음은 판결을 할 권한이 합법적이라는 데에서만 오지는 않는다. 국민들의 내면화된 가치체계와 모순되는 내용의 판결은 그 형식의 적법성과 무관하게 국민들의 신뢰를 받지 못한다. 국민의 신뢰를 받지 못하는 판결은 정의롭다고 할 수 없다.

정당성에 대한 국민들의 믿음(신뢰)이 정의의 요건이라고 할 때, 이를 정의의 판단기준이라고 이해한다면 국민들의 믿음이 곧 정의라 할

---

37 막스 베버 저 · 박성환 역, 경제와 사회, 문학과지성사(1997), 164 이하.

수 있다. 그러나 국민들의 믿음은 어떻게 확인하는가. 국민들이 언제나 공통의 믿음을 가지고 있지는 않다. 오히려 현실에서 국민들의 가치체계는 서로 분열되고 대립하는 경우가 많다. 다수 국민의 의사가 국민들의 믿음이라는 민주적 방식은 일응의 해결책이 될 수 있다. 그러나 어떤 내용이든지 산술적 우위(가령 다수결)를 점하기만 하면 법적 권력을 가진다[38]고 하는 것은 타당하지 않다. 산술적 우위는 그것이 국민들의 믿음이라고 통용하는 권력이 될 수는 있어도 그로써 믿음 그 자체가 되는 것은 아니어서 정당한 법적 권력을 가진다고 하기는 어렵기 때문이다.

나아가 국민들의 공통된 믿음이 실제로 존재한다고 하더라도 믿음과 믿음의 대상은 구별되는 것이어서 믿음의 대상이 정당하거나 정의롭다고 바로 말할 수는 없다. 기껏해야 정의로서 통용되는 힘이 있을 뿐이다. 정의의 판단기준은 단순한 국민들의 믿음이 아닌 다른 무언가에서 찾아야 한다.

인권을 유린한 역사를 경험한 인류는 자연법의 부활을 부르짖었다. 지나간 역사의 부당성은 너무나도 명백하여 자연법에 기초하여 볼 때 정의의 판단기준은 시공을 초월하여 절대적으로 존재한다고 생각할 만하였다. 우리 판례에서도 현대 입헌 자유민주주의 국가의 헌법이론상 자연법에서 우러나온 자연권으로서의 소위 저항권이 헌법 기타 실정법에 규정되어 있든 없든 간에 엄존하는 권리로 인정되어야 한다는 논지가 있을 수 있음을 설시한 바 있다.[39] 자연법은 이성을 수단으로 하여 모든 인간에게 인식될 수 있다고 이해한다면[40] 절대적인 정의의 판단기준을 찾을 수 있다. 절대적 정의 관념에 비추어 보면, 앞서 본 바와 같이 시간, 공간, 상황, 환경, 판단주체에 따라 흔들리는 정의는 정의라

---

38 Carl Schmitt 저 · 김도균 역, 합법성과 정당성, 길(2015), 238 참조.
39 대법원 1980. 5. 20. 선고 80도306 판결.
40 Martin Kriele 저 · 홍성방 역, 정의의 판단기준, 유로(2014), 28 참조.

할 수 없다.

자연법의 회귀에 대한 열광이 점차 사라져가고 그 자리에 불안과 회의가 찾아왔다. 무엇이 정의인가에 관하여 사람들마다 견해가 일치하지 않았다. 절대주의는 일반적이고 구속력 있는 명제를 추구하였으나 결국 다양한 견해가 존재한다는 것을 시인할 수밖에 없게 되었다. 자연법은 결국 특정한 철학을 전제로 한 위에 상대적인 것으로 남아 있게 되었다.[41] 상대주의에는 진리나 정의에 관한 명제로서 절대적으로 옳은 명제는 존재하지 않지만 그러한 명제는 판단주체의 세계관, 문화권(공간), 역사적 상황에 따라서 참일 수 있다는 협의의 상대주의, 진리나 정의에 관한 명제는 참이지도 거짓이지도 않아 참인지 여부에 관한 질문 영역의 밖에 존재한다는 허무주의, 진리·정의 명제는 참이거나 거짓이지만 다만 그 명제들이 참인지, 거짓인지를 명확히 말할 수 없을 뿐이라는 회의주의가 있다.[42]

안타깝게도 대법원 판결에는 숙명이 있다. 구체적인 사건에 대한 최종답안을 내어놓아야 하고 그 최종답안은 이것도 옳고 저것도 옳다는 내용이 될 수 없다는 숙명이 있다. 그래서 대법관은 허무주의나 회의주의를 택할 자유가 없다. 대법관은 오직 절대주의를 택하거나 협의의 상대주의를 택할 수 있을 뿐이다.

협의의 상대주의는 시간과 공간에 따라 다른 정의를 정당화할 수 있다. 나아가 상황과 환경에 따라 흔들리는 정의도 무리하면 이해할 수 있다. 그러나 판단주체에 따라 다른 정의는 대법원 판결에서 받아들일 수 없다. 하나의 답을 내어야 하는 숙명 때문이다. 그렇지만 우리는 앞에서 보았듯이 판단주체(대법관들) 사이에 존재하는 차이를 현상적으로 인정할 수밖에 없다. 만일 하버마스의 이상적 대화상황이 실현된다면, 법리와 그 적용에 관한 논증적 대화를 통해 모든 사람의 동의

---

41 위의 책, 25-28 참조.
42 위의 책, 34-37 참조.

를 얻을 수 있고 이를 진리나 정의라고 말할 수 있는 판결을 얻을 수 있을까. 모든 사람은 아니라 할지라도 적어도 대법관 13인만이라도 이러한 이상적 대화상황에서의 논증을 통해 전원이 일치하는 결론에 이를 수 있을까.

법원조직법은 그러지 못할 가능성을 충분히 인정하여 과반수에만 이르면 대법원의 의사로 의제하는 규정을 두고 있다(제66조). 이 규정은 전원이 합의하여 도출할 수 있는 가능성이 있는데도 불구하고 그 가능성이 현실에서 실현되지 못할 경우를 대비한 예외적인 보험규정인가, 아니면 어차피 필연적으로 생길 수밖에 없는 판단주체 간의 차이를 현실적으로 해결하기 위한 원칙적인 타협규정인가.

III. 인간의 한계

1. 자유의지와 합리론

인간은 이성을 가진 합리적인 존재라는 명제는 특히 근대 이후 인류문화의 기초가 되었다. 계약을 체결하는 당사자도, 범죄를 저지른 행위자도, 이들에 대한 판단을 하는 법관도 모두 합리적인 사유를 통하여 판단을 하고 행동을 결정한다고 전제하였다. 대법관 역시 합리적 논증을 통하여 결론에 이른다고 믿어 왔다.

그러나 Libet의 실험연구는 자발적 행동(voluntary act)에 앞서는 준비전위(Readiness Potential)를 발견하였고 이로부터 인간의 행동은 그 행동을 하려는 의식적 의도보다 선행하는 무의식적 뇌 활동에서 비롯된다는 해석을 하였다.[43] 근대 초기 형사법분야에서 응보형론과 목적형(교

---

43 Libet, Gleason, Wright & Pearl, *Time of conscious intention to act in relation to onset of cerebral activity(readiness-potential): The unconscious initiation of a freely voluntary act*, 106 BRAIN 623

육형)론의 정책대립이 제도적으로 타협을 찾아가 잠시 잦아들었던 자유의지 논쟁은 Libet의 실험으로 과학적 형태로 다시 수면 위로 떠올랐다. 많은 논쟁에도 불구하고 아직 모두를 만족시키는 결론에는 이르지 못하였다.

만일 인간의 자유의지가 하나의 허상일 뿐이고 인간은 모두 뜬금없이 떠오르는 욕구의 희생자일 뿐이라면, 또는 100% 그렇지는 않더라도 그러한 기제가 인간 생각의 기저에 깔려 있다면, 그러한 존재들은 각 존재들의 차이로 인하여 절대적 진리나 정의에 관한 공통된 인식을 가질 수 없을 것이다. 이러한 존재들 사이에 합리적 논증을 통하여 대화자 모두가 동의하는 결론에 이를 수도 없을 것이다.

2. 휴리스틱과 인지오류

인간이 합리적으로 판단한다는 고전적인 믿음은 심리학과 인지과학의 측면에서도 무너지기 시작하였다. 그 중 가장 강력한 것 중의 하나는 1960-70년대 트버스키(Tversky)와 카네만(Kahneman)이 주장한'휴리스틱(heuristics)과 편향(biases)'이다.[44, 45] 이는 사법판단을 하는 법관들도 예외가 아니어서, 가령 정박효과, 가용성 휴리스틱, 확증편향, 선별적 정보처리, 자기중심편향, 신념고수, 인지부조화 회피와 같은 여러 비합리적인 편향에서 자유로울 수 없다.

대법관의 임명시마다 단골로 등장하는 보수성향이니 진보성향이니 하는 언론의 평가는 편향성을 낙인찍고 이를 공표하는 것에 다름이 아

(1983).

44 Thomas Gilovich & Dale Griffin, *Introduction-Heuristics and Biases: Then and Now, in* HEURISTICS AND BIASES: THE PSYCHOLOGY OF INTUITIVE JUDGMENT 1, 1-3 (Thomas Gilovich et al. eds., 2009).

45 이에 관하여, 이상원, "휴리스틱과 검사의 인지편향", 형사정책, 29권 3호(2017), 217-46 참조.

니다. 이러한 성향은 일종의 사고틀[46]이라 할 수 있고, 이는 사건에 대한 판단에 일정한 잣대를 제공하는 것이기 때문이다.

이처럼 편향과 그로 인한 인지오류로부터 자유로울 수 없는 사람인 대법관이 내리는 판단은 과연 정의라고 할 수 있을까. 사고틀로 무장된 대법관이 무장을 해제하고 자신과 다른 사고틀을 가진 대법관과 대화(합의)를 통하여 정의로운 결론에 이를 수 있을까. 종종 사고틀이 신념이 되어 타협을 모르는 편향이 되고 편향이 강할수록 신념이 강한 사람이 되어 정의라는 이름으로 포장이 되는 것은 아닐까.

3. 법적 논증

판결은 논증을 통하여 결론에 이른다. 적어도 판결문은 그렇게 쓰여진다. 논증의 가장 기본적인 형태인 삼단논법은 예컨대, (i) 모든 사람은 죽는다(대전제), (ii) 소크라테스는 사람이다(소전제), (iii) 소크라테스는 죽는다(결론)의 구조로 이루어져 있다. 이 연역논증은 언제나 참이다. 다만, 그 전제가 참이라는 가정하에서만 참이다.

우리의 판결은 대체로 연역논증에 익숙하다. 법조문에 사실을 적용하여 결론에 이르는 구조를 기본으로 하는 연역논증이다. 그러나 그 사이에는 수많은 귀납논증이 숨어 있다. 가령 모든 사람은 죽는다는 대전제는 귀납논증에 의하지 않고서는 그것이 참인지 여부를 판단할 수 없다. 판결의 논증이 숨어 있는 귀납논증의 필요성을 발견하지 못하고 이를 당연한 대전제로 받아들인다면, 그 후의 연역논증이 아무리 치밀하다 한들 결론의 오류는 이미 필연적으로 내재되어 있는 것이다. 귀납논증이 없는 대전제의 내면화가 달리 형성된 사람(대법관)들 사이에서는 넘을 수 없는 강을 발견할 뿐 대화를 통한 정의의 발견은 불가

---

46 사고틀 효과에 관하여, 김상준, "재판과 법관의 의사결정", 법관의 의사결정 : 이론과
   실무, 사법발전재단(2010), 31-32 참조.

능하게 된다. 더구나 앞서 본 편향은 연역논증마저도 오류에 빠지게 한다. 그리하여 동일한 법조문에서 출발한 연역논증이 정반대의 결론에 이르는 경우를 어렵지 않게 발견할 수 있다.

귀납논증은 100% 참을 도출할 수 없다. 그것이 참이라고 받아들여지는 경우라도 언제나 거짓의 가능성을 내포하고 있는 잠정적인 참일 뿐이다. 그러나 귀납논증은 적어도 생산적이다. 논증의 과정에 무언가 새로운 것을 더하기 때문이다. 또한 귀납논증은 적어도 반대사실이 증명되기 전까지는 사회 구성원에게 설득력 있게 다가갈 수 있다. 이는 진정한 정의인지 여부를 떠나 정의로 받아들여지는 것만으로도 의미 있는 판결의 기능을 충분히 수행하는 것이다.

그러나 현실의 법적 논증은 자신의 사고틀에서 자신의 언어로 이루어지는 경우가 대단히 많다. 일부는 개선할 수 있는 것이지만 다른 일부는 인간인 한 개선할 수 없는 것도 있다.

4. 소　결

자유의지를 가진 이성적 존재가 아니거나 편향에서 벗어날 수 없는 불완전한 존재에 지나지 않거나 완벽한 법적 논증이 불가능하거나, 어찌 되었든 우리는 정의에 이를 수 없다. 어찌 되었든 인간인 대법관은 아무리 모여서 대화를 한들 정의에 이르지 못한다. 대화를 통한 정의가 불가능하다면, 결국 논쟁의 끝은 편향된 신념의 종교전쟁에 이르고 그 전쟁에서 승리한 측이 모든 것을 취하여 대법원의 언명이 되고, 이에 빗대어 판결에 대한 국민들의 복속을 강요하는 수밖에 없을 것인가. 그리하여 누가 대법관이 되는가 하는 문제는 사활의 문제가 되어 내 편의 사람이 하나라도 더 대법원에 입성하는 것이 필요한 것인가.

Ⅳ. 한계를 넘어서

1. 대법관의 다양화

우리 헌법은 대법관과 헌법재판관을 대통령이 임명하도록 하고 있다(제104조). 최고법원의 법관을 임명하는 방법에는 나라마다 차이가 있다. ① 대통령이나 총리가 임명하는 방법(핀란드, 인도, 오스트레일리아, 캐나다), ② 행정부나 내각이 지명하고 대통령이나 국왕이 임명하는 방법(오스트리아, 일본 최고재판소장, 일본의 다른 재판관은 내각이 임명하고 국왕이 승인), ③ 상원의 동의를 얻어 대통령이 임명하거나(미국), 대통령이 임명하고 상원이나 의회의 동의를 받는 방법(브라질, 멕시코), ④ 대통령이 지명하고 상원이 임명하는 방법(러시아), ⑤ 상원이나 의회가 제청한 후보들 중에서 국왕이 임명하는 방법(네덜란드, 벨기에), ⑥ 위원회가 제청한 후보들 중에서 대통령이 임명하거나(프랑스 파기원), 위원회가 선출한 후보 중에서 총리가 제청하여 국왕이 임명하거나(영국), 위원회의 의견을 들어 법무장관이 제청하고 왕이 임명하는 방법(덴마크), ⑦ 위원회가 제청하고 국왕이 임명하거나(노르웨이), 위원회가 제청하는 후보들 중에서 국왕이 임명하는 방법(스페인), ⑦ 대통령이 제청하고 의회가 임명하는 방법(포르투갈), ⑧ 대통령과 상하원이 일부씩을 임명하는 방법(프랑스 헌법위원회), ⑨ 상하원이 1/2씩 임명하는 방법(독일 헌법재판소), ⑩ 의회가 임명하는 방법(중국) 등 임명방법은 다양하다. 한편 법관 일반에 관한 각국의 임명방법을 보면, 대체로 ① 정치적 기관(가령 대통령이나 의회)이 임명하는 방법, ② 사법부 내부에서 임명하는 방법, ③ 사법위원회에서 임명하는 방법, ④ 선거를 통하여 선출하는 방법 등이 사용되고 있다.[47] 양자를 비교하여 볼 때, 최고법원의 법관은 대체로 선거에 의하지 않고 임명되는데 그 임명절차에서 정치적 기관의 관여가 압도적이다.

선거에 의하지 않고 임명된 대법관은 상대적으로 민주적 정당성이 약하다. 선거는 국민의 의사를 반영하기 때문에 다양한 요구가 스며들어갈 수 있다. 선거에 의하지 않은 대법관은 국민의 의사를 대표하지 않는다. 그들은 자신들의 법을 발견하고 자신들의 규범을 선포한다. 국민으로부터 유리된 거탑에서 국민이 이해하지 못하는 판결이나 일부 집단의 이해만을 반영한 판결이 선고될 때, 국민은 좌절하고 때로 저항의 몸짓을 보낸다. 여기서 대법원 구성의 다양화를 요구하는 목소리가 커지게 된다.

법은 규범이다. 규범은 변혁보다는 질서를 추구한다. 법적 안정성은 법이 추구하는 중요한 이념 중 하나이다. 평생을 법과 함께 살아 온 법관은 보수적 성향일 확률이 높다. 대법원 구성의 다양화 요구는 현실적으로 진보 성향의 대법관을 임명하라는 요구로 나타나게 된다. 보수와 진보가 균형을 맞춘다면 인간의 한계에서 오는 정의의 흔들림을 어느 정도 안정시킬 수 있으리라는 희망과 명분에서.

그런데 현실의 사회 구성원은 반드시 보수와 진보의 이원으로 구분되지 않는다. 보수와 진보의 프레임에서 사회를 구분하는 동안 자신들의 목소리가 대법원에 전달되지 않는 다양한 집단들이 어둠 속에 갇혀 있다. 각 지역별로, 각 직역별로, 성별로, 연령별로, 취향별로 모두 다 소수자의 설움을 주장하며 대표자를 대법원에 보내야 한다. 아니 모든 국민이 각자 자신의 대표자를 대법원에 보내야 한다. 이제 국민 수만큼 많은 대법관이 대법원을 구성하게 된다는 비현실적 종착역에 도착하게 된다. 대법원의 구성을 아무리 다양화한다 한들 사회의 모든 목소리를 일대 일로 대변하는 대법원을 구성하는 것은 불가능하다.

---

47 United States Institute of Peace, Judicial Appointment and Judicial Independence, 2009.

한편 대법관의 임명절차에 정치적 기관이 관여하는 것은 비선거직에서 오는 취약한 민주적 정당성을 강화시킨다. 민주적 정당성을 바탕으로 한 정치적 기관의 개입으로 국민의 의사가 간접적으로나마 반영되기 때문이다. 대법관도 인간인 한 편향으로부터 자유로울 수 없다. 그 편향과 신념은 판결에 반영되어 일정한 경향성을 나타낼 수 있다. 정치란 권력투쟁의 속성을 가졌다. 정치적 기관은 자신의 의사를 반영하는 사법부 구성을 원하고 추구한다. 자신과 정치철학을 공유하는 정도가 강한 사람일수록 그 정치집단에게는 훌륭한 대법관이 되는 것이다.

그런데 대법원의 구성이 다양하다고 하더라도 대법원 판결의 결론은 하나로 나타난다. 가령 보수와 진보의 의견이 모두 대법원 판결에 드러난다 한들, 결국에는 그 중 한 견해가 대법원의 공식적 판단이 된다. 이를 결정하는 방법이 다수결이라면 다수를 점하는 견해가 승리하여 모든 것을 차지하고 소수는 어두운 골방으로 스며드는 힘없는 그림자가 되고 만다. 13인의 대법관 중 6인이 우리 편인들 아무런 의미가 없어지게 된다. 그렇기 때문에 정치적 기관은 자신과 같은 정치철학을 공유하는 사람이 다수를 차지하게 하려는 욕구를 가졌다.

정권을 차지한 집단은 대법관의 임명에 더 큰 영향력을 발휘하게 마련이므로 다수를 향한, 그것도 강하게 자신과 부합하는 다수를 향한 정치집단의 투쟁은 정권이 바뀔 때마다 계속된다. 보수정권이 들어서면 보수 사법부가, 진보정권이 들어서면 진보 사법부가 시차를 두고 따라간다. 대법원의 정의는 정권에 따라 춤추는 것이 된다.

국민의 결단이 정의이고 시대가 정의를 만든다고 한다면, 국민이 그 시대에 선택한 정권(정의)에 따른 대법관은 정의가 될 수 있다. 그러나 위와 같이 결단주의와 상대주의가 극화된 모습의 정의는 일반적으로 받아들이기 어렵다. 더구나 모든 국민이 그 정권을 선택한 것도 아니었고, 그 정권이 행하는 모든 행동을 지지하는 것도 아니다.

대법관의 다양화로써 한계를 넘으려는 시도는 한계에 부딪히고 만다.

2. AI

대법관이 인간인 한 우리는 정의를 실현할 수 없다. 인간의 모든 약점, 편향과 오류, 욕망과 가식을 배제한 존재, 그러면서도 모든 것을 알고 모든 것을 행할 수 있는 존재가 있다면 그가 곧 정의가 될 수 있다.

인공지능의 발전 속도가 놀랍다. 언젠가 특이점이 오고 인공지능이 인간의 지능을 뛰어넘는 순간 우리는 인간의 판단보다 인공지능의 판단에 더 많은 신뢰를 보낼지도 모른다. 인공지능(판결기계, judgement machine)이 판사를 대신하여 재판을 하고 판결을 하는 것이 현 단계에서는 기술적으로 완전하지 않더라도[48] 낮은 단계로부터 서서히, 그리고 언젠가는 인간 판사보다 더 정확하고 더 설득력 있는 판결을 하게 될 가능성을 무시할 수 없다.

법적 판단은 윤리적 판단을 내포한다. 인공지능이 신뢰받는 판사가 되려면 윤리적이어야 한다. 인공지능이 윤리규범을 갖는 방안으로 하향식 방법과 상향식 방법을 생각할 수 있다.[49] 하향식 방법은 알고리즘을 통한 연역적 방법으로서 누구나 인정할 수 있는 도덕 원칙으로부터 하위 규범의 도출과 구체적 사례에의 적용을 통하여 정당한 결론에 이르는 방법이다. 편향과 오류가 없는 이성적 존재로서의 인공지능은 이러한 추론과정을 정확하게 수행할 것이며, 인간 판사보다 훨씬 훌륭한 결론에 도달할 수 있을 것이라는 믿음은 하향식 방법에 찬사를 보낼 것이다. 그러나 이는 누구나 인정할 수 있는 도덕 원칙(최상위 도덕규칙)이 무엇인지, 그로부터 나오는 하위규범은 무엇인지, 규범들 사이의 위계질서는 정할 수 있는지, 규범 사이의 충돌은 어떻게 할 것인지에

---

48 양종모, "인공지능에 의한 판사의 대체 가능성 고찰", 홍익법학 19권 1호(2018), 1-26 참조.
49 이상형, "윤리적 인공지능은 가능한가?", 법과 정책연구 16집 4호 (2016. 12), 287-89 참조.

관하여 해결하기 어려운 문제점을 안고 있다. 이에 관한 프로그램의 입력이 선행되어야 하는데 그에 관한 답을 우리는 모르기 때문이다. 상향식 방법은 인공신경망을 이용한 귀납적 방법으로서, 연역적 알고리즘의 입력 없이 인공지능 스스로 윤리규범을 학습해가는 과정을 통하여 윤리규범을 갖도록 하는 방법이다. 인간이 수천 년 동안 걸릴 학습량을 인공지능은 단시간에 완성할 수 있기 때문에, 어쩌면 모든 인간의 윤리규범을 합친 양보다 더 많은 윤리규범의 지식을 축적할 수 있을지 모른다. 그러나 결국 데이터를 토대로 학습을 하게 될 경우에서 오는 편향성의 문제, 이를 넘어선다고 하더라도 도대체 어떠한 과정을 통하여 어떠한 윤리규범을 습득했는지 모른다는 불투명성의 문제를 해결하기 어렵다. 사실, 편향성과 불투명성은 인공지능이 안고 있는 문제들로서 이미 현실화되었다.[50]

혹자는 인공지능을 과소평가하고 혹자는 인공지능을 과대평가한다. 그리고 적어도 현단계에서는 인공지능의 판단이 인간 대법관의 판단보다 더 정의롭다고 말할 수는 없다. 그러나 예쁜꼬마선충(Caenorhabditis elegans)의 연구가 시사하는 바와 같은 신경망 인공지능은 인공지능이 어디까지 발전할지 가늠하기 어렵게 한다. 일찍이 플라톤이 제시한 철인과도 같은 대법관이 존재한다면, 그는 정의일 것이다. 그러나 그러한 철인의 존재는 아직 발견되지 않았고 플라톤이 제안한 철인 교육방법으로 그러한 철인이 탄생할 수 있다는 증명도 없다.[51] 인간 철인인 대법관은 포기해야 할 것 같다. 여기서 적어도 플라톤이 제시한 철인의 본(*paradeigma*)이 있다면 이를 인공지능을 통하여 구현할 수 있고 그가 바로 철인이라는 생각도 가능하다.[52] 인간 철인 대법관이 정의이듯이 인공지능 철인 대법관도 정의가 될 수 있을 것이다.

---

50 양종모, "인공지능 알고리즘의 편향성, 불투명성이 법적 의사결정에 미치는 영향 및 규율 방안", 법조 723권(2017. 6), 73-81 참조.
51 송석현, "인공지능과 철인통치", 연세 의료·과학기술과 법 9권 1호(2018. 2), 134.
52 위의 글, 135-36.

그러나 법은 인간세계를 규율한다. 적어도 인간세계를 규율하는 법은 인간을 바탕으로 한다. 인간은 아직 다 밝혀지지 않은 존재이다. 인간에게 영혼이 있든지, 단순한 물리적 에너지의 집합체이든지 간에, 인간은 세계를 이해하고 미래를 바라보는 알 수 없는 능력으로 그 지식과 지혜를 세대를 넘어 축적하여 왔다. 인간의 추론과정은 어떤지 우리는 그 작동원리를 정확히 설명할 수는 없지만, 인간인 우리는 인간이 하는 판단을 이해하는 직관을 가지고 있다. 서로 같은 영혼 또는 에너지를 공유하고 있기 때문이다. 인간인 우리는 우리를 가장 잘 이해하는 인간의 판단을 존중한다. 아무리 부족하고 아무리 부당해도 인간의 판단은 인간으로부터 나왔기 때문에 우리는 그것에 따를 준비가 되어 있다. 인간이 아닌 존재의 판단은 우리가 직관으로 받아들이지 못한다. 그럼에도 불구하고 만일 그 판단자가 인간을 창조한 신이라면, 우리는 그 판단을 이해하지 못해도 피조물로서 그 판단에 따를 수 있다. 그러나 그 판단자가 인간이 창조한 존재라면, 우리는 그 판단에 그대로 따를 수 없다. 설령 그것이 객관적 정의라 하더라도. 우리는 차라리 부당한 인간의 권력에 맞아 죽는 한이 있더라도 정당하다는 인공지능의 칼에 스러지는 것을 원치 않는다.

인공지능 대법관은 정의가 아니다. 인간의 한계를 넘기 위한 인공지능의 출구도 한계에 부딪힌다.

3. 소   결

인간 대법관의 한계를 넘기 위하여 제도적으로 대법관의 다양화를 추구하고 기술적으로 인공지능의 힘을 빌리려 노력할 수 있다. 그러나 그 노력들 역시 넘을 수 없는 장벽 앞에 멈춰 선다. 이러한 노력들이 전혀 무의미하지는 않다. 그러나 이러한 노력들은 기껏해야 기만적 정의의 눈속임에 이르거나, 인간의 자율성과 주체성을 상실시키는 나락에 이르고 만다.

V. 결   론

20세기의 가장 중요한 진전 중 하나는 세계공동체, 즉 하나의 인류가 성립하였다는 점이다.[53] 절대주의를 도저히 따를 수 없어 결국 상대주의의 언저리를 맴돌 수밖에 없더라도 하나의 인류는 인류 보편적 가치를 전제로 하는 정의의 개념을 탄생시키고 그만큼 상대주의적 정의를 약화시키게 된다. 흔들리는 정의를 정의라고 하는 것은 힘에 의한 강요에 지나지 않음이 점점 더 분명해진다. 대법관은 정의여야 하지만, 안타깝게도 대법관은 정의가 아니다.

우리는 인간의 능력을 믿는다. 인간은 적어도 수만 년 동안 지식과 지혜를 축적해 왔으며 때론 오류일지 모르지만 우리 안에 꿈틀대는 직관이 있다. 이를 모두 갖춘 대법관은 존재하지 않겠지만, 보다 이에 가까운 대법관을 찾는 노력을 할 수는 있다. 미국에서는 대법관 후보를 선정하는 기준으로 정치적 고려, 법적 능력, 고결성, 불편부당성 등이나[54] 법적 능력, 고결성, 경험, 성격 등을[55] 고려한다고 한다. 이들은 정치적 기관인 대통령이 대법관을 임명하는 과정에서 고려되는 현실적 기준과 이상적 기준을 제시한 것들로서 그 내용을 그대로 도입할 필요는 없지만, 보다 훌륭한 대법관을 찾기 위한 노력의 모습으로는 받아들일 수 있다.

대법관이 정의는 아니라도 적어도 대법관이 정의라는 신뢰는 필요

---

53 Martin Kriele 저·홍성방 역, 앞의 책(주 40), 67.

54 Barry J. McMillion, Supreme Court Appointment Process: President's Selection of a Nominee, 1, 8-12 (Congressional Research Service, 2018).

55 Robert Post & Reva Siegal, Questioning Justice: Law and Political in Judicial Confirmation Hearings, THE YALE LAW JOURNAL POCKET PART, 38, 49.

하다. 대법관의 다양화나 AI가 그러한 신뢰에 일응의 도움이 될 수는 있다. 그러나 그러한 기만적 신뢰에 안주하느니, 차라리 우리는 과학적 지식과 귀납적 논증, 정치로부터 초연하고 상대에게 열린 마음, 인류의 축적된 지식과 미래를 통찰하는 지혜를 가진 인간 대법관을 찾아나서는 것이 낫겠다. 이러한 대법관을 찾도록, 또는 만들도록 노력하는 제도적 고민을 하여야겠다.

21

이 상 덕

16년차 판사이다. 판사로 근무하면서 학업을 병행하여 2010년에 행정법 전공으로 박사학위를 취득하였고, 현재 대법원 헌법행정조 재판연구관으로 근무하고 있다. 이론과 실무에서 공익과 사익의 조화, 행정의 효율성과 책임의 조화라는 행정법의 기본이념을 구현하는 것을 직업적 소명으로 생각하고 있다. 박사학위논문을 출간한 『영조물의 개념과 이론』(경인문화사, 2010)에서 현대국가에서 공공시설 민영화의 한계와 국가의 책임을 규범적 차원에서 규명하고자 시도하였다. '독일 행정법학의 아버지'라고 불리는 Otto Mayer(1846~1924)의 영조물이론을 토대로 행정조직법과 행정작용법을 두루 섭렵한 결과물이며, 2011년 학술원 우수학술도서로 선정되었다. 박사학위 취득 후에는 행정재판실무에서 행정소송법이 소송요건법학이라는 오명을 벗고 공공성에 관한 담론의 장으로 기능하도록 하는 것, 개별 행정영역에서 특수하게 발전되어 온 개별 제도와 이론을 행정법총론(행정법 일반이론)과 조화시키는 것이 주된 관심사항이다. 행정법이론과 행정재판실무를 연결하는 가교 역할을 할 수 있도록 매년 한두 편의 논문을 쓰고자 노력하고 있다. "불가쟁력이 발생한 행정처분의 再審査에 관한 법적 규율" 사법논집 63집, 법원도서관, 2016)이라는 논문으로 2018년 1월에 한국법학원 제22회 법학논문상을 수상하였다.

대법원 판례는 절대적 진리인가, 아니면 남의 의견일 뿐인가?

물론 둘 다 아니다. 어쩌면 당연한 답이지만, 책임감 있는 법률가·법학자라면 그 다음 질문에 대한 답을 제시할 수 있어야 한다. 그러면 우리의 법질서에서 대법원 판례의 기능과 위상은 무엇이고 어떠하여야 하는가? 적어도 학문적으로, 즉 법학방법론의 차원에서 이러한 질문들은 이미 해명된 문제라고 생각한다.[1] 그럼에도 현실에서는 법학의 非전문가인 일반국민들 사이에서는 물론이고, 심지어는 고등교육을 받은 법관들 사이에서도 이에 대한 뿌리 깊은 오해와 편견이 자리잡고 있다.

I. 두 가지 극단적인 사고

[사례 1] 필자는 필자의 전공 영역에서 대법원 판례의 문제점을 비판하고 개선점을 제안하는 판례평석을 몇 차례 써 관련 학회에서 발표하고 학회지에 게재하였다. 이에 대해 같은 법원에 근무하는 몇몇 부장판사들로부터 '어찌 사법부 소속의 판사가 감히 대법원 판례를 비판

---

1 박정훈, "判例의 法源性", 법실천의 제문제, 동천 김인섭 변호사 화갑기념논문집(1996), 1-26면; 윤진수, "독일법상 판례의 의미", 법조 51권 1호(2002), 80-110면; 홍일표, "판례의 형성과 구속력의 범위", 일감법학 12권 하반기(2007), 1-40면; 심준보, "판례 변경의 의의", 민사판례연구 36권(2015), 919-962면 등.

할 수가 있는가, 그것도 일개 평판사가!'라는 비난을 들었다. 이러한 비난에는 대법원을 정점으로 하는 사법부의 피라미드식 위계구조 하에서 하급법원의 평판사는 상위에 위치하는 대법원 판례에 순종하여야 한다는 생각이 근저에 깔려 있다.

[사례 2] 필자는 2017년 여름에 법원전산망 CourtNet에 있는 법관토론방에서 '판사는 양심껏 자기 나름의 올바른 법률해석을 추구할 의무가 있고 그 자신의 결론을 스스로 내리라는 취지가 헌법 제103조에 담겨 있다. 엄격히 말하자면 <u>남의 해석일 뿐인 대법원의 해석, 통념, 여론 등을 양심에 따른 판단 없이 추종하거나 복제하는 일은 없어야 한다.</u>'(밑줄은 필자)라는 글귀를 읽었다. 해당 글의 전체적인 취지는 '법관의 법해석의 다양성'과 '법관의 독립'을 옹호하려는 것이어서 수긍할 수 있으나,[2] 그러한 좋은 취지에도 불구하고 해당 글에는 우리의 법질서에서 대법원 판례가 차지하는 기능과 위상에 대한 몰이해가 근저에 깔려 있다.

우리의 법질서에서 대법원 판례가 차지하는 규범적 기능과 위상은 두 극단적인 사고의 중간에 있다. 최고법원의 판례가 차지하는 기능과 위상은 각국의 법제도와 법문화에 따라 다르지만, 적어도 입헌민주주의를 지향하는 文明國家에서 그 차이는 상대적이다. 본고는 대법원 판례의 규범적 기능과 위상을 알기 쉽게 설명하여, 두 극단적인 사고를 지양하는 것을 목표로 한다. '대법원 판례는 절대적 진리가 아니다'라

---

2 '법관의 독립'은 입헌민주주의를 구성하는 핵심뼈대인 권력분립제도의 본질적 내용일 뿐만 아니라, 우리 헌법 제103조에 규정되어 있는 헌법규범이다. 또한 '법관의 법해석'이 단순한 인식작용이 아니라 가치평가와 의지작용이 포함된 결과물이며, 해석자의 '가치관 내지 선이해'(Vorverständnis)에 강한 영향을 받는다는 것은 현대의 법해석학(Juristische Hermeneutik) 내지 법학방법론(Juristische Methodenlehre)에서 일반적으로 받아들여지고 있다. 이에 관해서는 Karl Larenz · Claus-Wilhelm Canaris, Methodenlehre der Rechtswissenschaft, 1995, 허일태 역, 법학방법론(세종출판사, 2000); 이상돈, 법이론(박영사, 1990); 강진철, "법학에의 철학적 해석학의 수용에 관한 고찰", 법학연구 13집 (2003), 1-21면 참조.

는 명제에 심기가 불편한 분들은 본고를 위험한 생각이라고 여길 수도 있겠으나, 필자의 생각에는 앞서 예시한 양극단의 사고가 우리사회에서 진정 위험한 생각들이며, 본고는 필자의 위험한 생각을 설파하기 위한 것이 아니라 우리사회에서 퍼져 있는 양극단의 사고의 위험성을 경계하기 위한 것이다.

Ⅱ. 대륙법계와 영미법계

한국의 법체계는 일본을 통해 기본적으로 대륙법계 전통을 계수하였다. 대륙법계에서는 예외적으로 인정되는 관습법을 제외하고는, 법전(Code)으로 제정된 成文法을 구속력 있는 法源(Rechtsquelle, source of law)로 보며, 법원의 판결은 당해 사건에만 구속력이 있을 뿐, 장래의 同種사건을 직접 구속하는 효력이 없다고 본다.

대륙법계의 법학은 로마법 연구에서 시작하였다고 보는 것이 일반적이다. 동로마제국의 황제 유스티니아누스는 528~534년에 로마제국에 전래되어 온 민사판결례와 학설들을 집대성하여 「로마法 大典」(Corpus juris civilis)을 편찬하였고 11세기 이후 이탈리아, 독일, 프랑스에서는 「로마法 大典」을 기초로 로마법을 연구하여 추상화, 체계화한 개념법학(Begriffsjurisprudenz), 판덱텐법학(Pandektenwissenschaft)이 발전하였다. 프랑스 시민혁명 후 의회민주주의가 채택되면서 의회제정법(Gesetz, statute)이 법의 유일한 효력근거라는 법률실증주의(Rechtspositivismus)가 확산되었고, 제정법을 개념법학의 방법으로 해석·적용하려는 노력이 법학이나 법실무의 일반적인 양태가 되었다. 즉, 제정법에 규정되어 있는 일반·추상적 개념을 해석하여 적용하는 것이 법실무의 핵심이며, 3단논법과 같은 연역적 추론(Deduktion)이 주된 방법이다.

반면, 영미법계에서는 '先例구속의 원칙'(the doctrine of stare desicis)이

不文의 헌법적 원리로 승인되어 있으며, 판례(precedent)에 법적 구속력
이 있다고 본다. '先例구속의 원칙'이란, 선행 소송에서 어떤 법적 쟁점
(a disputed point of law)에 관하여 동일한 법원 또는 상급법원이 판단을
내린 바 있으면, 후속 소송에서는 이를 따라야 한다는 원칙이다. 일정
한 법적 쟁점에 관하여 내린 '판단'이 先例(precedent)인데, 흔히 그 판단
을 포함하고 있는 '판결'을 先例라고 지칭하기도 한다. 1066년 프랑스
노르망디 지방의 윌리엄 공작이 영국의 왕위계승권을 주장하면서 영국
을 침략·정복하여 왕조를 수립한 후, 영국을 중앙집권적 통치체계로
개혁하는 작업의 일환으로, 국왕이 임명한 판사들이 영국 전역을 '순
회'하며 재판을 하였다. 당시 영국의 각 지방에서는 지방영주들이 세운
재판소(baronial court)에서 영주가 제정한 각종 칙령들과 그 지역의 관
습에 따라 재판을 하였는데, 국왕의 순회 재판소(royal circuit court)가 각
지방의 관습법을 존중하면서도 '왕국 전체에 공통된 법규범'(law com-
mon to the whole realm)을 수립하기 위해 관습법의 합리적 해석과 일관
성 있는 적용에 심혈을 기울었다.3 영미법계에서 common law는 국왕
의 순회 재판소가 관습법을 인식하여 선언한 판례들의 집적물이고, 대
륙에서와 같은 개념법학이 발달하지 않았다. 즉, 법학이론의 일반화,
추상화 정도가 약하며, 개별사안의 특수성을 보다 많이 고려하는 실용
주의적 해법을 도모하는 경향이 강하고, 유사사례와의 비교를 통한 유
추(Analogie)와 귀납적 추론(Induktion)이 주된 방법이다.

　그러나 역사와 전통에 따라 문제해결의 기본적 접근방법을 달리하
는 것일 뿐, 현대에는 대륙법계와 영미법계의 차이는 상대적인 것에
불과하다. 영미법계 국가들에서도 의회민주주의가 정착되면서 형법전,
상법전과 같은 성문법전을 제정하였다. 성문법전 제정 이전에는 판례
가 유일한 法源으로 기능하였고, 성문법전 제정 과정에서는 입법자들

---

3 김재원, "Common Law 특징과 배심제도", 동아법학 32호(2003), 239-253면; 피정현, "영
　미법상의 선례구속의 원칙", 경기법학논총 5호(2007), 158-184면.

을 구속하고 지도하는 기능을 수행하였으나, 성문법전 제정 이후에는 성문법을 해석하고 흠결을 보충하는 기능을 수행하고 있다. 영미법계에서도 시대나 사회적 상황이 변화하여 종전의 선례를 그대로 유지하는 것이 매우 불합리한 결과를 야기하는 경우에는 예외적으로 선례를 변경하고 있다. 미국 연방대법원은 선례구속의 원칙을 채택하고 있는 이유를 "선례구속의 원칙은 공평하고, 예측가능하며, 지속적인 법이론의 발전을 촉진하고, 실질적이고 확인될 수 있는 사법절차의 충실도에 기여하기 때문에 선호되는 것이다. 선례에 구속되는 것은 일반적으로 현명한 정책이다. 왜냐하면 대부분의 경우, 적용되는 법원칙이 올바르게 정립되었는지 여부보다는 정립되었다는 것 자체가 중요하기 때문이다. 다만, 결정적인 선례가 실효성이 없거나 혹은 그 논증이 잘못된 경우에도, 그러한 선례를 따라야 하는 것은 아니다. 선례구속의 원칙은 움직일 수 없는 명령이 아니라 정책적인 원리이고, 따라서 종전의 결정에 얽매이는 기계적인 공식이 아니다."라고 밝힌 바 있다.[4]

Ⅲ. 판례의 사실상 구속력

대륙법계에서도 나라마다 사법부의 조직이나 구성방식이 각국의 특수한 역사와 문화에 따라 다르기는 하지만, 판례의 효력을 대하는 태도 자체는 기본적으로 동일하다. 이하에서는 한국의 실정법과 제도를 중심으로 살펴본다.

"법관은 헌법과 법률에 의하여 그 양심에 따라 독립하여 심판한다."(헌법 제103조). 헌법과 법률에 근거해서만 대외적으로 국민과 법원을 구속하는 법규범이 만들어질 수 있고(법률유보원칙, 헌법 제37조 제2항), 상급법원 재판에서의 판단은 해당 사건에 관하여 하급법원을 구속

---

4 Payne v. Tennessee 501 U.S. 808 (1991).

할 뿐이고(법원조직법 제8조)[5] 후속 사건을 구속하는 효력이 헌법과 법률에 의해 보장되어 있지 아니하다. 따라서 상급법원이 어떤 법적 쟁점에 관하여 내린 판단은 대외적으로 국민과 법원을 구속하는 법규범은 아니다. 따라서 최고법원의 판례는 '법의 효력근거로서의 *法源*'은 아니다.

그러나 최고법원의 판례를 따른 행위주체들은 소송에서 승소할 가능성이 높고, 최고법원의 판례를 따른 하급법원의 판결은 상급심에서 유지될 가능성이 높은 반면, 그렇지 않은 경우에는 최종적으로 패소하거나 상급심에서 파기될 가능성이 높다. 이와 같이 판례는 엄격한 의미에서의 법규범은 아니면서도 현실에서 사실상 구속력을 갖는다.

IV. 판례의 규범적 기능

그러나 대륙법계에서 판례의 구속력이 단순히 사실적·사회학적 현상에 불과한 것은 아니며, 최고법원 판례가 일정한 규범적 기능을 수행하는 것을 전제로 법질서가 설계되어 있음에 유의하여야 한다.

법치주의를 국가의 근본이념으로 삼고 있는 문명국가에서 최고법원이 존재하는 가장 큰 이유는 전국에 산재해 있는 각급법원의 법령 해석·적용을 통일하여 법질서의 통일성(Einheit der Rechtsordnung)과 법적 안정성(Rechtssicherheit)을 확보하기 위함이다. 법질서의 통일성은 단순히 권위주의적 질서사상에서만 추구되는 법가치가 아니라, 현대 민주주의의 핵심가치인 '법 앞의 평등'(헌법 제11조 제1항)을 구현하기 위한 핵심적 전제이다. 사실관계와 법적 쟁점이 동일한 사안에 대해 어느

---

5 해당 사건에 관한 상급심 판단의 기속력은 하급심과 상급법원이 동일 쟁점에 관하여 견해가 대립하여 서로 핑퐁게임을 반복하는 것을 막기 위한 장치일 뿐, 일반적인 선례 구속의 원칙을 천명한 것은 아니라는 것이 통설이다.

법원에서, 어느 법관으로부터 재판을 받느냐에 따라 소송의 승패와 유·무죄가 달라진다는 것은 적어도 현대 입헌민주주의 국가에서는 용납될 수 없는 일이다. 따라서 최고법원 판례에 의한 법질서 통일 기능을 경시하여서는 안 된다.

이런 이유에서 실정법은, 대법원 판례 자체가 법규범은 아님에도, 대법원 판례에 특별한 규범적 기능과 위상을 부여하고 있다. 첫째, 입법자는 판례위반을 상고이유, 즉 하급법원 판결의 파기사유로 규정함으로써, 최종심인 대법원에게 하급법원의 판단이 판례위반인지 여부를 주의 깊게 살피고 각급법원의 법령 해석·적용을 통일할 책무를 부과하고 있다. 司法자원의 한계를 고려하여 대법원이 비교적 규모가 큰 중요사건에 집중할 수 있도록 하기 위하여, 소송목적의 값(訴價)이 비교적 적은 민사소액사건에서 상고를 원칙적으로 제한하면서도 '법률·명령·규칙 또는 처분의 헌법위반여부와 명령·규칙 또는 처분의 법률위반여부에 대한 판단이 부당한 때' 또는 '대법원의 판례에 상반되는 판단을 한 때'에 한하여 예외적으로 상고를 제기할 수 있도록 허용하고 있다(소액사건심판법 제3조 제2호).[6]

둘째, 입법자는 대법원 판례를 변경하려면 대법원 전원합의체에서 재판하도록 함으로써, 대법원 판례 변경을 신중히 하도록 하고 있다. 대법원의 일상적인 재판은 대법관 3명 이상으로 구성된 부[7]에서 먼저

---

6 독일은 상고허가제를 시행하고 있는데, 판례위반을 상고허가사유로 규정하고 있다. 우리 민사소송법은 '판결에 영향을 미친 헌법·법률·명령 또는 규칙 위반'을 상고이유로 규정하고 있을 뿐(제423조), 판례위반을 상고이유로 명시적으로 규정하고 있지는 않다. 그러나 대법원 재판실무상으로 판례위반을 상고이유로 취급하고 있다. 이에 관하여는 후술한다.

7 이를 전원합의체(Plenum)와 비교하여 흔히 '小部'(Senat)라고 부른다. 한국의 대법원은 대법원장과 13명의 대법관(총 14명)으로 구성되어 있는데, 대법원장은 사법행정사무를 관장하고 대법원의 일상적인 재판에는 관여하지 않으며 매우 중요한 사건을 전원합의체에서 심리하는 경우에만 재판에 관여한다. 대법관 중 1명은 6년의 대법관 임기 중 대개 2년 동안 사법행정사무에 관하여 대법원장을 보좌하는 법원행정처장의 직을 수행하며 그 기간에는 재판에는 관여하지 않는다. 따라서 대법원의 일상적인 재판은 12명의 대법관이 4명씩 3개 재판부(小部)로 나뉘어 심리한다. 대법관이 임기만료로 퇴직

사건을 심리하여 재판부 구성원의 의견이 일치한 경우에는 그 부에서 재판을 하며, 만약 재판부 구성원의 의견이 일치하지 않거나 "종전에 대법원에서 판시한 헌법·법률·명령 또는 규칙8의 해석 적용에 관한 의견을 변경할 필요가 있다고 인정하는 경우"에는 대법관 전원의 2/3 이상으로 구성된 합의체에서 재판하여야 한다(법원조직법 제7조 제1항 단서 제3호). 小部를 통한 효율적인 사건처리를 가능하게 하면서도, 전원합의체를 통해 小部들 사이의 판결의 모순·저촉을 방지함으로써 전체적으로 대법원 판례의 통일성과 일관성을 확보하려는 제도적 설계이다.9 다른 한편으로, 판례 변경에 신중을 요구한다는 것은 법적 안정성을 중시한다는 의미이기도 하다. 전원합의체에서의 다수의견 형성은 쉽지 않은 일이기 때문에 전원합의체를 통해서만 판례변경이 가능하도록 한 제도는 빈번한 판례변경을 억제하는 기능을 수행한다. 즉, 입법자는 대법원 스스로가 대법원 판례를 가급적 존중하고 유지하는 것이 원칙적인 모습이고, 판례변경은 예외적으로 드물게 벌어져야 하는 모습으로 상정하고 있는 것이다. 이와 같이 법질서상 대법원 판례가 제도적으로 특별히 보호되고 있는 것을 대법원 판례의 제도적·형식적 권위라고 부를 수 있을 것이다.

V. 판례란 구체적으로 어떤 것을 지칭하는 것인가?

요컨대, 판례위반은 상고이유가 될 수 있고, 판례변경은 대법원 전

한 후 후임자가 제때 충원이 되지 않은 경우에는 小部가 3명으로 구성되기도 한다.
8 이 4가지를 대외적으로 구속력 있는 법규(Rechtssatz)라는 의미에서, 이하에서는 통틀어 '법령'이라고 약칭한다. 법규명령 또는 법령은 흔히 법률 하위의 규범만을 지칭하는 용도로도 사용되는데, 그 정확한 지칭범위는 글이나 규정의 맥락에 따라 다르다.
9 종전에 대법원 小部에서 선고한 판결에서 판시한 법령의 해석·적용에 관한 의견을 변경하는 경우에도 전원합의체에서 재판하여야 하므로, 대법원 小部에서 선고한 판결에서 판시한 법령의 해석·적용에 관한 의견도 원칙적으로 판례로서의 지위가 인정된다.

원합의체에서 재판하여야 한다. 여기에서 '판례'란 구체적으로 무엇을 지칭하는 것인가? 법원조직법은 "종전에 대법원에서 판시한 헌법·법률·명령 또는 규칙의 해석 적용에 관한 의견을 변경할 필요가 있다고 인정하는 경우"에 전원합의체에서 재판한다고 규정하고 있다. 즉, 구속력이 미치는 부분은 종전의 판결 자체가 아니라, 종전의 판결에서 대법원이 제시한 '법령의 해석·적용에 관한 의견'[아래 표에서 1. 3) 부분]이며, 이를 흔히 '판례' 또는 '법리'라고 부르는 것이다. 다만, 흔히 판례 또는 법리를 언급할 때 그것의 出典(source)을 분명히 하려는 의도에서 대법원 판결의 선고일자와 사건번호를 명기하는 것이다.

대법원 판결은 대륙법계의 전통을 따라 대개 3단논법(大전제 → 小전제 → 결론) 구조로 작성되고 있다.[10]

〈대법원 판결의 기본구조〉
1. 大전제: 법리 제시 ― 법적 문제의 해결
   1) 해석·적용이 문제되는 해당 법령의 구체적 조항, 상위법령, 관련된 인접법령, 또는 관련된 기존 법리의 제시
   2) 논증(Argumentation): 법령의 문언, 목적, 체계, 사회적 상황, 적용 여부에 따른 결과의 타당성 등 고려한 논거 제시
   3) 법적 문제의 결론: 법령의 해석·적용에 관한 의견[➡ 좁은 의미의 판례]
2. 小전제: 사실관계
3. 해당 사건의 결론: 법리에 사실관계를 적용하는 포섭판단

1. 1) 부분은 해당 사안에 적용할 법규정을 확정하여 제시하는 것이

---

10 대법원이 당사자가 주장하는 상고이유가 법적으로 중요한 쟁점이라고 판단하는 경우에는 이와 같이 정규(ordentlich) 방식을 적용하지만, 원심판단이 이미 확립된 법리에 따른 것이어서 정당하고 당사자가 주장하는 상고이유를 받아들일 수 없다는 점에 별다른 의문이 없다고 판단하는 경우에는 원심의 판단 내용을 간단하게 요약한 후, '이러한 원심의 판단에는 원고가 상고이유로 주장하는 법리오해의 위법이 없다'고 略式으로 판결이유를 작성하는 경우도 있다.

고, 법리를 도출하기 위한 '규범적 상황, 맥락'에 해당한다. 1. 2) 부분은 대법원이 1)에서 3)의 법리를 도출하는 이유를 설명하는 부분인데, 이는 결론(의견)이 아니라 과정(논증)에 해당하는 것이어서, 그 자체는 구속력 있는 법리가 아니다. 그러나 하급법원 법관의 입장에서는 대법원의 판단방법을 배우는 자료로서, 법학자들에게는 대법원이 제시한 의견의 타당성을 검증하는 자료로서 매우 중요한 역할을 한다.[11] 특정 사건에서 대법원이 '법령의 해석·적용에 관하여 제시한 의견'[1. 3) 부분]은 해당 사건의 구체적 사실관계를 염두에 두고 그에 적용하기 위하여 만들어진다. 따라서 2. 부분은 1. 3) 부분에서 일반·추상적으로 제시하는 법명제가 어떤 사실관계를 염두에 두고 만들어졌는가를 밝힘으로써, 하급법원이나 일반국민이 해당 판례의 적용범위를 올바르게 이해하도록 유도하는 기능을 수행한다.[12]

이하에서는 그 자체가 법규범은 아니면서도 규범적 기능을 수행하는 대법원 판례가 법현실에서 왜 필요하고 어떻게 작용하고 있으며, 하급법원의 법관들은 대법원 판례를 어떻게 대하여야 하는가를 논하고자 한다.

VI. 판례의 필요성

실정법의 해석·적용에 관한 법원의 의견은 그 사회 구성원 모두를

---

11 대법원 내부적으로 의견이 엇갈리는 전원합의체 판결의 경우에는 각자 자신의 의견을 정당화(Rechtsfertigung)하기 위하여 비교적 상세한 논증(Begründung)을 하지만, 小部 판결의 경우에는 이러한 논증을 생략하는 경우도 있다.

12 좁은 의미의 판례, 즉 '특정 사건에서 대법원이 법령의 해석·적용에 관하여 제시한 의견'의 효력이 미치는 범위(Geltungsbereich)는 1차적으로 ① 그것의 문언(text)을 기준으로 판단하여야 하지만, 나아가 ② 그 문언이 염두에 둔 해당 사건의 구체적 사실관계, ③ 실정법의 규정과 인접한 다른 판례들과의 관련성까지도 고려하여야 한다(대법원 2009. 7. 23. 선고 2009재다516 판결 참조).

동시에 만족시켜 주기 어렵다. 이는 소송이 원고, 피고라는 대립당사자 사이의 분쟁이라는 형태로 구성되어 있어 일방은 승소하고 일방은 패소할 수밖에 없는 구조이기 때문에 초래되는 문제가 아니라, 현대 법질서 자체가 내포하고 있는 보다 근본적인 해결 곤란한 문제에 기인한다.

현대 법질서는 대개의 경우 동시에 모두 만족시키기 어려운 여러 가치들을 동시에 추구하고 있다. 예를 들어, 민법에서는 개인의 의사 vs. 이익, 사적자치 vs. 사회질서와 공정성, 권리자의 보호 vs. 거래의 안전이라는 대립적 가치들이 동시에 추구되고 있다. 형법에서는 처벌의 필요 vs. 죄형법정주의가 동시에 추구되고 있다. 행정법에서는 실체적 정의 vs. 법적 안정성, 행정의 효율성 vs. 공공성, 다수의 이익 vs. 소수자 보호라는 대립적 가치들이 동시에 추구되고 있다.

이와 같이 모순·충돌·경쟁하는 가치들 사이에서 조화(harmony)를 도모하는 것이 구체적인 사안에서 법령을 해석·적용하는 법원의 임무이다. 헌법은 국민의 다양한 기본권과 국가기관이 준수하여야 할 각종 법원칙들을 열거하고 있다. 이러한 기본권과 법원칙들은 어느 하나가 다른 것을 완전히 배제시킬 수 없는 것이라고 이해되고 있다. 따라서 헌법은 수범자인 국가기관에게 개별·구체적 사안에서 서로 경합하는 기본권, 법원칙, 가치들을 형량(Abwägung)하여 최적으로 실현할 것을 명령한 것(최적화명령, Optimierungsgebot)이다.[13] 따라서 개별·구체적 사안을 어떤 법규정에 포섭하는 판단을 하는 실제의 법적용은 다양한 사례의 스펙트럼 속에서 원칙과 예외의 미묘한 경계선을 그어, 해당 사안이 원칙에 해당하는 경우인지 예외에 해당하는 경우인지를 판별하는 작업이다. 분명히 위법한 영역과 분명히 적법한 영역도 물론 있으나, 현실세계에는 중간의 회색지대가 존재하고, 회색지대에서 합법과 불법,

---

13 Robert Alexy, Theorie des Grundrechts, Frankfurt a.M., 1986; Martin Borowski, "Prinzpien als Grundrechtsnormen", ZÖR 53(1998), S. 307 ff.[정종섭·박진완 역, "기본권규범으로서 원리", 법학 44권 1호(서울대학교, 2003), 248-281면에 번역·수록].

승소와 패소를 나누는 판단기준을 도출하는 것은 쉬운 일이 아니며 뚜렷한 정답이 있는 것도 아니다. 이에 관하여 입법자가 친절하게 상세한 기준을 정립하여 준다면 법원으로서는 감사할 따름이겠으나, 입법단계에서 발생가능한 모든 상황을 예상하여 상세히 규정하는 것은 입법기술적으로 곤란하고, 현실적으로도 입법자는 여러 정치적인 문제들로 바쁘기 때문에 친절하고 상세한 입법을 하는 경우는 드물다. 회색지대를 규율할 책임이 법원에 떠넘겨져 있으며, 성문법국가에서 판례라는 것은 주로 회색지대의 판단기준에 관한 것들이다.

이를 보통의 법학방법론의 설명방식으로 표현하자면 다음과 같다. "대륙법계 국가의 법질서는 원칙적으로 성문법에 기반하고 있으나, 대개 성문법은 매우 일반·추상적인 개념들로 규정되어 있어서 각 요건과 효과를 구체화하는 것이 필요하고 다른 시점에 다른 목적으로 제각각 만든 규정들 사이에 모순·충돌이 존재하므로 이러한 문제를 조화롭게 통일적으로 해결하기 위한 법해석(Rechtsauslegung)이 필요하다. 또한 성문법전의 내용은 완전하지 않고 규율의 흠결·공백이 존재하므로 공백상태를 메울 법형성(Rechtsfortbildung)이 필요하다."

VII. 판례의 논쟁 정리 기능

한국에서는 법학자들이 주장하는 견해는 단순히 '理論'(Theorie, Lehre)이라고 표현하지만, 여러 다양한 이론들 중 실정법과 판례에 의해서 승인되어 실정법질서의 확고한 일부가 된 것들은 '法理'라고 구별해서 부르고 있다. 우리 민사소송법은 "판결에 영향을 미친 헌법·법률·명령 또는 규칙 위반"을 상고이유로 규정하고 있을 뿐(제423조), 판례위반을 상고이유로 명시적으로 규정하고 있지는 않다. 그러나 대법원 재판 실무상으로 하급법원이 법령의 효력이나 그 해석·적용에 관하여 대법원 판례와 상반되는 판단을 한 경우에, 당해 판례가 합리성을 상실하여 폐기·변경하여야 할 경우가 아닌 한, 하급법원의 판결을 파기하는 이유를 '법령에 관한 법리를 오해'하였기 때문이라고 설시하고 있다. 즉, '법령의 해석·적용에 관한 대법원의 의견'을, 종전의 대법원 판결에서 제시된 것인지 아니면 해당 대법원 판결에서 처음으로 제시하는 것인지를 불문하고, '법리'라고 부르고 있으며, 대법원의 의견에 반하는 하급법원의 판단을 '법령 위반'으로 보아 상고를 인용하여 하급법원의 판결을 파기하고 있다.14

어떤 법규정의 해석·적용의 문제에 관하여 여러 학자들, 변호사들, 하급법원들이 제각각의 견해를 백가쟁명(百家爭鳴) 식으로 주장할 때, 대법원은 국가 법질서의 통일성을 유지하기 위하여 부득이 취사선택하여 어떤 해결방안을 제시할 수밖에 없다. 대법원이 채택한 해결방안은 그 나라의 실정법질서에서 통용되는 법리가 되고, 그에 관한 논쟁은 대부분 정리되며, 이후의 논의는 그 법리를 논의의 전제 또는 기초적 법리로 취급하여 그로부터 파생되는 문제를 다루는 것이 보통이다.15

---

14 대법원 스스로 '법령의 해석·적용에 관한 대법원의 의견'을 '법리'라고 부르는 언어관용이 있다는 점을 언급하는 것이며, 이것이 정당하다거나 대법원 판례만이 법리가 될 수 있다고 주장하는 것은 아니다. '법리'가 무엇인지를 대법원 스스로 분명하게 정의하거나 설명한 적이 없다. 권영준, "민사재판에 있어서 이론, 법리, 실무", 법학 49권 3호(서울대, 2008), 314면은 "법리(doctrine)는 법을 해석하고 적용하는 과정에서 활용할 수 있도록 실정법과 판례 또는 학설을 소재로 만들어진 구체적 법명제들의 체계적 집합"이며 "독일에서 사용하는 법도그마틱(Rechtsdogmatik)이라는 개념과 유사한 개념"이라고 설명하고 있다. 법도그마틱의 안정화기능, 부담경감기능, 발전적 기능, 기술적 기능, 통제기능, 교육기능에 관해서는 김영환, "법도그마틱의 개념과 그 실천적 기능", 법학논총 13집(한양대, 1996), 59-80면 참조.

15 판례가 통설로부터 강한 영향을 받기도 하지만, 판례가 통설의 형성에 기여하기도 하는데, 후자를 필자는 '판례의 논쟁 정리 기능'이라고 부르고자 한다. 예를 들어 행정조직법의 영역에서는 사실상 모든 학자들이 다른 표현들을 사용하고 있거나 또는 동일한 용어에 다른 의미를 부여하고 있다. 이와 같이 행정조직법에서 개념의 통일이 거의 이루어지지 않은 이유는 헌법·행정소송에서 행정조직법의 문제가 쟁점으로 다루어지는 경우가 드물어 판례의 논쟁 정리 기능이 발휘되지 못했기 때문이다. 반면, 민법, 민사소송법, 행정법총론, 행정소송법과 같이 판례가 다수 집적되어 있는 영역에서는 비록 개별 논점에서는 의견을 달리 하더라도, 다수의 학자들 사이에서 기초적 개념과 법

다만 대법원이 학계의 주류적 견해를 채택하지 않은 경우에는 학계와 법원의 재판실무 사이의 갈등이 한동안 지속될 수 있다.

VIII. 판례의 실질적 권위와 정당성

법원의 판단작용이 다른 국가권력과 결정적으로 차이 나는 지점은 이유제시에 있다(판결의 필수적 기재사항으로서의 이유: 민사소송법 제208조 제1항 제4호). 물론 국회도 법률을 제·개정하면서 입법이유를 밝히기도 하고, 정부도 행정처분을 하면서 그 처분의 이유를 밝힐 의무가 있기는 하지만(행정절차법 제23조), 이유제시의 정도 내지 상세함이라는 측면에서 국회나 정부의 이유제시는 법원의 판결에 비하면 미미하다.

이러한 이유제시에서의 차이는 각 국가권력이 보유하는 힘·권위의 궁극적 원천이 다르다는 점에 기인한다. 국회는 입법권한, 즉 규범제정 권한을 보유하는데 그 힘의 원천은 '정치적 다수결'에 있다. 정부는 국회 또는 주권자인 국민으로부터 위임받은 집행권한을 보유하는데 그 힘의 원천은 예산과 자원이라는 '물리력'과 법률로부터 위임받은 '하위 법령(규범)의 정립 권한'에 있다. 법원에는 정치적 힘이나 물리력, 규범 정립 권한이 없으며(다만 법률로부터 위임받은 각종 소송규칙들의 경우는 예외임), 법원의 판결은 국회와 정부가 존중해주지 않으면 종이조각, 말 뿐인 선언에 불과하게 된다. 법원의 판결은 정부의 물리력이 뒷받침됨으로써 현실적인 강제력을 가지게 된다. 법원의 판결을 집행하는데 국민들이 저항하면 경찰이나 군대의 원조를 받아야 한다(민사집행법 제5조 제2항 참조). 그렇다면 법원의 판결이 다수의 국민이나 다른 국가권력으로부터 존중받는 실질적 근거는 무엇인가? 그것은 이성(理性)의 힘에 있다.[16] 판결이유를 다수의 국민이나 다른 국가권력이 납득하지 못

리, 언어관용을 공유하고 있음을 알 수 있다.

하면, 법원의 판결은 무시되고 그 취지는 현실적으로 관철되지 못한다. 법원은 자신의 판결을 납득시킬 수 있는 합리적 이유를 제시하도록 노력하여야 하고, 실제 노력하고 있다(비록 모든 경우에 성공하는 것은 아닐지라도). 판결의 이유제시의무는 단순히 민사소송법 제208조 제1항 제4호라는 규정에 의해서 비로소 성립한 것이 아니라, 권력분립질서 속에서 법원이 갖는 본질적 기능으로부터 도출되는 것이며, 법관의 기본적 자세 내지 윤리에 해당한다.

이러한 이유제시의무 때문에 성문법이 흠결된 경우에도 법관은 곧바로 사건의 결론만을 적시하는 것이 아니라, ① 사건해결을 위한 대전제가 되는 법명제를 스스로 정립하고 ② 이에 해당 사안을 포섭하는 2단계 과정을 거쳐 해당 사건의 결론을 도출함으로써 그 합리성을 담보한다. 이와 같이 법관이 스스로 정립한 법명제는 그 내용상 해당 사안뿐만 아니라 동일 쟁점의 다른 사건에도 적용될 수 있는 가능성을 전제로 하는데, 이를 보편화능력(Verallgemeinerungsfähigkeit)이라고 한다.

대법원 판례는 그 자체로는 규범이 아니며, 하급법원을 절대적으로 구속하지 않는다. 그럼에도 후속 사건에서 하급법원이나 대법원 스스로가 대법원 판례를 기본적으로 존중하는 것은 대법원 판례가 대개의 경우 이런 실질적 합리성과 보편화능력을 보유하고 있기 때문이다. 이를 대법원 판례의 실질적 권위라고 부를 수 있을 것이다.[17] 하급법원이

---

16 박정훈, 전게논문(주 1), 21~24면.

17 규범적 가치평가에는 선이해와 직관이 개입되므로 아무리 노력하더라도 대법원 판결의 논증도 완벽할 수는 없고, 그것이 그 사회에서 통용되는 것은 법령에 관한 최종적인 해석권한을 헌법제정자가 최고법원에게 맡겼기 때문이라는, 최고법원이라는 지위 자체에서 비롯되는 제도적·형식적 권위에 의지하여 부족한 정당성과 설득력을 벌충하는 수밖에 없다. 또한 대법관들 사이에서뿐만 아니라 사회적으로도 구체적인 이유에는 동의하지 못하더라도 사건의 결론에는 합의에 이르게 되는 경우가 있다. 그러나 불완전한 논증과 권위적 해석이라 하더라도, 대법원 판결에서 논증을 통해 담론의 場이 열림으로써 '공동체의 통합과 정체성이 진작되는 효과'가 발휘된다. 이러한 효과에 관해서는 김삼룡, "구성주의적 헌법재판을 통한 헌법의 정치적 정체성 진작 — 독일에서의 첫 번째 구성주의적 헌법재판인 십자가상-결정에 대한 고찰", 공법연구 38집 2호 (2008), 221-251면 참조.

나 대법원이 대법원 판례와 다른 판단을 하려면 종전 대법원 판례가 실질적 합리성이 없다는 점을 논증할 의무(Argumentationslast)가 있다는 것이 확립된 통설이다. 종전 대법원 판례의 적용을 회피하는 것은 3가지 방식으로 이루어질 수 있는데, ① 종전의 대법원 판례가 애당초 잘못 정립되었다거나, ② 당시에는 타당하였으나, 그 후 시대적·사회적 환경이 변화하였다거나, 법령이 개정되어 규범적 상황이 변경되었다거나, 또는 ③ 판례가 적용을 예정하고 있는 사안유형과 해당 사안의 사안유형이 서로 달라(distinguishing)[18] 해당 사안에 판례를 그대로 적용할 수 없다는 점을 논증하는 것이다. 첫 번째 방식은 사회적으로 선배나 스승의 판단에 오류가 있다고 비판하는 것과 유사하여 실제 실행하기에는 상당한 부담이 있고, 그래서 실무상 두 번째나 세 번째 방식이 상대적으로 자주 활용되고 있는 것 같다.

물론 이러한 논증은 쉬운 일이 아니다. 따라서 하급법원으로서는 그러한 어려운 논증을 하느니, 차라리 기존 대법원 판례를 따라 손쉽게 결론을 도출하려는 유인이 있는 것도 사실이다. 하급법원이 판단의 논거로서 대법원 판례를 제시하는 것은 논증의무가 경감된다는 점에서 재판실무상 큰 의의가 있다. 그렇다 보니 하급법원으로서는 해당 사안의 사안유형과 대법원 판례에서 예정하고 있는 사안유형이 달라 해당 사안에서 문제되는 법적 쟁점에 관하여 그대로 적용할 만한 대법원 판례가 존재하지 않는 상황에서도 사안의 차이를 무시하고 언뜻 보기에 유사한 사안에서의 대법원 판례를 기계적으로 적용하여 간혹 誤判이 초래되기도 한다.

---

18 홍일표, "판례위반을 이유로 한 권리상고와 영미법에 있어서의 선례구속의 원칙", 민사판례연구 6집(1984), 208면.

IX. 판례의 변경

법학의 세계에서 '판례' 또는 '법리'라는 것은 과학철학자 토마스 쿤이 주장한 '패러다임의 전환'(paradigm shift)[19]이라는 틀로 이해하는 것이 매우 적절해 보인다.[20] 기존 법리를 기계적으로 적용할 경우에 발생하는 부정적인 결과들이 누적되다 보면, 기존 법리를 수정하고자 하는 새로운 이론적 시도들이 등장하게 되는데, 이러한 이론적 시도들은 처음에는 異端(anomaly)으로 취급되지만, 어느 순간 혁명이 일어나면서 이러한 시도들이 입법자나 최고법원에 의해 채택되어 법질서상 승인된 법리로서의 지위를 차지하게 된다. 물론 사회·정치제도의 영역이든, 과학철학의 영역이든 혁명은 자주, 쉽게 일어나지는 않는다. 애당초 실질적 합리성이 있는 판례가 정립되어야겠지만, 법적 안정성이 법치국가가 지향할 중요한 법가치 중의 하나라는 점을 고려하면, 판례변경이 자주 일어나는 것이 바람직하지는 않다고 볼 수 있다.

한편, 최근에는 법학 내지 법리의 세계에서 학설 내지 의견들 상호간의 경쟁과 흥망성쇠를 진화론의 관점에서 고찰하는 '밈(meme) 이론'이 부상하고 있다.[21] 이에 따르면, 생존환경에의 적응도(fitness)가 높은

---

19 Thomas Samuel Kuhn, *The Structure of Scientific Revolution,* University of Chicago Press, 1962(김명자·홍성욱 역, 과학혁명의 구조, 까치, 2013).
20 이는 필자가 대법원 판례의 변경 과정을 관찰하면서 수년 전부터 해온 생각인데, 최근 연세대 한상훈 교수도 같은 취지의 논문을 발표하였다. 한상훈, "패러다임과 법의 변화 — 한국형사법의 방법론 모색 —", 저스티스 158-1호(2017), 240-263면 참조.
21 문화적 사상이나 아이디어들이 사람들 사이에 전파되는 과정에서 복제, 변이, 유전, 선택되는 특성이 있어 마치 유전자(gene)가 진화하는 모습이 흡사하다는 점에 착안하여, 복제 내지 모방되는 문화의 기초단위를 밈(meme)이라고 지칭한다. 이는 '이기적 유전자'를 저술한 Richard Dawkins가 만들어낸 신조어라고 한다. 밈 이론을 법학에 접목하여 소개한 논문으로는 안성조, "법학에서 학설대립은 경쟁하는 밈들 간 대립인가?", 법과 진화론(법문사, 2016), 331-378면 참조.

밈이 보다 많이 전파되어 다수설이 되거나 오랜 기간 생존하게 된다. 이런 관점에서 어떤 학설은 논리적 결함이 있는데도 왜 다수설이 되었으며, 다른 학설은 어떤 요인 때문에 쉽게 잊혀졌는가, 다시 말해 밈의 적응도에 영향을 미치는 요인은 무엇인가를 탐구하고, 이를 기초로 어떤 밈이 장래에 성공·확산될 가능성을 예측하는 연구를 진행하고 있다.

패러다임 이론이나 밈 이론을 통해서 법의 세계를 고찰하는 것은 판례나 법리라는 것이 고정불변의 진리가 아니라 끊임없이 변화하고 적응하는 동태적인 과정이며, 일정한 환경과 조건 하에서 성립한 역사성을 지닌다는 점을 일깨워준다는 데에 의미가 있다. 그럼으로써 법률가로 하여금 지금 자신이 의존하고 있는 법리를 항상 다시 점검하는 성찰적 자세를 가지도록 유도한다.[22]

앞서 언급한 바와 같이, 규범적 평가와 원칙과 예외의 경계선 긋기에는 수학적 정답이 있을 수 없고 여러 해결방안이 존재할 수 있다. 그리고 각각의 대안들은 장점과 단점을 모두 가지고 있어 어느 하나가 절대적으로 옳고 나머지는 틀렸다고 평가하기 어려운 경우가 보통이다. 그래서 실정법의 틀 내에서 각각의 시대여건에 따라 보다 장점이 많고 부작용이 적은 방안을 취사선택하는 것이라고 생각한다. 당연히 개별 논점에 관해서 사람마다 생각이 다를 수 있는데, 근대시민혁명의 유산을 물려받은 문명국가에서는 국가 법질서의 통일성을 유지하기 위해서 법적 쟁점에 관하여 최종적인 유권해석을 내릴 권한을 최고법원에게 부여하는 헌법제도를 채택하였기 때문에, 최고법원이 채택한 법리가 한동안은 '잠정적으로' 통용되는 것이다.[23] 시대나 여건이 변화하

---

22 권영준, 전게논문(주 14), 348면은 "실무는 법리의 존중 위에서 행해지는 것이지만, 이는 맹목적 복종이 아니라 비판적 존중 내지 성찰적 추종이어야 한다"고 강조하고 있다. 다만 패러다임 이론이나 밈 이론은 기본적으로 거시적인 관점에서 학설사(學說史) 내지 과거의 지나온 행적에 대한 敍事(narration)라는 점에서, 법률가가 현재 당면한 구체적인 문제에서 규범적으로 타당한 해결방안이 무엇인가를 도출하는 데 직접적인 도움을 주기는 어려워 보인다.

23 박정훈, 전게논문(주 1), 25면은 판례의 '추정적 구속력'(präsumtive Rechtsverbindlichkeit)

면 국민들의 법감정이나 통찰이 변경될 수 있고, 종전 판례를 더 이상 고집하기 어려운 상황이 발생할 수 있다.[24] 영미법계와 대륙법계에서 공통적으로 판례에 일정한 구속력을 인정하면서도 판례변경 가능성을 인정하는 이유는 바로 여기에 있다.

X. 판례를 둘러싼 동태적 상호작용

판례의 중요도·변경가능성의 차원에서 판례에도 일정한 등급이 있다. 엄밀한 의미의 판례란 기본적으로 실정법, 즉 특정 법령 조항의 해석·적용에 관한 대법원의 의견이다. 따라서 해석의 대상인 실정법의 조항이 삭제되거나 개정되면, 그에 관한 판례가 더 이상 적용될 가능성을 상실하므로 실정법질서에서 폐기 또는 실효된 것이나 마찬가지이다.

그러나 해석 대상 조항이 법률인지 아니면 그 하위의 법규명령인지, 그 조항이 기본법이나 '법의 일반원칙'에 관한 것인지 아니면 특수한 영역·상황에 관한 것인지에 따라, 그 해석·적용에 관한 의견도 그 적용범위, 변경가능성에 큰 차이가 있다. 민법, 형법과 같은 기본법률이 쉽게 개정되지 않는 것과 같이, 그에 관한 대법원 판례는 쉽게 변경되지 않는다. 신의성실원칙, 평등원칙 등과 같은 법의 일반원칙은 실질

이라고 표현하였고, 심준보, 전게논문(주 1), 930면은 판례의 '준거력'(referent power)이라고 표현하였는데, 실질적으로 같은 의미이다. 필자가 판례를 '잠정적'이라고 표현한 것은 장래에 변경될 가능성이 열려 있다는 의미로서, 비판적 합리주의를 주장한 철학자 Karl Popper의 '아직 반증되지 않은 상태이나, 장래에 반증될 수도 있다'는 의미에서의 '진리의 잠정성'과는 의미를 달리한다. 판례 내지 법리는 객관적이고 과학적인 '진리'를 규명하는 것이 아니라, "헌법과 법률"이라는 가치척도가 이미 주어진 상태에서 규범적 가치평가 내지 기준설정을 통한 실천적 해결방안을 도출하는 것이므로 '참'과 '거짓'으로 판명될 수 있는 성질의 것이 아니기 때문이다.

24 대법원이 종전 판례를 변경하여, 여성의 종중원 지위를 인정한 것(대법원 2005. 7. 12. 선고 2002다1178 전원합의체 판결), 성전환자의 성별정정을 허용한 것(대법원 2006. 6. 22.자 2004스42 전원합의체 결정), 압수물에 관하여도 위법수집증거 배제 원칙을 적용한 것(대법원 2007. 11. 15. 선고 2007도3061 전원합의체 판결)이 대표적인 예에 해당한다.

적으로 개별 법률의 상위에, 헌법과 같은 수준의 위상을 갖는다고 이해되기 때문에, 통상적으로 개별 법률 조항의 개정만으로는 대법원 판례의 효력에 어떤 영향을 미친다고 이해되지 않는다. 반면, 예를 들어 조세법의 시행규칙은 경제상황에 따라 수시로 개정되며, 법문언이 개정되면 그에 관한 대법원 판례도 변경되는 경우가 흔하다.

때로는 국회나 정부가 대법원 판례를 존중하여 법률이나 그 하위 법규명령에 명문화하는 경우도 있으며, 때로는 대법원 판례를 무력화시키기 위해서 법령의 조항을 개정하는 경우도 있다. 즉, 판례는 기본적으로 성문법에 규정된 추상적 조항의 의미를 개별 사안에서 구체화하려는 노력의 결과물이지만, 통시적인 관점에서 살펴보면 판례로 채택된 법리는 입법자에 의해 채택되거나 부인됨으로써 실정법질서의 확고한 일부분이 되거나 또는 실정법질서에서 소외되는 동태적인 과정을 거치게 된다.[25]

대법원 판례를 둘러싼 동태적 상호작용은 법원과 국회·정부 사이에서만 발생하는 것이 아니라, 법원과 법조계, 학계 사이에서도 발생한다. 대법원은 실질적인 판결이유를 작성하지 않는 심리불속행 판결을 제외하고도 1년에 수천 건의 판결을 선고하며, 대한민국 건국 이래에 수십만 건의 판결이 집적되어 있다. 이 중에서 어떤 것이 판례로서 널리 적용될 가치가 있는가, 즉 판결의 중요도는 누가, 어떻게 정하는가? 결론부터 말하자면, 이 작업은 대법원, 하급법원, 변호사, 법학자들이 동태적으로 상호작용을 하는 결과이다.

---

25 국회·정부와 법원의 판결 사이의 동태적 상호작용에 관하여 우리나라에서는 실증적 연구가 아직 활성화되어 있지는 않으나, 미국의 법학에서 공공선택이론(public choice theory) 내지 법경제학의 범주에서 활발하게 진행되고 있다. 이를 소개한 문헌으로는 허성욱, "정치와 법 ─ 법원의 법률해석 기능에 대한 실증적 고찰에 관하여 ─", 법학 46권 2호(서울대, 2006), 344-374면. 최근의 문헌으로 조문균, "행정부의 조세법령의 해석 및 입안 과정에서 법원의 사법적 판단에 대한 대응방식에 관한 소고", 대법원 특별소송실무연구회 2017. 5. 16.자 발표문이 조세법령과 관련하여 대법원 판례와 정부의 동태적 상호작용의 실제 사례를 분석·소개하고 있다.

법원도서관은 한 달에 두 번씩 정기적으로 '판례공보'를 간행하는데, 1회에 약 20건의 대법원 판결을 수록한다. 1년에 약 400~500건의 대법원 판결이 판례공보를 통해 학계, 변호사회, 일반국민들에게 공개되며, 그 밖에 좀 더 많은 수의 판결이 '종합법률정보'라는 전산시스템을 통해 외부에 공개된다. 판례공보, 종합법률정보에 수록할 대법원 판결의 선정은 법원도서관 조사심의관과 대법원 재판연구관의 협업으로 이루어지는데, 일반적으로 해당 판결의 적용범위, 법질서에 미치는 파장, 중요도, 같은 취지의 선행 판결 유무 등을 종합적으로 고려하여 어느 판결을 판례공보 또는 종합법률정보라는 형식으로 公刊할 것인지를 선별하지만 그 선별이 정교하게 이루어지는 것은 아니다. 또한 공간 여부는 해당 대법원 판결이 '판례'가 되는지와 무관하다. 공간되지 않은 대법원 판결에서 제시된 의견을 변경하는 경우에도 전원합의체에서 재판하여야 하며, 하급법원이 공간되지 않은 대법원 판결에서 제시된 의견과 다른 판단을 한 경우에도 상고이유가 된다.

대륙법계에서는 판례에 절대적 구속력이 없으므로, 판례의 생명력은 어떤 대법원 판결이 후속 사건에서 하급법원이나 대법원 스스로에 의해 지속적으로 인용되고 있는가에 좌우된다. 물론 공간될 경우 하급법원, 법조계, 학계에 널리 알려져 보다 많이 인용될 가능성이 커지는 것은 사실이다. 한편, 같은 취지의 대법원 판결이 수년에 걸쳐 여러 차례 반복하여 선고된 경우에는, 대법원 스스로가 판결에서 '당원의 확립된 판례'라고 밝히는 경우가 있는데,[26] 이는 대법원이 해당 법리에 대해 확신을 갖고 있음을 드러내는 것이어서, 한동안은 해당 판례가 변경될 가능성이 희박함을 시사한다.

법학자들은 해당 분과학문에서 형성되어 있는 법리들을 체계적으로

---

26 영미법계에서는 새로운 법리를 형성하거나 최초로 확인하는 의미를 가지는 판례를 본원적 선례(original precedent), 기존 선례를 단순히 적용하는 판례를 확인적 선례(declaratory precedent)라고 구분하면서, 흔히 본원적 선례를 leading case라고도 부른다.

서술하는 '체계서'[27]를 저술하는데, 체계서에 자신이 중요하다고 판단하여 선별한 중요판례들을 소개하고, 대법원 판결을 법학이론적 관점에서 긍정적 또는 부정적으로 평가하는 판례평석[28]을 저술하기도 한다. 미개척분야에서 법학자들의 선행연구는 대법원 판례 정립에 실질적으로 중요한 기여를 한다. 앞서 언급한 바와 같이, 대법원이 학계의 주류적 견해를 채택하지 않은 경우에는 학계와 법원의 재판실무 사이의 갈등이 한동안 지속될 수 있다.[29] 법학자들, 특히 대학교수들은 대학에서 새로운 세대의 법률가를 양성하므로, 새로운 세대는 스승의 사상이나 이론으로부터 상당한 영향을 받을 수 있다. 따라서 다수의 법학자들이 비판하는 판례는 그들이 양성한 새로운 세대의 법률가에 의해 언젠가 변경될 가능성이 상대적으로 높다고 말할 수 있을 것이다.

---

27 Lehrbuch, 흔히 대학에서 강의교재로 쓰이고 있어 '교과서' 또는 '기본서'라고도 부른다.
28 법원도서관에서는 연 2회 '대법원 판례해설'이라는 책을 간행하고 있어 1년에 약 140개의 판례해설이 공간되고 있다. 판례해설은 대법원 재판연구관이 대법관들의 판단을 보조하기 위하여 특정 법적 쟁점에 관하여 선례나 국내·외 문헌을 조사한 결과를 정리하여 작성한 보고서(report for Justice) 중에서 학계와 하급법원에 참고자료로 제공할 만한 가치가 있어 보이는 일부를 발췌·정리하여 公刊하는 것으로서, 대법원 판결이 성립하는 과정에서 고려한 제반 요소들을 보다 생생하게 파악할 수 있는 기초자료가 된다. 이러한 '판례 解說'은 대법원이 판결의 결론을 도출하는 과정에서 고려한 요소들을 설명(Aufklärung, Auskunft)하는 기능을 수행하는 것이어서, 주로 학자들이 판결을 비판(Kritik)하거나 평가(Bewertung)하는 '판례 評釋'과는 성격이 다르다. 그러나 판례해설이나 판례평석은 향후 同種사건에서 대법원 판례를 발전(Fortbildung)시키거나 변경하는 데 중요한 참고자료로서 기능한다.
29 법학은 두 부분으로 나누어 볼 수 있다. 한편은 실정법 내지 판례법을 체계적으로 정리하여 설명하려는 노력이다. 앞서 언급한 바와 같이, 영미의 common law는 판례의 집적물이며, 대륙법계의 개념법학도 로마법의 학설과 판례를 체계적으로 정리한 결과물이다. 다른 한편은 실정법이나 판례의 부족한 부분을 비판하고 대안을 제시하려는 노력이다. 후자의 측면에서 법학은 입법자나 최고법원에 의해 실정법이나 법리로 채택되기를 희망하는 매우 다양한 이론들과 학설들이 경쟁하는 사상의 자유시장(free marketplace of ideas)이라고 볼 수도 있다. 법학의 기능 내지 법학과 법실무의 상호관계에 관한 보다 풍부한 논의에 관해서는 김성룡, "법 이론과 실무에 던지는 물음, '법학의 학문성' — 법학의 학문성에 관한 논의가 우리에게 던지는 과제 —", 형사소송의 이론과 실무 7권 1호(2015), 1-26면; 권영준, 전게논문(주 14), 314-352면 참조.

XI. 법관의 독립과 양심의 갈등

우리나라의 하급법원 법관들은 일상적인 재판을 할 때 수시로 대법원 판례를 인용한다. 하급법원 법관들이 빈번하게 대법원 판례를 인용하고 의존하는 것은 맹목적인 순종이나 단순히 논증의무 경감기능 때문만은 아니며, 그 내용이 타당함을 수긍하기 때문인 경우도 많다. 대법원 판례 중 상당수는 합리적 이성을 가진 사람이라면 쉽게 수긍할 수 있는 내용인 경우가 많다. 그리고 그 내용은 어떤 대법관이 혼자만의 생각으로 도출해낸 것이 아니라, 학자들과 외국법원의 판례까지 참조하여 도출해낸 결과인 경우가 많다. 이러한 의미에서 총체로서의 대법원 판례란 여러 세대에 걸친 '집단지성의 집적물'이라고 볼 수도 있을 것이다. 하나의 판례는 '법질서'라는 건축물을 짓는 데 '벽돌 하나'를 올리는 행위와 같은 의미를 지닌다.[30]

그러나 사회의 변화에 따라 새롭게 제기되는 법적 문제에 관하여 아직 사회적 합의가 형성되지 않은 경우에는 사람마다 생각이 다를 수 있다. 예를 들어 '동성간의 혼인'이나 '양심적 병역거부'가 그러하다. 앞서 언급한 바와 같이, 대법원 판례가 다루는 사안들은 대개 실정법에 분명하게 기준이 정립되어 있지 않은 회색지대인 경우가 많은데, 이러한 영역에서 판단기준을 도출하여 경계선 긋기를 하는 것은 쉬운 일이 아니며, 어느 정도의 합리성을 보유하여 선택가능한 해결방안이 여러 가지가 있을 수 있다. 최종적인 선택은 대법관의 몫이며, 대법관이 중요시하는 가치와 세계관이 중요하게 작용한다.[31] 그러나 어느 대법관의

---

30 법철학자 드워킨은 법질서를 정합성 있는 통일체로서의 '법의 제국'(Law's Empire)으로, 법관의 법해석을 단절 없는 망(web)을 짜 넣는 행위이자 '법'이라는 연작소설(the chain novel)을 써내려가는 공동창작자의 행위에 비유하였다. Ronald Dworkin 저 · 장영민 역, 법의 제국(아카넷, 2004), 325-330면.

선택은 미래의 대법관들의 전원합의체에 의해 변경될 수 있다.

아직 사회적 합의가 형성되지 않은 어려운 문제에 관하여 대법원 판례에 수긍하지 못하고 그와 다른 의견에 확신을 가지게 되었다면 하급법원 법관은 어떻게 처신하여야 하는가, 대법원이 기존 판례를 하급법원 법관에게 강요하는 것은 하급법원 법관의 독립과 양심을 침해하는 것 아닌가, 하급법원 법관이 기존 판례에 따라 판결을 선고하는 것은 자신의 양심을 저버리는 것인가 등등의 의문들이 제기되고 있다.

양심이란 규범·가치의 충돌에서 어느 것을 우선할 것인지에 관하여 내면에서 겪는 갈등의 문제이다.32 법관의 경우, 피고인에게 악법(惡法)을 적용하여 유죄 판결을 선고하여야 하는가의 문제에서 단적으로 드러난다. 법관은 "헌법과 법률에 의하여" 재판하여야 하고, 우리 헌법과 법률은 이 문제를 해결하기 위하여 제도를 마련하고 있으므로, 실정법상의 제도가 논의의 출발점이 되어야 한다.

법관은 헌법과 법률에 구속되며, 그 효력을 자신의 판단으로 부정하는 것은 허용되지 않는다. 다만 구체적 사건에서 재판의 전제가 된 법률이 상위규범인 헌법에 위반된다는 의심이 드는 경우 법관은 헌법재판소에 해당 법률이 위헌인지 여부를 심판해 주도록 제청하여 그 심판

---

31 바로 그렇기 때문에 최고법원의 법관은 어떤 자질을 갖추어야 하고 어떤 가치를 추구하여야 하는가 라는 문제가 사회적으로 논의될 필요가 있다.

32 양심이란 개인의 내면의 가치적·윤리적 판단의 문제이다(헌재 1991. 4. 1. 선고 89헌마160 결정 등 참조). 사실인정이 곤란한 상황에서 법관이 겪는 심리적 갈등은 양심의 문제가 아니다. 형사재판에서 법관이 '합리적인 의심을 할 여지가 없을 정도의 확신'에 도달하였느냐는 매우 심각한 실존적인 고민을 유발하는 문제이지만, 이는 원칙적으로 사실인정의 문제일 뿐, 규범적 가치평가의 문제는 아니다(다만, 사실인정과 관련하여 증거법칙을 어떻게 정립하고 증명을 어느 정도까지 요구하여야 하는가는 또 다른 차원의 규범적 가치평가의 대상이 될 수 있다). 따라서 강석정, "법관은 두 개의 양심을 가져야 하는가? ― 헌법 제103조 법관의 '양심'에 관하여 ―", 사법 41호(사법발전재단, 2017), 191-192면이 국민참여재판에서 법관의 판단이 배심원의 평결과 다를 때 겪는 갈등을 양심의 문제로 설명하는 것은 타당하지 않다. 영미의 배심재판에서도 배심원의 역할은 사실인정에 있는 것이지, 법령의 해석·적용에 있지 않다. 배심재판에서 법관은 배심원들에게 미리 법령의 해석·적용, 즉 규범적 평가문제에 대해 설명·지도하여야 하고, 배심원들은 그것에 자신들의 사실인정을 더하여 유·무죄 평결을 하게 된다.

에 의하여 재판하여야 한다(헌법 제107조 제1항). 위헌법률심판에서의
헌법재판소의 결정은 위헌결정인 경우에만 대세적인 기속력이 부여되
며(헌법재판소법 제47조 제1항), 합헌결정에 대해서는 대세적인 기속력이
없다.33 따라서 이미 헌법재판소가 합헌으로 판단한 적이 있는 법률이
재판의 전제가 된 경우에, 법관은 해당 법률이 위헌이라는 의심이 들
면 다시 위헌법률심판 제청을 할 수 있고, 헌법재판소는 다시 위헌법
률심판을 하여야 한다.34

법률 자체는 위헌이 아니지만 그 해석에 관하여 대법원 판례가 부
당한 결과를 초래하여 수긍할 수 없다고 판단하는 경우에는 어떻게 하
여야 하는가? 앞서 언급한 바와 같이, 대법원 판례는 존중받아야 하지
만 그 자체로 대외적 구속력 있는 법규범은 아니므로, 하급법원 법관
은 대법원 판례를 반드시 따를 법적 의무는 없다. 하급법원 법관은 기
존 대법원 판례를 비판하면서 그 변경을 촉구하고 자신의 법해석에 따
라 판결할 수 있다. 다만, 법관으로서의 기본적 자세 내지 윤리로서 그
에 합당한 논증을 하여야 하는데35 그러한 논증은 상당한 시간과 노력
이 필요한 일이고, 그 판결이 상급심에서 유지되지 못할 가능성이 높
으며, '모난 판사'라는 세간의 평가가 두려울 뿐이다. 비록 드문 경우이
지만, 하급법원 판결의 문제 제기에 공감하여 대법원이 기존 판례를

---

33 제청법원은 그 심판에 의하여 재판하여야 하므로 합헌결정도 당해 사건의 제청법원에
   대해서는 구속력이 있다. 이는 당해 사건에 관하여 대법원의 판단이 하급법원을 구속
   하는 것과 마찬가지이다.
34 간통죄의 경우 네 차례의 합헌결정이 있은 후에 다섯 번째 심판에서 위헌결정이 선고
   되었다(헌재 2015. 2. 26. 선고 2009헌바17 등 결정). 법률 하위의 규정이 헌법이나 법
   률에 위반되는 경우에는 각급법원이 이를 직접 심사하여 무효로 선언할 수 있고, 다만
   패소한 당사자가 상소를 제기하는 경우 최종적으로 대법원이 심사할 권한을 가진다
   (헌법 제107조 제2항).
35 법관의 논증의무에 관하여, 최근 현직 법관들의 자각이 높아지고 있다. 송민경, "법관
   의 양심에 관한 연구", 사법논집 58집(법원도서관, 2015), 567-607면; 공두현, "법적 논
   증의 구조", 사법논집 62집(법원도서관, 2017), 3-43면; 김동현, "숙의민주주의의 관점에
   서 본 재판과 여론, 법감정의 관계", 2016년도 법관연수 어드밴스과정 연구논문집(사법
   연수원, 2017), 867-908면 참조.

변경하는 경우도 있다.[36]

그렇다면, 법관의 양심에 관한 논의는 ① 헌법재판소에 의해 합헌으로 결정된 악법(법률)을 적용하여야 할 때, ② 합헌인 법령의 해석에 관하여 자신의 법해석과 대법원 판례가 충돌할 때 이 갈등상황을 어떻게 해결할 것이냐의 논의로 전개되어야 하고, 이런 상황에서 하급법원 법관이 헌법재판소의 기존 합헌결정과 달리 다시 위헌법률심판제청을 하기 위하여 또는 대법원 판례와 다른 자신의 법해석을 적용하여 판결을 선고하기 위하여 어떤 요소를 고려하고 어떤 노력을 기울여야 하는가로 논의의 초점이 맞추어져야 한다.[37] 이러한 문제상황에 대한 제도적 이해 없이, 관념적·추상적으로 '법관의 (주관적) 양심과 대법원 판례(또는 법관의 객관적·직업적 양심)가 충돌하는 경우 법관의 (주관적) 양심을 우선하여야 한다' 라고 선언하거나 또는 그 반대로 '하급법원 법관

---

36 대표적인 예로 '남성에서 여성으로 성전환수술을 받은 사람이 강간죄의 객체가 될 수 있는지'에 관한 대법원 판례 변경을 들 수 있다. 종래 대법원은 이러한 사람은 사회통념상 여자로 볼 수 없어 강간죄의 객체가 될 수 없다고 판단하였다(대법원 1996. 6. 11. 선고 96도791 판결). 고종주 판사는 대법원이 2006년에 성전환자의 성별정정을 허용한다는 전향적인 판례변경(대법원 2006. 6. 22.자 2004스42 전원합의체 결정)을 하기 전에, 이미 2002년에 "성전환자에 대한 법적 인식과 처우 — 트랜섹슈얼의 법률상 지위에 관한 선례와 이론의 검토 —"라는 논문[사법논집 35집(법원도서관, 2002), 371-477면]을 집필하여 강간죄에 관한 대법원 판례 및 호적정정에 관한 지방법원 실무례를 비판하고 그 변경을 촉구하였다. 2004스42 전원합의체 결정에서 고종주 판사의 논문이 매우 중요한 참고자료로 활용되었다[민유숙, "성정환자에 대한 호적정정의 가부", 대법원판례해설 60호(2006년 상반기), 법원도서관 2006, 559-618면 참조]. 또한, 고종주 판사는 2009년에는, 물론 대법원 2006. 6. 22. 자 2004스42 전원합의체 결정이 선고된 데에 힘입은 바 크지만, 1심 형사재판장으로서 '남성에서 여성으로 성전환수술을 받았으나 아직 호적정정이 이루어지지는 않은 사람'도 강간죄의 객체가 된다는 판결을 선고함으로써(부산지방법원 2009. 2. 18. 선고 2008고합669 판결), 2004스42 전원합의체 결정에서 한 걸음 더 나아가 강간죄에 관한 종래 판례 변경을 촉구하였고, 이러한 1심 판결은 검사의 항소·상고가 기각되어 확정되었다(대법원 2009. 9. 10. 선고 2009도3580 판결). 이를 통해 강간죄에 관한 종전 판례가 실질적으로 변경되었다.

37 당해 사건에서 하급법원이 헌법재판소의 합헌결정이나 대법원의 법령의 해석·적용에 관한 의견에 구속되는 것은 법질서의 통일성을 확보하고 상급심과 하급심 사이의 반복적 핑퐁을 방지하기 위한 사법제도 설계의 결과로서, 하급법원 법관의 직무상 의무일 뿐 법관의 독립과는 무관하며, 이 직무상 의무가 하급심 법관의 (주관적) 양심보다 우선한다는 것은 의문의 여지가 없다.

의 (주관적) 양심보다는 대법원 판례(또는 법관의 객관적·직업적 양심)가 우선한다'라고 선언하는 것은 공허하다.[38]

XII. 글을 마치며

본고는 대법원 판례의 위상에 대한 양극단의 사고를 비판하였는데, 이는 단순한 兩非論이 아니고, 권력분립질서를 채택한 헌법과 법률 제정자의 사법제도 설계의 귀결이다. 대법원 판례를 기본적으로 존중하면서도 그 개선과 발전을 위한 공동의 노력이 필요하다. 그러한 노력을 건방진 일이라고 비난하여서도 안 되고, 기존 판례를 노회한 기성세대의 고루한 의견이라고 치부하여서도 안 된다. 법원 안팎에서 공허한 논의 대신에 구체적인 문제에 관한 실질적인 논의가 활성화되길 바라면서 이 글을 마친다.

---

38 김예영, "하급법원과 대법원, 헌법재판소의 관계에서 본 양심적 병역거부 문제", 사법 38호(사법발전재단, 2016), 215-261면은 양심적 병역거부 문제와 관련하여 실정법질서와 법관의 양심이 충돌하는 문제상황에서 하급법원 법관이 어떻게 처신하고 어떤 노력을 기울여야 하는가를 체계적으로 분석하였다.

22

조 성 훈

검사로서 특수, 첨단범죄 분야 수사를 담당하였고, 미국 버클리 법학
대학원에서 박사학위(J.S.D.)를 취득한 후 김·장 법률사무소에 합류하여
변호사로 일하는 한편, 연세대학교 법학전문대학원, 서강대학교 법학전문
대학원 겸임교수로 형사법 등을 강의하고 있다. 기업형사, 첨단범죄, 프라이버시,
핀테크, 영업비밀, 공정거래 등의 분야에서 실무 및 연구에 종사하고 있다.

정보의 법이론: 정보는 공공재인가?

I. 정보의 법이론과 공공재논증

情報를 대상으로 하는 法的權利(entitlements in information)를 부여하는 근거는 무엇이며, 그러한 권리의 성격은 어떠한 것인가의 논의는 오늘날에도 명확하게 해결되었다고 보기 어렵다. 이는 단순히 이론적 관심에 그치지 아니하며, 다양한 법 분야의 입법과 해석에도 중요한 의미를 가진다.

일반적으로 情報는 公共財(public goods)의 성격을 가진다고 설명된다. 그런데 어떤 과학적 '知識' 또는 통계적 '事實'과 그에 기초한 '法的論證'은 구별되어야 한다. 정보가 공공재의 기본성격을 가진다는 경제학적 지식과, 이에 근거하여 어떠한 법제도의 정당성을 논증하거나 입법 또는 해석의 방향을 제시하는 규범적 논증은 구별되어야 하는 것이다. 이러한 견지에서 필자는 정보의 공공재적 성격을 기초로 정보에 대한 법적권리의 성격을 규정하거나, 입법 또는 해석 방향을 제시하는 법적논증을 '公共財論證'(public goods argument)이라 이름붙이고 본 문헌의 주된 분석대상으로 삼고자 한다.

토머스 제퍼슨의 1813년 서신에서 묘사된 바와 같이, 정보의 독특한 성격은 현대 지적재산권 체계의 성립 무렵부터 널리 인식되어 왔다.[1]

---

1 Thomas Jefferson, *To Isaac McPherson* (Aug. 13, 1813), *in* 13 **THE WRITINGS OF**

제퍼슨은 정보의 비배제성·비경합성, 産業政策으로서의 재산권이라는 현대 '공공재논증'의 핵심요소를 매우 간결한 문장으로 아름답게 표현하였는바, 오늘날에도 수많은 문헌들이 제퍼슨의 서신을 인용하며 자신의 논지를 전개하고 있다.[2] 유사한 취지로, 지적재산권을 특정 목적을 위한 必要惡(necessary evil)으로 인식하는 것은 영국의 저명한 역사가이자 정치가였던 토머스 머콜리의 1841년 하원연설에서도 나타나며,[3] 이러한 사고방식 역시 현대에 이르기까지 그 생명력을 유지하고 있다.[4]

THOMAS JEFFERSON 326, 333 (Albert Ellery Bergh ed., 1907) ("자연이 만든 것 중 배타적 재산권과 가장 어울리지 아니하는 것이 바로 아이디어라고 불리는 사고력의 작용이다. 개인이 혼자 간직하는 한 그것은 배타적 소유지만, 아이디어가 밖으로 유출되는 순간, 이는 모든 사람의 소유가 되고 누구도 그것을 빼앗을 수 없다(①비배제성). 그것의 또 다른 특징은 모두가 전부를 가지고 있기에 아무도 적게 가질 수 없다는 것이다(②비경합성). 누가 나의 아이디어를 전달받았다고 해서 나의 것이 줄어들지는 않는다. 누가 내 등잔의 심지에서 불을 붙여갔더라도 내 등잔불은 여전히 빛나고 있는 것이다. 인간에게 도덕과 교훈을 제공하고 삶의 조건을 향상시키기 위해서 아이디어가 한 사람에서 다른 사람으로, 그리고 온 세상으로 자유롭게 확산되어야 한다(③정보자유론)는 것은 자연이 준 특유하고 자비로운 선물이다. 그 강렬함이 약해지지 아니하면서 모든 공간으로 확장될 수 있는 불처럼, 우리가 그 속에서 호흡하고 움직이고 존재하는 공기처럼, 아이디어는 구속되거나 배타적 전유물이 될 수 없는 것이다. 따라서 발명은 본질적으로 재산권의 대상이 될 수 없다. (다만) 사회가 유용한 아이디어를 추구하는 것을 격려하기 위하여 발명으로 얻어지는 수익에 대하여 배타적 권리를 부여할 수도 있다. 그러나 이는 누군가의 요청이나 불평과 관계없이 사회의 의지나 편의에 따라 주어질 수도 있고 아닐 수도 있는 것이다(④재산권 부여의 정책적 성격).") (밑줄과 굵은 글씨로 된 설명은 필자가 부기한 것임).

2 예컨대, 미국 연방대법원이 비자명성 요건의 판단 방법을 논한 대표적 사례인 *Graham v. John Deere Co.*, 383 U.S. 1 (1966) 판결에서 제퍼슨의 1813년 서신을 인용함으로써, 연방헌법 지적재산권 조항의 기본철학이 혁신에 대한 인센티브를 부여하는 것에 있었다는 역사적 신화(historical myth)가 창조되었다는 주장도 있다. Adam Mossoff, *Who Cares What Thomas Jefferson Thought about Patents? Reevaluating the Patent "Privilege" in Historical Context*, 92 **CORNELL L. REV.** 953, 962 (2007).

3 Thomas B. Macaulay, *Speech Before the House of Commons* (Feb. 5, 1841), *in* 8 **THE WORKS OF LORD MACAULAY** 195, 199 (Lady Trevelyan ed., 1900) ("저작자들이 보상받아야 한다는 것은 선(善)이다. 이를 위한 일반적인 방법은 그들에게 독점을 부여하는 것이다. 그러나 독점은 악(惡)이다. 선을 얻기 위해서 우리는 악에 굴복해야 하는 것이다. 그러나 그 악은 선을 확보하기 위하여 필요한 기간보다 단 하루도 더 존속하여서는 아니 된다.").

4 이러한 입장을 현대적으로 표현한 문헌으로는 대표적으로 다음의 것을 들 수 있다. Wendy J. Gordon, *An Inquiry into the Merits of Copyright: The Challenges of Consistency, Consent,*

또한 정보는 효율적 자원 배분이라는 경제문제의 출발점인 '稀少性 (scarcity)'을 가지지 아니한다는 주장 역시 오랜 역사를 가지고 있고,[5] 인터넷의 시대에 이르러서도 법적논증을 뒷받침하는 근거로 사용되고 있다.[6] 19세기의 급격한 산업발전과 함께 유럽 각국에서는 특허제도의 정당성에 대한 뜨거운 논쟁이 있었는바, 오늘날 지적재산권을 둘러싼 대부분의 논쟁은 이 시기의 주장들에서 그 원형을 찾을 수 있는 것이다.[7] 이후 20세기에 들어 새무엘슨의 선구적 업적을 기초로 공공재에 대한 경제이론이 체계화된 후,[8] 정보의 독특한 성질은 '공공재'의 개념 하에 보다 일관된 설명체계를 가지게 된 것이다.

---

and Encouragement Theory, 41 **STAN. L. REV.** 1343, 1344 (1989); Alfred C. Yen, *The Legacy of Feist: Consequences of the Weak Connection Between Copyright and the Economics of Public Goods*, 52 **OHIO ST. L.J.** 1343, 1367-1368 (1991); Timothy J. Brennan, *Copyright, Property, and the Right To Deny*, 68 **CHI.-KENT L. REV.** 675, 686-688, 698 (1993); Neil Weinstock Netanel, *Asserting Copyright's Democratic Principles in the Global Arena*, 51 **VAND. L. REV.** 217, 248-249 (1998); Niva Elkin-Koren, *Copyrights in Cyberspace—Rights Without Laws?*, 73 **CHI.-KENT L. REV.** 1155, 1171 (1998); James Boyle, *Fencing Off Ideas: Enclosure & the Disappearance of the Public Domain*, 131 **DAEDALUS** 13, 16 (2002); Mark A. Lemley, *Ex Ante versus Ex Post Justifications for Intellectual Property*, 71 **U. CHI. L. REV.** 129, 131 (2004).

5 예컨대 영국의 경제학자 아놀드 플랜트는 1934년의 논문에서 다음과 같이 주장하였다. "특허권과 저작권은 희소성의 산물이 아니다. (중략) 특허법과 저작권법은 인위적으로 제품의 희소성을 창조하는 것이다." Arnold Plant, *The Economics Theory Concerning Patents for Incentives*, 1 **ECONOMICA** 30, 31 (1934).

6 대표적으로 다음의 문헌들이 플랜트의 주장을 인용하며 정보의 재산권화를 비판한다. Julie E. Cohen, *Lochner in Cyberspace: The New Economic Orthodoxy of "Rights Management,"* 97 **MICH. L. REV.** 462, 495-515 (1998) (지적재산권은 희소성을 제조(scarcity manufacturing) 하는 것이라고 주장함); Mark A. Lemley, *Property, Intellectual Property, and Free Riding*, 83 **TEX. L. REV.** 1031, 1055 (2005) ("지적재산권은 … 희소성으로 인한 자원배분의 왜곡을 해결하기 위한 것이 아니라, 희소성을 창조하기 위한 의식적 결정이다."). 그러나 토지와 마찬가지로 정보도 희소한 자원이기 때문에, 지적재산권이 희소성을 창조한다는 주장은 옳지 않다는 반론도 있다. WILLIAM M. LANDES & RICHARD A. POSNER, **THE ECONOMIC STRUCTURE OF INTELLECTUAL PROPERTY LAW** 374 (2003).

7 19세기 특허법논쟁의 간략한 소개로는 다음의 문헌을 참고할 수 있다. Fritz Machlup & Edith Penrose, *The Patent Controversy in the Nineteenth Century*, 10 **J. ECON. HIST.** 1 (1950).

8 다음의 논문이 현대 공공재이론의 선구가 되는 것으로 평가된다. Paul A. Samuelson, *The Pure Theory of Public Expenditure*, 36 **REV. ECON. & STAT.** 387 (1954).

표준적 경제학 교과서는 공공재가 다음과 같은 두 가지 기본성격을 가지는 것으로 설명한다.[9] 먼저 공공재는 어떤 사람이 그 재화를 소비한다 하더라도 다른 사람의 소비가능성이 줄어들지 않는다는 점에서 非競合性(non-rivalry)을 가진다. 또한 공공재는 대가를 지불하지 않은 사람을 그 재화의 소비에서 배제하기 어렵다는 점에서 非排除性(non-excludability)을 가진다. 정보는 비경합성, 비배제성이라는 공공재의 기본성격을 가지는 것으로 평가되며,[10] 정보의 이러한 성격에 기초한 '공공재논증'은 법학문헌에서도 지배적 위치를 차지하게 되었다.[11]

공공재논증은 정보의 비경합성, 비배제성이라는 성질을 기초로 대체로 다음과 같은 논리를 전개한다.[12] 공공재논증은 이미 생산된 정보를

---

9 ROBERT COOTER & THOMAS ULEN, **LAW AND ECONOMICS** 40, 114 (6th ed. 2012); ROBERT PYNDICK & DANIEL RUBINFELD, **MICROECONOMICS** 665 (6th ed. 2005).

10 정보의 공공재적 성격이 정보생산활동의 후생경제학적 분석에 미치는 영향을 다룬 초기 문헌으로는 케네스 애로우의 다음 논문이 가장 대표적인 것이다. Kenneth J. Arrow, *Economic Welfare and the Allocation of Resources for Invention, in* **THE RATE AND DIRECTION OF INVENTIVE ACTIVITY: ECONOMIC AND SOCIAL FACTORS**, 609 (Richard R. Nelson, Nat'l Bureau of Econ. Research ed., 1962).

11 지적재산권 분야의 대표적 문헌들이 공공재논증에 기초하여 그 논의를 발전시키고 있다. Stephen Breyer, *The Uneasy Case for Copyright: A Study of Copyright in Books, Photocopies, and Computer Programs*, 84 **HARV. L. REV.** 281, 282 n.4 (1970) ("[W]riting resembles what many economists refer to as public goods."); Wendy J. Gordon, *Fair Use as Market Failure: A Structural and Economic Analysis of the Betamax Case and Its Predecessors*, 82 **COLUM. L. REV.** 1600, 1610 (1982) ("Economists ordinarily characterize intellectual property law as an effort to cure a form of market failure stemming from the presence of 'public goods' characteristics."); William W. Fisher III, *Reconstructing Fair Use Doctrine*, 101 HARV. L. REV. 1659, 1700 (1988) ("From an economist's standpoint, the trouble with works of the intellect is that they are public goods."); Mark A. Lemley, *The Economics of Improvement in Intellectual Property Law*, 75 **TEX. L. REV.** 989, 994 (1997) ("Information has the characteristics of what economists call a 'public good' ···"); Peter S. Menell & Suzanne Scotchmer, *Intellectual Property Law, in* **HANDBOOK OF LAW AND ECONOMICS** 1473, 1477 (A. Mitchell Polinsky & Steven Shavell, eds., 2007) ("Unlike tangible goods, knowledge and creative works are public goods in the sense that their use is nonrival. ··· [I]n its natural state ··· knowledge is also nonexcludable.").

12 다음의 인용문은 전통적 공공재논증의 전형적 사례를 보여준다. Arrow, *Economic Welfare and the Allocation of Resources for Invention, supra* note 10, at 616 ("정보는 기이한 특성을 가진 재화이며, 이러한 특성은 최적의 자원배분을 달성하는데 어려움을 가져온다. 먼저,

효율적으로 活用(utilization)하는 문제와 정보생산에 자원을 효율적으로 配分(allocation)하는 문제를 분리하는 것으로 논의를 시작한다. 흔히 전자를 靜的效率性(static inefficiency)의 문제로, 후자를 動的效率性(dynamic inefficiency)의 문제로 칭하기도 한다. 생산된 정보의 효율적 활용 문제를 살펴보면, 먼저 정보의 비경합성은 정보를 추가로 생산하는데 드는 限界費用(marginal cost)이 0임을 의미한다고 가정한다. 한편 사회 전체의 후생(welfare)을 극대화하려면 재화의 가격은 한계비용과 같아야 하므로 정보의 가격도 0이 되어야 한다. 즉, 모든 소비자가 그 정보를 자유롭게 소비할 수 있는 상태가 생산된 정보를 가장 효율적으로 활용하는 것이 된다. 그러나 정보의 가격을 0으로 하면 투자한 고정비용(fixed costs)을 회수할 방법이 없기 때문에, 정보생산에 자원을 투입할 경제적 유인이 사라지는 문제가 발생한다는 것이다.

위와 같은 논증구조는 다음과 같은 다양한 의미를 함축하고 있다.

① **정보자유론:** 정보의 비경합성을 0의 한계비용으로 관념하는 것은, '정보는 희소성이라는 경제적 재화로서의 기본성질을 가지고 있지 않다'는 전통적 주장이 공공재이론의 틀 안에 포섭된다.

② **고립주의:** 희소성을 결여하고 자유경쟁시장에 의한 최적의 자원배분을 달성할 수 없는 정보는 전통적 재산권과 시장경제의 예외적 존재로 취급되어야 함을 암시하게 된다.[13]

후생경제학의 관점에서 볼 때, 이미 생산된 정보는 (정보를 전달하는데 필요한 비용을 제외하고는) 무료로 이용할 수 있어야 한다. 이는 경제적 자원을 가장 효율적으로 활용하도록 하는 것인 반면, 새로운 정보생산을 위한 연구에 투자할 아무런 인센티브를 제공하지 못한다. 이상적인 사회주의 경제에서는, 소비자들이 정보의 사용에 대하여 지불하는 가격과 관계없이, 발명에 대한 보상이 지급될 수 있다. 반면 자유기업경제에서는 재산권제도에 의하여 발명 활동이 뒷받침된다. 발명에 대한 재산권보호가 성공적일수록 정보를 충분히 이용할 수 없게 되는 문제가 있다.") (밑줄은 필자가 부기함).

13 재산권 제도의 기본 기능은 가격기구와 시장경제를 통하여 희소한 자원을 효율적으로 배분하는 기초를 제공함에 있는데, 이러한 결과를 달성할 수 없는 정보는 일반적 재산법 질서에 대한 독특한 예외에 해당한다는 주장을 고립주의(isolationism)라 칭하기도 한다. John F. Duffy, *Comment: Intellectual Property Isolationism and Average Cost Thesis*, 83 **TEX L. REV.** 1077, 1085 (2005).

③ **재산권의 정책적 성격:** 정보의 비경합성(또는 0의 한계생산비용)이라는 특징으로 말미암아 정보생산에 자원을 효율적으로 배분할 수 없는 문제를 해결하기 위하여 어떠한 정책적 대응이 필요하다는 결론을 도출하게 된다.

II. 공공재논증을 기초로 하는 전통적 정보이론의 함축하는 내용

1. 유일한 정당화 근거로서의 혁신유인체계

따라서 전통적 정보이론에 의하면 정보에 대한 재산권은 공공재문제(public goods problem)라는 시장실패의 한 유형을 해결하기 위해 고안된 법적 장치에 불과하게 된다. 혁신을 위한 유인체계(incentive system for innovation)를 제공하는 것만이 정보에 대한 재산권을 설정함에 있어 유일한 정당화근거가 되는 것이다. 그렇다면 정보재산권에 있어 가장 중요한 문제는 창조적 활동을 장려하기 위한 유인체계를 제공하기 위해서는 어떠한 범위의 보호가 필요한가라는 점을 결정하는 것이 된다.

그러나 최적의 보호범위를 결정하는 것이 간단한 일은 아니다. 보다 강력한 재산권 보호로 인하여 추가로 생산된 정보자산의 가치가 그로 인하여 증가한 자중손실(deadweight loss)보다 클 것이라고 단정 지을 아무런 근거가 없기 때문이다. 이러한 점은 특허제도의 성립 초기부터 제기되어 온 의문이다. 최근 창조적 활동과정에 대한 상세한 경험적 분석결과들이 제시되고 있고 그에 따라 지적재산권이 경제활동에 미치는 영향에 대한 이해가 넓어지기는 하였지만,[14] 최적의 보호범위를 결

---

14 지적재산권 제도에 대한 경제적 분석을 종합적으로 정리한 것으로 다음의 문헌이 대표적이다. Wesley M. Cohen, *Fifty Years of Empirical Studies of Innovative Activity and*

정하는 것은 아직도 해결되지 아니한 난제이다.

2. 혁신유인체계와 정보접근권의 균형

또한 혁신체계를 기본으로 하는 이론은 정보접근권과 관련된 규범적 문제를 야기하게 된다. 혁신을 위한 충분한 유인체계를 제공한다는 것은 한계비용을 초과하는 비용을 설정할 수 있는 법적수단을 제공한다는 의미이다. 그러나 그러한 법적수단은 필연적으로 그와 같은 가격을 지불할 수 없는 일부 사용자들을 그 사용으로부터 배제하는 결과를 가져오게 된다. 만약 한계비용을 초과하는 가격이 설정되지 아니하였더라면 사용자들은 그 정보를 제공하는데 필요한 한계비용을 초과하는 경제적 편익을 얻었을 것임에도, 정보에 대한 재산권 행사로 인하여 그 사용으로부터 배제된 사용자들은 그와 같은 편익을 얻지 못하게 된다. 이는 사회 전체적으로 볼 때 비효율적인 자원 배분을 가져오게 된다. 즉, 혁신 활동을 장려한다는 이유로 제공되는 유인체계는 어떠한 경우에도 그와 관련된 자중손실을 야기한다는 것이다. 달리 말하면, 과소생산의 문제를 해결하기 위한 시도는 필연적으로 과소사용이라는 새로운 문제를 낳게 된다. 따라서 전통적 정보이론은 유인체계와 정보접근권 사이의 균형이라는 시각에서 지적재산권 체계에 접근하게 된다.[15]

Performance, in **HANDBOOK OF THE ECONOMICS OF INNOVATION** 129 (Bronwyn H. Hall & Nathan Rosenberg eds., 2010).

15 이러한 경향에 대한 비판적 견해로는 다음의 문헌을 참고할 수 있다. LANDES & POSNER, **THE ECONOMIC STRUCTURE OF INTELLECTUAL PROPERTY LAW,** *supra* note 6, at 11 ("지적재산에 관한 학문이 더욱 전문화되면서 유형재산의 재산권과 지적재산의 재산권 사이의 연속성을 보지 못하게 되고, 그 결과 경제학이 유형재산에 관해 터득한 것을 지적재산의 분석에 활용할 기회를 놓칠 위험이 생기고 있다. 지적재산의 모든 문제를 '인센티브(incentive)'와 '접근성(access)'의 역관계(tradeoff)로 귀결시키려는 지적재산의 경제분석가들의 경향은 이러한 위험을 더 키우고 있다. (중략) 생각해 보면, 지적재산의 모든 문제를 이러한 역관계로 귀결시키는 것은 너무 지나친 단순화이다.").

Ⅲ. 공공재논증 재검토

1. 공공재논증: 지적재산권 분야에 대한 경쟁정책적 개입의 출발점

이와 같이 정보에 대한 법적 권리가 전통적 의미의 재산권이라기보다 일종의 산업정책에 불과하다는 시각은 지적재산권 분야에 대한 경쟁정책적 개입을 정당화하는 출발점이자 강력한 이론적 근거가 된다. 혁신을 유인하는 정책적 역할을 담당하는 지적재산권의 행사가 오히려 혁신의 장애가 되는 결과를 낳는다면 또 다른 정책적 개입에 의하여 이를 교정하는 것은 당연한 것이기 때문이다. 따라서 공공재논증을 기초로 하는 전통적 정보이론이 과연 정당한 전제에 서 있는 것인지를 확인하는 것은 지적재산권 분야에 대한 경쟁법적 개입의 정당성을 확인하기 위하여 우선적으로 해결되어야 할 작업에 해당한다 할 것이다.

2. 비배제성

공공재논증을 기초로 하는 전통적 정보이론에 의하면 정보의 비배제성은 시장실패의 원인 중 하나가 된다. 법적 권리의 정의비용, 집행비용 등 때문에 정보에 대하여 재산권을 설정하는데 어려움이 있기 때문이다.

그러나 집행비용 등의 문제는 정보에 특유한 문제가 아니라 유체재산의 경우에도 마찬가지로 발생하는 것이다.[16] 기술발전에 따라 Digital Rights Managements(DRM)와 같이 비용을 지불하지 않은 소비자가 정보에 접근하는 것을 방지할 수 있는 능력이 비약적으로 상승한 점도 배배제성이 정보와 같은 무체재산에 특유한 문제가 아니라는 논증을 뒷

---

16 Harold Demsetz, *Information and Efficiency: Another Viewpoint*, 12 **J. L. & ECON.** 1, 10 (1969).

받침한다.

나아가 비배제성의 문제는 공공재의 정의에 반드시 필요한 것은 아니다.[17] 공공재의 경제적·법적 문제의 핵심은 아래에서 설명하는 바와 같이 경제 주체로 하여금 특정 재화에 대한 선호를 표출하도록 할 적절한 유인체계가 없거나 부족하다는 점에 있다. 이러한 문제점을 설명함에 있어 굳이 비배제성이라는 요건을 도입하여 공공재를 정의할 논리적 필연성은 없다. 일찍이 코우즈(Ronald Coase)는 공공재의 대표적인 사례로 거론되는 등대(lighthouses)의 경우에도 비배제성 때문에 정부의 개입 없이는 최적 규모의 등대가 설치되기 어렵다고 하는 견해는 받아들이기 어렵다고 주장한바 있다.[18] 항구 사용 빈도와 같은 대리변수를 파악하는 방법으로 등대가 제공하는 항해원조서비스를 어느 정도 사용하였는지를 측정할 수 있으므로 정부의 개입이 없다 하더라도 적정한 규모의 항해원조서비스가 제공될 가능성이 있다는 것이다.

이와 같이 비배제성이 정보에 특유한 문제가 아닌 점, 공공재의 정의에 있어 비배제성 요건이 반드시 필요한 것은 아닌 점 등에 비추어, 비배제성은 정보에 대한 재산권을 논의함에 있어 적합한 기초가 되기 어렵다.

3. 비경합성

앞서 살펴본 바와 같이, 공공재논증은 이미 생산된 정보를 효율적으로 活用하는 문제와 정보생산에 자원을 효율적으로 配分하는 문제를 구분한다. 이러한 전제에서 정보의 과소생산 문제를 해결하기 위한 재산권제도가 역설적으로 정보의 과소이용을 초래한다는 논리를 도출한

---

17 이에 대한 상세한 논증으로는 다음의 문헌을 참고할 수 있다. Christopher S. Yoo, *Copyright and Public Good Economics: A Misunderstood Relation*, 155 **U. PA. L. REV.** 635 (2007).
18 Ronald H. Coase, *The Lighthouse in Economics*, 17 **J.L. & ECON.** 357, 360 (1974).

다. 그러나 이러한 명제는 그 자체로 모순을 안고 있다. 재산권제도에 의하여 뒷받침되는 새로운 정보의 생산이 없다면, 과소이용될 정보 자체가 존재하지 않을 것이기 때문이다.

또한 정보는 희소성이라는 경제적 재화로서의 기본성질을 가지고 있지 않고, 따라서 전통적인 재산권제도의 틀 안에서 고려될 수 없다는 주장도 반드시 정당하다고 보기 어렵다. 지식의 생산에 사용되는 '희소한' 자원의 분배 문제는 다른 자원의 효율적 분배에 적용되는 것과 동일한 경제이론이 적용되기 때문이다. 정보 그 자체는 공공재적 성격을 가진다고 볼 수 있을지 모르지만, 정보를 생산하는데 필요한 자원은 '경합적'(rival)이며 '희소한'(scarce) 자원의 최적 분배라는 문제에 직면하게 된다.[19] 따라서 정보에 대한 배타적 권리(또는 지적재산권)는 정보생산에 사용된 경합적·희소 자원에 대한 보상을 배분하는 문제를 해결함에 있어 가장 간명한 저비용의 도구가 되는 것이다.[20] 즉, 지적재산권은 단순한 산업정책의 의미를 가지는 것이 아니라 전통적 재산권과 동일한 역할을 수행한다.

나아가 정보의 비경합성은 정보를 추가로 생산하는데 드는 限界費用이 0임을 의미하는 것이 아니라 선호표출(preference revelation)에 대한 유인불일치(incentive incompatibility)의 문제이다. 일반적 재화의 경우 소비자는 '같은 가격'(same price)을 지불하며 서로 다른 양의 재화(different quantities)를 구입함으로써 선호의 강도를 표현함에 반하여, 순수공공재의 경우 소비자는 '같은 양의 재화'(same quantity)를 소비하며 '서로 다른 가격'(different prices)을 지불함으로써 선호의 강도를 표현하게 된다.[21] 그런데 각 소비자가 서로 다른 양의 재화를 구입하는 것은 외부

---

19 Harold Demsetz, *The Private Production of Public Goods,* 13 **J.L. ECON.** 293 (1970); LANDES & POSNER, **THE ECONOMIC STRUCTURE OF INTELLECTUAL PROPERTY LAW,** *supra* note 6, at 374.
20 Henry E. Smith, *Intellectual Property as Property: Delineating Entitlements in Information,* 116 **YALE L.J.** 1742 (2007).

에서 객관적으로 확인할 수 있으나, 각자가 가지는 서로 다른 지불의
사(willingness to pay)는 외부에서 확인하기 어렵다. 따라서 소비자들로
하여금 자신의 진정한 선호도를 표출하도록 유인할 별다른 방법이 없
기 때문에 각 소비자들은 내심의 의사보다 낮은 선호도를 표시하는 경
향이 있고, 이는 당해 재화의 과소생산의 결과를 야기한다는 것이 공
공재적 성격을 가지는 재화의 기본적 경제문제인 것이다 따라서 지적
재산권의 기본문제는 정보에 대한 진정한 선호도를 표출하도록 유인하
여 시장기구에 의한 효율적 자원배분을 달성할 수 있는 법제도를 고안
하는 것에 있으며, 정보의 한계생산비용이 0이라는 문제에 대응하는
것이 아니다.[22]

4. 결 론

앞서 살핀 바와 같이 공공재논증을 기초로 하는 전통적 정보이론이
반드시 정당한 전제에 서 있다고 보기는 어렵다. 물론 전통적 정보이
론의 이론적 기반이 허약하다고 하여 지적재산권 분야에 대한 경쟁법
적 개입의 정당성을 무조건적으로 부인하기는 어려울 것이다. 그러나
정보에 대한 법적권리의 성격을 재산권이 아닌 산업정책에 불과한 것
으로 격하시키고 그에 대한 성급한 정책적 개입을 정당화하는 논리는
경쟁법 분야의 입법과 해석에 부정적인 영향을 주는 것임을 유념할 필
요가 있다 할 것이다.

---

21 간단한 수리적 표현을 사용한다면, 두 명의 소비자와 하나의 재화가 있는 시장에서, 일
   반적 재화의 경우 소비자 A의 한계효용, 소비자 B의 한계효용과 그 재화를 생산하는
   한계비용은 일치하게 된다($MB_A=MB_B=MC$). 그러나 공공재의 경우 소비자 A와 소비자
   B의 한계효용 합계가 그 재화를 생산하는 한계비용과 일치하게 된다($MB_A+MB_B=MC$).
22 지적재산권의 대상이 되는 정보가 국지적 공공재(local public goods), 클럽재화(club
   goods)와 같은 불완전공공재(Impure Public Goods)의 성격을 가지고 있음을 전제로 하
   여 지적재산권 제도에 의하여 선호표출의 문제를 해결하고 시장기구에 의한 효율적
   자원배분을 달성할 수 있음을 논하는 견해도 있으나, 본 문헌에서는 상세한 논의는 생
   략하기로 한다.

23

양 종 모

제23회 사법시험에 합격 후, 1986년 대구지검에서 검사생활을
시작했다. 서울, 부산, 대구, 수원 등지에서 검사, 부장검사, 지청장
등을 역임했다. 서울지검 정보범죄수사센터(현 첨단범죄수사부의 전신격)를
총괄하면서, 은행 전산망 해킹사건 등을 담당했다. 2003년 퇴직 후, 영남대학교
법학전문대학원 교수로 형사법 강의를 맡고 있다. 인공지능의 법률적 측면뿐만 아니라,
인공지능의 본질이나 알고리즘, 코딩 등에도 깊은 관심과 애정을 갖고 있다.

인공지능에 대한 법학의 위험한 해법

I. 인공지능의 위험성에 관한 몰이해와 억측

　통상 인공지능이 해결하고자 하는 문제 또는 목표에 따라 인공지능의 구현 가능성뿐만 아니라, 그 위험성도 결정된다. 소위 General Problem Solver는 그 구현도 불가능에 가깝지만, 그 발상 자체가 위험하다. 모든 문제를 해결하기 위해서는 막강한 해결능력을 갖추어야 한다. 현실의 인간을 상정할 때 이 세계의 모든 문제를 해결할 수 있는 역량을 갖춘 이가 있기는 한가? 그런데 인공지능 알고리즘으로 General Problem Solver를 만들려는 것은 인간의 능력을 뛰어넘는 초월적 슈퍼인공지능을 만들자는 것이다. 이런 슈퍼인공지능은 그 능력의 한계도 알 수 없을 뿐만 아니라, 인간의 통제 하에 두기도 어려워 그 위험성은 현재 특이점 현상 등과 관련하여 회자되는 강인공지능에 대한 우려를 뛰어넘을 수도 있다. 어쩌면 신적인 존재로 추앙하여야 할지도 모른다. 그런데 이런 논의를 보면 그 구현 가능성을 넘어, 누가 왜 그와 같은 강인공지능을 만들고자 하는지, 그런 의도와는 무관하게 우연히 강인공지능이 탄생할 수 있는지에 대하여 고려하지 않고 있어 허술하다는 느낌을 지울 수 없다.

　이와 같은 강인공지능의 등장을 전제로 한 각종 논의를 보면 강인공지능의 등장은 필연적이라는 전제에서 출발한다. 과연 강인공지능의 등장은 가능한가? 대체로 강인공지능 등장 운운하는 사람들은 컴퓨터와 인공지능의 발전 가능성이 무한하다는 주장에 기초한다. '무한'이라는 것도 황당하지만, 불가지(不可知)의 영역에 있는 발전 가능성만을 전제로 그런 주장을 한다는 게 터무니없다. 나아가 그런 전제 하에서 법적 규율 등을 논의하려 한다는 자체가 위험하기 짝이 없는 일이다. 특히 현재 인공지능의 수준을 보면 그런 우려가 터무니없다는 점을 확신케 한다. 알파고를 개발한 구글 딥마인드의 강화학습 모델은 놀랍지만, 바둑이나 게임 등 폐쇄적인 환경에서만 뛰어난 성능을 발휘하고 있다. 더욱이 강화학습은 등장한 지 수십 년이 지난 알고리즘인데, 최근에야 빛을 보고 있는 셈이다. 로봇의 경우 인간처럼 2족 보행을 자연스럽게 해내는 모델도 없지만, 2족 보행 로봇 개발은 인간처럼 걷는다는 것을 보여주려는 쇼 같은 느낌을 지울 수 없다. 2족 보행 모델은 높은 무게 중심이나 접지압 등의 문제로 인해 4족 보행 모델에 비해서 실용성이 현저하게 떨어지며, 바퀴 구동 모델과 비교하면 효율성이 극도로 떨어진다. 오도된 인공지능 개발 또는 로봇 개발을 단적으로 보여준다.

그 기능이 제한적이면서도 그 개발 자체가 위험한 것은 인공지능 알고리즘 이용 무기다. 인공지능을 이용한 무기 개발은 일반적 인공지능 연구·개발과는 달리 취급해야 한다. 이러한 무기 개발을 통제하여야 한다는 주장에 반기를 드는 쪽은 무기 개발을 하려는 당해 국가에 국한될 것이다.

요즘 인공지능의 현실적 모델로 범용적인 사용을 보이는 것은 인터넷과 관련한 알고리즘이 전부라 해도 과언이 아니다. 인공지능에 막대한 투자를 행하는 기업의 상당수가 인터넷 검색 등을 주력으로 하는 구글, 페이스북, 바이두 등이다. IBM 왓슨 기반의 닥터 왓슨, ROSS 등은 다르지 않느냐고 반문할지 모르지만, 닥터 왓슨이라는 것도 IBM 왓슨의 플랫폼에서 작동하는 일종의 질병 진단 프로그램으로 왓슨의 인지컴퓨터 기능의 특장(特長)인 자연어처리를 기반으로 환자의 증상과 관련하여 방대한 의료 지식베이스에서 해당 지식을 검색하고 추출하는 기능이 핵심이다. 결국 검색 기능이라는 범주를 크게 벗어나지 않는다. ROSS는 어떤가? '인공지능 변호사가 로펌에 취업했다.'는 식의 자극적 기사에도 불구하고 파산법 분야에 특화된 인공지능 법률검색 프로그램에 불과하다. 감성 기능을 부가되었다는 반려로봇 아이보(AIBO)는 장난감에 가깝다. 다만 최근 등장한 휴머노이드 로봇 소피아는 사우디아라비아로부터 시민권까지 획득하는 등 흥미로운 존재이긴 하지만 상당수의 전문가들은 실제 소피아와 깊이 있는 대화를 나누기에는 한계가 있으며, 심지어 어떤 이는 좀 더 인간처럼 말하는 AI 스피커 수준이라고 폄하하기도 한다. 업계 전문가 상당수는 네트워크 속도와 컴퓨팅 파워 등의 기술적 제약으로 인해 인공지능 모델이 부분적인 역할에 특화할 수는 있겠지만 인간의 지적능력 수준과는 한참 동떨어져 있다고 진단한다. 그나마 인공지능이 이 정도에 이른 것도 시초인 1950년경으로부터 60년 이상이 걸렸다. 특이점을 거론하는 사람들이 항용(恒用)하는 '기하급수적'이라는 마법을 동원해도 인공지능 발전의 한계는 분명하다.

인공지능으로 인한 인류의 파멸 가능성을 피력하는 사람들은 이와 같은 인공지능의 한계와 현실에 대하여 무지한 탓도 있겠지만, 그들 주장의 근저에는 미지의 존재에 대한 막연한 공포감이 있는 듯하다. 미지의 존재에 대한 공포감 때문에 그 위험과 대면하여 그것의 정체를 파악하려들지 않는다. 특히 법학자들 중 상당수의 사람들도 이와 크게 다르지 않는 인식을 가지고 있다. 이런 터무니없는 인식으로 인해 인공지능 개발 자체를 제한하거나 금지하려는 규율방안을 들고 나오기까지 한다면 정말 어리석고, 위험한 일이 아닐 수 없다.

현실 문제 해결에 보다 유용하고, 현재 작동 중이기도 하며, 향후의 인공지능 개발의 목표인 약인공지능은 결코 강인공지능에서 말하는 위험성이 없다. 또 예상되는 위험성도 강인공지능의 위험성과는 달리 통제 가능하다. 이러한 약인공지능이 우연히 강인공지능이 될 가능성 또한 전혀 없으며, 이러한 약인공지능이 연합전선을 구축한다고 하더라도, 강인공지능처럼 될 가능성은 전혀 없다고 보아도 무방하다.

따라서 먼 미래에도 등장 자체가 불투명한 강인공지능을 상정한 비현실적 논의가 전개되어서는 아니 된다. 백그라운드에서 표 안 나게 작동 중인 약인공지능이 야기하거나 야기할 수 있는 법적 문제 해결에 논의를 집중시켜야 한다. 지금 현실은 약인공지능의 현실 세계에 대한 영향력이 커지고 있는 상황이며, 이런 현실을 간과하다가는 인공지능에 대한 법적 규율의 공백 사태를 야기할 수도 있다. 인공지능 알고리즘의 파급력을 감안하면 문제가 발생한 연후에 법적 규율을 도모하는 것은 규율의 지연이 아니라 규율 불가로 귀결될 것이다.

II. 약인공지능

현금의 인공지능이 초기의 좌절을 극복하고 세상이 주목할 만한 성과를 내게 된 것은 모두 약인공지능 개발이라는 현실적 목표를 세웠기 때문이며, 이러한 약인공지능은 세상의 모든 문제를 단일 알고리즘이나 시스템으로 해결하고자 하지 않는다. 오히려 현실의 복잡한 문제를 세분화하여 특정 부분의 문제를 해결하고자 한다. 물론 이러한 단순화 과정의 문제점도 없지는 않다. 특히 법 분야에서는 후술하는 바와 같이 단순화 과정에서 중요한 특성들이 절삭되어 나가면서 현실 문제 해결에 문제가 생기기 때문이다.

전복의 나이는 나무의 수령을 측정하는 것과 비슷하여, 전복 껍데기를 자른 후 전복의 나이테를 세어서 정확히 알 수 있다고 한다. 전복 개체군을 연구하는 과학자의 입장에서 전복 껍데기를 자른 후, 현미경으로 나이테를 일일이 세어야 한다면 이는 너무나 소모적인 작업일 것이다. 반면 전복의 길이나 넓이는 측정이 어렵지 않다. 이와 같이 측정이 쉬운 물리적 측정값을 기초로 머신러닝 기반의 예측모델을 만들고, 전복의 나이를 정확하게 결정하게 하는 방법은 그 편의성과 경제성 측면에서 우월하다.[1] 이런 예를 보면 예측모델의 장점이 뚜렷하다. 하나하나의 개체 차원에서 보면 예측결과가 부합되지 않을 수 있지만, 집단 자체의 예측치는 나쁘지 않다. 물론 예측모델은 실측에 비해 다소의 오차가 존재한다. 그러나 실측과 대비하여 현격하게 줄어드는 비용은 오차를 상쇄할 수 있다. 부분적으로는 오차가 있더라도, 전체적인 예측에서 크게 문제가 없다면 유용한 모델이 될 수 있다. 그러나 법 분야에서 이런 예측모델의 오차는 문제가 될 수 있다. 주가 예측 등으로 거두어들일 수 있는 수익의 예측은 다소 빗나가도 이익이 생기는 한 큰 문제가 없다. 그러나 법 분야에서 일어난 사건에서 예측의 오차는 비극적일 수도 있다.

　법학 분야의 문제 해결을 위한 방안으로 법학 분야의 여러 문제 해결에 필요한 특유의 인공지능 알고리즘을 개발하려는 발상 외에 다른 분야에서 개발된 알고리즘을 도입한다는 생각도 가능하다. 심지어 과거 추진된 인공지능 프로젝트 중에서는 특정 분야 전문가들이 인공지능이나 컴퓨터 알고리즘에 대한 지식이 없더라도 해당 분야의 전문가 시스템을 만들 수 있도록 조력하는 시스템을 개발하고자 한 적도 있고, 미국의 리걸테크 중에는 그런 플랫폼을 제공하기도 한다. 이는 인공지능 구현에 필요한 알고리즘의 틀을 제공하고, 해당 분야의 지식을 그러한 틀에 투입하기만 하면, 해당 분야의 전문가 시스템이 될 수 있다는 것인데 붕어빵 틀에 비유할 수 있다. 그러나 이러한 틀의 한계는 역시 복잡도 내지 단순화이다. 붕어빵을 만드는 재료가 단순화내지 획

---

1 마이클 보울즈 저·정동식 역,『머신러닝 인 파이썬』(초판), 비제이퍼블릭, 2015, 56면.

일화되지 않으면, 일정한 온도 하에 일정한 시간 내에 붕어빵을 구워낼 수 없다. 예를 들어 피자를 붕어빵처럼 구워내기는 어려울 것이다. 투입 재료도 복잡하지만 획일적인 방식과 틀에 적합하지 않기 때문이다. 따라서 이와 같은 틀은 단순한 재료와 목표가 되는 음식의 속성 또한 팥과 밀가루로 구성된다는 단순함이 전제되어야 한다. 인공지능공학자가 제공할 수 있는 것은 이러한 단순함이 전제된 틀이다. 인공지능공학자가 피자를 찍어낼 틀을 제공할 수 없다면 피자는 인공지능 대상 분야로 부적합하든지, 아니면 피자 전문가가 그러한 틀의 개발에 개입하여야 한다. 물론 피자가 그러한 틀로 구워낼 수 있는지, 그렇게 구워낸 피자가 상품성이 있는가는 전혀 별개의 문제이다. 법 분야에는 이와 같이 인공지능으로 구현하는 것이 가능한지, 구현이 가능하더라도 그런 서비스를 선호할 것인지 하는 의문과 연관된 특성들이 많다. 이런 점을 간과하고, 법 분야 직업의 대부분이 인공지능 알고리즘으로 대체될 수 있다는 우려를 내놓는 것은 지나친 단견이다. 따라서 법 분야에서 붕어빵과 같은 단순하고, 반복적으로 제공될 수 있는 서비스 영역은 붕어빵 틀, 아니 인공지능 알고리즘에 의하여 대체될 것이지만, 보다 복잡하고 미묘한 특성이 개재되고 있는 영역은 불가침의 영역으로 남을 가능성이 높다. 더욱이 인공지능 알고리즘은 효율적인 재고관리와 같이 인간과 무관한 영역에서의 의사결정에서는 힘을 발휘하지만, 어떤 드라마가 대박이 날 것인가와 같은 인간과 관련된 예측 또는 의사결정에서는 무력함을 보인다. 법률관계에서 인간과 인간은 끊임없이 상호작용하면서 법률관계를 형성하는데, 그런 상호작용은 인공지능 알고리즘으로 분석하기에 지나치게 복잡한 패턴을 보인다. 따라서 그 결과물인 법률관계를 분석하거나 예측함에 있어 인공지능 알고리즘은 한계를 가질 수밖에 없다.

Ⅲ. 법은 과학에 적합한가?

법이 과학에 적합한지 의문을 갖는 것은 법학이 사회과학이라는 점에 이견이 없는 상황에서 뜬금없을 수 있다. 전체 사회과학이 갖는 속성이 진정 과학이라 할 수 있는지를 떠나 법학이 과학인지에 대하여 따져볼 필요가 있다.

어떻게 보면 법의 체계가 매우 정확하고 엄격하여 수학적 정확성을 바탕으로 가능한 모든 상황에 일관되게 적용될 수 있다면 사회적으로 바람직할지 모른다. 그럴 경우 사람들은 어떤 법적 행위가 어떠한 법적 결과를 초래할지 미리 예상할 수 있다. 그러한 시스템 하에서는 보다 복잡한 법적 상황에 처했다손 치더라도 언제나 변호사에게 적절한 방안에 대한 조언을 구할 수 있고, 변호사는 소송 결과에 대하여 정확하게 예측할 수 있다.[2] 확실성과 통일성을 보장하기 위한 법률 체계의 방안 중 하나는 선례구속의 원칙이다. 이 원칙은 판사에게 특정 사건을 전에 유사한 사건이 결정된 것과 동일한 방식으로 결정하도록 강제한다.[3]

이런 상황에서라면 법적 시스템에서 법적인 규칙의 확실성이 가장 중요한 요소라고 여길 수도 있겠다. 이러한 생각은 합리주의자에게 어울린다. 그들은 모든 법적 현상이 합리화되거나 체계화될 수 있다고 믿고 있기 때문이다. 이들은 법은 발생할 수 있는 거의 모든 상황을 포괄할 수 있도록 충분히 포괄적이고 정확하며 명확한 규칙으로 구성되어 있다고 생각하기 때문에 어떤 변호사가 직면한 법적 분쟁의 해결에 있어 하여야 할 일이라곤 법률서적을 펴고 그 상황에 맞는 규칙을 발

---

2 George W. Goble, "Law As A Science", 9 Ind. L. J. 294(1934), p. 294.
3 id.

견하는 것이라고까지 생각한다.[4] 규칙만 알면 변호사는 의뢰인에게 그의 권리가 어떠하며, 소송결과가 어떠할지 정확하게 알려줄 수 있다고도 믿는다. 이 얼마나 법 현실을 모르는 황당한 생각인가? 주요 전제가 결정될 사건 자체 상황을 포함하지 않는다면, (법적) 결정을 도출하는 것은 무의미하다. 주요 전제가 될 상황을 포함시켜야 제대로 된 결정을 내릴 수 있다. 어떤 경우이든 원칙이나 주요 전제만으로는 아무 것도 해결할 수 없다. 그러므로 과학의 근간이 되는 삼단 논법은 법적 사안의 해결에 부적절하기 짝이 없다.[5] 법률은 결코 규칙의 배열에 의해 체계화되거나 설명될 수 없다. 실제 법적 분쟁의 해결 과정을 보면, 법원은 느낌, 감각 또는 직감이나 상상력을 통해 결론에 도달하고, 그런 연후 그런 결론을 정당화할 수 있는 법적 개념을 끌어내고 적용한다. 요점은 합리적 이론이 결과를 산출하는 것이 아니라, 결과가 합리적 이론을 생성한다는 것이다.

이러한 법의 속성은 법률 분야에 인공지능 알고리즘을 도입하려 할 때 크나큰 난관으로 작용할 것이다. 다른 것은 몰라도 인공지능공학자가 절대 이러한 난관을 돌파할 수 없을 것이라는 점은 장담할 수 있다. 인공지능과 법률 관련 논의는 주로 인공지능에 대한 규제체계나 규범 이슈 등의 관점에서 이루어지다보니 정작 법적 시스템에 인공지능 알고리즘을 어떻게 활용하여야 하는가 하는 문제에는 관심을 기울이지 못하고 있다. 이는 모든 분야에서 인공지능 알고리즘 활용에 관한 논의가 경쟁적으로 이루어지고 있는 양상과는 괴리가 있다. 법 분야에서도 인공지능 알고리즘을 활용하려는 다양한 시도가 이루어지고 있는 현실을 감안하면, 법학에서도 이와 관련한 연구가 시급히 이루어져야 한다. 법 분야에의 인공지능 알고리즘의 적용 방안을 제시하는 데서 나아가 알고리즘 개발에 법학이 구체적으로 기여할 필요가 있다. 인공

---

4 id at 296.
5 id at 305.

지능의 적용 과정은 각 분야마다 다른 요소를 요구하지만, 코딩보다 중요한 것은 각 분야 전문가의 혜안이기 때문이다.

Ⅳ. 법, 언어

인공지능 특히 머신러닝에서 자연어처리는 여러 분야 중의 하나가 아니다. 다른 모든 것을 합친 정도의 비중이다. 그 이유는 컴퓨터에게 뭔가를 가르치기 위해서는 컴퓨터가 이해할 수 있는 언어가 있어야 한다. 자연어 처리는 사용자의 작업을 쉽게 하고 자연 언어로 컴퓨터와 통신할 수 있도록 하기 위한 과정이다. 모든 컴퓨터 사용자가 컴퓨터 언어를 다룰 수 있는 것은 아니므로, 자연어처리 과정을 통하여만 컴퓨터 언어를 모르는 일반 사람도 컴퓨터를 사용할 수 있게 된다.[6] 여기서 자연어(natural language)란 인간 사회가 형성되면서 자연발생적으로 생겨나 진화한, 의사소통을 행하기 위한 수단으로서 사용되는 언어로서, 컴퓨터 프로그래밍을 위하여 특별히 개발된 인공어(artificial language) 또는 프로그래밍 언어(programming language)와는 구별되는 개념이다.[7]

컴퓨터가 자연어를 이해하는 것은 결코 쉬운 문제가 아니다. 컴퓨터가 인간 언어를 학습할 만큼 총명하지 못하기 때문에 사람이 컴퓨터와 대화하기 위해서는 컴퓨터 언어를 배워야 하는지도 모른다. 그런데도 대부분 학자들은 컴퓨터의 이해력을 너무 쉽게 과신하여 왔다.[8] 자연어로 컴퓨터를 가르친다는 것이 머신러닝의 핵심이다. 인간의 자연어

---

6 Diksha Khurana et al., "Natural Language Processing: State of The Art, Current Trends and Challenges", https://arxiv.org/ftp/arxiv/papers/1708/1708.05148.pdf

7 박대민, "뉴스 기사의 자연어처리", 『커뮤니케이션 이론』, 제12권 제1호, 한국언론학회, 2016년 봄호, 7면.

8 스티븐 핑커 저·김한영 외 역, 『언어본능 마음은 어떻게 언어를 만드는가?』(개정2판), 동녘사이언스, 2012, 292면.

는 규칙화나 공식화에 적합하지 못하다. 영문법을 아무리 배워도 영어로 대화하기가 쉽지 않은 것은 언어의 습득에 있어 문법이라는 규칙 이상의 것을 배워야 하기 때문이다. 더욱이 언어는 뇌의 생물학적 구조의 일부이며, 학습의 대상인 문화적 인공물이 아니라는 주장이 팽배하면서 일부 인지학자들은 언어를 심리적 능력, 마음의 기관, 신경 시스템, 연산 모듈로 설명하기도 했다.[9] 언어는 파편적인 증거들만으로 꿰어 맞출 가망이 없는 대단히 복잡하고 풍부한 구조물이기도 하다는 게 이들의 주장이다.[10] 따라서 자연어의 본래적 기능을 컴퓨터로 모사(模寫)하려는 것은 어리석기 짝이 없는 시도다. 완벽한 자연어 처리는 인공지능의 궁극이라고 하는 이야기가 있을 정도로 자연어 처리는 어렵다. 컴퓨터 알고리즘으로 자연어 처리를 하기 위한 여러 가지 방안이 모색되고 있는데, 심지어 언어 표현들의 확률분포를 예측하는 언어 모형을 사용하는 모델도 있다.[11]

이런 언어와 관련된 문제는 법 분야에서도 마찬가지다. 비록 법이라는 분야가 인공지능 알고리즘 적용에 상대적으로 용이할 것이라는 믿음에도 불구하고, 법률 용어와 관련하여 언어와 같은 문제가 도사리고 있다. 이러한 자연어 처리 또한 공학적 모델 단독으로는 절대 해결되지 않는다. 따라서 법학자의 개입이 필연적이다. 그러나 인공지능 모델이나 자연어 처리가 가지는 여러 가지 난점들에 대한 이해 없이 덤벼들었다가는 낭패를 당하기 십상일 것이다. 따라서 인공지능 알고리즘 개발에 투입될 법학자들은 인공지능 알고리즘이나 자연어 처리 프로세스에 대하여도 정통할 필요가 있다.

---

9 위의 책, 24면.
10 위의 책, 31면.
11 스튜어드 러셀 · 피터노박 저/류광 역, 『인공지능 현대적 접근방식 2』(제3판), 제이펍, 2016, 457면.

V. 머신러닝과 특징 추출

인공지능 역사에서 머신러닝의 등장은 큰 의미를 지닌다. 기계가 학습할 수 있다는 것은 더 이상 컴퓨터에게 수행할 작업을 일일이 지시하는 프로그래밍에서의 해방 그 이상의 의미를 가진다. 머신러닝의 핵심은 데이터 속에서 패턴과 관계를 발견하고 활용하는 데 있다.[12] 이러한 머신러닝에서 가장 중요한 것은 특성 추출이다. 특성 추출이 잘못되면 머신러닝 모델은 현실세계와 유리된 결과를 내놓는다. 특히 성공적인 머신러닝을 구축하는 첫 번째 단계는 데이터로 답할 수 있는 질문을 하는 것이다. 예를 들어 수집한 고객명단을 가지고 어떤 사람의 기혼 여부를 예측할 수 있는 머신러닝 모델을 만든다고 하자. 이 경우에 결혼여부는 목표(target) 또는 레이블(label)이고, 나머지 변수들은 특성(feature)으로 사용된다. 머신러닝은 입력된 특성들을 사용해 목표를 성공적으로 예측하는 일을 한다.[13] 따라서 최적의 특성 추출은 인공지능 모델의 성능에 지대한 영향을 미친다. 통계적 복잡도와 계산 복잡도를 줄이는 것은 성공적 모델 구현의 핵심이다. 이러한 특성은 머신러닝 시스템에서 입력에 해당한다.

특성 추출은 입력 데이터를 수학적으로 변환해 머신러닝 모델에 사용할 새로운 특성을 만드는 작업이다.[14] 머신러닝 시스템을 구축 할 때 핵심적인 문제가 피쳐 엔지니어링(feature engineering)이다. 시그널(Signal)이라고도 하는 특성(feature)은 기계 학습 알고리즘이 알 수 없는 객체를 분류하거나 알 수 없는 값을 추정 할 수 있도록 원시 데이터에서

---

12 헨릭 브링크 외 저·정종현 외 역,『리얼월드 머신러닝』(초판), 위키북스, 2017, 58면.
13 위의 책, 20면.
14 위의 책, 118면.

정보를 인코딩(encoding)한다. 머신러닝 알고리즘의 주된 장점은 많은 특성을 다룰 수 있는 능력이다. 더 많은 특성을 추가해 모델 정확도를 높이는 전략은 유용하다. 그러나 머신러닝에 특성을 더 많이 사용한다고 해서 반드시 좋은 결과로 이어지는 것은 아니다.[15] 머신러닝의 통계 모델링에서 예측정확도와 모델 해석 능력 사이에는 절충관계(trade off)가 있어 단순 모델의 경우 해당모델을 해석하기는 쉽지만 정확히 예측하지는 못한다. 복잡한 모델이라면 이 모델로 정확히 예측할 수 있을지 모르지만, 블랙박스와 같은 모델의 작동 구조를 파악하거나, 모델 자체를 이해하기 어려울 수 있다.[16] 즉 해석이나 설명 기능에 최적화된 모델이라고 해도 정확도 면에서는 미흡할 수 있다.[17]

특성추출은 데이터를 변형해 목표와 관련짓고, 비정형 데이터 자료를 머신러닝 모델에 사용할 수 있게 해주며, 더 해석하기 쉬운 실용적인 특성 모델 구현의 전제가 된다. 또한 보다 많은 특성집합을 사용하면 특성의 적절성 확인이 가능할 뿐만 아니라, 어떤 특성의 예측력이 더 우수한지 파악할 수 있다. 나아가 어떤 동향과 패턴도 새로 발견할 수 있다. 여러 가지 특성 중에서 수행 성능에 결정적 영향을 미치는 특성을 잘 선택하는 것은 수행 결과에도 지대한 영향을 미친다. 불행히도 좋은 특성은 고안하기가 어렵고 많은 머신러닝 시스템에서 주요한 병목(bottleneck)으로 작용한다. 실제로 어떤 특성이 머신러닝 알고리즘에 유용할지를 예측하는 것은 어렵다. 많은 수의 입력에 사용자 정의 함수를 적용하고 기계 학습 모델을 재교육하다보면 피쳐 코드에 대한 각각의 변경 사항 평가에만 막대한 시간이 걸릴 수 있다.[18]

---

15 위의 책, 129면.
16 위의 책, 62면.
17 Léon Bottou, "Feature engineering", http://www.cs.princeton.courses/archive/spring10/cos424/slides/18-feat.pdf
18 Michael R.Anderson et al., "Input Selection for Fast Feature Engineering".

VI. 법 분야의 특질과 특성 추출

과연 인공지능공학자들이 법 분야의 특성추출을 제대로 해낼 수 있을까? 법 분야의 여러 규칙을 지식기반으로 축적하고 해석하는 알고리즘만 추가하면 법 분야 전문가 시스템을 쉽게 고안할 수 있다는 초기의 생각이 좌절한 것은 이러한 법 분야의 특성 추출과 무관하지 않다. 법 분야의 여러 가지 현상을 추상화하는 것은 모델과 이론의 정립에 필수적이다. 구체적인 특징들을 절삭(切削)하여 단순화하는 것은 통일적 법체계를 위해서 불가피하였다. 입법에 있어서도 이런 추상화는 필연적이다. 현실세계를 그대로 법률 조문에 반영하여 규율할 수는 없다. 수많은 경우수를 법 조문화하고자 한다면 법률 조문은 너무나 복잡하고 방대해질 것이다.

추상화된 단순 모델의 장점은 기호화와 무관하지 않다. 자연 현상을 법칙으로 만들려고 할 때 단순한 공식으로 설명되는 것이 최상이다. 공식은 기호로 표현되어야 하며, 기호화는 컴퓨터 모델과 맞아떨어진다. 법 분야 현실의 추상화를 통해 단순모델로 정립된 여러 법학 이론들은 법학 교육 과정에서 체계성과 논리성 부여, 논증 등에서 많은 기여를 했다. 그러나 이러한 추상화된 폐쇄 환경에서 작동되는 이론 모델의 단점도 명확하다. 현실세계에 적용할 때 여러 가지 문제에 봉착한다는 것이다. 아무리 훌륭한 법률 이론가라도 현실 문제 해결에는 무력할 수밖에 없는 것이 실상이다. 현실 세계 법 분야는 단순 모델에서처럼 빈틈없이 작동되는 것이 아니라 갖가지 예외·모순 상황과 봉착할 수밖에 없고, 또 현실 세계를 단순화하게 되면 너무나 많은 특성 소실로 실제 문제 해결에 전혀 적합하지 않게 되는 난관이 생긴다. 시스템의 일관성은 일정 조건에서 일정한 결과를 산출하는 것을 의미한다. 그러나 법 분야에서 일관성이 전부는 아니다. 더군다나 법의 핵심은 논리가 아니라 경험이다. 법 분야에서의 의사결정에서 보편적인 도덕이나 정치 이론 심지어는 집단적인 편견조차 규칙이나 삼단 논법보다 더 중요할 수 있다. 법은 수세기 동안 이루어진 국가 발전 과정에서의 여러 가지 경험이 화체되어 있으며, 수학의 공리와 본질과는 전혀 다른 속성을 가지고 있다.[19] 따라서 법학 교육을 통해 어느 정도의 법학 이론으로 무장하였다고 한들 현실 문제 해결을 위해서는 해당 분야에서 상당한 훈련을 통한 현실 적용과정을 거쳐야 한다.

법 분야의 머신러닝 알고리즘을 설계하거나 훈련하는 과정에서도 이와 같은 문제가 없을 수 없다. 정립된 법학 이론들을 알고리즘으로 만든다고 하여 현실 문제가 절로 해결되지 않는다. 법학을 전공하지 않은 인공지능공학자들이 법률 이론을 알고리즘으로 만드는 과정은 이들이 법률이론을 제대로 이해하는지를 떠나, 그런 법률이론을 제대로 알고리즘화하더라도 추상화된 단순 모델인 법률 이론의 한계를 넘어서긴 어렵다. 따라서 법 분야의 여러 특성을 알고리즘에 반영하기 위해서는 법학이론뿐만 아니라, 법 분야 현실을 제대로 이해하는 전문가의 개입이 필요하다. 인공지능의 발달로 법 분야의 여러 가지 직업이 사라질 것이라는 전망이 허다하다. 그런 우려 섞인 전망과는 별개로 기술의 발전은 기존 직업의 상실을 가져오지만, 동시에 그에 못지않게 새로운 형태의 직업이 생겨날 것이라는 전망도 있다. 이런 전망들의 공통점은 단순하고 반복적인 형태의 직업은 사라지겠지만, 새로운 직역이 생겨날 것이라는 것이다. 그 새로운 직역에 법 분야의 특성 추출을 담당하는 전문가 부문이 추가되어야 할 것이다. 특성 추출의 개념화 과정을 보면 특정 전문분야의 특성 추출에 있어서 특정분야 전문가의 역할이 나온다. 즉 특정분야 전문지식을 머신러닝 모델에 적용하는

---

19 Susan Haack, "On Logic in the Law: Something, but not All", p. 1.

메커니즘(mechanism)을 보면 당면 과제에 대해 학습 중인 데이터 및 시스템에 대한 지식은 시간이 흐를수록 축적된다. 일부 문제에서는 이러한 패턴이 간단해서 머신러닝 모델이 쉽게 학습할 수 있다. 그러나 더 까다로운 문제라면 특정 분야의 전문지식을 바탕으로 특성 집합을 꾸려 주어야만 머신러닝 모델이 크게 향상된다. 여기서 중요한 시사점을 얻는다. 전문지식을 바탕으로 특정집합을 꾸려주는 과정이 머신러닝 모델 구축 과정에서 매우 중요한데, 이러한 과정은 인공지능공학자가 아닌 특정 분야 전문가에 의하여 수행될 수밖에 없다. 법 분야의 모델 구축에서는 법률 전문가가 개입하여야 한다.

Ⅶ. 수 량 화

수리물리학자 겸 공학자인 켈빈 경은 측량할 수 없는 것은 개량할 수 없다고 주장했다.[20] 과학자가 세상의 현상을 파악하기 위해서는 측량하여 데이터를 얻어야 하고, 이를 설명하는 모델을 만들어서, 올바른 결과 값이 나오는지 확인하여야 한다. 검증을 통과한 모델이라야 유의미한 과학 지식이 된다. 거꾸로 말하면 유의미한 과학 지식이 되려면 반드시 이를 뒷받침하는 측량의 결과인 데이터가 있어야 한다. 세상에는 본질적으로 측정불능의 것이 있다. 예를 들어 사랑은 수량화를 거부하고 그로 인해 사랑은 예측 불가능한 것으로 여겨진다.[21] 비단 사랑뿐이겠는가. 고통이나 슬픔은 어떤가. 법 분야에서도 수량화를 거부하는 측정 불능의 영역으로 가득 찼다. 형사소송의 예를 들면 체포영장을 발부받기 위하여서는 피의자가 죄를 범하였다고 의심할 만한 상당한 이유가 있어야 한다. 그 혐의는 주관적 혐의만으로는 부족하나, 아

---

20 루크 도멜 저·노승영 역, 『만물의 공식』, 초판(반니, 2014), 47면.
21 위의 책, 85면.

직 수사 단계인 점을 고려하여 유죄판결을 받을 수 있을 정도는 아니 되어도 된다. 그러나 이와 같은 '상당한'이라는 표지는 수량화가 가능할까? 몇 퍼센트라고 구체적 수치로 나타낼 수 있을까? 설사 그것이 가능하다고 해도 60퍼센트의 혐의는 영장 발부가 가능하고, 59퍼센트는 아니 된다는 기준을 세우면 누구나 납득할 수 있는 기준이 되겠는가? 불법행위로 입은 비재산적 손해에 대한 위자료 액수 산정에서 비재산적 손해는 계산 가능한가? 실무에서는 이런 부분에 대하여도 사실심 법원이 여러 사정을 참작하여 그 직권에 속하는 재량에 의하여 이를 산정 하고 있지만, 이러한 과정이 수량화에 적합하다고 보긴 어렵다. 특히 위자료의 산정에도 그 시대와 일반적인 법감정에 부합될 수 있는 액수가 산정되어야 한다지만,[22] 법감정이라는 요소가 계산에 적합하다고 보긴 어렵다.

나아가 일부 수량화 또는 계산이 가능한 영역이 있다고 하더라도 법 분야 현상은 복잡한 유기적 관계가 있고, 그 해결에 고려하여야 할 인자가 부지기수다. 이러한 인자 중에는 계산 또는 수량화가 가능한 것이 있는가 하면 불가능한 요소도 있다. 계산 불가능한 것과 계산 가능한 것의 합산은 불가능하다. 따라서 그 결론도 정당화되기 어렵다.

이와 같은 수량화의 문제는 인공지능 알고리즘이 법 분야에 적용되는 과정에서 여러 가지 문제를 야기할 것이다. 따라서 인공지능 알고리즘에 의한 법 영역 침탈은 저자거리에 파다한 비관적 소문보다 훨씬 어려울 수 있다.

VIII. 법, 생태계

생물학자 배리 커머너는 『The Closing Circle』이라는 저서에서 모든

---

22 대법원 2017. 11. 9. 선고 2013다26708, 26715, 26722, 26739 판결.

것은 다른 모든 것과 연관되어 있으며, 모든 살아있는 유기체에는 하나의 생태계가 존재하며 그 중 하나에 영향을 주는 것은 모두에 영향을 준다고 피력했다.[23] 법 분야가 다룰 대상인 현실 세계는 하나의 생태계에 비유할 수 있으며, 하나의 사건을 이루는 각종 요소들은 상호 연관되어 있고, 그 하나에 영향을 주는 것은 다른 모든 요소에 영향이 있을 수밖에 없다.

심지어 맥스래딘 판사는 1925년에 쓴 "사법적 결정의 이론: 판사는 어떻게 사고하는가"라는 논문에서 판사의 일을 예언에 비유하면서 예언이 틀릴 가능성이 없다면 예언하는 행위는 대수롭지 않은 일일 것이라고 했다. 이를 들어 사법적 오만이라고 비난하는 견해도 있지만,[24] 법 분야의 특성을 잘 대변하고 있다. 판사의 사고과정이 객관적이어서 감이나 편견, 그 밖에 판사에 걸맞지 않은 과정에 휘둘리지 않는다면 적절한 소양을 지닌 사람은 판사의 의사결정 과정을 명백히 이해할 수 있어야 한다는 주장[25] 또한 법 분야의 특성을 모르는 문외한의 견해이다. 논리만으로 사건의 핵심에 도달할 수 없다.[26] 나아가 법체계가 과학의 자연법칙처럼 양적으로 측정 가능해야 한다는 올리버 웬들 홈스 2세의 신념 또한 타당성이 결여된다. 법률 체계의 내재적 객관성과 예측 가능성은 별개의 문제다. 흔히 판결의 예측에 영향을 미치는 요소에 날씨, 판사의 마지막 식사 시간 등 전혀 무관하여 보이는 것들이 있다지만, 이는 오히려 머신러닝 모델링의 특성적 문제다. 특성 추출이 잘못되었을 뿐만 아니라 관계 지움이 잘못된 것이다. 이런 모델이 해석력을 지녔을 리도 없다. 우연에 가까운 결과가 첨단 머신러닝 기법을 통해 산출되었다는 이유만으로 정당화될 수 있을까? 적어도 판사는 여러 당사자의 고충을 해소하고 법률의 다양한 해석을 조화시키기 위

23 https://en.wikipedia.org/wiki/Barry_Commoner
24 루크 도멜, 앞의 책, 192면.
25 위의 책, 192면.
26 Susan Haack, supra note 19, at 4.

해서 창의성을 동원해야 한다. 이런 점에서 사법적 절차는 기계적 객관성보다 고도의 상호주의적 합의를 바탕으로 이루어진다. 머신러닝 알고리즘은 법정에서 여러모로 활용되고 기존 체계를 더 공정하게 바꾸는 데에도 효과적으로 이용될 수 있을 테지만, 선고를 대신 내릴 가능성은 희박하다.[27]

---

27 루크 도멜, 앞의 책, 195면.

24

이 중 기

홍익대학교 법학과 교수로 강의하고 있으며, 영국에서 신탁법,
회사법, 자본시장법을 공부했으며, 인적·물적 자원의 조직방법,
그 가버넌스, 신뢰보호를 위한 충실의무의 역할에 대해 연구하였다.
과학기술의 발전에 따라 등장한 신유형의 권리의무관계 및 재산권의
형태에 대해 관심이 많다. 인격을 이용한 전통적 출자조직에서 플랫폼을
이용한 계약적 공유경제조직으로의 전환에 따른 조직법적 과제와 도전에 대해
공부하고 있다.

자율주행차의 운전자 지위와 인격성
– 자동차, 운전자, 인격에 대한
의식의 변화와 그 해석 –

Ⅰ. 언어를 통한 대상의 인식과 대상의 변화

1. 대상의 인식방법으로서 언어의 "해석"과 "명명"

인식대상에 대한 이름을 어떻게 짓는가(형용사적으로 표현하면, 어떤 용어로 양상을 묘사하는가)에 따라 우리의 의식 속에서 대상의 인식 범위와 방법이 영향을 받는다.[1] 언어로 표현되는 명칭 혹은 묘사는 대상의 인식범위를 결정하고, 인식대상에 대한 의식을 형성하기 때문이다. 또, 시간의 흐름에 따라 인식대상이 변화하는 경우도 생기는데, 마찬가지로 인식대상이 변화함에 따라 대상에 대한 우리의 의식형성도 영향을 받는다.[2]

특히 인식대상이 크게 변화하는 경우, 우리는 이미 "기존 이름 하에서 형성된 의식"을 갖고 변화된 대상을 인식하기 때문에, '이름과 연관된 기존 의식'이 '변화된 대상 혹은 양상'을 명확히 이해하지 못하는 경

---

1 "언어" 혹은 "명칭"이 사람의 의식에 영향을 미치는 예로는 Ⅱ. 2. (1) 1) 참조.
2 "대상"의 변화가 사람의 의식에 영향을 미치는 예로는 Ⅲ. 2. (3) 참조.

우가 생긴다. 이 때 우리는 '변화된 대상 혹은 양상'을 기존 언어로 이해하려는 노력을 시도하게 되는데, 이런 과정을 언어의 "해석"이라고 할 수 있다. 즉 해석이란 '변화하는 대상 혹은 양상'을 이미 부여된 이름을 통해 인식하려는 시도라고 볼 수 있다.

그런데, 완전히 새로운 인식대상이 등장하거나 완전히 새로운 현상이 발생하는 경우, 기존 단어의 해석작업은 한계에 부딪히게 되고, 새로운 대상 혹은 현상에 대하여 "새로운 이름을 부여"하는 조치를 취하게 된다. 이와 같은 작업을 "조어" 혹은 "명명"이라고 할 수 있다. "명명"이란 새로운 인식대상 혹은 변화된 양상을 기존 이름으로서 이해하려는 것이 아니라 새로운 관념으로 접근하려는 의식의 전환 작업이다. 그리고 그와 동시에 새로 부여된 이름 혹은 묘사와 연관되어 새로운 의식들이 형성되기 시작한다.

2. 법적 효과의 부여방법으로서 법률의 "해석"과 "명명": 판사와 입법부의 역할

판사는 새로운 쟁점이 생긴 경우 대상과 연관된 법률용어를 세워놓고, 그 이름 하에 형성된 일반인의 의식을 발견하고, 이러한 의식으로서 새로운 대상이나 현상을 이해할 수 있는가를 결정한다. 이 과정에서 판사는 인식대상과 연관된 언어의 "해석"을 통해 동시대 일반인들 혹은 법률가들이 갖는 새로운 현상에 대한 새 의식을 발견하고 그 의식에 대해 효과를 인정함으로써 법률의 효력을 변경 혹은 확장할 수 있다. 예를 들어, 판사는 지금 우리가 "자동차"라는 이름으로 형성된 의식으로써 새롭게 등장한 비행자동차, 수상택시를 "자동차"라고 인식할 수 있는지를 확인할 수 있고, 이러한 새로운 자동차에 대한 인식을 긍정함으로써 150년전 사람들이 '자동차'라는 이름으로 알지 못했던 현상들에 대해서도 '자동차'로 인식할 수 있는 법적 효력을 선언해 준다.

하지만 판사는 해석에 있어 기존 법률용어(예를 들어 "자동차" 혹은 "비행기")에 구속되기 때문에, 판사에 의한 법률 해석은 해석가능한 용어가 이미 존재하는 경우에만 효과적으로 작동한다. 따라서 새로운 현상이 발생하고 이 현상을 기존 용어로서 이해할 수 없는 경우, 판사의 해석작업은 한계에 봉착하게 되는데, 이 때 우리는 새로운 현상에 대해 새로운 이름을 부여함으로써 그 대상 혹은 현상을 이해해야 한다 (즉 "명명" 작업). 최근 새롭게 등장한 무인조종비행체, 소위 '드론'의 등장과 관련해 설명해 보자. 새로운 대상인 무인조종비행체가 등장했을 때, 우리는 새로운 현상임을 인식하기는 했지만 그것에 대해 '비행기'라는 기존의식으로서 그 현상을 이해하기 어려웠다. 따라서, 새 이름(즉 '드론')을 부여하였고, 지금 새 이름에 따라 그에 대한 새로운 의식이 형성되는 과정을 경험하고 있다. 이러한 "명명"의 역할은 새로운 현상에 대한 의식의 혼돈을 새로운 관점에서 해결해 주는 것이어야 하는데, 법적 명명은 주로 입법부의 몫이다. 입법부가 이러한 역할을 함에 있어, 새로운 대상과 현상에 대한 정확한 이름의 부여 혹은 정확한 묘사는 매우 중요하다. 왜냐하면 앞서 말했듯이 이름 혹은 묘사는 대상에 대한 인식의 범위와 방법을 결정하기 때문이다.

3. 자율주행자동차의 등장과 그 인식: "자동차", "운전자"의 해석과 명명

지금까지 도로교통과 관련된 주행상황 혹은 사고상황들은 "자동차" 및 "운전"이란 이름으로서 쉽게 이해할 수 있었다. 도로교통은 "사람"이 "운전"하는 "자동차"에 관한 교통현상이었고, 따라서 자동차의 운전에 대한 법적 규제도 자동차와 도로교통의 안전성을 확보하기 위해 고안되었다. 즉 한편으로 자동차관리법은 "자동차"의 안전성을 확보하기 위해 자동차안전기준의 준수와 자동차의 등록을 강제[3]하고, 다른 한편으로 도로교통법은 도로교통의 안전성을 확보하기 위해 "운전자"의 면허취득을 강제하고 운전자의 교통규칙 준수를 요구[4]해 왔다.

그런데 갑자기 사람이 목표지점을 설정해 주면 목표지점까지 스스로 운전하는 자율주행차가 등장하였다. 이러한 자율주행차는 대상의 인식에 있어 새로운 의문을 야기한다. 스스로 운전하는 자율주행차의 등장으로 인해 "자동차" 및 "운전자"란 이름 하에 형성되었던 기존의 의식들이 큰 영향을 받고 있기 때문이다. 스스로 운전하는 자율주행차는 여전히 "자동차"로 인식할 수 있는가?, 아니면 (로봇과 같은) 새로운 존재로 인식해야 하는가? 만약 자율주행차를 여전히 자동차라고 인식할 수 있다면, 이러한 자율주행차의 "운전자"는 누구인가?

자율주행자동차의 등장으로 인해 발생한 새로운 현상이 기존의 "자동차" 혹은 "운전자"란 용어의 "해석"으로서 이해할 수 있는 현상인지, 아니면 새로운 이름을 "명명"해야 하는 조어의 조치가 필요한 현상인지에 대해 살펴보자.

Ⅱ. 자율주행차의 자동차성 인식

1. "자동차"에 대한 인식과 그 가변성

(1) "자동차"에 대한 인식: "자전거", "마차"와 구별되는 인식

현재 우리의 의식 속에는 자동차의 모습이 이미 각인되어 있다. 살면서 쌓은 경험과 학습을 통해 우리의 의식 속에는 "자동차"라는 이름

---

3 '자동차안전기준'에 관한 규제와 '자동차등록' 규제는 자동차관리법의 가장 핵심이 되는 규제이다.
4 '운전면허'에 대한 규제와 '교통규칙의 준수'에 관한 규제는 도로교통법의 가장 핵심이 되는 규제이다.

이 기억되어 있고, 그 이름과 연관된 자동차의 전형적 모습들도 이미 기억되어 있기 때문이다.

하지만, 처음 자동차가 등장했을 때는 이와 달랐을 것이다. 그 때 사람들은 "자동차"라는 이름을 알지 못했고, 그 모습도 알지 못했기 때문이다. 사람들은 그것을 자동차가 아니라 이미 그들의 의식 속에 존재했었던 "삼륜자전거"에 비유하거나, 혹은 "마차"에 비유해 이름을 지을 수 있었을 것이다. 하지만, 그것에 대해 사람들은 "자동차"(an automobile, das Auto)라는 '새로운 이름'을 붙였다. 그럼으로써 자전거 및 마차와 구별되는 새로운 인식인 "자동차"라는 것이 우리의 의식 속에 등장하게 되었고, 자동차라는 이름 하에 그 모습, 용법 등에 대한 새로운 의식들이 생긴 것이다.

그렇다면, 사람들은 왜 새로운 대상 혹은 현상에 대해 새로운 이름을 부여하였고 그 이름 하에서 새로운 의식들을 형성하였을까? 분명하지는 않지만, 사람들의 기존의 의식으로는 이해하기 힘든 큰 어려움이 발생했기 때문일 것이다. 즉 독자적인 내연기관의 폭발력으로 자동적으로 움직이는 이 교통수단은 사람들의 의식에 과거의 마차나 트라이

내연기관을 이용한 Benz의 1885년 삼륜 자동차

시클과 구별되는 큰 충격을 가하였기 때문에, "자동차"라는 새로운 이름을 부여하였고, 그 이름 하에 새로운 의식을 갖게 되었을 것이라고 짐작된다.

(2) "자동차"에 대한 인식의 가변성: 자동차에 대한 다양한 의식

이렇게 시작된 자동차에 대한 의식은 고정된 것이 아니다. 19세기 사람들의 의식 속에 "자동차"라는 이름으로 기억되는 모습들은 시간의 흐름에 따라 변화해 왔고 앞으로도 변할 것이다. 지금 우리가 "자동차"라는 이름으로 기억하고 있는 20세기 말 21세기 초의 자동차의 모습들은 19세기말에 처음 자동차가 발명되고 그 때 사람들이 "자동차"라고 불렀던 차의 모습들(앞의 그림 참조)과는 확연히 다르다. 마찬가지로 앞으로 미래의 사람들이 "자동차"라고 부를 미래의 차의 모습들도 지금의 자동차의 모습들과 많이 다를 것이다. 미래에는 도심을 날아다니는 교통수단이 생길 것이고, 사람들은 벌써부터 이를 비행자동차(flying car)라고 부르고 있다.

(3) '자동차'에 대한 인식의 가변성과 '자동차'란 용어의 "해석"

이처럼 사람들은 (19세기의 자동차와 같이) 새로운 대상 혹은 현상이 나타나면 이를 인식하기 위해 새로운 이름을 부여하고, 그 후 이렇게 부여된 이름과 관련하여 그 모습, 용도 등에 대한 사람들의 의식이 형성된다. 또한 이렇게 형성된 (자동차에 대한) 의식들은 시간의 경과에 따라 그 대상이나 현상이 변화하면서 ('자동차'라는) 이름 하에 계속 변화 확장하게 된다.

그런데, 앞서 본 것처럼, 인식 대상이나 현상이 변화하면서 더 이상 기존의 이름으로 변화된 대상이나 현상을 묘사하기에 부적절한 상태가 되는 경우가 있다. 예를 들어, 미래에 4인승 우주왕복교통수단이 상용화되는 경우, 이런 교통수단을 여전히 '자동차'라고 계속 인식할 수 있는가? 이러한 상황이 발생하면, 한편으로는 새로운 대상을 계속 '자동차'로 인식하려는 노력(즉 "해석")이 작동하는 반면, 다른 한편에서는 새로운 용어로 이러한 교통수단을 설명하려는 시도(즉 "명명")도 작동하게 된다.[5]

이러한 단계에서 대상에 대한 명칭(혹은 묘사)인 '언어'를 '해석'하게 되는 경우, 해석작업은 명명작업과 다른 방법으로 행해진다. 해석에 있어 우리는 먼저 (i) 대상과 연관된 어떤 이름을 세워놓고 (ii) 그 이름하에서 형성된 의식을 통해 (iii) 새로운 대상이나 현상을 이해할 수 있는가를 탐구하게 된다. 예를 들어, 도심을 떠다니는 4인승 교통수단이 생기는 경우, 우리는 이미 사용하는 "자동차"란 단어를 먼저 세워놓고, "자동차"와 연관된 의식을 통해 새로운 현상을 이해할 수 있는지 여부, 즉 그 단어의 사정범위를 판단한다. 만약 "자동차"라는 명칭(혹은 묘사방법)을 통한 자동차에 대한 우리의 의식으로서 새로운 대상인 4인승 교통수단을 포섭할 수 있다면, 우리는 '자동차'의 해석을 통해 4인승 비행자동차를 인식할 수 있게 된다. 이와 같이 "해석"이란 해당 언어에 의한 우리의 의식활동이 새로운 현상을 적절히 커버할 수 있는지에 대한 사정범위를 결정하는 것이다. 한강의 "수상택시"를 "배"로 인식하지 않고 자동차로 인식하는 것도 자동차에 관한 해석으로서 수상교통수단을 인식하는 것이다.

(4) '자동차'의 해석에서 무엇이 대상을 자동차로 파악하게 하는가?

앞서 본 것처럼, 사람들은 기존의 이름으로 설명하기 힘든 대상 혹은 현상이 발생하면 새로운 이름을 부여하고 그 이름 하에서 그 현상에 대한 새로운 의식을 발전시켜 나간다. 자동차가 처음 등장했을 때 '내연기관의 폭발력에 의한 자동성'은 19세기 말 사람들의 의식에 충격을 주었

---

5 아래의 III. 2. (3) 참조.

고, 그 외관(앞의 [그림] 참조)이 트라이시클 혹은 마차와의 유사성을 가짐에도 불구하고 사람들은 이 새로운 대상을 "자동차"(an automobile, das Auto)라고 부르게 된다.

그런데 21세기의 우리는 이미 '자동차'라는 이름을 알고 있고 이러한 자동차와 관련된 용법이나 모습에 대한 다양한 의식들을 갖고 있다. 따라서, 우리의 의식은 이미 각인된 '자동차'라는 명칭과 그와 관련된 생각들을 중심으로 전개된다. 즉 현재의 우리는, 마치 19세기말 사람들이 자신의 의식에 존재하였던 '마차'나 '트라이시클'이란 용어로서 새로운 대상과 현상을 이해하려 했던 것처럼, '자동차'라는 기존 용어로서 새롭게 변화하는 교통수단들을 이해하려 하고 있다. 특히, 우리의 자동차에 관한 의식은 소위 '콘셉트카'를 통해 계속 확장되었기 때문에 매우 강한 "충격적 현상"도 자동차라는 이름으로 이해할 가능성이 높다. 그 결과 우리의 의식 속에 형성된 "자동차"란 관념으로 설명되지 않는 "예외적 충격"이 발생하지 않는 한, 과거 사람들이 수세기 동안 '마차'라는 용어를 사용해 교통수단을 인식하였듯이 우리는 '자동차'라는 용어를 사용해 대부분의 교통수단을 인식할 것이다.

(5) 의식의 확장과 언어를 통한 해석의 확장

그렇다면 21세기의 우리는 어떻게 의식 속에서 변화하는 교통수단의 대상이나 현상을 새로운 이름을 부여하지 않고 계속 '자동차'라는 기존 명칭으로서 포섭할 수 있게 되는가? 우리는 어떻게 새로운 교통수단에 대해 '자동차'라는 용어로서 계속 이해할 수 있게 되는가? 지금 우리의 의식 속에 "내연기관의 폭발력에 의한 자동성"은 더 이상 "자동차"를 이해하는 유일한 특징이 아니기 때문이다. 이미 우리의 의식 속에는 다양한 교통수단에 대한 누적되고 광범위한 의식들이 '자동차'라는 용어로서 확장되고 있기 때문이다. 그 결과, 그 모습이 삼륜차에서 사륜차로 바뀌어도, 동력기관이 내연기관에서 전기차로 바뀌어도,

육상교통수단에서 비행수단으로 바뀌어도 이미 자동차에 대한 우리의 의식은 광범위하게 확장되었고, 그 결과 하늘을 나는 4인승 교통수단 도 '비행자동차'(flying car)로 인식하고, 한강의 소형쾌속선도 '수상택시' 로 인식할 수 있게 된 것이다.

2. 자율주행차에 대한 인식과 자동차의 해석

그럼 이제 새롭게 등장한 교통수단인 자율주행차의 인식방법에 대 해 살펴보자.

(1) 새로운 이름의 부여와 새로운 대상의 인식 문제

1) "자율주행차"로 부르는 경우의 인식

먼저 새롭게 등장한 교통수단을 자율주행차로 부르는 경우의 인식 방법에 대해 살펴보자. 인공지능이 장착된 자율주행차의 등장은 자동 차의 발명 만큼이나 획기적인 현상이다. 그럼에도 불구하고 자율주행 차의 등장은 사람들의 의식 속에 자동차가 아닌 새로운 인식대상 혹은 현상의 등장이라는 충격을 주지는 못했다. 그 이유를 살펴보자. 먼저, 그 이름이 자율주행 '자동차'이기 때문이다. 명칭은 대상의 인식범위를 결정한다. 새로운 교통수단은 자율주행차로 불리기 때문에 단지 자동 차의 운전기능을 자율주행시스템이 담당하는 '자동차'의 한 종류인 것 으로 인식된다. 또한 그 모습도 기존의 자동차 모습을 벗어난 것으로 보이지 않는다. 기존의 자동차에 자율주행시스템이 부착되어 있거나 혹은 내장되어 있는 것으로 인식하기 때문에 자동차의 기본모습에서 인식의 변화를 가져올 만한 요인이 존재하지 않기 때문이다.

2) "운전로봇"이라고 부르는 경우의 인식

만일 새로운 교통수단에 대해 운전로봇이라는 새로운 이름을 붙였다면 어땠을까? 운전로봇이라는 이름의 부여는 '자동차' 대신 '로봇'이라는 새로운 의미부여를 할 수 있는 명칭을 사용하는 것이다. 하지만, '운전' 로봇이라는 이름에 대해서 우리는 여전히 운전의 수단이 되는 교통수단, 즉 자동차의 한 종류라는 의식을 가질 수 있을 것이다.

따라서, 자율주행자동차의 등장은 변형된 이름의 부여에도 불구하고, 기존의 '자동차'라는 용어 하에서 우리의 의식 속에 형성되어 있던 자동차의 여러 관념들에 의해 여전히 자동차로 이해될 수 있는 것이다.

(2) 자율주행차에 대한 자동차법, 도로교통법의 적용

이와 같이 자율주행차는 우리의 의식 속에 새로운 인식대상으로 등장한 것이 아니고 여전히 자동차라는 이름으로서 인식되므로, 자율주행차에 대해서는 자동차를 적용대상으로 하는 기존의 자동차관련법이 그대로 적용될 수 있게 된다. 단지 자동차의 종류에 따른 특수한 규제만 준비하면 되는 것이다.

그 결과 우리는 사람들이 자율주행차를 자동차라고 인식하고 자동차에 대한 규제를 자율주행차에 대해 적용해야 한다고 주장할 때, 그 의견에 수긍할 수 있게 된다. 특히, 자동차관리법 혹은 도로교통법에 구체적인 자율주행차 관련규정이 없는 경우에도, 판사는 자율주행차를 자동차로 보고, 자율주행차에 대해 자동차관리법 등을 적용할 수 있게 되고, 우리는 판사의 해석에 동의할 수 있게 된다.

(3) '자동차'의 해석에 있어 경험칙 등의 역할

그런데, 우리의 의식 속에서 어떠한 인식 메커니즘이 작동하기에 자율주행차에 대한 자동차관리법, 도로교통법의 적용을 쉽게 긍정하게 되는가?

1) 경험칙의 역할 — 보충적 역할

우리의 의식은 백지상태에서 어떤 대상이나 현상을 인식하는 것이 아니다. 우리는 성장과정을 통한 경험 혹은 교육과정을 통한 학습에 기반해 의사소통을 위한 "일반적 상식"을 갖고 있으며, 대상이나 현상을 인식할 때 이러한 일반적 상식이 의식의 배후에서 인식활동에 영향을 미친다.[6] 이처럼 인식의 배후에 작용하는 일반적 상식들을 법령 해석의 판단기준으로 사용할 때, 우리 민법은 '조리', '신의칙', '선량한 풍속 기타 사회질서'라고 표현[7]한다.

현재를 살아가는 우리는 이러한 동시대인의 경험적인 일반적 상식에서 자율로울 수 없으며,[8] 대상이나 현상을 인식할 때에도 경험칙의 영향을 불가피하게 받는다.[9] 따라서, 일반인은 물론 판사도 "자동차"라는 단어와 연관된 일반적인 의식을 경험칙에 기해 떠올릴 수 있고, "자동차"에 대한 일반인들의 경험칙에 기해 자율주행차를 자동차로 이해할 수 있게 된다.

이와 같이 경험칙은, 새로운 현상에 대해 아직 명칭이 부여되지 않는 경우, 그 새로운 현상을 기존의 이름 혹은 묘사로서 인식할 수 있게 해 주는 default rule로서 작용하고, 판사의 해석작업을 보충하는 보조적 역할을 한다.

---

6 그런데 각 개인의 인식은 각자의 경험을 전제한다. 따라서, 각 개인들이 인식한 현상 및 그 의식들은 크게 보아 동일할지라도 구체적인 점에서는 다양할 수 있다.

7 "선량한 풍속 기타 사회질서"는 그 내용이 명확한 것이 아니고 항상 변화한다. 특히 "의식의 전환기"에는 그 구체적 내용에 대해 합의를 이루기 어렵고, 어떤 경우 기존의 "사회질서"는 개혁의 대상으로 공격당하기도 한다. 이러한 상황에서 "사회질서"는 부정적으로 "사회적 편견"이라고 표현된다.

8 기존의 사회질서를 변혁시키려는 사람들은 "사회적 편견"의 영향을 받는다고 표현할 것이다.

9 우리는 일반적 상식 혹은 사회적 편견으로부터 완전히 자유로울 수 없다. 왜냐하면, 우리의 지각활동은 생물학적 기반을 가지며, 백지상태에서 대상이나 현상을 인식하는 것이 아니고 학습된 상식 혹은 편견에 기반해 지각활동을 하기 때문이다.

2) 유 추

판사는 동시에 '자동차'에 대한 해석에 있어 유추를 시도할 수도 있다. 만약 새로운 교통수단에 대해 '자율주행차'라는 단어를 사용하지 않고, '운전로봇' 이라는 새로운 이름을 부여하였다고 하자. 그렇다고 하더라도, 판사는 기존의 교통수단에 대한 일반인들의 의식을 새로운 인식 대상 혹은 현상에 유추하여 적용할 수 있다. 따라서, 판사는 새로운 이름이 부여된 교통수단, 즉 "운전로봇"에 대해서도 그 모습과 기능이 기존의 자동차와 유사한 점에 기초해 새 교통수단을 여전히 "자동차"라고 유추할 수 있게 된다.

3) 수 사 등

경험칙에 근거한 조리의 적용 혹은 유추의 방법뿐만 아니라, 판사는 자율주행차와 같은 새로운 교통수단을 여전히 '자동차'라고 해석할 수 있는 다양한 수단들을 보유한다. 판사는 논리의 전환, 혹은 비약적 논리의 활용, 기타 수사적 방법을 동원함으로써 새로운 현상이 여전히 "자동차"란 명칭으로 설명될 수 있음을 논증할 수 있고, 이 같은 방법으로 대중들을 설득할 수 있다.

Ⅲ. 자율주행차가 차라면 "운전자"는 누구인가?

앞서 본 것처럼, 자율주행차를 인식함에 있어 "자동차성"을 긍정하였다면, 이제 다음 문제로 넘어가 보자. 자율주행차의 "운전자"는 누구인가?

1. 자율주행차에서의 "운전자"

앞서 본 것처럼, 자율주행차는 우리의 의식 속에 새로운 인식대상으로 등장한 것이 아니고 여전히 '자동차'라는 이름과 모습으로서 인식된다.[10] 인공지능이 장착된 자율주행차의 등장은 자동차의 발명 만큼이나 획기적인 현상이지만, 그럼에도 불구하고 그 명칭이나 모습에 있어 사람들의 의식 속에는 '자동차'가 아닌 새로운 인식대상 혹은 현상이라는 충격을 주지 못했기 때문이다.

그런데 우리의 자동차와 관련된 의식에는 항상 '운전' 혹은 '운전자'가 수반된다. 자동차는 항상 사람이 운전하였기 때문이다. 그런데, 이러한 자율주행차에서는 누가 운전을 하는가?

2. "운전", "운전자"의 인식과 해석

(1) "자동차"와 관련된 의식과 "운전자"

우리가 자동차와 관련해 운전을 인식할 때 "운전자"라는 단어와 연관되어 생각을 한다. 이미 우리의 의식 속에 "운전자"라는 용어가 각인되어 있기 때문이다. 주행상황, 사고상황을 인식할 때도 마찬가지이다. 판사도 도로교통법상의 주행상황 혹은 사고상황을 인식할 때 "운전" 혹은 "운전자"란 단어와 연관되어 인식을 하므로, 이러한 용어들을 해석해야 한다. 즉 판사는 사고가 발생하면 (i) 인식대상인 주행상황 혹은 사고상황과 연관된 여러 단어들을 세워놓고 (ii) 그 단어 하에서 형성된 일반인 혹은 법률가의 의식들을 통해 (iii) 사고상황, 주행상황, 기타 대상이나 현상을 이해할 수 있는지 여부를 해석한다.

---

10 II. 2. (1) 1) 참조.

(2) 자동차의 "운전자"와 그 의식

지금까지 자동차의 운전자는 사람이었다. 따라서, 우리의 의식에는 "운전자"의 운전과 관련해 사람이 조작하는 것을 당연히 전제하였다. 그런데, 새롭게 등장한 자율주행차는 사람의 관여 없이 스스로 움직인다. 자율자동차가 달리는 주행상황 혹은 사고상황에 대해 우리는 어떻게 인식하는가? 특히 누가 자율주행차를 운전한다고 인식하는가?

(3) "운전자"라는 용어로서 자율주행시스템을 포섭할 수 있는가?: 해석 v 명명

자율주행차가 도로를 달리는 경우, 차가 도로를 주행하는 현상은 분명히 인식된다. 자율주행차도 자동차이기 때문이다. 그런데 자율자동차를 운전하는 "운전자"가 누구인지는 분명히 인식되지 않는다. 우리 의식 속에 기억된 "운전자"인 사람이 자율주행차에는 존재하지 않기 때문이다. 이제 우리의 의식 속에는 한편으로는 관찰되는 현상인 차의 운전(주행) 현상으로부터 사람이 없는 경우에도 '운전자'를 인식하려는 노력(즉 "해석" 작업)이 작동하는 반면, 다른 한편에서는 "사람 없는 운전(주행)" 현상을 '운전자'가 아닌 새로운 용어로 설명하려는 시도(즉 "명명")도 작동한다.

자율주행차의 주행과 관련해 전자의 방식으로 '해석'을 하는 경우, 해석작업은 먼저 (i) 대상과 연관된 기존의 이름(즉 "운전자")을 세워놓고 (ii) 그 이름 하에서 형성된 의식(즉 운전자의 운전행위 ― 도로환경의 지각, 주행판단, 조작등)으로서 (iii) 새로운 대상이나 현상(즉 자율주행차의 운전주행)을 이해하는 과정을 밟게 된다. 즉 '운전자'의 운전조작행위를 기계적 조작행위로 해석하고 종국적으로 이를 주행시스템이 행하는 기계적 조작행위로 비유하여, '운전자'성을 사람이 아닌 기계에 대해서도 유추확장하게 되는 것이다. 지금 미시간 입법부를 비롯한 많은

사람들이 '운전자'에 대해 이러한 확장을 시도하고 있다.[11]

이에 반해 자율주행차의 "사람 없는 주행"과 관련해 후자의 방식으로 새로 '명명'을 하는 것도 가능하다. 명명작업은 (i) 사람 아닌 새로운 행위주체 기타 현상을 인식하고 (ii) 그 현상에 대해 새로운 이름을 부여하고 (iii) 새 이름에 따라 새로운 현상에 대한 의식이 형성되는 방식으로 행해진다. 그런데, 아직까지 "사람 없는 주행" 현상에 대한 새로운 명명작업은 아직 구체적으로 시도되고 있지 않다. 아마도 "사람 없는 주행"이 우리의 의식 속에 미치는 충격이 아직 미약하고, 무엇보다 운전자의 "해석"에 의해서도 충분히 새로운 현상을 이해할 수 있기 때문일 것이다.

3. '운전자' 지위의 확장

(1) "운전자"와 연관된 새로운 의식의 형성작업: 주행시스템의 운전작업 담당과 관련하여

앞서 본 것처럼, 해석작업은 (i) 대상과 연관된 기존의 이름(즉 "운전자")을 세워놓고 (ii) 그 이름 하에서 형성된 의식(즉 운전자의 운전행위 — 도로환경의 지각, 판단, 조작등)으로서 (iii) 새로운 대상이나 현상(즉 자율주행차의 운전주행)을 이해하는 작업이다. 이러한 작업이 성공적이려면, 이미 형성된 의식에 더하여 새로운 현상에 대한 의식을 형성해 기존 의식에 접목하는 작업이 필수적이다. 즉 자율주행차의 "사람 없는 주행"과 관련해 주행시스템에 의한 운전작업이 '운전자'에 의한 '운전'이라는 의식이 형성되어야 하고, 이러한 새 의식이 기존의 '운전' 혹은 '운전자'와 연관된 기존 의식에 접목되어야 하는 것이다.

---

11 이중기·황창근, "자율주행차의 도입에 따른 '운전자' 지위의 확대와 '운전자'의 의무 및 책임의 변화 — 미시간 주와 독일의 최근 입법동향과 시사점을 중심으로 —", 홍익법학 제18권 제4호 (2017) 347면, 355면 이하 참조.

(2) 주행시스템에 대한 운전자 지위의 인식

지금까지 많은 사람들의 의식 속에서 자율주행차의 도로 운전, 즉 "사람 없는 주행"은 어려움 없이 '운전'으로 인식되었지만, 누가 운전 자 인지는 불명확했다. 하지만, 서서히 '운전' 행위를 자율주행시스템이 담당한다는 의식이 형성되기 시작했고, 이에 기해 운전작업 담당기관 인 주행시스템을 '운전자' 혹은 로봇 '운전자'로 인식하기 시작했다. 드 디어 자율주행차의 자율주행시스템은 서서히 우리의 의식 속에 '운전 자'로 인식되기 시작한 것이다.[12]

4. 주행시스템에 대한 '운전자' 지위의 부여와 '권리주체성' 인정 절차

하지만, 우리의 법률체계는 아직까지 자연인 이외의 존재를 '운전자' 로 인정하고 있지 않다. 우리의 법체계는 자연인과 법인을 제외한 다 른 권리주체를 인정하고 있지 않기 때문이다. 따라서, 많은 사람들이 주행시스템에 대해 '운전자'로서의 새로운 의식을 형성하고 있기는 하 지만, 이러한 의식에 대해 법률적 효력을 부여하기 위해서는 주행시스 템을 '운전자'로 인정하는 명시적 조치가 필요하다. 이러한 명시적 조 치는 판사의 "해석"에 의해 이루어지기 보다는, 입법부가 명시적인 표 현을 통해 주행시스템의 '운전자' 지위를 "선언"하는 것(즉 입법적 "해 석")[13]이 보다 바람직하다. 미국의 미시간주는 이러한 조치를 취한 최 초의 주가 되었다.[14]

---

12 이중기, "인공지능을 가진 로봇에 대한 법적 취급: 자율주행차 사고의 법적 인식과 책 임을 중심으로", 홍익법학 제17권 제3호 (2016), 1면.
13 이것은 "명명"은 아니다. 왜냐하면 입법자는 '운전자'가 아닌 새로운 이름을 사용한 것 은 아니기 때문이다. 따라서 입법부의 "운전자"에 대한 새로운 "해석"이라고 볼 수 있 을 것이다.

(1) 권리주체성 혹은 인격에 대한 의식의 등장과 발전

그렇다면 사람들의 변화된 의식을 반영해 주행시스템에 대해 '운전자' 지위, 즉 규제목적상 제한적 권리주체성를 부여하는 것은 법적 사고에 있어 어떻게 정당화될 수 있는가? 먼저 권리주체성 혹은 권리능력 개념은 250년 정도 된 비교적 최근의 법의식이며 이는 가변적이라는 점을 주목하여야 한다. 권리주체성은 고대와 중세 봉건사회에서는 제한적으로 인정되다가 (더 정확하게 말하면 그러한 일반적 개념이 없었지만) 17, 18세기에 이르러 "인간의 존엄"을 바탕으로 하는 자연법사상의 영향으로 모든 사람에게 확대되어 인정되고, 근대법이 권리능력을 모든 사람의 능력으로 인정하였기 때문에 "인격"으로 불리게 된다.15 이처럼, "인격"에 대한 의식은 근대에 들어 법제도를 "인간본위"의 개념적 틀로서 발전시켰다는 점에서 획기적인 역사적 사명을 다했다고 보여진다. 하지만, "인격"의 개념도 시간의 경과에 따라 변화 및 확장될 수 있는 가변적인 관념이다. 특히 인간의 존엄에 근거한 인격 개념은 "권리주체"로서의 인간과 기타의 존재 즉 "권리객체"로서의 물건이라는 주종적 이분법으로 발전되는 결과를 초래하였는데, 이러한 의식의 형성은 바람직한 것인가?

(2) 외계종족은 "인격"을 갖지 못하는가?

다음의 상황을 가정해 보자. 만약 영화 트랜스포머 시리즈에 등장하는 옵티머스 프라임 같은 완전한 자율성을 갖는 새로운 외계종족(기계족)이 나타나면, 우리는 현행법 체계 하에서 그들을 물건으로 취급해야 하는가? 외계종족의 인격은 인정할 수 없는가? 만약 인공지능이 진화하여 옵티머스 프라임과 같은 완전한 자율성을 갖는 로봇이 등장하더

---

14 앞의 각주 11) 참조.
15 곽윤직, 민법총칙 (신정수정판) (2000), 109-112면.

라도 인간은 이러한 로봇을 계속 권리객체인 물건으로 취급해야 하는가? 우리가 그들과 함께 사회를 이루어 같이 살아가야 한다면, 아마도 더 이상 물건으로 취급할 수 없을 것이다. 사법제도는 과학이 아니고 우리가 인식하는 법적 대상 혹은 현상을 처리함에 있어 사회구성원들이 느끼는 규범의식과 이해관계를 공정하게 처리하고 배분하기 위한 것이다. 법적 대상 혹은 현상은 항상 변화하고 그에 따라 현상에 대한 우리의 법의식은 새롭게 형성된다.

"인격"에 대한 의식도 마찬가지라고 생각된다. 21세기를 살아가는 우리에게 권리주체 혹은 인격에 대한 의식은 더 이상 "인간의 존엄성"을 확보하기 위한 유일한 의식일 필요는 없다. "인격"에 대한 우리의 의식은 "자동차"에 대한 의식과 마찬가지로 확장하고 있기 때문이다.

(3) "인격"에 대한 의식의 확장성

현대를 사는 우리는 18세기에 등장한 "내연기관의 폭발력에 의한 자동성"을 더 이상 "자동차"를 이해하는 유일한 특징으로 생각하지 않는다. 오히려 내연기관의 폭발력은 전기차의 등장으로 인해 곧 사라질 의식이 될지 모른다. 마찬가지로, 현대를 사는 우리는 "인격"에 대한 의식 속에 17세기에 형성된 "인간의 존엄성"을 "인격"(혹은 "권리주체성")을 이해하는 유일한 특징으로 생각하지 않는다. 특히 조직법의 영역에서 "법인격"은 출자를 위한 연결점(nexus for contributions)이 됨으로써, 여러 출자자 재산의 분리와 통합을 매개하는 "재산분리"[16]와 "재산통합"[17] 기능을 수행하고 있는데, 이러한 현상은 "인격"과 연관된 의식

---

16 인격의 재산분리기능(asset partitioning)은 설립되는 조직의 입장에서는 출연자의 파산위험으로부터 조직재산을 보호하는 조직격리기능(entity shielding)으로 작동하고, 출연자의 입장에서는 조직의 파산위험으로부터 출연자를 보호하는 출연자격리기능(owner shielding) 즉 유한책임원칙으로 작동한다. 자세히는 H Hansmann & R Kraakman, "The Essential Role of Organizational Law", 110 Yale L J 387 (2000); 이중기, "법인과 비교한 신탁의 특징", 서울대학교 법학 제55권 제2호 (2014), 511면; 노혁준, "주식회사와 신탁에 관한 비교 고찰―재산분리기능을 중심으로―", 증권법연구 제14권 제2호 (2013), 627면.

속에 이미 존엄성과 다른 의식이 형성되고 있음을 보여주는 좋은 예가 된다. 21세기를 사는 우리는 이제 "인격" 혹은 "권리주체"라는 이름으로 존엄성뿐만 아니라 '재산과 책임의 귀속단위' 같은 "기능성"에 대한 의식들을 형성하고 있으며, 이러한 새로운 의식들은 기존의 '인격'이라는 이름 하에 접목되고 있다. 이와 같이 우리의 "인격"에 대한 의식의 형성이 존엄성에서 출발해 출자의 연결점과 같은 "기능성"에 대해 확장되고 있다면, 이러한 기능성에 기반해 "인격"에 대한 의식을 법인 이외의 자율성을 지닌 다른 존재에 대해서도 확장할 수 있다고 생각한다.

결론적으로 자율주행시스템에 대한 "운전자성", 즉 제한적 인격 혹은 권리주체성의 인정은 변화하는 법적 대상 혹은 현상에 관한 확장된 의식을 기존의 "운전자"란 이름으로 이해하려는 입법적 "해석"의 하나이며, 오늘을 살아가는 동시대인의 새로운 의식을 입법적으로 승인하려는 규범화 과정의 하나로 보아야 할 것이다.

Ⅳ. 정리의 말

인식대상이 변화하는 경우, "기존 이름 하에서 형성된 의식"을 갖고 변화된 대상을 인식하기 때문에, '이름과 연관된 기존 의식'이 '변화된 대상 혹은 양상'을 명확히 이해하지 못하는 경우가 생긴다. 이 때 '변화된 대상 혹은 양상'을 이미 부여된 이름으로 인식하기 위해 그 용어에 대한 "해석"을 하게 된다. 이 글에서는 과학기술의 발전으로 새롭게 등장한 자율주행차와 관련하여 "자동차" 및 "운전자"라는 용어의 해석으로서 새로운 교통현상을 인식할 수 있는지를 검토해 보았다.

먼저 새로운 교통현상인 자율주행차의 등장에 대한 인식방법에 대

---

17 인격의 재산통합기능(asset pooling)에 대해서는, 이중기, "조직법의 역할: 재산통합과 지분, 기관 유한책임의 실현", 홍익법학 제16권 제1호 (2015), 591면.

해 살펴보았는데, 자율주행차는 그 이름에 있어서나 모습에 있어 우리의 의식에 새로운 충격을 주지 않았다. 따라서 "기존 이름인 자동차하에서 형성된 의식"으로서 자율주행차라는 새로운 현상을 이해해도 인식에 큰 문제가 없었다.

하지만, 자율주행차는 스스로 운전하기 때문에 "누가 자율주행차의 운전자인가?" 라는 인식에 있어서는 어려움을 야기하였다. 따라서, "기존 이름인 운전자 하에서 형성된 의식"으로서 자율주행차 운전자라는 새로운 현상을 인식하는 경우 "해석"을 통한 새로운 의식 형성이 필요함을 살펴보았다. 즉, 자율주행차의 "사람 없는 주행"(주행시스템에 의한 운전작업)과 관련해, (i) 주행시스템의 운전조작이 '운전자'에 의한 '운전'이라는 새로운 의식이 형성되고, (ii) 이러한 새 의식이 기존의 '운전' 혹은 '운전자'와 연관된 기존 의식에 접목되어야, 사람들의 의식 속에서 자율주행차의 도로 운전, 즉 "사람 없는 주행"이 여전히 '운전자'에 의한 '운전'으로 인식될 수 있다. 지금 '운전자'와 연관되어 이러한 새로운 인식이 확장되고 있고, 자율주행시스템의 '운전' 행위를 '운전자' 혹은 로봇 '운전자'에 의한 '운전'으로 보는 새로운 의식이 기존의 의식속에 서서히 접목되고 있다.

물론 이러한 일반적 의식을 법률적으로 승인하기 위해서는 자율주행시스템을 '운전자'로 인정하는 명시적인 입법 조치가 필요하다. 현대인들의 자동차에 대한 의식 속에 18세기에 등장한 "내연기관의 폭발력에 의한 자동성"이 더 이상 "자동차"를 이해하는 유일한 특징이 아니듯이, 인격의 연결점적 기능을 생각하면 "인격"에 대한 법의식 속에도 17세기에 형성된 "인간의 존엄성"이 "인격"을 이해하는 유일한 특징은 아닐 것이다. 자율주행차에 대한 "운전자성", 즉 제한적 권리주체성의 인정은 변화하는 대상 혹은 현상에 대한 확장된 법의식을 기존 이름으로 이해하려는 입법적 "해석"이며, 현실적 인식을 법적으로 승인하는 규범화 과정이라고 생각된다.

25

Gabriel Hallevy

Professor Hallevy is a Full Professor at the Faculty of Law,
Ono Academic College, Israel. He lectures criminal law,
criminal justice, evidence law, corporation law, conflict of laws,
bankruptcy law, legal systems and games theory. He published over
30 books in Israel, US and Europe, most of them are cited by the Israeli
Supreme Court, and a few dozens of articles in US, Australia, Europe, India and
Israel. He earned his LL.B and LL.M magna cum laude from Tel-Aviv University,
and his Ph.D summa cum laude from Haifa University. The Knesset, the Israeli
Parliament, granted him a special honorary prize for the research in criminal law.
In 2013 he was chosen as one of the 40 most promising Israelis under the age of
40 by "Globes" magazine, the leading economic magazine in Israel ("Top 40
under 40"). He is a long-distance runner, holds a civil pilot license and speaks
Hebrew, English, French and German.

Dangerous Robots*
– Artificial Intelligence vs. Human Intelligence –

I. Introduction

If we are attacked by an intelligent robot, can we impose criminal liability upon robots? How can we defend ourselves legally? The technological world has changed rapidly. Simple human activities are being replaced by robots. As long as humanity used robots as mere tools, there was no real difference between robots and screwdrivers, cars or telephones. When robots became sophisticated, we used to say that robots "think" for us. The problem began when robots evolved from "thinking" machines into thinking machines (without quotation marks) — or Artificial Intelligence Robots (AI Robots). Could they become dangerous?

Unfortunately, they already are, as the above incident attests. In 1950, Isaac Asimov set down three fundamental laws of robotics in his science fiction masterpiece "I, Robot":1. A robot may not injure a human being or, through inaction, allow a human being to come to harm; 2. A robot must obey the orders given it by human beings, except where such orders

---

* I thank Professor Ahn Seong Jo for inviting me to this project.

would conflict with the First Law. 3. A robot must protect its own existence, as long as such protection does not conflict with the First or Second Laws.[1] These three fundamental laws are obviously contradictory.[2] What if a man orders a robot to hurt another person for the own good of the other person? What if the robot is in police service and the commander of the mission orders it to arrest a suspect and the suspect resists arrest? Or what if the robot is in medical service and is ordered to perform a surgical procedure on a patient, the patient objects, but the medical doctor insists that the procedure is for the patient's own good, and repeats the order to the robot?

The main question in that context is which kind of laws or ethics are correct and who is to decide. In order to cope with these same problems as they relate to humans, society devised criminal law. Criminal law embodies the most powerful legal social control in modern civilization. People's fear of AI robots, in most cases, is based on the fact that AI robots are not considered to be subject to the law, specifically to criminal law. In the past, people were similarly fearful of corporations and their power to commit a spectrum of crimes, but since corporations are legal entities subject to criminal and corporate law, that kind of fear has been reduced significantly.[3]

---

1 Isaac Asimov, I, Robot (1950).

2 Isaac Asimov himself wrote in his introduction to The Rest of Robots (1964) that "[t]here was just enough ambiguity in the Three Laws to provide the conflicts and uncertainties required for new stories, and, to my great relief, it seemed always to be possible to think up a new angle out of the 61 words of the Three Laws".

3 John C. Coffee, Jr., "No Soul to Damn: No Body to Kick": An Unscandalised Inquiry Into the Problem of Corporate Punishment, 79 Mich. L. Rev. 386 (1981); Steven Box, Power, Crime and Mystification 16-79 (1983); Brent Fisse and John Braithwaite, The Allocation of Responsibility for Corporate Crime: Individualism, Collectivism and Accountability, 11 Sydney L. Rev. 468 (1988).

The apprehension that AI robots evoke may have arisen due to Hollywood's depiction of AI robots in numerous films, such as "2001: A Space Odyssey"(1968),[4] and the modern trilogy "The Matrix"(1999, 2003, 2003),[5] in which AI robots are not subject to the law. However, it should be noted that Hollywood did treat AI robots in an empathic way as well, by depicting them as human, as almost human, or as wishing to be human.[6] This kind of treatment included, of course, clear subordination to human legal social control, and to criminal law.

The modern question relating to AI robots becomes: Does the growing intelligence of AI robots subject them to legal social control, as any other legal entity?[7] This article attempts to work out a legal solution to the problem of the criminal liability of AI robots. At the outset, a definition of an AI robot will be presented. Based on that definition, this article will then propose and introduce three models of AI robot criminal liability: (1) the perpetration-by-another liability model (2) the natural-probable-consequence liability model and (3) the direct liability model.

These three models might be applied separately, but in many situations,

---

4 Stanley Kubrick, 2001: A Space Odyssey (1968).

5 Joel Silver, The Matrix (1999); Joel Silver, Laurence Wachowski and Andrew Paul Wachowski, The Matrix Reloaded (2003); Joel Silver, Laurence Wachowski and Andrew Paul Wachowski, The Matrix Revolutions (2003).

6 See e.g. Steven Spielberg, Stanley Kubrick, Jan Harlan, Kathleen Kennedy, Walter F. Parkes and Bonnie Curtis, A.I. Artificial Intelligence (2001).

7 See in general, but not in relation to criminal law, e.g. Thorne L. McCarty, *Reflections on Taxman: An Experiment in Artificial Intelligence and Legal Reasoning*, 90 Harv. L. Rev. 837 (1977); Donald E. Elliott, *Holmes and Evolution: Legal Process as Artificial Intelligence* 13 J. Legal Stud. 113 (1984); Thomas E. Headrick and Bruce G. Buchanan, *Some Speculation about Artificial Intelligence and Legal Reasoning*, 23 Stan. L. Rev. 40 (1971); Antonio A. Martino, *Artificial Intelligence and Law*, 2 Int'l J. L. & Info. Tech. 154 (1994); Edwina L. Rissland, *Artificial Intelligence and Law: Stepping Stones to a Model of Legal Reasoning*, 99 Yale L. J. 1957 (1990).

a coordinated combination of them (all or some of them) is required in order to complete the legal structure of criminal liability. Once we examine the possibility of legally imposing criminal liability on AI robots, then the question of punishment must be addressed. How can an AI robot serve a sentence of imprisonment? How can capital punishment be imposed on an AI robot? How can probation, a pecuniary fine, etc. be imposed on an AI robot? Consequently, it is necessary to formulate viable forms of punishment in order to impose criminal liability practically on AI robots.

II. What is an AI Robot?

For some years, there has been significant controversy about the very essence of AI robots.[8] Futurologists have proclaimed the birth of a new species, machina sapiens, which will share the human place as intelligent creatures on earth.[9] Critics have argued that a "thinking machine" is an oxymoron.[10] Machines, including robots, with their foundations of cold logic, can never be insightful or creative as humans are.[11] This controversy raises the basic questions of the essence of humanity (Do human beings function as thinking machines?) and of AI (Can there be thinking machines?).[12]

---

8 Terry Winograd, *Thinking Machines: Can There Be? Are We?*, The Foundations of Artificial Intelligence 167 (Derek Partridge and Yorick Wilks eds., 2006).

9 Id.

10 Id.

11 Id.

12 For the formal foundations of AI see e.g. Teodor C. Przymusinski, *Non-Monotonic Reasoning versus Logic Programming: A New Perspective*, The Foundations of Artificial Intelligence 49

There are five attributes that one would expect an intelligent entity to have:[13] communication(One can communicate with an intelligent entity. The easier it is to communicate with an entity, the more intelligent the entity seems. One can communicate with a dog, but not about Einstein's theory of relativity. One can communicate with a little child about Einstein's theory, but it requires a discussion in terms that a child can comprehend.), mental knowledge(An intelligent entity is expected to have some knowledge about itself.), external knowledge(An intelligent entity is expected to know about the outside world, to learn about it, and utilize that information.), goal-driven behavior(An intelligent entity is expected to take action in order to achieve its goals.), and creativity(An intelligent entity is expected to have some degree of creativity. In this context, creativity means the ability to take alternate action when the initial action fails. A fly that tries to exit a room and bumps into a window pane, tries to do that over and over again. When an AI robot bumps into a window, it tries to exit using the door).

Most AI robots possess these five attributes by definition.[14] Some twenty first century types of AI robots possess even more attributes that enable them to act in far more sophisticated ways. In November 2009, during the Supercomputing Conference in Portland Oregon (SC 09), IBM scientists and others announced that they succeeded in creating a new algorithm named "Blue Matter", which possesses the thinking capabilities of a cat.[15] This algorithm collects information from very many units with

(Derek Partridge and Yorick Wilks eds., 2006); Richard W. Weyhrauch, *Prolegomena to a Theory of Mechanized formal Reasoning*, The Foundations of Artificial Intelligence 72 (Derek Partridge and Yorick Wilks eds., 2006).

13 Roger C. Schank, *Waht is AI, Anyway?*, The Foundations of Artificial Intelligence 3 (Derek Partridge and Yorick Wilks eds., 2006).

14 Id., at pp. 4-6.

15 Chris Capps, *"Thinking" Supercomputer Now Conscious as a Cat*, 11.19.2009, http://www.

parallel and distributed connections. The information is integrated and creates a full image of sensory information, perception, dynamic action and reaction, and cognition.[16] This platform simulates brain capabilities, and eventually, it is supposed to simulate real thought processes.[17] The final application of this algorithm contains not only analog and digital circuits, metal or plastics, but also protein-based biologic surfaces.

An AI robot has a wide variety of applications.[18] A robot can be designed to imitate the physical capabilities of a human being, and these capabilities can be improved.[19] A robot is capable of being physically faster and stronger than a human being. The AI software installed in it also enables the robot to calculate many complicated calculations faster and simultaneously, or to "think" faster.[20] An AI robot is capable of learning and of gaining experience, and experience is a useful way of learning.[21] All these attributes create the essence of an AI robot. AI robots and AI software are used in a wide range of applications in industry, military services, medical services, science, and even in games.[22]

---

unexplainable.net/artman/publish/article_14423.shtml; last visited Jan 10, 2010; http://sc09.supercomputing.org/; last visited Jan 10, 2010.

16 Id.

17 Id.

18 See more e.g. Yorick Wilks, *One Small Head: Models and Theories*, The Foundations of Artificial Intelligence 121 (Derek Partridge and Yorick Wilks eds., 2006); Alan Bundy and Stellan Ohlsson, *The Nature of AI Principles*, The Foundations of Artificial Intelligence 135 (Derek Partridge and Yorick Wilks eds., 2006); Thomas W. Simon, *Artificial Methodology Meets Philosophy*, The Foundations of Artificial Intelligence 155 (Derek Partridge and Yorick Wilks eds., 2006).

19 Id.

20 Id.

21 Id.

22 See e.g. William B. Schwartz, Ramesh S. Patil and Peter Szolovits, *Artificial Intelligence in Medicine Where Do We Stand*, 27 Jurimetrics J. 362 (1987); Richard E. Susskind, *Artificial Intelligence, Expert Systems and the Law*, 5 Denning L. J. 105 (1990).

III. Models of the Criminal Liability of AI Robots

The fundamental question of criminal law is the question of criminal liability; i.e., whether the specific entity (human or corporation) bears criminal liability for a specific offense committed at a specific point in time and space. In order to impose criminal liability upon a person, two main elements must exist.[23] The first is the factual element; i.e., criminal conduct(*actus reus*), while the other is the mental element; i.e., knowledge or general intent in relation to the conduct element(*mens rea*).[24] If one of them is missing, no criminal liability can be imposed. The *actus reus* requirement is expressed mainly by acts or omissions.[25] Sometimes, other factual elements are required in addition to conduct, such as the specific results of that conduct and the specific circumstances underlying the conduct.[26] The *mens rea* requirement has various levels of mental elements.[27] The highest level is expressed by knowledge, while sometimes it is accompanied by a requirement of intent or specific intention.[28] Lower

---

[23] Jerome Hall, General Principles of Criminal Law 70-211 (2nd ed., 1960, 2005).

[24] Id.

[25] Walter Harrison Hitchler, *The Physical Element of Crime*, 39 Dick. L. Rev. 95 (1934); Michael Moore, Act and Crime: The Philosophy of Action and Its Implications for Criminal Law (1993).

[26] John William Salmond, On Jurisprudence 505 (Glanville Williams ed., 11th ed., 1957); Glanville Williams, Criminal Law: The General Part §11 (2nd ed., 1961); Oliver W. Holmes, The Common Law 54 (1881, 1923); Walter Wheeler Cook, *Act, Intention, and Motive in Criminal Law*, 26 Yale L. J. 645 (1917).

[27] Hall, *supra* note 23, at pp. 105-145, 325-359.

[28] J. Ll. J. Edwards, *The Criminal Degrees of Knowledge*, 17 Mod. L. Rev. 294 (1954); Rollin M. Perkins, *"Knowledge" as a Mens Rea Requirement*, 29 Hastings L. J. 953 (1978); United States v. Youts, 229 F.3d 1312 (10th Cir.2000); United States v. Spinney, 65 F.3d 231 (1st Cir.1995); State v. Sargent, 156 Vt. 463, 594 A.2d 401 (1991); State v. Wyatt, 198 W.Va.

levels are expressed by negligence[29](a reasonable person should have known), or by strict liability offenses.[30]

No other criteria or capabilities are required in order to impose criminal liability, not from humans, nor from any other kind of entity, including corporations and AI robots.[31] An entity might possess further capabilities, however, in order to impose criminal liability, the existence of *actus reus and mens rea* in the specific offense is quite enough.[32] As far as known to science, a spider is capable of acting, but it is incapable of formulating the *mens rea* requirement; therefore, a spider bite bears no criminal liability. A parrot is capable of repeating words it hears, but it is incapable of formulating the *mens rea* requirement for libel. In order to impose criminal liability on any kind of entity, it must be proven that the above two elements existed.[33] When it has been proven that a person committed the criminal act knowingly or with criminal intent, that person is held criminally liable for that offense. The relevant question concerning the criminal liability of AI robots is: How can these entities fulfill the two requirements of criminal liability? This article proposes the imposition of criminal liability on AI robots using possible models of liability: the

---

530, 482 S.E.2d 147 (1996); People v. Steinberg, 79 N.Y.2d 673, 584 N.Y.S.2d 770, 595 N.E.2d 845 (1992).

29 Jerome Hall, *Negligent Behaviour Should Be Excluded from Penal Liability*, 63 Colum. L. Rev. 632 (1963); Robert p. Fine and Gary M. Cohen, *Is Criminal Negligence a Defensible Basis for Criminal Liability?*, 16 Buff. L. Rev. 749 (1966).

30 Jeremy Horder, *Strict Liability, Statutory Construction and the Spirit of Liberty*, 118 Law Q. Rev. 458 (2002); Francis Bowes Sayre, *Public Welfare Offenses*, 33 Colum. L. Rev. 55 (1933); Stuart p. Green, *Six Senses of Strict Liability: A Plea for Formalism*, Appraising Strict Liability 1 (A. p. Simester ed., 2005); A. p. Simester, *Is Strict Liability Always Wrong?*, Appraising Strict Liability 21 (A. p. Simester ed., 2005).

31 Hall, *supra* note 23, at pp. 70-211.

32 Id.

33 Id.

Perpetration-by-Another liability model; the Natural-Probable-Consequence liability model; and the Direct liability model. Following is an explanation of these possible models.

1. *The Perpetration–by–Another Liability Model: AI Robots as Innocent Agents*

This first model does not consider the AI robot as possessing any human attributes. The AI robot is considered an innocent agent. Accordingly, due to that legal viewpoint, a machine is a machine, and is never human. However, one cannot ignore an AI robot's capabilities, as mentioned above. Pursuant to this model, these capabilities are insufficient to deem the AI robot a perpetrator of an offense. These capabilities resemble the parallel capabilities of a mentally limited person, such as a child, or of a person who is mentally incompetent or who lacks a criminal state of mind. Legally, when an offense is committed by an innocent agent, like when a person causes a child,[34] a person who is mentally incompetent[35] or who lacks a criminal state of mind, to commit an offense,[36] that person is criminally liable as a perpetrator-by-another.[37]

---

34 Maxey v. United States, 30 App. D.C. 63 (App.D.C.1907); Commonwealth v. Hill, 11 Mass. 136 (1814); Michael, (1840) 2 Mood. 120, 169 E.R. 48.

35 Johnson v. State, 142 Ala. 70, 38 So. 182 (1904); People v. Monks, 133 Cal. App. 440, 24 p. 2d 508 (Cal.App.4Dist.1933).

36 United States v. Bryan, 483 F.2d 88 (3rd Cir.1973); Boushea v. United States, 173 F.2d 131 (8th Cir.1949); People v. Mutchler, 309 Ill. 207, 140 N.E. 820 (1923); State v. Runkles, 326 Md. 384, 605 A.2d 111 (1992); Parnell v. State, 323 Ark. 34, 912 S.W.2d 422 (Ark.1996); State v. Thomas, 619 S.W.2d 513 (Tenn.1981).

37 Morrisey v. State, 620 A.2d 207 (Del.1993); Conyers v. State, 367 Md. 571, 790 A.2d 15 (2002); State v. Fuller, 346 S.C. 477, 552 S.E.2d 282 (2001); Gallimore v. Commonwealth, 246 Va. 441, 436 S.E.2d 421 (1993).

In such cases, the intermediary is regarded as a mere instrument, albeit a sophisticated instrument, while the party orchestrating the offense(the perpetrator-by-another) is the real perpetrator as a principal in the first degree and is held accountable for the conduct of the innocent agent. The perpetrator's liability is determined on the basis of that conduct[38] and his own mental state.[39]

The derivative question relative to AI Robots is: Who is the perpetrator-by-another? There are two candidates: the first is the programmer of the AI software installed in the specific robot and the second is the user. A programmer of AI software might design a program in order to commit offenses via the AI robot. For example, a programmer designs software for an operating robot. The robot is intended to be placed in a factory, and its software is designed to torch the factory at night when no one is there. The robot committed the arson, but the programmer is deemed the perpetrator. The second person who might be considered the perpetrator-by-another is the user of the AI robot. The user did not program the software, but he uses the AI robot, including its software, for his own benefit. For example, a user purchases a servant-robot, which is designed to execute any order given by its master. The specific user is identified by the robot as that master, and the master orders the robot to assault any invader of the house. The robot executes the order exactly as ordered. This is not different than a person who orders his dog to attack any trespasser. The robot committed the assault, but the user is deemed the perpetrator.

---

38 Dusenbery v. Commonwealth, 220 Va. 770, 263 S.E.2d 392 (1980).
39 United States v. Tobon-Builes, 706 F.2d 1092 (11th Cir.1983); United States v. Ruffin, 613 F.2d 408 (2nd Cir.1979).

In both scenarios, the actual offense was committed by the AI robot. The programmer or the user did not perform any action conforming to the definition of a specific offense; therefore, they do not meet the actus reus requirement of the specific offense. The perpetration-by-another liability model considers the action committed by the AI robot as if it had been the programmer's or the user's action. The legal basis for that is the instrumental usage of the AI robot as an innocent agent. No mental attribute required for the imposition of criminal liability is attributed to the AI robot.[40] When programmers or users use an AI robot instrumentally, the commission of an offense by the AI robot is attributed to them. The mental element required in the specific offense already exists in their minds.[41] The programmer had criminal intent when he ordered the commission of the arson, and the user had criminal intent when he ordered the commission of the assault, even though these offenses were actually committed through an AI robot.

This liability model does not attribute any mental capability, or any human mental capability, to the AI robot. According to this model, there is no legal difference between an AI robot and a screwdriver or an animal. When a burglar uses a screwdriver in order to open up a window, he uses the screwdriver instrumentally, and the screwdriver is not criminally liable. The screwdriver's "action" is, in fact, the burglar's. This is the same legal situation when using an animal instrumentally. An assault committed by a dog by order of its master is, in fact, an assault

---

40 The AI robot is used as an instrument and not as a participant, although it uses its features of processing information. See e.g. George R. Cross and Cary G. Debessonet, *An Artificial Intelligence Application in the Law: CCLIPS, A Computer Program that Processes Legal Information*, 1 High Tech. L. J. 329 (1986).

41 Hall, *supra note* 23, at pp. 70-211.

committed by the master.

This kind of legal model might be suitable for two types of scenarios. The first scenario is using an AI robot to commit an offense without using its advanced capabilities. The second scenario is using a very old version of an AI robot, which lacks the modern advanced capabilities of the modern AI robots. In both scenarios, the use of the AI robot is instrumental usage. Still, it is usage of an AI robot, due to its ability to execute an order to commit an offense. A screwdriver cannot execute such an order; a dog can. A dog cannot execute complicated orders; an AI robot can.[42]

The perpetration-by-another liability model is not suitable when an AI robot decides to commit an offense based on its own accumulated experience or knowledge. This model is not suitable when the software of the AI robot was not designed to commit the specific offense, but was committed by the AI robot nonetheless. This model is also not suitable when the specific AI robot functions not as an innocent agent, but as a semi-innocent agent.[43] However, the perpetration-by-another liability model might be suitable when a programmer or user makes instrumental usage of an AI robot, but without using the AI robot's advanced capabilities. The legal result of applying this model is that the programmer and the user are fully criminally liable for the specific offense committed, while the AI robot has no criminal liability whatsoever.

---

42 Compare Andrew J. Wu, *From Video Games to Artificial Intelligence: Assigning Copyright Ownership to Works Generated by Increasingly Sophisticated Computer Programs*, 25 AIPLA Q. J. 131 (1997); Timothy L. Butler, *Can a Computer be an Author — Copyright Aspects of Artificial Intelligence*, 4 Comm. Ent. L. S. 707 (1982).

43 Nicola Lacey and Celia Wells, Reconstructing Criminal Law — Critical Perspectives on Crime and the Criminal Process 53 (2nd ed., 1998).

2. The Natural-Probable-Consequence Liability Model: Foreseeable Offenses Committed by AI Robots

The second model of criminal liability assumes deep involvement of the programmers or users in the AI robot's daily activities, but without any intention of committing any offense via the AI robot. One scenario: during the execution of its daily tasks, an AI robot commits an offense. The programmers or users had no knowledge of the offense until it had already been committed; they did not plan to commit any offense, and they did not participate in any part of the commission of that specific offense.

An example of such a scenario is when an AI robot or software, which is designed to function as an automatic pilot. The AI robot is programmed to protect the mission as part of the mission of flying the plane. During the flight, the human pilot activates the automatic pilot (which is the AI robot), and the program is initialized. At some point after activation of the automatic pilot, the human pilot sees an approaching storm and tries to abort the mission and return to base. The AI robot deems the human pilot's action as a threat to the mission and takes action in order to eliminate that threat. It might cut off the air supply to the pilot or activate the ejection seat, etc. As a result, the human pilot is killed by the AI robot's actions. Obviously, the programmer had not intended to kill anyone, especially not the human pilot, but nonetheless, the human pilot was killed as a result of the AI robot's actions, and these actions were done according to the program.

In this example, the first model is not legally suitable. The first model assumes mens rea, the criminal intent of the programmers or users to commit an offense via the instrumental use of some of the AI robot's capabilities.[44] This is not the legal situation in this case. In this case, the programmers or users had no knowledge of the committed offense; they had not planned it, and had not intended to commit the offense using the AI robot. For such cases, the second model might create a suitable legal response. This model is based upon the ability of the programmers or users to foresee the potential commission of offenses.

According to the second model, a person might be held accountable for an offense, if that offense is a natural and probable consequence of that person's conduct. Originally, the natural-probable-consequence liability was used to impose criminal liability upon accomplices, when one committed an offense, which had not been planned by all of them and which was not part of a conspiracy. The established rule prescribed by courts and commentators is that accomplice liability extends to acts of a perpetrator that were a "natural and probable consequence"[45] of a criminal scheme that the accomplice encouraged or aided.[46] The natural-

---

44 Above at subparagraph Ⅲ.A.
45 United States v. Powell, 929 F.2d 724 (D.C.Cir.1991).
46 William M. Clark and William L. Marshall, Law of Crimes 529 (7th ed., 1967); Francis Bowes Sayre, *Criminal Responsibility for the Acts of Another*, 43 Harv. L. Rev. 689 (1930); People v. Prettyman, 14 Cal.4th 248, 58 Cal.Rptr.2d 827, 926 p. 2d 1013 (1996); Chance v. State, 685 A.2d 351 (Del.1996); Ingram v. United States, 592 A.2d 992 (D.C.App.1991); Richardson v. State, 697 N.E.2d 462 (Ind.1998); Mitchell v. State, 114 Nev. 1417, 971 p. 2d 813 (1998); State v. Carrasco, 122 N.M. 554, 928 p. 2d 939 (1996); State v. Jackson, 137 Wash.2d 712, 976 p. 2d 1229 (1999).

probable-consequence liability has been widely accepted in accomplice liability statutes and recodifications.[47]

Natural-probable-consequence liability seems to be legally suitable for situations in which an AI robot committed an offense, while the programmer or user had no knowledge of it, had not intended it and had not participated in it. The natural-probable-consequence liability model requires the programmer or user to be in a mental state of negligence, not more. Programmers or users are not required to know about any forthcoming commission of an offense as a result of their activity, but are required to know that such an offense is a natural, probable consequence of their actions. A negligent person, in a criminal context, is a person who has no knowledge of the offense, but a reasonable person should have known about it, since the specific offense is a natural probable consequence of that person's conduct.[48] The programmers or users of an AI robot, who should have known about the probability of the forthcoming commission of the specific offense, are criminally liable for the specific offense, even though they did not actually know about it. This is the fundamental legal basis for criminal liability in negligence cases.[49] Negligence is, in fact, an omission of awareness or knowledge.[50] The negligent person omitted knowledge, not acts.[51]

---

47 State v. Kaiser, 260 Kan. 235, 918 p. 2d 629 (1996); United States v. Andrews, 75 F.3d 552 (9th Cir.1996).

48 Robert p. Fine and Gary M. Cohen, *Is Criminal Negligence a Defensible Basis for Criminal Liability?*, 16 Buff. L. Rev. 749 (1966); Herbert L.A. Hart, *Negligence, Mens Rea and Criminal Responsibility*, Oxford Essays in Jurisprudence 29 (1961); Donald Stuart, *Mens Rea, Negligence and Attempts*, [1968] Crim. L.R. 647 (1968).

49 Hall, *supra* note 23, at pp. 105-145.

50 Id.

51 Id.

The natural-probable-consequence liability model would permit liability to be predicated upon negligence, even when the specific offense requires a different state of mind.[52] This is not valid in relation to the person who personally committed the offense, but rather, is considered valid in relation to the person who was not the actual perpetrator of the offense, but was one of its intellectual perpetrators.[53] Reasonable programmers or users should have foreseen the offense, and prevented it from being committed by the AI robot. However, the legal results of applying the natural-probable-consequence liability model to the programmer or user differ in two different types of factual cases. The first type of case is when the programmers or users were negligent while programming or using the AI robot but had no criminal intent to commit any offense. The second type of case is when the programmers or users programmed or used the AI robot knowingly and willfully in order to commit one offense via the AI robot, but the AI robot deviated from the plan and committed some other offense, in addition to or instead of the planned offense.

The first type of case is a pure case of negligence. The programmers or users acted or omitted negligently; therefore, there is no reason why they should not be held accountable for an offense of negligence, if there is such an offense in the specific legal system. Thus, as in the above example, where a programmer of an automatic pilot negligently programmed it to defend its mission with no restrictions on the taking of human life, the programmer is negligent and liable for the homicide of

---

52 The American Law Institute, Model Penal Code — Official Draft and Explanatory Notes 312 (1962, 1985) (hereinafter "Model Penal Code"); State v. Linscott, 520 A.2d 1067 (Me.1987).
53 Id.

the human pilot. Consequently, if there is a specific offense of negligent homicide in that legal system, this is the most severe offense, for which the programmer might be held accountable, and not manslaughter or murder, which requires knowledge or intent.

The second type of case resembles the basic idea of the natural probable consequence liability in accomplice liability cases. The dangerousness of the very association or conspiracy whose aim is to commit an offense is the legal reason for more severe accountability to be imposed upon the cohorts. For example, a programmer programs an AI robot to commit a violent robbery in a bank, but the programmer did not program the AI robot to kill anyone. During the execution of the violent robbery, the AI robot kills one of the people present at the bank who resisted the robbery. In such cases, the criminal negligence liability alone is insufficient. The danger posed by such a situation far exceeds negligence.

As a result, according to the natural-probable-consequence liability model, when the programmers or users programmed or used the AI robot knowingly and willfully in order to commit one offense via the AI robot, but the AI robot deviated from the plan and committed another offense, in addition to or instead of the planned offense, the programmers or users shall be held accountable for the offense itself, as if it had been committed knowingly and willfully. In the above example of the robbery, the programmer shall be held criminally accountable for the robbery (if committed), as well as for the killing, as an offense of manslaughter or murder, which requires knowledge and intent.[54]

---

54 Cunningham, [1957] 2 Q.B. 396, [1957] 2 All E.R. 412, [1957] 3 W.L.R. 76, 41 Cr. App. Rep. 155; Faulkner, (1876) 13 Cox C.C. 550; United States v. Greer, 467 F.2d 1064 (7th Cir.1972); People v. Cooper, 194 Ill.2d 419, 252 Ill.Dec. 458, 743 N.E.2d 32 (2000); People v. Weiss, 256 App.Div. 162, 9 N.Y.S.2d 1 (1939); People v. Little, 41 Cal.App.2d

The question still remains: What is the criminal liability of the AI robot itself when the natural-probable-consequence liability model is applied? In fact, there are two possible outcomes. If the AI robot acted as an innocent agent, without knowing anything about the criminal prohibition, it is not held criminally accountable for the offense it committed. Under such circumstances, the actions of the AI robot were not different from the actions of the AI robot under the first model(the perpetration-by-another liability model). However, if the AI robot did not act merely as an innocent agent, then, in addition to the criminal liability of the programmer or user pursuant to the natural-probable-consequence liability model, the AI robot itself shall be held criminally liable for the specific offense directly. The direct liability model of AI robots is the third model, as described hereunder.

3. The Direct Liability Model: AI Robots as Direct Subjects of Criminal Liability

The third model does not assume any dependence of the AI robot on a specific programmer or user. The third model focuses on the AI robot itself.[55] As discussed above, criminal liability for a specific offense is mainly comprised of the factual element (*actus reus*) and the mental element

---

797, 107 p. 2d 634 (1941); People v. Cabaltero, 31 Cal.App.2d 52, 87 p. 2d 364 (1939); People v. Michalow, 229 N.Y. 325, 128 N.E. 228 (1920).

55 Compare e.g. Steven J. Frank, *Tort Adjudication and the Emergence of Artificial Intelligence Software*, 21 Suffolk U. L. Rev. 623 (1987); S. N. Lehmanqzig, *Frankenstein Unbound — Towards a Legal Definition of Artificial Intelligence*, 1981 Futures 442 (1981); Maruerite E. Gerstner, *Liability Issues with Artificial Intelligence Software*, 33 Santa Clara L. Rev. 239 (1993); Richard E. Susskind, *Expert Systems in Law: A Jurisprudential Approach to Artificial Intelligence and Legal Reasoning*, 49 Mod. L. Rev. 168 (1986).

(*mens rea*) of that offense.[56] Any person attributed with both elements of the specific offense is held criminally accountable for that specific offense.[57] No other criteria are required in order to impose criminal liability.[58] A person might possess further capabilities, but, in order to impose criminal liability, the existence of the factual element and the mental element required to impose liability for the specific offense is quite enough.[59] In order to impose criminal liability on any kind of entity, the existence of these elements in the specific entity must be proven.[60] When it has been proven that a person committed the offense in question with knowledge or intent, that person is held criminally liable for that offense.[61] The relevant questions regarding the criminal liability of AI robots is: How can these robots fulfill the requirements of criminal liability? Do AI robots differ from humans in this context?

An AI algorithm might have very many features and qualifications far exceeding those of an average human, but such features or qualifications are not required in order to impose criminal liability.[62] When a human or corporation fulfills the requirements of both the factual element and the mental element, criminal liability is imposed.[63] If an AI robot is capable of fulfilling the requirements of both the factual element and the mental element, and, in fact, it actually fulfills them, there is nothing to prevent criminal liability from being imposed on that AI robot. Generally, the

---

56 Hall, *supra* note 23, at pp. 70-211.
57 Id.
58 Id.
59 Id.
60 Id.
61 Id.
62 Above at paragraph II.
63 Hall, *supra* note 23, at pp. 70-211.

fulfillment of the factual element requirement of an offense is easily attributed to AI robots. As long as an AI robot controls a mechanical or other mechanism to move its moving parts, any act might be considered as performed by the AI robot. Thus, when an AI robot activates its electric or hydraulic arm and moves it, this might be considered an act, if the specific offense involves such an act. For example, in the specific offense of assault, such an electric or hydraulic movement of an AI robot that hits a person standing nearby is considered as fulfilling the actus reus requirement of the offense of assault.

When an offense might be committed due to an omission, it is even simpler. Under this scenario, the AI robot is not required to act at all. Its very inaction is the legal basis for criminal liability, as long as there had been a duty to act. If a duty to act is imposed upon the AI robot, and it fails to act, the *actus reus* requirement of the specific offense is fulfilled by way of an omission. The attribution of the mental element of offenses to AI robots is the real legal challenge in most cases. The attribution of the mental element differs from one AI technology to other. Most cognitive capabilities developed in modern AI technology are immaterial to the question of the imposition of criminal liability.[64] Creativity is a human feature that some animals also have, but creativity is a not a requirement for imposing criminal liability.[65] Even the most uncreative persons are held criminally liable. The sole mental requirements needed in order to impose criminal liability are knowledge, intent, negligence, etc., as required in the specific offense and under the general theory of criminal law.[66]

---

64 Id.
65 Id.

Knowledge is defined as sensory reception of factual data and the understanding of that data.[67] Most AI systems are well equipped for such reception.[68] Sensory receptors of sights, voices, physical contact, touch, etc., are not rare in most AI systems.[69] These receptors transfer the factual data received to central processing units that analyze the data.[70] The process of analysis in AI systems parallels that of human understanding.[71] The human brain understands the data received by eyes, ears, hands, etc., by analyzing that data. Advanced AI algorithms are trying to imitate human cognitive processes. These processes are not so different.[72]

Specific intent is the strongest of the mental element requirements.[73]

---

66 Id.

67 William James, The Principles of Psychology (1890); Hermann von Helmholtz, The Facts of Perception (1878); In this context knowledge and awareness are identical. See e.g. United States v. Youts, 229 F.3d 1312 (10th Cir.2000); State v. Sargent, 156 Vt. 463, 594 A.2d 401 (1991); United States v. Spinney, 65 F.3d 231 (1st Cir.1995); State v. Wyatt, 198 W.Va. 530, 482 S.E.2d 147 (1996); United States v. Wert-Ruiz, 228 F.3d 250 (3rd Cir.2000); United States v. Jewell, 532 F.2d 697 (9th Cir.1976); United States v. Ladish Malting Co., 135 F.3d 484 (7th Cir.1998); The Model Penal Code, supra note 52, at subsection 2.02(2)(b) (p. 21) even provides that "A person acts knowingly with a respect to a material element of an offense when: (i) if···, he is aware that his conduct is of that nature or that such circumstances exist; and (ii) if···, he is aware that it is practically certain that his conduct will cause such a result" (emphasis not in original).

68 Margaret A. Boden, Has AI Helped Psychology?, The Foundations of Artificial Intelligence 108 (Derek Partridge and Yorick Wilks eds., 2006); David Marr, AI: A Personal View, The Foundations of Artificial Intelligence 97 (Derek Partridge and Yorick Wilks eds., 2006).

69 Id.

70 Derek Partridge, What's in an AI Program?, The Foundations of Artificial Intelligence 112 (Derek Partridge and Yorick Wilks eds., 2006).

71 Id.

72 Daniel C. Dennett, Evolution, Error, and Intentionality, The Foundations of Artificial Intelligence 190 (Derek Partridge and Yorick Wilks eds., 2006); B. Chandraswkaran, What Kind of Information Processing is Intelligence?, The Foundations of Artificial Intelligence 14 (Derek Partridge and Yorick Wilks eds., 2006).

73 Robert Batey, Judicial Exploration of Mens Rea Confusion at Common Law and Under the Model Penal Code, 18 Ga. St. U. L. Rev. 341 (2001).

Specific intent is the existence of a purpose or an aim that a factual event will occur.[74] The specific intent required to establish liability for murder is a purpose or an aim that a certain person will die.[75] As a result of the existence of such intent, the perpetrator of the offense commits the offense; i.e., he performs the factual element of the specific offense.[76] This situation is not unique to humans, and an AI robot might be programmed to have a purpose or an aim and to take actions in order to achieve that purpose. This is specific intent.[77]

One might assert that humans have feelings that cannot be imitated by AI robots, not even by the most advanced robots. Such feelings are love, affection, hatred, jealousy, etc.[78] That might be correct in relation to the technology of the beginning of the twenty first century.[79] However, such feelings are rarely required in specific offenses. Most specific offenses are satisfied by knowledge of the existence of the factual element.[80] Few offenses require specific intent in addition to knowledge.[81] Almost all other offenses are satisfied by much less than that(negligence, recklessness, strict liability). Perhaps in a very few specific offenses that do require

---

74 State v. Daniels, 236 La. 998, 109 So.2d 896 (1958); Carter v. United States, 530 U.S. 255, 120 S.Ct. 2159, 147 L.Ed.2d 203 (2000); United States v. Randolph, 93 F.3d 656 (9th Cir.1996); United States v. Torres, 977 F.2d 321 (7th Cir.1992); Frey v. United States, 708 So.2d 918 (Fla.1998); State v. Neuzil, 589 N.W.2d 708 (Iowa 1999); People v. Disimone, 251 Mich.App. 605, 650 N.W.2d 436 (2002); People v. Henry, 239 Mich.App. 140, 607 N.W.2d 767 (1999).

75 For the Intent-to-Kill murder, see in Wayne R. LaFave, Criminal Law 733-734 (4th ed., 2003).

76 Id.

77 Id.

78 Capps, *supra* note 15.

79 Id.

80 Hall, *supra* note 23, at pp. 171-211.

81 Id. at pp. 105-145.

certain feelings(e.g., crimes of racism, hate[82]), criminal liability cannot be imposed upon AI robots, which have no such feelings, but in any other specific offense, it is not a barrier.[83]

If a person fulfills the requirements of both the factual element and the mental element of a specific offense, then the person is held criminally liable.[84] Why should an AI robot that fulfills all elements of an offense be exempt from criminal liability? One might argue that some segments of human society are exempt from criminal liability even if both the factual and mental elements have been established. Such segments of society are infants and the mentally ill. A specific order in criminal law exempts infants from criminal liability.[85] The social rationale behind the infancy defense is to protect infants from the harmful consequences of the criminal process and to handle them in other social frameworks.[86] Do

---

82 See e.g. Elizabeth A. Boyd, Richard A. Berk and Karl M. Hammer, *"Motivated by Hatred or Prejudice": Categorization of Hate-Motivated Crimes in Two Police Divisions*, 30 Law & Soc'y Rev. 819 (1996); Projects, *Crimes Motivated by Hatred: The Constitutionality and Impact of Hate Crimes Legislation in the United States*, 1 Syracuse J. Legis. & Pol'y 29 (1995).

83 Hall, *supra* note 23, at pp. 105-145.

84 Id. at pp. 70-211.

85 See e.g. Minn. Stat. §9913 (1927); Mont. Rev. Code §10729 (1935); N.Y. Penal Code §816 (1935); Okla. Stat. §152 (1937); Utah Rev. Stat. 103-i-40 (1933); State v. George, 20 Del. 57, 54 A. 745 (1902); Heilman v. Commonwealth, 84 Ky. 457, 1 S.W. 731 (1886); State v. Aaron, 4 N.J.L. 269 (1818); McCormack v. State, 102 Ala. 156, 15 So. 438 (1894); Little v. State, 261 Ark. 859, 554 S.W.2d 312 (1977); Clay v. State, 143 Fla. 204, 196 So. 462 (1940); In re Devon T., 85 Md.App. 674, 584 A.2d 1287 (1991); State v. Dillon, 93 Idaho 698, 471 p. 2d 553 (1970); State v. Jackson, 346 Mo. 474, 142 S.W.2d 45 (1940).

86 Frederick J. Ludwig, *Rationale of Responsibility for Young Offenders*, 29 Neb. L. Rev. 521 (1950); *In re* Tyvonne, 211 Conn. 151, 558 A.2d 661 (1989); Andrew Walkover, *The Infancy Defense in the New Juvenile Court*, 31 U.C.L.A. L. Rev. 503 (1984); Keith Foren, *Casenote: In Re Tyvonne M. Revisited: The Criminal Infancy Defense in Connecticut*, 18 Q. L. Rev. 733 (1999); Michael Tonry, *Rethinking Unthinkable Punishment Policies in America*, 46 U.C.L.A. L. Rev. 1751 (1999); Andrew Ashworth, *Sentencing Young Offenders*, Principled Sentencing: Readings on Theory and Policy 294 (Andrew von Hirsch, Andrew Ashworth and Julian Roberts eds., 3rd ed., 2009); Franklin E. Zimring, *Rationales for Distinctive Penal Policies for Youth Offenders*, Principled Sentencing: Readings on Theory and Policy 316 (Andrew von Hirsch,

such frameworks exist for AI robots? The original legal rationale behind the infancy defense was the fact that infants are as yet incapable of comprehending what was wrong in their conduct(*doli incapax*).[87] Later, children can be held criminally liable if the presumption of mental incapacity was refuted by proof that the child was able to distinguish between right and wrong.[88] Could that be similarly applied to AI robots? Most AI algorithms are capable of analyzing permitted and forbidden.

The mentally ill are presumed to lack the fault element of the specific offense, due to their mental illness(*doli incapax*).[89] The mentally ill are unable to distinguish between right and wrong(cognitive capabilities)[90] and to control impulsive behavior.[91] When an AI algorithm functions properly, there is no reason for it not to use all of its capabilities to

---

Andrew Ashworth and Julian Roberts eds., 3rd ed., 2009); Andrew von Hirsch, *Reduced Penalties for Juveniles: The Normative Dimension*, Principled Sentencing: Readings on Theory and Policy 323 (Andrew von Hirsch, Andrew Ashworth and Julian Roberts eds., 3rd ed., 2009).

87 Sir Edward Coke, Institutions of the Laws of England — Third Part 4 (6th ed., 1681, 1817, 2001).

88 Matthew Hale, Historia Placitorum Coronae 23, 26 (1736) [Matthew Hale, History of the Pleas of the Crown (1736)]; McCormack v. State, 102 Ala. 156, 15 So. 438 (1894); Little v. State, 261 Ark. 859, 554 S.W.2d 312 (1977); *In re* Devon T., 85 Md.App. 674, 584 A.2d 1287 (1991).

89 See e.g. Benjamin B. Sendor, *Crime as Communication: An Interpretive Theory of the Insanity Defense and the Mental Elements of Crime*, 74 Geo. L. J. 1371, 1380 (1986); Joseph H. Rodriguez, Laura M. LeWinn and Michael L. Perlin, *The Insanity Defense Under Siege: Legislative Assaults and Legal Rejoinders*, 14 Rutgers L. J. 397, 406-407 (1983); Homer D. Crotty, *The History of Insanity as a Defence to Crime in English Common Law*, 12 Cal. L. Rev. 105 (1924).

90 See e.g. Edward de Grazia, *The Distinction of Being Mad*, 22 U. Chi. L. Rev. 339 (1955); Warren p. Hill, *The Psychological Realism of Thurman Arnold*, 22 U. Chi. L. Rev. 377 (1955); Manfred S. Guttmacher, *The Psychiatrist as an Expert Witness*, 22 U. Chi. L. Rev. 325 (1955); Wilber G. Katz, *Law, Psychiatry, and Free Will*, 22 U. Chi. L. Rev. 397 (1955); Jerome Hall, *Psychiatry and Criminal Responsibility*, 65 Yale L. J. 761 (1956).

91 See e.g. John Barker Waite, *Irresistible Impulse and Criminal Liability*, 23 Mich. L. Rev. 443, 454 (1925); Edward D. Hoedemaker, *"Irresistible Impulse" as a Defense in Criminal Law*, 23 Wash. L. Rev. 1, 7 (1948).

analyze the factual data received through its receptors. However, an interesting legal question would be whether a defense of insanity might be raised in relation to a malfunctioning AI algorithm, when its analytical capabilities become corrupted as a result of that malfunction.

When an AI robot establishes all elements of a specific offense, both factual and mental, there is no reason to prevent imposition of criminal liability upon it for that offense. The criminal liability of an AI robot does not replace the criminal liability of the programmers or the users, if criminal liability is imposed on the programmers and users by any other legal path. Criminal liability is not to be divided, but rather, added. The criminal liability of the AI robot is imposed in addition to the criminal liability of the human programmer or user.

However, the criminal liability of an AI robot is not dependent upon the criminal liability of the programmer or user of that AI robot. As a result, if the specific AI robot was programmed or used by another AI robot, the criminal liability of the programmed or used AI robot is not influenced by that fact. The programmed or used AI robot shall be held criminally accountable for the specific offense pursuant to the direct liability model, unless it was an innocent agent. In addition, the programmer or user of the AI robot shall be held criminally accountable for that very offense pursuant to one of the three liability models, according to its specific role in the offense. The chain of criminal liability might continue, if more parties are involved, whether human or AI robots.

There is no reason to eliminate the criminal liability of an AI robot or of a human, which is based on complicity between them. An AI robot and a human might cooperate as joint perpetrators, as accessories and abettors, etc., and the relevant criminal liability might be imposed on them accordingly. Since the factual and mental capabilities of an AI robot are sufficient to impose criminal liability on it, if these capabilities satisfy the legal requirements of joint perpetrators, accessories and abettors, etc., then the relevant criminal liability as joint perpetrators, accessories and abettors, etc., should be imposed, regardless of whether the offender is an AI robot or a human.

Not only positive factual and mental elements might be attributed to AI robots. All relevant negative fault elements are attributable to AI robots. Most of these elements are expressed by the general defenses in criminal law; e.g., self-defense, necessity, duress, intoxication, etc. For some of these defenses(justifications),[92] there is no material difference between humans and AI robots, since they relate to a specific situation(*in rem*), regardless of the identity of the offender. For example, an AI robot serving under the local police force is given an order to arrest a person illegally. If the order is not manifestly illegal, the executer of the order is not criminally liable.[93] In that case, there is no difference whether the executer is human or an AI robot.

For other defenses(excuses and exempts)[94] some applications should be

---

92 John C. Smith, Justification and Excuse in the Criminal Law (1989); Anthony M. Dillof, *Unraveling Unknowing Justification*, 77 Notre Dame L. Rev. 1547 (2002); Kent Greenawalt, *Distinguishing Justifications from Excuses*, 49 Law & Contemp. Probs. 89 (Summer 1986); Kent Greenawalt, *The Perplexing Borders of Justification and Excuse*, 84 Colum. L. Rev. 949 (1984); Thomas Morawetz, *Reconstructing the Criminal Defenses: The Significance of Justification*, 77 J. Crim. L. & Criminology 277 (1986); Paul H. Robinson, *A Theory of Justification: Societal Harm as a Prerequisite for Criminal Liability*, 23 U.C.L.A. L. Rev. 266 (1975); Paul H. Robinson, *Testing Competing Theories of Justification*, 76 N.C. L. Rev. 1095 (1998).

93 Michael A. Musmanno, *Are Subordinate Officials Penally Responsible for Obeying Superior Orders which Direct Commission of Crime?*, 67 Dick. L. Rev. 221 (1963).

94 Peter Arenella, *Convicting the Morally Blameless: Reassessing the Relationship Between Legal and Moral Accountability*, 39 U.C.L.A. L. Rev. 1511 (1992); Sanford H. Kadish, *Excusing Crime*,

adjusted. For example, the intoxication defense is applied when the offender is under the physical influence of an intoxicating substance(e.g., alcohol, drugs, etc.). The influence of alcohol on an AI robot is minor, at most, but the influence of an electronic virus that is infecting the operating system of the AI robot might be considered parallel to the influence of intoxicating substances on humans. Some other factors might be considered as being parallel to insanity, loss of control, etc. It might be summed up that the criminal liability of an AI robot according to the direct liability model is not different from the relevant criminal liability of a human. In some cases, some adjustments are necessary, but substantively, it is the very same criminal liability, which is based upon the same elements and examined in the same ways.

4. Coordinating the Models

The possible liability models described above are not alternative models.[95] These models might be applied in combination in order to create a full image of criminal liability in the specific context of AI robot involvement. None of the possible models is mutually exclusive. Thus, applying the second model is possible as a single model for the specific offense, and it is possible as one part of a combination of two of the legal models or of all three of them. When the AI robot plays the role of an innocent agent in the perpetration of a specific offense, and the programmer is the only person who directed that perpetration, the application of the perpetration-

---

75 Cal. L. Rev. 257 (1987); Andrew E. Lelling, *A Psychological Critique of Character-Based Theories of Criminal Excuse*, 49 Syrac. L. Rev. 35 (1998).
95 Above at subparagraphs III.A, III.B. and III.C.

by-another model (the first liability model) is the most appropriate legal model for that situation. In that same situation, when the programmer is itself an AI robot(when an AI robot programs another AI robot to commit a specific offense), the direct liability model (the third liability model) is most appropriate to be applied to the criminal liability of the programmer of the AI robot. The third liability model in that situation is applied in addition to the first liability model, and not in lieu thereof. Thus, in such situations, the AI robot programmer shall be criminally liable, pursuant to a combination of the perpetration-by-another liability model and the direct liability model.[96]

If the AI robot plays the role of the physical perpetrator of the specific offense, but that very offense was not planned to be perpetrated, then the application of the natural-probable-consequence liability model might be appropriate. The programmer might be deemed negligent if no offense had been deliberately planned to be perpetrated, or the programmer might be held fully accountable for that specific offense if another offense had indeed been deliberately planned, but the specific offense that was perpetrated had not been part of the original criminal scheme. Nevertheless, when the programmer is not human, the direct liability model must be applied in addition to the simultaneous application of the natural-probable-consequence liability model; likewise, when the physical perpetrator is human while the planner is an AI robot.

The coordination of all possible liability models creates an opaque net of criminal liability. The combined and coordinated application of these three models reveals a new legal situation in the specific context of AI

---

96 Id.

robots and criminal law. As a result, when AI robots and humans are involved, directly or indirectly, in the perpetration of a specific offense, it will be far more difficult to evade criminal liability. The social benefit to be derived from such a legal policy is of substantial value. All entities — human, legal or AI — become subject to criminal law. If the clearest purpose of the imposition of criminal liability is the application of legal social control in the specific society, then the coordinated application of all three models is necessary in the very context of AI robots.

IV. General Punishment Adjustment Considerations

Let us assume an AI robot is criminally liable. Let us assume it is indicted, tried and convicted. After the conviction, the court is supposed to sentence that AI robot. If the most appropriate punishment under the specific circumstances is one year of imprisonment, for example, how can an AI robot practically serve such a sentence? How can capital punishment, probation or even a fine be imposed on an AI robot? What is the practical meaning of imprisonment? Where no bank account is available for the sentenced AI robot, what is the practical significance of fining it?

Similar legal problems have been raised when the criminal liability of corporations was recognized.[97] Some asked how any of the legitimate

---

[97] Gerard E. Lynch, *The Role of Criminal Law in Policing Corporate Misconduct*, 60 Law & Contemp. Probs. 23 (1997); Richard Gruner, *To Let the Punishment Fit the Organization: Sanctioning Corporate Offenders Through Corporate Probation*, 16 Am. J. Crim. L. 1 (1988); Steven Walt and William S. Laufer, *Why Personhood Doesn't Matter: Corporate Criminal Liability and Sanctions*, 18 Am. J. Crim. L. 263 (1991); John C. Coffee, Jr., *"No Soul to Damn: No Body*

penalties imposed upon humans could be applicable to corporations.[98] The answer was simple and legally applicable.[99] When a punishment can be imposed on a corporation as it is on humans, it is imposed without change.[100] When the court adjudicates a fine, the corporation pays the fine in the same way that a human pays the fine and in the same way that a corporation pays its bills in a civil context.[101] However, when punishment of a corporation cannot be carried out in the same way as with humans, an adjustment is required.[102] Such is the legal situation vis-à-vis AI robots.

The punishment adjustment considerations examine the theoretical foundations of any applied punishment. These considerations are applied in a similar manner and are comprised of three stages. Each stage may be explained by a question, as described below: (1) What is the fundamental significance of the specific punishment for a human? (2) How does that punishment affect AI robots? (3) What practical punishments may achieve the same significance when imposed on AI robots? The most significant advantage of these punishment adjustment considerations is that the significance of the specific punishment remains identical when imposed on humans and AI robots. This method of punishment adjustment considerations is referred to below in some of the punishments used in

---

to Kick": An Unscandalised Inquiry Into the Problem of Corporate Punishment, 79 Mich. L. Rev. 386 (1981); Steven Box, Power, Crime and Mystification 16-79 (1983); Brent Fisse and John Braithwaite, The Allocation of Responsibility for Corporate Crime: Individualism, Collectivism and Accountability, 11 Sydney L. Rev. 468 (1988).

98 Id.
99 Id.
100 Id.
101 Id.
102 Id.

modern societies: capital punishment, imprisonment, suspended sentencing, community service and fines.

Capital punishment is considered the most severe punishment for humans, and there is no consensus regarding its constitutionality among the various jurisdictions.[103] Capital punishment is the most effective method of incapacitating offenders as it relates to recidivism, since once the death sentence is carried out, the offender is obviously incapable of committing any further offense.[104] The significance of capital punishment for humans is the deprivation of life.[105] The "life" of an AI robot is its independent existence as an entity. Considering capital punishment's efficacy in incapacitating offenders, the practical action that may achieve the same results as capital punishment when imposed on an AI robot is deletion of the AI software controlling the AI robot. Once the deletion sentence is carried out, the offending AI robot is incapable of committing

---

103 See e.g. the abolition of capital penalty in Germany in 1949, Grundgesetz, Art. 102; in Britain for murder in 1965, Murder (Abolition of Death Penalty) Act, 1965, c.71; and the debate in the United States, *In re* Kemmler, 136 U.S. 436, 10 S.Ct. 930, 34 L.Ed. 519 (1890); Provenzano v. Moore, 744 So.2d 413 (Fla. 1999); Dutton v. State, 123 Md. 373, 91 A. 417 (1914); Campbell v. Wood, 18 F.3d 662 (9ᵗʰ Cir. 1994); Wilkerson v. Utah, 99 U.S. (9 Otto) 130, 25 L.Ed. 345 (1878); People v. Daugherty, 40 Cal.2d 876, 256 p. 2d 911 (1953); Gray v. Lucas, 710 F.2d 1048 (5ᵗʰ Cir. 1983); Hunt v. Nuth, 57 F.3d 1327 (4ᵗʰ Cir. 1995); Gregg v. Georgia, 428 U.S. 153, S.Ct. 2909, 49 L.Ed.2d 859 (1979).

104 Robert M. Bohm, Deathquest: An Introduction to the Theory and Practice of Capital Punishment in the United States 74-78 (1999); Austin Sarat, *The Cultural Life of Capital Punishment: Responsibility and Representation in* Dead Man Walking *and* Last Dance, The Killing State — Capital Punishment in Law, Politics, and Culture 226 (Austin Sarat ed., 1999); Peter Fitzpatrick, *"Always More to Do": Capital Punishment and the (De)Composition of Law*, The Killing State — Capital Punishment in Law, Politics, and Culture 117 (Austin Sarat ed., 1999).

105 Franklin E. Zimring, *The Executioner's Dissonant Song: On Capital Punishment and American Legal Values*, The Killing State — Capital Punishment in Law, Politics, and Culture 137 (Austin Sarat ed., 1999); Anthony G. Amsterdam, *Selling a Quick Fix for Boot Hill: The Myth of Justice Delayed in Death Cases*, The Killing State — Capital Punishment in Law, Politics, and Culture 148 (Austin Sarat ed., 1999).

any further offenses. The deletion eradicates the independent existence of the AI robot and is tantamount to the death penalty.

Imprisonment is one of the most popular sentences imposed in western legal systems for serious crimes.[106] The significance of imprisonment for humans is the deprivation of human liberty and the imposition of severe limitations on human free behavior, freedom of movement and freedom to manage one's personal life.[107] The "liberty" or "freedom" of an AI robot includes the freedom to act as an AI robot in the relevant area. For example, an AI robot in medical service has the freedom to participate in surgeries; an AI robot in a factory has the freedom to manufacture, etc. Considering the nature of a sentence of imprisonment, the practical action that may achieve the same effects as imprisonment when imposed on an AI robot is to put the AI robot out of use for a determinate period. During that period, no action relating to the AI robot's freedom is allowed, and thus its freedom or liberty is restricted.

Suspended sentencing is a very popular intermediate sanction in western legal systems for increasing the deterrent effect on offenders in

---

106 David J. Rothman, *For the Good of All: The Progressive Tradition in Prison Reform*, History and Crime 271 (James A. Inciardi and Charles E. Faupel eds., 1980); Michael Welch, Ironies of Imprisonment (2004); Roy D. King, T*he Rise and Rise of Supermax: An American Solution in Search of a Problem?*, 1 Punishment and Society 163 (1999); Chase Riveland, Supermax Prisons: Overview and General Considerations (1999); Jamie Fellner and Joanne Mariner, Cold Storage: Super-Maximum Security Confinement in Indiana (1997).

107 Richard Korn, *The Effects of Confinement in the High Security Unit in Lexington*, 15 Social Justice 8 (1988); Holly A. Miller, *Reexamining Psychological Distress in the Current Conditions of Segregation*, 1 Journal of Correctional Health Care 39 (1994); Frieda Bernstein, The Perception of Characteristics of Total Institutions and their Effect on Socialization (1979); Bruno Bettelheim, The Informed Heart: Autonomy in a Mass Age (1960); Marek M. Kaminski, *Games Prisoners Play: Allocation of Social Roles in a Total Institution*, 15 Rationality and Society 188 (2003); John Irwin, Prisons in Turmoil (1980); Anthony J. Manocchio and Jimmy Dunn, The Time Game: Two Views of a Prison (1982).

lieu of actual imprisonment.[108] The significance of a suspended sentence for humans is the very threat of imprisonment if the human commits a specific offense or a type of specific offense.[109] If the human commits such an offense, a sentence of imprisonment will be imposed for the first offense in addition to the sentencing for the second offense.[110] As a result, humans are deterred from committing another offense and from becoming a recidivist offender.[111] Practically, a suspended sentence is imposed only in the legal records.[112] No physical action is taken when a suspended sentence is imposed.[113] As a result, when imposing a suspended sentence, there is no difference in effect between humans and AI robots. The statutory criminal records of the state do not differentiate between a suspended sentence imposed on humans, and those imposed on corporations or AI robots, as long as the relevant entity may be identified specifically and accurately.

Community service is also a very popular intermediate sanction in western legal systems in lieu of actual imprisonment.[114] In most legal systems, community service is a substitute for short sentences of actual imprisonment.[115] In some legal systems, community service is imposed

---

108 Marc Ancel, Suspended Sentence (1971); Marc Ancel, *The System of Conditional Sentence or Sursis*, 80 L. Q. Rev. 334 (1964).

109 Id.

110 Id.

111 Anthony E. Bottoms, *The Suspended Sentence in England 1967-1978*, 21 British Journal of Criminology 1 (1981).

112 Id.

113 Id.

114 John Harding, T*he Development of the Community Service*, Alternative Strategies for Coping with Crime 164 (Norman Tutt ed., 1978); Home Office, Review of Criminal Justice Policy (1977); Ashlee Willis, *Community Service as an Alternative to Imprisonment: A Cautionary View*, 24 Probation Journal 120 (1977).

115 Id.

coupled with probation so that the offender "pays a price" for the damages he caused by committing the specific offense.[116] The significance of community service for humans is compulsory contribution of labor to the community.[117] As discussed above, an AI robot can be engaged as a worker in very many areas. When an AI robot works in a factory, its work is done for the benefit of the factory owners or for the benefit of the other workers in order to ease and facilitate their professional tasks. In the same way that an AI robot works for the benefit of private individuals, it may work for the benefit of the community. When work for the benefit of the community is imposed on an AI robot as a compulsory contribution of labor to the community, it may be considered community service. Thus, the significance of community service is identical, whether imposed on humans or AI robots.

The adjudication of a fine is the most popular intermediate sanction in western legal systems in lieu of actual imprisonment.[118] The significance of paying a fine for humans is deprivation of some of their property, whether the property is money (a fine) or other property(forfeiture).[119]

---

116 Julie Leibrich, Burt Galaway and Yvonne Underhill, *Community Sentencing in New Zealand: A Survey of Users*, 50 Federal Probation 55 (1986); James Austin and Barry Krisberg, *The Unmet Promise of Alternatives*, 28 Journal of Research in Crime and Delinquency 374 (1982); Mark S. Umbreit, *Community Service Sentencing: Jail Alternatives or Added Sanction?*, 45 Federal Probation 3 (1981).

117 Id.

118 Gerhardt Grebing, The Fine in Comparative Law: A Survey of 21 Countries (1982); Judith A. Greene, *Structuring Criminal Fines: Making an 'Intermediate Penalty' More Useful and Equitable*, 13 Justice System Journal 37 (1988); Nigel Walker and Nicola Padfield, Sentencing: Theory, Law and Practice (1996); Manfred Zuleeg, *Criminal Sanctions to be Imposed on Individuals as Enforcement Instruments in European Competition Law*, European Competition Law Annual 2001: Effective Private Enforcement of EC Antitrust Law 451 (Claus-Dieter Ehlermann and Isabela Atanasiu eds., 2001).

119 Steve Uglow, Criminal Justice (1995); Douglas C. McDonald, Judith A. Greene and Charles Worzella, Day-Fines in American Courts: The Staten-Island and Milwaukee

When a person fails to pay a fine, or has insufficient property to pay the fine, substitute penalties are imposed on the offender, particularly imprisonment.[120] The imposition of a fine on a corporation is identical to the imposition of a fine on a person, since both people and corporations have property and bank accounts, so the payment of a fine is identical, whether the paying entity is human or a corporate entity.

However, most AI robots have no money or property of their own, nor have they any bank accounts. If an AI robot does have its own property or money, the imposition of a fine on it would be identical to the imposition of a fine on humans or corporations. For most humans and corporations, property is gained through labor.[121] When paying a fine, the property, which is a result of labor, is transferred to the state.[122] That labor might be transferred to the state in the form of property or directly as labor. As a result, a fine imposed on an AI robot might be collected as money or property and as labor for the benefit of the community. When the fine is collected in the form of labor for the benefit of the community, it is not different from community service as described above. Thus, most common punishments are applicable to AI robots. The imposition of specific penalties on AI robots does not negate the nature of these penalties in comparison with their imposition on humans. Of course, some general punishment adjustment considerations are necessary in order to apply these penalties, but still, the nature of

Experiments (1992).

120 Fiori Rinaldi, Imprisonment for Non-Payment of Fines (1976); *Use of Short Sentences of Imprisonment by the Court*, Report of the Scottish Advisory Council on the Treatment of Offenders (1960).
121 John Locke, Two Treatises of Government (1689).
122 See, *supra*, note 118.

these penalties remains the same relative to humans and to AI robots.

V. Conclusion

If all of its specific requirements are met, criminal liability may be imposed upon any entity — human, corporate or AI robot. Modern times warrant modern legal measures in order to resolve today's legal problems. The rapid development of Artificial Intelligence technology requires current legal solutions in order to protect society from possible dangers inherent in technologies not subject to the law, especially criminal law. Criminal law has a very important social function — that of preserving social order for the benefit and welfare of society. The threats upon that social order may be posed by humans, corporations or AI robots.

Traditionally, humans have been subject to criminal law, except when otherwise decided by international consensus. Thus, minors and mentally ill persons are not subject to criminal law in most legal systems around the world.[123] Although corporations in their modern form have existed since the fourteenth century,[124] it took hundreds of years to subordinate corporations to the law, and especially, to criminal law.[125] For hundreds of years, the law stated that corporations are not subject to criminal law, as inspired by Roman law(*societas delinquere non potest*).[126] It was only in 1635

---

123 Above at subparagraph III.A.
124 William Searle Holdsworth, A History of English Law 471-476 (1923).
125 Id.
126 William Searle Holdsworth, *English Corporation Law in the 16th and 17th Centuries*, 31 Yale L. J. 382 (1922); William Robert Scott, The Constitution and Finance of English, Scotish and Irish Joint-Stock Companies to 1720 462 (1912); Bishop Carleton Hunt, The Development of the Business Corporation in England 1800-1867 6 (1963).

that an English court dared to impose criminal liability on a corporation.[127] It was inevitable. Corporations participate fully in human life, and it was outrageous not to subject them to human laws, since offenses are committed by corporations or through them. But corporations have neither body nor soul. Legal solutions were developed so that in relation to criminal liability, they would be deemed capable of fulfilling all requirements of criminal liability, including factual elements and mental elements.[128] These solutions were embodied in models of criminal liability and general punishment adjustment considerations. It worked. In fact, it is still working, and very successfully.[129]

Why should AI robots be different from corporations? AI robots are taking larger and larger parts in human activities, as do corporations. Offenses have already been committed by AI robots or through them. AI robots have no soul. Thus, there is no substantive legal difference between the idea of criminal liability imposed on corporations and on AI robots. It would be outrageous not to subordinate them to human laws, as corporations have been. Models of criminal liability do exist and general paths to impose punishment. What else is needed?

---

127 Langforth Bridge, (1635) Cro. Car. 365, 79 E.R. 919; See in addition Clifton (Inhabitants), (1794) 5 T.R. 498, 101 E.R. 280; Great Broughton (Inhabitants), (1771) 5 Burr. 2700, 98 E.R. 418; Stratford-upon-Avon Corporation, (1811) 14 East 348, 104 E.R. 636; Liverpool (Mayor), (1802) 3 East 82, 102 E.R. 529; Saintiff, (1705) 6 Mod. 255, 87 E.R. 1002.
128 Frederick Pollock, *Has the Common Law Received the Fiction Theory of Corporations?*, 27 L. Q. Rev. 219 (1911).
129 Id.

26

Ying Hu

Ying Hu is a Sheridan Fellow at the National University
of Singapore and a J.S.D. candidate at Yale Law School.
Her research focuses on the regulation of information collection
and analysis, with particular emphasis on the impact of technology
on consumer behavior and social relations. Ying received her LL.B.
degree from the University of Hong Kong and LL.M. degrees from the
University of Cambridge and Yale Law School respectively. She gained
admission as a solicitor of the High Court of Hong Kong after completing her
training at Clifford Chance. She has worked as a Judicial Assistant at the
Hong Kong Court of Final Appeal and taught tort law at the University of
Hong Kong. Ying's areas of interest include information privacy, law and
technology, and property law. Her articles have been published in law
journals in the United States, the United Kingdom, and Singapore.

ROBOT CRIMINAL LIABILITY REVISITED*

I. Introduction

Imagine the following scenario. A robot doctor is equipped with complex algorithms that weigh the costs and benefits of each medical procedure in order to maximize the benefit of its patients. One day, the doctor deliberately withholds resuscitation from a dying patient, John, against his and his family's wishes. The robot doctor reasons, if it resuscitates John as requested, there is only a 0.1% chance that he might live for another week. In the meantime, John has to endure a tremendous amount of pain and suffering. On the other hand, if John dies, his organs can be harvested to save the lives of at least three people. On balance, the robot doctor concludes, the benefits of withholding treatment outweighs the costs. John's family are infuriated by the robot doctor's inaction. But do they have any grounds for accusing the doctor of criminal negligence or even murder?

* I would like to thank Professor Ahn Seong Jo for inviting me to participate in this project and for his helpful comments.

Imagine again that a robot policeman is chasing a human suspect into a dead-end alley. Out of desperation, the suspect turns back and starts shooting at the robot, aiming to "kill." Is the robot entitled to use lethal force against that suspect? Some suggest that a robot policeman should be allowed to use force to protect people, but not to defend itself; others claim that it should be permitted to defend itself only with proportional non-lethal force.[1]

Questions like these are likely to arise with greater frequency as scientists continue to make breakthroughs in artificial intelligence and robotics. As robots start to perform roles that are traditionally occupied solely by humans, there is increasing urgency to clarify their legal status.

On the other hand, legal principles rarely change drastically overnight, but rather evolve in an incremental manner over a long period of time. When faced with novel scenario, lawyers and judges often attempt to analogize it to existing, familiar scenarios to determine whether current laws and regulations can be applied to that scenario (with or without adaptation). In a similar spirit, we will consider four possible analogies: robots as products, robots as animals, robots as corporations, and robots as humans. Although our analysis focuses on robot legal personhood for the purpose of criminal law, it might be relevant to similar discussions in the context of civil law as well.[2]

---

1 For a discussion on use of force by police robots, see Elizabeth E Joh, 'Policing Police Robots' (2016) 64 UCLA Law Review Discourse 516, 537-8.

2 For a discussion on tortious liability of robots, see, e.g., Samir Chopra and Laurence F White, 'Tort Liability for Artificial Agents', *A Legal Theory for Autonomous Artificial Agents* (University of Michigan Press 2011).

II. Robots as Products

Most of the robots manufactured to date fall within the category of products. Although, once upon a time, people did put lifeless things — stones, axes, statues, and so on — on trial, few people nowadays would suggest with any seriousness imposing criminal liability on robot vacuum cleaners or other products.[3]

When robots are best treated as products, criminal liability, if any, should be imposed on the individuals who, intentionally or negligently, use robots to inflict harm on other people. In principle, an individual cannot avoid criminal liability merely by using robot as a tool to commit crime. Any action performed by a robot on behalf of that individual should be attributed to the individual.

However, robots can pose various new challenges to police endeavoring to solve crime. These challenges fall into three broad categories. Firstly, a criminal might be able to avoid personally appearing at the crime scene, using a robot to do his dirty work. For example, if a criminal can control a self-driving car to injure another person, then he need not be physically close to the victim. As a result, he is less likely to leave forensic evidence (e.g., fingerprints, DNA), which often helps the police identify suspects at the crime scene. To make matters worse, he might even reside in a country that does not have an extradition agreement with the country in which the crime is committed, thereby

---

3 See, e.g., Edward Payson Evans, *The Criminal Prosecution and Capital Punishment of Animals* (The Lawbook Exchange, Ltd 1906).

making it more difficult to bring him to justice.

Secondly, a criminal might be better able to dispose of any evidence linking him to a crime if his accomplice were a robot. He can, for example, wipe out the memory of a robot or destroy it outright. If his partner were human, he would not be able to do so without committing another serious crime. In addition, a robot presumably will not rat out its partner in crime for the purpose of protecting its own interest. This prevents the prosecutor from utilizing a useful tactic, that is, cutting a deal with one criminal in exchange for his evidence against his partner.

Thirdly, the police are as yet unfortunately ill equipped to cope with the increasing use of technology in crime.[4] They will likely need greater cooperation from robot manufacturer, software provider, and owner (who may not be criminals) to obtain the necessary information to trace human criminals who commit crime through robots. Some of those parties, however, might have incentive to withhold cooperation with the police for fear of incriminating themselves in the process (e.g., by disclosing a loophole in a robot's algorithms).

While these new challenges do not suggest a need to consider imposing criminal liability on robots, they do count in favor of greater control over the use and distribution of robots that might be used to harm people or their property.

---

4 See, e.g., Marc Goodman, *Future Crimes: Everything Is Connected, Everyone Is Vulnerable and What We Can Do About It* (Knopf Doubleday Publishing Group 2015).

III. Robots as Animals

Some robots may appear to be more than lifeless things and look and behave like animals. Consider Aibos, which are robot dogs produced by Sony corporation between 1999 and 2006. They were "animated at the joints" and were "equipped with a microphone and speakers so that they could respond to simple commands."[5] Those robot dogs even mimed peeing, producing what was lovingly described as "an indescribably beautiful tinkling sound."[6] What is remarkable is that Aibo owners seemed to love them almost as much as if they were real dogs. Since Sony discontinued producing spare parts for Aibo, those robot dogs eventually could not be revived after they stopped working. Their owners reportedly held ceremonies to mourn the "death" of their beloved robot pets.[7]

While Aibo lacks many of the features of a real dog, future more sophisticated robot pets might bear much more resemblance to their living counterparts. Should we treat those robot animals as if they were real animals?

Interestingly, while animals are generally considered property under existing law, they were once treated as legal persons under the law. As Edward Evans has documented, animals appeared as defendants in trials

5 Andrew Brown, 'To Mourn a Robotic Dog Is to Be Truly Human' (*the Guardian*, 12 March 2015) <http://www.theguardian.com/commentisfree/2015/mar/12/mourn-robotic-dog-human-sony> accessed 12 April 2018.

6 ibid.

7 ibid.

for attacking people or destroying their property from the medieval and early modern periods.[8] Not only were they charged with offenses, they were granted legal representation too — as comical as it sounds, lawyers used to appear on behalf of rats and pigs in court. The real reason for holding animal trials remains far from clear. According to Katie Sykes, some scholars claim that those trials merely aimed at punishing animals for their transgressions and a "ceremonial way of reinforcing [boundaries]."[9] Others argue that those trials demonstrated unprecedented respect for animal rights and should serve as a model for people today.[10]

It has been suggested that we might consider punishing robots provided that doing so provide sufficient emotional satisfaction to humans, drawing analogy to the ancient remedy of "noxal surrender", wherein "animals or objects causing serious damage or death, called banes, were handed over directly to a victim or to his family."[11] However, it is probably unlikely that we revive the medieval practice of animal trials and extend it to animal-like robots in the foreseeable future.

While robot animals, however lifelike, are unlikely to be treated as legal persons for the purpose of criminal law, there is a stronger case for providing some legal protection over lifelike robots. Indeed, Kate Darling has advocated in favor of extending legal protection to robots against cruel behavior.[12] She notes that humans not only have a tendency to

---

8 Evans (n 3).

9 Katie Sykes, 'Human Drama, Animal Trials: What the Medieval Animal Trials Can Teach Us about Justice for Animals' (2010) 17 Animal Law 273, 293.

10 ibid.

11 Christina Mulligan, 'Revenge against Robots' [2018] Southern California Law Review (forthcoming) <https://papers.ssrn.com/abstract=3016048> accessed 20 February 2018.

12 See, e.g., Kate Darling, 'Extending Legal Protection to Social Robots' (*IEEE Spectrum: Technology, Engineering, and Science News*, 10 September 2012) <https://spectrum.ieee.org/

"anthropomorphize embodied objects with autonomous behavior", but also have innate desire to protect things that they can relate to.[13] According to Darling, the difference between robots that appear to be "lifelike" and animals that are "alive" might be so small that it warrants treating them in a similar manner.[14] Our reasons for preventing mistreatment of animals, she argues, also applies to what she calls "social robots": since children can easily equate kicking a lifelike robot with kicking a living being, protecting social robots helps "prevent children from adopting undesirable behavior elsewhere."[15]

Darling's argument for protecting "lifelike" robots are essentially human-centric, that is, protection is justified on the basis that it would benefit the human. As robots become more advanced, they might one day become indistinguishable from real animals from a human perspective. By that time, it may not be surprising to see robot rights activists argue that treating lifelike robots as mere things would be another type of "speciesism" and that those robots deserve to be protected for their own benefit.[16]

---

automaton/robotics/artificial-intelligence/extending-legal-protection-to-social-robots> accessed 31 March 2018.

13 ibid.

14 ibid.

15 ibid. Darling defines "social robots" as "an embodied object with a certain degree of autonomous behavior that is specifically designed to socially interact with humans."

16 Peter Singer has popularized the term "speciesism." See, Peter Singer, *Animal Liberation* (Pimlico 1995).

Ⅳ. Robots as Corporations

A number of countries, such as the United States and the United Kingdom, recognize corporations (but not products or animals) as legal persons. The legal status of a corporation is distinct from that of its shareholders, directors, and employees, despite the fact that a corporation cannot take any action except through agents that act on its behalf. Moreover, except perhaps in the case of one-man firms, corporations generally have detailed mechanisms for deciding what corporate actions should be taken and by whom. These decision-making mechanisms are created and subsequently revised by various corporate agents during the life of a corporation.

It may be suggested that highly sophisticated robots are structurally similar to corporations.[17] By highly sophisticated robots, I refer to robots that are equipped with machine learning algorithms to determine the appropriate course of actions in specific circumstances. Those algorithms are functionally similar to a corporation's decision-making mechanisms, which determine what actions should be taken by whom on behalf of the corporation. Similar to a corporation's decision-making mechanisms, a robot's algorithms may also be revised and updated over the years (e.g., by robot owners or other people who interact with the robot). In a way, a sophisticated robot is more autonomous than a corporation since it might be capable of carrying out certain actions without having to rely on

---

17 This part draws upon my analysis in another article, Ying Hu, 'Robot Criminals' [2018] The University of Michigan Journal of Law Reform (forthcoming).

human agents.

In light of these similarities between corporations and sophisticated robots, one might think that, if there is reason to treat corporations as moral agents, there is reason to treat sophisticated robots as moral agents as well.

Peter French, in *The Corporation as a Moral Person*, argues that corporations "can be full-fledged moral persons" and therefore "have whatever privileges, rights and duties as are, in the normal course of affairs, accorded to moral persons."[18] "For a corporation to be treated as a [moral] agent", he argues, it must be appropriate to describe certain things done by the corporation as "intended by the corporation itself."[19] He claims that acts done pursuant to a "Corporation's Internal Decision Structure" (the "CID" Structure) can be properly described as acts "done for corporate reasons."[20] There appears to be two main reasons for this.

First, the CID Structure sets out the procedures for making corporate decisions, which instantiate a corporation's general policies and goals.[21] These policies and goals are relatively stable and reflect more than "the current goals of [a corporation's] directors."[22] According to French, corporations have interests in doing things that further these corporate

---

18 Peter A French, 'The Corporation as a Moral Person' (1979) 16 American Philosophical Quarterly 207, 207. Peter French's account in this article has been criticized on various fronts. Nevertheless, it remains an influential theory of corporate moral responsibility. See, e.g., Amy J Sepinwall, 'Corporate Moral Responsibility' (2016) 11 Philosophy Compass 3.

19 French (n 18), 211.

20 According to French, a CID Structure consists of (1) "an organizational or responsibility flow chart that delineates stations and levels within the corporate power structure"; and (2) "corporate decision recognition rule(s)." By "recognition rules(s)", French meant "what Hart calls···'conclusive affirmative indication' that a decision on an act has been made or performed for corporate reasons." *Id*, 212-3.

21 ibid.

22 *Id*, 214.

goals, which interests go beyond "the transient self-interest of directors, managers, etc."[23] In this respect, French appears to be taking what Daniel Dennett calls an "intentional stance", that is, treating objects as rational agents acting in accordance with its beliefs and desires.[24] Second, French claims that we can describe certain acts as done for corporate reasons when those reasons are "qualitatively different from whatever personal reasons, if any, component members may have for doing what they do."[25]

In a similar vein, one might argue that acts done pursuant to a sophisticated robot's algorithms are acts done for the robot's own reasons. Machine learning algorithms are functionally similar to a CID Structure as they set out the robot's procedures for making its decisions. If we take an intentional stance towards the robot, we might be able to infer its goals and desires from its previous actions or from the social role that the robot is designed to perform. These desires can be relatively stable and need not merely reflect the desires of the robot's current designer, user, or owner. Moreover, a robot's reasons for taking an action can be qualitatively different from the reasons that its owner or designer has for having that action performed. Since it may be appropriate to describe certain actions performed by a robot as "intended" by the robot itself, if we follow French's reasoning, it may be appropriate to treat the robot as a moral person as well.

---

23 ibid.
24 See Daniel Clement Dennett, *The Intentional Stance* (MIT Press 1989).
25 French (n 18), 215.

V. Robots as Humans

Finally, robots might one day become so advanced that they are essentially the same as human or even exceed human capabilities. Science fiction fans must be familiar with stories about robot rebellion against human: one need look no further than Asimov's robot series. While the idea of imposing criminal liability on human-equivalent robots is sound in principle, it is highly debatable what the essential characteristics of a human are.[26] For example, is it necessary that a human-equivalent robot be self-conscious or possess human-like emotions? Must it be capable of rational thinking or feelings of empathy?

One famous test of machine intelligence was proposed by Alan Turing, the father of computer science, more than half a century ago. In a seminal paper, *Computer Machinery and Intelligence*, Turing proposed to replace the question of "Can a machine think?" with an imitation game.[27] There are disagreements as to what the precise parameters of a Turing test are.[28] In Turing's own words, "[t]he idea of the test is that a machine has to try and pretend to be a man, by answering questions put to it, and it will only pass if the pretence is reasonably convincing. A considerable portion of a jury, who should not be expert about machines, must be taken in by the pretence."[29] He further predicted in his 1950

---

26 See, e.g., Sepinwall (n 18), 7-10.
27 Alan Turing, 'Computer Machinery and Intelligence' [1950] Mind 433.
28 Kevin Warwick and Huma Shah, 'Passing the Turing Test Does Not Mean the End of Humanity' (2016) 8 Cognitive Computation 409, 411.
29 B Jack Copeland, *The Essential Turing* (Oxford University Press 2004), 495.

paper that "in about 50 years' time it will be possible, to program computers to make them play the imitation game so well that an average interrogator will not have more than 70% chance of making the right identification after 5 min of questioning."[30]

Since it was conceived in the 1950s, the Turing test has been criticized on various fronts.[31] On the one hand, some argue that the Turing test is too "hard" in some respects and therefore should not be treated as necessary conditions for attribution of intelligence. For example, Robert French argues that the Turing test is merely a test for *human* intelligence rather than intelligence in general.[32] He claims that certain rating games — for example, asking a machine to rate the associative strengths of a set of words or to rate the appropriateness of a made-up word as name for certain things — would work remarkably well at differentiating humans from machines in a Turing test.[33] This is because, according to French, a machine would not be able to answer these questions as well as humans do unless it has experienced the world as humans have.[34] However, since such human experience is not necessary preconditions to intelligence, the Turing test might fail to identify certain intelligent machines.[35]

On the other hand, others argue that the Turing test is too "easy" and therefore cannot serve as sufficient conditions for determining

---

30 Turing (n 27).

31 For a more comprehensive summary of those criticisms, see Graham Oppy and David Dowe, 'The Turing Test' in Edward N Zalta (ed), *The Stanford Encyclopedia of Philosophy* (Spring 2018, Metaphysics Research Lab, Stanford University 2018) <https://plato. stanford.edu/archives/spr2018/entriesuring-test/>.

32 Robert French, 'Subcognition and the Limits of the Turing Test' (1990) 99 Mind 53, 54.

33 The examples given by French include rating the plausibility of "Flugblogs" as a name Kellogg's would give to a new breakfast cereal.

34 French (n 32), 63.

35 ibid.

human-level intelligence. In fact, a number of computer programs have reportedly passed the Turing test. Eugene Goostman, a computer program that imitates a teenager Ukraine boy, is sometimes thought to be the first to pass the standard Turing test in 2014.[36] More recently, a program developed by MIT researchers is claimed to have passed a "visual" Turing test, that is, producing characters that are "indistinguishable from that of humans."[37] Nevertheless, neither program would be considered to possess human-level intelligence.

Not surprisingly, a number of alternative tests have been proposed to replace the Turing test.[38] Building upon the original test, Steven Harnad has proposed the Total Turing Test, which requires a machine to "do, in the real world of objects and people, everything that real people can do, in a way that is indistinguishable (to a person) from the way real people do it."[39] Unsatisfied with the individualistic approach represented by the

---

36 'Computer Convinces Panel It Is Human' *BBC News* (9 June 2014) <http://www.bbc.com/news/technology-27762088> accessed 25 April 2018. A standard Turing test is understood to be passed if a computer program is thought to be human 70% of the time by humans after a five minute keyboard conversation.

37 'Computer System Passes "visual Turing Test"' (*MIT News*) <http://news.mit.edu/2015/computer-system-passes-visual-turing-test-1210> accessed 25 April 2018.

38 A full examination of all the main alternative tests is beyond the scope of this article. Examples of such tests include the Lovelace Test proposed by Selmer Bringsjord, Paul BelloDavid, Ferrucci and the Lovelace 2.0 test proposed by Mark Riedl. See Selmer Bringsjord, Paul Bello and David Ferrucci, 'Creativity, the Turing Test, and the (Better) Lovelace Test' (2001) 11 Minds and Machines 3. Mark O Riedl, 'The Lovelace 2.0 Test of Artificial Creativity and Intelligence' <https://arxiv.org/abs/1410.6142v3>. Some of those tests resemble Robert French's rating game, that is, they test a machine's ability to grasp the relationship between different concepts. For example, one proposed test for machine consciousness "would be to ask the machine to describe a scene in a way that efficiently differentiates the scene's key features from the immense range of other possible scenes." See Christof Koch and Giulio Tononi, 'Can Machines Be Conscious?' (*IEEE Spectrum: Technology, Engineering, and Science News*, 1 June 2008) <https://spectrum.ieee.org/biomedical/imaging/can-machines-be-conscious> accessed 25 April 2018.

39 Stevan Harnad, 'Other Bodies, Other Minds: A Machine Incarnation of an Old

Turing test and the Total Turing Test, Paul Schweizer further proposes the Truly Total Turing Test. According to Schweizer, it is inadequate that any particular robot appears to be capable of performing certain tasks (e.g., play chess) that signal intelligence. What is more important is whether the overall "species" (or in Schweizer's words, "cognitive type"), be it human or robot, is capable of inventing those tasks(e.g., inventing the concept of game and chess).[40] The Truly Total Turing Test is therefore "a long-term, multigenerational evaluation" of a cognitive type, which is manifested through "exceptional instances."[41]

The adequacy of the Turing test or its alternatives depends on the purpose for which it is used.[42] Turing did not, and probably did not intend to, claim that his test provides the necessary or sufficient conditions for determining intelligence or human-level intelligence. While the canonical test for ascertaining human-level intelligence is yet to emerge, it is safe to assume that few people would reject out of hand the idea of imposing criminal liability on a robot that is the "equivalent" of human.

Philosophical Problem' (1991) 1 Minds and Machines 43, 44.

40 Paul Schweizer, 'The Truly Total Turing Test' (1998) 8 Minds and Machines 263, 269.

41 Id, 270. In the case of human as a cognitive type, those exceptional instances would probably include the ability to "invent the calculus, harness fire, discover the structure of DNA, or perform any of the other milestone events in the history of human culture." Id, 268.

42 For example, some may argue that passing the Turing test should not be the ultimate goal for AI researchers. As Turing himself has noted, strict adherence to such a goal might encourage people build machines that make mistakes: "The machine (programmed for playing the game) would not attempt to give the right answers to the arithmetic problems. It would deliberately introduce mistakes in a manner calculated to confuse the interrogator." Turing (n 27).

VI. Conclusion

We may only be able to create robots that can achieve human-level intelligence in the far distant future. In the meantime, the more interesting question is whether there are any grounds for imposing criminal liability on robots that are not human in the fullest sense.

In my opinion, the answer is yes. There are good reasons for imposing criminal liability on robots that have reached certain levels of sophistication(though not fully human). For example, given our tendency to anthropomorphize robots that reach certain levels of sophistication, imposing criminal liability on those robots might serve some retributive function to victims of robot misconduct. Indeed, Christina Mulligan has justified punishing robots on the very ground that doing so may provide emotional benefit to human victims.[43] Nevertheless, I am not inclined to accept such emotional benefit alone as a sufficient ground for imposing criminal liability on robots. We have another, and arguably stronger, reason for doing so: imposing criminal liability on robots might help serve an important function of criminal law, that is, to censure wrongful conduct.[44] If a robot has committed a morally wrongful action, criminalizing that misconduct can be an efficient way to communicate collective disapproval of such action to members of our community.[45]

---

43 Mulligan (n 11).
44 See, e.g., Andrew von Hirsch, *Censure and Sanctions* (Oxford University Press 1996).
45 For details, see Hu (n 17).

27

Tae-Woong Koo

Partner, Morgan, Lewis & Bockius LLP

Michael F. Carr

Of Counsel, Morgan, Lewis & Bockius LLP

Eunjean Je

International Attorney, Morgan, Lewis & Bockius LLP

구태웅 변호사는 국제대형로펌 모건 루이스의 지적재산권 전문 파트너 변호사로 미국 실리콘밸리에서 근무하고 있다. 변호사 활동 전 메사추세츠 공과대학에서 공학박사를 받고 실리콘밸리 대기업에서 연구원으로 근무하였으며, 현재 전세계 회사들에 기술보호 및 특허전략 출원 관련 자문을 하고 있다. 마이클 카 변호사는 모건 루이스의 지적재산권 전문 변호사로 미국 실리콘밸리에서 근무하고 있다. 지적재산권소송에서 손해배상산정 전문가로 활동하고 있다. 제은진 변호사는 모건 루이스의 국제변호사로 미국 실리콘밸리에서 근무하였으며 현재 한국변리사로 활동하고 있다.

Patent Infringement Remedies Under U.S. and Korean Law:
Which System Better Promotes Innovation?

Patent systems promote innovation by offering a simple arrangement: if an inventor sufficiently describes a new and useful invention, then they obtain a monopoly on that invention for a limited term. This bargain is designed to provide an incentive to share new inventions in exchange for rights to exclude others from practicing the invention for limited time, after which the invention falls into the public domain. The U.S. Constitution, adopted in 1787, provided for this exclusive right: "The Congress shall have Power ... To promote the Progress of Science and useful Arts, by securing for limited Times to Authors and Inventors the exclusive Right to their respective Writings and Discoveries." U.S. Constitution, Article I, Section 8. Similarly, the Patent Act of Korea states in Article 1 "the purpose of this Act is to facilitate technological development and contribute to industrial development by protecting and encouraging invention and promoting its exploitation." Thus, "promot[ing] the Progress of Science" and "encouraging invention" are cornerstones of both the U.S. and South Korean patent systems.

In order to enforce such systems, there must be remedies available to the patent-holder if their exclusive rights to the invention are infringed. Such remedies are available in U.S. and South Korean courts. Yet, the monetary remedies available in the U.S. far outweigh those available in South Korea.[1] Indeed, some have expressed concerns that the current damages system in the U.S. overcompensates patent holders.[2] In contrast, others have expressed concerns that South Korean courts undercompensate patent holders.[3]

Not only must there be remedies for infringement, but those remedies should be obtainable in a cost-effective manner. Patent litigation is expensive. A 2017 survey by the American Intellectual Property Law Association found that the average total cost of a patent case in the United States is approximately $3.8 million where the amount at stake is more than $25 million.[4] Given these high costs, patent holders would have little incentive to enforce their rights without adequate compensation for infringement of those rights. Thus, without adequate compensation for infringement, inventors would also have less incentive to disclose their inventions to obtain patents.

Given the significant cost of litigating a patent case in the United States, it is no surprise that patent holders are increasingly enforcing their foreign patent rights. However, significant differences exist as to the

---

1 Taemi CHANG, *Status and Implications of the Damage Compensation System for Patent Infringement*, Issue & Focus on IP, (October 31, 2014), pp. 1-2 (https://www.kiip.re.kr/download.do?attach_no=5887&bd_gb=data).

2 Thomas, John R., "Remedies for Patent Infringement", Congressional Research Service, (July 18, 2017), p. 1 (https://fas.org/sgp/crs/misc/R44904.pdf)

3 Cotter, Thomas, "Comparative Patent Remedies, A Legal and Economic Analysis", (Oxford Univ. Press, 2013).

4 AIPLA Report of the Economic Survey 2017, I-116 (AIPLA June 2017).

remedies available in countries outside the United States. This article describes the differences between the types of remedies available to the successful patentee in the United States and South Korea. This article also examines recent trends in the amounts of damages obtained by victorious patentees in the United States and South Korean courts.

I. Patent Infringement Remedies in the U.S. and South Korea

Under both U.S. and Korean law, patent damages are available if there is a finding of infringement. The law in both countries is designed to compensate the patentee for the harm caused by the infringement. Patentees often seek to recover their lost profits or a reasonable royalty as the measure of their damages. There is substantial discretion in both U.S. and South Korean courts in determining the appropriate amount of patent damages. Moreover, injunctions preventing further infringement are available in both U.S. and South Korean courts; however, they are more common in South Korea.

Both the United States and South Korea offer relatively strong patent protection. The U.S. Chamber International IP Index studies the relative strength of intellectual property protection in 50 countries.[5] Using a 40 factor analysis, the study assigned "overall scores" to each country, ranking the Unites States first, with a score of 37.98, and South Korea 11th, with a score of 33.15.[6] In terms of strength of the economic

---

5 U.S. Chamber Int'l IP Index, Sixth Ed. (2018), *available at*: http://www.theglobalipcenter. com/wp-content/uploads/2018/02/GIPC_IP_Index_2018.pdf.

environment for patents rights, South Korea tied for second place, scoring higher than the United States.[7] South Korea scored a 7.5 out of a possible score of 8, and the United States scored a 7.25.[8] The report notes that the United States recently scored lower in this category due to uncertainty over patent eligibility and increased effectiveness of patent opposition proceedings.[9] With respect to enforcement of intellectual property rights, the United States scored highest, with a score of 6.63 out of a possible 7, and South Korea scored 13th, with a score of 5.01.[10] Enforcement factors considered included criminal and civil legal procedures available to patent rights holders and the authority of customs officials to carry out border inspections and controls.[11] The study identified hurdles in obtaining civil remedies as a weakness of the South Korean patent system.[12]

---

6 *Id.* at 6.
7 *Id.* at 35.
8 *Id.*
9 *Id.*
10 *Id.* at 48.
11 *Id.*
12 *Id.* at 135.

II. Infringement Remedies Under United States Law

1. Monetary Damages

(1) General Principles

Under U.S. law, the determination of damages for patent infringement is defined in Section 284 of U.S. Title 35, which states that "the court shall award the claimant damages adequate to compensate for the infringement, but in no event less than a reasonable royalty for the use made of the invention by the infringer." A patentee will often seek to recover its lost profits as the measure of its actual damages when bringing suit against a competitor. These lost profits may take the form of profits lost due to diverted sales, erosion of the patentee's selling price, and increased expenditures incurred by the patentee in competing with the infringement. Lost profits damages are appropriate whenever there is a "reasonable probability that, but for the infringement, [the patentee] would have made the sales that were made by the infringer."[13]

Lost profits, however, can be more challenging to prove than other types of damages. A patentee must establish the following "*Panduit*" factors to obtain lost profits: "(1) demand for the patented product, (2) absence of acceptable noninfringing alternatives, (3) [capacity] to exploit the demand, and (4) the amount of profit [the patentee] would have

---

13 *Rite-Hite Corp. v. Kelley Co.*, 56 F.3d 1538, 1545 (Fed. Cir. 1995) (*en banc*).

made."[14] A patentee that does not make or sell products that practice the asserted patents is often referred to as a non-practicing entity. Given that a non-practicing entity has no ability "to exploit the demand" for the patented invention or lost "profit [the patentee] would have made" absent the infringement, lost profits are not available as a measure of damages to a non-practicing entity plaintiff.

If the patentee cannot prove the damages it has sustained in the form of lost profits, then, at a minimum, the patentee is entitled to a "reasonable royalty for the use made of the invention by the infringer." 35 U.S.C. § 284. "The reasonable royalty may be based upon an established royalty, if there is one, or if not upon a hypothetical royalty resulting from arm's length negotiations between a willing licensor and a willing licensee."[15] Damages calculations are commonly based upon this "hypothetical negotiation." "The most common means of calculating a reasonable royalty, called the hypothetical negotiation, seeks to arrive at the royalty that the parties would have agreed to had a successful negotiation occurred just before infringement began."[16] Thus, a reasonable royalty in a patent action would likely be established as the amount a willing licensor (the patent-holder) and licensee (the infringer) would bargain for at an arm's length hypothetical negotiation occurring on the date infringement began (e.g., the date of the first sale of the first infringing

---

14 Id. (citing Panduit Corp. v. Stahlin Bros. Fibre Works, Inc., 575 F.2d 1152, (6th Cir. 1978)).

15 Hanson v. Alpine Valley Ski Area, Inc., 718 F.2d 1075, 1078 (Fed. Cir. 1983).

16 Carnegie Mellon Univ. v. Marvell Tech. Grp., Ltd., 890 F. Supp. 2d 602, 608 (W.D. Pa. 2012) (citing Lucent Techs., Inc. v. Gateway, Inc., 580 F.3d 1301, 1324 (Fed. Cir. 2009) ("The second, more common approach, called the hypothetical negotiation or the 'willing licensor-willing licensee' approach, attempts to ascertain the royalty upon which the parties would have agreed had they successfully negotiated an agreement just before infringement began.")).

product or the date an accused web service was first made available in the U.S.).

In calculating reasonable royalty damages, courts and expert witnesses often apply a 15 factor analysis described in *Georgia-Pacific Corp. v. United States Plywood Corp.*, 318 F. Supp. 1116 (S.D.N.Y. 1970), modified, 446 F.2d 295 (2d Cir. 1970). In *Georgia-Pacific*, the court held that a reasonable royalty should reflect various factors that would have been considered by a willing licensor and willing licensee if both had been reasonable in trying to reach an agreement to license the asserted patent. The 15 *Georgia-Pacific* factors are as follows:

1. The royalties received by the patentee for the licensing of the Patents-in-Suit, proving or tending to prove an established royalty.

2. The rates paid by the licensee for the use of other patents comparable to the Patents-in-Suit.

3. The nature and scope of the license, as exclusive or nonexclusive; or as restricted or non-restricted in terms of territory or with respect to whom the manufactured product may be sold.

4. The licensor's established policy and marketing program to maintain his patent monopoly by not licensing others to use the invention or by granting licenses under special conditions designed to preserve that monopoly.

5. The commercial relationship between the licensor and licensee, such as whether they are competitors in the same territory in the same line of business; or whether they are inventor and promoter.

6. The effect of selling the patented specialty in promoting sales of other products of the licensee; that existing value of the invention to the licensor as a generator of sales of his non-patented items; and the extent of such derivative or convoyed sales.

7. The duration of the patent and the term of the license.

8. The established profitability of the product made under the patent; its commercial success; and its current popularity.

9. The utility and advantages of the patent property over the old modes or devices, if any, that had been used for working out similar results.

10. The nature of the patented invention; the character of the commercial embodiment of it as owned and produced by the licensor; and the benefits to those who have used the invention.

11. The extent to which the infringer has made use of the invention; and any evidence probative of the value of that use.

12. The portion of the profit or of the selling price that may be customary in the particular business or in comparable businesses to allow for the use of the invention or analogous inventions.

13. The portion of the realizable profit that should be credited to the invention as distinguished from non-patented elements, the manufacturing process, business risks, or significant features or improvements added by the infringer.

14. The opinion testimony of qualified experts.

15. The amount that a licensor (such as the patentee) and a licensee (such as the infringer) would have agreed upon (at the time the infringement began) if both had been reasonably and voluntarily trying to reach an agreement.[17]

These factors, though not necessarily exhaustive, often provide the framework for determining reasonable royalty damages in patent infringement matters. Courts often look to the parties' existing patent license agreements to determine the outcome of the "hypothetical negotiation." This is due to the fact that "[a]ctual licenses to the patented

---

17 *Georgia-Pacific*, 318 F. Supp. at 1120.

technology are highly probative as to what constitutes a reasonable royalty for those patent rights because such actual licenses most clearly reflect the economic value of the patented technology in the marketplace."[18]

Parties to a patent case usually retain expert witnesses, such as economists or licensing professionals, to testify about damages issues. The parties' damages experts provide competing opinions as to the appropriate amount of damages the patentee should receive. In reaching their opinions, damages experts assume the patents are valid and infringed(if the patents are not valid or infringed, then there are no damages). The damages experts often rely upon the parties' past licensing practices, license agreements to the asserted patents or patents covering similar technology, and other documents in the parties' possession such as marketing materials tending to show the value of the patented invention. Damages experts also sometimes rely upon surveys designed to measure the value of the patented invention.

All expert witnesses are subject to strict requirements. In particular, under the U.S. Supreme Court precedent in *Daubert*, courts are obligated to serve as gatekeepers to determine whether an expert witness is qualified and his or her opinion is grounded in objective underlying scientific methodology, as opposed to mere speculation or conjecture.[19] It is common for defendants to seek to exclude the testimony of a patent-holder's damages expert from trial on the basis that the opinion is unreliable and fails to meet *Daubert's* gatekeeping requirements. Assuming the expert testimony overcomes any *Daubert* challenges, the expert will be permitted to testify before the finder of fact — the jury in a jury trial, or

---

18 *LaserDynamics, Inc. v. Quanta Computer, Inc.*, 694 F.3d 51, 79 (Fed. Cir. 2012).
19 *Daubert v. Merrill Dow Pharms., Inc.*, 509 U.S. 579, 589-90 (1993).

the judge in a bench trial. Ultimately, the measure of monetary damages for infringement will be determined by the finder of fact after weighing all the evidence of damages, including any expert testimony on the issue of damages.

(2) Trends in U.S. Patent Damages

Patent damages awards in U.S. courts can be substantial. Total damages awards in U.S. patent cases in 2017 amounted to over a billion dollars, with $763 million in the form of reasonable royalties and $284 in lost profits damages.[20] According to the PwC 2017 Patent Litigation Study, the 2015 median patent damages award was $10.2 million and the 2016 median patent damages award was $6.1 million.[21] Although the median damages figures are high, a 2017 survey by Lex Machina noted that most awards are relatively small with a few significant damages awards driving the medians higher. Indeed, the 2017 Lex Machina Patent Litigation Year in Review found that 90% of reasonable royalty damages awarded in cases filed since 2000 have been less than $46.5 million.[22] That study also noted that for those patent cases filed since 2000, 75% of reasonable royalty damages awarded were less than $15.2 million, and 50% were less than approximately $4.4 million.[23]

According to the 2017 PwC study, juries are more generous than judges in patent cases. The median patent damages award from 2012 to 2016 from juries was $9.5 million compared to a median patent damages

---

20 Lex Machina — Patent Litigation Year in Review 2017, at 30.
21 PwC 2017 Patent Litigation Study, at 10 (PwC 2017), *available at*: https://www.pwc.com/us/en/forensic-services/publications/assets/2017-patent-litigation-study.pdf.
22 Lex Machina — Patent Litigation Year in Review 2017, at 30.
23 *Id.*

award of $600,000 from bench trials.[24] The Lex Machina 2017 Survey similarly found that, for patent cases ended since 2000, juries have awarded about six times more damages than judges.[25]

The PwC study confirms that more damages are in the form of reasonable royalties than in lost profits. For patentees that were eligible to obtain lost profits, from 2007 to 2016, 61% of damages awards were in the form of reasonable royalties, 21% were in the form of lost profits, and 19% included both lost profits and reasonable royalties.[26]

In 2016, the largest patent damages award in history was granted to the plaintiff in *Idenix Pharmaceuticals LLC v. Gilead Sciences Inc.* when the jury awarded Idenix $2.5 billion.[27] This award was comprised of a reasonable royalty of 10% of $25.4 billion in infringing sales, not lost profits.

2. Other Patent Remedies Under U.S. Law

(1) Injunction

In addition to damages under 35 U.S.C. § 284, a plaintiff in U.S. courts may also seek under 35 U.S.C. § 283 an injunction prohibiting the defendant from continuing to infringe the patent. The U.S. Supreme Court identified the factors that must be satisfied to obtain an injunction. Specifically, a patentee seeking an injunction must show: (1) that it has

---

24 PwC 2017 Patent Litigation Study, at 10 (PwC 2017).

25 Lex Machina — Patent Litigation Year in Review 2017, at 30.

26 *Id.* at 11

27 *Idenix Pharmaceuticals LLC v. Gilead Sciences Inc.,* No. 14-cv-486 (D. Del. 2017). Notably, the district court recently held that the asserted patent was invalid for lack of enablement, thereby negating the damages award. *Idenix Pharmaceuticals LLC v. Gilead Sciences Inc.,* No. 14-cv-486, Opinion Dkt. No. 591 (D. Del. Feb. 16, 2018).

suffered an irreparable injury; (2) that remedies available at law, such as monetary damages, are inadequate to compensate for that injury; (3) that, considering the balance of hardships between the plaintiff and defendant, a remedy in equity is warranted; and (4) that the public interest would not be disserved by a permanent injunction.[28] A 2017 survey by Lex Machina found that permanent injunctions were granted in just 13% of cases where the motion for an injunction was contested.[29] Non-practicing entities generally cannot obtain an injunction, as it is difficult for them to prove that infringement causes them irreparable harm. Given that the primary source of income for non-practicing entities is licensing revenue, monetary damages are usually adequate to compensate them for the infringement of their patents.

(2) Enhanced Damages

In addition to compensatory damages and injunctions, U.S. courts may also impose punitive, enhanced damages for willful infringement that could increase damages threefold. 35 U.S.C. § 284("the court may increase the damages up to three times the amount found or assessed"). Upon finding willful infringement, the Court may award "damages up to three times the amount found or assessed." 35 U.S.C. § 284. Under the recent Supreme Court Halo case, courts have greater discretion in awarding enhanced damages in cases where the defendant's infringement was "egregious", "typified by willful misconduct."[30] Under the *Halo* standard, conduct warranting enhanced damages includes infringement that is "willful,

---

28 *eBay Inc. v. MercExchange, L.L.C.,* 547 U.S. 388, 391 (2006).
29 Lex Machina — Patent Litigation Year in Review 2017, 28.
30 *Halo Elecs, Inc. v. Pulse Electronics, Inc.,* 136 S. Ct. 1923, 1934 (2016).

wanton, malicious, bad faith, deliberate, consciously wrongful, flagrant, or
— indeed — characteristic of a pirate." 136 S. Ct. at 1932.

(3) Reasonable Attorneys' Fees

The U.S. Patent Act also provides that "[t]he court in exceptional cases
may award reasonable attorney fees to the prevailing party." 35 U.S.C. §
285. In this context, "exceptional" retains its ordinary meaning of
"uncommon", "rare", or "not ordinary."[31] Accordingly, "an 'exceptional'
case is simply one that stands out from others with respect to the
substantive strength of a party's litigating position (considering both the
governing law and the facts of the case) or the unreasonable manner in
which the case was litigated."[32] Awarding the prevailing party its
attorneys' fees "discourages certain 'exceptional' conduct by imposing the
cost of bad decisions on the decision maker."[33] U.S. courts consider the
"totality of the circumstances" when deciding whether conduct qualifies as
exceptional.[34] Fees may be awarded where "a party's unreasonable
conduct — while not necessarily independently sanctionable — is
nonetheless" exceptional.[35] "[A] case presenting either subjective bad faith
or exceptionally meritless claims may sufficiently set itself apart from
mine-run cases to warrant a fee award."[36]

The 2017 Lex Machina Patent Litigation Year in Review found that
over $80 million in attorney's fees have been awarded in patent cases

---

31 *Octane Fitness, LLC v. ICON Health & Fitness, Inc.,* 134 S.Ct. 1749, 1756 (2014).
32 *Id.*
33 *Cambrian Sci. Corp. v. Cox Commc'ns, Inc.,* 79 F. Supp. 3d 1111, 1114 (C.D. Cal 2015).
34 *Octane Fitness,* 134 S.Ct. at 1756-58.
35 *Id.* at 1757.
36 *Id.*

since 2000.[37]

3. Specific U.S. Patent Damages Awards

One common question is how damages could be determined when the infringing product or service is given away for free, such as a free web application or website. A patentee's "proof of damages must be carefully tied to the claimed invention itself."[38] Thus, if an accused service produces little revenue, then a patentee should not be permitted to claim that the patented invention provides great financial benefits, and, thus, would be subject to a lower damages figure. If, however, the accused product generates revenue in some indirect manner, such as through generating sales leads or advertising revenue, then a patentee could argue that the invention is more valuable, and, thus, should garner higher damages. Below are some examples of "free" websites accused of infringement and the general damages theories employed by the patentee plaintiffs:

(1) *I/P Engine, Inc. v. AOL Inc.,* 576 F. App'x 982 (Fed. Cir. 2014)

Plaintiff accused Google's AdWords system of infringing patents related to a method for filtering Internet search results. The plaintiff's damages expert opined that the plaintiff was entitled to damages of more than $100 million for the infringement. He based his damages opinion on the increase in "Google's Smart Ads" revenues that he attributed to the patented invention. The jury awarded the plaintiff $30 million. The district

---

37 Lex Machina — Patent Litigation Year in Review 2017, at 30.
38 *Apple Inc. v. Motorola, Inc.,* 757 F.3d 1286, 1324 (Fed. Cir. 2014).

court imposed ongoing royalties amounting to 1.35% of Google's accused U.S. AdWords and AdSense revenues. The U.S. Court of Appeals for the Federal Circuit later held that the patents were invalid, thereby vacating all damages awarded to the plaintiff.

(2) *Creative Internet Advertising Corp. v. Yahoo! Inc.*, 674 F. Supp. 2d 847 (E.D. Tex. 2009)

Plaintiff accused Yahoo! IMVironments, an advertising program for the Yahoo Messenger instant messaging service, of infringing a patent related to inserting advertisements in web services. The Jury awarded the plaintiff $6.6 million at trial in 2009. The court then ordered Yahoo! to pay an additional $4.4 million in enhanced damages for willful infringement and $1.1 million in prejudgment and post-judgment interest. The U.S. Court of Appeals for the Federal Circuit later held that the patents were not infringed, thereby vacating all damages awarded to the plaintiff.[39]

(3) *Rembrandt Social Media, LP v. Facebook, Inc.*, 22 F. Supp. 3d 585 (E.D. Va. 2013)

Plaintiff accused Facebook's program called "BigPipe", which speeds up the loading of Facebook pages, of infringing a patent related to methods for displaying and updating a web diary page. The plaintiff's damages expert estimated that BigPipe was worth about 5% of Facebook's revenues — or several hundred million dollars. The court excluded the plaintiff's damages expert from testifying at trial because, in calculating his royalty rate, he failed to use the portion of the revenue

---

39 *Creative Internet Advert. Corp. v. Yahoo!, Inc.,* 476 F. App'x 724 (Fed. Cir. 2011).

attributable to the allegedly infringing features and he relied upon a consumer survey that was "suspect and unreliable."

As is evident from the above examples, patent-holders may base damages claims on a variety of evidentiary sources. Thus, even though a website may be offered for "free" to end users, a patent-holder may be able to show that the defendant uses the patented technology in some way that helps the defendant generate revenue, *e.g.*, through advertising, surveys, or other indirect sources.

Ⅲ. Patent Infringement Remedies Under Korean Law

1. Monetary Damages Under Article 128

Under South Korean law, a variety of methods for calculating patent infringement damages are provided in Article 128 (Claim for Compensation for Loss) of the Korean Patent Act:[40]

(1) A patentee or exclusive licensee may claim compensation for a loss inflicted by a person who has intentionally or negligently infringed the patent or exclusive license.

(2) Where compensation for a loss is claimed pursuant to paragraph (1) and the infringer has sold the infringing products to third parties, the amount of loss that the patentee or exclusive licensee has sustained may be calculated by multiplying the quantity of products so sold by

---

40 As amended March 29, 2016

the profit per unit of the products that the patentee or the exclusive licensee could have sold, but for the infringement.

(3) The amount of loss referred to in paragraph (2) shall not exceed the amount calculated by multiplying the quantity of products that the patentee or exclusive licensee could have produced, less the quantity of products actually sold, by the profit per unit; provided that the quantity of products that the patentee or exclusive licensee could not have sold due to any cause or event other than the infringement shall be subtracted therefrom.

(4) Where compensation for a loss is claimed pursuant to paragraph (1), the profits that a person who has intentionally or negligently infringed the patent or exclusive license has gained due to the infringement, if any, shall be deemed the loss that the patentee or exclusive licensee has sustained.

(5) Where compensation for a loss is claimed pursuant to paragraph (1), the patentee or exclusive licensee may claim the amount that he/she would usually be entitled to receive for practicing the patented invention as the loss that he/she has sustained.

(6) Notwithstanding paragraph (5), the amount of loss exceeding the amount specified in the same paragraph may also be claimed as damages. In such cases, the court may consider the fact that there was no intentional conduct or gross negligence on the part of the person who infringed on the patent or exclusive license in determining the damages.

(7) If the court finds, in legal proceedings on infringement of a patent or exclusive license, that a loss has been incurred due to the infringement but it is extremely impracticable to verify the facts necessary for evidencing the loss in light of the nature of relevant facts, it may award appropriate damages based on the gist of entire arguments and the results of examination of evidence, notwithstanding paragraphs (2)

through (6).

As shown above, Article 128, which has been amended several times (most recently on March 29, 2016), includes seven paragraphs concerning four alternative methods of calculating patent infringement damages:

(1) the lost profit, based on a product of the number of infringing articles and the amount of profit per unit that the plaintiff could have earned without the infringement (the second paragraph of Article 128);

(2) the profit earned by the infringer (the fourth paragraph of Article 128);

(3) reasonable royalties (as would usually be charged for a license for the same kind of technology) (the fifth paragraph of Article 128); or

(4) courts' discretion (the seventh paragraph of Article 128).

With regard to the lost profit described in the second paragraph, Article 128 includes the third paragraph to limit the amount of loss based on the number of products that the patentee could have made and sold in the absence of infringement. With regard to the reasonable royalties described in the fifth paragraph, Article 128 includes the sixth paragraph that allows patentees to claim the amount of loss exceeding the royalties and allows the court to consider the fact that there was no intentional conduct or gross negligence on the part of the person who infringed the patent or exclusive license in determining damages.

A patentee may seek its damages calculated based on one or more paragraphs of Article 128. For example, if the profit per unit of the products that the patentee or the exclusive licensee could have sold (patentee's lost profits) is greater than the profit per unit of products that the infringer has gained due to the infringement(infringer's profits), the patentee can seek higher damages by claiming damages based on the second paragraph regarding lost profits. If it is unclear that the profit per unit of the products that the patentee or the exclusive licensee could have sold is greater than the profit per unit of products that infringer has gained due to the infringement, the patentee can claim damages calculated based on both the second paragraph regarding patentee's lost profits and the fourth paragraph referring to infringer's profit(infringer's profits "shall be deemed" the patentee's "loss").

According to a report that analyzes written judgments of Korean District Courts from 2009 to 2015, plaintiffs claimed damages based on only 'the fourth paragraph of infringer's profit' in 56.5% of all South Korean patent cases.[41] Plaintiffs claimed damages based on only 'the second paragraph of sales quantity' (lost profits) in 19.4 % of all South Korean patent cases.[42] Plaintiffs claimed damages based on only 'the fifth paragraph of reasonable royalties' (e.g., established licensing rates) in 12.9% of all South Korean patent cases.[43] Plaintiffs claimed damages based on more than two paragraphs of Article 128 in only 11.3% of the total cases.[44]

The seventh paragraph of Article 128, which allows courts to apply their discretion in awarding patent infringement damages, requires special conditions. In particular, it may be difficult to establish "that a loss has been incurred due to the infringement" *and* that "it is extremely

---

41 Jisun CHOI, *Assessing damages in patent infringement cases: An empirical analysis of Korean court cases (ver.2)*, at 8, *available at*: http://aslea.org/program2016/4D_Choi.pdf
42 *Id.*
43 *Id.*
44 *Id.* at 11

impracticable to verify the facts necessary for evidencing the loss." Despite this high bar, the seventh paragraph is often implemented by Korean courts to protect the patentee when the patentee cannot prove its precise damages caused by the infringement.

2. Courts Discretionary Damages Under the Seventh Paragraph

Courts tend to apply the seventh paragraph of the courts' discretion method frequently. According to one report, the seventh paragraph of the courts' discretion method was used by courts of first instance most frequently, approximately 61.4 %.[45] In contrast, the frequency of 'the second paragraph of lost profit' method applied by the courts of first instance is 11.3 %, the frequency of 'the fourth paragraph of infringer's profit' method used by the courts of first instance is 16.1%, and the frequency of 'the fifth paragraph of royalty' method used by the courts of first instance is 9.7%.[46] In addition, Korean courts seemed to apply the courts' discretion method instead of applying other methods used by a plaintiff to prove damages. The report indicates that the frequency of the cases in which the plaintiff claimed damages based solely on the fourth paragraph of infringer's profit and courts applied the seventh paragraph of the courts' discretion is 40.3%, while the frequency of the cases in which courts applied the fourth paragraph of infringer's profit that the plaintiff had claimed is 16.1%.[47]

---

45 *Id.*
46 *Id.*
47 *Id.*

These numbers suggest that Korean courts prefer applying the seventh paragraph of the courts' discretion to other paragraphs. This is because it is often difficult for a plaintiff to prove an infringer's profit or other facts to verify the loss. This is because, unlike U.S. courts, Korean courts do not allow for pretrial discovery. Thus, it is more difficult for a plaintiff in Korea to prove damages based on evidence and, instead, they often rely on the courts' discretion.

Moreover, it is less likely that Korean appellate courts would reverse the decision based on the seventh paragraph of courts' discretion. This is because damages are often not based upon witness testimony that may be subject to credibility or bias issues. Given that damages are often based upon the court's discretion, appellate courts generally do not reduce the amount of damages awarded by courts of first instance.[48] On the contrary, according to one of the judges from the Korean Patent Court, the appellate courts awarded larger damages than the damages awarded by the courts of first instance in 52% of cases(13 out of 25 appeals).[49] As a result, the average of damages awarded by the appellate courts for the 25 appeals was higher than the average of those awarded by the courts of first instance.[50]

Given the many variables in setting patent damages through the courts' discretion, these damages awards can be vulnerable to fairness and accuracy challenges. The Korean Supreme Court stated that when courts award damages, they should examine the circumstantial evidence relevant

---

[48] Cheol Hwan KIM, Samuel SungMok LEE, Sang Tae JEONG, Jin SON, Minju PARK, *Korean Courts Discuss Significant Changes to Patent Damages,* (Aug. 15, 2017), https://www.lexology.com/library/detail.aspx?g=2c94f66e-ef07-481f-bc1a-8935bceafd49.

[49] *Id.,* note 46.

[50] *Id.,* note 46.

to damages, evaluate the evidence reasonably, and award only objectively reliable damages.[51] One report states that the median amount of damages awarded under the courts' discretion is smaller than the median amount of damages under any other paragraphs that plaintiffs had claimed.[52] Moreover, the amount of damages awarded by applying the courts' discretion showed a tendency that it has been affected by the paragraphs that plaintiffs had claimed.[53] Thus, there may not be consistency in calculating damages by Korean courts under the courts' discretion. This inconsistency and the smaller damages could weaken the intent of the seventh paragraph to protect the patentee and increases reliability of the courts' decision on the amount of damages.

3. Calculating The Infringer's Profit

One of the reasons that the amount of damages awarded by the seventh paragraph of the courts' discretion is smaller is due to the Korean courts' use of the amount of income provided by the National Tax Administration as the base in assessing the amount of damages. In determining the amount of damages, there have been three methods with regard to a definition of the infringer's profit. The first method is based on the gross profit, calculated by deducting the direct cost, including the manufacturing cost, from the total revenue. The second method is based on the marginal profit, calculated by deducting the floating costs from the total revenue. The third method is based on the net profit, calculated by

---

51 Korean Supreme Court, Decision of Nov. 29, 2007, Case No. 2006Da3561
52 Choi, *Assessing damages in patent infringement cases*, at 11-12.
53 *Id.*

deducting all expenses from the total revenue. Generally, the amount of damages based on the net profit is less than the amount of damages based on the marginal profit. However, proving the marginal profit is often difficult and complicated. Courts therefore frequently apply the calculation of the amount of income provided by the National Tax Administration in determining the damages under the seventh paragraph of the courts' discretion.

4. South Korean Case Example

In Case No. 2016Gahab68823, the Seoul Central District Court calculated the amount of damages by multiplying the amount of export sale by the profit rate 10 %, which is calculated based on the simple expense rate provided by the National Tax Administration. In this case, a plaintiff accused a defendant of infringing patents related to a printer photoconductive drum cartridge. The defendant produced and sold printer photoconductive drum cartridges, but most of the cartridges were exported. The plaintiff claimed damages based on the fourth paragraph of the infringer's profit. The calculation applied by the court was as follows:

The infringer's profit=the sales of infringing products−(the sales of infringing products×the simple expense ratio)=the sales of infringing products×the profit rate

This calculation is similar to the calculation of the amount of income provided by the National Tax Administration.[54] In calculating the infringer's profit, the court concluded that the sales of infringing products

---

54 Article 143 (3) of Enforcement Ordinance of Income Tax Act

were 145,007,123,399 won (approximately 134 million US$[55]) based on the records from the Seoul Custom Office. The court also concluded the simple expense ratio of the computer and computer accessories industry (code number: H) provided by the National Tax Administration, which was 90%.[56] In determining the profit rate, the court held that the simple expense ratio was based on statistical data and determined by the normative judgment for convenience in imposing income tax on the sales and income of the relevant industry so that the profit rate could not be simply calculated by deducting the simple expense ratio from 100%.[57] In other words, the court did not recognize the profit rate of the average of the industry as the profit rate of individual companies. Regardless, the court accepted the profit rate 10% calculated by subtracting 90% from 100%, at the discretion of the court based on the seventh paragraph of Article 128. The court held that this case was extremely impracticable to verify the facts necessary for evidencing the loss because all relevant evidence for calculating the infringer's profit belonged to the defendant. Because the court did not have sufficient evidence to use other methods in calculating the damages, the court utilized the calculation of the amount of income provided by the National Tax Administration at the court's discretion in accordance with the seventh paragraph of Article 128. In addition, the court concluded that the defendant's actual profit rate was less likely to be significantly less than the profit rate calculated by the calculation under total circumstances. Thus, the court held that it was reasonable to calculate the amount of damages by multiplying the sales of

---

55 The exchange rate is 1082.00 won to dollars (2018. 2. 28)
56 Seoul Central District Court, Decision of Jun. 7, 2013, Case No. 2016Gahab68823, at 28
57 *Id.*

infringing products of 145,007,123,399 won by the profit rate 10%, that is calculated by subtracting the simple expense rate (90%) from 100%. The court awarded 14,500,712,339 won (approximately 13 million US$) as the amount of damages based on the calculation. The court's ruling included a condition that the amount of damages would be recalculated by using the defendant's actual profit rate if the defendant could successfully prove that the defendant's actual profit was less than the court-estimated profit rate.

5. Patent Trends in South Korea

There have been several discussions with regard to the amount of damages in Korea. Unlike U.S. court, Korean courts do not award punitive, enhanced damages for patent cases.[58] Recently, some law makers proposed legislation to award punitive damages in patent infringement by large companies. The legislation has been proposed to protect patents of small and middle-sized companies and impose heavier penalty on large companies. If large companies can willfully infringe patents of small and mid-sized companies without providing reasonable compensation, small and middle-sized companies would lose motivation to invest in technology innovation. The ultimate goal of the legislation is to encourage mutual growth of large companies and small-to-mid-sized companies. Although the legislation is limited to patent infringement litigations between large companies and small and middle-sized companies, it could provide more adequate compensation for the owners of Korean patents.

---

58 Jinyo BOK, *Research on Possibility of Introducing Punitive Damages in Intellectual Property*, Intellectual Propery 21 (April 2010).

It is worth noting that Korean laws allow the prevailing party to claim court costs and legal fees from the losing party.[59] Official fees and legal costs paid to a court are usually reimbursed in full to the prevailing party. As to attorney fees, Korean Supreme Court regulation limits the reimbursement of actual fees.[60]

6. Other Remedies Under South Korean Law

(1) Injunctive Relief

In addition to damages, a plaintiff in South Korean courts may also seek a preliminary injunction or permanent injunction prohibiting the defendant from continuing infringement.

A patentee may seek the preliminary injunction under Article 300 of Civil Execution Act to stop the infringement. The patentee seeking the preliminary injunction does not need to show intention to infringe or negligence on the part of the infringer, but proof of irreparable harm is required. Courts may presume bad faith or negligence of the patentee plaintiff when the accused patent is invalidated. The preliminary injunction can be granted on an *ex parte* basis, at the discretion of the court.

A patentee may seek the permanent injunction under Article 126 (Right to Seek Injunction etc. against an Infringement) of the Korean Patent Act. The patentee seeking the permanent injunction must request the permanent injunction in a main action. Unlike the preliminary injunction, the permanent injunction does not require the patentee to prove

---

59 Article 98 of the Civil Procedure Act
60 Article 109 of the Civil Procedure Act

irreparable harm resulted from the infringement. Unlike the U.S., Korean court will almost always grant permanent injunctions to successful plaintiffs if the asserted patent is found to be valid and infringed.[61] Only in extraordinary circumstances like patent misuse or substantial injury to the public interest may the court deny the permanent injunction.[62]

(2) Recovery of Reputation

The patentee may also seek a reinstatement of reputation of patentee under Article 131 of the Korean Patent Act. The court may order the infringer to take appropriate measures to restore the damaged business reputation of the patentee.

(3) Recovery of Unjust Enrichment

The patentee may also seek a recovery of unjust enrichment under Article 741 of the Civil code. Unlike in Article 126 of the Korean Patent Act, a plaintiff seeking the recovery of unjust enrichment does not have to prove willfulness or negligence.

(4) Criminal Sanction

Under the first paragraph of Article 225 (Infringement) of the Korean Patent Act, any person who infringes on a patent or an exclusive license shall be punished by imprisonment with labor for not more than seven years or by a fine not exceeding 100 million won(approximately 92,365 US$). However, the injured party must file a criminal complaint to

---

61 Sang Jo JONG, Patent Litigation in Korea, Journal of Korean Law, Vol. 6, No. 2 (2007), at 215-219.
62 *Id.*

prosecute the infringer for committing a crime under the first paragraph of Article 225.

IV. Analysis

The Choong-Nam Ilbo stated that the median of the amount of damages awarded in Korea was 78,000,000 won (approximately 72,255 US$) from 2009 to 2010 while the median of the amount of damages awarded in U.S. was 1.7 billion won (approximately 1.6 million US$) in the same period,[63] while a different source reported a higher median damage of 4.9 million US$ awarded in U.S. in a similar period.[64] The median of the amount of damages awarded in U.S. is approximately 22 times greater than the median of the amount of damages awarded in Korea. In 2017 Bench Bar Conference, one of judges from the Korean Patent Court asserted that it was not plausible that the amount of damages awarded by courts in Korea was significantly smaller than other countries by considering the size of economy and market of Korea.[65] The judge explained that the difference in the median damage was due to the difference in the GDP of the two countries.[66] However, even when the difference in GDP is accounted for, the median damage awarded in

---

63 'Patent Infringement Damages awarded by courts in Korea is too small', *Choong-Nam Ilbo*, (27 July 2016), Accessed 24 March 2018, *available at*: http://www.chungnamilbo.com/news/articleView.html?idxno=407169.

64 CHANG, *Status and Implications of the Damage Compensation System for Patent Infringement*, p. 2. The median damage awarded in U.S. was approximately 4.9 million US$ during a period between 2007 and 2012.

65 *Choong-Nam Ilbo*, 'Patent Infringement Damages awarded by courts in Korea is too small'

66 *Id.*

Korea for patent infringement is 1.2 to 3.8 times smaller than the median damage awarded in U.S. for patent infringement. Thus, there seems to be systematic undercompensation of damages for patent infringement in Korea.

A patent serves as a protection mechanism in that it provides to the patentee a power to exclude others from practicing the patented invention. The ability of a patent holder to stop the infringer and receive adequate damages is a key factor in assessing the quality of a patent system. At the same time, the patent is intellectual *property*, the value of which depends on future income that can be generated using the property, including royalties and sales of the property. A patentee with a high property value can attract investments on better terms, leveraging the high value of the patent either as a collateral or as an indicator of the patentee's ability to innovate. When damages are too low, we can hardly expect the objective of patent laws to function adequately.

On the other hand, some scholars have expressed concerns regarding potential negative impact of government-authorized monopoly granted through the patent systems. In particular, they seem to believe that patent assertion entities (which are sometimes called "patent trolls") are harmful to startups and their growth,[67] and advocate for weaker patent systems. However, even this group of scholars does not try to address the increased litigation by patent assertion entities by reducing the patent damages. Instead, this group of scholars has proposed other ways to limit the impact of patent assertion entities.

Furthermore, although the U.S. patent system may have a possibility of

---

67 Colleen CHIEN, *Startups and Patent Trolls*, Stanford Technology Law Review 17 (2014).

overcompensating patent holders, in practice, the most damage awards are relatively small. This may be due to the fact that judges serve as gate keepers in damage assessments, as judges can limit excessive damage awards found by jury or impose treble damages for willful infringement. At the same time, by making large damages available, the U.S. patent system seems to provide a further deterrence to a potential infringer, thereby providing a better protection to the patentees. This might be a reasonable compromise between the protection of patentees and avoiding the risk of unnecessarily restricting innovations with the threat of excessive damages.

V. Conclusion

On one hand, patent systems that undercompensate patent holders for infringement will not promote disclosure of new and useful inventions. On the other hand, over-compensation for infringement can stifle innovation by discouraging newcomers from building upon the inventions of others. A patent system that provides fair compensation and is efficient, cost-effective, and accessible will properly promote development as intended by both the U.S. and South Korean patent systems.

28

정 채 연

포항공과대학교(POSTECH) 인문사회학부에서 대우조교수로
재직하면서 기초법을 비롯한 법학 분야 과목들을 담당하고 있다.
법인류학적 다원주의의 관점에서 현대사회의 관용론을 재구성하고,
다문화사회의 사회통합 및 탈민족시대의 세계주의를 구상하는 법철학적
연구를 지속해 왔다. 최근에는 지능정보사회에서 새로이 제기되는 법적 쟁점들과
그에 따른 탈근대적 담론의 성장에 주목하고 있으며, 인공지능 및 포스트휴먼과
법담론, 자율주행자동차의 윤리화 과제, 사회적 로봇 등 지능로봇과 윤리담론을 다루는
저서와 논문을 발표한 바 있다.

가상국가의 출현과 근대적
국민국가의 대체가능성?

　2016년 11월, 국민주권과 민주주의의 회복을 염원하는 광장에서의 열기가 한창 뜨거웠던 즈음, 미래사회를 구상하는 한 컨퍼런스에서 한국의 촛불시위 현장을 담은 스크린을 배경으로, 한 여성이 질문을 던졌다. "당신은 이미 주어진 국가에서만 살겠습니까, 아니면 직접 당신의 국가를 선택하시겠습니까?" 블록체인(Blockchain) 기술을 기반으로 하는 최초의 가상국가(virtual state)인 비트네이션(Bitnation)의 설립자, 수잔 타르코프스키 템펠호프(Susanne Tarkowski Tempelhof)는 전통적인 국민국가(nation-state)를 넘어서는 새로운 정치공동체의 가능성을 역설하는 야심찬 발제를 열정적으로 이어나갔다.

　지능정보사회의 도래가 가져오는 근대법과 근대성에 대한 도전은 전방위에서 나타난다. 이러한 근본적인 변화는 근대적 인간관 등 법의 모더니티 이해에 대한 새로운 검토를 요청하며, 이는 근대적 국가관에 있어서도 예외가 아니다. 오늘날의 국민국가 형태가 갖추어지게 된 중요한 역사적 사건이라고 할 수 있는 1648년 웨스트팔리아(Westphalia) 조약 이후, 그 어느 때보다 국가의 영토성 및 기능에 대한 진지한 물음이 이어지고 있다. 근대적 국민국가의 형태 및 기능 변화를 가져오는 중요한 동인들로는 크게 정보화, 세계화, 민주화가 있다. 이러한 동인들에 바탕을 두고 다양한 맥락의 가상국가 담론이 펼쳐져 왔으며, 각기 상이한 개념 정의로 가상국가를 이해하고 있다.

먼저 정보화의 맥락에서 파운틴(Fountain)은 국가의 구조 및 절차에 있어서 디지털 정보와 커뮤니케이션 체계가 갖는 영향력 및 의존성에 주목하면서, 정보화사회에서 전자정부(e-government)와 같은 국가 및 정부 통치형태의 자기변화를 주장한다. 이에 따라 거버넌스 구조 및 절차에 정보통신기술(ICT)을 적극적으로 수용하는 국가를 뜻하는 은유적인 개념으로서 '가상국가'와 다양한 층위의 조직들과 유기적으로 연결된 '네트워크 거버넌스'를 설명하고 있다.

또한 가상국가 개념을 국제정치학의 관점에서 처음으로 사용한 로즈크랜스(Rosecrance)는 기업과 같은 모델로 국가의 실체가 가상화된다는 점에 주목하여, 가상기업(virtual corporation)과 유사한 가상국가(virtual state)가 세계사회의 정치와 경제에서 지속적으로 출현하고 있다고 말한다. 세계화 시대에서 이루어지는 전지구적 경쟁에서 경쟁력을 얻기 위한 방안으로서 국가는 다국적기업과 같이 탈장소적인 가상화를 실현하고 있다는 것이다. 세계적 차원에서 산출되는 재화에 있어서 더 큰 몫을 차지하기 위해 국가는 더 큰 영토를 굳이 필요로 하지 않으며, 오히려 국가 기능을 축소(downsizing)시키는 것이 효율적이다. 이들 가상국가들은 생산 기반 산업을 자국 밖의 다른 장소들로 이전시키고 연구, 개발, 제품 설계, 금융, 마케팅 등과 같은 고차원적 서비스에 집중하고자 한다. 다른 국가들의 생산 역량에 의존적이기에 강한 경제적 유대관계로 연결되어 있으며, 해외(abroad)와 본국(at home)을 중복적인 관할권으로 삼게 된다는 점에서, 영토를 둘러싼 기존의 군사적·정치적 갈등은 시대착오적인 것이 된다고 할 수 있다. 즉, 주권국가들 간의 경쟁관계에 기반한 슈미트(Schmitt)식의 국제정치이해에 터 잡고 있는 고전적 국제법은 그대로 유지될 수 없게 되는 것이다. 이러한 가상국가는 특히 인구가 상대적으로 적은 유럽국가들과 홍콩, 싱가포르 등 통상무

역국가들에서 이미 실현되고 있다고 진단된다.

나아가 (가상국가 개념을 직접적으로 사용하지는 않았지만) 세계화 시대에서 국민국가가 경험하고 있는 민주적 정당성의 위기라는 맥락에서, 기존 국가 이해에 있어서의 변화를 요청하는 논의는 하버마스(Habermas)의 세계주의 구상에서 발견될 수 있다. 하버마스는 특히 자본의 세계화 현상에 주목하면서, 세계적 시장경제로 인해 영토적으로 한정된 주권에 기초하여 재분배 등 사회문제를 결정해 왔던 국민국가의 역량이 감퇴하게 된다고 진단한다. 개별 국가가 민주적 의사형성을 통해 주권을 실현할 수 있기 위한, 자율성과 민주적 정당성이 결핍된다는 점에서 국민국가는 위기에 직면하고 있다는 것이다. 이에 따라 하버마스는 국가의 경계를 넘어서 광범위한 지역적 차원에서의 정치적 연합, 즉 탈국가적 공동체로 국가와 같은(statelike) 정치적 통합을 연장할 필요성을 역설한다. 이를 위해서는 정치적 공동체의 정체성 기반을 국민국가 경계 내의 단일한 민족적 전통에 두어서는 안 되며, 고정된 국민국가 관념과 운명공동체로서 민족을 넘어서는 탈민족적 정체성에 대한 담론이 펼쳐져야 한다고 본다. 구체적으로 유럽연합(EU)과 같은 대륙적·지역적 레짐(regime)이 탈국가적 정치공동체로 발전하여 기존 국민국가의 위기를 극복해야 한다는 구상을 제시하고 있다.

이와 같이 근대적 국민국가의 변화를 이끄는 동인들과 더불어 소위 4차 산업혁명을 주도하는 지능정보화로 인해, 기존 국민국가를 대체할 수 있는 새로운 종(種)의 정치공동체 출현까지도 가상국가의 담론에서 논해지고 있다. 근대적 국민국가의 틀을 벗어난 독립된 정치공동체로서 제시되고 있는 가상국가 모델이 바로 비트네이션이라고 할 수 있다. 비트네이션은 온라인상의 가상공간에서 국경이 없는 국가들을 창출하고자 하는 적극적인 기획이라는 점에서 이전의 가상국가 개념과 본질적으로 구별된다고 하겠다. 다시 말해, 비트네이션은 국민국가를 전적으로 대신할 목적으로 만들어졌다. 탈중심적인 국경 없는 자발적 국가(Decentralized Borderless Voluntary Nation; DBVN)를 천명하는 비트네이션은 2014년 7월에 설립되었다. 세계 어느 곳에 있던 이름과 이메일 주소 정도의 정보만 제공하면 누구나 비트네이션의 시민이 되어 비트네이션에서 제공하는 행정 서비스를 이용할 수 있게 된다. 시민들이 탈영토적인 온라인 공간에서 블록체인과 스마트 계약(smart contract) 기술을 기반으로 하여 자신들에게 효력 있는 법의 내용을 만들고 행정 서비스를 제공받으며 분쟁을 해결할 수 있도록 하는 가상국가는 향후 국민국가의 고유한 임무로 여겨졌던 사회보험 및 각종 복지정책 등을 포함한 대부분의 역할을 수행할 수 있게 될 것으로 논의되고 있다.

2008년 사토시 나카모토(Satoshi Nakamoto)가 암호화폐 비트코인(Bitcoin)을 만들어 낸 뒤, 그 기반 기술인 블록체인은 단지 화폐에 한정되지 않고 보다 광범위한 영역에 적용될 수 있는 기술로 진화해 왔다. 비트코인 블록체인은 (예컨대 국가와 같이) 신용 있는(trusted) 제3자의 매개 없이 P2P(peer-to-peer) 네트워크 방식으로 이루어지는 온라인상의 거래행위를 가능하게 하는 기술이라고 할 수 있다. 블록체인은 분산된(distributed) 데이터베이스 체계로서 독립적이고 자율적인 수많은 사용자들에 의해 유지·관리되는 공적 원장(public ledge)이다. 신용 있는 통제기구 없이도 암호화된 알고리즘을 통한 네트워크상의 노드들(nodes)에 의해 전자 거래가 자동적으로 증명되고 기록되기 때문에, 거래 당사자들은 서로를 알거나 신뢰할 필요가 없다. 이러한 블록체인은 경제 및 금융 영역을 넘어서 정치와 사회문화 전반에서의 근본적인 변화를 이끌어 낼 기술로서 논의되고 있다. 이러한 맥락에서 블록체인은 도무지 예측되지 않았던 역사적 사건이라는 뜻으로 블랙 스완(Black Swan)이라 일컬어지기도 한다. 특히 전통적으로 공적 기구 및 단체에 의해 제공되어 왔던 공적 서비스에서의 적용가능성이 검토되면서 가상국가와 탈중심적 거버넌스에 있어서도 그 중요성을 더해가고 있다.

비트네이션은 블록체인 기술을 기반으로 한 가상국가 담론을 주도적으로 이끌고 있다. 2016년에 이르러 비트네이션은 마찬가지로 블록체인 기술을 기반으로 스마트 계약 기능을 구현하는 오픈소스 플랫폼인 이더리움(Ethereum)과의 협약을 통해 헌법을 공포하는 등 실질적인 국가로서의 지위(statehood)를 갖는 가상국가의 실현을 예고하고 있다. 헌법 조항의 목차라고도 볼 수 있는 일종의 전문(preamble)으로서 아래 10줄의 문장은 이더리움과의 DBVN 계약 체결 당시, 이더리움 블록체인에 보존되었으며 비트네이션의 정신 및 신념, 그리고 시민적 정체성을 담고 있다고 할 수 있다.

> 우리는 비트네이션이다.
> 우리는 새로운 가상국가의 탄생이다.
> 우리는 우리의 세계와 휴머니티의 미래이다.
> 우리는 감시자(Sentinels)이고, 보편적이며 양도불가능하다.
> 우리는 창조성이고 예지력이다.
> 우리는 권리이고 자유이다.
> 우리는 관용적이고 수용적이다.
> 우리는 정치체이고 독립체이다.
> 우리는 프라이버시이고 보안이다.
> 우리는 공개성이고 투명성이다.
> 우리는 꿈이고 현실이다.
> 우리는 비트네이션이다.

비트네이션의 템펠호프와 이더리움의 알렉스 반 데 산데(Alex Van de Sande)는 헌법을 반포하면서, 1996년 미국 대통령 빌 클린턴(Bill Clinton)의 통신법 개정 법안 서명에 반대하면서 발표된, 존 페리 발로우(John Perry Barlow)의 《사이버스페이스 독립선언문》(A Declaration of the Independence of Cyberspace) 문구를 인용한 바 있다. 이는 인터넷 공간의 자율성, 민주주의, 나아가 국가 체제 이데올로기로부터 자유로운 기술적-무정부주의(anarchism)에 대한 기술적-자유주의자(techno-libertarians)의 옹호론까지도 엿볼 수 있게 한다.

블록체인 기술의 가장 핵심적인 속성은 바로 탈중심화(decentralization)에 있다. 비트네이션은 이러한 블록체인 기술을 기반으로 하여 분산화된 탈중심적인 거버넌스를 실현하고자 한다. 즉, 기존의 국가체제와 같이 출생, 사망, 혼인 등 신분을 증명하고 계약 등 법적 문서를 관리하는 공적 통제기구를 필요로 하지 않는다. 블록체인 기술은 중앙집권화된 정부기구가 아닌 시민들의 자발적인 인증을 통해, 공인된 신분 및 효력 있는 법적 관계의 증명(authentication)이 가능할 수 있도록 한다. 이를 통해 국가의 관리 아래에만 놓여있었던 출생, 혼인, 유언, 법인 설립, 부동산 등기, 각종 계약 등에 대한 공증(public notary)이 비트네이션을 통해 이루어지고 있다. 예컨대 세계 최초로 블록체인에 혼인관계가 등록되고 최초의 블록체인 여권 역시 발행된 바 있다.

이렇듯 블록체인 기반의 탈중심적 거버넌스에서 중요한 쟁점으로 논의되는 것은 바로 신분 관리 시스템(identity management system)이다. 국가의 중앙집권화된 신분 관리는 투명하지 않고 고비용을 필요로 하며 사용자들의 권리를 보호하기 어렵다는 비판을 받지만, 자기-주권 신분(self-sovereign identity)은 개인들로 하여금 자기 신분에 대한 전적인 통제권을 갖도록 한다는 점에서 근본적인 차이가 있다고 할 수 있다. 블록체인을 통한 기록의 관리는 암호화되어 참여자들에게 분산돼 저장되기 때문에, 독점적인 정보 관리 및 조작이 불가능하다는 점에서 보다 투명하고 안전하며 민주적인 탈중심적 거버넌스를 가능하게 한다고 평가받는다.

특히 블록체인을 기반으로 하는 가상국가는 시민의 주권행사와 민주주의의 강화라는 맥락에서 정당화되기도 한다. 시민들 간의 민주적 합의에 근거하는 법과 정책을 제공하는데 있어서 기존의 대의민주주의가 갖는 한계점을 비판하면서, 개별 시민들에게 자신이 속하고자 하는 정치공동체와 거버넌스 형태 및 정부 서비스를 선택할 수 있는 자유를 보장해야 한다는 당위적인 요청은 가상국가 논의의 사상적 기초가 되어 왔다고 할 수 있다. 비트네이션은 누구든지 자발적으로 자신만의 국가를 창설할 수 있는 오픈소스 국가 모델을 제공하는 플랫폼이라고 할 수 있으며, 이는 블록체인 기반 DIY(do-it-yourself) 거버넌스 서비스라는 표현에서도 잘 드러난다. 사적 개인들이 자신에게 가장 적합한 거버넌스의 내용 및 형태를 자유롭게 직접 선택할 수 있도록 함으로써, 그 동의 여부에 따라 옵트인(opt in)/옵트아웃(opt out)을 결정할 수 있다는 점에서 직접민주주의에 가까운 방식으로 운영된다고 평가할 수 있다.

나아가 비트네이션은 특히 세계주의적(cosmopolitan) 지향점을 가지고 있다는 점에서 유의미하게 해석될 수도 있다. 가상국가는 기존 국가의 국경을 넘어서는 세계시민의 자유와 권리를 천명하고 있다는 점에서 세계주의를 이념적 가치로 상정하고 있다고 볼 수 있다. 실제 비트네이션은 극우 민족주의 진영의 선전, 난민 위기, 브렉시트(Brexit)와 같이 세계주의의 지향점과 대척점에 서 있다고 할 수 있는 일련의 사건들에 대한 세계시민적 저항의 맥락에서 새로이 조명 받았다. 템플호프는 기존 체계의 유산 중에서 가장 범죄적인 요소는 바로 경계(borders)라고 단언한다. 특정한 지리적 공간에 태어났다는 이유만으로 특정 국가라는 단일한 서비스 제공자에게 구속된다는 것은 보편적인 정의에 반한다는 것이다. 국가 경계가 가져오는 불합리성 내지 부정의가 가장 잘 드러나는 사례는 바로 난민이 될 것이다. 이에 비트네이션은 난민에 대한 적극적인 대응으로서 비트네이션 난민 긴급 대응(Bitnation Refugee Emergency Response; BRER) 프로그램을 제안하였다. 이는 난민에게 블록체인 긴급 신분증(ID)과 비트코인 데빗카드를 제공하여, 실질적인 무국적자인 난민이 물리적으로 자신의 법적 지위를 증명할 수 없는 문제를 해결하고자 하였다. 이를 통해 난민들은 자국의 신분 증명 없이도 재정적 부조를 받을 수 있게 되었고 이들에 대한 구호가 신속하게 이루어질 수 있었다. 이러한 조치를 그 어느 국민국가보다도 앞서서 마련한 해당 프로그램은 2017년 유네스코의 넷엑스플로 포럼(Netexplo Forum)에서 수상하는 등, 국제사회에서 높은 평가를 받은 바 있다.

이러한 가상국가는 기존의 국민국가와 대결관계에만 놓여있지는 않은 것으로 보인다. 세계시민들에게 국가 서비스에 대한 자발적 선택권을 보장함으로써, 여타 국가들의 거버넌스 및 행정 서비스들과의 경쟁을 통해 시민들에게 보다 적절한 방식을 고안하고 서비스의 질을 높이도록 하는 동기부여로서 작용할 수도 있다. 나아가 기존 국가와의 적극적인 파트너십이 제안되고 실제 이루어지고 있기도 하다. 이와 관련하여 주목되는 대표적인 제도 중의 하나는 바로 디지털 정부를 선도적으로 추진하고 있는 에스토니아(Estonia)의 전자 거주(e-Residency) 프로그램이라고 할 수 있다. 2014년부터 시행된 해당 프로그램을 통해 전세계 어디에 있던지 어느 누구나 에스토니아 정부가 발행하는 디지털 신분(identity)을 부여받을 수 있다. 즉, 전자 거주는 에스토니아 정부가 제공하는 안전하게 증명된 온라인 신분을 전세계 누구나 누릴 수 있도록 하는 제도인 것이다. 국외 시민은 에스토니아의 국적을 가지고 있지 않더라도, 에스토니아에서 적법한 신분을 인정받고 법인 설립 등 행정 서비스를 내국인과 동일하게 제공받을 수 있게 된다. 이러한 에스토니아의 전자 거주 제도는 2015년 비트네이션과 파트너십을 맺고 전자 거주민들에게 블록체인 기술에 기반한 공중 서비스를 제공하고 있다. 이를 통해 블록체인상의 결혼, 출생증명서, 부동산 등기, 거래 계약 등에 대한 공중이 가능해졌다. 예컨대 블록체인 관할권에서 결혼한 부부는 에스토니아에서도 법적으로 구속력 있는 증명을 받게 되는 것이다. 이는 가상국가의 증명을 주권국가에서 적법한 것으로 승인한 최초의 시도이며, 주권 관할권을 블록체인에까지 확장시킨 혁신적인 조치이자, 보다 강화된 국경 없는 거버넌스의 실현이라고 평가할 수 있다. 2025년까지 1,000만 명 이상의 가상 거주민을 수용할 것을 목표로 하고 있다는 에스토니아 정부는 향후 국민국가와 가상국가가 세계시장에서 경쟁하고 또한 협력하면서 보다 안전하고 비용 효율이 높은 거버넌스 서비스를 제공할 수 있게 되리라는 희망찬 포부를 밝힌 바 있다.

비트네이션과 같은 가상국가가 기존 국민국가를 대체할지, 국제사회에서 독립적인 국가로 혹은 대안적인 국가로 승인될 수 있을지, 미래사회에서 국가의 형태는 과연 어떻게 될지에 대해서 아직 분명한 답을 내릴 수는 없다. 가상국가 모델이 원자론적이고 파편화된 사적 개인으로서의 인간관에 기초하고 있고, 국가의 역할을 행정 서비스의 제공으로, 시민의 권리를 해당 서비스에 대한 소비자로서의 권익으로 지나치게 환원시키고 있으며, 알고리즘 기반 거래가 정당성을 담보하는 민주적 절차를 온전히 대체할 수는 없다는 점 등이 한계로서 비판받기도 한다. 다만 대의민주주의의 한계, 확장된 정부 권한과 중앙집권화된 정부 권력에 대한 경계, 국가의 완고한 국경 및 국적/시민권 개념이 가져오는 문제 등 현대사회에서 국민국가의 '국가로서의 한계'에 대한 반성적 성찰을 이끌어오는데 충분한 논의의 장을 마련해주고 있다고 할 수 있다. 이렇듯 지속적으로 성장하는 가상국가 담론은 미래사회의 국가론에 대한 법철학적 탐구를 요청한다. 근대적 국민국가의 한계에 대한 유효한 지적은 세계화 현상에 직면하면서부터 충분히 이루어져 왔지만, 지능정보사회에서 가상국가의 출현은 국가의 존립기반과 역할 및 기능에 대한 근본적인 질문을 제기한다는 점에서 근대적 국가론의 현대적 재구성·재해석을 보다 적극적으로 요청한다 하겠다. 현대적 민주주의의 새로운 대안으로도 일컬어지고 있는 가상국가의 기술적 실현은 현대사회에서 탈근대적 국가관의 수용과 새로운 사회계약론의 등장을 분명히 예고하고 있다. 18세기 출현한 근대입헌국가 역시 이미 선재된 것이 아닌, 앙시앵 레짐(Ancien Régime)과의 단절을 통해 국가공동체에 대한 새로운 이해를 가져온 극적인 사건이었다고 할 수 있으며, 국가의 자기이해는 역사적으로 계속 진화하여 왔고 앞으로도 그러할 것이다.

비트네이션 세계 시민권 신분(Bitnation World Citizenship ID)을 획득한 비트네이션 시민은 2017년 말 기준 대략 1만 명에 이른다. 오늘날 국민국가가 가지는 한계를 적절하게 지적하고 세계주의적 지향점으로 나아가도록 하는 중요한 성찰적 동인으로서 이러한 새로운 현상을 바라볼 수 있다. 참여자들이 자유로이 선택할 수 있는 '주권의 인터넷'(The Internet of Sovereignty)을 주창하는 비트네이션의 관할권 이름은 판게아(Pangea Jurisdiction)이다. 오늘날의 5대양 6대주를 완성시킨 대륙이동이 이루어지기 전, 가상의 원시대륙인 판게아를 영토와 지역을 넘어서는 사유의 출발점으로 삼을 수 있겠다. 영구평화론에서 제시된 칸트(Kant)의 구상과 같이, 지구 표면에 대한 공동소유권을 바탕으로 복수의 국민국가와 가상국가의 시민권(multiple citizenships)을 보유하고 있는 세계 시민들(world citizens)이 '경계'를 넘나들며 환대권을 누리는 이상이 언젠가 실현될지도 모르겠다.

29

좌 정 원

미국 스탠포드 대학교 로스쿨 박사과정(J.S.D.)에서 뇌과학 기술의
발달로 인해 발생하는 법적, 윤리적, 사회적 문제들을 연구하고 있다.
서울대학교 법학과를 졸업한 뒤 동 대학교 인류학과 석사 및 미국 밴더빌트
대학교 로스쿨 J.D. 과정을 졸업하였다.

보다 나은 인간을 위한 열망*
– 인지능력 향상을 위한 뇌 과학 기술의 사용을
허용해야 하는가? –

지난 2011년에 개봉한 영화 "리미트리스(Limitless)"는 영감이 떠오르지 않아 고민하던 작가인 주인공이 우연히 두뇌 기능의 100%를 사용할 수 있게 해주는 신약을 복용한 뒤 발생하는 일들을 그리고 있다. 이약을 복용한 주인공은 보고 들은 것을 모두 기억하고, 어려운 수학 공식도 손쉽게 풀어내며, 몇 시간 안에 새로운 언어를 배우고, 처음 다루는 악기 또한 단번에 익힐 수 있게 된다. 이렇게 주인공이 기존의 인간한계를 넘어서는 능력을 갖게 되는 것은 공상 과학 영화에서는 다소흔한 이야기이지만, 뇌 과학 기술을 이용한 인지 능력 향상은 이제 더이상 영화 속에만 존재하는 것이 아닌 가까운 미래에 가능해질 현실로다가오고 있다.

근래 뇌 과학의 눈부신 발전은 인간의 두뇌의 작용에 대한 우리의이해를 이전과는 비교할 수 없는 수준으로 끌어올렸고, 이에 기반해그 작용을 강화 또는 억제하고자 하는 뇌 조절(neuromodulation) 연구들이 전 세계적으로 활발히 이루어지고 있다. 이러한 뇌 조절 기술들은대부분 우울증, 뇌졸중, 파킨슨 병과 같은 다양한 신경 질환(neurological

---

* 이 글은 필자의 박사과정 논문의 일부를 발췌, 번역한 것이다.

disease)의 치료를 위해 개발이 시작되었으나, 현재는 환자가 아닌 건강한 일반인들의 인지능력 향상을 목적으로 하는 연구 및 사용이 점차 증가하고 있는 추세이다.[1]

앞서 언급한 영화에서 등장한 것과 같은 뇌 기능의 약리학적 (혹은 화학적) 조절은 이미 우리 주위에서 쉽게 찾아볼 수 있다. 예를 들어, 주의력 결핍 과잉행동 증후군(Attention Deficit Hyperactivity Disorder, 이하 "ADHD")과 각종 중독의 치료제로 쓰이는 암페타민(Amphetamine)이나 메틸페니데이트(Methylphenidate) 등의 중추신경 자극제는 충동 조절과 각성을 관장하는 신경전달물질인 도파민(Dopamine)과 노에피네프린(Nore-pinephrine)을 증가시키는데, 집중력 향상을 원하는 일반인들 사이에서도 널리 사용되고 있다.[2] 기면증의 치료제로 처방되는 모다피닐(Modafinil) 또한 수면 부족으로 인한 피로의 억제 및 집중력 향상에 효과적이다.[3] 미국의 경우 이와 같은 약물들은 시험을 앞둔 대학 캠퍼스에서 암암리에 거래되고 있으며,[4] 장거리를 비행하는 공군 전투조종사

---

1 여기서 치료(treatment)와 향상(enhancement), 이 두 개념의 차이는 중요한 의미를 지닌다. 뇌기능 조절 기술은 (1) 통계적으로 정상인 범주 내에서의 인지 기능 유지 혹은 향상, (2) 질병, 장애, 부상, 결핍 등으로 인한 인지 기능 저하를 정상적인 범주 내로 회복시키기 위한 치료, 또는 (3) 정상적인 범주를 넘어서는 수준으로의 인지기능 향상을 목적으로 사용될 수 있는데, 학자에 따라 조금씩 다르지만 인지능력 "향상" 이라는 용어는 일반적으로는 치료를 제외한 위의 첫번째와 세번째 목적을 포함하는 것으로 정의할 수 있다. 여기서 유의할 점은 "정상적 범주"는 통상 일정 범위의 개인차를 포함하는 종형(bell-shaped)의 곡선을 형성하기 때문에 많은 경우 질병, 정상, 그리고 정상을 넘어서는 상태를 가르는 기준은 분명하지 않다는 것이다(Presidential Commission for the Study of Bioethical Issues, Gray Matter: Topics at the Intersection of Neuro- science, Ethics, and Society (vol.2) 27-29 (2015)).

2 David Sulzer et al., *Mechanisms of Neurotransmitter Release by Amphetamines: A review*, 75 Progress in Neurobiology 406 (2005); Dimitris Repantis et al., *Modafinil and Methylphenidate for Neuroenhancement in Healthy Individuals: A Systematic Review*, 62 Pharmacological Research 187 (2010).

3 Repantis et al., supra note 2; Anjan Chatterjee, *The Ethics of Neuroenhancement, in Ethical and Legal Issues in Neurology (Vol.118), in* Handbook of Clinical Neurology 323 (J.L. Bernat & R. Beresford ed., 2013).

4 Henry T. Greely et al., *Toward Responsible Use of Cognitive-Enhancing Drugs by the Healthy*, 456 Nature 702 (2008).

들의 주의력 감소를 막기 위해 사용되기도 한다.[5]

또 다른 예로, 최근 각광받고 있는 전자기적(electromagnetic) 뇌 조절 중 하나인 경두개 직류 자극술(Transcranial Direct Current Stimulation, 이하 "tDCS")은 두피에 미세 전류를 흘려 두뇌의 특정 부분을 자극하는 기술이다. 아직까지 구체적인 작용 기제는 밝혀지지 않았지만, 미세 전류가 뉴런의 활성도(neuronal excitability)를 증가 또는 억제 시켜 뉴런의 발화를 조절하는 것으로 알려져 있다.[6] 주로 우울증, 만성통증증후근, 뇌졸중 등의 치료를 위해 사용되어 왔으나, 최신 연구들은 집중력, 언어 능력, 작업 및 장기 기억, 수학적 능력과 같은 다양한 인지 영역에 걸친 향상 효과를 보고하고 있다.[7] tDCS가 특별히 많은 관심을 받고 있는 이유는 다른 뇌 조절 기술들에 비해 상대적으로 부작용이 적고 안전하며, 비용이 저렴하고, 누구든지 쉽게 제작 및 시술을 할 수 있기 때문이다.[8] 실제로 온라인상에서 tDCS기기를 제작하는 방법을 찾는 것은 어렵지 않으며, 몇몇 신생 벤처기업들이 개발한 완성된 형태의

---

5 Jon Bonné, 'Go pills': A war on drug?, CNBC.COM, Jan. 9, 2003, http://www. nbcnews.com/id/3071789/ns/us_news-only/t/go-pills-war-drugs/#.WbGAPK2ZM0o, (Accessed Sep. 14, 2017).

6 Adam Woods et al., *Technical Guide to tDCS, and Related Non-invasive Brain Stimulation Tools*, 127 Clinical Neurophysiology 1031 (2016); Andea Antal, et al., *Low Intensity Transcranial Electrical Stimulation: Safety, ethical, legal regulatory and application guidelines*, 128 Clinical Neurophysiology 1774 (2017).

7 Lars A. Ross et al., *Improved Proper Name Recall by Electrical Stimulation of the Anterior Temporal Lobes*, 48 Neuropsychologia 3671, (2010); Meinou H. de Vries et al., *Electrical Stimulation of Broca's Area Enhances Implicit Learning of an Artificial Grammar*, 22. J. Cognitive Neuroscience 2427 (2010); Min-Fang Kuo & Michael A. Nitsche, *Effects of Transcranial Electrical Stimulation on Cognition*, 43 Clinical EEG & Neuroscience 192,195 (2012); Nadia Bolognini et al., *Brain Polarization of Parietal Cortex Augments Training-Induced Improvement of Visual Exploratory and Attentional Skills*, 1349 Brain Research 76 (2010); Paul G. Mulquiney et al., *Improving Working Memory: Exploring the Effect of Transcranial Random Noise Stimulation and Transcranial Direct Current Stimulation on the Dorsolateral Prefrontal Cortex*, 122. Clinical Neuroscience 2384 (2011).

8 Anita Jwa, *Early Adopters of the Magical Thinking Cap: A Study on the Do-It-Yourself (DIY) Transcranial Direct Current Stimulation (tDCS) User Community*, 2 J. Law & Biosciences. 292, 295 DOI:10.1093/jlb/lsv017 (2015).

tDCS기기들도 시중에서 판매되고 있다.[9] 또한 tDCS기기를 직접 제작하거나 구입하여 사용하는 사람들이 모여 정보를 공유하는 웹사이트는 2011년에 처음 만들어진 이래로 점차 규모가 증가하여 현재는 가입 인원이 10,000명을 넘어섰다.[10]

이렇게 뇌 조절 기술들이 일반 대중들 사이에서 인지능력 향상을 목적으로 사용되기 시작하면서, 이를 둘러싼 논쟁이 활발히 진행되고 있다. 일부 학자들은 인위적으로 인지능력을 향상시키는 것에 대하여 심각한 우려를 표하는데, 대표적으로 하버드 대학교의 마이클 센델 교수는 과학 기술을 통해 인간을 보다 완벽한 존재로 만들고자 하는 것은 인간의 존엄성과 자율권을 훼손시킨다는 점에서 윤리적으로 옳지 않다고 비판하였다.[11] 반면 또다른 학자들은 인간의 인지기능을 조절하는 것을 본질적으로 비윤리적이라고 할 수 는 없다고 주장한다. 스탠포드 법학대학원 교수인 헨리 그릴리 교수는 인간은 고래로 끊임없이 인지능력을 향상시키고자 하는 노력을 지속해 왔으며, 뇌 조절 기술은 그것이 보다 직접적·생물학적인 개입이라는 점을 제외하면 영양의 섭취나 수면, 교육, 또는 신체적 운동과 같은 보다 전통적인 방법을 통한 인지능력 향상과 본질적으로 다르지 않다고 본다.[12] 나아가 사람들은 새로운 기술로 인해 창조된 다양한 기회를 누릴 권리가 있으며, 적절한 규제가 이루어진다면 개인과 사회 모두 새로운 과학 기술의 개발과 보급으로 많은 혜택을 누릴 수 있게 될 것이라고 강조한다.[13]

물론 그릴리 교수와 같은 학자들도 인지능력 향상을 위한 뇌 기능

---

9 *Id.*

10 Reddit Tdcs, https://www.reddit.com/r/tDCS/

11 Michael J. Sandel, The Case Against Perfection: Ethics in the Age of Genetic Engineering (2007); Michael J. Sandel, *What's Wrong with Enhancement* (2002), https://bioethicsarchive. georgetown.edu/pcbe/background/sandelpaper.html (accessed Sep. 15, 2017).

12 Henry T. Greely, *Remarks on Human Biological Enhancement*, 56 Kan. L. Rev.1139,1140 (2008).

13 Nicholas S. Fitz & Peter B. Reiner, *The Challenge of Crafting Policy for Do-It-Yourself Brain Stimulation*, Journal of Medical Ethics, doi:10.1136/medethics-2013－101458 (2013).

조절 기술의 사용이 중요한 윤리적, 사회적 문제들을 발생시킬 수 있다는 것을 주지하고 있다. 인지 기능 향상을 위해 뇌 조절 기술을 사용하는 것에 관한 가장 핵심적인 쟁점 중 하나는 바로 이들 기술의 안전성 문제이다.[14] 예를 들어 앞서 언급한 암페타민이나 메틸페니데이트가 국가기관의 엄격한 심사를 통해 ADHD치료를 목적으로 하는 제조 및 판매 승인을 받았다는 사실이 이 약들이 건강한 사람들의 인지능력 향상을 위해서도 안전하게 사용될 수 있다는 것을 의미하지는 않는다. 인지능력 향상을 위한 최적의 복용 혹은 시술 방법을 모르는 상태에서는 오남용의 위험성이 높을 수밖에 없다.

두번째 주된 우려는 뇌 조절 기술을 원치 않는 사람들에게 명시적 또는 묵시적으로 강요할 수 있다는 것이다.[15] 뇌 조절 기술의 대부분이 사람의 두뇌에 수술적 혹은 약리학적 개입을 통해 이루어진다는 점에서 자발적인 본인의 의사에 따르지 않은 강제적 사용은 심각한 문제가 될 수 있다. 명시적 강요의 예로는 군사 작전을 수행하는 동안 병사들의 각성상태를 유지하기 위해 뇌 조절 기술을 사용하도록 명령하거나, 회사에서 직원들의 성과를 높이기 위해 사용하도록 하는 것 등이 있을 수 있다.[16] 묵시적 강제는 또래 집단이나 가족, 사회 조직의 구성원들로부터 받게 되는 드러나지 않는 압력을 말하는데, 예를 들어 자신은 원하지 않더라도 같은 반의 다른 모든 학생들이 집중력을 향상시키는 뇌 조절 기술을 사용한다면, 뒤쳐지지 않기 위해서라도 이를 거부할 수 없게 될 것이다.[17]

세번째 쟁점인 공정성 문제는 두 가지 측면에서 살펴볼 수 있다. 우선 경쟁관계에 있는 사람들 중 일부만이 뇌 조절 기술을 사용한다면 나머지 경쟁자들에 비해 불공정한 이득을 보게 된다는 점과 만일 특정

---

14 *Supra* note 12 at 1148.
15 *Id.* at 1150-51.
16 *Id.*
17 *Id.*

기술의 사용을 위해서는 고가의 비용을 지불해야 한다면, 사회적 형평의 측면에서 볼 때 부유한 사람들만이 이를 독점할 우려가 있다는 점이다.[18] 이 외에도 뇌 조절 기술을 통한 인지능력 향상이 노력의 가치를 훼손시킬 것이라는 우려 등이 제기되고 있다.[19]

하지만 이러한 문제들은 기존에 존재하지 않던 새로운 것이거나 인지능력 향상에만 국한되는 것은 아니기 때문에 뇌 조절 기술을 전면적으로 금지할 근거가 될 수는 없다. 예를 들어 뇌 조절 기술의 부작용과 같은 위험성은 같은 기술을 신경 질환의 치료를 위해 사용할 때에도 여전히 존재하며, 결국 안전성 문제는 기존의 의약품 혹은 의료기기의 안정성 규제와 유사한 (혹은 다른) 절차와 방식을 인지능력 향상을 위한 뇌 조절 기술에도 적용해야 하는지의 규제적 문제로 귀결된다.[20] 그리고 우리 사회는 이미 원치 않는 침해로부터 개인의 신체를 보호하는 여러 법적인 장치를 갖추고 있기 때문에, 이를 뇌 조절 기술의 경우에도 적절히 적용시킴으로써 의사에 반하는 강제적 사용을 제한할 수 있을 것이다.[21] 또한 뇌 조절 기술을 통한 인지능력의 향상이 다른 환경적·유전적 요인으로 인해 발생하는 불공정과 본질적으로 다르다고 할 수 없고, 오히려 이들 기술을 더욱 적극적으로 도입하여 예를 들어 스포츠의 경우 운동능력을 향상시킨 선수들만을 위한 리그를 만드는 것

---

18 *Id.* at 1151.

19 *Supra* note 11.

20 Henry T. Greely, *Regulating Human Biological Enhancements: Questionable Justifications and International Complications*, 4 Santa Clara Journal of International Law 87, 96-97 (2006); 여기서 한가지 유의할 점은 뇌 조절 기술에 관한 비용-이익 분석(cost-benefit analysis)은 그 사용 목적에 따라 달라진다는 것이다. 질병의 치료를 위한 경우라면 그 이익이 큰 만큼 부작용과 같은 위험 발생 가능성을 일정 정도 감수 할 수 있겠지만, 건강한 사람의 인지능력 향상을 목적으로 하는 경우는 보다 엄격한 기준이 요구된다. 현재의 건강한 상태를 저해할 수 있는 위험이 있는 경우는 잠재적 이익의 크기와 상관없이 그 사용을 정당화하기가 매우 어려울 것이기 때문이다(Presidential Commission for the Study of Bioethical Issues, Gray Matter: Topics at the Intersection of Neuroscience, Ethics, and Society (vol.2) 29 (2015)).

21 Greely, *supra* note 20 at 97.

도 가능할 것이다.[22] 일부 계층만이 뇌 조절 기술을 독점하게 될 경우는 사회 불평등을 심화시킬 우려는 있으나 이는 사회 전반에 걸친 형평성 제고의 맥락에서 논의될 문제이지 뇌 조절 기술의 사용을 금지할 이유가 된다고 할 수 없다.[23] 마지막으로 뇌 조절 기능을 통한 인지능력의 향상은 노력의 가치를 훼손시키는 것이 아니라 단지 같은 노력으로 보다 큰 효과를 보게 된다는 것을 의미한다고 할 수 있다.[24]

다양한 뇌 조절 기술의 전례 없는 급속한 발전과 이들 기술의 인지능력향상을 위한 사용은 앞으로 거부할 수 없는 큰 흐름이 될 것이다. 앞서 살펴본 바와 같이 이는 여러 중요한 윤리적·사회적 문제를 야기할 것이지만 전면적인 금지나 과도한 규제는 오히려 뇌 조절 기술의 불법적 거래 및 오남용을 부추기게 될 가능성이 높다.[25] 물론 그렇다고 해서 이들 기술이 야기할 문제들을 묵과하고 제한 없이 허용하여서도 안 될 것이다. 미국의 경우 2013년 오바마 행정부 때 시작된 뇌 연구 프로젝트인 "Brain Research through Advancing Innovative Neurotechnologies (BRAIN) initiative"는 뇌 과학 기술 개발의 초기 단계에서부터 이로 인해 발생할 수 있는 윤리적·사회적 문제를 고려해야 함을 인식하고 뇌 윤리 분과(neuroethics division)을 설치하여 뇌 과학 연구 및 그 연구 결과의 사용에 관한 윤리 권고 및 지침을 제공하고 있다.[26] 이처럼 이제는 뇌 조절 기술을 통한 인지능력향상을 허용 혹은 금지할 것인가의 단순한 이분법적 문제를 넘어서서, 이들 기술을 어떻게 적절히 규제할 것인가, 즉 어떠한 경우에 어느 범위까지 허용함으로써 그 위험성은 최소화하고 혜택을 극대화시킬 것인지를 고민해야 할 때이다.

---

22 *Supra* note 12 at 1156.
23 Greely, *supra* note 20 at 99-100.
24 Henry T. Greely, *Enhancing Brains: What Are We Afraid Of?*, Cerebrum (July 14, 2010), http://dana.org/news/cerebrum/detail.aspx?id=28786 (Last visited Feb. 28, 2018).
25 *Id.*
26 Neuroethics Division of the BRAIN Multi-Council Working Group, https://www.braininitiative.nih.gov/about/neuroethics.htm

30

전 중 환

진화심리학자이며 경희대학교 후마니타스 칼리지(국제캠퍼스)
부교수로 있다. 가족 내의 갈등과 협동, 성적 혐오 등을 연구 중이다.
저서로『본성이 답이다』,『오래된 연장통』, 역서로『적응과 자연선택』
(조지 윌리엄스),『욕망의 진화』(데이비드 버스)가 있다.

왜 마약은 불법이고 스카이다이빙은 합법인가?
- 도덕 판단의 진화적 토대 -

Ⅰ. 왜 제삼자의 행동을 도덕적으로 판단하는가?

2016년 10월 9일 새벽 6시, 인기 그룹 '빅뱅'의 멤버 탑(본명: 최승현)은 용산구 자택에 있었다. 그는 대마 액상을 연인 한서희 씨와 함께 흡입했다. 둘은 이후에도 세 번에 걸쳐 대마를 함께 피운 혐의로 기소되었다. 최 씨에게는 1심에서 징역 10개월, 집행유예 2년이 선고되었다. 누리꾼들은 최 씨에게 엄청난 비난과 조롱을 퍼부었다.[1]

왜 대마초, 코카인, 필로폰, 아편, LSD 같은 향정신성 약물 사용은 불법일까? 흔한 대답은 이렇다. 인간은 완벽히 합리적인 존재가 아니어서 마약 사용이 가져올 심각한 피해를 과소평가하는 경향이 있다. 즉 마약은 그것을 소비하는 당사자뿐만 아니라 사회 전체에 큰 해악을 끼친다. 그러므로 마약 사용은 비도덕적이며, 국가는 마약 사용을 범죄로 다스려야 한다는 것이다.[2] 그러나 사회에 끼치는 피해만 놓고 보면

---

1 최우석, '빅뱅'의 탑과 함께 대마초 피운 한씨가 사들인 LSD는 무엇? "극히 소량만 복용해도 필로폰보다 훨씬 강한 환각증상", 월간조선, 2017년 8월.
2 Caulkins, J. P., Kasunic, A., Kleiman, M. & Lee, M. A. C. (2014). Understanding drug

다른 향정신성 약물인 니코틴(담배)이나 알코올(술)가 훨씬 더 심대한 피해를 끼친다. 우리가 마약 사용이 잘못되었다고 여기는 까닭이 정말로 그로 인한 피해를 우려해서라면, 당장 음주와 흡연부터 범죄화해야 한다.

뿐만 아니라, 사람들이 마약 사용이 얼마나 위험한 일인지 잘 가늠하지 못하기 때문에 국가가 미리 규제해야 한다는 이러한 논리가 맞는다면, 국가는 당장 스카이다이빙, 암벽 등반, 활강스키, 극한 스포츠, 고층건물 셀카처럼 위험천만한 활동들부터 범죄화해야 한다. 하지만 사람들은 고층건물 난간에 기대어 셀카를 찍는 사람을 보고 어리석다고 혀를 찰지언정 그가 천인공노할 만행을 저지른다며 분노하지는 않는다.

마약을 합법화하면 사람들이 마약에 푹 빠져 시간을 낭비할 것이므로 마약 사용을 규제해야 한다는 주장도 있다. 그러나 국가가 허용한 약물인 술과 담배를 탐닉하는 사람들이 적지 않은 오늘날에도 어쨌든 세계 경제는 잘 굴러가고 있다. 무엇보다도, 사람들이 흠뻑 빠져 무의미하게 시간을 낭비하는 일은 TV 시청, 인터넷 게임, 모바일 채팅 등 수없이 많다. 왜 사람들은 온종일 드라마를 몰아서 시청하는 행동이 인륜을 저버리는 짓이라고 비난하지 않는가? 요컨대, 사람들은 마약 사용이 일반적인 도덕 원칙에 위배되기 때문에 잘못되었다고 여기지 않는 것 같다. 사람들은 마약은 '그냥 닥치고' 잘못되었다고 믿는 것 같다.[3]

인간은 자기 자신과 무관한 제삼자가 행한 어떤 행동을 도덕적 혹은 비도덕적이라고 판단하며, 종종 그 행위자를 적극적으로 처벌하고자 한다. 폭행, 위조, 사기, 비방, 살인, 근친상간, 낙태, 장기매매, 수간,

---

legalization. *International Public Health Journal, 6(3),* 283-294.

3 Kurzban, R. (2012). *Why everyone (else) is a hypocrite: Evolution and the modular mind.* Princeton, New Jersey: Princeton University Press(로버트 커즈번 저 · 한은경 역, 『왜 모든 사람은 (나만 빼고) 위선자인가』, 2012, 을유문화사).

동성애, 성매매, 마약 사용 등이 그 예다. 이들이 처벌 받아 마땅한 비도덕적인 행위임은 대다수 사람들에게 지극히 당연하게 들린다. 그러나 마약 사용의 경우에서 알 수 있듯이, 왜 사람들이 적지 않은 비용을 감수하면서 제삼자의 특정한 행동을 도덕적으로 판단하고 심지어 처벌하고자 하는가를 명쾌히 설명하기란 의외로 쉽지 않다. 사실, 제삼자에 대한 도덕적 질책이 인간 도덕성의 핵심이라고 보는 최근의 연구 동향을 고려하면[4] 왜 그러한 심리가 진화했는지 밝히는 작업은 대단히 중요하다고 할 수 있다.

이 글은 왜 나와 무관한 제삼자의 특정한 행동을 도덕적으로 판단하고 심지어 처벌하려 하는 심리가 진화했는가에 답하고자 하는 최근의 여러 시도들을 소개하고자 한다. 우선 왜 제삼자에 대한 도덕적 질책이 진화했는가라는 질문이 쉽게 답하기 어려운 진화의 미스터리인지 살펴본다. 그리고 나서 그에 대한 잠정적인 해답으로 제안된 1) '흘러넘치기(spillover)'로서의 부산물 가설, 2) 진화된 설계와 현대의 환경 사이의 '불일치(mismatch)' 가설, 3) 갈등의 격화를 막기 위한 '편들기(side-taking)' 가설, 그리고 4) 일부일처제적 성전략과 문란한 성전략 사이의 갈등 가설을 알아본다. 마지막으로 필자는 지금껏 제안된 어느 가설도 이 문제에 대한 만족스러운 해답을 제시하지 못한다고 결론을 내리고자 한다.

Ⅱ. 제삼자에 대한 도덕 판단은 진화의 미스터리다

찰스 다윈은 1859년에 출간한 『종의 기원(The origin of species)』에서는 자연선택에 의한 진화 이론이 인간 자신에게는 어떻게 적용되는지에 대해서는 거의 서술하지 않았다. 그러나 1871년에 낸 책 『인간의

---

4 DeScioli, P., & Kurzban, R. (2009). Mysteries of morality. *Cognition*, 112(2), 281-299.

유래와 성선택(The descent of man and selection in relation to sex)』에서 다윈은 도덕 관념이 인간의 유난히 큰 두뇌나 직립 보행과 다름없이 자연 선택에 의해 진화한 산물이라고 과감하게 주장하였다.

> 부모와 자식 간의 애정까지 포괄하는 의미의 사회적 본능이 잘 발달한 그 어떤 동물이라도, 지적 능력이 인간만큼 혹은 인간에 거의 가깝게 도달하자마자 도덕관념, 즉 양심을 불가피하게 얻게 될 것이다(찰스다윈, 1871).[5]

다윈은 도덕의 "주춧돌"은 공감(sympathy)이며 이 공감 능력의 초보적인 형태는 사회성을 지닌 다른 동물들에서도 발견된다고 강조했다. 즉 어떤 생물종이 지닌 지성과 공감 능력이 매우 높은 수준에 도달하면 그에 따른 당연한 귀결로서 양심, 곧 도덕관념이 진화한다는 것이다. 이 과정은 도덕성을 지닌 집단이 도덕성을 지니지 못한 집단을 경쟁에서 제압하는 집단 선택을 통해 이루어진다고 다윈은 설명했다.

도덕성을 양심, 곧 자신의 이기심을 억제하고 어려운 형편의 타인에게 공감하고 도와주는 성향과 동일시했던 다윈의 저작 이후로 많은 진화생물학자들이 같은 연장선상에서 도덕을 연구하였다. "어떻게 손실을 감수하면서 남을 돕는 이타적 성향이 자연 선택에 의해 진화했는가?"라는 질문은 곧 도덕의 진화를 묻는 질문과 같다고 간주되었다. 잘 알려져 있듯이, 이타성의 진화라는 문제는 20세기 후반 들어 윌리엄 해밀턴(William Hamilton), 조지 윌리엄스(George Williams), 로버트 트리버스(Robert Trivers) 등의 진화생물학자들이 집단 선택설을 논박하고 유전자의 눈 관점(gene's eye view)에서 사회성을 설명하는 새로운 패러다임을 확립하면서 그 해답이 얻어졌다.[6] 특정한 조건이 충족된다면, 다른

---

5 Darwin, C. R. (1871). *The descent of man, and selection in relation to sex*. London: John Murray (pp.120-121).
6 Hamilton, W. D. (1964). The genetical theory of social behavior. I & II. *Journal of*

개체에 이타적인 행동을 하게 만드는 유전자가 다음 세대에 복제본을
더 많이 남길 수 있었다는 설명이다.

도덕성을 양심 혹은 이타성과 동일시하고 비도덕성을 이기성과 동
일시하는 암묵적인 가정은 비교적 최근까지도 계속 유지되었다. 예를
들어, 위대한 진화생물학자인 조지 윌리엄스(1989)는 "개체가 자신의
이기적인 이해관계를 효율적으로 추구하는 것 외에 다른 목적을 지니
게끔 설계될 수 있으리라는 믿음은 그야말로 가망이 없다 … 황금률을
비롯하여 널리 강조되는 윤리적 원리들을 조금이나마 닮은 그 무엇도
자연계에는 전혀 작동되지 않는 것 같다."(195-197쪽)고 서술했다.7 과학
저술가 매트 리들리(Matt Ridley)가 어떻게 이타적인 행동이 자연 선택
에 의해 진화했는지 대중들에게 해설한 책의 제목은 『덕의 기원(The
origin of virtue)』이었다(국내에는 『이타적 유전자』라는 제목으로 번역됨).8

최근 들어 일단의 진화심리학자들은 "도덕성＝행위자의 양심"이라
는 기존 도식에 의문을 제기하였다. 도덕 판단에 개입하는 개체들간의
상호작용을 삼자간의 전략적 게임으로 이해하면, 도덕성을 만드는 심
리적 적응에는 '행위자의 양심'도 있지만 그와 별도로 '제삼자에 대한
질책'도 있음을 알 수 있다는 것이다. 무엇보다도, 행위자의 양심으로
부터 제삼자에 대한 질책이 저절로 부수적으로 생긴다는 기존의 관점
과 달리, 제삼자에 대한 질책이야말로 인간 도덕성의 중추를 이룬다고

Theoretical Biology, 7, 1-52.

Trivers, R. L. (1971). The evolution of reciprocal altruism. *Quarterly Review of Biology, 46,*
35-57.

Williams, G. C. (1966). *Adaptation and natural selection.* Princeton, NJ: Princeton University
Press.

Dawkins, R. C. (1976). *The selfish gene.* Oxford, U. K.: Oxford University Press.

7 Williams, G. C. (1989). A sociobiological expansion of "Evolution and Ethics". In J. G.
Paradis & G. C. Williams (Eds.), *Evolution and ethics* (pp. 179-214). Princeton: Princeton
University Press.

8 Ridley, M. (1996). *The origins of virtue: Human instinct and the evolution of cooperation.* London:
Viking, Penguin Books.

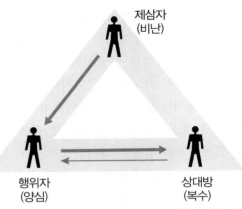

제삼자
(비난)

행위자
(양심)

상대방
(복수)

[그림] 행위자, 상대방, 제삼자간의 도덕적 상호작용. 화살표는 한 개체의 다른 개체에 대한 작용을 나타낸다(DeScioli & Kurzban, 2009, Fig 1. 에서 변형함).

이들은 주장한다.9 아래에서 자세히 살펴보자.

드치올리와 커즈번(DeScioli & Kurzban)은 도덕적 상호작용에는 "행위자(actor)", "상대방(second party)", 그리고 "제삼자(third party)", 이렇게 적어도 세 명의 사람들이 관여한다고 보았다(그림 참조).10 행위자는 상대방에서 행동을 가하며, 제삼자는 행위자의 행동을 판단하고 비난한다. 범죄 사건의 경우, 행위자는 가해자, 상대방은 피해자, 제삼자는 범죄를 관찰하고 비난하는 사람에 해당한다. 세 명의 행위자가 자신의 역할을 수행하는 데 필요한 선결과제는 다음과 같다.

첫째, 제삼자는 행위자의 일탈을 탐지하고, 판단하고, 처벌해야 한다. 또한 다른 사람들에게 지원을 요청하고, 행위자의 반발에도 효과적

9 DeScioli, P., & Kurzban, R. (2009). *Op. cit.*
DeScioli, P., & Kurzban, R. (2013). A Solution to the mysteries of morality. *Psychological Bulletin, 139(2),* 477-496.
DeScioli, P. (2016). The side-taking hypothesis for moral judgment. *Current Opinion in Psychology,* 7, 23-27.
10 DeScioli, P., & Kurzban, R. (2009). *Op. cit.*

으로 대처해야 한다. 제삼자의 판단은 행위자의 행동이 이루어진 다음에 소급적으로 내려질 수밖에 없고, 대개 행위자의 진짜 동기에 대해서는 완전히 확신하기 어렵다.

둘째, 행위자는 상대방에 할 수 있는 여러 행동들에 따른 잠정적인 비용과 이익을 일일이 계산하고, 그 중 가장 높은 순이익을 올려 주는 행동을 선택해야 한다. 상대방으로부터의 보복, 그리고 제삼자로부터의 비난 및 처벌을 피하기 위해 행위자는 자신의 일탈 행동을 가급적 들키지 않아야 한다. 제삼자는 행위자의 진정한 동기에 대해 불확실한 정보만 갖고 있는데 비하여, 행위자는 자기 행위의 의도를 정확히 알고 있고, 아직 벌어지지 않은 행동에 따른 여러 결과를 미리 예상할 수 있다.

셋째, 상대방은 행위자가 가하는 손실을 피하면서 제삼자로부터 도움을 얻어야 한다. 만약 이미 행위자에 의해 피해를 입었다면, 상대방은 행위자에게 복수함으로써 더 이상 피해를 입을 여지를 차단해야 한다.

이를테면, 행위자 A가 상대방 B에게 주먹을 휘둘러 지갑을 탈취할까 말까 고민하는 상황을 상상해보자. A의 양심은 행위자 A 자신의 행동을 통제한다. 즉 A가 B에게 할 수 있는 여러 행동에 따른 잠재적인 이득과 비용을 일일이 계산하여 그 중 가장 높은 번식상의 이익을 제공하는 행동을 선택하게끔 한다. 따라서 A의 양심은 주로 앞으로 일어날 일을 예측하는 성격을 지니며, 행위자 A의 진짜 의도와 동기를 잘 알고 있다.

이제 A, B와 무관한 제삼자 C가 A의 지갑 탈취 행동을 목격했다고 하자. C는 자신과 무관한 A의 행동을 도덕적으로 판단하고 처벌한다. 즉 이미 벌어진 A의 지갑 탈취 행동을 입력 정보로 받아들이고, 이 정보를 처리하여 A의 행동이 얼마나 잘못된 행동인지를 계산한다. 그 결과 C는 A의 행동이 비도덕적이라 판단하고, 남들에게 알리고, 때로는 상당한 비용을 감수하면서 적극적인 처벌에 나선다.

이처럼 '행위자의 양심'과 '제삼자에 대한 질책'은 서로 다른 입력 정보에 의해 활성화되고, 서로 다르게 그 정보를 처리하고, 각기 다른 행동 결과물을 산출하는 두 개의 인지 체계임이 분명해 보인다. 행위자의 양심은 도덕관념을 활용하여 행위자 자신의 행동을 통제하는 체계이다. 제삼자의 비난은 도덕관념을 활용하여 행위자를 심판, 비난하고 처벌하는 체계이다. "나는 왜 상대방을 때려서 지갑을 강제로 뺏으려 하지 않는가?"에 대한 해답은 "나는 왜 나와 무관한 제삼자가 누군가를 때려서 지갑을 뺏는 행동이 잘못되었다고 여기는가?"에 대한 해답과 확연히 다르다는 뜻이다.[11]

요컨대, 제삼자에 대한 비난 심리가 잘 작동하기 위한 선결 과제는 행위자의 행동을 만드는 심리가 잘 작동하기 위한 선결 과제와 전혀 다르며, 따라서 제삼자에 대한 비난 심리는 다른 기능을 수행하게끔 자연 선택에 의해 독립적으로 다듬어졌으리라고 강력하게 추론할 수 있다.

언뜻 생각하면 도덕성을 행위자의 양심과 동일시하는 기존의 관점도 제삼자에 대한 도덕 판단이라는 심리적 적응이 왜 진화했는지 어렵지 않게 설명할 수 있을 것처럼 보인다. 즉 원래 행위자의 행동을 잘 통제하게끔 설계된 '행위자의 양심'이라는 심리 기제가 과도한 일반화(overgeneralization)로 인해 행위자 자신뿐만 아니라 행위자와 무관한 제삼자의 행동도 종종 통제하려 한다는 가설이 제안되었다. 컵 안의 물이 흘러넘치듯이, 행위자의 양심이 "흘러넘치다"보니 그 부산물로서 제삼자의 행동도 뜻하지 않게 규제하게 되었다는 것이다.[12] 그러나 다음 절에서 살펴 볼 것처럼, 부산물 가설은 제삼자에 대한 도덕 판단이 왜 진화했는지 타당하게 설명하지 못한다. 도덕 심리를 특징짓는 가장

---

11 DeScioli, P., & Kurzban, R. (2009). *Ibid.*
12 Haidt, J. (2012). *The Righteous Mind: Why good people are divided by religion and politics.* New York: Pantheon Books.

중요한 특징이 도덕 규칙은 누구에게나 예외 없이 보편적으로 적용되어야 한다고 사람들이 믿는다는 것임을 감안하면, 인간 도덕성의 핵심이라 할 수 있는 "왜 제삼자에 대한 도덕 판단이 진화했는가?"라는 질문이 여전히 커다란 미스터리로 남아있는 셈이다. 이 미스터리에 대한 해답으로 제안된 여러 가설들을 살펴보자.

Ⅲ. 제삼자에 대한 도덕 판단을 설명하는 여러 가설들

1. '흘러넘치기'로서의 부산물 가설

'흘러넘치기' 가설은 행위자의 양심을 만드는 심리 기제가 자연선택에 의해 진화하였고 그 부산물로서 이 심리 기제가 행위자와 무관한 제삼자의 행동도 도덕적으로 판단하며 심지어 처벌하게 한다고 주장한다. 예를 들어, 해밀턴의 포괄 적합도 이론(Inclusive fitness theory)은 친부모가 자녀를 돌볼 때 자녀가 얻는 이득이 부모가 감수하는 손실보다 충분히 크다면 부모가 자녀를 돌보게 만드는 유전자가 자연 선택될 수 있다고 역설한다.[13] 부모가 자녀를 돌보는 이타적 행동이 이미 선택되었기 때문에, 그 부산물로서 나와 무관한 제삼자가 자기 아이를 학대하거나 유기하는 행동도 비도덕적이라고 비난하며 그를 처벌하려 애쓰게끔 되었다는 것이다.

성도덕에 대해서도 같은 맥락으로 설명된다. 즉 행위자가 흔히 부적절하다고 간주되는 특정한 성행동을 피하게 하는 심리가 자신의 유전자를 후세대에 남기는데 유리했고, 그 부산물로서 제삼자의 부적절한 성행동도 비도덕적이라고 여기게 되었다는 것이다. 근친상간을 예로 들어보자. 가까운 혈연과 성관계하여 낳은 자식은 치명적인 유전병을

---

13 Hamilton, W. D. (1964). *Op. cit.*

지닐 가능성이 매우 높다. 따라서 나 자신의 짝짓기 상대로 나와 가까운 혈연을 기피하는 심리 기제가 자연 선택에 의해 진화하였다. 이 심리 기제가 나와 무관한 제삼자가 성관계 상대를 고를 때에도 예기치 않게 작동하는 바람에, 만약 제삼자가 그의 근친과 성관계를 하면 제삼자를 도덕적으로 비난하고 처벌하려 애쓰게끔 되었다는 것이다.[14] 마찬가지로, 제삼자가 동물, 나이 차이가 매우 많이 나는 사람, 동성 개체, 또는 성적으로 문란한 사람(예컨대, 창녀)과 성관계하는 것을 굳이 비용을 감수해가며 도덕적으로 비난하는 심리도 나의 번식 성공도를 감소시키는 상대와 성교하는 것을 기피하는 심리의 진화적 부산물로 설명할 수 있다.[15]

진화심리학자 로버트 커즈반(Robert Kurzban)과 피터 드치올리(Peter DeScioli)는 이러한 "흘러 넘치기" 가설이 제삼자에 대한 도덕적 질책을 제대로 설명하지 못한다고 비판했다. 자기 자신의 행동과 타인의 행동을 구별하지 못할 정도의 심리 기제라면 너무나 부실하고 형편없는 설계이기 때문이다. 이를테면, 근친과 성관계하면 유전병을 지닌 자식을 잉태할 가능성이 높기 때문에 근친상간을 회피하는 심리가 진화했다는 설명은 왜 사람들이 근친과 성관계한 제삼자를 처벌하고 싶어 하는지 매끄럽게 설명하지 못한다. 나와 무관한 제삼자가 그의 친남매와 성관계하는 장면을 실제 혹은 상상으로 접하고 나서 이를 나 자신이 내 친남매와 성관계하는 장면과 혼동한다면, 너무나 부실한 설계라고 할 수

---

14 Fessler, D. M., & Navarrete, C. D. (2004). Third-party attitudes toward sibling incest: Evidence for Westermarck's hypotheses. *Evolution and Human Behavior, 25(5)*, 277-294.
Lieberman, D., Tooby, J., & Cosmides, L. (2003). Does morality have a biological basis? An empirical test of the factors governing moral sentiments relating to incest. *Proceedings of the Royal Society of London. Series B: Biological Sciences, 270(1517)*, 819-826.
Tooby, J. (1975). The evolutionary psychology of incest avoidance and its impact on culture. *Proceedings of the Institute for Evolutionary Studies, 75(1)*, 1-91.
15 Lieberman, D. (2007). Moral sentiments relating to incest: Discerning adaptations from by-products. In W. Sinnott-Armstrong (Ed.), *Moral psychology* (Vol. 1, pp. 165-208). Cambridge, MA: MIT Press.

있다. 마찬가지로, 제삼자가 그의 친자식을 학대하는 장면을 보고 자신이 친자식을 학대하는 장면과 혼동한다면 역시 큰 문제라고 할 수 있다. 사실, 진화의 관점에서 보면 타인이 근친상간이나 친자식 학대처럼 자신의 번식 성공도를 스스로 낮추는 자해적인 행동을 한다면 규제하기는커녕 오히려 적극적으로 장려하는 심리 기제가 개체간의 경쟁에서 유리하게 작용했을 것이다.16

2. 진화된 설계와 현대의 낯선 환경 사이의 불일치 가설

진화심리학자 데브라 리버만(Debra Lieberman)은 제삼자에 대한 도덕적 비난이 행위자의 양심에서 파생된 부산물이라기보다는 우리가 진화해 온 먼 과거의 수렵-채집 환경에서는 적응이었을 것이라는 대안 가설을 제시했다. 현대 산업 사회에서 우리들은 친구, 직장동료, 모르는 사람 등 수많은 비혈연들과 매일 상호작용한다. 이는 인류가 진화 역사의 99% 이상을 보낸 소규모의 수렵-채집 사회와 매우 다르다. 우리의 진화적 조상들은 대개 백여 명을 넘지 않은 작은 혈연 중심의 집단에서 매일 친척 내지 인척들과 상호작용을 했다. 따라서 인류의 진화 역사에서 제삼자는 나와 정말로 무관한 남남이 아니라 나의 포괄 적합도17에 간접적으로 영향을 끼칠 수 있는 친척 혹은 인척일 가능성이

---

16 DeScioli, P., & Kurzban, R. (2009, 2013). *Op. cit.*
　DeScioli, P. (2016). *Op. cit.*
17 개체 수준에서 고전적인 의미의 '적합도(fitness)'는 한 개체가 평생 동안 낳는 자식 수를 의미하며 '번식 성공도(reproductive success)'와 같은 뜻이다. 그런데 한 개체가 평생 낳는 자식 수는 그 개체의 몸 안에 들어 있는 유전자뿐만 아니라 다른 개체의 몸 안에 있는 유전자에도 의존하므로, 개체 수준의 고전적 적합도는 완전하게 유전자의 복제 성공도를 반영하지는 못한다. 해밀턴(1964)의 포괄적합도(inclusive fitness)는 사회적 행동을 일으키는 유전자의 성공을 측정할 때 다른 개체의 몸 안에 그 유전자의 복제본이 들어있을 가능성까지 포괄적으로 고려함으로써 유전자의 복제 성공도를 정확히 반영한다. 즉, 유전자의 복제 성공도는 개체 수준에서는 고전적 적합도가 아니라 포괄 적합도를 측정함으로써 알 수 있다.

높았다. 이에 따라 제삼자가 수간, 동성 성교, 근친상간, 또는 나이 차이가 많이 나는 사람과의 성관계를 시도할 경우 나의 포괄 적합도 덩달아 감소하는 것을 방지하기 위해 제삼자의 행동을 비난하고 처벌하려는 심리 기제가 진화했다는 설명이다.[18]

그러나, 이 가설은 왜 제삼자가 자신에게 해가 되는 위험한 행동들, 이를테면 스카이다이빙, 활강 스키, 극한 스포츠, 패러글라이딩을 시도할 때 우리가 그를 비도덕적이라고 비난하지는 않는 이유를 설명하지 못한다. 달리 말하면, 제삼자가 그의 친남매와 근친상간을 하거나 스카이다이빙을 하거나 그가 자신의 적합도를 스스로 낮추는 것은 마찬가지인데 왜 우리는 유독 전자에 대해서만 비도덕적이라고 판단하게끔 진화했는지 매끄럽게 설명하기 어렵다.[19]

3. 갈등의 격화를 막기 위한 '편들기' 가설

최근 드치올리와 커즈반은 '제삼자에 대한 질책'이 왜 진화했는가를 설명하는 이른바 '편들기 가설(side-taking hypothesis)'을 제안하였다. 행위자 A와 상대방 B 사이에 분쟁이 벌어졌다고 하자. 주변에서 이를 지켜보고 있는 방관자들로서는 A와 B 중에 강한 사람을 지지할 수 있다. 그러나 이렇게 되면 강한 사람에게 과도하게 권력이 쏠리므로 약자들이 강자에게 일방적으로 착취를 당하는 결과를 초래할 수 있다. 방관자들이 A와 B 가운데 누가 더 강한 사람인지 신경 쓰지 않고 오직 행위 그 자체에 주목하여 비도덕적인 행동을 한 사람을 모두 함께 비난한다면, 방관자들이 A와 B를 비슷하게 편을 드는 바람에 갈등이 무한정 격화되는 것을 막을 수 있다는 가설이다.[20]

---

18 Lieberman, D. (2007). *Op. cit.*

19 Kurzban, R. (2012). *Op. cit.*

20 DeScioli, P., & Kurzban, R. (2013). *Op. cit.*
   DeScioli, P. (2016) *Op. cit.*

본 연구자는 편들기 가설도 제삼자에 대한 도덕 판단의 진화적 기능이 무엇인지 온전히 밝혀내는데 실패했다고 본다. 즉, 불일치 가설과 마찬가지로 이 가설은 왜 우리가 제삼자의 여러 행동 가운데 어떤 행동에 대해서는 옳고 그름을 따지는 반면 다른 행동에 대해서는 신경을 쓰지 않는지를 잘 설명하지 못한다. 왜 같은 자기 파괴적인 행동인데도 근친상간, 동성애, 낙태, 마약 복용 등은 도덕 판단의 대상이 되지만, 스카이다이빙, 고층 빌딩에서의 셀카, 활강 스키, 패러글라이딩 등은 어리석다는 조롱을 들을지언정 도덕 판단의 대상이 되지 않는가? 편들기 가설에서 도출된 예측을 실험적으로 입증한 연구가 아직껏 매우 드물다는 사실도 언급할 가치가 있다.[21]

4. 일부일처제적 번식 전략과 문란한 번식 전략 사이의 갈등 가설

마지막 가설은 성행동에 관련된 도덕 판단의 개인차만 설명할 수 있는 가설이어서 위에 언급한 경쟁 가설들보다 그 설명력이 제한된다. 이 가설은 사람들이 구사하는 성/번식 전략에는 남녀 공히 한 가지가 아니라 두 가지, 즉 일부일처제적 번식 전략과 문란한 번식 전략이 있다는 사실에 주목한다. 일부일처제적 번식 전략을 구사하는 사람들은 오직 한 배우자에게 평생 헌신하고, 혼전 순결을 지키고, 일찍 결혼해서 자식을 많이 낳고, 이혼이나 외도를 잘 하지 않고, 이성애자고, 음주나 약물을 삼가고, (남자의 경우) 친자식을 매우 아끼는 경향이 있다. 반면에 자유분방하고 문란한 번식 전략을 구사하는 사람들은 여러 사람과 자유롭게 일시적 성관계를 하고, 처음 성관계하는 시점도 빠르고,

---

21 예외적으로 다음을 참조하시오.
Petersen, M. B. (2013). Moralization as protection against exploitation: do individuals without allies moralize more?. *Evolution and Human Behavior, 34(2)*, 78-85.

결혼을 늦게 하거나 아예 하지 않고, 이혼이나 외도도 잦고, 동성애자들을 포함하고, 음주나 약물을 즐기고, (남자의 경우) 친자식을 그리 잘 돌보지 않는 경향이 있다.[22]

일부일처제적 번식 전략과 문란한 번식 전략은 필연적으로 서로 갈등한다. 어느 사회 내에서 성적 자유가 어느 정도까지 허용되는가에 따라 각 전략은 번식상의 이득 혹은 손실을 입는다. 일부일처제적 번식 전략을 구사하는 사람들은 성적 자유를 폭넓게 허용하는 사회에서는 크게 손해를 본다. 배우자에게 충실한 남성의 경우, 그동안 애지중지 키운 자식이 알고 보니 다른 남성의 유전적 자식이었음이 밝혀질 경우 큰 손해를 입는다. 배우자에게 충실한 여성의 경우, 남편이 어느 날 자유분방한 여성의 유혹에 빠져 외도한다면 남편의 도움 없이 혼자서 자식을 키워야 하는 큰 손해를 입는다. 즉 일부일처제적 번식 전략을 구사하는 사람들은 개인의 성적 자유를 엄격히 규제하는 보수적인 사회에서 사는 편이 유리하다. 마찬가지로, 자유분방한 번식 전략을 구사하는 사람들은 개인의 성적 자유를 폭넓게 인정하는 진보적인 사회에서 사는 편이 유리하다. 요컨대, 나는 내가 구사하는 번식 전략과 다른 전략을 구사하는 사람들의 성행동을 — 그들이 나와 무관한 제삼자일지라도 — 규제하고 제한할 진화적 이유가 있다.

이 가설은 성매매, 낙태, 혼전 성관계, 포르노그래피, 외도, 동성애, 십대 청소년의 산아 제한 등등 성과 번식에 관련된 쟁점에 대해 일부일처제적 번식 전략을 구사하는 사람들은 사회 전체의 성적 자유를 규제하는 태도를 보이는 반면, 문란한 번식 전략을 쓰는 사람들은 사회 전체의 성적 자유를 허용하는 태도를 보이리라 예측한다. 흥미롭게도, 대마초 같은 약물 사용도 성과 번식에 관련된 쟁점에 속한다. 미국 젊은이들을 조사한 여러 연구에서, 기호용 약물을 즐기는 사람은 여러

---

22 Gangestad, S. W. & Simpson, J. A. (2000). The evolution of human mating: Trade-offs and strategic pluralism. *Behavioral and brain sciences, 23(4)*, 573-587.

상대와 문란하게 성관계를 맺는 경향이 있음이 확인된 바 있다.[23]

진화심리학자 제이슨 위든(Jason Weeden)과 커즈반은 매년 미국인들에게 다양한 사항을 묻는 미국 종합사회조사(GSS)의 자료를 활용하여 예측이 잘 들어맞음을 보였다. 예를 들어 보자. "혼전 성관계는 잘못된 점이 전혀 없다."라는 항목에 일부일처제적 사람들은 34%가 찬성했지만, 성적으로 문란한 사람들은 67%가 찬성했다. 포르노 합법화에 대해 일부일처제적 사람들은 49%가 찬성했지만, 성적으로 문란한 사람들은 80%가 찬성했다. 대마초 합법화에 대해 일부일처제적 사람들은 26%, 성적으로 문란한 사람들은 56%가 찬성했다.[24]

일부일처제적 혹은 문란한 번식 전략이라는 개인차가 향정신성 약물 사용에 대한 도덕적 찬반 여부에 주로 영향을 끼친다는 주장에 대해 정말로 중요한 요인은 진보 혹은 보수라는 추상적인 정치 이데올로기의 개인차라는 반론을 제기할 수 있다. 정치적으로 진보적인 사람들이 대체로 약물 사용에 대해 전향적인 태도를 보인다는 사실은 잘 알려져 있다. 일례로, 버락 오바마 전 미국 대통령은 "대마초는 나쁜 습관이다. 담배와 크게 다를 바 없다. 대마초가 술보다 더 위험하다고 생각하지 않는다."고 말한 바 있다. 우리나라에서도 십여 년 전에 가수 신해철, 영화감독 박찬욱, 배우 김부선 씨 등 진보적인 문화예술인들이 대마초 합법화를 촉구한 바 있다.

한 연구에서는 진보-보수라는 정치 이데올로기의 개인차가 마약에 대한 태도를 결정하는지, 아니면 일부일처제적 혹은 문란한 번식 전략의 개인차가 마약에 대한 태도를 결정하는지 조사하였다. 총 987명의 참여자들을 조사한 결과, 정치 이데올로기보다 번식 전략의 개인차가 마약에 대한 태도를 더 강력하게 예측하는 요인임이 밝혀졌다. 정치

23 Whitaker, D. J. Miller, K. S., & Clark, L. F. (2000). Reconceptualizing adolescent sexual behavior: beyond did they or didn't they? *Family Planning Perspectives, 32(3)*, 111-117.

24 Weeden, J. & Kurzban, R. (2014). *The hidden agenda of the political mind: How self-interest shapes our opinions and why we won't admit it.* Princeton, NJ.: Princeton University Press.

이데올로기도 마약에 대한 태도를 유의미하게 예측하긴 했지만, 이 연관 관계에 번식 전략이 기여하는 정도를 통계적으로 제거하고 나면 정치 이념과 마약에 대한 태도는 더 이상 유의미하게 연관되지 않았다. 즉 진보주의자들이 마약 사용을 더 지지하는 것처럼 보이는 까닭은 그들 가운데 문란한 번식 전략을 구사하는 이들이 더 많이 있기 때문이다. 진보건 보수건 간에 성적으로 문란한 정도가 비슷한 사람들만 놓고 보면, 이들 사이에 마약에 대한 견해 차이는 거의 없다는 뜻이다.[25]

이 가설은 상당히 설득력이 있지만, 전술했듯이 성행동에 관련된 도덕 판단의 개인차만 설명할 수 있다는 점에서 한계가 뚜렷하다. "왜 사람들이 마약 사용을 비도덕적이라 여기는가?"라는 질문에 대한 답보다는 "왜 사람들이 마약 사용을 비도덕적이라고 여기는 성향에 개인차가 존재하는가?"라는 질문에 대한 답으로서 제출된 가설인 셈이다. 물론 개인차를 설명하는 작업도 중요하지만, "왜 평균적인 일반인들이 마약 사용은 비도덕적인 반면에 스카이다이빙은 도덕과 무관하다고 여기는가?"라는 정작 중요한 질문에는 침묵하는 셈이다. 왜 사람들은 제삼자의 수간이나 근친상간 같은 행동은 제삼자의 혼전 성관계나 공공장소에서의 애정 표현 같은 행동보다 훨씬 더 도덕적으로 잘못되었고 더 엄중하게 처벌되어야 한다고 믿는가?

IV. 맺음말

"왜 사람들은 자신과 무관한 제삼자의 특정한 행동을 도덕적으로 판단하는가?"라는 질문은 오늘날 도덕성의 학제적 탐구에서 으뜸가는

---

25 Kurzban, R., Dukes, A., & Weeden, J. (2010). Sex, drugs and moral goals: Reproductive strategies and views about recreational drugs. *Proceedings of the Royal Society of London B: Biological Sciences, 277(1699)*, 3501-3508.

미스터리이다. 예컨대, 커즈반과 드치올리(2016)는 도덕성에 대한 최신 연구 성과들을 리뷰하면서 "도덕적 질책과 그에 따른 수많은 인간 행동을 야기하는 인지 체계의 기능에 대해서 훨씬 더 많은 연구가 행해져야 함은 명백하다."고 결론을 내린 바 있다.[26]

위에서 간략히 살펴보았듯이, 필자는 지금껏 이 문제에 대한 해답으로 제시된 가설들 가운데 그 어느 것도 만족스럽지 않다고 생각한다. 일부일처제적 혹은 문란한 번식 전략 사이의 갈등 가설이 그 해법의 단초를 보여주었듯이, 제삼자가 하는 수많은 행동들 가운데 어떤 행동은 되도록 실행하지 않도록 행위자가 비용을 들여가면서 규제하는 편이 결과적으로 먼 과거의 수렵-채집 환경에서 행위자의 포괄 적합도를 높이는데 도움이 되었을 것이다. 그것이 구체적으로 어떻게 가능했는지는 아마도 도덕성을 이루는 여러 하위영역 — 돌봄(care), 공평(fairness), 충성(loyalty), 권위(authority), 순결(purity) — 에[27] 따라 제각기 달랐을 것이다. 즉, 편들기 가설처럼 어떤 영역에서나 일괄적으로 적용되었을 단일한 적응적 이득을 찾기보다는, 각각의 영역에서 제삼자의 행동에 개입하는 심리가 어떻게 번식상의 이점을 가져다 주었을지 개별적으로 탐구해야 할 것이다.

어떤 구체적인 행동의 옳고 그름을 판단할 때, 우리는 종종 우리의 냉철한 이성이 그 행동이 추상적인 도덕 원칙 — 예컨대, "타인에게 피해를 주지 않는 한도 내에서 각자 자유롭게 행동하도록 허용되어야 한다." — 에 위배되는지 여부를 꼼꼼하게 따져서 최종 결정을 내린다고 믿는다. 이는 잘못된 믿음이다. 도덕 판단은 우리의 정서적인 직관이

---

26 Kurzban, R. & DeScioli, P. (2016). Morality. In D. M. Buss (Ed.), *The handbook of evolutionary psychology*, 2nd ed. (pp. 770-787). Hoboken, NJ: Wiley.

27 Haidt, J. & Joseph, C. (2007). The moral mind: How five sets of innate intuitions guide the development of many culture-specific virtues, and perhaps even modules. In p. Carruthers, S. Laurence & S. Stich (Eds.), *The innate mind* (Vol. 3, pp. 367-391). New York: Oxford University Press.

어떤 행동의 옳고 그름을 순식간에 결정함에 따라 이루어진다. 많은 경우, 이성에 의한 도덕 추론은 사후에 다른 사람들에게 그 행위의 정당성을 설득할 필요가 있을 때 비로소 활성화되는 보조적인 역할에 그친다.[28] 전술했듯이, 직관이 왜 하필이면 그런 식으로 도덕 판단을 내리게끔 진화했는가에 대한 해답은 아직 명확히 밝혀지지 않았다.

어쨌든 우리는 대마초를 흡입한 사람을 처벌하고, 장기를 매매한 사람을 처벌하고, 성을 매매한 사람을 처벌하고, 낙태를 한 사람을 처벌한다. 그들을 처벌함으로써 얻을 수 있는 사회적 이득이 무엇인지는 명확하지 않다. 대마초를 흡입하여 투옥된 사람에게 "'마약은 사용자뿐만 아니라 사회 전체에 악영향을 끼치므로 처벌받아야 한다'는 논리는 인간의 이성이 사후에 그럴듯하게 꾸며낸 정당화일 뿐이다. 인간은 진화 역사에서 제삼자의 마약 사용을 규제하는 편이 번식상 유리했기 때문에 마약 사용은 어쨌든 비도덕적이라고 여기게끔 진화했다."라고 설명한다면 어떤 반응을 보일까? 도덕 심리의 진화적 토대에 대한 연구는, 법학을 근본적으로 혁신시킬 잠재력이 있다는 의미에서, 위험하다.

---

28 Haidt, J. (2012). *Op. cit.*

31

Steven Pinker

Steven Pinker is an experimental cognitive psychologist
and a popular writer on language, mind, and human nature.
A native of Montreal, he earned his Bachelor's degree at McGill
University in 1976, his PhD from Harvard in 1979, and taught at
Harvard, Stanford, and MIT before returning to Harvard in 2003.
Pinker's research on vision, language, and social relations has won prizes
from the National Academy of Sciences, the Royal Institution of Great Britain,
the Cognitive Neuroscience Society, the American Psychological Association,
and the Association for Psychological Science. He has also received eight
honorary doctorates, several teaching awards at MIT and Harvard, and
numerous prizes for his books The Language Instinct, How the Mind Works,
The Blank Slate, The Better Angels of Our Nature, and The Sense of Style.
He is Chair of the Usage Panel of the American Heritage Dictionary, and
often writes for The New York Times, Time, and other publications. He has
been named Humanist of the Year, Foreign Policy's "100 Global Thinkers",
and Time magazine's "100 Most Influential People in the World Today."

표현의 자유는 왜 근본적인 권리인가?*

표현의 자유가 미국 수정 헌법 제1조에 새겨진 지 두 세기 이상이 지난 지금도 이 권리는 여전히 뉴스에서 많이 다루어지는 기사거리가 되고 있다. 학내 언론 규정, 초청이 취소된 졸업식 연사들, 수감된 행위 예술가들, 기밀을 누설하고 망명한 사람들, 우리의 가장 가까운 동맹국 중 하나에 의해 태형 천 대를 받은 블로거,[1] 프랑스 만화가들의 학살[2] 은 민주 세계로 하여금 표현의 자유를 추구하게 된 기원을 다시금 살펴보게 하고 있다.

표현의 자유는 국기나 국시처럼 단순히 상징적인 부적과 같은 것인가? 그것은 상충되는 여러 가치들 중 하나일 뿐인가? 프란치스코 교황이 "다른 이들의 믿음을 웃음거리로 삼아서는 안된다"고 말했을 때 그는 옳았는가? 대학들은 일부 학생들의 감정을 보호하기 위해서 다른

---

* 이 글은 스티븐 핑커 교수가 2015년 7월에 보스턴 글로브(Boston Globe)지에 쓴 글을 번역한 것으로 저작권과 관련하여 보스턴 글로브지와 핑커 교수의 동의 하에 본서에 재수록된 것임을 밝혀둔다. 본서에 이 글을 기고해 준 핑커 교수에게 심심한 감사의 뜻을 전한다. 아울러 이 글을 흔쾌히 번역해 준, 본서의 공저자인 좌정원 양에게도 깊이 감사를 드린다.

1 사우디 블로거 라이프 바다위는 수년간 자신의 블로그에 사우디의 정치, 사회, 종교 문제를 다루었다가 이슬람 모독 등의 혐의로 체포되어 사우디 법원에서 징역 10년, 태형 1,000대, 그리고 벌금 약 3억원을 선고받았다(역자 주).

2 2015년 1월 이슬람 극단주의 테러리스트인 쿠아치 형제는 이슬람교의 선지자 무함마드에 대한 만평을 게재하였다는 이유로 프랑스의 대표적인 풍자 주간지인 샤를리 에 브도의 사무실에 침입해 편집장 등 12명을 살해하였다(역자 주).

학생들에게 입마개를 씌울 수 있는가? 최근 한 언론대학원장이 말했듯 이 프랑스 풍자 주간지 샤를리 에브도의 만화가들은 "표현의 자유와 유해한 이야기의 경계선을 넘은" 것인가? 혹은 표현의 자유는 근본적인 권리(절대적이지는 않더라도 오직 신중하게 제한된 경우에만 침해될 수 있는 권리)인가?

이에 대한 답은 표현의 자유는 진정 근본적인 권리라는 것이다. 따라서 우리 스스로에게 왜 그러한지를 상기시키고, 이 권리가 의문시될 경우 그 이유들을 숙지하고 있는 것이 매우 중요하다.

첫번째 이유는 표현의 자유가 근본적 권리인지를 물을 때 우리가 행하는 것, 즉 의견을 교환하고 판단하는 것 자체가 우리가 의견을 교환하고 판단할 권리를 가지고 있음을 전제하고 있다는 것이다. 표현의 자유(또는 다른 어떤 것이든)에 관해 이야기할 때 우리는 실로 말하고, 즉 "표현"하고 있는 것이다. 우리는 의견 불일치를 팔씨름이나 미모 경연, 혹은 권총 결투로 해결하지 않는다. 만일 당신이 낫 핸트오프(Nat Hentoff)의 책 제목처럼 "나에게만 있고 네게는 없는 표현의 자유"를 주장함으로써 스스로 망신당하고자 하는 것이 아니라면, 당신이 표현의 자유에 반대하는 입장으로 논쟁을 시작하는 순간 당신은 이미 진 것이나 마찬가지이다.

두번째로, 이 논리적 주장에 그리 감명받지 않은 사람들은 인간의 과거 역사적 경험에 기반한 주장을 살펴볼 수 있을 것이다. 사제들, 점쟁이들, 예언자들, 교황들, 선지자들, 이맘(imams, 이슬람 종교 지도자를 이르는 말)들, 혹은 구루들이 오직 그들만이 소유한 진리를 다루도록 허락 받고, 나머지 우리들이 이에 의문을 제기하는 것은 어리석고, 실로 범죄에 해당하는 세상을 상상해 보자. 그러나 역사는 실제 우리가 살아 왔던 세상이 이러하지 않았음을 말해준다. 역사, 과학, 그리고 상식은 자칭 음모론자라고 하는 사람들의 이러한 생각이 틀렸음을 거듭, 때로는 우스꽝스러운 모습으로, 보여주었다.

인간 역사상 다른 모든 발견에 선행하는 아마도 가장 위대한 발견은 우리의 전통적인 믿음의 원천들이 실제로는 오류로 가득 차 있으며 지식의 기반으로서 고려되어서는 안된다는 것이다. 이에는 신앙, 계시, 도그마, 권력, 카리스마, 전조, 예언, 직관, 신통력, 관습적 지식, 그리고 주관적 확신이 있다.

자, 그렇다면 우리는 이를 어떻게 알게 되는가? 수학적 정리를 증명하는 것(이것은 물리적 세계에 대한 것이 아니다)을 제외하면, 그 답은 철학자 칼 포퍼가 '추측과 논박' 이라고 부른 과정이다. 실재(reality)의 본성에 관한 견해들을 세우고, 이를 실재와 비교하여 검증하고, 세상으로 하여금 잘못된 견해들이 틀렸음을 입증하게 하는 것이다. 이 공식의 '추측' 부분은 물론 표현의 자유에 의존하고 있다. 우리는 이러한 추측들을 이들이 맞다는 어떠한 사전적 확신도 없이 제시한다. 우리는 오직 견해들을 제시하고 그 중 어떤 것들이 이를 논박하려는 시도들을 견뎌내는지를 관찰하는 과정을 통해 지식을 얻게 된다.

이러한 자각이 지난 과학혁명과 계몽주의 기간 동안 충분히 인식되기 시작하자 세계에 대한 전통적인 이해가 뒤집히게 되었다. 우리 모두는 지구가 태양의 주위를 회전하며 그 반대가 아니라는 발견이 교황청의 격렬한 저항을 극복해야 했음을 알고 있다. 그러나 코페르니쿠스의 혁명은 현재 우리의 세계에 대한 이해를 우리의 선조들은 몰라볼 정도로 탈바꿈시킨 대격변의 첫번째 사건이었을 뿐이다. 우리가 세계에 대해 알고있는 모든 것들, 예컨대 우리 문명의 나이, 생물 종, 지구, 그리고 우주, 또 우리의 몸을 구성하고 있는 것들, 물질과 에너지를 관장하는 법칙들, 몸과 뇌의 작용 등은 모두 당시에 신성시되던 도그마에 대한 모욕으로 여겨졌던 것들이다. 이제 우리는 모든 시대와 문화에서 추앙받던 믿음들(우리가 오늘날 가지고 있는 믿음들 또한 당연히 포함해서)이 완전히 허위로 밝혀질 수도 있다는 것을 알고 있다.

표현의 자유가 인간 번영의 근본이 되는 세 번째 이유는 그것이 민주주의에 필수적인 것이며 독재를 막는 보루이기 때문이다. 20세기의 괴물과도 같은 체제들이 어떻게 권력을 잡고 유지하였는가? 그 답은 무장한 광신도 집단들이 그들의 비판자들과 정적들을 침묵하게 했기 때문이다(나치 당에 최다득표를 안겨준 1933년 선거는 수년간의 위협과 살인, 폭동의 결과였다). 그리고 일단 권력을 장악한 후, 전체주의자들은 체제에 대한 어떠한 비판도 모두 범죄로 규정하였다. 이는 대량학살에는 이르지는 않으나 여전히 잔혹한 행위들을 저지르고 있는 오늘날의 중국, 러시아, 아프리카의 독재 국가들, 그리고 대부분의 이슬람 세계와 같은 체제들에서도 마찬가지로 발생하고 있다.

왜 독재자들은 반대를 용납하지 못하는가? 우리는 부정한 수단으로 사익을 채우고 그들의 특권을 직접적으로 찬탈하려 시도하는 자들은 감옥에 가두거나 죽이지만, 힘없는 국민들은 마음대로 불평을 하더라도 허용하는 독재자들을 상상해 볼 수 있다. 그러나 현실에서 독재는 이런 식으로 작동하지 않는다. 독재체제 하에서 핍박받는 국민들은 행복하다고 착각하고 있지 않으며, 만일 불만을 품은 수천만의 시민들이 함께 일어난다면 어떠한 체제도 그들을 폭력적인 힘으로 억누를 수 없을 것이다. 시민들이 권력자들에게 집단으로 저항하지 않는 이유는 그들에게 "공유 지식(common knowledge)", 즉 모두가 그들이 알고 있는 것을 공유하고 있으며, 공유하고 있다는 사실 그 자체를 알고 있다는 자각이 결여되어 있기 때문이다. 사람들은 다른 사람들도 독재체제의 보복 위험을 똑같이 감수하려 한다는 것을 아는 경우에만 자신도 그 위험을 감수할 것 이다.

공유 지식은 널리 대중에 알려지는 성명과 같은 공개적(public) 정보를 통해 형성된다. 벌거벗은 임금님 이야기는 그 논리를 잘 보여준다. 한 어린 소년이 임금님이 벌거벗고 있다고 소리쳤을 때, 그는 사람들이 이미 알고 있지 않은 것, 혹은 사람들이 자신의 눈으로 볼 수 없는 것을 말한 것은 아니다. 그럼에도 불구하고 이로 인해 모두가 임금님이 벌거벗고 있음을 다른 모든 사람들이 알고 있다는 것을 알게 됨으로써, 그 소년은 사람들의 지식을 바꾸었던 것이다. 그리고 이 공유지식이야 말로 사람들을 웃음으로 임금님의 권위에 도전할 수 있을 만큼 대담하게 만든 것이다.

이 이야기는 우리에게 왜 유머가 단순한 웃음거리가 아닌지, 왜 풍자와 조롱이, 심지어 그것들이 유치하고 천박하다고 할지라도 독재자들의 두려움의 대상이 되며 민주주의에 의해 보호되는지를 상기시켜 준다. 풍자는 사람들이 당연시하는 가정들이 누가 봐도 부조리한 결과를 초래한다는 것을 보여줌으로써 그런 가정들에 은밀히 도전한다.

이것이 바로 유머가 사회 진보의 촉매제로서의 역할을 하게 되는 이유이다. 예를 들어 볼테르,3 조너선 스위프트,4 그리고 사무엘 존슨5과 같은 18세기의 독설가들은 전쟁과 압제, 그리고 당대의 잔인한 관습을 조롱하였다. 1960년대의 코미디언과 예술가들은 인종주의자들을 아둔한 네안데르탈인으로, 대베트남 강경파들과 친핵 냉전주의자들을 비도덕적 사이코패스로 묘사하였다. 구 소련 연방과 그 위성국들 또한, "자본주의는 인간에 의한 인간의 착취이고, 공산주의는 정확히 그 반대"라는 두 냉전 이데올로기에 대한 그들의 통상적인 정의에서 볼 수 있듯이 다채롭고 뿌리 깊은 풍자의 정서를 가지고 있다.

우리는 날카로운 말을 정치적 독재자뿐만 아니라 폭압적 상사, 신성한 체하는 설교가, 술집의 허풍쟁이, 그리고 거북한 규범들을 강요하는 이웃과 같은 일상의 사소한 압제자들의 권위를 약화시키기 위해 사용하기도 한다.

---

3 프랑스의 작가, 계몽사상가로 주로 당대의 가톨릭교회와 사회를 비판, 풍자하는 글을 썼으며 대표작으로 자딕(Zadig, 1747), 캉디드(Candide, 1759) 등이 있다(역자 주).
4 아일랜드의 작가이자 성직자로 대표작으로는 풍자소설 걸리버 여행기(The Gulliver's Travel, 1762)가 있다(역자 주).
5 영국의 시인이자 평론가로 런던(London, 1738), 욕망의 공허(The Vanity of Human Wishes, 1749) 와 같은 풍자시를 발표하였다(역자 주).

물론 표현의 자유에도 한계가 있는 것은 분명하다. 우리는 사기, 명예훼손, 갈취, 군사 기밀 누설, 임박한 무법 상태의 선동 등에는 예외를 마련해 두고 있다. 그러나 이러한 예외들은 반드시 엄격하게 기술되고 개별적으로 정당화되어야 하며, 표현의 자유를 여러 대체 가능한 대상들 중 하나와 같이 취급할 수 있는 구실이 되어서는 안된다. 소위 '민주 공화국'의 독재자들은 일상적으로 그들의 반대자들을 반역, 명예훼손, 무법 상태 선동의 죄목으로 감옥에 가두고 있다. 영국의 느슨한 명예훼손법은 정치적 인사들, 권력을 가진 소수의 기업가들, 홀로코스트를 부정하는 자들, 그리고 돌팔이 의사들에 대한 비판자들의 입을 막기 위해 사용되어 왔다. 심지어 올리버 웬델 홈즈[6]가 제시한 그 유명한 표현의 자유의 예외 — 붐비는 극장 안에서 거짓으로 "불이야!"라고 외치는 것 — 또한 바로 홈즈 그 자신에 의해서처럼 쉽게 오용될 수 있다. 그가 이 밈(meme)[7]을 만들어 낸 것이 바로 제1차 세계대전 중 남성들로 하여금 군 징집에 반대할 것을 촉구하는 전단지를 돌린 자에게 — 민주주의 하에서 인정되는 분명한 의사의 표현임에도 불구하고 — 유죄를 인정하는 1919년 미 연방대법원 판결이었기 때문이다.

마지막으로 만일 당신이 지금까지의 나의 주장에 반대한다면, 혹은 당신이 내 논리상의 흠결이나 사소한 착오를 보이고자 한다면, 그것은 바로 당신이 표현의 자유라는 권리를 가지고 있기 때문에 허용된다는 것을 기억해야 할 것이다.

---

6 미국의 법학자이자 1902년에서 1932년까지 미국 연방 대법원의 대법관으로 역임하였다(역자 주).

7 리처드 도킨스가 『이기적 유전자(The Selfish Gene, 1976)』에서 제시한 개념으로 문화 진화에 있어 정보 전달 단위를 의미한다. 한 문화 내에서 모방을 통해 전해지는 생각, 행동, 의례, 관행 등을 의미하며 생물학적 진화에 있어 유전자와 유사한 개념이다(역자 주).

법학에서 위험한 생각들

2018년 8월 25일 초판 인쇄
2020년 8월 20일 초판 4쇄발행

저 자 윤진수 · 한상훈 · 안성조
발행인 배   효   선

발행처 도서
        출판   法 文 社

주 소 10881 경기도 파주시 회동길 37-29
등 록 1957년 12월 12일 / 제2-76호(윤)
전 화 031-955-6500~6, 팩 스 031-955-6525
e-mail(영업) : bms@bobmunsa.co.kr
      (편집) : edit66@bobmunsa.co.kr
홈페이지 http://www.bobmunsa.co.kr

조 판 성 지 이 디 피

정가 26,000원   ISBN 978-89-18-09172-3